PHP 5.3 & MySQL 5.1

open source library

Michael Kofler, Bernd Öggl

PHP 5.3 & MySQL 5.1

Grundlagen, Programmiertechniken, Beispiele

ADDISON-WESLEY

An imprint of Pearson Education

München • Boston • San Francisco • Harlow, England
Don Mills, Ontario • Sydney • Mexico City
Madrid • Amsterdam

Bibliografische Information der Deutschen Nationalbibliothek
Die Deutsche Nationalbibliothek verzeichnet diese Publikation in der Deutschen Nationalbibliografie; detaillierte bibliografische Daten sind im Internet über http://dnb.d-nb.de abrufbar.

Umwelthinweis:
Dieses Produkt wurde auf chlorfrei gebleichtem Papier gedruckt.
Um Rohstoffe zu sparen, haben wir auf Folienverpackung verzichtet.

10 9 8 7 6 5 4 3 2 1

10 09 08

ISBN 978-3-8273-2633-1

Einbandgestaltung: Marco Lindenbeck, webwo GmbH (mlindenbeck@webwo.de)
Lektorat: Irmgard Wagner, Planegg, irmwagner@t-online.de
Korrektorat: Friederike, Daenecke, Zülpich
Herstellung: Monika Weiher, mweiher@pearson.de
Satz: Michael Kofler, Graz
Druck: Kösel, Krugzell (www.koeselbuch.de)
Printed in Germany

Inhaltsübersicht

Inhaltsverzeichnis

Vorwort

PHP und MySQL sind das Dream-Team zur Verwaltung dynamischer Webseiten. Die Programmiersprache PHP ist leicht zu erlernen, bietet aber dennoch ausreichend Funktionen für anspruchsvolle und große Projekte. Ähnliches gilt für MySQL: Sowohl die Installation als auch das Einrichten von Datenbanken gehen rasch von der Hand. Gleichzeitig zählt MySQL zu den effizientesten Datenbanksystemen überhaupt. Es wird für riesige Websites eingesetzt, beispielsweise für die Yahoo!-Finanz- und Börsenseiten.

Ein weiteres Argument für PHP und MySQL ist der Preis: Zumeist stehen PHP und MySQL als Open-Source-Produkte kostenlos zur Verfügung. Nur in ganz seltenen Fällen ist eine kommerzielle MySQL-Lizenz erforderlich (siehe Kapitel 1).

Was bietet dieses Buch?

Mit diesem Buch lernen Sie die Entwicklung von Webanwendungen auf der Basis von PHP und MySQL – praxisorientiert und gewürzt mit vielen Beispielen, Programmiertechniken und Rezepten. Dabei waren unsere Ziele:

- Möglichst viele kleine und große Beispiele. Es gilt das Motto *learning by doing*.
- Nur so viele Grundlagen, dass ein solides Fundament für die Entwicklung eigener Anwendungen gegeben ist (z.B. bei der objektorientierten Programmierung oder beim Datenbankdesign).
- Keine langatmigen Referenzen und Aufzählungen. Kein Buch kann bei Funktionsreferenzen mit der Aktualität und dem Umfang der Online-Manuals von PHP und MySQL mithalten. Uns ist es wichtiger, Zusammenhänge zu verdeutlichen und die Anwendung an Beispielen zu präsentieren.
- Präsentation zeitgemäßer Techniken, Einsatz aktueller PHP- und MySQL-Funktionen: XML-Funktionen, *mysqli*-und PDO-Schnittstelle, GIS-Funktionen, Stored Procedures und Trigger etc.

Damit richtet sich das Buch sowohl an PHP/MySQL-Einsteiger mit Programmiererfahrung in einer anderen Sprache als auch an Umsteiger, die schon mit früheren Versionen von PHP und MySQL gearbeitet haben.

Um den Einstieg in die Welt von PHP und MySQL zu beschleunigen, enthält die beiliegende DVD eine virtuelle LAMP-Umgebung (Ubuntu **L**inux + **A**pache + **M**ySQL 5.1 + **P**HP 5.3). Mit dem VMware Player können Sie sowohl unter Linux als auch unter Windows ohne irgendwelche Installationsarbeiten alle Beispiele dieses Buchs sofort ausprobieren, erste Experimente mit PHP 5.3, MySQL 5.1 und phpMyAdmin durchführen etc.

Das Versionsnummerndilemma

Versionsnummern sind ein leidiges Thema. Der Buchhandel und die Leser wünschen sich naturgemäß aktuelle Bücher – und da gilt die Regel: je höher die Versionsnummer, desto besser. Und auch Buchautoren arbeiten am liebsten mit der neuesten Version. Insofern hatten wir ursprünglich geplant, in der Neuauflage dieses Buchs auf PHP 6 und MySQL 6 einzugehen. Leider gibt es von diesen fundamental neuen Versionen momentan nur frühe Testversionen, eine Fertigstellung ist nicht in Sicht. Vermutlich werden die *final*-Versionen von PHP 6 und MySQL 6 erst 2010 das Licht der Welt erblicken.

Eine andere Sichtweise auf Versionsnummern haben Webentwickler, die ihr neuestes Projekt bei einer Webhosting-Firma installieren möchten: Dort laufen – vor allem im Hinblick auf maximale Stabilität – oft nur Uraltversionen von PHP und MySQL! Sie müssen froh sein, wenn zumindest PHP 5.1 und MySQL 5.0 zur Verfügung stehen.

Zum Glück ist das nicht so tragisch, wie es auf den ersten Blick erscheint: Weder in PHP 5.*n* noch in MySQL 5.*n* gab es in den letzten zwei, drei Jahren revolutionäre Neuerungen. Viele neue Funktionen richten sich primär an eine kleine Zielgruppe (sogenannte *Enterprise Developer*), die an riesigen Projekten arbeiten. Ein konkretes Beispiel: Die neuen Partitionierungsfunktionen von MySQL 5.1 ermöglichen es, Tabellen über mehrere physikalische Dateien bzw. Festplatten zu verteilen. Davon profitieren Sie aber erst dann so richtig, wenn Sie riesige Tabellen haben ...

Für dieses Buch haben wir den Fokus auf PHP 5.3 und MySQL 5.1 gesetzt. Genau diese Programmversionen werden in den nächsten zwei, drei Jahren die Webhosting-Welt dominieren. Und auch wenn wir in diesem Buch natürlich viele Neuerungen von PHP 5.3 und MySQL 5.1 beschreiben, waren wir bei deren Einsatz in den großen Beispielprogrammen (Kapitel 15 bis 18) eher konservativ: Viele Beispiele funktionieren auch mit PHP 5.2 und MySQL 5.0, teilweise reichen noch ältere Programmversionen aus. Damit profitieren Sie von den Beispielen auch, wenn Sie ältere PHP- und MySQL-Versionen einsetzen (müssen).

Viel Spaß!

Die Arbeit an diesem Buch und das Entwickeln der Beispiele war für uns ausgesprochen spannend. Mit wenigen anderen Entwicklungswerkzeugen kommt man derart rasch zum Ziel! Dieses Buch soll Ihnen in Kombination mit den auf der DVD verfügbaren Beispielen ein gutes Fundament für die Entwicklung eigener Datenbankanwendungen sein. Dabei wünschen wir Ihnen viel Spaß und Erfolg!

Michael Kofler und Bernd Öggl, August 2008

http://kofler.cc/
http://komplett.cc/

Konzeption des Buchs

Dieses Buch ist in drei Teile gegliedert:

- **PHP-Grundlagen und -Programmiertechniken:** Dieser Teil beginnt mit einem Installationskapitel, das beim Einrichten eines Testsystems unter Linux oder Windows hilft. Das Kapitel beschreibt die Installation von Apache, PHP und MySQL.

  Die folgenden drei Kapitel fassen die wichtigsten Sprachelemente und Funktionen von PHP zusammen: Variablen, Felder, Zeichenketten, Schleifen, Funktionen, objektorientierte Programmierung, wichtige Standardfunktionen etc.

  Das abschließende Kapitel, *PHP-Programmiertechniken*, stellt Lösungen zu Standardproblemen aus der PHP-Praxis vor: Authentifizierungstechniken, Sessions, Cookies, Verarbeitung von Formularen, Versenden von E-Mails, Erzeugen von PDF-Dateien, Grafikausgaben, Verarbeitung von XML-Daten etc.

  Neu in dieser Auflage ist ein Kapitel zum *Zend Framework*, das in unzähligen Klassen oft benötigte Funktionen sammelt. Erfinden Sie das Rad nicht neu, greifen Sie stattdessen auf fertige Lösungen zurück!

- **MySQL-Grundlagen und -Programmiertechniken:** Am Beginn dieses Abschnitts steht ein Kapitel zu phpMyAdmin, dem wichtigsten MySQL-Administrationswerkzeug für PHP-Programmierer.

  Die folgenden beiden Kapitel vermitteln Grundlagen über das Datenbankdesign und über die Sprache SQL (*Structured Query Language*), mit der Abfragen und andere Datenbankkommandos formuliert werden. Das Kapitel *SQL-Rezepte* erklärt, wie typische Datenbankaufgaben per SQL erledigt werden: Hier geht es um die Bearbeitung von Zeichenketten, die Berechnungen mit Datum und Uhrzeit, die Auswahl der *n* größten oder aktuellsten Datensätze, die Auswahl eines Zufallsdatensatzes, Volltextsuche etc.

  Nach diesen MySQL-Grundlagen kehren wir zu PHP zurück: Das Kapitel *PHP/MySQL-Schnittstellen* beschreibt drei gängige PHP-Erweiterungen, um auf MySQL zuzugreifen: *mysql*, *mysqli* und PDO. Das nächste Kapitel konzentriert sich dann auf die momentan wichtigste Schnittstelle *mysqli* und beschreibt essenzielle Programmiertechniken.

  Relativ neue MySQL-Funktionen stehen im Mittelpunkt zweier weiterer Kapitel: Das Kapitel *GIS-Funktionen* beschreibt, wie Sie in MySQL geografische Daten (z.B. die Koordinaten von Orten) verwalten und effizient danach suchen können. *Stored Procedures, Trigger und Events* erklärt, wie Sie SQL-Routinen direkt im Datenbankserver verwalten und ausführen.

- **Beispielprojekte:** Auf wenigen Seiten zusammengefasste Programmiertechniken und Rezepte sind praktisch, weil sie wie Bausteine in eigenen Projekten benutzt werden können; sie haben aber den Nachteil, dass der Blick für das Ganze verloren geht. Deswegen stellt der letzte Teil des Buchs in vier Kapiteln jeweils ein vollständiges Beispielprojekt vor: ein System zur Durchführung von Umfragen, eine Bildgalerie für Digitalfotos, ein Diskussionsforum und ein Zeiterfassungssystem.

  Jedes dieser Kapitel beginnt mit der Zielsetzung des Beispiels, beschreibt dann dessen Anwendung aus Benutzersicht, das zugrunde liegende Datenbankdesign und schließlich die Implementierung durch PHP-Code.

Beispielprogramme

Alle längeren Beispielprogramme zum Buch befinden sich auf der beliegenden DVD und sind dort kapitelweise geordnet. Als Dateikennung wird generell `*.php` verwendet.

Beim Abdruck von Programmlistings in diesem Buch finden Sie jeweils am Beginn des Beispiels eine Kommentarzeile, die den Dateinamen innerhalb der Beispieldateien angibt, beispielsweise in dieser Form:

```
// Beispieldatei titleform.php
```

VMware-Image

Wer keine Lust hat, zuerst eine Testumgebung bestehend aus PHP und MySQL sowie diversen Administrationswerkzeugen einzurichten und dann die in diesem Buch vorgestellten Beispieldatenbanken und -programme zu installieren, kann stattdessen mit dem VMware Player eine vollständige Testumgebung ausführen. Das aus mehreren Dateien bestehende VMware-Image enthält Ubuntu Linux 8.04, PHP 5.3, MySQL 5.1 sowie diverse weitere Programme. Alle Beispiele können auf Anhieb mit dem Webbrowser Firefox ausprobiert werden. Sie können die virtuelle Maschine natürlich auch als Entwicklungsumgebung für eigene Beispiele verwenden. Details zum Umgang mit dem VMware-Image finden Sie in Anhang A.

Schreibweisen

- *SQL-Kommandos und -Funktionen sowie Methoden, Klassen, Schlüsselwörter in SQL* und *PHP* (z.B. *SELECT* oder *mysql_query*)
- Unix/Linux-Benutzer (z.B. *root* oder *mysql*)
- MENÜKOMMANDOS (z.B. DATEI | ÖFFNEN)
- Tastenkürzel (z.B. Shift+Entf)
- Datei- und Verzeichnisnamen (z.B. /usr/local oder C:\Windows)

- Programme und Kommandos (z.B. mysql oder cmd.exe)
- MySQL-Optionen bzw. Konfigurationsparameter (z.B. default-charset)
- `Programmlistings und ganzzeilige Kommandoeingaben`

Deutsche Sonderzeichen im HTML-Code (also äöüß) werden im Klartext abgedruckt, nicht in der Form ä, ö. Damit derartiger HTML-Code korrekt angezeigt wird, muss im HTML-Code auch der gewünschte Zeichensatz ISO-8859-1 (*latin1*) angegeben werden.

SQL-Kommandos und Funktionen werden generell in Großbuchstaben angegeben. Das ist aber keine syntaktische Notwendigkeit, sondern lediglich eine Konvention. MySQL differenziert bei SQL-Kommandos nicht zwischen Groß- und Kleinschreibung.

Bei Windows-Verzeichnisangaben wird oft auf absolute Pfade verzichtet, da diese von der jeweiligen Installation abhängen:

Windows\	meint das Windows-Verzeichnis (beispielsweise C:\Windows).
Programme\	meint das von Windows vorgesehene Verzeichnis für Programminstallationen (beispielsweise C:\Programme).
Mysql\	meint das MySQL-Installationsverzeichnis (beispielsweise C:\Programme\Mysql).

Kommandos

In diesem Buch werden manchmal Linux- oder Windows-Kommandos angegeben:

```
root# mysqladmin -u root -h localhost password xxx
```

```
> mysqladmin -u root -h localhost password xxx
```

In beiden Fällen geben Sie nur den fett hervorgehobenen Teil des Kommandos ein. *root#* ist der unter Unix/Linux übliche Eingabeprompt, wenn Sie dort als *root* (Administrator) arbeiten. Unter Windows hat das Zeichen > im Kommandofenster (Eingabeaufforderung) dieselbe Bedeutung.

Unter Unix/Linux ist es möglich, sehr lange Eingaben über mehrere Zeilen zu verteilen. Die Zeilen werden dabei durch das Zeichen \ getrennt. Auch diese Schreibweise wird im Buch manchmal angewandt. Das folgende Kommando entspricht daher den beiden obigen:

```
root# mysqladmin -u root -h localhost \
      password xxx
```

In allen drei Fällen müssen Sie kursiv hervorgehobene Teile durch eigenen Text ersetzen (hier also *xxx* durch Ihr eigenes Passwort).

Teil I

PHP-Grundlagen und -Programmiertechniken

1 Installation und Konfiguration

Dieses Kapitel beschreibt die Installation eines lokalen Entwicklungssystems, das aus Apache, PHP und MySQL besteht. Dabei werden sowohl Windows als auch Linux als Entwicklungsplattform berücksichtigt.

Neben reinen Installationstipps vermittelt dieses Kapitel aber auch eine Menge Hintergrundinformationen zur Konfiguration und Administration:

- Die Passwort-Absicherung von Apache-Verzeichnissen (`.htaccess`-Datei)
- Die Vorstellung wichtiger MySQL-Administrationswerkzeuge (`mysql`, `mysqladmin`, `mysqldump`, MySQL Administrator, MySQL Query Browser, MySQL Workbench)
- Zeichensatzfragen (*latin1* oder Unicode)

1.1 Versionen und Lizenzen

Bevor Sie mit dem Installieren beginnen, sollten Sie kurz überlegen, welche Version Sie nutzen möchten und wie die rechtlichen Grundlagen aussehen. Dieser Abschnitt gibt einige Hintergrundinformationen dazu.

1.1.1 Versionen

Die neueste Software-Version ist nicht immer die beste. Da es in der Open-Source-Welt nicht immer ganz einfach ist, einen Überblick über die Versionen zu bewahren, und da beinahe jedes Open-Source-Projekt ein eigenes System zur Nummerierung der Versionen verwendet, hier einige Empfehlungen (Stand: August 2008).

Apache

Die stabile Version von Apache hat die Versionsnummer 2.2.*n*. Die Versionen 1.3.*n* und 2.0.*n* werden nicht mehr weiterentwickelt, es gibt aber noch regelmäßige Sicherheits-Updates. Für die Beispiele aus diesem Buch spielt es keine Rolle, welche Apache-Version Sie einsetzen.

Alle drei genannten Versionen funktionieren effizient und zuverlässig. Auch bei der Konfiguration der Standardeinstellungen gibt es kaum Unterschiede. Während der Arbeit an diesem Buch haben wir die aktuelle Apache 2.2.*n*-Version eingesetzt.

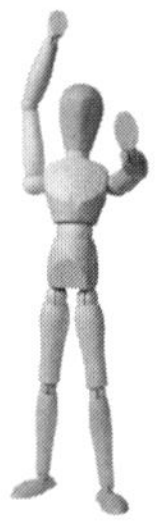

Achtung

Seit Version 2 stehen für Apache mehrere Threading-Module zur Auswahl. Am effizientesten ist das Modul *mpm-worker*, das eine besonders effiziente Parallelverarbeitung mehrerer Teilprozesse erlaubt. Allerdings sind nicht alle unter Unix/Linux üblichen Bibliotheken, auf die PHP selbst oder diverse PHP-Erweiterungen zugreifen, thread-sicher. Das kann in sehr seltenen Fällen zu Abstürzen führen. Auf einem Entwicklungssystem wird dieser Fall wahrscheinlich nie eintreten, auf einem Webserver, der Hundertausende Seiten pro Tag liefert, ist die Fehlerwahrscheinlichkeit aber deutlich höher.

Aus diesem Grund empfiehlt die PHP-Website, PHP und Apache in Kombination mit dem Modul *mpm-prefork* zu betreiben. Das ist weniger effizient, aber dafür stabiler.

http://php.net/manual/en/faq.installation.php#faq.installation.apache2

PHP

Seit die PHP-Entwickler im Juli 2004 PHP 5.0 fertiggestellt haben, wurde PHP in vielen kleinen Schritten weiterentwickelt und optimiert. Die folgende Aufzählung nennt die wichtigsten Neuerungen in PHP 5.1, 5.2 und 5.3 aus der Sicht dieses Buchs. (Machen Sie sich keine Sorgen, wenn Sie mit den vielen Fachausdrücken und Abkürzungen vorerst nichts anfangen können. Viele Begriffe werden im Verlauf dieses Buchs noch genauer beschrieben.)

- **PHP 5.1:** neue Datenbankschnittstelle PDO mit MySQL-Unterstützung
- **PHP 5.2:** effizientere Speicherverwaltung, diverse neue Funktionen und Bibliotheken (*filter*, *json*, *zip*)
- **PHP 5.3:** Namespaces, *mysqlnd*-Backend für die Erweiterungen *mysql*, *mysqli* und voraussichtlich auch PDO. (Das bedeutet, dass die externe Bibliothek libmysql nicht mehr erforderlich ist; aus Entwicklersicht bleibt alles gleich, die Erweiterungen *mysql*, *mysqli* und PDO sind kompatibel zu den bisherigen Versionen.)

In Kurzform kann man die Entwicklung von PHP 5.0 zu 5.3 mit dem Wort »evolutionär« zusammenfassen, d.h. wirklich fundamentale Neuerungen fehlen. Grundlegend neu wird erst PHP 6 sein: Für diese Version versprechen die Entwickler eine vollständige Unicode-Unterstützung. Es steht allerdings in den Sternen, wann diese Version endlich fertig wird (angekündigt ist sie schon lange). Wir tippen auf 2010 und schließen nicht aus, dass es vorher noch eine Version 5.4 geben wird ...

Alle Beispiele dieses Buchs setzen voraus, dass Sie zumindest PHP 5.0 einsetzen. Soweit einzelne PHP-Bibliotheken oder -Funktionen erst in späteren PHP-Versionen implementiert wurden, weisen wir in diesem Buch explizit darauf hin. Auch bei allen größeren Beispielprogrammen geben wir an, welche PHP-Version erforderlich ist. Unsere Empfehlung: Verwenden Sie aus Sicherheits- und Effizienzgründen nach Möglichkeit zumindest Version 5.2! Für dieses Buch haben wir diverse Testversionen von PHP 5.3 eingesetzt.

MySQL

MySQL 5.0 wurde im Oktober 2005 fertiggestellt und ist momentan die am meisten verbreitete MySQL-Version. Version 5.1 bietet die folgenden Neuerungen:

- Partitionierung (Verteilung großer Tabellen auf mehrere Datenbanken bzw. Rechner)
- Neue Replikationsarchitektur (*row based replication*)
- Plugin-Architektur für Tabellen-Engines
- Ereignisse (regelmäßige Ausführung von SQL-Kommandos bzw. zeitgesteuerte Trigger)
- Verbesserungen in der virtuellen *Information_Schema*-Datenbank
- Elementare XML-Funktionen

Wir haben zur Arbeit an diesem Buch natürlich MySQL 5.1 eingesetzt – Release Candidates gab es ja schon seit September 2007. Dennoch funktionieren nahezu alle Beispiele dieses Buchs auch mit MySQL 5.0. Die Liste der Neuerungen in MySQL 5.1 klingt zwar eindrucksvoll, aber in Wirklichkeit richten sich die neuen Funktionen primär an Anwender mit richtig großen, intensiv genutzten Datenbanken. Für durchschnittliche Websites bietet MySQL 5.1 kaum spürbare Vorteile. Wirklich grundlegende Neuerungen sind wie bei PHP erst mit Version 6 zu erwarten (insbesondere die neuen Tabellen-Engines *Falcon* und *Maria*) – und wie bei PHP ist momentan vollkommen offen, wann MySQL 6 zu erwarten ist. Generell hat sich bei MySQL noch jede Version gegenüber der ersten Ankündigung langfristig verzögert, oft um Jahre ...

Unsere Empfehlung: Setzen Sie nach Möglichkeit Version 5.1 ein – nicht wegen der neuen Funktionen, sondern ganz einfach deswegen, weil diese Version über die nächsten Jahre die höchste Stabilität und die beste Wartung verspricht. Wenn Ihnen nur MySQL 5.0 zur Verfügung steht, ist dies auch kein großes Problem, allerdings sollten Sie darauf achten, dass es sich um eine aktuelle Version innerhalb der 5.0.*n*-Serie handelt. In den ersten MySQL 5.0.*n*-Versionen gab es noch große Stabilitätsprobleme in den Bereichen Stored Procedures, Trigger und GIS-Funktionen.

Das Versionsdilemma

Webhoster stellen ihren Kunden Webspace und eine Umgebung zur Verfügung, die in der Regel aus Linux + Apache + PHP + MySQL = LAMP besteht. Manchmal kommt statt Linux auch BSD oder Solaris zum Einsatz. Die Webhosting-Firmen stehen dabei vor dem im Vorwort bereits angesprochenen Dilemma: Auf der einen Seite wünschen sich viele Kunden die jeweils neueste PHP- und MySQL-Version; auf der anderen Seite muss ein Rechner, auf dem womöglich mehrere Kunden Ihre Webpräsenz haben, absolut stabil laufen.

Die meisten Webhoster agieren in dieser Situation konservativ und stellen Stabilität vor Funktionsreichtum: Eine etwas älterere Software-Version, die erwiesenermaßen stabil läuft, wird der gerade aktuellsten Version vorgezogen.

Die Zeitspanne von der Fertigstellung einer neuen PHP- oder MySQL-Version bis zu deren breiter Verfügbarkeit wird noch durch die Versionspolitik der gängigen Linux-Distributionen verlängert: Die meisten Linux-Distributoren führen normalerweise keine grundlegenden Versions-Updates durch, sondern integrieren neue PHP- und MySQL-Versionen erst in der jeweils nächsten Version der Distribution. Und auch eine neue Linux-Distribution wird nicht schon am ersten Tag ihres Lebenszyklus von Webhosting-Firmen eingesetzt ...

Damit sollte klar sein, warum es durchaus ein ganzes Jahr dauern kann, bis große Webhoster die gerade neueste PHP- oder MySQL-Version anbieten. Wenn Sie also Webseiten programmieren, die später auf einem Webhosting-Server laufen sollen, sollten Sie sich bereits bei der Entwicklung auf die PHP- und MySQL-Versionen konzentrieren, die Ihr Provider anbietet. Konfigurieren Sie auch Ihr Testsystem entsprechend!

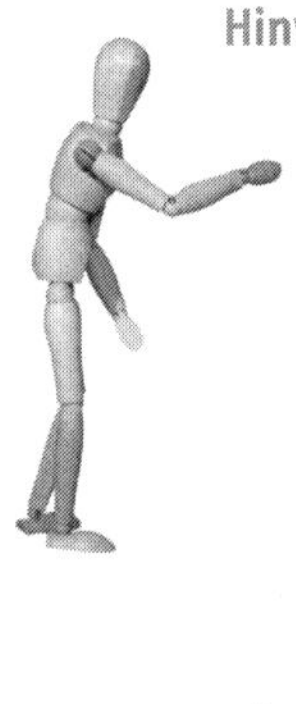

Hinweis

Wenn Sie nicht so lange warten möchten, müssen Sie einen sogenannten *root*-Server anmieten, konfigurieren und verwalten. Das kostet kein Vermögen, setzt aber gute Linux/Unix-Kenntnisse voraus. Sie müssen sich selbst um Sicherheits-Updates kümmern, sämtliche Server-Dienste möglichst sicher konfigurieren, sich selbst um Backups kümmern etc. – lauter Aufgaben, die sonst der Webhoster übernimmt.

1.1.2 Lizenzen

Apache, PHP und MySQL sind Open-Source-Software. Das bedeutet nicht nur, dass Sie diese Produkte kostenlos aus dem Internet herunterladen und anwenden dürfen, sondern auch, dass der gesamte Quellcode dieser Produkte zur Verfügung steht. Für alle drei Produkte gelten allerdings verschiedene Lizenzbedingungen, die Sie einhalten müssen.

Im Folgenden setzen wir voraus, dass Sie typische Webprojekte entwickeln, also z.B. private oder kommerzielle Webseiten. Die folgende Diskussion berücksichtigt hingegen nicht den Fall, dass Sie einen Webserver, eine Programmiersprache oder ein Datenbanksystem entwickeln, also Produkte, die dieselben oder vergleichbare Aufgaben erfüllen wie Apache, PHP oder MySQL selbst. Auch das ist selbstverständlich möglich und zulässig, allerdings ist dann ein genaues Studium der originalen Lizenztexte unumgänglich (siehe die Links etwas weiter unten).

Apache und PHP: Für diese beiden Produkte gilt sinngemäß: Die Software kann ohne Einschränkungen kostenlos eingesetzt werden, auch in kommerziellen Projekten. Sie dürfen Apache und PHP auch als Teil eines Produkts weitergeben.

MySQL: Bei MySQL ist die Lage deutlich komplizierter. Für MySQL gibt es zwei Lizenzen, die GPL (GNU Public Licence, siehe Link unten) und eine kommerzielle Lizenz. Daraus ergeben sich folgende Konsequenzen:

- Wenn für Ihr Produkt selbst die GPL gilt (oder eine andere Lizenz, die mit der GPL kompatibel ist), ist die Weitergabe und Nutzung kostenlos erlaubt.
- Auch wenn Sie eine Website auf der Basis von Apache, PHP und MySQL entwickeln – egal, ob diese Seite dann privat oder kommerziell genutzt wird –, ist eine kostenlose Nutzung des MySQL-Servers zulässig (*free use for those who never copy, modify or distribute*).
- Problematisch ist hingegen die **Weitergabe** bzw. der **Verkauf** von kompletten Produkten, die MySQL als Datenbanksystem einsetzen. Angenommen, Sie entwickeln eine Buchhaltungssoftware, wobei Sie PHP als Programmiersprache und MySQL als Datenbankserver einsetzen. Jetzt möchten Sie Ihr Buchhaltungsprogramm verkaufen (wobei nicht die GPL oder eine vergleichbare Lizenz gilt): In diesem Fall muss der Käufer neben Ihrem Produkt auch eine kommerzielle Version des MySQL-Servers erwerben!

  Der Grund: Ihr Buchhaltungsprogramm gilt als *derived work*, das von MySQL abhängig ist. Entweder Sie beachten nun die Spielregeln der GPL und veröffentlichen Ihr Programm ebenfalls unter der GPL oder Sie brauchen eine kommerzielle MySQL-Lizenz.

Die Firma Sun, die Anfang 2008 MySQL gekauft hat, bietet kommerzielle Lizenzen unter dem Namen *MySQL Enterprise* in einem Abonnementsmodell an. In der günstigsten Variante kostet der kommerzielle Einsatz von MySQL ca. 480 Euro pro Rechner und Jahr (Stand August 2008).

Dementsprechend stellt die Website mysql.com zwei unterschiedliche Versionen des MySQL Servers zu Auswahl: Die kostenlose *Community Edition* und die kostenpflichtige *Enterprise Edition*. Beide Versionen basieren auf demselben Code und bieten dieselben Funktionen. Die *Enterprise Edition* wird aber wesentlich häufiger aktualisiert und enthält bisweilen schon Updates und Fehlerkorrekturen, auf die Sie bei der *Community Edition* länger warten müssen. Da aber auch die *Enterprise Edition* aus Open-Source-Code besteht, dürfen Abonnenten von *MySQL Enterprise* die *Enterprise Edition* selbst wieder weitergeben – sowohl den Quelltext als auch

Kompilate. Dieses Recht nutzen einige MySQL-Abonnenten aus und stellen inoffizielle Kompilate der gerade aktuellen MySQL-Enterprise-Versionen zur Verfügung (zuletzt z.B. unter http://mirror.provenscaling.com/mysql/enterprise/binaries/).

Abschließend noch die Links zu den vollständigen Apache-, PHP- und MySQL- und GPL-Lizenztexten und zu ergänzenden Informationen:

http://www.apache.org/licenses/
http://www.php.net/license/
http://www.mysql.com/products/enterprise/
http://www.mysql.com/about/legal/licensing/
http://www.mysql.com/about/legal/licensing/foss-exception.html
http://www.gnu.org/licenses/licenses.html

1.2 Installation unter Windows

Die folgenden Abschnitte beschreiben die Einzelinstallation von Apache 2.2, PHP 5.2/5.3 und MySQL 5.1. Die Einzelinstallation hat den Vorteil, dass Sie die Version jeder Komponente selbst auswählen können und eher verstehen, welche Programme auf Ihrem Rechner installiert sind und wie sie konfiguriert werden. Das erleichtert auch die spätere Wartung bzw. das Update einer bestimmten Komponente.

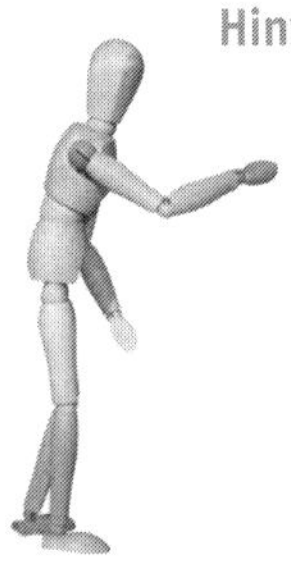

Hinweis

Noch bequemer ist die Installation, wenn Sie ein Komplettpaket verwenden, das alle drei Komponenten sowie diverse weiterere Programme in sich vereint. Das bekannteste derartige Paket ist *XAMPP für Windows*:

http://www.apachefriends.org/de/xampp-windows.html

Der Vorteil von XAMPP gegenüber der Einzelinstallation besteht darin, dass Sie eine Menge Zeit und Nerven sparen. Dem steht als wesentlicher Nachteil der Umstand entgegen, dass Sie keinen Einfluss auf die einzelnen Komponenten nehmen können, sondern nur das Komplettpaket als Ganzes installieren können. Insbesondere ist XAMPP ungeeignet, um Beta- oder Testversionen auszuprobieren – XAMPP enthält nämlich nur offiziell unterstützte Versionen.

Windows Vista

Wir haben für dieses Kapitel Windows Vista Business in der 64-Bit-Variante als Grundlage genommen, um die Installation unter den schwierigst-möglichen Voraussetzungen zu demonstrieren. Soweit Sie die Wahl haben, sollten Sie Windows XP (oder natürlich Linux!) vorziehen. Damit gehen Sie insbesondere den Problemen aus dem Weg, die sich aus der vollkommen verunglückten Vista-Benutzerkontensteuerung (UAC) ergeben.

Vista-Anwender finden im Internet in diversen Installationsanleitungen immer wieder zwei Empfehlungen:

- **Deaktivierung der UAC:** Nach unseren Erfahrungen ist eine Deaktivierung der UAC nicht unbedingt für eine erfolgreiche Installation erforderlich. Sie ersparen sich aber natürlich eine Menge sinnloser Unterbrechungen durch Dialoge in der Art »Wollen Sie das wirklich?«.

  Wenn Sie also die UAC deaktivieren möchten, geben Sie in das Eingabefeld des Startmenüs `msconfig` ein und starten das gleichnamige Programm. Im Dialogblatt TOOLS wählen Sie den Eintrag BENUTZERKONTENSTEUERUNG DEAKTIVIEREN aus und klicken auf den Button STARTEN. Damit die geänderten Einstellungen aktiv werden, ist ein Neustart von Windows erforderlich. Auf demselben Weg können Sie die UAC bei Bedarf später wieder aktivieren.

- **Installation außerhalb des Programme-Verzeichnisses:** Diese Empfehlung bezieht sich darauf, dass gewöhnliche Benutzer im Verzeichnis `C:\Programme` bzw. `C:\Program Files` keine Schreibrechte haben. Das führt zu gravierenden Problemen bei der Konfiguration und Wartung der Programme. Aus diesem Grund sollten Sie Apache, PHP und MySQL jeweils in eigene Verzeichnisse installieren. In diesem Buch verwenden wir die Verzeichnisse `C:\apache22`, `C:\php53` und `C:\mysql51`.

1.2.1 Apache 2.2 installieren

IIS deaktivieren

Falls Sie auf einer Windows-Server-Version arbeiten, sollten Sie als Erstes sicherstellen, dass der Microsoft Internet Information Server (kurz IIS) nicht läuft. Die Installation von Apache in der Standardeinstellung (Port 80) scheitert, wenn IIS parallel läuft (wozu es auch selten einen Grund gibt).

Zur Kontrolle bzw. zur Deinstallation des IIS starten Sie unter Windows Vista in der SYSTEMSTEUERUNG das Modul PROGRAMME DEINSTALLIEREN und klicken auf den Link WINDOWS-FUNKTIONEN EIN- ODER AUSSCHALTEN. Im nun erscheinenden Dialog stellen Sie sicher, dass die INTERNETINFORMATIONSDIENSTE deaktiviert sind. Unter Windows XP führen Sie SYSTEMSTEUERUNG | SOFTWARE | WINDOWS-KOMPONENTEN aus und deaktivieren im ASSISTENT FÜR WINDOWS-KOMPONENTEN die Option IIS.

Apache installieren

Apache steht bei `www.apache.org` (bzw. auf diversen Mirrors) als Installationsprogramm für Windows zur Verfügung. Laden Sie die `apache_2.2.n_xxx.msi`-Datei auf Ihren Rechner, und starten Sie das Installationsprogramm im Windows-Explorer durch einen Doppelklick. Es erscheint ein Dialog zur Grundkonfiguration (siehe Abbildung 1.1). Darin müssen Sie den Domain-Namen (z.B. *uranus.sol*) und den Server-Namen (ebenfalls *uranus.sol* oder *www.uranus.sol*) angeben. Diese Informationen werden auch dann benötigt, wenn Ihr Rechner nur als einzelner Testrechner läuft. Im Regelfall werden die richtigen Werte automatisch in die Dialogfelder eingetragen. Des Weiteren müssen Sie angeben, unter welcher E-Mail-Adresse der Administrator des Webservers (also Sie) erreichbar ist und ob der Webserver den Port 80 verwenden soll.

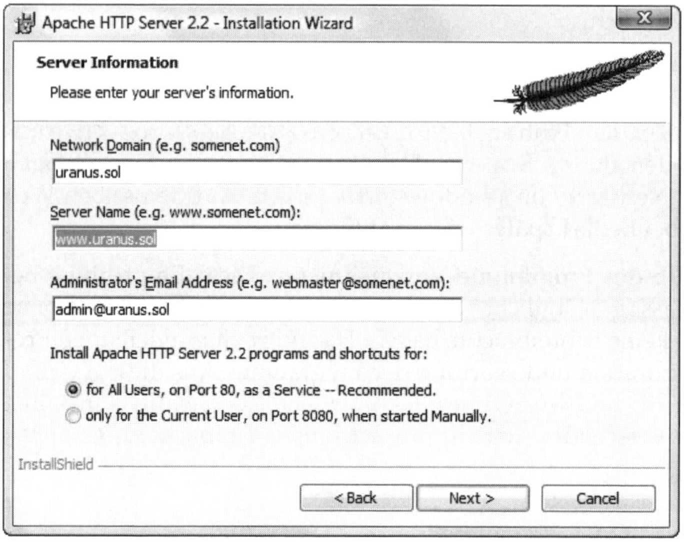

Abbildung 1.1: Apache-Installation

Im nächsten Dialogblatt wählen Sie die Variante CUSTOM, damit Sie in der Folge als Installationsort ein beliebiges Verzeichnis angeben können (z.B. C:\apache22). Den Installationsumfang belassen Sie unverändert. Nach der Installation wird Apache automatisch als Service (Dienst) eingerichtet und sofort gestartet. Im rechten Teil der Taskleiste erscheint ein kleines Icon, das den Zustand von Apache anzeigt (ein grüner Pfeil, wenn das Programm läuft). Über dieses Icon können Sie Apache starten und stoppen.

Apache starten und stoppen

Sie können Apache mit den Menükommandos PROGRAMME | APACHE HTTP SERVER | CONTROL APACHE SERVER | START bzw. | STOP starten bzw. beenden. PROGRAMME | APACHE HTTP SERVER | CONFIGURE APACHE SERVER | EDIT HTTPD.CONF startet den Editor Notepad und zeigt darin die Apache-Konfigurationsdatei an.

Als ersten Test, ob Apache tatsächlich läuft, öffnen Sie in Ihrem Webbrowser die Seite http://localhost. Sie sollten die Standardstartseite des Webbrowsers zu sehen bekommen (»It works!«). Abschließend noch zwei Verzeichnisangaben, die für den empfohlenen Installationsort C:\apache22 gelten:

Konfigurationsdatei: C:\apache22\conf\httpd.conf
Webdateien: C:\apache2\htdocs

1.2.2 MySQL 5.1 installieren

Kostenlose MySQL-Installationsdateien der *Community Edition* von MySQL 5.1 finden Sie in einer 32- und einer 64-Bit-Version für Windows auf der folgenden Seite:

http://dev.mysql.com/downloads/mysql/5.1.html

Auch wer kein MySQL-Enterprise-Abonnent ist, findet mit etwas Glück eine von anderen Abonnenten kompilierte Versionen der gerade aktuellen *Enterprise Edition* zum kostenlosen Download. Das ist gemäß den Open-Source-Regeln der GPL erlaubt; allerdings ist nicht sicher, wie lange derartige Dienste bestehen können: Der Aufwand für das Kompilieren und Zusammenstellen von MySQL-Installationspaketen für verschiedene Betriebssysteme sowie die Kosten für die riesigen Download-Mengen sind beträchtlich. Zuletzt stellte die Firma ProvenScaling derartige Pakete kostenlos zur Verfügung:

http://mirror.provenscaling.com/mysql/enterprise/binaries/

Egal woher Sie MySQL beziehen – die heruntergeladene ZIP-Datei enthält als einzige Datei setup.exe. Nach deren Start erscheint ein Installationsassistent. Dort entscheiden Sie sich für die Installationsvariante CUSTOM, damit Sie im nächsten Schritt den Installationsort festlegen können (unser Vorschlag: C:\mysql51). Den Installationsumfang belassen Sie unverändert.

MySQL-Update durchführen

Während eine Neuinstallation des MySQL-Servers zumeist problemlos gelingt, führt ein Update oft zu Problemen. In diesem Zusammenhang einige Tipps:

- Bevor Sie mit der Installation der neuen Version beginnen, sollten Sie (noch mit der alten Version!) ein Backup aller Datenbanken durchführen. Dazu können Sie das Programm mysqldump oder ein Administrationsprogramm (MySQL Administrator, phpMyAdmin etc.) verwenden.
- Beenden Sie den MySQL-Serverdienst. Dazu suchen Sie in der Systemsteuerung nach VERWALTUNG | LOKALE DIENSTE ANZEIGEN und stoppen dort den Dienst *MySQL*. (Das Installationsprogramm ist unbegreiflicherweise nicht in der Lage, den Dienst selbst zu beenden.)
- Es kann sein, dass sich der im Folgenden beschriebene Assistent kurz vor Abschluss der Konfigurationsarbeiten über eine fehlende Tabelle beklagt (z.B. *Table 'mysql.servers' doesn't exist*). Abhilfe: Deinstallieren Sie den MySQL-Server, und löschen Sie dann die Datenbank *mysql*, in dem Sie das folgende Verzeichnis manuell löschen:

  C:\Benutzer\All Users\MySQL\MySQL Server 5.1\data\mysql

  Anschließend installieren Sie neuerlich den MySQL-Server. Bei der Installation wird die Datenbank *mysql* neu eingerichtet, diesmal inklusive aller für die aktuelle Version erforderlichen Tabellen.

Durch diese zugegebenermaßen recht radikale Vorgehensweise verlieren Sie leider alle MySQL-Benutzerdaten samt Passwörtern. Sie müssen diese Daten später aus Ihrem Backup wieder einspielen. (Abermals ist nicht ganz klar, warum sich das Installationsprogramm nicht einfach um ein Update der *mysql*-Datenbank kümmert. Ein entsprechendes Update-Script gibt es zwar, seine Ausführung setzt aber voraus, dass der MySQL-Server läuft – und diese Voraussetzung ist während der Konfiguration nicht gegeben.)

MySQL-Konfigurationsassistent

Der Konfigurationsassistent wird nach der Installation automatisch ausgeführt (siehe Abbildung 1.2). Bei Bedarf können Sie diesen Assistenten später mit PROGRAMME | MYSQL | MYSQL SERVER | MYSQL SERVER INSTANCE CONFIG WIZARD neuerlich starten. Der Assistent erfüllt zwei Aufgaben: Er richtet die MySQL-Konfigurationsdatei ein und sichert den MySQL-Server durch ein Passwort ab. Die folgende Aufzählung beschreibt die wichtigsten Schritte des Assistenten. (Sie machen nichts falsch, wenn Sie im Zweifelsfall den Vorgaben des Assistenten folgen.)

- SERVER TYPE: Hier können Sie zwischen DEVELOPER, SERVER oder DEDICATED SERVER wählen. Die Option beeinflusst, welchen Teil des Hauptspeichers der MySQL-Server für sich zu reservieren versucht. Je größer der Anteil ist, desto schneller läuft der Server, aber desto stärker sind auch alle anderen Programme beeinträchtigt. Für Webentwickler ist DEVELOPER die optimale Einstellung. Falls Sie Benchmark-Tests durchführen, erzielen Sie bei großen Datenbanken mit SERVER oder DEDICATED SERVER wesentlich bessere Ergebnisse.

- DATABASE USAGE: Die drei Optionen MULTIFUNCTIONAL, TRANSACTIONAL ONLY und NON-TRANSACTIONAL ONLY entscheiden darüber, für welche Tabellentypen der MySQL-Server konfiguriert wird (für Experten: MyISAM, InnoDB oder beide). Die Defaulteinstellung lautet MULTIFUNCTIONAL, und dabei sollten Sie es auch belassen.

- INNODB TABLESPACE SETTING: In diesem Punkt geben Sie an, wo InnoDB-Datenbankdateien gespeichert werden sollen (standardmäßig einfach im Installationsverzeichnis).

- CONCURRENT CONNECTIONS: Dieser Punkt bestimmt die Anzahl der Datenbankverbindungen, die üblicherweise gleichzeitig offen sein werden. Solange Sie MySQL auf einem Entwicklungsrechner laufen lassen, wird die Anzahl ziemlich niedrig sein. Wählen Sie daher die Option DECISION SUPPORT (20 Verbindungen). Wenn der MySQL-Server dagegen im Vollbetrieb in Kombination mit einer gut frequentierten Webseite läuft, wird die Anzahl der Verbindungen wesentlich höher sein (Option ONLINE TRANSACTION PROCESSING).

- ENABLE TCP/IP NETWORKING: Unter Windows bestehen zwei Möglichkeiten, wie der MySQL-Server mit den Anwendungen kommuniziert: über sogenannte *Named Pipes* oder über das Netzwerkprotokoll TCP/IP. Der Assistent schlägt vor, TCP/IP zu aktivieren und die Port-Nummer 3306 zu verwenden. Auch hier sollten Sie dem Vorschlag des Assistenten folgen, wenn es nicht wirklich triftige Gründe gibt, die dagegensprechen.

  Die Option ADD FIREWALL EXCEPTION FOR THIS PORT bewirkt, dass in die Windows-Firewall eine Regel eingebaut wird, die im gesamten Netzwerk eine Kommunikation über den Port 3306 zulässt. Diese Option sollten Sie nur aktivieren, wenn Clients von anderen Rechnern auf den MySQL-Server zugreifen sollen.

  Die Option ENABLE STRICT MODE bewirkt, dass MySQL sich weitestgehend an den SQL-Standard hält. Diese Option ist standardmäßig aktiviert – belassen Sie es dabei!

- DEFAULT CHARACTER SET: MySQL unterstützt alle möglichen Zeichensätze zur Speicherung von Texten in der Datenbank. In diesem Punkt legen Sie den Defaultzeichensatz fest. Dieser gilt nur, wenn beim Datenbankdesign nicht explizit ein anderer Zeichensatz gewählt wird (d.h., die Einstellung schränkt Sie später in keiner Weise ein). Da alle Beispiele dieses Buchs den *latin1*-Zeichensatz nutzen, empfiehlt es sich, diesen Zeichensatz als Defaulteinstellung zu verwenden.

- INSTALL AS WINDOWS SERVICE: Der MySQL-Server kann wahlweise als *.exe-Datei oder als Windows-Dienst gestartet werden. Die zweite Variante ist komfortabler und sicherer.

  DIE Option INCLUDE BIN DIRECTORY IN WINDOWS PATH bewirkt, dass das bin-Verzeichnis der MySQL-Installation in die Variable *PATH* eingebaut wird. Das erleichtert den Aufruf von Administrationswerkzeugen von mysql, mysqladmin oder mysqldump erheblich. Aktivieren Sie diese Option!

- SECURITY OPTIONS: In diesem wahrscheinlich wichtigsten Punkt des Assistenten legen Sie fest, wer eine Verbindung zum MySQL-Server herstellen kann und ob dabei ein Passwort erforderlich ist. Die sicherste und von den Autoren empfohlene Einstellung ist in Abbildung 1.2 zu sehen: Als einziger Benutzer wird *root* eingerichtet und durch ein Passwort abgesichert. *root* gilt als Datenbankadministrator und darf sich nur vom lokalen Rechner aus anmelden (nicht von einem anderen Rechner im Netzwerk). Darüber hinaus gibt es keine anonymen Accounts (Verbindungsaufbau ohne Passwort).

  Selbstverständlich können Sie später weitere Benutzer einrichten, die auf MySQL bzw. auf bestimmte MySQL-Datenbanken zugreifen dürfen (mehr dazu folgt in Abschnitt 7.2).

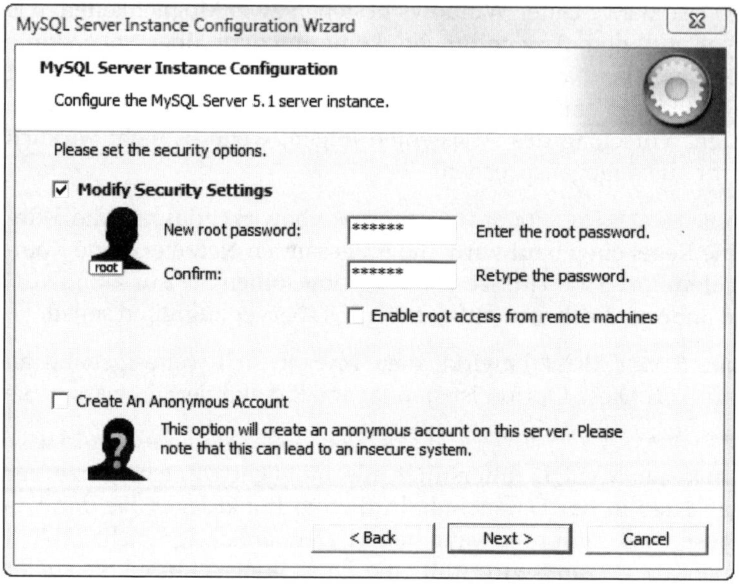

Abbildung 1.2: Der MySQL-Konfigurationsassistent

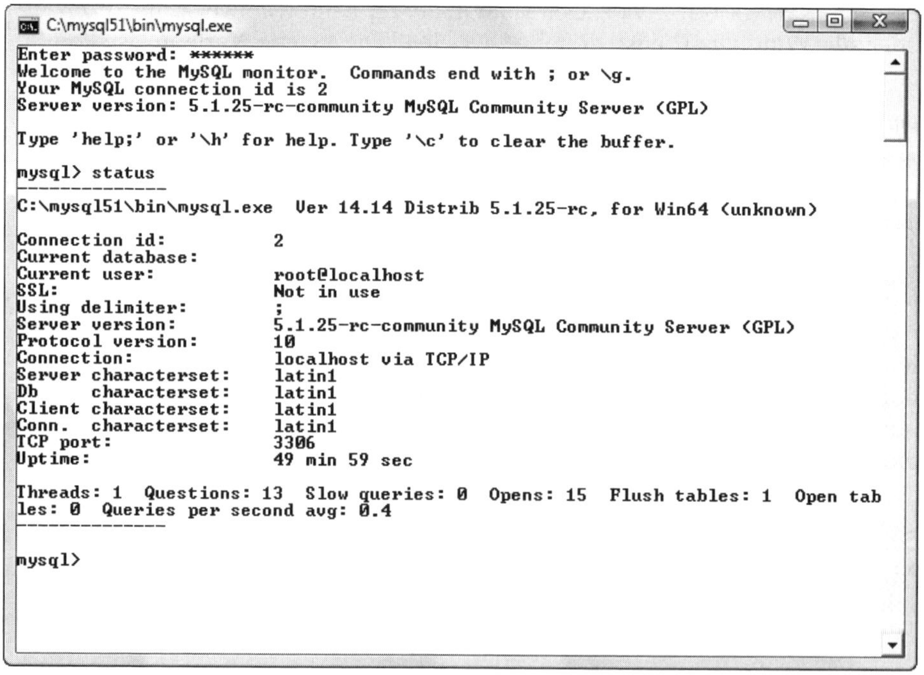

Abbildung 1.3: Der MySQL-Kommandozeileninterpreter

Testen, ob MySQL läuft

Um zu testen, ob die MySQL-Installation erfolgreich war, starten Sie den MySQL-Kommandozeileninterpreter mysql.exe durch PROGRAMME | MYSQL | MYSQL SERVER | MYSQL COMMAND LINE CLIENT. Dabei geben Sie dasselbe Passwort an, das Sie während der MySQL-Konfiguration verwendet haben. Wenn alles klappt, erscheint im Eingabefenster nun die MySQL-Eingabeaufforderung. Geben Sie als erstes Kommando *status* ein. Damit werden die wichtigsten Verbindungsparameter angezeigt. Das Ergebnis sollte in etwa wie in Abbildung 1.3 aussehen. Mit *exit* beenden Sie den Kommandozeileninterpreter.

MySQL Administrator und Query Browser installieren

Grundsätzlich können Sie mit dem gerade vorgestellten Programm mysql.exe und einigen ähnlichen Werkzeugen (mysqldump.exe und mysqladmin.exe, um die beiden wichtigsten zu nennen) die gesamte Administration des MySQL-Servers durchführen. Besonders praktisch ist das aber nicht. Wesentlich mehr Komfort bieten die Programme MySQL Administrator und Query Browser.

Sie finden diese Programme unter http://dev.mysql.com kostenlos zum Download. Zur Installation reicht ein Doppelklick auf die *.msi-Dateien aus. Die Programme können anschließend mit START | PROGRAMME | MYSQL | MYSQL ADMINISTRATOR bzw. | MYSQL QUERY BROWSER gestartet werden.

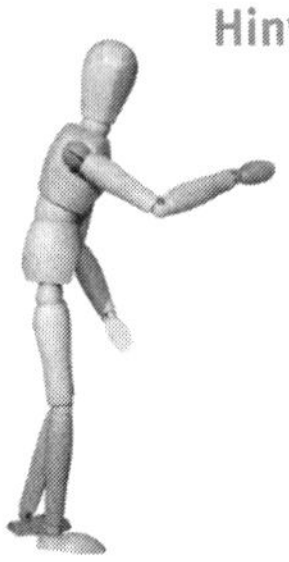

Hinweis

Tipps zur Verwendung des MySQL-Kommandozeileninterpreters sowie diverser offizieller MySQL-Administrationswerkzeuge folgen in Abschnitt 1.6.

Ein weiteres Administrationsprogramm, nämlich phpMyAdmin, wird in Kapitel 7 vorgestellt. Sein größter Vorteil gegenüber den hier erwähnten Programmen besteht darin, dass es über einen Webbrowser bedient wird und sich daher auch zur Administration des MySQL-Servers eignet, der auf einem anderen Rechner läuft (z.B. beim Webhoster).

1.2.3 PHP 5.3 installieren

Dieser Abschnitt beschreibt sowohl die automatische Installation von PHP 5.3 mit einer MSI-Datei als auch die manuelle Installation aus einem ZIP-Archiv. Die Installationsdateien zu PHP finden Sie auf den beiden folgenden Websites:

http://www.php.net/downloads.php (offizielle Versionen)
http://snaps.php.net/ (tagesaktuelle Updates, Testversionen)

PHP per Installationsprogramm einrichten

Das Installationsprogramm für PHP befindet sich in einer *.msi-Datei. Es zeigt zuerst die PHP-Lizenzbedingungen an. Nach deren Bestätigung müssen Sie angeben, wohin PHP installiert werden soll (unser Vorschlag: C:\php53). Im nächsten Dialog wählen Sie aus, wie PHP installiert werden soll. Wenn Sie, wie in diesem Buch beschrieben, Apache 2.2 als Webserver verwenden, ist APACHE 2.2 MODULE die richtige Option. Nun möchte das Installationsprogramm noch wissen, in welchem Verzeichnis sich die Apache-Konfigurationsdatei httpd.conf befindet (C:\apache22\conf, wenn Sie unseren Empfehlungen gefolgt sind).

Der letzte und vielleicht schwierigste Punkt betrifft die PHP-Erweiterungen, die installiert werden sollen (siehe Abbildung 1.4). Für die meisten Beispiele dieses Buchs sind die folgenden Erweiterungen ausreichend: *EXIF, GD2, Multi-Byte String, MySQL, MySQLi, PDO* und *PDO/MySQL*.

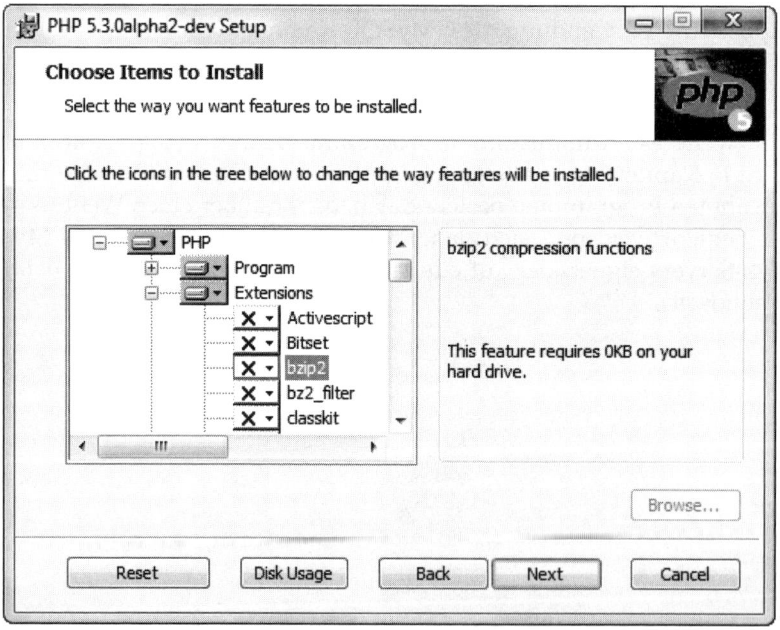

Abbildung 1.4: PHP-Installation

Tipp

Widerstehen Sie der Versuchung, einfach alle Erweiterungsmodule zu installieren! Viele Module verweisen auf externe Programme bzw. Bibliotheken und funktionieren nur, wenn auch diese externen Komponenten installiert sind. Hier gilt: Weniger ist mehr!

Selbstverständlich können Sie später zusätzliche Erweiterungen installieren. Der naheliegende Weg, das PHP-Setup-Programm einfach über das Systemsteuerungsmodul PROGRAMM DEINSTALLIEREN ODER ÄNDERN zu starten, schlägt allerdings fehl: Das Installationsprogramm wird so ohne ausreichende Zugriffsrechte gestartet.

Die richtige Vorgehensweise sieht so aus: Sie suchen im Windows-Startmenü das Programm ZUBEHÖR | EINGABEAUFFORDERUNG, klicken es mit der rechten Maustaste an und wählen ALS ADMINISTRATOR AUSFÜHREN. Im Eingabefenster starten Sie nun nochmals `php-5.n-win32-installer.msi`, wobei Sie den vollständigen Pfad zur MSI-Datei angeben müssen. Im Setup-Dialog des Installationsassistenten wählen Sie die Variante CHANGE, bestätigen in den folgenden zwei Dialogen die Apache-Version und das Verzeichnis von `httpd.conf` und wählen schließlich die gewünschten Module aus, die zusätzlich installiert werden sollen.

Damit Apache das PHP-Modul erkennt, müssen Sie Apache neu starten. Dazu öffnen Sie am einfachsten über das Apache-Icon in der Taskbar den Apache Service Monitor und klicken auf den Button RESTART. Alternativ können Sie auch in der Windows-Systemsteuerung nach dem Modul VERWALTUNG | DIENSTE suchen und Apache dort neu starten. Die dritte Variante ist das Kommando APACHE HTTP SERVER | CONTROL APACHE SERVER | RESTART; dieses Kommando funktioniert allerdings nur unter Windows XP (nicht unter Windows Vista).

Manuelle Installation von PHP

Sollte das PHP-Installationsprogramm Probleme verursachen, können Sie es auch mit einer manuellen Installation versuchen. Bei PHP-Testversionen, wie wir sie bei der Arbeit an diesem Buch oft eingesetzt haben, ist das oft der einzige Weg. Bei finalen PHP-Versionen sollten Sie aber das Installationsprogramm vorziehen.

Zur manuellen Installation verwenden Sie das ZIP-Archiv `php5.3-win32-nnn.zip` und kopieren alle darin enthaltenen Dateien in das Verzeichnis `c:\php53`. (Achten Sie darauf, dass beim Kopieren die PHP-Unterverzeichnisse wie `dev`, `ext`, `extras` etc. erhalten bleiben!)

Anschließend ist noch etwas Handarbeit erforderlich:

- Fügen Sie die fett markierten Zeilen am Ende der Apache-Konfigurationsdatei httpd.conf ein:

```
# Änderungen in C:\apache22\conf\httpd.conf
...
LoadModule php5_module "c:/php53/php5apache2_2.dll"
AddType application/x-httpd-php .php
PHPIniDir "C:/php53"
```

- Erstellen Sie eine Kopie von C:\php53\php.ini-recommended mit dem neuen Namen C:\php53\php.ini. In dieser Datei stellen Sie die Einstellung der Variablen *extension_dir = ...* richtig und entfernen bei den benötigten PHP-Erweiterungen den Strichpunkt am Beginn der Zeile:

```
# Änderungen in C:\php53\php.ini
...
Extension_Dir = "C:\php53\ext"
...
extension=php_gd2.dll
extension=php_mbstring.dll
extension=php_mysql.dll
extension=php_mysqli.dll
extension=php_pdo.dll
extension=php_pdo_mysql.dll
```

- Fügen Sie in die Windows-Umgebungsvariable *Path* den Pfad zum PHP-Installationsverzeichnis ein (in diesem Beispiel also C:\php53). Dazu suchen Sie in der Systemsteuerung das Modul SYSTEM | SYSTEMUMGEBUNGSVARIABLEN BEARBEITEN, klicken den Button UMGEBUNGSVARIABLEN an, wählen die Variable *Path* aus, klicken auf BEARBEITEN und fügen der zumeist schon recht langen Zeichenkette zuerst einen Strichpunkt und dann C:\php53 hinzu. Nach unseren Erfahrungen empfiehlt sich danach ein Rechnerneustart – andernfalls kann es passieren, dass Apache nichts vom neuen Wert der *Path*-Variablen erfährt.

- Starten Sie Apache neu. Dazu müssen Sie entweder den Apache Service Monitor oder das Modul VERWALTUNG | DIENSTE der Windows-Systemsteuerung verwenden. Die Menükommandos zum Apache-Neustart im Apache-Icon bzw. im Startmenü funktionieren unter Windows Vista nicht.

  Ein Apache-Neustart ist übrigens nach jeder Änderung von php.ini oder httpd.conf erforderlich!

PHP testen

PHP ist nun als Erweiterung zu Apache installiert und wird zusammen mit Apache gestartet. Um zu testen, ob die Installation funktioniert hat, erstellen Sie im Verzeichnis C:\apache22\htdocs mit einem Editor die Datei test.php mit dem folgenden Inhalt:

```
<?php phpinfo(); ?>
```

Anschließend öffnen Sie mit einem Webbrowser die folgende Seite:

http://localhost/test.php

Das Ergebnis sollte wie in Abbildung 1.5 aussehen. Entscheidend ist insbesondere, dass die Testseite Abschnitte zu den Erweiterungen *mysql*, *mysqli* und *pdo_mysql* enthält (siehe auch die Abbildungen 11.1, 11.3 und 11.4 ab Seite 401).

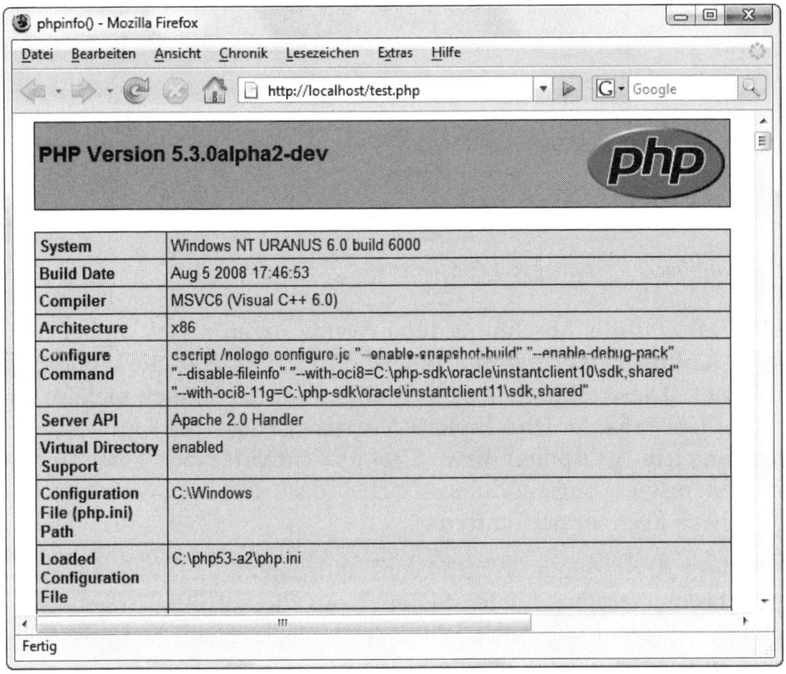

Abbildung 1.5: Der Beginn der umfassenden PHP-Testseite

Wenn es Probleme gibt ...

Nach unserer Erfahrung scheitert der erste PHP-Installationsversuch so gut wie immer. Die wahrscheinlichste Fehlerursache sind Tippfehler in den Konfigurationsdateien. Die Protokolldateien des Apache-Webservers verraten die Fehlerursache leider nur selten, aber natürlich empfiehlt es sich dennoch, als Erstes einen Blick in die Datei C:\apache22\logs\error.log zu werfen.

Wenn der Webbrowser die Datei http://localhost/test.php nicht anzeigt, sondern stattdessen einen Download-Dialog präsentiert, fehlt zumeist die Zeile AddType application/x-httpd-php .php in httpd.conf (oder sie enthält einen Tippfehler).

Wenn Sie den Verdacht haben, dass PHP die Einstellungen in php.ini einfach ignoriert, sollten Sie sicherstellen, dass PHP diese Datei überhaupt lädt. Von welchem Ort PHP die Konfigurationsdatei lädt, verrät die Zeile *Loaded Configuration File* der PHP-Testseite (neunte Zeile in Abbildung 1.5). Stellen Sie gegebenenfalls sicher, dass httpd.conf die Anweisung PHPIniDir "C:/php53" enthält.

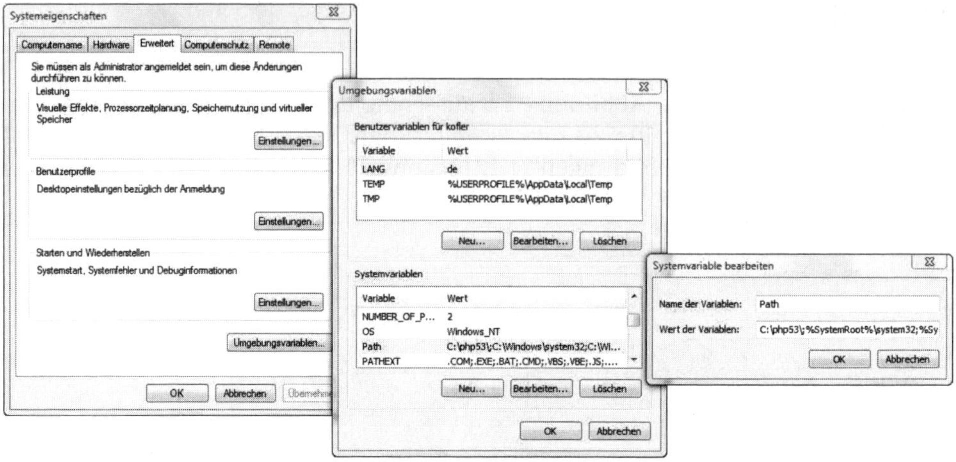

Abbildung 1.6: Einstellung der Umgebungsvariablen Path

Wenn in der PHP-Testseite die Abschnitte der Erweiterungen *mysql*, *mysqli* und *pdo_mysql* fehlen, besteht die Fehlerursache zumeist darin, dass PHP die Bibliothek libmysql.dll nicht findet. (Diese Bibliothek ist in PHP 5.3 voraussichtlich nicht mehr bzw. nur noch für PDO erforderlich.) Stellen Sie sicher, dass die Umgebungsvariable *Path* das Verzeichnis C:\php52 bzw. C:\php53 enthält! Nach einer Änderung von *Path* im Systemsteuerungsmodul SYSTEM | SYSTEMUMGEBUNGSVARIABLEN BEARBEITEN sollten Sie Ihren Rechner neu starten.

Denken Sie daran, dass Änderungen in httpd.conf und php.ini erst wirksam werden, wenn Sie Apache neu starten! Achten Sie auch auf die korrekte Angabe von Verzeichnissen. In php.ini dient wie unter Windows \ als Trennzeichen zwischen Verzeichnissen, in httpd.conf hingegen wie unter Unix/Linux das Zeichen /!

Sobald einmal Probleme auftreten, kann Ihnen auch Ihr Webbrowser einen Streich spielen. Jeder Webbrowser verwaltet einen Pufferspeicher (Cache), in dem er die zuletzt geladenen Seiten speichert. Nach einer Fehlerkorrektur in httpd.conf bzw. php.ini kann es sein, dass der Webbrowser weiterhin die alte Seite anzeigt. Abhilfe: Löschen Sie den Cache des Webbrowsers (in Firefox im Dialogblatt EXTRAS | EINSTELLUNGEN | DATENSCHUTZ, Button JETZT LÖSCHEN).

1.3 Installation unter Linux

Grundsätzlich ist die Installation von Apache, MySQL und PHP unter Linux ein Kinderspiel. Alle Distributionen liefern zu diesem Zweck fertige Pakete mit, die Sie mit dem Paketmanager der Distribution installieren. Fertig! Die folgenden Abschnitte fassen exemplarisch die Installation unter Fedora 9, openSUSE 11 und Ubuntu 8.04 zusammen.

Die einfache Installation hat freilich einen Nachteil: Sie bekommen auf diese Weise nur die Versionen, die mit der jeweiligen Distribution mitgeliefert werden – und die sind oft recht alt. Alle momentan verfügbaren Distributionen (Stand August 2008) setzen auf Apache 2.2, MySQL 5.0 und PHP 5.2. Wenn Sie nicht auf die nächste Version Ihrer Lieblingsdistribution warten möchen, gibt es zwei Wege: entweder greifen Sie auf XAMPP zurück oder Sie installieren bzw. kompilieren einzelne Komponenten manuell.

1.3.1 Installation unter Fedora 9

Wenn Sie mit Fedora arbeiten, installieren Sie mit yum install die folgenden Pakete:

- httpd
- apache2-mod_php5, php5-exif, php5-gd2, php5-mysql, php5-mbstring
- mysql-server

Tatsächlich werden wesentlich mehr Pakete installiert, weil sich yum darum kümmert, alle anderen erforderlichen Komponenten und Bibliotheken zu installieren. Bei Bedarf bieten sich auch noch die folgenden Pakete an:

- mysql-administrator, mysql-query-browser, mysql-workbench, phpMyAdmin

Weder Apache noch MySQL werden gestartet. Dazu müssen Sie die folgenden vier Kommandos ausführen. (Die ersten zwei Kommandos sind für den unmittelbaren Start zuständig, die anderen beiden Kommandos dafür, dass der Start in Zukunft automatisch erfolgt.)

```
root# /etc/init.d/httpd start
root# /etc/init.d/mysqld start
root# chkconfig --level 35 httpd on
root# chkconfig --level 35 mysql on
```

Bei Fedora läuft Apache automatisch in dem für PHP geeigneten *prefork*-Modus (Konfiguration durch die Datei /etc/sysconfig/httpd). Der Administrator-Login für MySQL ist vorerst noch nicht abgesichert. Die erforderliche Vorgehensweise ist in den Abschnitten 1.6.3 und 7.2 beschrieben (mit mysqladmin bzw. mit phpMyAdmin). Tabelle 1.1 fasst die wichtigen Eckdaten des LAMP-Systems unter Fedora zusammen.

PHP-Konfiguration	/etc/php.ini
Apache-Konfiguration	/etc/httpd/*
Apache-DocumentRoot-Verzeichnis	/srv/www/html/
Apache-Account	apache
Apache-Init-Script (Start/Stopp)	/etc/init.d/httpd

Tabelle 1.1: Eckdaten der Fedora-Installation

1.3.2 Installation unter openSUSE 11

Unter openSUSE installieren Sie mit zypper install oder mit YaST das Schema WEB- UND LAMP-SERVER bzw. die folgenden Pakete (wobei bei der automatischen Auflösung der Paketabhängigkeiten eine Menge weiterer Pakete hinzukommen):

- apache2-prefork
- apache2-mod_php5, php5-exif, php5-gd2, php5-mysql, php5-mbstring
- mysql, mysql-client

Bei Bedarf bieten sich auch noch die folgenden Pakete an:

- mysql-administrator, mysql-query-browser, mysql-workbench, phpmyadmin

Weder Apache noch MySQL werden gestartet. Dazu müssen Sie die folgenden vier Kommandos ausführen. (Die ersten zwei Kommandos sind für den unmittelbaren Start zuständig, die anderen beiden Kommandos dafür, dass der Start in Zukunft automatisch erfolgt.)

```
root# rcapache2 start
root# rcmysql start
root# insserv apache2
root# insserv mysql
```

Der Administrator-Login für MySQL ist vorerst noch nicht abgesichert. Die erforderliche Vorgehensweise ist in den Abschnitten 1.6.3 und 7.2 beschrieben (mit mysqladmin bzw. mit phpMyAdmin). Tabelle 1.2 fasst die wichtigen Eckdaten des LAMP-Systems unter openSUSE zusammen.

PHP-Konfiguration	/etc/php5/apache2/php.ini
Apache-Konfiguration	/etc/apache2/httpd.conf
Apache-DocumentRoot-Verzeichnis	/srv/www/htdocs/
Apache-Account	wwwrun
Apache-Init-Script (Start/Stopp)	/etc/init.d/apache2

Tabelle 1.2: Eckdaten der openSUSE-Installation

1.3.3 Installation unter Ubuntu 8.04

Wenn Sie mit Ubuntu arbeiten, installieren Sie mit apt-get oder Synaptic die folgenden Pakete. Aufgrund von Paketabhängigkeiten kommen zahllose weitere Pakete hinzu.

- apache2-mpm-prefork
- php5, php5-gd, php5-mcrypt, php5-mysql
- mysql-server

Nach Bedarf bieten sich auch noch die folgenden Pakete an:

- libzend-framework-php, mysql-admin, mysql-query-browser, phpmyadmin

Während der Installation müssen Sie das *root*-Passwort für den MySQL-Server angeben. Damit ist der Administrator-Login des MySQL-Servers von Anfang an abgesichert. Bei der Installation von phpMyAdmin müssen Sie zudem angeben, für welchen Webserver das Programm konfiguriert werden soll. Die richtige Option ist APACHE2.

Alle Server-Dienste werden sofort gestartet. Es kann aber passieren, dass PHP erst nach Apache installiert wird. Der Webserver erfährt in diesem Fall nicht, dass PHP zur Verfügung steht. Abhilfe: Starten Sie den Webserver neu, bevor Sie PHP ausprobieren:

```
user$ sudo /etc/init.d/apache2 restart
```

Tabelle 1.3 fasst die wichtigen Eckdaten des LAMP-Systems unter Ubuntu zusammen.

PHP-Konfiguration	/etc/php5/apache2/php.ini
Apache-Konfiguration	/etc/apache2/httpd.conf
Apache-DocumentRoot-Verzeichnis	/var/www
Apache-Account	www-data
Apache-Init-Script (Start/Stopp)	/etc/init.d/apache2

Tabelle 1.3: Eckdaten der Ubuntu-Installation

1.3.4 Installation von XAMPP

XAMPP ist ein Komplettpaket, das aus Apache, MySQL, PHP, Perl, phpMyAdmin und diversen anderen Komponenten besteht. Die in XAMPP inkludierten Programmversionen sind in der Regel aktueller als die Pakete, die mit Linux-Distributionen mitgeliefert werden. Allerdings ist XAMPP explizit nur für den Entwicklereinsatz konzipiert, nicht für den richtigen Server-Einsatz.

XAMPP für Linux besteht aus einem einzigen, sehr großen tar-Archiv, das Sie hier zum Download finden:

http://www.apachefriends.org/de/xampp-linux.html

Bevor Sie XAMPP installieren, müssen Sie sicherstellen, dass auf Ihrem Rechner weder Apache noch MySQL installiert ist! Die Installation ist wirklich denkbar einfach – ein einziges tar-Kommando reicht:

```
root# tar xvfz xampp-linux-n.n.tar.gz -C /opt
```

Anschließend befinden sich sämtliche XAMPP-Komponenten im Verzeichnis /opt/lampp. Ein weiteres Kommando startet das System:

```
root# /opt/lampp/lampp start
```

Indem Sie die Seite http://localhost mit einem Webbrowser öffnen, können Sie sich davon überzeugen, dass alles funktioniert hat (siehe Abbildung 1.7). Tabelle 1.4 fasst zusammen, wo Sie die Konfigurationsdateien finden.

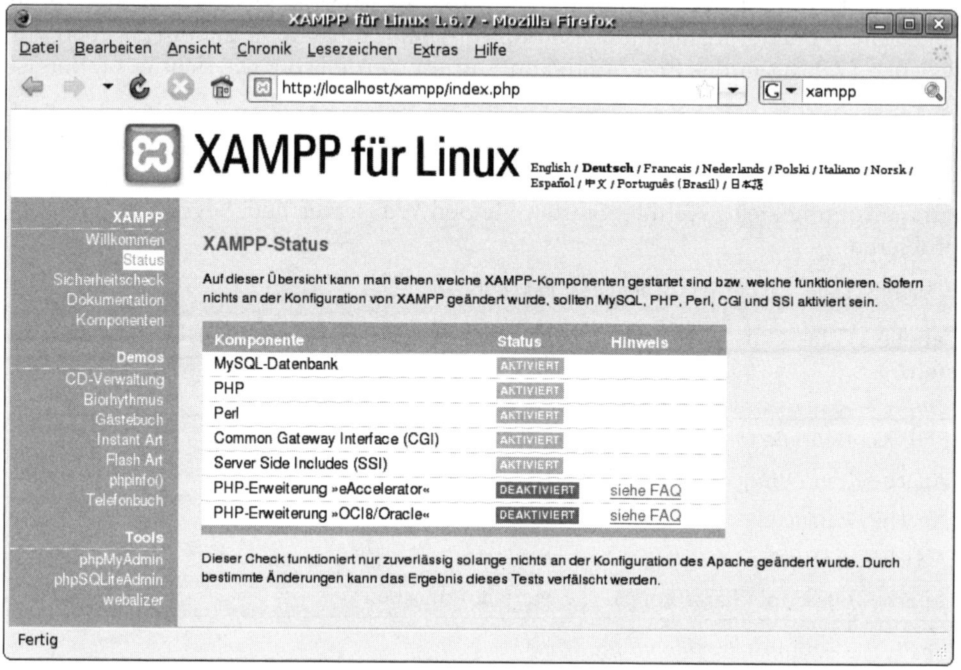

Abbildung 1.7: Die XAMPP-Statusseite

PHP-Konfiguration	/opt/lampp/etc/php.ini
Apache-Konfiguration	/opt/lampp/etc/httpd.conf
Apache-DocumentRoot-Verzeichnis	/opt/lampp/htdocs
Apache-Account	nobody
Apache-Init-Script (Start/Stopp)	/opt/lampp/lampp

Tabelle 1.4: Eckdaten der XAMPP-Installation

XAMPP absichern

Die Defaultinstallation von XAMPP ist nicht durch Passwörter abgesichert und daher unsicher. Das sollten Sie mit dem folgenden Kommando ändern:

```
root# /opt/lampp/lampp security
```

Sie können nun verschiedene Aspekte von XAMPP absichern:

- **XAMPP-Seiten:** Damit sichern Sie den Zugang zu den von Apache erzeugten Webseiten zur XAMPP-Administration ab. Unabhängig davon, ob die Seiten vom lokalen Rechner oder extern aufgerufen werden, müssen Sie sich nun zuerst mit dem Benutzernamen *lampp* und dem von Ihnen angegebenen Passwort anmelden. (Die Absicherung erfolgt durch zwei .htaccess-Dateien in den Verzeichnissen /opt/lampp/xampp und /opt/lampp/phpmyadmin. Hintergrundinformationen zu .htaccess finden Sie in Abschnitt 1.4.)
- **MySQL-Netzwerkzugriff:** Wenn Sie ausschließlich mit PHP auf den MySQL-Server zugreifen, erfolgt dieser Zugriff über eine sogenannte Socket-Datei. Die Netzwerkfunktionen von MySQL sind daher nicht erforderlich und sollten aus Sicherheitsgründen deaktiviert werden.
- **phpMyAdmin-Passwort:** Zur Administration des MySQL-Servers hat XAMPP phpMyAdmin installiert (siehe Kapitel 7). Für einige Zusatzfunktionen von phpMyAdmin hat XAMPP einen eigenen MySQL-Benutzer eingerichtet, für den Sie nun ein Passwort definieren können. Dieses Passwort wird im Klartext in die Datei /opt/lampp/phpmyadmin/config.inc.php eingetragen (sonst funktioniert phpMyAdmin nicht). Verwenden Sie aus Sicherheitsgründen nicht dasselbe Passwort, mit dem beispielsweise Ihr Login abgesichert ist!
- **MySQL-root-Passwort:** Die MySQL-Administration erfolgt durch den Benutzer *root*. Sie können nun für *root* ein Passwort angeben. Dieses Passwort gilt auch für phpMyAdmin. Dort müssen Sie sich in Zukunft mit dem Benutzernamen *root* und dem dazu passenden Passwort anmelden.
- **FTP-Passwort:** Als Teil von XAMPP wurde auch ein FTP-Server eingerichtet. Dieser ist mit dem Passwort *lampp* abgesichert. Wenn Sie ein anderes Passwort benutzen möchten, können Sie es jetzt angeben.

XAMPP verwenden

Nun können Sie mit der Entwicklung Ihrer ersten PHP-Testprogramme beginnen. Ihre eigenen PHP-Dateien speichern Sie beispielsweise in /opt/lampp/htdocs /meinebeispiele. Dabei müssen Sie darauf achten, dass die Dateien von Apache gelesen werden können, der unter dem Account *nobody* ausgeführt wird.

```
root# mkdir /opt/lampp/htdocs/meinebeispiele
root# chown benutzername /opt/lampp/htdocs/meinebeispiele
root# chgrp nobody /opt/lampp/htdocs/meinebeispiele
```

Nach diesen Vorbereitungsarbeiten sollten Sie aus Sicherheitsgründen unter Ihrem normalen Account weiterarbeiten.

XAMPP beenden

Bevor Sie den Rechner herunterfahren, sollten Sie XAMPP stoppen. Das ist insbesondere deswegen wichtig, damit der MySQL-Server alle offenen Datenbankdateien ordnungsgemäß schließen kann.

```
root# /opt/lampp/lampp stop
```

XAMPP automatisch starten und stoppen

Jedes Mal, wenn Sie Ihren Rechner starten, müssen Sie auch XAMPP neu starten. Beim Ausschalten müssen Sie daran denken, XAMPP zu beenden. Wenn Sie dazu keine Lust haben, können Sie das auch automatisch erledigen. Dazu müssen Sie in das Init-V-System Ihrer Linux-Distribution zwei Links einfügen. (Das Init-V-System steuert, wann welche Systemdienste gestartet bzw. gestoppt werden.)

Die folgenden Kommandos zeigen die Vorgehensweise für Ubuntu. Bei anderen Distributionen müssen Sie teilweise abweichende Verzeichnisnamen verwenden (z.B. bei Fedora /etc/rc5.d, bei openSUSE /etc/init.d/rc5.d).

```
root# cd /etc/rc2.d
root# ln -s /opt/lampp/lampp S99lampp
root# ln -s /opt/lampp/lampp K01lampp
```

XAMPP deinstallieren

Die Deinstallation ist ebenso einfach wie die Installation:

```
root# rm -rf /opt/lampp/
```

Beachten Sie, dass Sie dadurch auch alle Ihre PHP-Dateien, MySQL-Datenbanken etc. verlieren. Gegebenenfalls sollten Sie vorher ein Backup machen. Die PHP-Dateien kopieren Sie einfach von /opt/lampp/htdocs/beispiele/ in ein anderes Verzeichnis (z.B. in Ihr Heimatverzeichnis). MySQL-Datenbanken sichern Sie am bequemsten mit phpMyAdmin (siehe Abschnitt 7.6). Alternativ können Sie auch das Kommando mysqldump zu Hilfe nehmen. Das folgende Beispielkommando wurde hier aus Platzgründen auf drei Zeilen verteilt:

```
user$ cp -a /opt/lampp/htdocs/meinebeispiele ~
user$ /opt/lampp/binmysqldump -u root -p  \
      meinedatenbank > ~/meinedatenbank.sql
Password: ********
```

1.3.5 Manuelle Installation, PHP 5.3 selbst kompilieren

Wenn Ihnen auch XAMPP nicht ausreichend aktuell ist, müssen Sie selbst Hand anlegen. Dieser Abschnitt zeigt exemplarisch, wie Sie unter Ubuntu 8.04 eine aktuelle MySQL-Version aus der Paketquelle *debian experimental* installieren und PHP 5.3 selbst kompilieren. Diese Anleitung fasst gleichzeitig zusammen, wie wir die auf der beiliegenden DVD befindliche Testumgebung zusammengefügt haben.

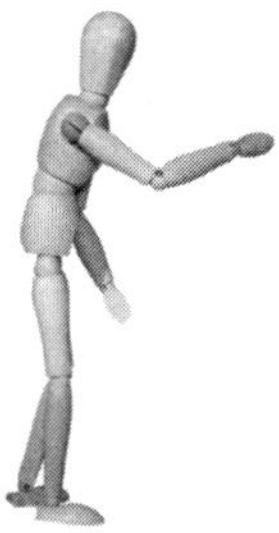

Hinweis

Wenn Sie andere Distributionen einsetzen oder andere Versionen ausprobieren möchten (z.B. eine Snapshot-Version von PHP 6), müssen Sie die Vorgehensweise entsprechend adaptieren. Generell richtet sich dieser Abschnitt an Linux-Profis: Wer noch nie ein Programm kompiliert hat, wird vermutlich auch mit dieser Kurzanleitung scheitern.

Apache 2.2

Keine Probleme bereitet momentan Apache. Alle Distributionen enthalten die aktuelle Version 2.2:

```
root# apt-get install apache2-mpm-prefork
```

MySQL 5.1

Ubuntu 8.04 enthält MySQL 5.0. Um die aktuelle Version 5.1 zu installieren, können Sie auf die .tar.gz-Pakete von http://dev.mysql.com/downloads/mysql/5.1.html zurückgreifen. Noch eleganter und einfacher ist es freilich, vorübergehend als zusätzliche Paketquelle *debian experimental* einzurichten und von dort fertige Debian-Pakete herunterzuladen. Dazu fügen Sie der Datei /etc/apt/sources.lst eine Zeile hinzu:

```
# am Ende von /etc/apt/sources.lst hinzufügen
...
deb http://ftp.at.debian.org/debian experimental main
```

Anschließend führen Sie die folgenden Kommandos aus, um zuerst den Debian-Paketschlüssel einzurichten und dann den MySQL-Server und alle davon abhängigen Pakete zu installieren:

```
root# apt-get install debian-archive-keyring
root# apt-key install /usr/share/keyrings/debian-archive-keyring.gpg
root# apt-get install mysql-server-5.1 libmysqlclient-dev
```

Zu guter Letzt müssen Sie die Debian-Paketquelle in sources.lst wieder deaktivieren. Dazu fügen Sie am Beginn der Zeile das Zeichen # ein. Sie vermeiden damit, dass beim nächsten Update alle möglichen Ubuntu-Pakete durch neuere Debian-Pakete ersetzt werden.

Aus schwer nachvollziehbaren Gründen ist MySQL 5.1 in den *debian-experimental*-Paketen so konfiguriert, dass es zu MySQL 4.0 kompatible Passwörter verwendet. Das erhöht zwar die Kompatibilität zu alten Client-Bibliotheken, ist aber weniger sicher und inkompatibel zu PHP 5.3 (*mysqlnd*-Backend). Daher müssen Sie als *root* die Datei /etc/mysql/my.cnf mit einem Texteditor laden und die Einstellung *old_passwords = 1* in *old_passwords = 0* ändern. Bereits definierte Passwörter von MySQL-Benutzern in der Tabelle *mysql.user* werden dadurch nicht geändert (das müssen Sie bei Bedarf selbst erledigen), aber neue Passwörter werden von nun an mit einer sicheren Methode verschlüsselt.

Auch eine zweite Änderung in my.cnf hat mit dem *mysqlnd*-Backend zu tun: Diese Bibliothek nimmt an, dass die MySQL-Socket-Datei /tmp/mysql.sock heisst. In der von uns zuletzt eingesetzten Testversion (Alpha 1) bestand keine Möglichkeit, den Ort beim Kompilieren durch eine configure-Option zu beeinflussen. Viele Distributionen speichern die Socket-Datei aber an anderen Orten. Die hier beschriebenen Debian-Pakete verwenden /var/run/mysqld/mysqld.sock. Um das zu ändern, suchen Sie in /etc/ mysql/my.cnf und in .../debian.cnf nach allen Zeilen, die mit *socket* oder *pid-file* beginnen, und stellen Sie dort *socket=/tmp/mysql.sock* bzw. *pid-file=/tmp/mysqld.pid* ein. Anschließend starten Sie MySQL neu:

```
root# /etc/init.d/mysql restart
```

PHP 5.3

Am meisten Arbeit verursachte PHP 5.3. Im August 2008 gab es hierfür noch keine fertigen Ubuntu-kompatiblen Pakete. Daher haben wir PHP 5.3 selbst kompiliert, was auch keine Hexerei darstellt. Der erste Schritt besteht darin, die Entwicklungswerkzeuge und -bibliotheken zu installieren:

```
root# apt-get install build-essential autoconf apache-threaded-dev \
                      libxml2-dev libjpeg62-dev libpng12-dev libtool
```

Den Quellcode für PHP 5.3 laden Sie wahlweise von http://snaps.php.net/ oder von http://php.net/downloads.php herunter, packen ihn mit tar xzf aus und benennen das Verzeichnis dann in php53-code um. Die Anweisungen zum Kompilieren verpacken Sie am besten in ein kleines Script comp-php, beispielsweise so:

```
cd ~/php53-code
./buildconf
./configure \
    --with-apxs2=/usr/bin/apxs2 \
    --with-zlib \
    --with-gd \
    --with-mysql=mysqlnd \
    --with-mysqli=mysqlnd \
    --enable-pdo \
    --with-pdo-mysql=mysqlnd \
    --with-config-file-scan-dir=/etc/php5/apache2 \
    --with-jpeg-dir=/usr/lib \
    --enable-exif \
    --libdir=/usr/lib \
    --enable-mbstring
make clean
make
sudo make install
sudo /etc/init.d/apache2 restart
```

Für ./configure existieren unzählige weitere Optionen, die Sie verwenden müssen, um diverse PHP-Erweiterungen einzusetzen. Das Kommando /configure --help liefert eine kurze Beschreibung aller Optionen. Beachten Sie, dass Sie häufig auch diverse Entwicklerbibliotheken installieren (unter Ubuntu Pakete, deren Namen mit -dev enden).

1.4 Apache-Konfiguration

1.4.1 Apache-Konfigurationsdatei

Beinahe alle Einstellungen von Apache werden durch die Datei httpd.conf gesteuert: der Servername, die Orte von Webverzeichnissen und Logdateien, die Zugriffsrechte, die Integration von PHP etc. Die folgende Tabelle gibt an, wo sich diese Datei üblicherweise befindet.

Installation	Ort von httpd.conf
Windows-Eigeninstallation	C:\apache22\conf\httpd.conf
Linux XAMPP	/opt/lampp/etc/httpd.conf
Red Hat, Fedora	/etc/httpd/conf/*
Debian, Novell, openSUSE, Ubuntu	/etc/apache2/*

Tabelle 1.5: Ort der Apache-Konfigurationsdatei

Bei den meisten Linux-Distributionen gibt es nicht eine Konfigurationsdatei httpd.conf, sondern gleich ein ganzes Bündel. Das macht jede einzelne Datei übersichtlicher und ermöglicht eine modulare Konfiguration, gleichzeitig erschwert es aber den Überblick.

Bei openSUSE- bzw. Novell-Distributionen kommt hinzu, dass viele Apache-Konfigurationsdateien bei jedem Start neu erstellt werden. Eigene Änderungen sollten in /etc/apache2/httpd.conf.local durchgeführt werden. Damit diese Datei berücksichtigt wird, müssen Sie diesen Dateinamen in die Variable *APACHE_CONF_-INCLUDE_FILES* in der Datei /etc/sysconfig/apache2 einfügen.

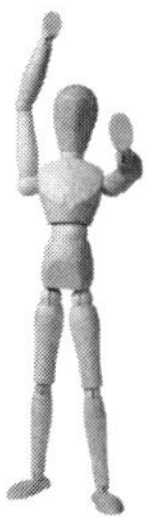

Achtung

Änderungen an der Konfiguration werden erst wirksam, wenn Sie Apache neu starten!

Unter Windows müssen Sie in allen Apache-Konfigurationsdateien das Zeichen / zur Trennung von Verzeichnissen verwenden, nicht wie sonst üblich \!

Elementare Einstellungen

Es fehlt hier der Platz, um auf die Details der Apache-Konfiguration einzugehen. Im Folgenden werden daher nur einige ganz elementare Einstellungen aus httpd.conf beschrieben.

- *ServerName:* Diese Einstellung gibt den Netzwerknamen des Rechners an, auf dem Apache läuft. Unter diesem Namen ist der Webserver von anderen Rechnern im Netzwerk aus erreichbar. (Wenn die Einstellung fehlt, versucht Apache, den Netzwerknamen selbst herauszufinden.)
- *DocumentRoot:* Diese Einstellung gibt das Verzeichnis an, in dem sich die Webdateien (*.html, *.php etc.) befinden. Tabelle 1.6 fasst den Defaultzustand je nach Installation zusammen.
- *LoadModule:* Wenn Apache so kompiliert wurde, dass es zur Laufzeit Module laden kann (das ist meistens der Fall), sind hierfür *LoadModule*-Anweisungen erforderlich, die beispielsweise so aussehen:

```
LoadModule php5_module /usr/lib64/apache2/mod_php5.so  # für Linux
LoadModule php5_module "c:/php53/php5apache2_2.dll"    # für Windows
```

- *AddType:* *AddType*-Anweisungen stellen die Zuordnung zwischen Dateikennungen und dem Applikationstyp her. Dank der folgenden Einstellung weiß Apache, dass *.php vom PHP-Interpreter ausgeführt werden soll:

```
AddType application/x-httpd-php .php
```

- *PHPIniDir:* Diese Einstellung wird an den PHP-Interpreter übergeben und sagt diesem, von welchem Ort er die php.ini-Datei lesen soll. Die Option soll die Konfiguration von PHP erleichtern, die in der Vergangenheit oft an einem ganz trivialen Punkt scheiterte: PHP fand die php.ini-Datei nicht bzw. wertete eine veraltete oder falsche Version dieser Datei aus. *PHPIniDir* steht ab Apache 2 zur Verfügung und wird nur von der Windows-Version von Apache ausgewertet.

```
PHPIniDir "C:/php53"
```

- *AddDefaultCharset:* Diese Einstellung gibt an, welchen Zeichensatz die Webdateien haben. Details zur Zeichensatzfrage folgen in Abschnitt 1.7.
- *<Directory "xxx">:* Dieser aus mehreren Zeilen bestehende Block beschreibt alle Eigenschaften eines Webverzeichnisses. *<Directory />* enthält die Defaulteinstellungen, die unter anderem auch für *DocumentRoot* gelten. Der *<Directory>*-Block endet mit *</Directory>*. Die folgenden Zeilen geben ein Beispiel:

```
<Directory /> oder <Directory "verzeichnis ...">
  ...
  AllowOverride AuthConfig FileInfo
  Option Indexes
</Directory>
```

Innerhalb des *<Directory>*-Blocks steuern diverse Optionen, was in diesem Verzeichnis erlaubt bzw. verboten ist und wer darauf Zugriff hat. An dieser Stelle werden nur zwei dieser Optionen vorgestellt:

AllowOverride: Oft ist es erwünscht, dass Apache in Webverzeichnissen die Datei .htaccess auswertet und die darin enthaltenen Zusatzeinstellungen auf das Verzeichnis anwendet (siehe auch den nächsten Abschnitt). Damit das funktioniert, müssen Sie mit *AllowOverride* angeben, welche Veränderungen zulässig sind. Mögliche Einstellungen sind *None* (verbietet alle Änderungen, gilt oft per Default), *All* (erlaubt alle Änderungen) oder eine Kombination aus *AuthConfig* (Authentifizierung), *FileInfo* (Sprach- und Zeichensatzeinstellungen, Fehlerdatei), *Indexes*, *Limit* (Zugriffsrechte) und *Options*.

Options Indexes: Wenn im Browser die Adresse http://rechnername/verzeichnis/ angegeben wird, liefert Apache je nach Konfiguration von *DirectoryIndex* automatisch die Seite index.html, index.php etc. (siehe unten). Sollte keine der *DirectoryIndex*-Dateien existieren, bewirkt *Options Indexes*, dass Apache ein Inhaltsverzeichnis anzeigt. Das ist während der Programmentwicklung oft praktisch, kann aber im Vollbetrieb ein Sicherheitsrisiko darstellen. (Neben *Indexes* gibt es übrigens noch eine Reihe weiterer Schlüsselwörter, die *Options* nachgestellt werden dürfen.)

- ***DirectoryIndex:*** Mit dieser Option können Sie eine oder mehrere Dateien angeben, nach denen Apache sucht, wenn im Webbrowser nur ein Verzeichnis angegeben wird. Eine übliche Einstellung lautet *index.html index.php main.php default.php*. Wenn im Browser nun die Adresse http://rechnername/verzeichnis/ eingegeben wird, sucht Apache für dieses Verzeichnis nach den angegebenen Dateien und liefert die erste passende Datei.

Defaultverzeichnis für Webdateien

Die folgende Tabelle fasst zusammen, in welchem Verzeichnis Webdateien (*.html, *.php etc.) per Default gespeichert werden. In diesem Verzeichnis bzw. in selbst erzeugten Unterverzeichnissen speichern Sie Ihre eigenen PHP-Beispiele.

Installation	DocumentRoot-Ort
Windows	C:\apache22\htdocs
Linux XAMPP	/opt/lampp/htdocs
Debian, Ubuntu	/var/www
Fedora, Red Hat	/var/www/html
Novell, openSUSE	/srv/www/htdocs

Tabelle 1.6: Verzeichnis mit den Webdateien

Beachten Sie, dass Apache unter Linux unter einem eigenen Account läuft (oft *nobody*, bei SUSE *wwwrun*). Bei allen Webdateien müssen die Zugriffsrechte so eingestellt werden, dass dieser Benutzer und somit auch Apache sie lesen kann. Zur Veränderung der Zugriffsrechte verwenden Sie die Unix-Kommandos chown und chmod. Beispielsweise bewirkt chmod a+x *, dass jeder alle Dateien lesen darf.

1.4.2 Passwortschutz für Webverzeichnisse (.htaccess-Datei)

Sobald Apache läuft, hat jeder im Netz bzw. im Internet Zugang zu allen Webseiten, die Apache verarbeiten kann. Gerade auf Entwicklungsrechnern ist das nicht immer gewollt. Es bestehen drei Möglichkeiten, den Zugriff auf Webseiten einzuschränken:

- **Absicherung in httpd.conf:** In httpd.conf können Sie ganz genau einstellen, von welchen Adressen die Webseiten eines bestimmten Verzeichnisses gelesen werden dürfen. Es fehlt hier allerdings der Platz, um diese Mechanismen zu beschreiben.
- **Absicherung durch eine Firewall:** Wenn auf dem Entwicklungsrechner eine Firewall läuft, kann diese so konfiguriert werden, dass Apache nicht von außen (also über das Netzwerk) kontaktiert wird. Die Webseiten können also nur vom lokalen Rechner betrachtet werden.
- **Passwortabsicherung einzelner Verzeichnisse:** Hierfür legen Sie im zu schützenden Webverzeichnis eine Datei mit dem Namen .htaccess an und geben dort an, dass dieses Verzeichnis erst nach einer vorherigen Authentifizierung durch Name und Passwort gelesen werden darf. Apache wertet .htaccess aus und zeigt allen Surfern, die Dateien aus diesem Verzeichnis mit ihrem Browser ansehen möchten, einen Login-Dialog.

Im Folgenden wird nur die letzte Variante behandelt. Sie ist auch dann hilfreich, wenn Sie ein im Internet öffentlich zugängliches Verzeichnis gegen fremde Benutzung absichern möchten. Ein typisches Beispiel hierfür ist das PHP-Programm phpMyAdmin, das auf unzähligen Websites zur Administration von MySQL verwendet wird (siehe Kapitel 7).

Passwortdatei anlegen

Der erste Schritt zum Passwortschutz besteht darin, eine Passwortdatei anzulegen. Die Passwortdaten werden aus Sicherheitsgründen nicht in .htaccess gespeichert, sondern in einer separaten Datei. Diese Datei darf sich auch außerhalb der öffentlich zugänglichen Webverzeichnisse befinden. Die Passwortdatei wird im folgenden Beispiel site.pwd genannt.

Die Passwortdatei wird mit dem Apache-Hilfsprogramm htpasswd erzeugt. Dabei geben Sie die Option -c (*create*), den Namen der Passwortdatei und einen Benutzernamen an. Das Programm fragt Sie anschließend nach dem gewünschten Passwort und erzeugt dann die Passwortdatei, wobei der Benutzername im Klartext, das Passwort aber verschlüsselt gespeichert wird:

```
> htpasswd -c site.pwd michael
New password: **********
Re-type new password: **********
Adding password for user michael
```

Um einer schon existierenden Passwortdatei eine weitere Kombination aus Benutzername und Passwort hinzuzufügen, führen Sie htpasswd nochmals ohne die Option *-c* aus:

```
> htpasswd site.pwd name2
New password: **********
Re-type new password: **********
Adding password for user name2
```

Die resultierende Passwortdatei sieht so ähnlich wie die folgenden Zeilen aus:

```
michael:$apr1$gp1.....$qljDszVJOSCS.oBoPJItSj
name2:$apr1$A22.....$0V01Nc1FcXgNsruT9c6Iq1
```

Hinweis

Um htpasswd.exe unter Windows auszuführen, müssen Sie ein Kommandofenster (Eingabeaufforderung) öffnen und in Anführungszeichen den vollständigen Pfad des Programms angeben, also üblicherweise "C:\apache22\bin \htpasswd.exe".

Wenn Sie die Passwortdatei in einem Verzeichnis bei Ihrem Internet Service Provider erstellen oder ergänzen möchten, benötigen Sie einen ssh-Zugang zum Rechner des ISPs (um dort htpasswd auszuführen). Manche ISPs stellen stattdessen andere Konfigurationshilfen zur Verfügung.

.htaccess-Datei

Wenn sich in einem Webverzeichnis eine Datei mit dem Namen .htaccess befindet, wertet Apache die in dieser Datei enthaltenen Konfigurationseinstellungen aus. Dabei gilt dieselbe Syntax wie in httpd.conf. Allerdings können nur einige verzeichnisspezifische Einstellungen vorgenommen werden.

Mit der folgenden .htaccess-Datei wird der Inhalt eines Verzeichnisses (inklusive aller Unterverzeichnisse!) geschützt:

```
AuthType Basic
AuthUserFile "c:/apache22/htdocs/test/site.pwd"
AuthName "myrealm"
Require valid-user
```

AuthUserFile gibt den vollständigen Dateinamen der Passwortdatei an. *AuthName* bezeichnet den Bereich (*realm*), für den der Zugriff gültig ist. Der Sinn besteht darin, dass Sie nicht jedes Mal einen Login durchführen müssen, wenn Sie auf durch .htaccess geschützte Verzeichnisse zugreifen wollen. Sobald Sie sich mit einer bestimmten *AuthName*-Bezeichnung eingeloggt haben, gilt dieser Login auch für alle anderen Verzeichnisse mit dieser *AuthName*-Bezeichnung.

Für .htaccess bedeutet das, dass Sie für Verzeichnisse mit gemeinsamem Login jeweils dieselbe *AuthName*-Zeichenkette angeben. Umgekehrt können Sie für unterschiedliche Verzeichnisse auch unterschiedliche Bereichsnamen angeben – dann ist für jedes Verzeichnis ein neuer Login erforderlich.

Require valid-user bedeutet, dass als Login jede gültige Kombination aus Benutzername und Passwort zulässig ist. Alternativ können Sie hier auch angeben, dass ein Login nur für ganz bestimmte Benutzer erlaubt ist:

```
Require user myname name2 name3
```

Weitere Details zur Benutzerauthentifizierung und zur .htaccess-Konfiguration finden Sie z.B. hier:

http://www.apacheweek.com/features/userauth

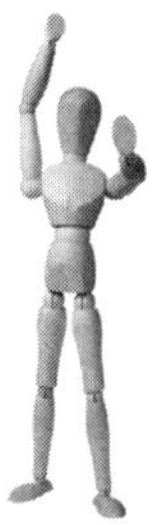

Achtung

.htaccess-Dateien werden nur wirksam, wenn dies in der Apache-Konfigurationsdatei httpd.conf erlaubt ist! Wenn die Apache-Konfiguration für das betroffene Verzeichnis bzw. für das Defaultverzeichnis / den Eintrag *AllowOverride None* enthält, bleiben alle .htaccess-Dateien wirkungslos! Wenn in *AllowOverride* nur einzelne Optionen angegeben werden, in .htaccess aber darüber hinausgehende Einstellungen verändert werden, wird sogar ein Fehler ausgelöst.

Damit .htaccess-Dateien berücksichtigt werden, muss httpd.conf für das betreffende Verzeichnis (also in der entsprechenden *<Directory>*-Gruppe) die Einstellung *AllowOverride All* oder *AllowOverride AuthConfig* enthalten.

Unter Windows ist es mit dem Windows-Explorer nicht möglich, eine Datei mit dem Namen .htaccess zu erzeugen: der Explorer glaubt, dass dieser Name ungültig ist. Nennen Sie die Datei vorerst htaccess.txt, und verwenden Sie dann ein Eingabeaufforderungsfenster, um die Datei durch das Kommando *RENAME htaccess.txt .htaccess* umzubenennen. Windows-Anwender werden sich vielleicht wundern, warum der Dateiname überhaupt mit einem Punkt beginnen muss. Das ist die unter Unix/Linux übliche Methode, Dateien als versteckt zu kennzeichnen. Derartige Dateien werden von Linux-Dateimanagern normalerweise nicht angezeigt.

Zugriff auf ein geschütztes Verzeichnis

Wenn Sie versuchen, mit einem Browser eine Datei aus einem geschützten Verzeichnis zu lesen, zeigt der Webbrowser einen Login-Dialog an (Abbildung 1.8).

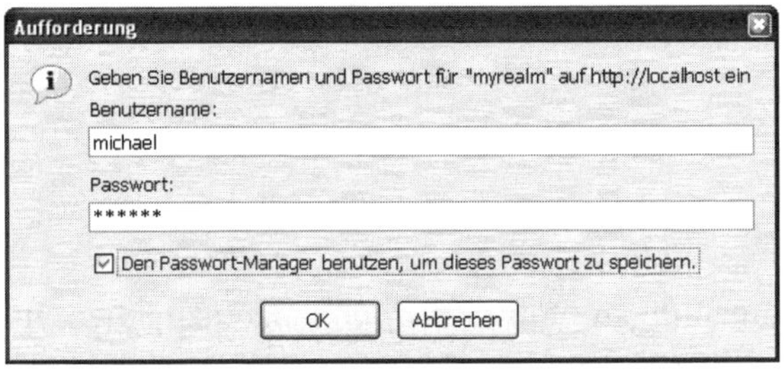

Abbildung 1.8: Zugriff auf ein passwortgeschütztes Verzeichnis

1.5 PHP-Konfiguration

Die Einstellungen und Optionen des PHP-Interpreters werden durch die Datei php.ini gesteuert. Die folgende Tabelle fasst zusammen, wo Sie diese Datei üblicherweise finden:

Installation	Ort von php.ini
Windows-Eigeninstallation	C:\php53\php.ini
Linux XAMPP	/opt/lampp/etc/php.ini
Linux	/etc/php5/apache2/php.ini

Tabelle 1.7: Ort der PHP-Konfigurationsdatei

Unter Windows wird der Ort von php.ini üblicherweise durch *PHPIniDir* in der Apache-Konfigurationsdatei httpd.conf eingestellt (das funktioniert ab Apache 2). Wenn diese Einstellung fehlt, sucht der PHP-Interpreter php.ini im Windows-Verzeichnis.

php.ini-Probleme

Wenn der PHP-Interpreter php.ini nicht findet bzw. wenn diese Datei gar nicht existiert, verwendet er Standardeinstellungen.

Wenn Sie sich nicht sicher sind, ob bzw. von wo der PHP-Interpreter php.ini liest, werfen Sie einen Blick auf die PHP-Testseite, die durch die PHP-Funktion *phphinfo()* erzeugt wird (siehe Abbildung 1.5).

Muster für php.ini finden Sie unter Windows im PHP-Installationsverzeichnis (z.B. C:\php53\). Als Ausgangsbasis für Ihre eigenen Einstellungen verwenden Sie am besten die mitgelieferte Datei php.ini-recommended.

Veränderungen in php.ini werden erst wirksam, wenn Apache neu gestartet wird!

Ab PHP 5.3 besteht die Möglichkeit, einen Teil der PHP-Einstellungen durch verzeichnisspezifische Konfigurationsdateien mit dem Namen .user.ini zu verändern. Die Idee ist also dieselbe wie bei den .htaccess-Dateien für Apache. Diese Funktion ist deaktiviert, wenn die zentrale php.ini-Datei die folgende Zeile (ohne Einstellung!) enthält:

```
user_ini.filename =
```

Elementare Einstellungen

Es fehlt hier der Platz, um auf die unzähligen Optionen in php.ini einzugehen. Im Folgenden werden daher nur die allerwichtigsten Optionen beschrieben, wobei jeweils die im Buch verwendeten Einstellungen angegeben werden:

- ***display_errors = On***: Diese Einstellung bewirkt, dass bei Fehlern in PHP-Scripts Fehlermeldungen angezeigt werden. Das ist bei der Programmentwicklung natürlich praktisch. Bei Servern, die im Internet stehen, sollte die Einstellung allerdings *Off* lauten, weil Fehlermeldungen manchmal Rückschlüsse auf den Code zulassen und so zu einer Sicherheitslücke werden können. (Wenn Sie beim Entwickeln einer PHP-Seite statt eines Ergebnisses im Webbrowser einfach nur eine leere Seite sehen, dann ist fast immer die *display_errors*-Einstellung schuld.)
- ***error_reporting = E_ALL***: Diese Einstellung bewirkt, dass alle PHP-Fehler und -Warnungen angezeigt werden.
- ***magic_quotes_gpc = On***: Diese Einstellung bewirkt, dass bei der Übermittlung von Daten zwischen Webseiten (Get/Post/Cookie) Sonderzeichen wie ', ", \ oder ein 0-Byte durch \', \", \\ und \0 ersetzt werden. Details zu *Magic Quotes* finden Sie in Abschnitt 5.5.2. Die Einstellung wurde auf *On* gesetzt, weil dies zurzeit (leider) die Standardeinstellung bei fast allen Internet Service Providern ist und es bei der Entwicklung von Code zweckmäßig ist, möglichst dieselben Einstellungen wie beim Webhoster zu verwenden.
- ***default_charset***: Diese Option sollte entweder gar nicht gesetzt werden (was in der Defaultkonfiguration der Fall ist) oder für die Beispiele dieses Kapitels auf *"iso-8859-1"* eingestellt werden. *default_charset* steuert, ob der PHP-Interpreter beim Übertragen von HTML-Dokumenten angeben soll, dass die Seiten gemäß eines bestimmten Zeichensatzes codiert sind. Mehr Informationen zum Thema Zeichensatz folgen in Abschnitt 1.7.
- ***max_execution_time=30:*** Diese Option gibt an, nach welcher Zeit (in Sekunden) die Ausführung eines PHP-Scripts abgebrochen wird.
- ***max_input_time =60:*** Diese Option gibt an, wie lange PHP auf Daten wartet (z.B. bei einem Datei-Upload vom Client zum PHP-Programm).
- ***file_uploads=On:*** Diese Option bewirkt, dass PHP Datei-Uploads verarbeiten kann.

- ***upload_max_filesize=2M:*** Diese Option gibt an, wie groß eine Datei bei einem Datei-Upload maximal sein darf.
- ***post_max_size=8M:*** Diese Option gibt an, welche Datenmengen maximal durch ein Formular (*POST*) zum PHP-Programm gesendet werden dürfen.
- ***memory_limit=8M:*** Diese Option gibt an, wie viel Speicherplatz ein PHP-Script maximal für sich beanspruchen darf.

PHP-Erweiterungen (extensions)

PHP-Erweiterungen ermöglichen die Verwendung zusätzlicher Funktionen, die nicht direkt in PHP integriert sind. Welche Funktionen von PHP direkt integriert sind und welche als *extensions* realisiert sind, hängt davon ab, wie PHP kompiliert ist.

- Wenn Sie PHP unter Unix/Linux selbst kompilieren, integrieren Sie die gewünschten Erweiterungen normalerweise direkt in den PHP-Interpreter (durch geeignete ./configure-Optionen) und müssen sich daher in php.ini nicht um Extensions kümmern. Wenn Sie eine Funktion als Erweiterung kompilieren möchten, müssen Sie der entsprechenden configure-Option =shared hinzufügen, also z.B. --with-pgsql=shared.
- Bei den meisten Linux-Distributionen wird PHP stark modularisiert ausgeliefert: Diverse Erweiterungen können dann einzeln als Paket installiert werden. Um php.ini müssen Sie sich in diesem Fall nicht kümmern – diese Arbeit nimmt Ihnen in der Regel das Paketverwaltungssystem ab.
- Am wahrscheinlichsten kommen Sie mit dem PHP-Erweiterungsmechanismus unter Windows in Kontakt. Die für Windows verfügbare PHP-Version enthält kaum Zusatzfunktionen. Dafür werden alle möglichen Erweiterungen in Form von Zusatzbibliotheken mitgeliefert (*.dll-Dateien im Unterverzeichnis ext).

Wenn Sie Erweiterungen nutzen möchten, muss in php.ini die Variable *extension_-dir* so eingestellt sein, dass sie das Verzeichnis der PHP-Installation angibt:

```
extension_dir = "c:\php53\ext\"
```

Des Weiteren müssen Sie in php.ini die gewünschten Erweiterungen durch *extension*-Einstellungen angeben. Die Zeile für das OpenSSL-Modul für Windows würde z.B. so aussehen:

```
extension=php_openssl.dll
```

php.ini enthält normalerweise bereits eine Menge solcher *extension*-Anweisungen, denen aber ein Strichpunkt vorangestellt ist. Der Strichpunkt kennzeichnet in php.ini einen Kommentar. Um die Erweiterung zu nutzen, müssen Sie also nur den Strichpunkt entfernen. Unter Unix/Linux lautet die Dateiendung für Bibliotheken .so statt .dll.

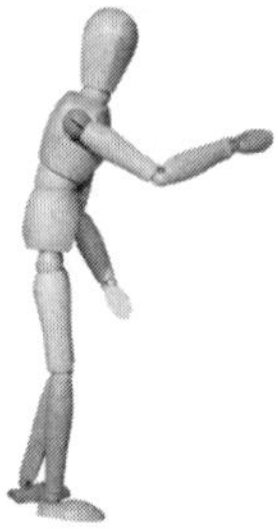

Hinweis

Manche PHP-Erweiterungen greifen selbst auf weitere Bibliotheken zurück. Diese müssen so installiert sein, dass der PHP-Interpreter sie findet. Unter Windows heißt dass, dass solche Bibliotheken in das Windows-Verzeichnis oder in das Windows-Systemverzeichnis kopiert werden müssen!

Beispielsweise nutzt die PHP-Erweiterungs-DLL php_mysql.dll Funktionen aus libmysql.dll (gilt nur bis PHP 5.2). Diese Datei wird zwar mit aktuellen PHP-Versionen mitgeliefert, sie befindet sich aber standardmäßig im PHP-Verzeichnis, wo sie vom PHP-Interpreter nicht gefunden wird. Deswegen müssen Sie die Datei libmysql.dll in das Windows-Verzeichnis kopieren, bevor Sie Apache neu starten (siehe auch das Ende von Abschnitt 1.2.2). Wenn Sie das Kopieren vergessen, scheitert der Apache-Neustart mit einer Fehlermeldung, dass eine DLL nicht geladen werden kann.

E-Mail-Konfiguration (nur für Windows)

Abschnitt 5.6 beschreibt, wie Sie mit PHP E-Mails versenden können. Falls Sie dabei die PHP-Funktion *mail* einsetzen (zu der es aber auch Alternativen gibt), müssen Sie in php.ini den Rechnernamen des SMTP-Servers sowie dessen Port angeben. SMTP steht für *Simple Mail Transfer Protocol*. Die Aufgabe eines SMTP-Servers ist es, E-Mails an den Empfänger weiterzuleiten. Zur Übertragung der Daten wird üblicherweise der TCP/IP-Port 25 verwendet. Außerdem sollten Sie die Absenderadresse angeben.

```
; E-Mail-Konfiguration in php.ini (nur für Windows)
SMTP = smtp.firma.de
smtp_port = 25
sendmail_from = "michael@kofler.cc"
```

Tatsächlich funktioniert der E-Mail-Versand mit *mail* trotz richtiger Konfiguration häufig nicht: Zum einen verlangen viele SMTP-Server mittlerweile eine Authentifizierung mit Name und Passwort, wozu PHP aber nicht in der Lage ist. Zum anderen wird die E-Mail möglicherweise vom Empfänger als SPAM klassifiziert und ihre Annahme verweigert, insbesondere dann, wenn der in der E-Mail-Absenderadresse angegebene Domainname nicht verifiziert werden kann. Weitere Informationen zu diesem Thema gibt Abschnitt 5.6. Dort wird auch die Klasse *PEAR::mail* vorgestellt, die eine leistungsfähige Alternative zur *mail*-Funktion bietet.

1.6 MySQL-Konfiguration und -Administration

1.6.1 MySQL-Konfiguration

Zahlreiche Details und Optionen des MySQL-Servers werden durch die Datei my.cnf (Unix/Linux) bzw. my.ini gesteuert. Die folgende Tabelle fasst zusammen, wo Sie diese Datei finden.

Installation	my.cnf/my.ini-Konfigurationsdatei
Windows	C:\Programme\MySQL\MySQL Server n.n\my.ini
Linux	/etc/mysql/my.cnf
Linux mit XAMPP	/opt/lampp/etc/my.cnf

Tabelle 1.8: Ort der MySQL-Konfigurationsdatei

Unter Unix/Linux funktioniert der MySQL-Server auch ohne diese Konfigurationsdatei. MySQL verwendet in diesem Fall Standardeinstellungen, die für die meisten Fälle ausreichen. Unter Windows ist my.ini aber zumeist unumgänglich.

Die Konfigurationsdatei ist in mehrere Abschnitte gegliedert. Die beiden wichtigsten Abschnitte beginnen mit den Zeilen *[client]* bzw. *[mysqld]*. Der *client*-Abschnitt enthält einige Optionen, die für Programme gelten, die auf den MySQL-Server zugreifen. Der *mysqld*-Abschnitt enthält Optionen, die das Verhalten des Servers bestimmen.

Einige Optionen können in beiden Abschnitten vorkommen. Beispielsweise gibt *port* die TCP/IP-Portnummer an. Diese Einstellung ist sowohl für die Clients als auch für den Server wichtig – nur wenn sich beide Programme einig sind, ist eine Kommunikation über das TCP/IP-Protokoll möglich.

Daher werden im Folgenden nur die allerwichtigsten Optionen kurz beschrieben. Die zahllosen weiteren Optionen sind vor allem für Datenbankadministratoren wichtig, die die Geschwindigkeit von MySQL optimieren möchten. Eine ausführliche Beschreibung finden Sie im MySQL-Online-Manual sowie in guten MySQL-Büchern.

- ***port=3306 [client/mysqld]:*** Die Option gibt die Port-Nummer für das TCP/IP-Protokoll an.

- ***skip-networking [mysqld]:*** Die Option bewirkt, dass zur Kommunikation mit dem MySQL-Server nur die Socket-Datei (Unix/Linux) bzw. eine sogenannte *Named Pipe* (Windows) verwendet werden kann. Eine Kommunikation über TCP/IP ist nicht möglich. *skip-networking* wird manchmal aus Sicherheitsgründen verwendet, wenn ohnedies nur lokale Programme mit dem MySQL-Server kommunizieren sollen.

- ***socket=/var/lib/mysql/mysql.sock [client/mysqld]:*** Die Option gibt die Socket-Datei für die lokale Kommunikation zwischen Client und MySQL-Server an (nur Unix/Linux).
- ***basedir=verzeichnis [mysqld]:*** Die Einstellung gibt an, in welches Verzeichnis der MySQL-Server installiert wurde (z.B. C:/Programme/MySQL/MySQL Server 5.1 oder /usr/). Beachten Sie, dass Sie unter Windows als Verzeichnistrennzeichen / verwenden müssen, nicht \!
- ***datadir = verzeichnis [mysqld]:*** Die Einstellung gibt an, wo die Datenbankdateien gespeichert werden (z.B. /usr/lib/mysql).
- ***default-character-set = latin1 [mysqld]:*** Die Einstellung gibt den Defaultzeichensatz für Datenbanken, Tabellen und Textspalten an. Die Einstellung gilt nur, wenn beim Erzeugen neuer Datenbanken oder Tabellen nicht explizit ein anderer Zeichensatz angegeben wird.
- ***default-table-type = MyISAM [mysqld]:*** Die Einstellung gibt den Defaulttabellentyp an (MyISAM oder InnoDB, siehe auch Abschnitt 8.2).
- ***max-allowed-packet = 1M [mysqld]:*** Die Einstellung gibt an, wie groß ein SQL-Kommando bzw. dessen Ergebnis maximal sein darf. Die Einstellung ist dann wichtig, wenn Sie große binäre Objekte laden oder speichern möchten. Falls Sie keinen Zugriff auf die MySQL-Konfigurationsdatei haben (z.B. bei einer MySQL-Installation beim Webhoster), können Sie die Einstellung *max-allowed-packet* für die aktuelle Verbindung auch durch das SQL-Kommando *SET max_allowed_packet = n* verändern.
- ***old_passwords = 0/1 [mysqld]:*** Diese Einstellung gibt an, ob der MySQL-Server zur Version 4.0 kompatible Passwörter erzeugen soll. Auf Systemen mit alten Client-Bibliotheken erhöht das die Kompatibilität, auf Neuinstallationen sollte wegen der wesentlich höheren Sicherheit aber unbedingt *old_passwords=0* verwendet werden. (Sie können die Option auch einfach weglassen, 0 gilt als Standardeinstellung.)

1.6.2 MySQL-Administrationswerkzeuge

Das zweifelsohne wichtigste Administrationsprogramm für PHP-Entwickler ist phpMyAdmin. Der Installation und Anwendung dieses Programms ist das gesamte Kapitel 7 gewidmet.

Dieser Abschnitt beschreibt ganz kurz einige Alternativen zu phpMyAdmin. Ihr Einsatz ist normalerweise nur direkt auf dem Rechner möglich, auf dem der MySQL-Server installiert ist. (phpMyAdmin wird dagegen über einen Browser gesteuert und ist daher auch über das Internet zugänglich.)

mysql

mysql, mysqladmin und mysqldump sind Kommandos, die im Textmodus arbeiten. Unter Linux werden diese Kommandos einfach in einer Konsole ausgeführt. Unter Windows müssen Sie dagegen zuerst ein Eingabeaufforderungsfenster (»DOS-Fenster«) öffnen und dann den vollständigen Pfad der Programme eintippen (z.B. C:\Programme\MySQL\MySQL Server 5.1\bin\mysql.exe). Einzig das Programm mysql kann komfortabel auch über das START-Menü ausgeführt werden.

Die mühsame Pfadangabe kann entfallen, wenn das MySQL-bin-Verzeichnis in der Windows-Umgebungsvariablen *Path* enthalten ist. Das MySQL-Konfigurationsprogramm bietet im Dialog INSTALL AS WINDOWS SERVICE die Möglichkeit, das zu erledigen, allerdings ist diese Option standardmäßig deaktiviert.

Beim Start der Kommandos müssen Sie normalerweise zwei Optionen angeben: *-u root* bedeutet, dass das Kommando mit den Rechten des MySQL-Benutzers *root* ausgeführt werden soll. (Natürlich können Sie auch einen anderen Benutzernamen angeben, wenn Sie die Zugriffsverwaltung von MySQL bereits entsprechend eingerichtet haben.) *-p* bewirkt, dass Sie nach dem Start des Kommandos das Passwort für den gewünschten Benutzer eingeben können.

mysql wird überwiegend dazu eingesetzt, um SQL-Kommandos auszuprobieren. Als erstes Kommando geben Sie zumeist *use datenbankname* an, um mysql klarzumachen, auf welche Datenbank Sie sich beziehen. Alle Kommandos müssen mit einem Strichpunkt enden. Mit *exit* oder Strg+D (nur Linux) beenden Sie mysql wieder:

```
user$ mysql -u root -p
Enter password: ********
Welcome to the MySQL monitor.  Commands end with ; or \g.
Your MySQL connection id is 22
Server version: 5.1.25-rc-1 (Debian)
Type 'help;' or '\h' for help. Type '\c' to clear the buffer.
mysql> use mysql;
mysql> SELECT user, host, password FROM user;
+-----------+-----------+-------------------------------------------+
| user      | host      | password                                  |
+-----------+-----------+-------------------------------------------+
| root      | localhost | *FACF054603403E6836B8DCFCB1EAC269746E8720 |
| root      | uranus.sol | *FACF054603403E6836B8DCFCB1EAC269746E8720 |
| mylibrary | localhost | *FACF054603403E6836B8DCFCB1EAC269746E8720 |
| pma       | localhost | *FACF054603403E6836B8DCFCB1EAC269746E8720 |
+-----------+-----------+-------------------------------------------+
4 rows in set (0,00 sec)
```

```
mysql> SELECT 1+1;
+-----+
| 1+1 |
+-----+
|   2 |
+-----+
1 row in set (0,00 sec)

mysql> exit;
Bye
```

mysql kann auch dazu verwendet werden, um in einer Textdatei gespeicherte SQL-Kommandos auf eine Datenbank anzuwenden. In der Praxis werden auf diese Weise Backups eingespielt. Das Zeichen < bedeutet, dass die Datei backup.sql gelesen werden soll. (Das funktioniert sowohl unter Windows als auch unter Linux.) Die angegebene Datenbank muss bereits existieren.

```
user$ mysql -u root -p dbname < backup.sql
Enter password: ********
```

Zeichensatzprobleme mit mysql

Beim interaktiven Einsatz von mysql können sowohl unter Windows als auch unter Linux Zeichensatzprobleme auftreten. Alle internationalen Sonderzeichen (also auch äöüß) werden dann falsch dargestellt. Am Einfachsten ist es, in solchen Fällen ein moderneres Administrationswerkzeug einzusetzen, beispielsweise phpMy-Admin oder den MySQL Query Browser. Wer den Kommandointerpreter mysql vorzieht, kann mysql mit ein paar Tricks zur Zusammenarbeit bewegen.

Windows XP: Unter Windows XP besteht die Ursache des Problems darin, dass im Eingabeaufforderungsfenster ein vollkommen veralteter Defaultzeichensatz gilt. Um diesen zu ändern, öffnen Sie das Fenster mit START | PROGRAMME | ZUBEHÖR (nicht mit dem von MySQL vorgesehenen Menükommando!). Dann klicken Sie die Fensterzeile mit der rechten Maustaste aus, wählen EIGENSCHAFTEN und stellen die Schriftart von RASTERSCHRIFTART auf LUCIDA KONSOLE um.

Als Nächstes geben Sie im Fenster das Kommando chcp 1252 ein, um die *Codepage 1252* zu aktivieren. (Eine *Codepage* ist der Windows-Ausdruck für einen Zeichensatz. Die *Codepage* 1252 entspricht weitestgehend dem *latin1*-Zeichensatz.) Nach diesen Vorbereitungsarbeiten starten Sie schließlich mysql durch die Eingabe des vollständigen Dateinamens.

Windows Vista: Hier funktioniert die Darstellung internationaler Zeichen auf Anhieb, sofern MySQL den Zeichensatz *latin1* (nicht *utf8*) verwendet.

Linux: Im Linux-Konsolenfenster gilt bei nahezu allen Distributionen *utf8* als Zeichensatz. Sie können sich davon mit echo $LANG überzeugen. Leider scheint mysql die Umgebungsvariable $LANG zu ignorieren und führt Ein- und Ausgaben im Zeichensatz *latin1* durch. Abhilfe: Geben Sie beim Start von mysql die Option --default-character-set=utf8 an.

mysqldump

Mit mysqldump können Sie rasch ein Backup einer Datenbank erstellen. mysqldump kann durch unzählige Optionen gesteuert werden (siehe mysqldump --help). Für gewöhnliche Backups sind die Standardeinstellungen zumeist ausreichend. Beachten Sie, dass die Ausgabe nun mit > nach backup.sql umgeleitet wird, d.h., dass das Ergebnis von mysqldump in dieser Datei gespeichert wird.

```
user$ mysqldump -u root -p dbname > backup.sql
Enter password: ********
```

Wenn Sie zusammen mit der Datenbank auch Stored Procedures und Trigger speichern möchten, müssen Sie zusätzlich die Optionen --routines und --triggers angeben.

mysqladmin

Mit mysqladmin können Sie einige einfache Administrationsaufgaben erledigen, beispielsweise neue Datenbanken anlegen oder das Passwort eines Benutzers verändern.

```
user$ mysqladmin -u root -p create dbname
Enter password: ********
```

Offizielle grafische Benutzeroberflächen zu MySQL

Für MySQL gibt es unzählige grafische Benutzeroberflächen, die bei verschiedenen Aspekten der Administration und des Datenbank-Designs helfen. Wir gehen an dieser Stelle nur auf die Werkzeuge ein, die von der Firma MySQL für diesen Zweck entwickelt wurden. Alle im Folgenden vorgestellten Programme können von dev.mysql.com kostenlos heruntergeladen werden. Viele Linux-Distributionen enthalten sogar fertige Pakete. Beachten Sie, dass die Programme MySQL Administrator, MySQL Query Browser und MySQL Migration Tools oft in einem einzigen Paket mit dem Namen »MySQL GUI Tools« zusammengefasst werden.

MySQL Administrator

Der MySQL Administrator ist ein sehr vielseitiges Werkzeug, das bei allen möglichen Aufgaben der MySQL-Administration hilft:

- Server starten und beenden
- Server konfigurieren
- Aktuellen Server-Status ermitteln
- Benutzeradministration durchführen (Verwaltung der Zugriffsrechte)
- Protokolldateien ansehen
- Datenbanken sichern und wiederherstellen
- Datenbanken erzeugen und verwalten

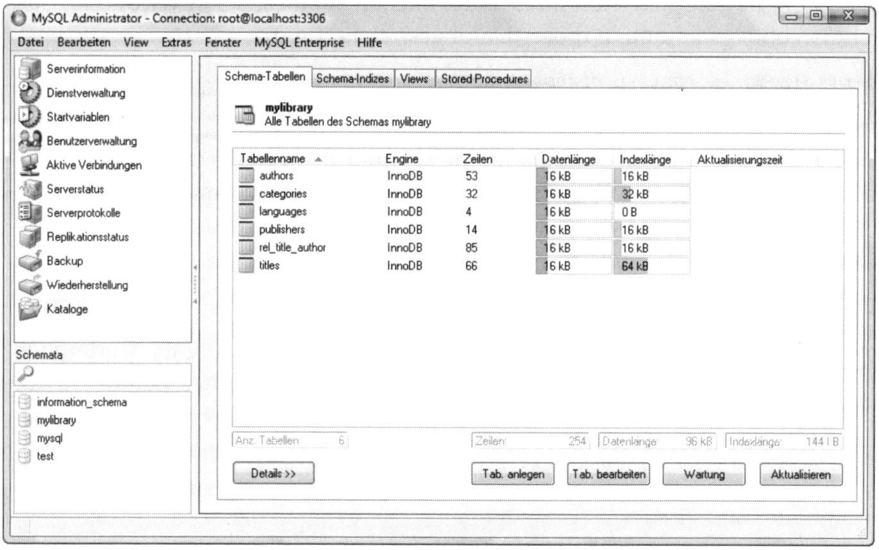

Abbildung 1.9: MySQL Administrator unter Windows

Die Bedienung des Programms ist an sich sehr einfach, setzt aber etwas Grundlagenwissen über die MySQL-Administration voraus. Beim Start des Programms müssen Sie den MySQL-Benutzernamen (meist *root*), das Passwort und den Rechnernamen des MySQL-Servers angeben (*localhost*, wenn der Server auf dem lokalen Rechner läuft).

Viele PHP-Entwickler werden den MySQL Administrator vermutlich nur zum Erzeugen und Verwalten von Datenbanken und Tabellen einsetzen (Punkt CATALOGS). Lassen Sie sich nicht davon verwirren, dass das Programm Datenbanken als *Schemata* bezeichnet.

MySQL Query Browser

Der MySQL Query Browser hilft dabei, SQL-Kommandos und *Stored Procedures* zu entwickeln und zu testen. Ergebnisse von SQL-Kommandos werden in Tabellen dargestellt. Bei einfachen Abfragen (z.B. *SELECT * FROM tabelle*) können Sie die Datensätze direkt in der Tabelle ändern bzw. neue Datensätze hinzufügen.

Beim Start des Programms müssen Sie eine Verbindung zum Datenbank-Server herstellen. Dabei müssen Sie wie üblich den MySQL-Benutzernamen, das Passwort und den Rechnernamen (oft *localhost*) angeben. Im Eingabefeld DEFAULT SCHEMA geben Sie die Datenbank an, die Sie mit dem Query Browser bearbeiten möchten. Sie können auf diese Eingabe verzichten, müssen dann vor der Ausführung mancher Kommandos später die Defaultdatenbank durch FILE | SELECT SCHEMA einstellen.

Bereits ausgeführte Kommandos können Sie später über den BACK-Button nochmals auswählen. So ersparen Sie sich die neuerliche Eingabe. Außerdem können Sie mehrere Abfragen/Ergebnisse parallel verwalten, wenn Sie dazu mit FILE | NEW QUERY TAB ein neues Dialogblatt öffnen.

Wenn Sie die Syntax eines SQL-Kommandos vergessen haben, reicht ein Doppelklick auf das entsprechende Kommando im SYNTAX-Bereich des Fensters. Der Query Browser öffnet dann ein weiteres Dialogblatt, das den entsprechenden Ausschnitt aus dem MySQL-Handbuch anzeigt. (Die Hilfetexte haben allerdings eine im wahrsten Sinne des Wortes erschöpfende Länge. Darin die wenigen Details zu erkennen, die gerade interessant wären, ist eine eigene Kunst ...)

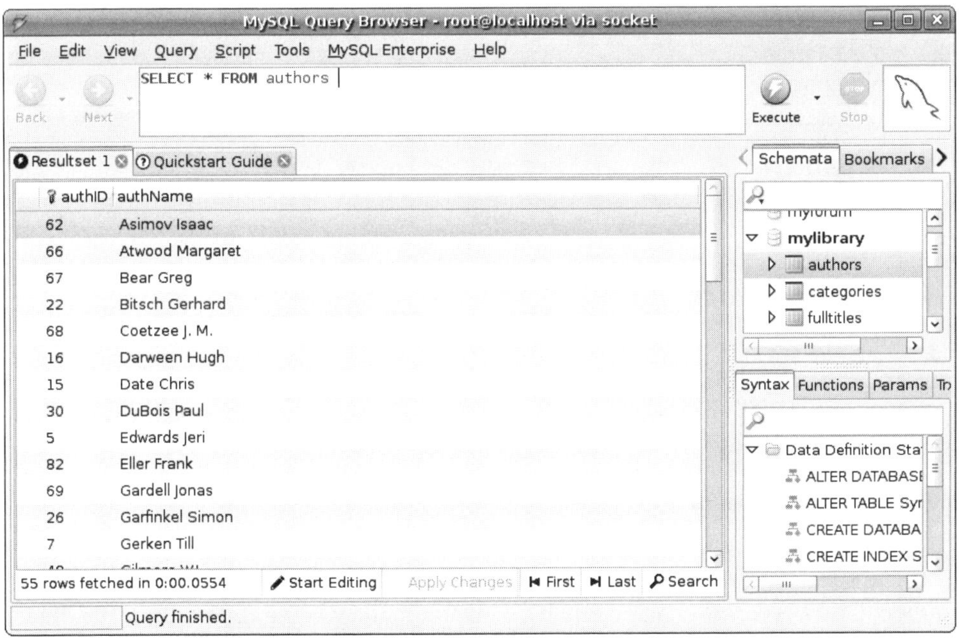

Abbildung 1.10: MySQL Query Browser unter Linux

MySQL Workbench

MySQL Workbench ist ein relativ neues Programm, das beim visuellen Datenbankdesign hilft (siehe Abbildung 1.11). Das Programm steht momentan nur für Windows zur Verfügung, eine Linux-Version soll aber noch 2008 fertig werden. MySQL Workbench steht in zwei Varianten zur Auswahl: in einer etwas abgespeckten OSS-Version (Open Source Software) und als Enterprise-Version mit einigen Zusatzfunktionen für zahlende Kunden.

Trotz der schönen Benutzeroberfläche ist die Bedienung des Programms alles andere als intuitiv. Ein Studium der umfassenden Dokumentation ist unabdingbar. Eine Menge Informationen zu dem Programm finden Sie unter:

http://dev.mysql.com/workbench/

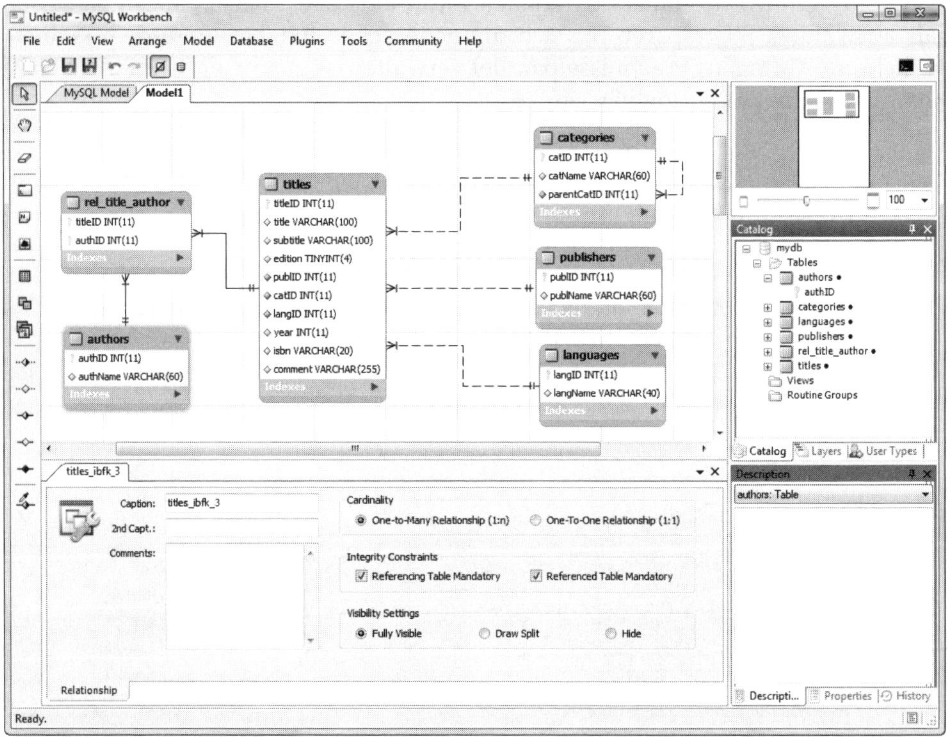

Abbildung 1.11: MySQL Workbench

MySQL Migration Toolkit

Das Migration Toolkit hilft dabei, Datenbanken von fremden Datenbanksystemen in MySQL zu importieren. Das Programm setzt voraus, dass am Rechner Java installiert ist. Es werden grundsätzlich alle Datenbanksysteme unterstützt, für die es Java-Treiber gibt (unter anderem Microsoft Access, Microsoft SQL Server und

Oracle). Allerdings können manche Objekte – beispielsweise Stored Procedures – wegen grundlegender Inkompatibilitäten nicht importiert werden.

Auch sonst gibt es Einschränkungen: Beispielsweise kann das Programm zum Microsoft SQL Server nur dann eine Verbindung herstellen, wenn der SQL Server im Modus *mixed security* konfiguriert ist, also einen Login mit Benutzername und Passwort erlaubt. Genau das ist standardmäßig nicht der Fall – der SQL Server verlässt sich in der Regel auf das Windows-Authentifizierungsmodell (*integrated security*). Damit ist der Migrationsversuch bereits gescheitert, denn eine Änderung des Sicherheitsmodus des SQL Servers erfordert dessen Neuinstallation ...

Sind die Voraussetzungen aber erfüllt, funktioniert das Programm hervorragend. Der Import der Access-Beispieldatenbank `Nwind.mdb` gelang beispielsweise innerhalb von zwei Minuten!

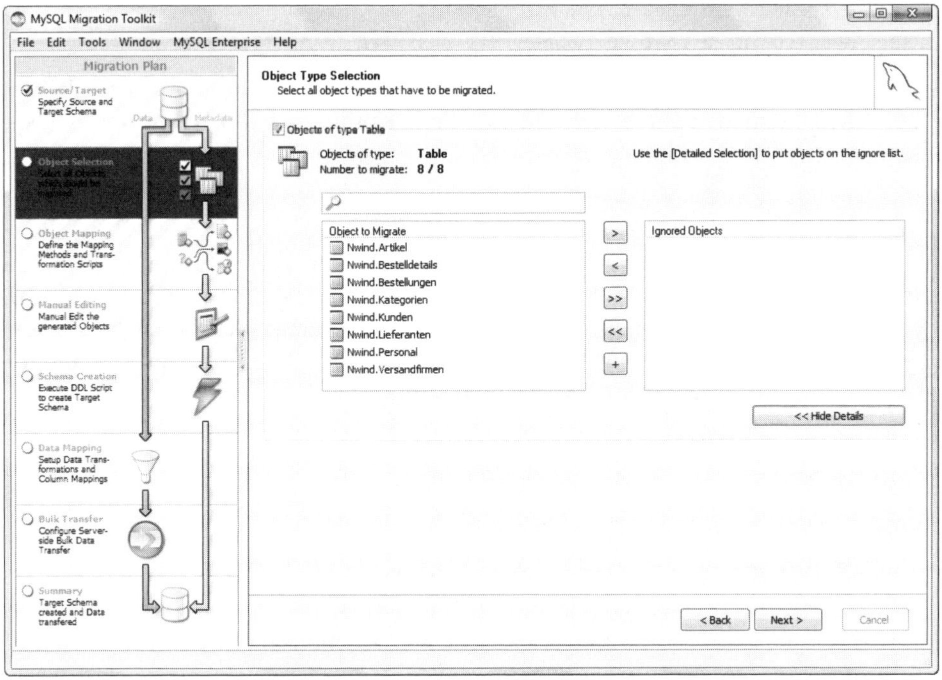

Abbildung 1.12: MySQL Migration Toolkit

Weitere Informationen zu dem Programm finden Sie auf den folgenden Websites:

http://dev.mysql.com/workbench/
http://dev.mysql.com/doc/migration-toolkit/en/index.html

1.6.3 MySQL-Installation absichern

Wenn Sie zur Installation des MySQL-Servers das neue Windows-Installationsprogramm einsetzen, hilft Ihnen dessen Konfigurationsassistent dabei, den Benutzer *root* durch ein Passwort abzusichern und andere Benutzer gar nicht erst zuzulassen (siehe Abschnitt 1.2.2). Bei Bedarf können Sie dieses Programm mit START | PROGRAMME | MYSQL | MYSQL SERVER N.N | MYSQL SERVER CONFIG WIZARD auch nachträglich ausführen.

Auch unter Debian und Ubuntu wird zumindest der Administrator-Login (*root*) bereits bei der Installation abgesichert. Bei den meisten anderen Linux-Distributionen müssen Sie sich um die Absicherung selbst kümmern. Als erste Maßnahme zur Verbesserung der Sicherheit sollten Sie zumindest den Benutzer *root* mit einem Passwort ausstatten. Dazu führen Sie die beiden folgenden Kommandos aus:

```
user$ mysqladmin -u root password '********'
user$ mysqladmin -u root -h rechnername password '********'
```

Als *rechnername* müssen Sie den Netzwerknamen Ihres Rechners angeben. Wenn Sie ihn nicht kennen, können Sie ihn mit dem Kommando `hostname` rasch feststellen.

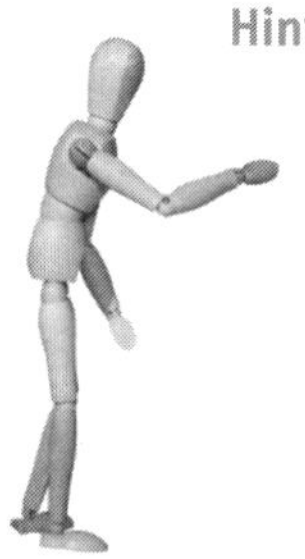

Hinweis

Eine etwas ausführlichere Erläuterung der Verwaltung der Zugriffsrechte des MySQL-Servers finden Sie in Abschnitt 7.2. Dort wird auch beschrieben, wie Sie den MySQL-Server durch phpMyAdmin absichern können und wie Sie neue MySQL-Benutzer mit eingeschränkten Rechten einrichten können.

1.7 Zeichensatz (latin1 oder Unicode UTF-8)

Dieser Abschnitt geht auf die Frage ein, welchen Zeichensatz Sie für die Entwicklung Ihrer Webanwendungen verwenden sollen. Diese Frage ist relativ elementar, und sie sollte beantwortet werden, bevor Sie mit der Entwicklung eines größeren Projekts beginnen. Damit ersparen Sie sich eine mühsame nachträgliche Änderung des Zeichensatzes.

Um das Thema hier nicht ausufern zu lassen, beschränkt sich der Abschnitt auf die beiden in unserem Sprachraum wichtigsten Zeichensätze, nämlich auf *latin1* alias *ISO-8859-1* und auf *Unicode UTF-8* alias *ISO-10646*.

Tipp

- Wenn für Ihre Anwendung der *latin1*-Zeichensatz ausreicht (und das wird für den Großteil der im deutschen Sprachraum entwickelten Anwendungen der Fall sein), verwenden Sie diesen Zeichensatz. Er verursacht bei Weitem die geringsten Probleme. Aus diesem Grund nutzen sämtliche Beispiele dieses Buchs *latin1*.
- Wenn Sie Unicode einsetzen (müssen), gehen Sie dabei möglichst konsequent vor. Nutzen Sie alle zur Verfügung stehenden Unicode-Möglichkeiten sämtlicher Glieder der Entwicklungskette, also Betriebssystem, Webserver, PHP, Datenbank, Editor bzw. Entwicklungswerkzeuge etc.

  Theoretisch ist es auch möglich, in unterschiedlichen Ebenen der Entwicklung bzw. Datenverwaltung unterschiedliche Zeichensätze einzusetzen. Die Wahrscheinlichkeit, dass dann an irgendeinem Punkt beim Übergang von *latin1* zu Unicode (oder umgekehrt) Probleme auftreten, beträgt aber nahezu 100 Prozent.

Da der Rest dieses Buches *latin1* als Zeichensatz für alle Aspekte einer Webapplikation voraussetzt, können Sie diesen Abschnitt als Anleitung zur Unicode-Umstellung betrachten. Aus diesem Grund ist der Abschnitt leider recht technisch und setzt zum Teil schon etwas Hintergrundwissen voraus, das im Detail erst in den nachfolgenden Kapiteln vermittelt wird.

1.7.1 Zeichensatzgrundlagen

Zeichensätze bestimmen, welche Codes zur Darstellung von Zeichen verwendet werden. Bei den 128 US-ASCII-Zeichen sind sich die meisten Zeichensätze einig (z.B. Code 65 für den Buchstaben A). Problematischer ist die Darstellung internationaler Zeichen.

latin-Zeichensätze

In der Vergangenheit wurden je nach Sprachraum verschiedene 1-Byte-Zeichensätze entwickelt, von denen die *latin*-Zeichensätze die größte Verbreitung gefunden haben: *latin1* alias *ISO-8859-1* enthält alle in Westeuropa üblichen Zeichen (äöüßáàå etc.)., *latin2* alias *ISO-8859-2* Zeichen aus Zentral- und Osteuropa etc. *latin0* alias *latin9* alias *ISO-8859-15* entspricht *latin1*, enthält aber zusätzlich das Euro-Zeichen.

Die *latin*-Zeichensätze werden von aktuellen Windows-Versionen unterstützt. Bei älteren Windows-Versionen kann ersatzweise die *Codepage 1252* verwendet werden (kurz CP 1252, manchmal auch ANSI-Zeichensatz genannt), die bis auf wenige Abweichungen dem *latin1*-Zeichensatz entspricht.

Das Problem bei diesen Zeichensätzen ist offensichtlich: Ihre Anwendung kommt nie mit allen Zeichen aus ganz Europa zurecht, weil jeder *latin*-Zeichensatz nur eine Teilmenge der Zeichen enthält.

Unicode-Varianten

Als Lösung wurde der 2-Byte-Zeichensatz Unicode entwickelt. Mit 65.535 möglichen Zeichen deckt er nicht nur alle Zeichen ganz Europas ab, sondern darüber hinaus auch noch die der meisten asiatischen Sprachen.

Unicode regelt allerdings nur, welcher Code welchem Zeichen zugeordnet ist, nicht, wie die Codes tatsächlich gespeichert werden. Hierfür bestehen wieder mehrere Varianten, von denen UCS-2 und UTF-8 die beiden wichtigsten sind. (UTF steht für *Unicode Transfer Format*, UCS für *Universal Character Set*.)

- **UCS-2 alias UTF-16:** Die einfachste Lösung scheint auf den ersten Blick darin zu bestehen, jedes Zeichen einfach durch 2 Byte (also 16 Bit) darzustellen. Diese Formatierung wird UTF-16 oder UCS-2 genannt. Fast alle Betriebssystemfunktionen von Microsoft Windows verwenden diese Darstellung.

  Sie hat allerdings zwei Nachteile: Erstens verdoppelt sich der Speicherbedarf, und zwar auch in solchen Fällen, wo überwiegend europäische Zeichen oder gar nur US-ASCII-Zeichen gespeichert werden sollen. Zweitens tritt der Bytecode 0 an beliebigen Stellen in Unicode-Zeichenketten auf. Bei Texten mit US-ASCII-Zeichen ist sogar jedes zweite Byte 0. Viele C-Programme, E-Mail-Server etc. setzen aber voraus, dass das Byte 0 das Ende einer Zeichenkette markiert.

- **UTF-8:** Die bei Weitem populärste Alternative zu UTF-16 ist UTF-8. Dabei werden die US-ASCII-Zeichen (7 Bit) wie bisher durch ein Byte dargestellt, deren oberstes Bit 0 ist. Alle anderen Unicode-Zeichen werden durch zwei bis vier Byte lange Byte-Ketten dargestellt.

  Der offensichtliche Nachteil dieses Formats besteht darin, dass es keinen unmittelbaren Zusammenhang zwischen der Byteanzahl und der Anzahl der Zeichen eines Dokuments gibt. Wegen der größeren Kompatibilität zu existierenden Programmen und einer Reihe anderer Vorteile hat sich UTF-8 unter Unix/Linux und bei den meisten für die Webentwicklung wichtigen Komponenten als Standard etabliert. Wenn in diesem Buch von Unicode die Rede ist, ist in Zukunft immer Unicode im UTF-8-Format gemeint.

  Alle gängigen Linux-Distributionen verwenden standardmäßig UTF-8, also beispielsweise zur Ein- und Ausgabe von Text in der Konsole, zur Darstellung der Dateinamen sowie für alle Textdateien.

  Unter Windows wird UTF-8 dagegen nur eingeschränkt unterstützt. Einzelne Programme (unter anderem der minimalistische Editor `notepad.exe`!) sind in der Lage, UTF-8-Textdateien zu laden und zu speichern. Standardmäßig kommt UTF-8 aber nicht zum Einsatz.

Trotz der offensichtlichen Vorteile von Unicode – egal, in welcher Darstellung – gibt es zwei Gründe, die gegen den sofortigen Umstieg sprechen: Zum einen ist der Unicode-Zeichensatz inkompatibel mit den bekannten 1-Byte-Zeichensätzen; vorhandene Datenbestände und Codedateien müssen also konvertiert werden.

Zum anderen ist die Unicode-Unterstützung der Komponenten, die bei der Webentwicklung zum Einsatz kommen, noch alles andere als perfekt. (Das schwächste Glied der Kette ist übrigens PHP, und das wird sich voraussichtlich erst mit Version 6 ändern.)

1.7.2 Zeichensatzunterstützung in Apache, PHP und MySQL

Dieser Abschnitt behandelt im Folgenden die gesamte Kette der Werkzeuge und Programme, vom Apache-Server bis zum Webbrowser auf dem Client. Der Abschnitt geht auch auf das Format HTML und das Protokoll HTTP sowie auf die Zeichensatzkonfiguration unter Windows und Linux ein.

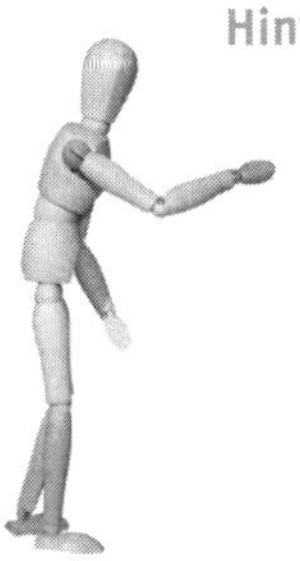

Hinweis

Wenn Sie weitergehende Informationen zu Zeichensätzen suchen, sind die folgenden Seiten empfehlenswert:

http://www.unicode.org/faq/
http://www.cl.cam.ac.uk/~mgk25/unicode.html
http://www.w3.org/International/O-HTTP-charset
http://www.w3.org/International/questions/qa-forms-utf-8.html

HTML

Laut HTML-Standard gilt für alle Dokumente ohne explizite Zeichensatzangabe der Zeichensatz *iso-8859-1* (also *latin1*). Den verwendeten Zeichensatz können Sie am Beginn von HTML-Dokumenten angeben. Im HTML-Code sieht das so aus:

```
<!DOCTYPE HTML PUBLIC "-//W3C//DTD HTML 4.01 Transitional//EN"
  "http://www.w3.org/TR/html4/loose.dtd">
<html><head>
<meta http-equiv="Content-Type" content="text/html; charset=utf-8" />
...
```

Zulässige *charset*-Einstellungen sind *utf-8, iso-8859-1, iso-8859-15* etc. Das Problem besteht allerdings darin, dass viele Webbrowser diese Information schlicht ignorieren und sich stattdessen auf die HTTP-Header-Daten verlassen (siehe unten).

HTML-Codes für Sonderzeichen: Wenn Sie möchten, dass internationale Sonderzeichen auch dann richtig dargestellt werden, wenn der Webbrowser die Zeichensatzinformation nicht oder falsch auswertet, können Sie für viele Sonderzeichen spezielle HTML-Codes einsetzen, beispielsweise *ä* statt ä. Das macht Texte in HTML-Dokumenten allerdings schwer zu lesen. Bei Ausgaben, die Sie mit PHP durchführen, setzen Sie einfach die Funktion *htmlentities* ein. (*htmlentities('aäb')* liefert die Zeichenkette *aäb*).

Tipp

Wenn Sie als Zeichensatz *latin1* bzw. *iso-8859-1* nutzen, können Sie zwar Sonderzeichen wie äöüß direkt im HTML-Code verwenden, nicht aber das Euro-Zeichen. Um das Euro-Zeichen dennoch fehlerfrei auszugeben, verwenden Sie einfach den HTML-Code *€*!

Formulare: Normalerweise werden in ein HTML-Formular eingegebene Texte in dem Zeichensatz versendet, in dem die HTML-Seite dargestellt wird. Hat also beispielsweise die Erkennung des Unicode-Zeichensatzes geklappt, dann sollten auch die eingegebenen Zeichen als Unicode versandt werden.

Was aber, wenn dies bei alten Browsern nicht zuverlässig funktioniert, wenn die Zeichensatzerkennung im Browser fehlschlägt oder im Browser ein bestimmter Zeichensatz fest eingestellt ist? Dann werden die Texteingaben aus dem Formular in einem anderen Zeichensatz zurückgeliefert und in der Folge falsch gespeichert.

HTTP-Protokoll

Das HTTP-Protokoll definiert, wie der Webbrowser und der Webserver miteinander kommunizieren, wie HTML-Dokumente und Formulardaten übertragen werden etc. Dieses Protokoll bietet neben dem HTML-<*meta*>-Tag die zweite Möglichkeit, den Zeichensatz einzustellen. Es wurde bereits erwähnt, dass sich die meisten Webbrowser auf die Information des HTTP-Protokolls verlassen, die Zeichensatzangabe im <*meta*>-Tag aber ignorieren.

Entscheidend für den Zeichensatz ist die *Header*-Information über den Dokumenttyp. Der HTTP-*Header* wird vor dem eigentlichen HTML-Dokument übertragen und ist daher nicht Teil des HTML-Codes. Einige Webbrowser bieten aber ein Kommando zur Anzeige der Seiteninformationen oder -eigenschaften an, aus denen auch die *Header*-Informationen hervorgehen (z.B. EXTRAS | SEITENINFORMATIONEN bei Firefox, siehe Abbildung 1.13).

Woher kommt nun die *Header*-Information über den Dokumenttyp samt Zeichensatz? Es bestehen folgende Möglichkeiten:

- Apache-Defaulteinstellung (*AddDefaultCharset utf-8* in httpd.conf)
- Apache-Verzeichniskonfiguration (*AddDefaultCharset* in .htaccess)
- HTML-<*meta*>-Tag (wird von Apache nur dann ausgewertet, wenn *AddDefaultCharset off* gilt!)

- PHP-Defaulteinstellung (*default_charset="utf-8"* in php.ini)
- PHP-Code der betreffenden Seite:

  ```
  <?php header("Content-Type: text/html; charset=utf-8"); ?>
  ```

  Beachten Sie, dass die *Header*-Funktion am Beginn der PHP-Seite und *vor* jeder HTML-Ausgabe erfolgen muss!

Details zu den Konfigurationsmöglichkeiten von Apache und PHP folgen in den weiteren Abschnitten.

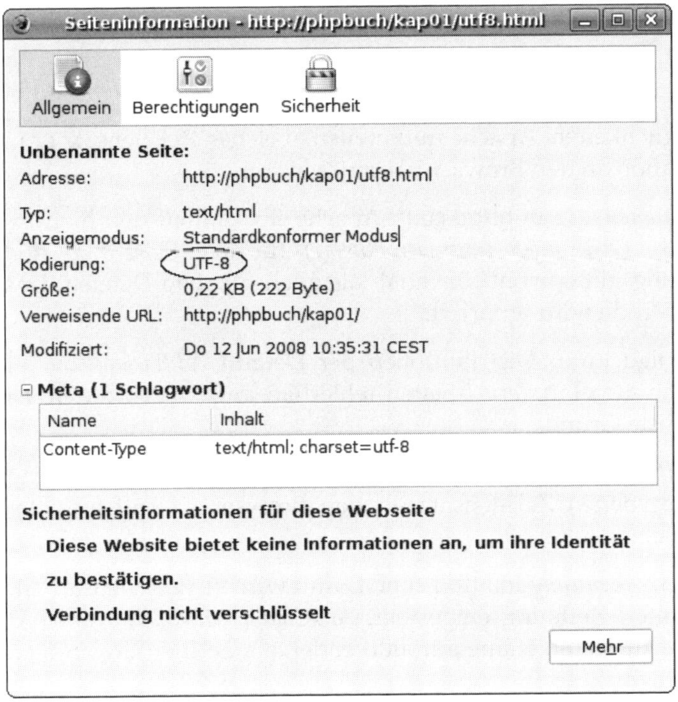

Abbildung 1.13: Seiteninformationsdialog des Webbrowsers Firefox

Webbrowser

Wie bereits erwähnt wurde, ist es die Aufgabe des Webbrowsers, den Zeichensatz des Dokuments zu erkennen und das Dokument entsprechend korrekt anzuzeigen. Der Webbrowser kann dazu zwei Informationen auswerten: die HTTP-*Header*-Daten und das HTML-<*meta*>-Tag. Die meisten Browser berücksichtigen allerdings nur die *Header*-Informationen und ignorieren das <*meta*>-Tag.

Über die korrekte Erkennung des Zeichensatzes hinaus bestimmen noch zwei Faktoren die korrekte Darstellung der Seite:

- Der Browser muss den Zeichensatz kennen. Das ist keineswegs immer der Fall. Sehr alte Browser haben beispielsweise keine Unicode-Unterstützung. Aber selbst moderne Browser können nicht alle Zeichensätze kennen – dafür gibt es einfach zu viele. (*latin1* alias *iso-8859-1* und *utf-8* bereiten natürlich keinem aktuellen Browser Probleme. Die meisten aktuellen Browser kommen auch mit *latin9* alias *iso-8859-15* zurecht.)
- Der Browser muss Zugang zu Schriftarten haben, die die gewünschten Zeichen enthalten. Für die in Europa üblichen Zeichen ist das kein Problem. Es gibt aber nur sehr wenige Schriften, die alle in Unicode definierten Zeichen (also auch alle asiatischen Zeichen) enthalten.

Apache

Es bestehen mehrere Möglichkeiten, Apache mitzuteilen, welchen Zeichensatz er in der HTTP-*Header*-Information an den Browser übermitteln soll:

- ***AddDefaultCharset zeichensatz*** in httpd.conf: Apache übermittelt den hier angegebenen Zeichensatz (z.B. *utf-8* oder *iso-8859-1*) für alle Seiten an den Browser. Die Einstellung gilt sowohl für .html- als auch für .php-Dateien. Das *<meta>*-Tag im HTML-Code wird ignoriert.

  Beachten Sie, dass einige Linux-Distributionen per Default *AddDefaultCharset utf-8* verwenden. Wenn also Ihre *latin1*-Seiten fehlerhaft angezeigt werden, ist das der wahrscheinlichste Grund.
- ***AddDefaultCharset off*** in httpd.conf: Apache wertet das *<meta>*-Tag aus und sendet den dort angegebenen Zeichensatz an den Browser. Es gilt also der Inhalt des *<meta>*-Tags.
- ***AddCharset zeichensatz .kennung*** in httpd.conf: Damit wird ein Zeichensatz für Dateien einer bestimmten Kennung eingestellt. *AddCharset utf-8 .utf8* bewirkt also, dass für alle Dateien, deren Name auf .utf8 endet, als Zeichensatz *utf-8* an den Browser gemeldet wird.
- ***AddDefaultCharset*** und ***AddCharset*** in .htaccess: Die beiden Schlüsselwörter sind auch in .htaccess zulässig und ermöglichen so eine verzeichnisspezifische Konfiguration. Das ist praktisch, wenn Sie (z.B. bei einem Webhoster) keinen Einfluss auf httpd.conf haben.

  Beachten Sie aber, dass die Einstellungen in .htaccess nur berücksichtigt werden, wenn httpd.conf für das Webverzeichnis Veränderungen durch lokale Konfigurationsdateien zulässt (*AllowOverride All* oder *FileInfo* in der betreffenden *<Directory>*-Gruppe). Vorsicht: Die Defaulteinstellung für *AllowOverride* lautet oft *None*. Die .htaccess-Datei wird in diesem Fall vollständig ignoriert.

PHP

Falls Sie einen anderen Zeichensatz als Latin1 einsetzen, ist PHP momentan das schwächste Glied der Kette. Zwar ist PHP prinzipiell in der Lage, HTML-Dokumente in beinahe jedem Zeichensatz zu erzeugen. Funktionen wie *echo* oder *print* geben Zeichenketten einfach unverändert aus und kümmern sich dabei nicht um den Zeichensatz.

Zeichenkettenfunktionen: Das eigentliche Problem besteht aber darin, dass alle PHP-Zeichenkettenfunktionen davon ausgehen, dass die Zeichenketten den *latin1*-Zeichensatz verwenden. Wenn die Zeichenketten dagegen UTF-8-codiert sind,

- liefert *strlen* die Anzahl der Bytes statt der Anzahl der Zeichen,
- können Sie sich nicht auf die Ergebnisse der Kleiner- und Größer-Operatoren verlassen,
- können Sie Zeichenketten-Arrays nicht zuverlässig sortieren,
- können Sie sich auf die Ergebnisse wichtiger Funktionen wie *stripslashes* oder *htmlspecialchars* nicht mehr verlassen etc.

Ganz ausweglos ist die Situation zum Glück auch nicht: PHP stellt die Funktionen *utf8_encode* und *utf8_decode* zur Verfügung, um Zeichenketten zwischen *UTF-8* und *ISO-8859-1* zu konvertieren. Falls PHP mit der *iconv*-Erweiterung kompiliert ist bzw. wenn diese Erweiterung als Modul aktiviert wird (unter Windows *extension=php_iconv.dll* in `php.ini`), stehen neben den Standardzeichenkettenfunktionen auch *iconv*-Varianten zur Verfügung. *iconv_strlen($s, "UTF-8")* ermittelt dann die tatsächliche Zeichenanzahl einer UTF-8-Zeichenkette. Noch mehr Zusatzfunktionen stellt die *mbstring*-Erweiterung zur Verfügung. Damit können Sie auch reguläre Ausdrücke auf Multibyte-Zeichenketten anwenden, E-Mails versenden etc.

Zeichensatz der PHP-Dateien: Die PHP-Dateien müssen in einem Zeichensatz vorliegen, der es dem PHP-Interpreter ermöglicht, die PHP-Sprachelemente korrekt zu erkennen. Das setzt voraus, dass zumindest die US-ASCII-Zeichen wie bei *latin1* codiert sind. Diese Voraussetzung ist für UTF-8-Dateien zum Glück erfüllt.

HTTP-Zeichensatz-Header in `php.ini` einstellen: Standardmäßig gibt der PHP-Interpreter keine HTTP-*Header*-Informationen zum Zeichensatz an Apache weiter und überlässt es somit dem Webserver, ob und welche *Header*-Zeichensatzdaten dieser an den Browser sendet.

Durch die Einstellung *default_charset="utf-8"* in `php.ini` können Sie dieses Verhalten ändern. Der PHP-Interpreter gibt nun den angegebenen Zeichensatz an Apache weiter. Dieser verändert die Informationen nicht mehr. Das heißt, die von PHP stammenden Informationen haben Vorrang gegenüber denen aus der Apache-Konfiguration!

HTTP-Zeichensatz-Header dynamisch einstellen: Sie können den gewünschten *Header*-Zeichensatz auch durch die PHP-Funktion *header* erzeugen. Das ermöglicht eine dokumentenspezifische Zeichensatzeinstellung. Die Funktion *header* muss am Beginn der PHP-Seite aufgerufen werden (also *vor* jeder HTML-Ausgabe!).

```
<?php header("Content-Type: text/html; charset=utf-8"); ?>
```

Die durch die *header*-Funktion gesendeten Daten haben Vorrang gegenüber sowohl der *default_charset*-Einstellung als auch gegenüber der Apache-Konfiguration.

MySQL

Geradezu vorbildlich ist die Zeichensatzunterstützung von MySQL seit Version 4.1. Sie können nicht nur für den Server oder für eine Datenbank den gewünschten Zeichensatz einstellen, sondern auch für jede Tabelle und sogar für jede einzelne Spalte einer Tabelle. Es ist also möglich, in einer Tabelle eine Spalte mit *latin1*-Zeichenketten und eine zweite Spalte mit *utf-8*-Zeichenketten zu erzeugen.

MySQL unterstützt eine ganze Reihe verschiedener Zeichensätze, unter anderem *ascii, binary, cp1250, greek, hebrew, latin1, latin2, latin5, latin7, ucs2* und *utf8*. In der Liste fehlt allerdings *latin9*. Das Euro-Zeichen können Sie daher nur in *utf8*- oder *ucs2*-Spalten speichern.

utf-8-Spalten weisen gegenüber *latin1*-Spalten momentan eine wesentliche Einschränkung auf: Die deutsche Sortierordnung wird nicht unterstützt. Die Sortierordnung *utf8_general_ci* ist zwar für viele deutschsprachige Anwendungen ausreichend, aber wenn Sie gemäß dem DIN-1- oder DIN-2-Standard sortieren möchten, müssen Sie bis auf Weiteres bei *latin1*-Spalten bleiben.

Hinweis

Details zur Zeichensatzunterstützung im Betrieb von MySQL finden Sie in den folgenden Abschnitten des Buchs:

Zeichensatz und Sortierordnung für Tabellenspalten:	Abschnitt 8.3.4
CREATE DATABASE/TABLE:	Abschnitt 9.10
Zeichensatzinformationen in SQL-Kommandos:	Abschnitt 10.1

Konfiguration des Standardzeichensatzes: In der MySQL-Konfigurationsdatei my.cnf bzw. my.ini (Windows) können Sie mit *default-character-set = latin1* bzw. = *utf8* den Defaultzeichensatz für den MySQL-Server einstellen (Optionsgruppe *[mysqld]*). Die Einstellung gilt für neue Datenbanken, Tabellen und Textspalten, soweit beim Erzeugen dieser Objekte nicht explizit ein anderer Zeichensatz angegeben wird.

Zeichensatztransformation durch die Client-Bibliotheken: Was nützt es, wenn der MySQL-Server selbst mit allen erdenklichen Zeichensätzen umgehen kann, der Client (also z.B. Ihr PHP-Programm oder der Kommandozeileninterpreter mysql) aber einen ganz bestimmten Zeichensatz voraussetzt? Die MySQL-Client-Bibliotheken wandeln daher automatisch alle Zeichenketten vom Zeichensatz des Clients in den Zeichensatz des Servers um (und umgekehrt).

Für welche Aspekte der Verbindung zwischen Client und Server welche Zeichensätze zum Einsatz kommen, wird durch mehrere MySQL-Systemvariablen gesteuert, die in der folgenden Tabelle zusammengefasst sind.

Variable	Bedeutung
@@character_set_client	Zeichensatz des Clients
@@character_set_server	Defaultzeichensatz des Servers
@@character_set_connection	Zeichensatz für die Verbindung zwischen Client und Server
@@character_set_results	Gewünschter Zeichensatz für *SELECT*-Ergebnisse
@@character_set_database	Defaultzeichensatz der Datenbank

Tabelle 1.9: MySQL-Zeichensatzvariablen

Einige dieser Variablen können Sie in Ihrem Client-Programm verändern. Wenn Sie also beispielsweise PHP-Code schreiben, der *utf-8*-Daten verarbeiten soll, sehen die entsprechenden Kommandos so aus (hier für die *mysqli*-Schnittstelle):

```
// mysql-Verbindung herstellen
$mysqli->query("SET @@session.character_set_client  = 'utf8'");
$mysqli->query("SET @@session.character_set_results = 'utf8'");
$mysqli->query("SET @@character_set_connection      = 'utf8'");
```

Nach diesen Vorarbeiten können Sie SQL-Kommandos mit *utf-8*-Zeichenketten ausführen und erhalten *SELECT*-Ergebnisse ebenfalls im *utf-8*-Format.

MySQL-Kommandos (mysql, mysqldump)

Der Kommandointerpreter mysql versucht selbst zu erkennen, in welchem Zeichensatz Ein- und Ausgaben erfolgen sollen. Das gelingt manchmal, aber nicht immer. Manchmal müssen Sie daher mit der Option *--default-character-set=latin1* oder *=utf8* nachhelfen.

mysqldump erzeugt immer *utf-8*-Dateien. Die Backup-Datei enthält SQL-Anweisungen, die dem MySQL-Server den Zeichensatz mitteilen. Es besteht somit keine Gefahr, dass der Datenbankserver die Datei falsch interpretiert.

MySQL-Administrationswerkzeuge (phpMyAdmin, Query Browser etc.)

Administrationswerkzeuge mit einer eigenen grafischen Benutzeroberfläche kommen erwartungsgemäß gut mit verschiedenen Zeichensätzen zurecht. Überraschenderweise gilt dies auch für phpMyAdmin: Das Programm ist gewissermaßen der Beweis dafür, dass man mit PHP bereits jetzt absolut Unicode-taugliche Programme entwicklen kann.

Linux

Wie bereits erwähnt wurde, verwenden alle gängigen Linux-Distributionen mittlerweile den Zeichensatz *utf8*. Dieser Zeichensatz gilt aber auch für den Editor, mit dem Sie Ihre PHP-Dateien erstellen. Diese Dateien sollten aber nach Möglichkeit den *latin1*-Zeichensatz verwenden – andernfalls riskieren Sie Probleme bei der Bearbeitung von Zeichenketten durch PHP-Funktionen. Die einfachste Lösung besteht darin, in PHP-Dateien generell die Verwendung internationaler Zeichen zu vermeiden. Ist dies nicht möglich, denken Sie daran, die Datei explizit im *latin1*-Zeichensatz zu speichern. Nahezu jeder Editor bietet diese Möglichkeit: die Vorgehensweise ist aber ebenso mühsam wie fehleranfällig.

Wenn Sie den Zeichensatz von Text- oder Codedateien nachträglich ändern möchten, helfen Ihnen dabei die Kommandos `recode` oder `iconv`. Die beiden folgenden Zeilen zeigen zwei alternative Möglichkeiten, um *latin1*-Dateien in *utf8*-Dateien umzuwandeln:

```
user$ recode latin1..u8 < latin1dat > utf8dat
user$ iconv -f latin1 -t utf-8 latin1dat > utf8dat
```

1.8 Editor/Entwicklungsumgebung

Jetzt brauchen Sie nur noch einen Texteditor zum Schreiben der *.php-Dateien. Editoren oder auch komplette PHP/HTML-Entwicklungsumgebungen (z.B. Quanta, PHP-Eclipse) finden Sie im Internet wie Sand am Meer, sowohl in kommerziellen als auch in kostenlosen Open-Source-Ausführungen. Die folgende Tabelle gibt einige Empfehlungen für kostenlose Editoren für Windows und Linux.

Editor	Beschreibung
Notepad++	Open-Source-Editor für Windows (http://notepad-plus.sourceforge.net/)
kate	Standardeditor des KDE-Desktops (nur Linux)
gedit	Standardeditor des Gnome-Desktops (nur Linux)
vi/vim	Komplexer Unix/Linux-Editor, auch für Windows verfügbar
xemacs/emacs	Komplexer Unix/Linux-Editor, ebenfalls für Windows verfügbar

Tabelle 1.10: Texteditoren

Beachten Sie, dass das minimalistische Windows-Programm notepad.exe zur Berarbeitung der Beispieldateien ungeeignet ist: Diese wurden zumeist unter Linux erstellt und enthalten Linux-typischen Zeilenumbruchszeichen. notepad.exe kommt damit nicht zurecht.

Persönlich haben wir überwiegend unter Linux mit emacs und vi gearbeitet. Das Funktionsangebot dieser Editoren ist nahezu unbegrenzt. Wer sich einmal an die oft eigenwillige Bedienung gewöhnt hat, man nie wieder freiwillig einen anderen Editor ein ...

2 Einführung und Sprachelemente

Dieses Kapitel gibt eine erste Einführung in die Grundkonzepte dynamischer Webseiten auf der Basis der Programmiersprache PHP. Für Anwender, die schon andere Programmiersprachen kennen, sind die grundlegenden Sprachelemente von PHP leicht verständlich. In PHP wurde nichts Neues erfunden, vielmehr setzt die Sprache auf bekannte Strukturen. Gleichzeitig versuchten die Entwickler, die Syntax von PHP so einfach wie möglich zu halten.

Die Vorstellung der Basiselemente von PHP wurde bewusst kurz gehalten und richtet sich an Leser, die schon einmal mit irgendeiner Programmiersprache zu tun hatten. Mit anderen Worten: Das Kapitel erklärt, wie Sie Variablen in PHP verwenden, aber nicht, wozu Variablen dienen. Dieses Wissen wird vorausgesetzt.

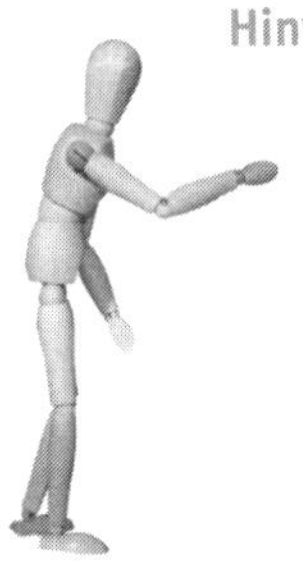

Hinweis

Eine sehr viel ausführlichere Beschreibung der PHP-Sprachelemente finden Sie im PHP-Online-Manual:

`http://www.php.net/docs.php`

2.1 Hello World

Die Besonderheit von PHP besteht darin, dass der Programmcode direkt in das HTML-Dokument eingebettet wird. HTML- und PHP-Code befinden sich also in derselben Datei, wobei die PHP-Teile natürlich speziell markiert sind. Exakt das gleiche Konzept verfolgen übrigens auch Microsofts Active Server Pages (ASP) und SUNs Java Server Pages (JSP).

Vor einer genaueren Erörterung der Grundlagen und Konzepte von PHP kann ein kleines Beispiel nicht schaden! Der Code für Ihr erstes PHP-Dokument könnte so aussehen:

```
<!DOCTYPE HTML PUBLIC "-//W3C//DTD HTML 4.01 Transitional//EN">
<html>
 <head>
  <title>Erster PHP-Versuch</title>
 </head>
 <body>
<?php
  echo "<p>Hello world!</p>";
?>
 </body>
</html>
```

Der Code dieser Datei muss im htdocs-Verzeichnis des Webservers oder in einem Unterverzeichnis davon gespeichert werden, z.B. als hello-world.php. Wenn Sie diese Seite mit einem Webbrowser aufrufen (also http://localhost/hello-world.php bzw. http://servername/hello-world.php), übergibt der Webserver die gesamte Datei an den PHP-Interpreter. Dieser wertet die oben fett markierten Codeteile aus und ersetzt den Code durch dessen Ausgabe. Der Rest der Datei bleibt unverändert:

```
<!DOCTYPE HTML PUBLIC "-//W3C//DTD HTML 4.01 Transitional//EN">
<html>
 <head>
  <title>Erster PHP-Versuch</title>
 </head>
 <body>
<p>Hello world!</p>
 </body>
</html>
```

Der Interpreter gibt das resultierende Dokument an den Webserver zurück, der es zum Client überträgt (also zu Ihrem Webbrowser!).

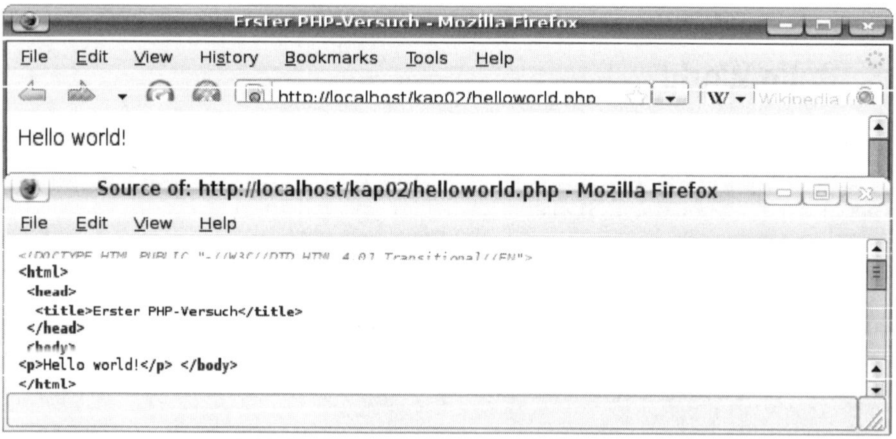

Abbildung 2.1: Hello-World

2.2 PHP- und HTML-Code kombinieren

Die Programmiersprache PHP wurde entwickelt, um statische HTML-Seiten mit Programmierlogik aufwerten zu können. In Zeiten vor PHP wurde diese Aufgabe meist von Programmen übernommen, die durch das Common Gateway Interface (CGI) aufgerufen wurden. Damit ein CGI-Programm ausgeführt werden kann, muss der Webserver einen neuen Prozess starten. Dieser Vorgang ist für das Betriebssystem sehr aufwendig und beansprucht dementsprechend einen gewissen Zeitraum.

Bei PHP sieht die Situation anders aus: Die PHP-Funktionen werden als Teil des Webservers geladen (als Modul) und werden daher direkt im Kontext des Webserver-Prozesses zur Ausführung gebracht. Der dabei erzielte Geschwindigkeitsvorteil ist, vor allem bei viel frequentierten Seiten, enorm. (PHP ist aber nicht die einzige Programmiersprache, die als Modul in den Webserver geladen werden kann. Für den Webserver Apache gibt es auch Module für viele andere Programmiersprachen, z.B. Perl, Python und Ruby.)

Wurde der Webserver entsprechend konfiguriert, wird jede Datei, die auf .php endet, vom PHP-Interpreter ausgewertet. Dabei wird das gesamte Dokument nach bekannten Instruktionen durchsucht, und diese werden dann entsprechend umgesetzt. Das Ergebnis wird an den Webserver zurückgegeben, der den Inhalt dann an den Client (dies ist meist der Browser) ausliefert. Die wichtigsten dieser Instruktionen sind die Start- und Endmarkierungen von PHP. Kommen sie in der .php-Datei nicht vor, hat der PHP-Interpreter keine Arbeit und liefert den Text unverändert zurück (jede *normale* HTML-Datei funktioniert also auch als PHP-Script).

Kennzeichnung von PHP-Code

Die Start- und Endmarkierungen in PHP können folgendermaßen aussehen:

`<?php echo $x; ?>`	Standard-Start- und Endmarker
`<script language="php"> echo $x; </script>`	Lange Schreibweise (Frontpage stolpert offensichtlich über die anderen Möglichkeiten)
`<? echo $x; ?>`	Kurzform (nur mit *short_open_tag* möglich)
`<% echo $x; %>`	ASP Version (nur mit *asp_tags* möglich)
`<?= $x; ?>`	Kurzform ohne *echo*
`<%= $x; %>`	ASP-Version ohne *echo*

Wichtig anzumerken ist, dass die ersten zwei Varianten immer funktionieren, die Kurzformen und die ASP-Form aber nur, wenn dies in der Konfiguration von PHP vorgesehen wurde. Die letzteren Formen sollten generell vermieden werden, da der Code dadurch nicht mehr portabel ist (nicht auf allen Systemen ist *short_open_tag* erlaubt). Außerdem ist es mit den Kurzformen nicht möglich, PHP-Code in gültiges XML oder XHTML einzubauen. Wir werden in diesem Buch deshalb ausschließlich die erste Form, also *<?php*, verwenden.

Beispiel: Formular-Eingabe, Version 1

```
<?php    // Datei:  intro/formtest1.php
  echo "<!DOCTYPE HTML PUBLIC '-//W3C//DTD HTML 4.01
       Transitional//EN'>\n";
  echo "<html>\n";
  echo " <head>\n";
  echo "<meta http-equiv='content-type' content='text/html;
       charset=ISO-8859-1'>\n";
  echo "  <title>Ein Formular mit PHP</title>\n";
  echo " </head>\n";
  echo " <body>\n";
  // wenn das Formular abgeschickt wurde, Daten ausgeben
  if (isset($_POST['Abschicken'])) {
    printf("<p>Hallo %s %s</p>\n",$_POST['anrede'],$_POST['name']);
  }
  echo "  <form method='POST' action='formtest1.php'>\n";
  echo "  <select name='anrede'>\n";
  echo "  <option>Frau</option>\n";
  echo "  <option>Herr</option>\n";
  echo "  </select>\n";
  echo "  <input type='text' name='name'>\n";
  echo "  <input type='submit' name='Abschicken' value='Los!'>\n";
  echo "  </form>\n";
  echo " </body>\n";
  echo "</html>\n";
?>
```

Die erste Variante dieses Beispiels verwendet ausschließlich PHP zur Ausgabe. Die Datei beginnt in der ersten Zeile mit dem PHP-Start-Marker und wird in der letzten Zeile mit der Endmarkierung abgeschlossen. Damit der resultierende HTML-Code gut lesbar ist, wird jede *echo*-Anweisung mit einem Zeilenvorschub abgeschlossen (*n*). Die Verschachtelung von einfachen in doppelte Anführungszeichen ermöglicht es, gültiges HTML zu schreiben, ohne den String oft unterbrechen zu müssen. Einzig bei der Ausgabe der eingefüllten Daten wird die *printf*-Anweisung verwendet, da die speziellen *$_POST*-Variablen nicht ohne weiteres innerhalb von Anführungszeichen verwendet werden können.

Der Nachteil an dieser Variante sind die vielen *echo*-Aufrufe. Der PHP-Code wird schwer lesbar, und das ständige Aufrufen von Funktionen beeinträchtigt die Ausführungsgeschwindigkeit.

Die HTML-Kopfzeilen mit der Definition des Dokument-Typs und dem Zeichensatz wiederholen sich in jeder Datei, die eine HTML-Seite an den Browser schickt. Es ist daher sinnvoll, diese Zeilen in eine Funktion auszulagern und sie bei Bedarf aufzurufen. Der PHP-Code wird dadurch viel übersichtlicher.

Beispiel: Formular-Eingabe, Version 2

```
<?php   // Datei:  intro/formtest2.php
?>
<!DOCTYPE HTML PUBLIC "-//W3C//DTD HTML 4.01 Transitional//EN">
<html>
 <head>
<meta http-equiv='content-type' content='text/html;
       charset=ISO-8859-1'>
  <title>Ein Formular mit PHP</title>
 </head>
 <body>
<?php
  if (isset($_POST['Abschicken'])) {
?>
  <p>Hallo
  <?php echo $_POST['anrede']; ?>
  <?php echo $_POST['name']; ?>
  </p>
<?php
  }
?>
  <form method='POST' action='formtest2.php'>
  <select name='anrede'>
  <option>Frau</option>
  <option>Herr</option>
  </select>
  <input type='text' name='name'>
  <input type='submit' name='Abschicken' value='Los!'>
  </form>
 </body>
</html>
```

Version zwei unseres Beispiels verwendet so wenig PHP wie möglich. Der HTML-Code wird, wo immer möglich, direkt ausgegeben, und nur, wenn eine logische Struktur verwendet wird oder eine Variable ausgegeben wird, kommt der PHP-Interpreter zum Einsatz. Die großen HTML-Teile sind sehr gut lesbar und werden nicht von Strichpunkten und Zeilenvorschüben gestört.

Die PHP-Anweisungen können dabei aber leicht untergehen und übersehen werden. Außerdem ist es nicht ganz einfach, den Überblick über verschachtelte Schleifen zu behalten, wenn dazwischen nicht eingerückter HTML-Code steht. Die Ausgabe der beiden Varianten sieht exakt gleich aus.

Beispiel: Formular-Eingabe, Version 3

Die Erfahrung zeigt, dass es oft der goldene Mittelweg ist, der zum besten Ergebnis führt. Nimmt man eine Mischung aus den ersten beiden Varianten, so kommt das Beispiel mit wenigen Zeilen PHP aus. (Die restlichen Zeilen mit HTML-Code wurden hier nicht nochmals abgedruckt.)

```
<?php
  if (isset($_POST['Abschicken'])) {
    printf("<p>Hallo %s %s</p>\n",$_POST['anrede'],$_POST['name']);
  }
?>
```

Für das Maß, wie viel PHP in HTML oder umgekehrt vorhanden sein soll, gibt es kein Patentrezept. Es bleibt schlussendlich jedem selbst überlassen, wie der Code gestaltet wird. Die Beispiele in diesem Buch verwenden eine Mischung aus PHP und HTML, die uns als guter Kompromiss aus lesbarem Code und übersichtlicher Programmstruktur vorkommt.

2.3 Typen

In vielen Programmiersprachen müssen Variablen explizit mit einem Typ definiert werden. Zu diesen Sprachen, die als *streng typisiert* bezeichnet werden, gehören unter anderem Java, C, C++, Fortran und viele mehr.

In PHP ist es dagegen nicht nötig, den Typ der Variablen im Vorhinein anzugeben. Die Sprache erkennt am Inhalt, welcher Typ zu verwenden ist. PHP unterscheidet dabei zwischen acht primitiven Typen:

- **Boolean**: Der Wert kann *TRUE* oder *FALSE* sein.
- **Integer**: Positive und negative ganzzahlige Werte. Der Bereich hängt von der Plattform ab, auf der Sie PHP einsetzen; ein gängiger Wert liegt bei ca. 2 Milliarden (32-bit signed).
- **Float**: Fließkommawerte. Auch dieser Wert ist plattformabhängig, üblicherweise kommen etwa 1.8e308 Zahlen zum Einsatz (64-bit signed).
- **Array**: Ein zusammengesetzter Typ, der andere Typen beinhalten kann. Mehr zu Arrays finden Sie im nächsten Abschnitt.
- **Strings**: Strings in PHP werden mit einem Byte kodiert, wodurch sich 256 mögliche Zeichen ergeben. Weitere Informationen zu Strings folgen im übernächsten Abschnitt.
- **Object**: Ein Objekt kann verschiedene Elemente von PHP enthalten, zum Beispiel Variablen, Funktionen und Konstanten. Hintergrundinformationen zu Objekten und zur objektorientierten Programmierung folgen in Kapitel 3.

- **Resource**: Ressourcen sind spezielle Typen, die durch PHP-Funktionen erzeugt werden und auf externe Quellen verweisen. Möchte man zum Beispiel eine Datei einlesen (*fopen*), so gibt die Funktion eine *Resource* zum Ansprechen der geöffneten Datei zurück.
- **NULL**: Ein spezieller Typ, der anzeigt, dass eine Variable keinen Wert hat. Das kann daher kommen, dass die Variable noch nicht initialisiert wurde oder mit *unset()* gelöscht wurde. Natürlich kann einer Variable auch explizit *NULL* zugewiesen werden.

Manchmal ist es nötig, eine Variable von einem Typ in einen anderen zu konvertieren. PHP verwendet dazu die gleiche Notation, wie sie in C üblich ist: Der neue Typ wird der Variable in runden Klammern vorangestellt.

```
$my_var = "16.938";          // $my_var enthält einen String
echo ++$my_var."\n";         // Ausgabe: 17.938
$my_int = (int) $my_var;     // $my_int enthält den Integer 17
echo $my_var+$my_int."\n"; // Ausgabe: 34.938
```

Die Stringvariable *$my_var* wird in der zweiten Zeile automatisch in eine Fließkommazahl umgewandelt, da die Anweisung lautet, die Variable vor der Ausgabe um einen Wert zu erhöhen. Bei der expliziten Umwandlung in einen Integer (Zeile 3) gehen die Nachkommastellen verloren (keine Rundung!). Die Ausgabe in der letzten Zeile zählt die Fließkommazahl aus *$my_var* und die Integerzahl aus *$my_int* zusammen und wandelt das Ergebnis in eine Fließkommazahl um. Man sieht schon, dass PHP die Umwandlung von Typen selbst ganz gut beherrscht, daher muss diese Arbeit seltener als in anderen Programmiersprachen von Hand erledigt werden.

2.3.1 Arrays

Ein in PHP häufig verwendeter Typ sind Arrays. Der Grund dafür ist seine große Flexibilität, denn anders als in anderen Programmiersprachen können PHP-Arrays nicht nur über eine numerische Referenz angesprochen werden. Wo andere Programmiersprachen unterschiedliche Typen definieren (Listen, Hashtable, Dictionary, Stack, Queue), wird in PHP ein Array verwendet. In praktisch jedem PHP-Projekt kommen Arrays zum Einsatz.

Ein PHP-Array besteht aus Schlüsseln und daran angehängten Werten (im Programmcode daher oft als *key* und *value* bezeichnet), wobei die Schlüssel vom Typ Integer oder String sein können; die Werte können von jedem Typ sein. Ein einfaches Array sieht folgendermaßen aus:

```
$my_array = array("foo", "bar");
```

Lässt man sich das Array anzeigen (Kommando: *print_r($my_array)*), so sieht man, dass PHP numerische Schlüssel für die Werte vergibt, die bei 0 beginnen:

```
Array
(
    [0] => foo
    [1] => bar
)
```

Noch genauere Auskunft über den Inhalt der Variable gibt das Kommando *var_-dump($my_array)*.

```
array(2) {
  [0]=>
  string(3) "foo"
  [1]=>
  string(3) "bar"
}
```

Hier wird gezeigt, dass das Array zwei Einträge hat und dass diese vom Typ String (mit drei Zeichen) sind. Diese beiden Kommandos werden häufig während der Entwicklung von PHP-Scripts verwendet.

Um ein neues Element am Ende eines Arrays hinzuzufügen, kann entweder der nächste Schlüssel angegeben werden, oder es wird ein leerer Schlüssel verwendet. Der Vorteil der zweiten Schreibweise besteht darin, dass man die Anzahl der Elemente in *$my_array* nicht wissen (beziehungsweise ermitteln) muss.

```
$my_array[2] = "baz";
$my_array[] = "baz";
```

Um die Schlüssel selbst zuzuweisen, wird eine Notation mit => verwendet.

```
$my_array = array(
  "first_name" => "John",
  "last_name"  => "Smith",
  "email"      => "johnsmith@mail.com"
);
```

Erwartungsgemäß werden die entsprechenden Strings in diesem Beispiel als Schlüssel verwendet. Die im Array enthaltenen Werte müssen nicht vom gleichen Typ sein, und ein Array kann auch andere Arrays als Werte enthalten.

```
$my_array = array(
  "first_name" => "John",
  "last_name"  => "Smith",
  "email"      => "johnsmith@mail.com",
  "address"    => array(
        "street" => "My Street",
        "city"   => "My City",
        "zip"    => 9999
     )
);
```

Um ein Element aus dem Array anzusprechen, wird der Schlüssel in eckigen Klammern übergeben:

```
echo $my_array["first_name"];         // Ausgabe: John
```

Da es sich hier um einen String als Schlüssel handelt, muss dieser in Anführungszeichen als solcher gekennzeichnet werden.

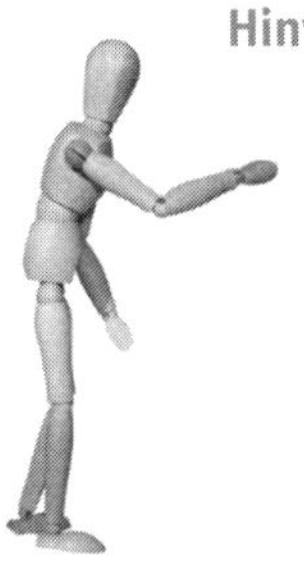

Hinweis

PHP kennt unzählige Funktionen zur Bearbeitung von Arrays, z.B. um nach Elementen zu suchen, zu sortieren etc. Einen Überblick über die wichtigsten Funktionen und eine Menge Beispiele für deren Anwendung finden Sie in Abschnitt 4.2.

2.3.2 Strings

Um einen String zu erzeugen, klammert man den gewünschten Text in einfachen (') oder doppelten (") Anführungszeichen, wobei in doppelten Anführungszeichen Variablen und spezielle Zeichen ausgewertet werden (siehe die folgenden Tabelle).

Zeichen	Bedeutung
\n	New Line, Zeilenende, Zeilenvorschub (ASCII-Zeichen 10)
\r	Carriage Return (ASCII-Zeichen 13)
\t	Tabulator (ASCII-Zeichen 9)
\\	Backslash
\$	Dollar-Zeichen
\"	Doppeltes Anführungszeichen

Tabelle 2.1: Codes mit besonderer Bedeutung in Zeichenketten

```
$txt1 = "abc\t";  // $txt1 enthält abc und ein Tabulatorzeichen,
                  // also ingesamt vier Zeichen
$txt2 = 'abc\t';  // $txt2 enthält die fünf Zeichen abc\t
```

Mehrere Zeichenketten können durch den Operator . aneinander gefügt werden.

```
$txt3 = $txt1 . 'blabla' . $txt2;
```

Die Online-Dokumentation von PHP weist explizit darauf hin, dass es keine Probleme mit großen Strings gibt, da PHP kein Limit für Strings vorsieht.

Zeichenketten dürfen 0-Codes enthalten. Anders als C interpretiert PHP 0-Codes nicht als Ende der Zeichenkette, sondern betrachtet sie wie ganz gewöhnliche Zeichen. Daher ist es auch kein Problem, beliebige binäre Daten in Zeichenketten zu speichern.

Ausgabe der Zeichen ' und "

In korrekten XML- und HTML-Dokumenten werden alle Wertzuweisungen an Attribute in Anführungszeichen geklammert. Wenn PHP den HTML-Code erzeugt, kann es nützlich sein, einfache und doppelte Anführungszeichen ineinander zu verschachteln.

```
echo "<p class='abstract'>Abstract</p>\n";
```

Alternativ kann man doppelte Anführungszeichen mit einem Backslash versehen, was die Lesbarkeit des Codes aber leider oft verschlechtert.

```
echo "<p class=\"abstract\">Abstract</p>\n";
```

Substitution von Variablen

Innerhalb von Zeichenketten, die in doppelten Anführungszeichen angegeben sind, ersetzt PHP Variablen durch ihren Inhalt:

```
$position = 5;
echo "Dein Rang: $position\n";  // Ausgabe: Dein Rang: 5
echo 'Dein Rang: $position\n';  // Ausgabe: Dein Rang $position\n
```

Substitution von Array-Elementen

Noch unangenehmer wird die Situation, wenn Arrays ausgegeben werden sollen. Hier ist es nicht erlaubt, die Anführungszeichen vor dem Schlüssel des Arrays mit einem Backslash zu versehen, und auch einfache Anführungszeichen sind nicht erlaubt. Das kann zu lästigen Konstrukten führen, wenn man die Variable in einen anderen String einbauen möchte:

```
// Fehler in der nächste Zeile:
echo "Hallo $my_array["first_name"] $my_array["last_name"]\n";
// korrekte Ausgabe:
echo "Hallo ".$my_array["first_name"]." ".$my_array["last_name"]."\n";
```

Das Zusammensetzen solcher Strings kann schnell zu unübersichtlichen Konstrukten führen, deshalb hat PHP noch eine Methode, wie referenzierte Arrays ausgegeben werden können:

```
echo "Hello {$my_array["first_name"]} {$my_array["last_name"]}\n";
```

Durch die geschwungene Klammer wird PHP angewiesen, die Gruppe bis zum Ende der Klammer separat zu evaluieren.

heredoc-Syntax

Außer einfachen und doppelten Anführungszeichen hat PHP noch eine Möglichkeit, Strings zu erzeugen, die *heredoc*-Syntax. *heredoc*, aus dem Englischen abgeleitet, bedeutet, dass hier ein ganzes Dokument in einer Variable gespeichert wird. Es eignet sich vor allem für längere Strings.

```
$my_text = <<<EOM
<html>
  <head>
    <title>$title</title>
  </head>
  <body>
    <h1>Hello World</h1>
  </body>
</html>
EOM;
```

heredoc beginnt mit der Zeichenfolge <<< und einem Bezeichner für den Abschnitt. Für diesen frei wählbaren Bezeichner (hier *EOM*), werden oft Konstrukte wie EOM, EOT, EOD verwendet (abgeleitet von **E**nd **O**f **M**essage/**T**ext/**D**ocument). Anschließend folgt, in einer neuen Zeile, der Inhalt der Zeichenkette. Die Variablenersetzung und die Auswertung der oben erwähnten speziellen Zeichen erfolgen wie in der Umgebung von doppelten Anführungszeichen. Das bedeutet, dass Variablen ausgewertet werden und auch die oben erwähnten speziellen Zeichen ihre spezielle Bedeutung haben.

Das Ende des *heredoc*-Strings bezeichnet die exakt gleiche Zeichenkette, die den Start festgelegt hat, nur dass sie dieses Mal am Zeilenanfang stehen muss. Dabei dürfen weder vor noch hinter dem Bezeichner Leerzeichen sein, da der Interpreter es sonst nicht als Endpunkt erkennt. Die *heredoc*-Syntax eignet sich vor allem bei langen SQL-Statements oder bei größeren HTML-Stücken, in denen man immer wieder Variablen einbauen muss.

Die Patentlösung für die Problematik mit Anführungszeichen in Strings gibt es nicht. Meist ist man auf eine Mischung der unterschiedlichen Methoden angewiesen, weshalb man sich mit allen vertraut machen sollte.

nowdoc-Syntax (PHP 5.3)

Ganz ähnlich wie die gerade besprochene *heredoc*-Syntax funktioniert *nowdoc*. Der einzige Unterschied zwischen den beiden Varianten ist, dass im *nowdoc*-Kontext keine Variablen ersetzt werden. Die Zeichenkette wird vom PHP-Interpreter nicht mehr verändert. Um *nowdoc* zu verwenden, wird der Bezeichner des Abschnitts (hier *EOM*) mit einfachen Anführungszeichen versehen:

```
$name = "Vorname Nachname";
echo <<<'EOM'
    Mein Name ist $name
EOM;       // Ausgabe: Mein Name ist $name
```

Zeichensätze, Unicode

PHP verwendet zur Codierung von Zeichen grundsätzlich nur ein Byte. Das bedeutet, dass PHP keine direkte Unterstützung von Multi-Byte-Zeichensätzen wie Unicode hat. Der Standard-Zeichensatz von PHP ist *ISO-8859-1*, auch als *latin1* bezeichnet, der die gängigen westeuropäischen Sprachen abdeckt. Dieser Zeichensatz wird für alle internen Berechnungen in PHP herangezogen. Dieses große Manko macht PHP durch unterschiedliche Erweiterungen wett, die es ermöglichen, auch Unicode-Zeichenketten in der UTF-8-Codierung zu verarbeiten.

Um UTF-8-Zeichen in PHP zu verwenden, gibt es die Hilfsfunktionen: *utf8_encode()* und *utf8_decode()*. Sie können jeweils nur von *UTF-8* in *ISO-8859-1* beziehungsweise umgekehrt umwandeln.

Die *iconv*-Funktionen sind eine Schnittstelle zu der *libiconv*, einer im POSIX-Standard (POSIX.2b) festgehaltenen Bibliothek. Um PHP mit dieser Erweiterung zu übersetzen, muss die Bibliothek am System verfügbar sein (was bei aktuellen Betriebssystemen der Fall ist). Mit *iconv* können Zeichenketten von einem Zeichensatz in einen anderen transformiert werden. Die Implementierung wurde in PHP 5 um einige Funktionen erweitert. So stehen jetzt die Standardfunktionen *strlen*, *strpos*, *strrpos* und *substr* jeweils in einer *iconv_xxx*-Variante zur Verfügung, bei der der gewünschte Zeichensatz angegeben werden kann.

```
$my_string = "Liebe Grüße";
$my_utf8_string = utf8_encode($my_string);
$length_iso = strlen($my_utf8_string);
$length_iconv  = iconv_strlen($my_utf8_string, "UTF-8");
echo "Länge iconv :   $length_iconv\n";    // korrekt: 11
echo "Länge strlen:   $length_iso\n";      // Fehler: gibt 13 aus
```

Noch umfangreichere Funktionen stellt die *Multibyte String*-(*mbstring*-)Bibliothek zur Verfügung. Eigentlich wurde diese Erweiterung für japanische Webseiten entwickelt, inzwischen unterstützt sie aber viele Ein- und Mehrbyte-Zeichensätze. Außer den String-Funktionen, die auch in *iconv* enthalten sind, kann *mbstring* reguläre Ausdrücke und die *mail*-Funktion ersetzen. Da es sehr aufwendig ist, alle *string*-bezogenen Aufrufe in einem großen PHP-Projekt zu ersetzen, kann PHP die Funktionen für den Anwender transparent austauschen. Über die Einstellung *mbstring.func_overload* in php.ini können die *mb_*-Varianten nach Gruppen (*string*, *mail*, *regexp*) ein- oder ausgeschaltet werden. Die Online-Dokumentation bezeichnet dieses Feature aber noch nicht als so weit getestet, dass es systemweit eingesetzt werden sollte.

Auf Linux/UNIX-Plattformen steht neben *iconv* und *mbstring* noch die GNU *recode*-Bibliothek zur Verfügung. Leider kann die *recode*-Erweiterung nicht zusammen mit den *mysql*-Bibliotheken übersetzt werden, daher wird sie auch in diesem Buch nicht weiter besprochen.

Hinweis

PHP kennt unzählige Funktionen zur Bearbeitung von Zeichenketten, z.B. um Teile einer Zeichenkette zu lesen, die Anzahl der Zeichen zu ermitteln etc. Einen Überblick über die wichtigsten Funktionen und eine Menge Beispiele für deren Anwendung finden Sie in Abschnitt 4.2.

Interessant in diesem Zusammenhang sind auch die Funktionen zum Sortieren von Strings. In Abschnitt 4.5 finden Sie Beispiele zur Sortierung in unterschiedlichen Sprachen und Zeichensätzen.

2.4 Variablen und Konstanten

2.4.1 Variablen

Eine Variable in PHP beginnt immer mit dem $-Zeichen und darf nur aus ASCII-Buchstaben, Zahlen und dem Unterstrich bestehen, wobei das erste Zeichen nach dem *$* keine Zahl sein darf. Es wird dabei zwischen Groß- und Kleinschreibung unterschieden. Gültige Variablennamen sind also zum Beispiel: *$first_name, $lastName, $_42_res, $i,* während *$99, $straße* oder *$?* Beispiele für ungültige Variablen sind.

```
$n = 125;
echo "<p>Die Variable n hat den Wert $n.</p>\n";
```

Referenzen

Seit PHP 4 ist es möglich, eine Variable als Referenz zu definieren. Normalerweise kopiert PHP den Wert, der einer Variable zugewiesen wird, automatisch auf eine freie Position im Speicher, und die Variable kann dadurch nur über den direkten Zugriff abgefragt oder verändert werden. Durch eine Referenz wird die neue Variable ein Verweis auf die bestehende, und es erfolgt kein Kopieren. Um eine Referenz zu erzeugen, wird der Variable ein Et-Zeichen (Ampersand, *&*) vorangestellt. Manchmal wird diese Technik bei der Variablenübergabe an Funktionen eingesetzt:

```
function up(&$count) {
  $count++;
}
$my_var = 99;
up($my_var);
echo $my_var;          // gibt 100 aus
```

In der Funktion *up* wird nur mit der Referenz von *$my_var* gearbeitet, und durch das Hochzählen der Referenz wird auch der Wert der Variable erhöht. Für ungeübte Programmierer kann das Arbeiten mit Referenzen leicht etwas unübersichtlich werden, und es wird allgemein in PHP nicht so häufig verwendet wie in anderen Programmiersprachen.

Vordefinierte Variablen

Wenn ein PHP-Script ausgeführt wird, stehen viele Informationen in vordefinierten Variablen zur Verfügung. Welche Informationen die Variablen genau enthalten, hängt von mehreren Faktoren ab (Server-Software, vorhandene Module, ...).

Die wichtigsten dieser Variablen sind in der anschließenden Tabelle festgehalten. Wenn Sie wissen möchten, welche Werte Ihre PHP-Installation zur Verfügung stellt, können Sie sich die entsprechende Variable mit *print_r($var)* anzeigen lassen. Diese Variablen sind alle *superglobal*, was bedeutet, dass sie jederzeit während des Scriptablaufs verwendet werden können, also auch innerhalb von Funktionen oder Klassen. (Eine Menge Beispiele für die Auswertung superglobaler Felder finden Sie im Kapitel 5.)

Variablenname	Inhalt
$_SERVER	Array mit Informationen zum Webserver (unterschiedlich je nach Webserver-Software)
$_ENV	Umgebungsvariablen
$_GET	Alle Informationen aus *method="get"*
$_POST	Alle Informationen aus *method="post"*
$_COOKIE	Cookies, die der Browser für diese Webseite zur Verfügung stellt
$_SESSION	Variablen, die in der Session registriert sind
$_REQUEST	Alle Einträge aus *$_GET*, *$_POST*, *$_COOKIE*
$_FILES	Array mit den Dateien, die auf die Seite mit *HTTP POST* geschickt wurden
$GLOBALS	Alle global verfügbaren Variablen

Tabelle 2.2: Superglobale Felder

Geltungsbereich von Variablen

Der Geltungsbereich von Variablen wird davon bestimmt, wo die Variable erstmals definiert wird. Variablen innerhalb von Funktionen gelten als lokal, sind also vollkommen getrennt von (gleichnamigen) Variablen außerhalb. Um auf Variablen zuzugreifen, die außerhalb der aktuellen Funktion definiert sind, muss die Variable in der Funktion mit dem *global*-Bezeichner *importiert* werden. Ein typisches Beispiel sind Konfigurationen, die oft in einer externen Datei festgelegt werden:

```
<?php    // Datei: config.inc.php
$config = array(db_user => "typo3",
                db_pass => "xxx",
                db_host => "localhost");
?>
```

Die folgenden Zeilen zeigen das Script, das die Variablen verwendet. *require_once* liest die Datei ein (siehe auch Abschnitt 2.9). Erst nach dem Aufruf von *global $config;* steht das Array auch zur Verfügung.

```
<?php    // Datei: connect.php
require_once "config.inc.php";
function connect_mysql() {
  global $config;
  mysql_connect($config["db_host"], $config["db_user"],
        $config["db_pass"]);  }
connect_mysql();
?>
```

Ein Sonderfall sind die oben aufgezählten *superglobalen* Variablen von PHP. Dabei handelt es sich um vordefinierte Variablen, die an jeder Stelle im Code zur Verfügung stehen (also auch in Funktionen).

Variable Variablen

In manchen Fällen kann es nützlich sein, Variablen mit einem Namen zu versehen, der während der Programmierung noch nicht feststeht. Ein Anwender-Kommentar auf den Webseiten der PHP-Dokumentation empfiehlt zum Beispiel, die Elemente eines Formulars (*$_POST*) in Variablen zu verpacken, damit Fehlermeldungen über nicht vorhandene Array-Indizes vermieden werden:

```
foreach($_POST as $key => $value) {
        $varname = "frm_".$key;
        $$varname = $value; }
```

Damit stehen alle unter *$_POST* geschickten Variablen unter *$frm_variable* zur Verfügung und können so als Wert im Formular eingesetzt werden.

2.4.2 Konstanten

Konstanten tragen ihren Namen auf Grund der Tatsache, dass sich ihr Wert während der Laufzeit des Programms nicht ändern kann. Ihre Bezeichner verhalten sich wie die der Variablen, mit dem Unterschied, dass Konstanten kein Dollar-Zeichen vorangestellt wird. Um Konstanten in Quellcode gut sichtbar zu machen, werden Sie meist in Großbuchstaben geschrieben.

PHP definiert eine Vielzahl von Konstanten, die während der Programmausführung zur Verfügung stehen. Darunter sind Werte wie die PHP-Version (*PHP_VERSION*), Pfade zu den Bibliotheken (*DEFAULT_INCLUDE_PATH*), die Error-Levels (*E_ERROR* ...) und viele mehr. Eine vollständige Liste finden Sie unter:

http://www.php.net/manual/de/reserved.constants.php.

Weiters stellt PHP sieben *magische Konstanten* zur Verfügung, die abhängig von ihrem Aufruf unterschiedliche Werte haben (siehe die folgenden Tabelle). Die *__FILE__*-Konstante wird auch in jeder inkludierten Datei aktualisiert, wodurch man die Position der Include-Datei feststellen kann. Vor allem beim Einbinden von weiteren Bibliotheken aus einer Include-Datei ist das ein praktischer Wert.

Konstante	**Bedeutung**
__LINE__	Die aktuelle Zeilennummer
__FILE__	Der vollständige Pfad- und Dateiname zur aktuellen Datei
__FUNCTION__	Name der Funktion (ab PHP 5 mit korrekter Groß-/Kleinschreibung)
__CLASS__	Name der Klasse (ab PHP 5 mit korrekter Groß-/Kleinschreibung)
__METHOD__	Name der Methode (erst ab PHP 5 verfügbar)
__DIR__	Der vollständige Pfadname zur aktuellen Datei (gleichwertig mit *dirname(__FILE__)*, erst ab PHP 5.3 verfügbar)
__NAMESPACE__	Name des aktuellen Namespace (erst ab PHP 5.3 verfügbar)

Tabelle 2.3: Datentypen für bind_param

Zum Erzeugen eigener Konstanten muss die *define*-Funktion aufgerufen werden:

```
define("MY_ERROR", 1);
define("MY_ERROR_MSG", "Es ist ein Fehler aufgetreten");
```

Dabei darf der Wert der Konstanten nur vom Typ *String*, *Integer*, *Float* oder *Boolean* (also WAHR oder FALSCH) sein. Außerdem sind Konstanten im Unterschied zu Variablen immer global verfügbar. Wird eine Konstante aufgerufen, die noch nicht erzeugt wurde, so gibt PHP eine Warnung aus (Typ *E_NOTICE*) und verwendet die Eingabe als String. Das folgende Beispiel soll das erklären.

```
define("MY_VERSION", "0.9.2");
echo "Version ".my_version."\n";  // Ausgabe: Version my_version
echo "Version ".MY_VERSION."\n";  // Ausgabe: Version 0.9.2
```

Die Konstante *my_version* kann nicht gefunden werden und wird daher als String verarbeitet, da PHP auch bei Konstanten zwischen Groß-/Kleinschreibung unterscheidet. Erst die dritte Zeile liefert das gewünschte Ergebnis.

2.5 Operatoren und andere Sonderzeichen

2.5.1 Operatoren

Operatoren werden gebraucht, um Daten zu verändern oder um sie zu vergleichen. PHP verwendet die gleichen Operatoren, die auch viele andere Programmiersprachen einsetzen. Addition (+), Subtraktion (-), Multiplikation (*) und

Division (/) sind Ihnen sicher geläufig. Eine weitere, nicht so häufig verwendete arithmetische Operation ist der Modulo (%), der den ganzzahligen Rest einer Division errechnet. Die Zuweisung eines Ergebnisses erfolgt, wenig überraschend, mit dem Gleichheitszeichen (=), wobei Kombinationen mit den arithmetischen Operatoren erlaubt sind.

```
$a = 5;
$a *= 5;        // $a ist jetzt 25;
```

Vor allem bei Strings wird die Kombination aus Zuweisung und Addition gerne verwendet (für die String-Verbindung wird der Punkt-Operator (.) verwendet).

```
$message .= "$next_line\n";
```

Um Variablen um einen Wert zu erhöhen oder herunterzusetzen, gibt es die praktischen Operatoren ++ und --. Sie werden meist bei Integer-Zahlen angewendet, funktionieren aber auch bei einzelnen Zeichen. Wie in C gelten dabei die Regeln für voran- und nachgestellte Operatoren.

```
$my_char = 'A';
echo ++$my_char;        // gibt 'B' aus, erhöht vor der Ausgabe
```

Für Vergleiche sieht PHP außer den klassischen Operatoren für Gleichheit (==) und Ungleichheit (!= oder <>) noch einen Operator vor, der die Werte darauf prüft, ob sie vom selben *Typ* sind. Das dreifache Gleichheitszeichen (===) übernimmt diese Aufgabe.

```
if ( 1 == "01")     // TRUE. String "01" wird in Integer konvertiert
if ( 1 === "01")    // FALSE. String- und Integer-Vergleich
```

>, >=, < und <= führen die erwarteten Größenvergleiche auch für Strings durch.

```
$a = "A"; $b = "B";
if ( $a >= $b )     // FALSE. B ist größer als A
```

In seltenen Fällen kommt man in die Lage, ein externes Programm aus PHP aufrufen zu müssen (aus Sicherheits- und Performancegründen generell eine schlechte Idee). PHP bietet einige Funktionen und einen eigenen Operator dafür. Der Programmaufruf wird zwischen *Backticks* (``) geklammert. Ein Backtick ist das Zeichen, das auf der deutschen Tastatur neben dem Backspace mit Shift erreichbar ist. Die Ausgabe des Kommandos kann in einer Variable gespeichert werden.

```
$script = __FILE__;
$line_count = `wc -l $script`;
echo "Lines: $line_count\n";
```

Der Aufruf von *wc -l dateiname* liefert unter Linux/UNIX die Anzahl der Zeilen einer Datei zurück.

Was noch fehlt, sind die Bit-Operatoren, die einzelne Bits eines Integers oder eines Zeichens verändern. Auch diese lauten und funktionieren gleich wie in C und vielen anderen Programmiersprachen: & für Und, | für Oder, ^ für Entweder-Oder und ~ für Nicht. Mit << und >> können einzelne Bits nach links bzw. rechts verschoben werden.

Typische Fehler

Ein häufiger Fehler ist die Verwechslung von = und ==. Die Zuweisung (=) hat als Rückgabewert den Wert der Zuweisung. Ist dieser Wert ungleich 0, ist die damit verbundene Bedingung WAHR, und die Schleife läuft endlos.

```
$a = 1;
$b = 1;
while ($a = $b) {       // Achtung Endlos-Schleife!
  $a++;
  echo "a: $a b: $b\n";
}
```

Um Strings zusammenzusetzen, verwendet man in PHP nicht den + Operator, sondern es gibt einen eigenen Operator zum Verketten von Strings, den Punkt.

```
$a = "Hello";
$b = " world.";
echo $a+$b;        // Ergebnis: 0
echo $a.$b;        // Ergebnis: Hello world.
```

Logische Ausdrücke

Oft ist es nicht genug, nur eine Bedingung abzufragen. Da das Verschachteln von Bedingungen in mehrere Abfragen schnell unübersichtlich wird, gibt es die Möglichkeit, Bedingungen in einer logischen Abfolge zu verketten.

```
$a = 10;
$b =  0;
$c = 30;
if (($a > 0 && $b < 0) || $c >= 30) {
  echo "Bedingung ist wahr\n"; }
else {
  echo "Bedingung ist falsch\n"; }
```

Obwohl die erste Bedingung falsch ist (*$b* ist nicht kleiner 0), evaluiert die gesamte Abfrage auf *TRUE*, da der zweite Teil (*$c* größer oder gleich 30) wahr ist und die beiden Bedingungen mit *ODER* (| |) verknüpft sind. Logische Negationen werden durch das Ausrufezeichen *!* ausgedrückt (also z.B. *if(!$a > 0)*).

Alternativ zu den Zeichen | |, *&&* und *!* können Sie auch die Schlüsselwörter *or*, *and* und *not* einsetzen. Mit *xor* stellt PHP auch einen Operator für exklusives *ODER* zur Verfügung. *$a xor $b* liefert *TRUE*, wenn entweder $a oder $b wahr sind, aber nicht, wenn beide wahr oder beide falsch sind.

Operator :? (PHP 5.3)

Mit PHP 5.3 wurde ein weiterer Operator eingeführt, der den nicht leeren Wert zweier Variablen zurückgibt. Mit diesem Trick lässt sich einfach sicherstellen, dass eine Variable auf jeden Fall einen Wert enthält.

```
$a = "" ?: "default wert";
print "$a";     // Ausgabe: default wert
$a = "default wert" ?: false;
print "$a";     // Ausgabe: default wert
```

Sollten beide Variablen einen Wert enthalten, so wird der erstgenannte Wert zurückgegeben.

2.5.2 Kommentare

Real programmers don't comment their code. If it was hard to write, it should be hard to understand.

So ganz kann man dieser Weisheit, die als E-Mail-Signatur durch das Internet geistert, nicht zustimmen. Darum gibt es auch in PHP die Möglichkeit, die Programmzeilen mit Kommentaren zu versehen. Wichtig dabei ist, dass nicht alles kommentiert werden muss, denn viele Anweisungen sprechen für sich:

```
// überprüfen, ob $a einen positiven Wert hat
if ($a >= 0) {
```

Auch noch nach Jahren wird man ohne Kommentar verstehen, was diese Abfrage macht. Bei komplexeren Strukturen (z.B. Verknüpfung logischer Abfragen), kann ein Kommentar die Verständlichkeit aber sehr erleichtern.

PHP bietet drei verschiedene Möglichkeiten, Kommentare zu schreiben. Die aus Shell-Scripts bekannten einzeiligen Kommentare beginnen mit der Raute (#).

```
# Abfragen nach Munroes ("Berg" über 3000ft -> 914m)
if ($scottish_mountains["height"] > 914) {
  echo $scottish_mountains["name"]." is a munroe\n";  }
```

Häufiger werden aber die von C++ und C bekannten Kommentare verwendet. Ein einzeiliger Kommentar wird dabei mit // eingeleitet, für mehrzeilige Kommentare gibt es eine Startmarkierung (/*) und eine Endmarkierung (*/).

```
// einzeiliger Kommentar
/* In mehrzeiligen Kommentaren wird oft jede neue Zeile
* mit einem Stern begonnen. Das ist zwar nicht notwendig,
* doch es kann nützlich sein, um Code von Kommentaren
* zu unterscheiden, wenn man Stellen im Programm
* mit dem Unix/Linux-Kommando grep sucht.
*/
```

Mehrzeilige Kommentare werden oft verwendet, um größere Blöcke von Code auszuklammern. Dabei ist darauf zu achten, dass in dem auszuklammernden Block keine mehrzeiligen Kommentare vorhanden sind. PHP versteht dann nämlich den End-Marker des verschachtelten Kommentars als Ende des Kommentar-Blocks.

```
/* Anfang ausgeklammerter Block
function my_test($x) {
  /* Variable soll vor der Ausgabe
   um einen Wert erhöht werden    */
  echo ++$x;
}
Ende ausgeklammerter Block    */
```

Bei der Ausführung meldet PHP einen *Parse error,* da der mehrzeilige Kommentar vor der Zeile *echo ++$x;* abgeschlossen wird.

2.5.3 Sonderzeichen

Die folgende Tabelle fasst die wichtigsten Sonderzeichen von PHP zusammen.

PHP-Syntax	Bedeutung
$var	kennzeichnet Variablen.
[ ]	dient zur Angabe des Array-Index, beispielsweise *$my_array[3]* oder *$new_array[] = 99.*
{}	klammert eine Gruppe. Geschwungene Klammern werden in Kontrollstrukturen (*if, while, foreach, ...*) und Funktionen eingesetzt.
&	übergibt eine Variable, Funktion oder Klasse als Referenz, nicht als Wert.
bed ? a : b	führt den Ausdruck *a* aus, wenn die Bedingung wahr ist, sonst den Ausdruck *b* (siehe auch Abschnitt 2.6.1).
@funktion()	führt die Funktion aus und unterdrückt dabei die Anzeige von Fehlermeldungen (siehe auch Abschnitt 2.8.1).
$objekt->methode	ist die Schreibweise für den Zugriff auf eine Methode oder Eigenschaft eines Objekts (z.B. *$mysqli->query("SELECT ...")*).
key=>value	ist die Schreibweise für den Schlüssel und den Inhalt eines Feldelements (z.B. *$myarray = array("schlüssel1" => 1234, "schlüssel2" => "abc")*).

Tabelle 2.4: Die wichtigsten PHP-Sonderzeichen

2.6 Kontrollstrukturen

2.6.1 if-Abfragen

Wohl eines der häufigsten Konstrukte in Programmcode sind Abfragen nach dem Zustand von Variablen oder Konstanten. In PHP wird diese Aufgabe von der *if*-Abfrage erledigt, deren Syntax der C-Syntax ähnelt.

```
if ($messages > 0) {
  echo "Sie haben Nachrichten in Ihrer Mailbox\n";
} else {
  echo "Sie haben keine Nachrichten.\n";
}
```

Evaluiert die Bedingung in den runden Klammern auf WAHR, so wird der erste durch geschweifte Klammern abgegrenzte Block ausgeführt, andernfalls der zweite. Mit *elseif* oder *else if* (die beiden Varianten können in PHP synonym verwendet werden) kann eine zusätzliche Abfrage eingeführt werden:

```
if ($message == 0) {
  echo "Sie haben keine Nachrichten\n";
} elseif ($message == 1) {
  echo "Sie haben eine Nachricht\n";
} else {
  echo "Sie haben mehrere Nachrichten\n";
}
```

Die Bedingungen werden von oben nach unten abgearbeitet, wobei die erste zutreffende Bedingung ausgeführt wird (sollten weitere Bedingungen zutreffen, so werden diese nicht mehr ausgeführt).

if-Kurzschreibweise

Stellen Sie sich vor, Sie möchten den Anwender Ihrer Software über die Anzahl seiner Nachrichten informieren. Eine einfache Aufgabe:

```
for ($messages=0; $messages<5; $messages++) {
  echo "Sie haben $messages Nachrichten\n";
}
```

Für *$message==1* klingt der Satz etwas komisch: Sie haben 1 Nachrichten. Eine *if-else*-Konstruktion mit 5 Zeilen Code zu schreiben ist für diese kleine Aufgabe etwas viel verlangt. PHP bietet die Möglichkeit, die *if-else*-Abfrage in einer Zeile zu verkürzen: Durch *bedingung ? ausdruck1 : ausdruck2* wird *ausdruck1* ausgeführt, wenn die Bedinung wahr ist, sonst *ausdruck2*. Das folgende Beispiel zeigt eine mögliche Anwendung:

```
for ($messages=0; $messages<5; $messages++) {
  echo "Sie haben $messages Nachricht";
  echo ($messages == 1) ? "\n" : "en\n" ; }
```

Die Abfrage lautet also: Wenn genau eine Nachricht zur Verfügung steht, wird nur das Zeilenende ausgegeben, in allen anderen Fällen werden die Buchstaben *en* und das Zeilenende angehängt.

2.6.2 switch-Konstruktionen

switch ersetzt die Verwendung von mehreren *elseif*-Abfragen. Ein Variablenwert wird mit *switch* ausgewertet und mit *case*-Abfragen analysiert.

```
switch ($messages) {
  case 0:
    echo "Sie haben keine Nachricht\n";
    break;
  case 1:
    echo "Sie haben eine Nachricht\n";
    break;
  case 2:
    echo "Sie haben 2 Nachrichten\n";
    break;
}
```

Die *break*-Anweisung nach dem *echo* ist wichtig, da andernfalls immer alle Möglichkeiten durchprobiert werden!

2.6.3 Schleifen

In PHP gibt es gleich vier Möglichkeiten zur Formulierung von Schleifen:

while-Schleifen

while *(bedingung) anweisung*: Die Anweisung wird wiederholt, solange die Bedingung wahr ist.

```
$seven_summits = array("Mt. Everest", "Aconcagua", "Mt. McKinley",
                       "Kilimanjaro", "Elbrus", "Puncak Jaya",
                       "Vinson Massif");
while ($mountain = array_pop($seven_summits)) {
  echo "$mountain\n";
}
```

Die Funktion *array_pop* holt das letzte Element aus der Variable *$seven_summits*, weist es *$mountain* zu und löscht es anschließend aus dem Array. Ist das Array leer, liefert *array_pop NULL* zurück und die *while*-Schleife wird beendet.

do-Schleifen

***do** anweisung **while** (bedingung)*: *do*-Schleifen funktionieren ganz ähnlich wie *while*-Schleifen, nur wird *bedingung* erst am Ende der Schleife ausgewertet. Das bedeutet, dass *anweisung* mindestens einmal ausgeführt wird (während es bei *while*-Schleifen passieren kann, dass *anweisung* nie ausgeführt wird).

for-Schleifen

***for** (ausdruck1; ausdruck2; ausdruck3) anweisung*: Die *for*-Schleife ist sehr flexibel: *ausdruck1* wird am Beginn der Schleife (also nur einmal) ausgewertet, *ausdruck2* wird zu Beginn, und *ausdruck3* am Ende jedes Durchlaufs der Schleife überprüft. Eine typische *for*-Schleife sieht folgendermaßen aus:

```
for ($i=0; $i<100; $i++) {  // Zahlen von 0-99 ausgeben
  echo "$i\n"; }
```

foreach-Schleife

***foreach** ($array as $key=>$value) ausdruck*: Die *foreach*-Schleife (seit PHP 4) gewinnt zunehmend an Popularität, da sie sehr einfach in der Verwendung ist und zur Lesbarkeit des Codes beiträgt. *foreach* arbeitet ein Array der Reihe nach ab und stellt die Schlüssel als *$key* und die Werte als *$value* zur Verfügung. Das *as*-Konstrukt ist optional und kann bei Bedarf auch weggelassen werden. Ein Beispiel für die *foreach*-Schleife wäre:

```
$alpine_mountains = array(
      "Mont Blanc"    => 4807,
      "Dufourspitze"  => 4634,
      "Nordend"       => 4609
    );
foreach ($alpine_mountains as $mountain=>$height) {
  echo "$mountain ist $height meter hoch.\n";
}
```

break und continue

break beendet die aktuelle Schleife vorzeitig. Über einen zusätzlichen Parameter können mehrere verschachtelte Schleifen beendet werden.

```
$search = rand(0,99);
for($i=0; $i<100; $i++) {
  echo "Suche nach $search: $i\n";
  if ($i == $search) {
    break;
  }
}
```

In der *for*-Schleife wird die Zufallszahl *$search* gesucht. Sobald die Zähler-Variable *$i* gleich der gesuchten Zahl ist, wird die Schleife mit *break* beendet.

continue bricht die Ausführung des aktuellen Durchlaufs ab und beginnt mit dem nächsten Durchlauf. Wie bei *break* können mehrere Schleifen übersprungen werden.

2.7 Funktionen definieren und aufrufen

Sobald ein PHP-Projekt größer wird, ergibt sich die Notwendigkeit, einzelne Arbeitsschritte auszulagern und wiederholt aufzurufen. Eine *function* erfüllt diese Aufgabe in PHP. Parameter werden der Funktion in einer komma-separierten Liste übergeben. Standardmäßig wird dabei eine Kopie des Parameters erstellt. Über den Ampersand-Bezeichner (&) besteht aber auch die Möglichkeit, nur die Referenz auf die Variable zu übergeben.

In der Funktionsdefinition werden die Parameter festgelegt. Falls Sie dem Parameter einen Standardwert zuweisen, gilt dieser Parameter als optional und muss beim Funktionsaufruf nicht übergeben werden. Auch Arrays können so initialisiert werden.

```
function print_mountains($mountain = array("Huascaran"=>6768)) {
  foreach ($mountain as $m => $h)
    echo "$m ist $h m hoch\n";
}
```

Funktionen rufen Sie einfach durch Nennung des Namens auf:

```
print_mountains();
print_mountains(array("Wildspitze"=>3772));
```

Für den PHP-Interpreter ist es gleichgültig, wo im Code die Funktion definiert ist. (Mit anderen Worten: Ein Funktionsaufruf ist auch dann zulässig, wenn die Funktionsdefinition erst später im Code erfolgt.)

Funktion beenden, Ergebnisrückgabe

return beendet den Ablauf einer Funktion und kann optional einen Wert zurückgeben. (Wird *return* nicht innerhalb einer Funktion verwendet, wird der Ablauf des Scripts beendet.)

Funktionsaufruf mit variablem Namen

Mit dem Konzept von *variablen Funktionen* besteht die Möglichkeit, Funktionen aufzurufen, ohne ihren Namen im Vorhinein zu kennen.

```
$mime = "image_jpeg";
$func_name = "output_".$mime;
$func_name($image);
```

```
function output_image_jpeg($img) {
  header("Content Type: image/jpeg");
  // $img nach jpeg umwandeln
  print $img;
}

function output_image_png($img) {
  header("Content Type: image/png");
  // $img nach png umwandeln
  print $img;
}
```

In diesem Beispiel wird je nach dem Inhalt von *$mime* eine unterschiedliche Funktion aufgerufen. Mit den objektorientierten Funktionen von PHP 5 würde man die Ausgabe wohl einer Klasse übergeben und ohne die variable Funktion auskommen.

Funktionen rekursiv aufrufen

Durch den rekursiven Aufruf von Funktionen kann mit wenig Code Erstaunliches erreicht werden. Der Nachteil daran ist, dass Rekursionen nicht ganz leicht zu verstehen sind. Daher rührt auch die Aussage, dass man Rekursionen erst verstehen kann, wenn man Rekursionen versteht. Zwei Beispiele sollen zeigen, wie Rekursionen funktionieren.

Das klassische Beispiel für Rekursionen ist die Berechnung der Fakultät. Dabei wird die Ausgangszahl jeweils mit der nächstkleineren Zahl multipliziert. 3 zur Fakultät (für Mathematiker *3!*) ist 3x2x1=6. Die Rekursion ist hier gut zu verstehen, da die Funktion jeweils mit dem um eine Zahl verringerten Wert aufgerufen wird (*--$f* bewirkt dabei, dass die Variable *vor* dem Funktionsaufruf heruntergezählt wird).

```
function factorial($f) {
  if ($f > 1) {
    return $f * factorial(--$f);
  }
  return 1;
}
$factor = 6;
echo "Factorial $factor: ".factorial($factor)."\n";
```

Eine weitere Anwendung, bei der sich die Rekursion als sehr hilfreich erweist, ist das Erzeugen eines Verzeichnisbaums. Unter Linux/UNIX stellt das Betriebssystem dafür ein Kommando bereit (*mkdirhier*), und in PHP 5 wurde die *mkdir*-Funktion entsprechend erweitert, damit sie das rekursive Erstellen von Verzeichnissen unterstützt. Die hier vorgestellte Funktion kann mit jeder PHP-Version verwendet werden.

Zu Beginn überprüft die Funktion, ob es das gewünschte Verzeichnis schon gibt. Wenn ja, wird *TRUE* zurückgegeben und der Aufruf ist beendet. Ist eine Datei mit dem gewünschten Namen vorhanden, steigt die Funktion mit *FALSE* aus, da eine Datei und ein Verzeichnis mit demselben Namen in einer Verzeichnis-Ebene nicht erlaubt sind. An diesem Punkt wird die Funktion erneut aufgerufen, und als Parameter wird dieses Mal das Verzeichnis eine Ebene darüber übergeben (*strrpos* sucht das letzte Vorkommen von /, und *substr* erzeugt den Teil des Strings bis dahin).

Wichtig für das Verständnis ist, dass der erste Aufruf der Funktion noch nicht beendet ist. Im Gegenteil, die Ausführung wartet auf den Rückgabewert des neuerlichen Aufrufs. Existiert das darüber liegende Verzeichnis, wird *TRUE* zurückgegeben und die Ausführung läuft mit dem *mkdir*-Kommando weiter. Existiert es nicht, ruft sich die Funktion so lange selbst auf, bis sie zu einem Verzeichnis kommt, das schon vorhanden ist. Erst dann kommt *mkdir* zum Einsatz und erzeugt der Reihe nach ein um das andere Verzeichnis.

```
// rekursives Erstellen von Verzeichnissen (vor PHP 5)
function rec_mkdir($dir) {
  if (is_dir($dir)) { return TRUE; }
  if (file_exists($dir)) { return FALSE; }
  if (rec_mkdir(substr($dir,0,strrpos($dir,'/')))) {
    return mkdir($dir);
  }
}
rec_mkdir("/tmp/a/b/c/d");
```

Das Beispiel ist bewusst sehr kurz gehalten. Wenn Sie es nicht gleich verstehen, lassen Sie sich *$dir* am Beginn der Funktion oder vor dem *mkdir*-Aufruf ausgeben. Für den Einsatz in der Praxis kann man die Fehlerbehandlung noch etwas ausbauen. So überprüft *file_exists* zwar, ob es eine Datei oder einen gültigen symbolischen Link gibt, es findet aber nicht Links, die ins Leere zeigen. Außerdem sollte man vor dem *return FALSE* eine entsprechende Fehlermeldung ausgeben.

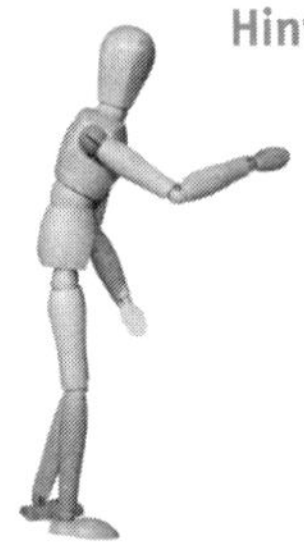

Hinweis

Weitere Beispiele für rekursive Funktionen finden Sie in Abschnitt 12.7, wo es um die Verarbeitung hierarchischer Daten geht. Dort wird auch der Einsatz statischer Variablen demonstriert.

Gültigkeit von Variablen: Variablen, die innerhalb einer rekursiven Funktion definiert sind, sowie Funktionsparameter sind mit der Instanz (dem jeweiligen Aufruf) der Funktion verbunden. Wenn sich die Funktion rekursiv aufruft, werden die Variablen für jeden Aufruf zwischengespeichert und erhalten bei der Rückkehr wieder ihren ursprünglichen Wert.

Wenn Sie möchten, dass eine lokale Variable nicht bei jedem Aufruf neu initialisiert wird, müssen Sie diese Variable mit dem Schlüsselwort *static* deklarieren (also z.B. *static $var=3;*). Eine statische Variable wird für alle Instanzen nur einmal gespeichert und behält ihren Inhalt durch alle Instanzen.

2.8 Fehlerbehandlung, Fehlerabsicherung

Stellen Sie sich vor, das von Ihnen programmierte Shop-System speichert Einkäufe von Kunden in einer Datenbank ab. Alles läuft nach Wunsch, bis eines Tages keine neuen Einträge mehr hinzukommen. Nach langer, mühsamer Fehlersuche bemerken Sie, dass auf der Festplatte kein Platz mehr war und die Datenbank folglich keine Einträge hinzufügen konnte (die Verbindung zur Datenbank und Abfragen funktionierten jedoch).

Bei dem eben beschriebenen Fehler handelt es sich um einen externen Fehler, also um ein Problem, das nicht direkt mit Ihrem Programmcode zu tun hat. Gut programmierter Code sollte aber externe und interne Fehler berücksichtigen und darauf reagieren können.

2.8.1 Reaktion auf Programmfehler, Fehlermeldungen

Tritt ein Fehler während der Programmausführung auf, so informiert PHP darüber. Wohin die Ausgabe der Fehlermeldung geschrieben wird und welche Fehler angezeigt werden sollen, kann in der Konfigurationsdatei php.ini eingestellt werden. Bei der Entwicklung von Applikationen empfiehlt es sich, alle Fehler und Warnungen anzeigen zu lassen. Die entsprechenden Einstellungen werden über den Schalter *error_reporting* gesetzt, wobei gängige Werte in folgender Tabelle zusammengefasst sind.

Error-Konstante	**Bedeutung**
E_ERROR	Programmabbruch durch einen fatalen Fehler
E_WARNING	Fehler, die den Programmablauf nicht beenden
E_NOTICE	Warnung als Hinweis auf einen möglichen Fehler
E_ALL	Alle Fehler und Warnungen
E_STRICT	Neu in PHP 5: Alle Fehler und Warnungen, aber auch Hinweise für Konstrukte, die nicht mehr verwendet werden sollten.

Tabelle 2.5: Wichtige Error-Konstanten

Die Einstellungen können über bitweise Operatoren kombiniert werden. Die mit dem Quellcode von PHP mitgelieferte php.ini enthält zum Beispiel folgenden Wert:

```
error_reporting  =  E_ALL & ~E_NOTICE & ~E_STRICT
```

Dadurch werden alle Fehlermeldungen außer den Warnungen der Kategorie *E_-NOTICE* und *E_STRICT* ausgegeben.

Als Alternative, wenn kein Schreibzugriff auf die php.ini-Datei besteht, kann das *error_reporting* auch für einzelne PHP-Dateien eingestellt werden. Der Aufruf von *error_reporting(E_ALL)* aktiviert die Fehlerausgabe zu jeder Zeit im Code.

Die Frage bleibt, wohin die Fehler ausgegeben werden sollen? Für die Entwicklung ist es praktisch, wenn Fehler direkt im Browser angezeigt werden, im laufenden Betrieb ist die unkontrollierte Ausgabe von Fehlern eine große Sicherheitslücke. Dem potenziellen Angreifer werden damit Hinweise geliefert, wo das Programm Schwachstellen hat. Im schlimmsten Fall können sogar Zugangsdaten zur Datenbank oder ähnlich heikle Informationen ausgeliefert werden. Um nicht ganz auf die Fehlerausgabe verzichten zu müssen, kann PHP die Meldungen auch in eine Datei schreiben. Diese Ausgabe wird standardmäßig in das Error-Log des Webservers umgeleitet, kann aber über die Einstellung *error_log* in eine andere Datei umgeleitet werden.

```
; Ausgabe der Fehler im Webbrowser, NICHT im produktiven Betrieb!
display_errors = On
; Ausgabe der Fehler in eine Log-Datei
log_errors = On
; Name der Log-Datei (Error-Log des Webservers, wenn leer)
error_log = /var/log/php/error_log
; Speichern der letzten Fehlermeldung in der Variable $php_errormsg
track_errors = On
```

Manuelle Fehlerbehandlung

In manchen Fällen ist es sinnvoll, die Fehlerbehandlung von PHP auszutricksen und sich selbst um eine Lösung zu bemühen. PHP sieht dazu den @-Operator vor, der die Fehlermeldung des anschließenden Aufrufs unterdrückt.

```
error_reporting(E_ALL);
if (! $res = @mysql_connect("localhost", "typo3", "xxx")) {
  header("Location: /nodatabase.php");
}
```

Funktioniert aus irgendwelchen Gründen die Verbindung zur Datenbank nicht, wird der Anwender auf eine andere PHP-Seite weitergeleitet. Ohne das @-Zeichen würde die Weiterleitung nicht funktionieren, da der *header*-Aufruf vor jeder anderen Ausgabe geschickt werden muss.

Die Fehlerunterdrückung sollte aber nicht zu leichtfertig eingesetzt werden. Der @-Operator schaltet jegliche Meldungen aus, auch Meldungen über Fehler, die die Programmausführung beenden.

```
@undef_func();
echo "Hello world.\n";
```

Der Aufruf der nicht definierten Funktion *undef_func()* führt zu einem fatalen Fehler, der das Programm beendet (*Hello world.* wird daher nie ausgegeben). Da die Fehlermeldung unterdrückt wird, weiß man nicht, wo und warum das Programm abbricht. Vor allem in größeren PHP-Projekten ist dieser Code ein Horrorszenario, da die Fehlersuche endlos sein kann.

2.8.2 Exceptions

Mit PHP 5 wurde ein neues Konzept der Fehlerbehandlung eingeführt: *Exceptions*. Für Programmierer anderer objektorientierter Sprachen (wie Java oder Python) gehören *Exceptions* zum täglichen Brot. Die Idee dahinter ist, dass ein Fehler oft nicht sofort behandelt werden kann, sondern der aufrufenden Funktion als solcher mitgeteilt werden soll und dass das Programm weiterläuft. Speziell bei größeren Bibliotheken, die ihrerseits wieder andere Bibliotheken verwenden, ist eine solche Fehlerbehandlung erforderlich.

Um *Exceptions* zu verwenden, wird der Teil des Programms, der Schwierigkeiten machen könnte, in einen *try*-Block gekapselt. Geht bei der Ausführung dieses Blocks etwas schief, wird der *catch*-Teil ausgeführt.

```
function my_db_connect() {
  $res = 0;
  if (! $res = @mysql_connect("localhost", "typo3", "xxx")) {
    throw new Exception("Db Connect");
  } else {
    return $res;
  }
}

try {
  my_db_connect();
} catch (Exception $e) {
  echo "Unable to connect to Database.\n";
  echo "Error Message: ".$e->getMessage()."\n";
  echo "Trace:         ".$e->getTraceAsString()."\n";
}
```

Kommt die Datenbankverbindung nicht zustande, wird ein neues Objekt vom Typ *Exception* erzeugt, und mit *throw* wird die Kontrolle an die aufrufende Funktion zurückgegeben. Im *catch*-Block kann auf die Fehlersituation detailliert eingegangen werden.

Wie bereits eingangs erwähnt, werden *Exceptions* hauptsächlich bei großen Projekten oder bei Bibliotheken verwendet. Da PHP anders als Java *Exceptions* nicht verpflichtend verwendet, reicht in vielen Fällen eine *if*-Abfrage zur Fehlerbehandlung aus.

2.8.3 Fehlersuche/Debugging

Irgendwann schleichen sich bei der Programmierung Fehler ein. Diese zu finden kann oft nicht ganz einfach sein, weshalb es sinnvoll ist, sich eine Strategie zurechtzulegen, wie man diese Fehler aufspüren kann. *Debugger* sind eigenständige Programme oder Module für eine Programmiersprache, die bei der Fehlersuche helfen sollen. Zu den wichtigsten PHP-Debuggern zählen zwei PEAR-Projekte (*apd* und *Xdebug*) und *DBG*, ein kommerzielles Projekt, das ältere Versionen der Open Source Community frei zur Verfügung stellt. Diese Programme legen neben der Fehlersuche noch viel Gewicht auf die Optimierung der Geschwindigkeit (*Profiling*).

Debugger müssen tief in den Sprachkern eingreifen, um die gewünschten Informationen auslesen zu können. Zudem muss der eigene PHP-Code angepasst werden, damit der Debugger weiß, welche Information gefragt ist. Das sind beides Sachen, die vom Einsatz eines Debuggers abschrecken.

Für die einfache Fehlersuche braucht man meist keinen eigenen Debugger. Ein paar *echo*- oder *printf*-Anweisungen an der richtigen Stelle geben sehr schnell Auskunft über den Stand der Dinge (meist den Inhalt einer Variable). Wer an einem größeren Projekt arbeitet und die *echo*- und *printf*-Anweisungen nicht immer ein- und auskommentieren will, kann diese persönlichen Debug-Anweisungen in einer *if*-Konstruktion verschachteln.

```
define("DEBUG", true);
if (DEBUG) {
  echo "<p style='color:red'>Server Vars:</p>\n";
  echo "<pre>\n"; print_r($_SERVER); print "</pre>\n";
}
```

Möchte man eine etwas feiner graduierte Ausgabe von Debug-Meldungen erhalten, so kann man die Konstante als Integer-Wert definieren und je nach ihrem Wert die Anzahl der Meldungen steuern (mit *DEBUG=10* gibt es sehr viele Meldungen, *DEBUG=1* nur die nötigsten). Wem das immer noch nicht genug ist, der kann seine eigene Klasse für Debug-Meldungen schreiben.

2.9 Einbinden von Dateien

Eigentlich wäre es möglich, ein komplettes PHP-Projekt in einer einzigen Datei zu schreiben. Dass diese Struktur weder zum Editieren gut geeignet ist noch eine gute Performance in der Ausführung bringt, ist leicht verständlich. Darum bietet PHP die Möglichkeit, Code in Dateien auszulagern, die bei Bedarf eingebunden werden können.

Wer schon länger PHP programmiert, wird sich einige Hilfsfunktionen geschrieben haben, die in unterschiedlichen Projekten eingesetzt werden (eine kleine Bibliothek also). Damit diese Codestücke nicht jedes Mal kopiert werden müssen (und es dann bei Verbesserungen unterschiedliche Versionen gibt), können diese Bibliotheken von einer zentralen Stelle aus eingebunden werden.

PHP bietet zwei Funktionen zum Einbinden von externen Dateien an, ***require*** und ***include***. Der einzige Unterschied besteht darin, dass *require* die Programmausführung abbricht, wenn die Datei nicht gefunden wird; *include* hingegen gibt nur eine Warnung aus. Dabei wird immer der *include_path* (Einstellung in php.ini) relativ vom aktuellen Verzeichnis nach Dateien durchsucht.

require_once und ***include_once***: Wie der Name schon vermuten lässt werden die gewünschten Dateien auch bei mehrmaligem Aufruf nur einmal eingebaut. Vor allem bei verschachtelten *include*-Anweisungen kann dadurch Zeit gespart werden.

Interessant bei inkludierten Dateien ist der Gültigkeitsbereich von Variablen, die in diesen Dateien vorkommen. Alle Variablen, die außerhalb von Funktionen definiert werden, sind in den inkludierten Dateien verfügbar. Um sie innerhalb einer Funktion zu verwenden, muss die Variable mit dem Bezeichner *global* importiert werden. Ein kurzes Beispiel kann die Situation schnell erklären. Die zentrale Datei ist inc_test.php:

```
<?php    // Datei: inc_test.php
  $base_dir = "/php5";
  include_once "config.inc.php";

  // Verwendung der config-Variable ohne global:
  echo "DB User: ".$config["db_user"]."\n";
  show_config();

  function show_config() {
    global $config;         // config muss importiert werden
    print "<pre>\n"; print_r($config); print "</pre>\n";
  }
?>
```

Die inkludierte Datei heißt config.inc.php:

```
<?php    // Datei: config.inc.php
  $config = array (
        "db_host" => "localhost",
        "db_user" => "typo3",
        "db_pass" => "xxx",
        "inc_dir" => $base_dir."/inc"  // Verwendung von $base_dir
                                       // ohne global
    );
?>
```

In der Funktion *show_config()* muss die Variable *$config* importiert werden, damit sie zur Verfügung steht, außerhalb der Funktion ist sie automatisch ansprechbar. (Klassen bieten mehr Möglichkeiten, die Gültigkeitsbereich von Variablen einzustellen. Mehr dazu im nächsten Kapitel.)

3 Objektorientierte Programmierung

Bereits in PHP 4 flossen mit der Zeit immer mehr objektorientierte Funktionen in die Programmiersprache ein. In Version 5 wurde die Objektorientierung komplett überarbeitet. Der neue, übersichtlichere und schnellere Ansatz besitzt von der Syntax her gewisse Ähnlichkeit mit der Programmiersprache Java.

Wenn Sie schon Erfahrung mit objektorientierten Programmiersprachen haben, können Sie den ersten Abschnitt getrost überspringen und zum Abschnitt 3.2 gehen. Dort finden Sie Beispiele für die objektorientierte Umsetzung in PHP 5.

Zum Abschluss bietet Ihnen dieses Kapitel noch ein Programmierbeispiel, in dem die Verwendung von objektorientierter Programmierung (OOP) anhand von einfachen Strukturen gezeigt wird.

3.1 Einführung in OOP

Mitte der neunziger Jahre, wohl zeitgleich mit der wachsenden Popularität der Programmiersprache Java, wurde objektorientierte Programmierung (OOP) zu einem Modewort in der IT-Branche. Die Lösung nahezu aller Programmierprobleme wurde in der Objektorientierung gesehen.

Heute wie damals gibt es Kritiker an dem OOP-Ansatz. Einer der Punkte, die an OOP kritisiert werden ist, dass die Theorie sehr gut klingt, die praktische Umsetzung aber oft zu kompliziert und zu umständlich ist.

3.1.1 Was ist OOP?

Vereinfacht gesagt dreht sich bei OOP alles um Objekte. Ein Objekt ist dabei als Ansammlung von Daten und Funktionen zu verstehen. Darin besteht ein wesentlicher Unterschied zur prozeduralen Programmierung, wo Daten und Funktionen getrennt verwaltet werden.

Nehmen wir einmal an, Sie schreiben ein Programm, das mit geometrischen Formen arbeitet: Da Sie das Rechteck oft verwenden, programmieren Sie eine Klasse vom Typ *Rechteck* (die Klasse ist der PHP-Code des fertigen Objekts). Ihre *Rechteck*-Klasse hat die Eigenschaften *Breite* und *Höhe* (die *Daten* Ihres Objekts). Für geometrische Berechnungen benötigen Sie immer wieder die Fläche und den Umfang

Ihrer Rechtecke. Die Klasse bekommt zwei Funktionen, *getArea* und *getPerimeter*. Ihre Klasse besteht nun aus zwei Variablen, die die Daten zu Ihrem Rechteck halten, und zwei Funktionen, die aus diesen Daten neue Werte errechnen. Jedes neue Rechteck-Objekt, das Sie erzeugen, kann von sich aus die Fläche und den Umfang zurückgeben. Ein zugegebenermaßen stark vereinfachtes Beispiel, aber es vermittelt die Grundidee von der objektorientierten Struktur.

OOP ist zu komplex, um es hier in zwei Absätzen zu erklären. Wenn Sie über die spezifische PHP-Syntax hinaus eine ernsthafte Einführung in OOP suchen, empfehlen wir einschlägige Bücher aus der OOP-Abteilung Ihres Buchgeschäfts.

3.1.2 Wer braucht OOP?

Die Vorteile von OOP liegen im Bereich von großen Anwendungen, also für Projekte, bei denen Sie von vornherein wissen, dass eine große Codebasis zustande kommen wird. Meist sind an solchen Projekten auch mehrere Entwickler beteiligt. OOP sieht fest definierte Schnittstellen der einzelnen Objekte vor, was in einer verteilten Entwicklung unerlässlich ist.

Mit OOP wird Ihr Code nicht kürzer oder weniger komplex. Oft ist sogar das Gegenteil der Fall. Verbessern sollte sich aber die Wartbarkeit und die Erweiterbarkeit des Codes.

Speziell der Umstieg vom prozeduralen Programmieren zu OOP fällt vielen Entwicklern schwer, da sich das Konzept stark unterscheidet. Wenn Sie noch nie mit OOP zu tun hatten, werden Sie in diesem Kapitel vermutlich nicht alles auf Anhieb verstehen. Das macht aber nichts. Verfolgen Sie die weiteren Beispiele in diesem Buch aufmerksam, denn dort werden immer wieder OOP-Methoden eingebaut. Wenn Sie dieses Kapitel später noch einmal lesen, werden Ihnen die Konzepte viel klarer sein.

Das Gute an PHP ist, dass Sie den Einstieg in OOP ganz gemütlich angehen können. Starten Sie damit, in Ihrem Programm ein paar zusammengehörende Funktionen in einer Klasse zu kapseln. Vielleicht merken Sie später, dass diese Funktionen immer mit gewissen Daten rechnen; dann lagern Sie auch die Variablen für diese Daten in den Code der Klasse aus.

3.1.3 Der Spagat von PHP: OOP und prozedural

PHP ist vor allem dafür bekannt, dass *alles schnell geht* – sowohl die Programmausführung als auch die Anwendungsentwicklung. Schnelle Anwendungsentwicklung bedeutet oftmals weniger Struktur und kurze unzusammenhängende Scripts. Das muss nicht immer schlecht sein. Ein kleines PHP-Script, das seinen Zweck erfüllt, ist oft die ideale Ergänzung.

Die objektorientierte Programmierung hingegen zeichnet sich durch klare Strukturen, Schnittstellen und ein durchdachtes Konzept aus. Wie können diese unterschiedlichen Ansätze zusammenpassen? Anders als in Java wird man in PHP nicht zur Objektorientierung gezwungen. Sie können PHP 5 wie ältere PHP-Versionen verwenden und prozedurale Anwendungen schreiben. Noch besser ist: In PHP können Sie die beiden Ansätze vermischen.

Für PHP 5 wurde der schon in PHP 4 vorhandene objektorientierte Ansatz von Grund auf neu geschrieben. Während in älteren PHP-Versionen Objekte wie primitive Typen (z.B. Integer, String) verwendet wurden, hat die *Zend Engine II*, die in PHP 5 zum Einsatz kommt, eine wesentlich ausgefeiltere Implementierung. Der neue Ansatz erlaubt außer einer fein graduierten Rechteverteilung innerhalb der Objekte auch eine deutlich gesteigerte Performance.

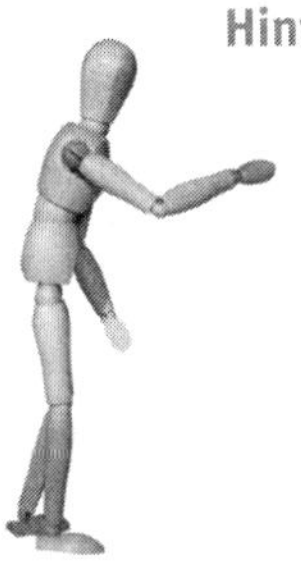

Hinweis

Die meisten längeren Programmierbeispiele in diesem Buch verwenden einen gemischten Ansatz aus prozeduraler Programmierung und OOP. Zur Datenbankverbindung wird in den meisten Beispielen die objektorientierte Klasse *MyDb* verwendet. Mehr über ihren Aufbau erfahren Sie im Abschnitt 12.1.

3.2 OO-Syntax in PHP 5

3.2.1 Erste Klasse

Das viel strapazierte *Hello World*-Beispiel muss auch für den Einstieg in OOP herhalten:

```
<?php    // Beispieldatei: helloworld.php
  class HelloWorld {
    public $who;
    function __construct($str="World") {
      $this->who = $str;    }
    function sayHello() {
      printf("Hello %s\n", $this->who);    }
  }
```

Diese sehr übersichtliche Klasse kann folgendermaßen verwendet werden:

```
<?php    // Beispieldatei: testhelloworld.php
  require 'helloworld.php';
  $hw = new HelloWorld();
  $hw->sayHello();          // Ausgabe: Hello World
  $hu = new HelloWorld("Universe");
  $hu->sayHello();          // Ausgabe: Hello Universe
```

Sie merken schon, dass Sie dafür eigentlich keine Klasse gebraucht hätten. Eine einfache Funktion kann diese triviale Aufgabe genauso erledigen.

3.2.2 Klassen erzeugen und erweitern

Allgemeines

Der Code bzw. der Bauplan für ein Objekt wird als *Klasse* bezeichnet. Der Code enthält alle Merkmale der Klasse, also Eigenschaften, Methoden etc. Klassen können für sich allein stehen oder von anderen Klassen erweitert werden. Wenn Sie eine Unterklasse erzeugen, erbt die neue Klasse alle Methoden der Basisklasse. Diese Eigenschaft wird als *inheritance* (Vererbung) bezeichnet und stellt eine der Säulen der objektorientierten Programmierung dar.

Um eine neue Klasse zu erzeugen, verwenden Sie das *class*-Schlüsselwort. Es ist eine gängige Praxis, jede Klasse in einer eigenen Datei abzuspeichern, da man so leichter den Überblick im Code behalten kann. Die Klasse wird von geschwungenen Klammern begrenzt. Innerhalb der Klasse können Sie Variablen, Funktionen und Konstanten definieren.

```
class Hello {
```

Wenn Sie eine Klasse erweitern möchten, verwenden Sie das *extends*-Schlüsselwort nach dem Klassennamen:

```
class HelloWorld extends Hello {
```

Beachten Sie, dass Sie in PHP eine abgeleitete Klasse nicht noch einmal erweitern können.

Konstruktoren und Destruktoren

Der *Konstruktor* ist die Funktion, die beim Erzeugen einer Klasse automatisch aufgerufen wird. Parameter, die beim Erzeugen übergeben werden, stehen innerhalb des Konstruktors zur Verfügung.

Seit PHP 5 gibt es einen einheitlichen Namen für die Konstruktor-Funktion. Der Name dieser Funktion ist immer *__construct*. In älteren PHP-Versionen wird eine Funktion als Konstruktor verwendet, wenn sie den gleichen Namen wie die Klasse trägt.

```
class ZipArchive {
  function __construct($filename = "") {
    if ($filename != "" && is_file($filename)) {
 ...
```

Wenn Sie eine Instanz dieser Klasse erzeugen, können Sie direkt einen Dateinamen angeben, der in der Klasse verwendet werden soll.

```
$zip = new ZipArchive("sqldump.zip");
```

In abgeleiteten Klassen wird der Konstruktor der Basisklasse nicht automatisch aufgerufen. Sie müssen das mit Hilfe der *parent::*-Konstruktion von Hand erledigen. *parent::* stellt Ihnen immer den Zugriff auf die Basisklasse zur Verfügung.

```
class MyZipArchive extends ZipArchive {
  function __construct($filename="") {
    parent::__construct($filename);
  }
...
```

So, wie der Konstruktor beim Erzeugen aufgerufen wird, so wird der Destruktor beim Löschen eines Objekts aufgerufen. Der Name dieser Funktion lautet entsprechend *__destruct*. Da PHP die Speicherverwaltung automatisch erledigt und die Lebensdauer eines PHP-Scripts meist sehr kurz ist, kommt man selten in die Verlegenheit, Objekte von Hand zu löschen. Daher wird der Destruktor auch nicht häufig verwendet. In speziellen Fällen kann es aber sinnvoll sein, hier gezielte Aufräumarbeiten durchzuführen (z.B. das Schließen einer geöffneten Datei).

Neue Instanzen erzeugen

Mit dem Operator *new* erzeugen Sie ein neues Objekt, also eine konkrete Instanz der Klasse.

```
$zip = new ZipArchive();
```

Der Aufruf erzeugt ein neues Objekt vom Typ *ZipArchive* und weist es der Variable *$zip* zu. Über die Variable haben Sie nun Zugriff auf die Methoden und Variablen der Klasse. (Methoden sind Funktionen einer Klasse.)

Selbstverständlich können Sie auch mehrere Objekte einer Klasse erzeugen, z.B. *zip1*, *zip2* etc. Um den Unterschied zwischen Klasse und Objekt nochmals zu betonen: *ZipArchive* ist die allgemeine Klasse (der Bauplan) und *zip*, *zip1*, *zip2* sind konkrete Objekte dieser Klasse.

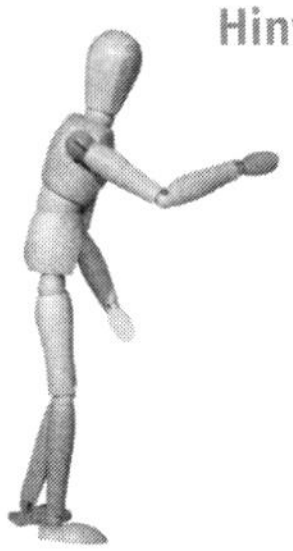

Hinweis

Mit PHP 5 wurde das Verhalten der Objektzuweisung geändert. Während ältere Versionen immer eine Kopie des Objekts erstellen und der Variable zuweisen, werden ab PHP 5 Objekte als Referenz übergeben. Lesen Sie mehr dazu auch im Abschnitt 3.2.8.

3.2.3 Kapselung: Zugriff auf Member-Variablen und -Funktionen

Eine der Säulen von OOP ist die *Kapselung* (*encapsulation*). Grundsätzlich bedeutet Kapselung, dass Sie beim Erstellen des Programmcodes einer neuen Klasse entscheiden können, wer Zugriff auf die Daten und die Funktionen der Klasse hat. Die *Zend Engine II* in PHP 5 setzt die, aus anderen OO-Programmiersprachen bekannten Bezeichner für den Zugriff auf Variablen und Methoden ein: *public*, *protected* und *private*, oft auch als *PPP* abgekürzt. Die folgende Tabelle erklärt die Bedeutung der *PPP*-Bezeichner.

Bezeichner	**Bedeutung**
public	Zugriff von überall erlaubt
protected	Zugriff nur für die erzeugende oder eine abgeleitete Klasse
private	Zugriff nur für die erzeugende Klasse

Tabelle 3.1: Bezeichner der Kapselung PHP

Die Member-Variablen einer Klasse halten die Daten dieses Objekts. Werden sie in der Klasse definiert, muss einer der *PPP*-Bezeichner vorangestellt werden.

```
class ZipArchive {
  private   $zip;     // Zugriff auf die Zip-Datei
  protected $items;   // Zähler für die Einträge in der Zip-Datei
  public    $verbose; // Schalter für Statusmeldungen
...
```

Eine Verletzung dieser Zugriffsregeln wird mit einem *Fatal Error* bestraft, und die Programmausführung wird abgebrochen.

```
$za = new ZipArchive("sqldump.zip");
$za->verbose = TRUE;  // public Variable, darf verwendet werden
echo $za->items;      // Fatal Error: kein Zugriff auf $items
```

Referenz auf das aktuelle Objekt: this

Vielleicht ist Ihnen bei den bereits gezeigten Beispielen die Variable *$this* schon aufgefallen. Sie hat eine ganz besondere Bedeutung, denn sie stellt eine Referenz auf die aktuelle Klasse dar. *$this* verwenden Sie immer, wenn Sie innerhalb einer Funktion Zugriff auf eine andere Funktion oder eine Member-Variable der Klasse brauchen.

Statische Variablen und Methoden

Statische Variablen und Methoden werden außerhalb des Objektkontexts aufgerufen. Damit können Sie eine Funktion oder eine Variable in einer Klasse unterbringen, die Sie später nutzen können, ohne vorher eine Instanz der Klasse zu erzeugen. Um eine Variable oder eine Methode als statisch zu kennzeichnen, wird nach dem PPP-Bezeichner das Schlüsselwort *static* eingefügt.

```
class MyStatic {
  public static $version = "0.1.9";
}
echo MyStatic::$version;
```

In statischen Funktionen steht Ihnen die Referenz auf das aktuelle Objekt mit *$this* nicht zur Verfügung, da die Funktion ja losgelöst von der Klasse zu betrachten ist. Um trotzdem Zugriff auf das aktuelle Objekt zu bekommen, verwenden Sie den *self::*-Bezeichner.

```
class MyStatic {
  public static $version = "0.1.9";
  public static function printVer() {
    echo self::$version."\n";
  }
}
```

Finale Methoden und Klassen

Mit dem Schlüsselwort *final* kennzeichnen Sie Methoden, die nicht von einer Unterklasse überschrieben werden dürfen. Der Versuch, eine *final*-Methode zu überschreiben, führt zu einem *Fatal Error*. Das folgende Listing zeigt diesen Fehler.

```
class MyFinal {
  final function printVer() {
    echo "Version: 0.1.9\n";
  }
}
class MySubFinal extends MyFinal {
  function printVer() {     // FATAL ERROR!
    echo "Version: 0.1.4\n";
  }
}
```

Sie können auch eine ganze Klasse als *final* kennzeichnen. Dann führt jeder Versuch, diese Klasse zu erweitern (*extends*), zu einem *Fatal Error*.

3.2.4 Variablen und Funktionen überladen

Variablen überladen

Ein Merkmal von klassischen OO-Programmen sind die *set-* und *get*-Funktionen, für alle Daten aus der Klasse, die nach außen zur Verfügung stehen sollen. Sie können diese Methoden auch in PHP schreiben, es gibt aber einen komfortableren Weg, um diese Daten auszulesen.

PHP stellt zwei Funktionen zur Verfügung, die aufgerufen werden, wenn ein Zugriff auf eine nicht definierte Variable erfolgt. Bei einer Zuweisung ist dies die *__set*-Funktion und bei einer Anfrage die *__get*-Funktion. In der objektorientierten Sprache nennt man diese Funktionalität *überladen* (*overloading*). Ein kurzes Beispiel soll die Situation erklären:

```
<?php    // Beispieldatei: MyGeometry.php
class MyGeometry {
  protected $my_rect = array("width" => 300, "height" => 200);
  function __get($key) {
    if (array_key_exists($key, $this->my_rect)) {
      return $this->my_rect[$key];
    } else {
      return FALSE;
    }
  }
}
$geom = new MyGeometry();
echo $geom->width."\n";
```

Sie sehen, wie hier der Zugriff auf *$geom->width* erfolgt: Nachdem die Variable *$width* nicht in der Klasse gefunden worden ist, kommt die Funktion *__get* zum Einsatz. Dort wird überprüft, ob die gefragte Variable als Schlüssel in dem Array *$my_rect* vorkommt, und der entsprechende Wert wird zurückgegeben. Wenn Sie keine *__get*-Funktion in Ihrer Klasse verwenden und eine nicht definierte Variable aufrufen, gibt der PHP-Interpreter eine Warnung vom Typ *E_NOTICE* aus. Der Programmablauf wird dadurch nicht abgebrochen.

Genauso kann die Funktion *__set* zum Einstellen eines Werts verwendet werden. Wenn Sie die *__set*-Funktion entsprechend gestalten, haben Sie volle Kontrolle darüber, welche Variablen in der Klasse vorkommen.

```
class SetGeom {
  protected $my_rect = array("width" => 300, "height" => 200);
  function __set($var, $val) {
    if (array_key_exists($var, $this->my_rect)) {
      $this->my_rect[$var] = $val;
    } else {
      exit("Invalid Variable setting in SetGeom\n");
    }
  }
}

$sg = new SetGeom();
$sg->width = 150;
$sg->widht = 99;
```

Sollte Ihre Klasse keine *__set*-Funktion beinhalten und Sie weisen einer nicht definierten Variable einen Wert zu, so wird diese Variable neu erzeugt. Wenn Sie auch gern den gleichen Tippfehler machen wie ich, dann wird die letzte Zeile des obigen Listings ohne *__set*-Funktion eine neue Variable *$widht* (*ht* vertauscht) erzeugen; mit *__set* führt sie hingegen zum Programmabbruch. Der *exit*-Aufruf ist vielleicht ein bisschen zu drastisch, aber Sie sehen, wie Sie auf externe Anfragen reagieren können.

Methoden überladen

Genauso wie für den Aufruf von nicht definierten Variablen gibt es eine Funktion für nicht definierte Funktionen. Wird ein Funktionsname aufgerufen, der nicht in der Klasse vorhanden ist, kommt die *__call*-Funktion zum Einsatz.

```
  class Geometry {
    protected $my_rect = array("width" => 300, "height" => 100);
    function __call($name, $args){
      echo "You called for $name \n";
    }
  }

$g = new Geometry();
echo $g->save();
echo "done\n";
```

Der zweite Parameter der *__call*-Funktion ist ein Array, das alle Parameter für die aufgerufene Funktion enthält. Ohne die *__call*-Funktion führt der Aufruf von *$g->save()* zu einem *Fatal Error* und bricht die Programmausführung ab.

Mit dem richtigen Konzept kann durch das Überladen von Funktionen viel Tipp-Arbeit gespart werden. Es besteht aber die Gefahr, dass der Code unübersichtlich wird, wenn alle Funktionalität durch überladene Methoden erfüllt wird.

3.2.5 Interfaces

Interfaces stellen gemeinsame Schnittstellen mehrerer Klassen dar. Wenn Sie sicher gehen möchten, dass eine Klasse eine bestimmte Funktionalität erfüllt, müssen Sie das entsprechende Interface einbauen. Ein Interface wird wie eine Klasse definiert, in der es nur Methoden gibt. Alle Methoden sind *public* und haben keinen Inhalt.

```
interface transformable {
  public function setX($x);
  public function setY($y);
}
```

Alle Klassen, die dieses Interface verwenden, müssen die Methoden *setX* und *setY* überschreiben.

```
class Rectangle implements transformable {
  public $my_rect = array(
        "x" => 100, "y" => 200,
        "width" => 100, "height" => 150);
  function setX($x) {
    $this->my_rect["x"] = $x;
  }
  function setY($y) {
    $this->my_rect["y"] = $y;
  }
}
```

Sie wissen nun automatisch, dass alle Klassen, die das Interface *transformable* verwenden, die Funktionen *setX* und *setY* zur Verfügung stellen. Wie diese Funktionen konkret aussehen, ist nicht vorgeschrieben. Das oben angeführte Beispiel setzt die Koordinaten der Member-Variable *$my_rect* entsprechend um.

3.2.6 Namespaces

Namespaces, oder Namensräume, werden von PHP-Entwicklern als die größte Neuerung in PHP 5.3 gefeiert. Durch den Einsatz von Namespaces kann sichergestellt werden, dass es keine Konflikte zwischen den im Programm verwendeten Namen (Variablenbezeichner, Klassennamen, Funktionsnamen, ...) gibt. Ein kurzes Beispiel soll die Problematik verdeutlichen. Sie schreiben eine Funktion *join*, die Werte eines Arrays mit Leerzeichen verkettet und einen String zurückgibt:

```
function join($what) {
  foreach ($what as $w) {
    $ret .= $w." ";
  }
  return $ret;
}

$my_array = array("eins", "zwei", "drei");
print join($my_array);
```

Bei der Ausführung des Programms bricht PHP mit dem Hinweis ab, dass die *join*-Funktion nicht neu deklariert werden kann. Der PHP-Kern enthält bereits eine Funktion mit dem Namen *join*, und diese darf nicht überschrieben werden. Eine mögliche Abhilfe wäre es, die Funktion *my_join* zu nennen und damit den Namenskonflikt zu eliminieren. Eine andere Möglichkeit ist es, den Code in einen Namespace zu verpacken. Ein Namespace kapselt den Code von allen anderen Sprachelementen ab, und der Funktionsname *join* führt zu keinem Fehler mehr:

```
namespace aj;     // definiert den namespace aj
function join($what) {
  foreach ($what as $w) {
    $ret .= $w." ";
  }
  return $ret;
}

$my_array = array("eins", "zwei", "drei");
print join($my_array);
```

Innerhalb des Namespaces wird automatisch die eigene *join*-Funktion verwendet. Um explizit auf den Namespace zu verweisen, lautet die Syntax *aj::join($my_array)*. Wie kann man aber auf die *join*-Funktion aus dem PHP-Kern zugreifen? Dazu wird ein *leerer* Namespace angegeben:

```
print ::join($my_array);
```

Namespaces sind vor allem bei großen Bibliotheken sinnvoll. Ein gutes Beispiel für eine große PHP-Bibliothek ist das in Kapitel 6 vorgestellte Zend-Framework. Der hierarchische Aufbau der Bibliothek führt zu Klassennamen wie zum Beispiel *Zend_Gdata_YouTube_VideoEntry*, was den Programmcode rasch aufbläht. Durch die Verwendung von Namespaces könnte der Code wie folgt aussehen. (Es ist uns aber nicht bekannt, ob Zend in Zukunft eine Gliederung des Frameworks in Namensräume plant.)

```
use Zend::Gdata::YouTube;      // am Dateianfang, globaler Scope
// neues Objekt vom Type Zend_Gdata_YouTupe_VideoEntry erzeugen:
$v = new YouTube::VideoEntry();
```

Nach der einmaligen Verwendung der *use*-Anweisung kann jedes neue *VideoEntry*-Objekt mit der verkürzten Schreibweise erstellt werden. Das *use*-Kommando sieht auch die Vergabe von Alias-Namen für Namespaces vor. Dadurch kann die Schreibweise weiter vereinfacht werden:

```
use Zend::Gdata::YouTube as yt;
// neues Objekt vom Type Zend_Gdata_YouTupe_VideoEntry erzeugen:
$v = new yt::VideoEntry();
```

Die primäre Aufgabe von Namespaces ist es, stark untergliederten PHP-Code übersichtlich zu gestalten. Programmierer von kleinen und mittelgroßen Projekten werden Namespaces daher selten selbst definieren, sehr wohl aber in die Situation kommen, Namespaces aus Bibliotheken zu verwenden.

Mit der Einführung von Namespaces wurde auch eine neue *magische Konstante* (vergleiche Abschnitt 2.4.2) eingeführt: *__NAMESPACE__*. Wie zu erwarten war, enthält sie den Wert des Namespaces, in dem sich das Programm gerade befindet. (Der Default-Namespace ist dabei ein leerer String).

Namespaces sind keine Erfindung von PHP: Programmiersprachen wie C++, C#, Python und Java (dort heißen Namespaces *packages*) verwenden diese Technik schon seit längerer Zeit. Große Verbreitung und Bekanntheit bekamen Namespaces durch den Einsatz in XML. Durch die großzügigen Erweiterungsmöglichkeiten in XML war es unerlässlich, ein Mittel gegen Namenskonflikte zu haben.

Hinweis

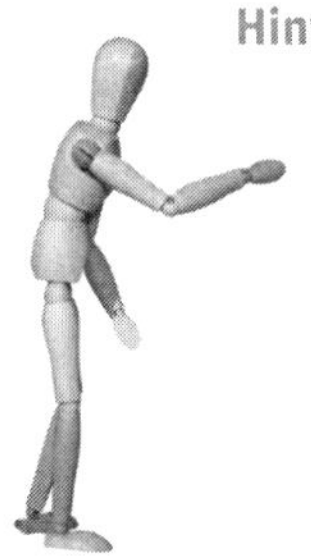

Weitere Informationen und Beispiele zur Verwendung von Namespaces in XML finden Sie im Abschnitt 5.10.

3.2.7 Fehlerbehandlung in Klassen

Wie in Abschnitt 2.8.2 bereits erwähnt wurde, werden in der objektorientierten Programmierung *Exceptions* verwendet, um auf Fehler zu reagieren. *Exceptions* ermöglichen es, einen Fehler transparent an das aufrufende Programm zu übergeben und gleichzeitig sicherzustellen, dass es zu keinen logischen Fehlern im weiteren Verlauf der Ausführung kommt.

```
<?php    // Beispieldatei: zipcreate.php
  class ZipCreate {
    public function createZipfile($filename) {
      if (is_file($filename)) {
        throw new Exception("CREATE: $filename already exists\n");
      }
      // eventuell weitere Tests durchführen:
      //   ausreichend Speicherplatz, Schreib-Rechte etc.
      // weiterer Code, um das ZIP-Archiv zu erzeugen ...
    }
    public function addFile($filename) {
      if (!is_file($filename)) {
        throw new Exception("ADD: $filename not found\n");
      }
      // weiterer Code, um Dateien in das ZIP-Archiv einzufügen ...
    }
  }
```

Das Programm, das diese Klasse aufruft, sieht folgendermaßen aus:

```
<?php    // Beispieldatei: testexception.php
  require "zipcreate.php";
  $z = new ZipCreate();
  try {
    $z->createZipfile("example.zip");
    $z->addFile("ex1.php");
  } catch (Exception $e) {
    echo "Failed in ZipCreate: ".$e->getMessage();
  }
```

Noch besser funktioniert das Konzept von *Exceptions*, wenn Sie Ihre eigenen *Subklassen* von der PHP-*Exception*-Klasse erzeugen. Im oben stehenden Beispiel könnte das vielleicht eine *IoException* sein. Die Verwendung von *Exceptions* wird auch in dem abschließenden Beispiel im Abschnitt 3.3 gezeigt.

3.2.8 Tipps und Tricks

In diesem Abschnitt finden Sie einige Funktionen, die das objektorientierte Programmieren mit PHP noch angenehmer machen.

Automatisches Laden von Klassendateien

Wenn Sie mehrere Klassen in Ihren Scripts verwenden und diese Klassen in jeweils einer Datei ablegen, entsteht schnell eine lange Liste von *require*-Anweisungen. Die Beispiele in unserem Buch umgehen dieses Problem, indem es eine zentrale *include*-Datei gibt, die alle anderen Klassen einbindet. Für große Projekte kann dieses Verhalten nicht erwünscht sein, da nicht immer alle Klassen benötigt werden.

PHP 5 bietet mit der *__autoload*-Funktion eine Möglichkeit, bei Bedarf die richtigen Klassen zu laden. Die Funktion wird automatisch aufgerufen, wenn Sie versuchen, eine Klasse zu verwenden, deren Code noch nicht geladen ist. In der Funktion können Sie auch etwaige Pfadangaben für Ihre Bibliotheken einfügen.

Das folgende Beispiel zeigt die Verwendung der *__autoload*-Funktion. Insgesamt werden hierbei drei Dateien verwendet, wobei die beiden Klassen (rectangle.php und circle.php) im Unterverzeichnis inc gespeichert sind.

```
testgeom.php
inc/rectangle.php
inc/circle.php
```

Der Code für die *Circle*-Klasse sieht folgendermaßen aus:

```
<?php   // Beispieldatei: inc/circle.php
  class Circle {
    public $radius = 0;
    public function __construct($r) {
      $this->radius = $r;
    }
    public function getArea() {
      return $this->radius*$this->radius * pi();
      return pow($this->radius,2) * pi();
    }
    public function getPerimeter() {
      return 2 * pi() * $this->radius;
    }
  }
```

Die *Rectangle*-Klasse ist sehr ähnlich gestaltet und deshalb hier nicht zur Gänze abgedruckt.

```
<?php    // Beispieldatei: inc/rectangle.php
  class Rectangle {
    protected $width = 0;
    protected $height = 0;
    public function __construct($w,$h) {
      $this->width = $w;
      $this->height = $h;
    }
    public function getArea() {
...
```

Das Programm testgeom.php verwendet die beiden Klassen. Hier ist die __*autoload*-Funktion implementiert:

```
<?php    // Beispieldatei: testgeom.php
  function __autoload($class_name) {
    require strtolower("inc/$class_name.php");
  }

  $circ = new Circle(300);
  $rect = new Rectangle(300,400);
  echo $rect->getPerimeter()."\n";
  echo $circ->getArea()."\n";
```

Sowohl die *Circle*-Klasse, als auch die *Rectangle*-Klasse können verwendet werden, ohne dass die Dateien von Hand mit *require* oder *include* geladen werden müssen. Die __*autoload*-Funktion übernimmt diese Aufgabe für alle Klassen im Verzeichnis inc. Ein weiteres Beispiel zur __*autoload*-Funktion finden Sie im Abschnitt 3.3.

Hinweis

Unter Linux/Unix ist hier die Groß-/Kleinschreibung entscheidend. Der Name der Klasse muss exakt so geschrieben sein, wie der Dateiname, andernfalls kann die *require*-Funktion die Datei nicht finden. Wenn Sie alle Ihre Dateinamen kleinschreiben, können Sie, wie im obigen Beispiel, den Parameter für die *require*-Funktion noch mit *strtolower* umwandeln.

Schleife über Member-Variablen eines Objekts

In gewisser Weise können Sie Objekte wie Arrays verwenden. Mit dem *foreach*-Konstrukt ist es möglich, eine Schleife über die sichtbaren *Member*-Variablen eines Objekts zu programmieren.

```
<?php    // Beispieldatei: loop.php
  class Loop {
    public $pu = "public";
    protected $po = "protected";
    function printMembers() {
      foreach ($this as $member) {
        print "In class: $member\n";
      }
    }
  }
  $loop = new Loop();
  $loop->printMembers();         // gibt beide Variablen aus
  foreach ($loop as $l) {        // gibt nur die Variable $pu aus
    print "Outside: $l\n";
  }
```

Die Funktion *printMembers* innerhalb der Klasse hat Zugriff auf alle Member-Variablen. Die Schleife außerhalb der Klasse sieht nur die als *public* gekennzeichneten Member. Beachten Sie auch die Verwendung von *$this* innerhalb der Funktion *printMembers*.

String-Ausgabe von Objekten

Seit Version 5.2.0 von PHP ist es nicht mehr möglich, die *print*-Funktion direkt auf ein beliebiges Objekt aufzurufen. Das folgende Beispiel erzeugt einen *Catchable fatal error*:

```
<?php    //  Beispieldatei: tostring.php
  class StringTest {
    public $text = "stringtest";
  }
  $st = new StringTest;
  print $st;               // Fatal error.
```

Speziell beim Entwickeln einer Anwendung mit komplexen Klassen kann es praktisch sein, hier eine kurze Information über die Klasse auszugeben. Die Funktion *__toString* übernimmt diese Arbeit. Wird ein Objekt mit *print* oder *echo* aufgerufen und hat das Objekt eine *__toString*-Funktion, so wird der Rückgabewert dieser Funktion ausgegeben.

```
class StringTest {
  public $text = "stringtest";
  function __tostring() {
    return $this->text."\n";
  }
}
$st = new StringTest;
print $st;            // Ausgabe: stringtest
```

Objekte klonen

Da wir es hier nur mit Nullen und Einsen zu tun haben, können ethische Bedenken zum Thema Klonen vernachlässigt werden. Wie wir schon im Abschnitt 3.2.2 erwähnt haben, hat sich das Verhalten für den Zugriff auf Objekte in PHP 5 geändert. Die Zuweisung erfolgt nun durch eine Referenz auf das Objekt, nicht durch eine Kopie des Werts.

Das folgende Beispiel verdeutlicht den Unterschied. Das Standardverhalten von PHP ist es, bei gewöhnlichen Variablenzuweisungen immer eine Kopie anzulegen:

```
$a = 5;
$b = $a;
$b++;
printf("a:%d | b:%d\n", $a,$b);  // Ausgabe: a:5 | b:6
```

Bei der Zuweisung *$b = $a* wird eine Kopie von *$a* erstellt. Die Inhalte von *$a* und *$b* befinden sich in unterschiedlichen Bereichen des Speichers.

Ganz anders geht PHP mit Objekten um. Hier wird nur die Referenz übergeben (C-Programmierer würden sagen, ein Zeiger):

```
class MyRef {
  public $member = 0;
}
$mr = new MyRef();
printf("mr->member: %d\n", $mr->member);
$mr2 = $mr;     // Übergabe als Referenz
$mr2->member++;
printf("mr->member: %d, mr2->member: %d\n",
    $mr->member, $mr2->member);
// Ausgabe: mr->member: 1, mr2->member: 1
```

Das Beispiel zeigt, dass die Erhöhung der Member-Variable in *$mr2* beide Variablen betrifft, also *$mr* und *$mr2*. Der Grund: Beide Objektvariablen verweisen auf ein und dasselbe Objekt.

Mit der *clone*-Funktion können Sie gezielt eine Kopie des Objekts erstellen. Ist in der zu klonenden Klasse eine *__clone*-Funktion verfügbar, so werden die Anweisungen dieser Funktion nach dem Klonen für das neue Objekt ausgeführt.

Sie können das oben erwähnte Beispiel jetzt um die *clone*-Funktion erweitern:

```
$mr3 = clone($mr);
$mr3->member++;
printf("mr: %d, mr2: %d, mr3: %d\n",
    $mr->member, $mr2->member, $mr3->member);
// Ausgabe: mr: 1, mr2: 1, mr3: 2
```

Das geklonte Objekt verändert die ursprünglichen Klassen nicht mehr weiter.

3.3 Beispiel: Ein Buchungssystem für Räume und Geräte

Das Problem tritt schon bei Betrieben mittlerer Größe auf: Ist das Besprechungszimmer heute um 15:00 Uhr frei, oder findet zu dieser Zeit bereits eine Sitzung statt? Wenn außerdem firmeneigene Geräte zum Ausleihen zur Verfügung stehen, ergibt sich bald die Notwendigkeit, ein Verwaltungssystem dafür zu installieren. Bei großen Unternehmen oder Universitäten können diese logistischen Probleme nicht ohne durchdachte Planung bewältigt werden.

Dem vorliegenden Beispiel fehlt eine wichtige Komponente, um es in der Praxis zu verwenden: die Multi-User-Fähigkeit. Es sieht nicht vor, dass mehrere Benutzer von unterschiedlichen Arbeitsplätzen aus die gleichen Daten bearbeiten können. Dieser Mangel kommt daher, dass die von Ihnen eingegebenen Daten lediglich in einer *Session* gespeichert werden. Um das System Multi-User-fähig zu machen, müssten die Daten in einer Datenbank abgelegt werden – aber das würde hier zu viel Wissen voraussetzen, das erst in den weiteren Kapiteln des Buchs behandelt wird. Das Beispiel erfüllt daher ausschließlich den Zweck, Ihnen die objektorientierten Konzepte zu verdeutlichen.

Der Vorteil an der *Session*-Speicherung ist, dass die Methoden zum Speichern und Abfragen der Objekte sehr einfach sind. In der *Session*-Umgebung wird ein neues Array erzeugt, in dem alle Objekte abgelegt werden. Der Nachteil an diesem Ansatz ist, dass alle Daten im digitalen Nirwana verschwinden, sobald Sie Ihren Browser schließen.

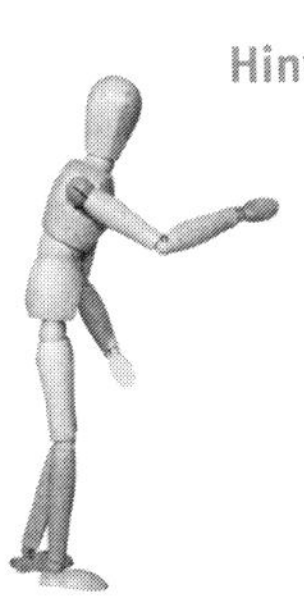

Hinweis

Hintergrundinformationen zum Umgang mit *Sessions* finden Sie in Abschnitt 5.4.

Für Buchungssysteme in der Art dieses Beispiels existieren fertige PHP-MySQL-Lösungen. Eine übersichtliche und stabile Lösung finden Sie beispielsweise unter:

http://mrbs.sourceforge.net/

3.3.1 Bedienung der Anwendung

Zu Beginn der Anwendung müssen Sie Ressourcen erzeugen, die zur Verwendung bereitstehen. Im vorliegenden Beispielprogramm stehen Ihnen fünf verschiedene Ressourcen zur Verfügung: ein Besprechungszimmer, ein Unterrichtsraum, ein Beamer, eine Digitalkamera und ein Flipchart. Alle diese Objekte haben unterschiedliche Eigenschaften, z.B. kann bei einem Besprechungszimmer die Anzahl der Sitzplätze eingegeben werden, während bei einem Beamer die Auflösung gespeichert wird.

Nachdem Sie eine oder mehrere Ressourcen hinzugefügt haben, können Sie beginnen, Ihre Termine vorzumerken. Wählen Sie dazu die Verfügbarkeitsanzeige des gewünschten Geräts oder Raums, und geben Sie dort den Zeitraum ein. Kommt es beim Eintragen zu einer Überschneidung mit einem bereits gebuchten Termin, werden Sie darauf hingewiesen. Abbildung 3.1 zeigt die Verfügbarkeit eines Unterrichtsraums und den Versuch, einen bereits gebuchten Termin zu reservieren.

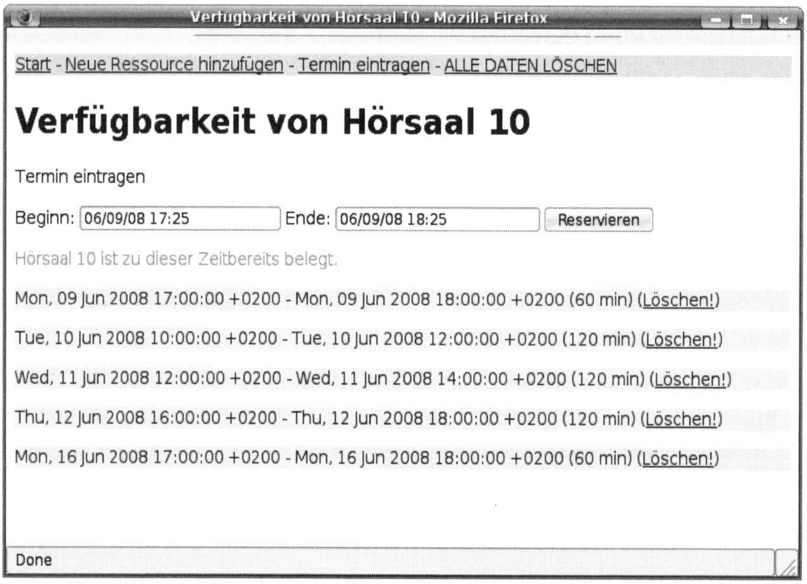

Abbildung 3.1: Verfügbarkeit eines Unterrichtsraums im Buchungssystem

Sobald Sie Ihren Browser schließen, gehen die *Session* und mit ihr alle Ressourcendaten verloren. Sie können die Daten aber auch explizit löschen, in dem Sie den Link ALLE DATEN LÖSCHEN anklicken. Dabei werden alle relevanten *Session*-Variablen gelöscht und Sie werden auf die Startseite weitergeleitet.

3.3.2 Die Klassenstruktur

Abbildung 3.2 zeigt die Struktur der Klassen grafisch.

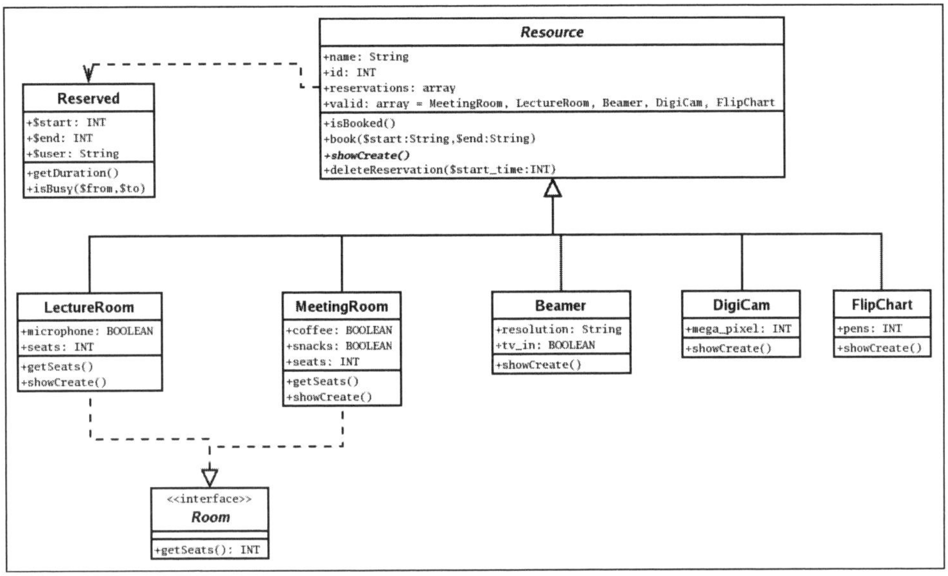

Abbildung 3.2: Die verwendeten Klassen im Beispielprogramm

Die Basisklasse: Resource

Alle Klassen, die Sie als Ressourcen auswählen können, leiten sich von der Basisklasse *Resource* ab. Sie stellt diese Funktionen zur Verfügung, die alle Ressourcen gleich implementieren. Außerdem beinhaltet sie eine abstrakte Funktion: *showCreate*. Jede Subklasse muss diese Funktion überschreiben. Klassen, die eine oder mehrere abstrakte Funktionen beinhalten, werden als *abstract class* definiert. Abstrakte Klassen können Sie sich ein wenig wie *Interfaces* vorstellen. Von ihnen kann keine Instanz erzeugt werden, und sie geben bestimmte Funktionen vor, die überschrieben werden müssen. Der große Unterschied zu *Interfaces* ist aber, dass abstrakte Klassen sehr wohl Member-Variablen und nicht abstrakte Funktionen beinhalten können.

Zwei interessante Member-Variablen der Basisklasse sind als Arrays enthalten: In *$reservations* werden alle festgelegten Termine gespeichert, und *$valid* enthält eine Liste von gültigen Unterklassen.

```
abstract class Resource {
  public $id;
  public $name;
  public $reservations = array();
  // vorhandene Subklassen
  public static $valid = array(
    "MeetingRoom" => "Besprechungszimmer",
    "LectureRoom" => "Unterrichtsraum",
    "Beamer"      => "Beamer",
    "DigiCam"     => "Digitalkamera",
    "FlipChart"   => "Flipchart"
  );
  // zeigt ein HTML-Formular zum Erstellen einer neuen Klasse
  // jede Unterklasse muss diese Funktion überschreiben
  public abstract function showCreate();
```

Auf diese Definitionen folgt die Funktion zum Buchen einer Zeiteinheit: *book*. Ihr wird eine Start- und eine Endzeit übergeben. Die Zeiten werden mit der *strtotime*-Funktion in einen *UNIX-Timestamp* umgewandelt und müssen daher den sehr flexiblen, aber leider englischsprachigen Zeit- und Datumsformatanweisungen entsprechen. Für einfache Datumsberechnungen sind Timestamps sehr praktisch, da es sich um Integerzahlen handelt, auf die die bekannten mathematischen Funktionen (>, <, ==, ...) angewendet werden können.

Ist eine der beiden Zeitangaben leer, wird ein Fehler, genauer gesagt eine *Exception,* ausgelöst. Der Fehler ist vom Typ *DateFormatException,* das ist eine Subklasse der *Exception*-Klasse, die etwas später besprochen wird. Die Ausführung der Funktion wird nach dem Erzeugen der *Exception* abgebrochen.

Die Umwandlung der String-Variablen in Timestamps mit *strtotime* gibt -1 zurück, wenn das Format nicht als gültiges Datum erkannt wurde. In diesem Fall wird erneut eine *DateFormatException* erzeugt. Nur wenn zwei gültige Timestamps vorhanden sind, werden diese mit der IP-Adresse des Computers, von dem aus das Programm verwendet wird (*$_SERVER["REMOTE_ADDR"]*), einem neuen Objekt vom Typ *Reserved* übergeben. Diese Klasse überprüft im Konstruktor, ob es sich um eine gültige Zeitspanne handelt. Sollte die Zeitspanne nicht gültig sein, wird in der *Reserved*-Klasse eine *Exception* erzeugt, die an die aufrufende Funktion weitergeleitet wird und den Ablauf ebenso abbricht.

```
public function book($s, $e) {
  if ($s == '' || $e == '')
    throw new DateFormatException("Leeres Datum.");
  $start = strtotime($s);
  $end = strtotime($e);
  $user = $_SERVER["REMOTE_ADDR"];
  if ($start == -1 || $end == -1)
    throw new DateFormatException("Zeitumwandlungsfehler");
```

```
    $res = new Reserved($start, $end, $user);
    if ($this->isBooked($start,$end))
      throw new Exception("{$this->name} ist zu dieser Zeit".
        "bereits belegt.");
    $this->reservations[$start] = $res;
  }
```

Bevor das neue *Reserved* Objekt zu dem bestehenden Objekt hinzugefügt wird, muss natürlich noch überprüft werden, ob der Zeitraum bereits belegt ist. Dabei kommt die *isBooked*-Funktion zum Einsatz.

```
  public function isBooked($start, $end=NULL) {
    // wenn der Aufruf nur mit einer Zeitangebe erfolgt, wird
    // die Endzeit auf eine Sekunde nach der Startzeit gesetzt
    if ($end == NULL) {
      $end = $start + 1;
    }
    if (count($this->reservations) > 0) {
      foreach ($this->reservations as $r) {
        if ($r->isBusy($start, $end)) {
          return TRUE;
        }
      }
    }
    return FALSE;    // keine gebuchten Ressourcen gefunden
  }
```

Diese Methode unterstützt das *Überladen*, d.h. in diesem Fall, dass sie mit einem oder zwei Parametern (einem Zeitpunkt oder einer Zeitspanne) aufgerufen werden kann. Die eigentliche Arbeit verrichtet eine Schleife über alle vorhandenen Reservierungen (*$this->reservations*). Für jedes Reservierungsobjekt wird geprüft, ob der Zeitraum bereits belegt ist (*$r->isBusy*). Sobald eine Überschneidung gefunden wird, gibt die Funktion *TRUE* zurück. Ist der Termin noch frei, retourniert die Funktion *FALSE* (die *Reserved*-Klasse wird gleich im Anschluss an diesen Abschnitt erklärt).

Neben einigen Hilfsfunktionen zur HTML-Ausgabe enthält die *Resource*-Klasse noch die Funktionen zum Speichern und zum Abrufen der Objekte. Wie bereits in der Einleitung erwähnt, werden die Objekte in der *Session*-Umgebung gespeichert. (Wenn Sie die Daten permanent speichern möchten, müssen Sie bei diesen Funktionen ansetzen. Anstatt in einer *Session*, könnten Sie die Daten auch in eine Datei oder eine Datenbank speichern. Der Dateizugriff ist meist problematisch, da Sie immer beachten müssen, dass es keine zeitgleichen Schreibzugriffe auf die Datei gibt. Datenbanken sind hier das Mittel der Wahl, da sie Ihnen diese Arbeit abnehmen.)

Die *save*-Funktion speichert das aktuelle Objekt (*$this*) in dem *Session*-Array *$_SESSION['resource']*. Um jedes Objekte später wiederzufinden, wird als Array-Index die ID des Objekts verwendet.

```
public function save() {
  $_SESSION['resource'][$this->id] = $this;
  return TRUE;
}
public static function clearAll() {
  unset($_SESSION['resource']);
  return TRUE;
}
public static function getAll() {
  if (array_key_exists('resource', $_SESSION)) {
    return $_SESSION['resource'];
  } else
    return FALSE;
}
// Session-Funktion: gibt genau ein Objekt zurück
public static function getById($id) {
  if (array_key_exists($id, $_SESSION['resource'])) {
    return $_SESSION['resource'][$id];
  } else {
    throw new Exception("Id not found");
  }
}
```

Die Funktionen *clearAll*, *getAll* und *getById* sind als statische Funktionen definiert. Das bedeutet, dass man keine Instanz der Klasse braucht, um sie aufzurufen, was bei diesen Funktionen sinnvoll ist. Die *getById*-Funktion überprüft, ob die gewünschte ID in der Session-Variable vorhanden ist. Sollte sie nicht vorhanden sein, wird eine *Exception* an die aufrufende Funktion weitergeleitet.

Die Klasse für die einzelnen Zeiteinträge: Reserved.php

Die *Reserved*-Klasse nimmt jeweils eine Startzeit, eine Endzeit und einen Benutzernamen im Konstruktor auf. Jedes Objekt repräsentiert einen gebuchten Eintrag.

```
class Reserved {
  public $start;
  public $end;
  public $user;
  // akzeptiert zwei Timestamps und einen String für den Benutzer
  public function __construct($start, $end, $user) {
    if ($start > $end) {
      throw new Exception('Endzeit vor dem Beginn');
    }
    $this->start = $start;
    $this->end   = $end;
    $this->user  = $user;
```

```
    if ($this->getDuration() > 3600*24*14) {
      throw new Exception('Keine Buchungen über 14 Tage');
    }
  }
```

Der Konstruktor überprüft zwei Dinge: Erstens, ob die Startzeit nach der Endzeit liegt (das ist in jedem Fall eine ungültige Zeitspanne), und zweitens, ob die Zeitspanne mehr als zwei Wochen lang ist (*3600*24*14* Sekunden). Diese zweite Kontrolle soll verhindern, dass Ressourcen über einen zu langen Zeitraum reserviert werden können. In beiden Fällen wird eine *Exception* erzeugt und das Objekt wird nicht erstellt.

```
  public function getDuration() {
    return $this->end - $this->start;
  }
  // gibt TRUE zurück, wenn das Objekt zwischen $from und $to
  // bereits gebucht ist
  public function isBusy($from, $to) {
    if (($this->start <= $from && $this->end >= $from) ||
        ($this->start <= $to   && $this->end >= $to)   ||
        ($from <= $this->start && $to >= $this->end)) {
      return TRUE;
    } else {
      return FALSE;
    }
  }
```

Die *isBusy*-Funktion wird ihrerseits mit zwei Timestamps aufgerufen und überprüft, ob die nachgefragten Zeiten mit der Zeit des Objekts kollidieren. Dazu wird überprüft, ob die Start- oder die Endzeit in den objekteigenen Zeitraum fallen. Die dritte Zeile in der *if*-Abfrage kontrolliert schließlich noch, ob der gefragte Zeitraum vor der Startzeit des Objekts beginnt und erst danach zu Ende ist.

Die Subklassen

Alle Subklassen von *Resource* müssen die *showCreate*-Methode überschreiben. In dieser Methode werden die Funktionalitäten einer Ressource eingegeben. In der Beamer-Klasse wird zum Beispiel die Auflösung des Geräts gespeichert und ob ein TV-Eingang vorhanden ist. Die Funktionen *showTextFeature* und *showBoolFeature* sind in der Basisklasse *Resource* implementiert und geben hauptsächlich HTML-Formatierungen aus. Der Konstruktor übergibt die ID an die Basisklasse, damit diese auch dort zur Verfügung steht.

```
class Beamer extends Resource {
  public $resolution = '';
  public $tv_in = true;
  public function __construct($id) {
    parent::__construct($id);
  }
```

```
    public function showCreate() {
      echo "<table border='1'>\n";
      $this->showTextFeature('Name', 'name');
      $this->showTextFeature('Auflösung', 'resolution');
      $this->showBoolFeature('TV-Verbindung', 'tv_in');
      echo "</table>\n";
      echo "<input type='hidden' name='object' ".
        "value='Beamer'>\n";
    }
  }
```

Die Klassen für Digitalkameras und Flipcharts funktionieren im Wesentlichen genauso wie die hier abgedruckte Beamer-Klasse. Einen Unterschied gibt es bei den Klassen zur Verwaltung von Räumen, also *LectureRoom* und *MeetingRoom*. Sie haben eine weitere gemeinsame Eigenschaft, nämlich die Anzahl von Sitzplätzen. Das **Interface** *Room* stellt sicher, dass alle Raum-Subklassen eine Sitzplatzfunktion bereitstellen. Alle Klassen, die das *Room*-Interface verwenden, müssen die Funktion *getSeats* überschreiben. Für die *LectureRoom*-Klasse sieht das zum Beispiel so aus:

```
  class LectureRoom extends Resource implements Room {
    public $microphone = FALSE;
    public $seats = 0;
    ...
    public function getSeats() {
      return $this->seats;
    }
```

Fehlerbehandlung: DateFormatException

Wenn ein Fehler bei der Zeiteingabe auftritt, wird eine *Exception* vom Typ *DateFormatException* erzeugt. Diese von der System-Klasse *Exception* abgeleitete Klasse formatiert die Fehlermeldung mit einer Stylesheet-Anweisung und kann außerdem den Link zur Dokumentation des Datumsformats ausgeben.

```
  class DateFormatException extends Exception {
    public function __construct($msg) {
      parent::__construct($msg);
    }
    // zeigt den Link zur Datumsformat-Dokumentation
    public function showHelp() {
      echo "<p class='hint'><a ".
        "href='http://www.gnu.org/software/tar/manual/".
        "html_chapter/tar_7.html'>Zur Liste</a> der ".
        "unterstützten Datumsformate.</p>\n";
    }
```

```
  public function __toString() {
    return "<p class='error'>".$this->getMessage().
      " (".__CLASS__.").</p>\n";
  }
```

Durch die *__toString*-Funktion wird es möglich, die formatierte Fehlermeldung einfach mit *echo $e* auszugeben.

3.3.3 Die Verwendung der Klassen

Der Ablauf der Anwendung wird von drei Scripts gesteuert: index.php, book.php und add.php, wobei add.php nur für das Hinzufügen neuer Ressourcen gebraucht wird. Alle Scripts inkludieren in der ersten Zeile die Hilfsdatei inc/main.php. Außer den Funktionen zum Erstellen eines HTML-Kopfteils (*html_start*) und dem Ende der HTML-Datei (*html_end*) wird hier die *Session* gestartet. Die PHP-5-Funktion *__autoload* stellt schließlich sicher, dass alle angeforderten Klassen mit *require_once* geladen werden. Wenn Sie eine neue Klasse zum System hinzufügen und sie entsprechend benennen (Klassenname in Kleinbuchstaben), wird sie automatisch von *__autoload* gefunden.

```
<?php   // Beispieldatei:  booking/inc/main.php
  session_start();
  function __autoload($class_name) {
    require_once(strtolower(dirname(__FILE__)."/$class_name.php"));
  }
```

Da die Dateien aller Klassen in Kleinbuchstaben gespeichert sind, wird bei dem *require_once*-Aufruf die Zeichenkette mit *strtolower* umgewandelt. Durch *dirname(__FILE__)* wird sichergestellt, dass der korrekte Pfad zu den Klassen vorangestellt wird.

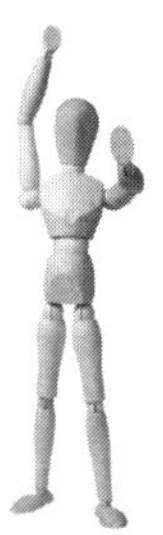

Achtung

Die *strtolower*-Funktion arbeitet abhängig von den verwendeten *Locale*-Einstellungen. Wenn Sie Umlaute in Ihren Dateinamen verwenden (generell eine schlechte Idee) und *Locale* nicht entsprechend eingestellt ist, wandelt *strtolower* die Umlaute nicht um.

Neue Ressourcen hinzufügen: add.php

Die Datei add.php arbeitet in drei Schritten: Schritt eins ist die Ausgabe einer Liste von verfügbaren Typen, also aller Subklassen von *Resource*. Nachdem ein Typ ausgewählt wurde, wird im zweiten Schritt das Formular zur Eingabe der Daten für ein neues Objekt angezeigt (die *showCreate*-Funktion der jeweiligen Klasse). Der dritte Schritt ist das Erzeugen des neuen Objekts.

```
<select name="resource">
<?php
  // Schritt 1: Anzeigen der verfügbaren Klassen
  foreach (Resource::$valid as $k=>$v) {
    echo "<option value='$k'>$v</option>\n";
  }
?>
```

Als *value* der Auswahlliste *resource* wird im ersten Formular der Name der Klasse übergeben (das ist der Schlüssel aus dem *$valid*-Array in der *Resource*-Klasse, z.B. *LectureRoom*). Im zweiten Schritt wird aus diesem Klassennamen ein neues Objekt (*$r*) erzeugt. Durch diesen kleinen Trick kann ein *Dummy*-Objekt mit der ID 0 für den *showCreate*-Aufruf verwendet werden.

```
// Schritt 2: Eingabeformular für die neue Klasse
if ($send != '') {    // überprüft, von welchem Formular die
                      // Anfrage kommt
  $r = new $res(0);
  html_start("Add a new resource");
  echo "<h2>Hinzufügen einer Ressource: $res</h2>\n";
  printf("<form method='GET' action='%s'>\n",$_SERVER["PHP_SELF"]);
  $r->showCreate();
  echo "<input type='submit' name='add' value='Hinzufügen'>\n";
  html_end();
  exit();
}
```

Nach dem neuerlichen Abschicken der Seite wird das *echte* Objekt (*$o*) erzeugt. Als ID bekommt das Objekt den aktuellen UNIX-Timestamp zugewiesen (Sie können also in einer Sekunde nicht zwei Objekte erzeugen). Alle vom Formular übergebenen Werte (*$_GET*) werden in dem neuen Objekt als Member-Variablen gespeichert (*$o->$k = $v*).

```
// Schritt 3: neues Objekt erzeugen
if ($add != '') {
  $o = new $object(time());
  foreach($_GET as $k=>$v) {
    $o->$k = $v;
  }
```

Ist der Name der neuen Ressource nicht eingegeben worden (*$o->name == ''*), so wird die ID-Nummer als Name verwendet. Da bei dem Speicher-Aufruf (*$o->save*) eine *Exception* ausgelöst werden kann, ist diese Anweisung in einem *try-catch*-Block geklammert. Im *catch*-Abschnitt wird bei Bedarf die entsprechende Fehlermeldung ausgegeben.

```
    try {
      if ($o->name == '')
        $o->name = $o->id;
      $o->save();
      html_start("Neue Ressource hinzugefügt");
      echo "<h2>Neue Ressource hinzugefügt: ID: ".
        "{$o->id}</h2>\n";
      echo "<a href='book.php?id={$o->id}'>Termine ".
        "reservieren</a>.\n";
      html_end();
      exit();
    } catch (Exception $e) {
      html_start("Fehler beim Hinzufügen");
      echo "<h2>Es ist ein Fehler aufgetreten: ".
        $e->getMessage()."</h2>\n";
    }
  }
```

Nach erfolgreicher Erstellung des neuen Objekts wird gleich der Link zum Buchen einer Zeiteinheit für diese Ressource angezeigt.

Die Startseite: index.php

index.php ist die Startseite des Beispiels (siehe Abbildung 3.3).

Abbildung 3.3: Die Startseite der Anwendung mit dem Auswahlfeld der möglichen Ressourcen

```
<?php    // Beispieldatei: booking/index.php
  require_once(dirname(__FILE__)."/inc/main.php");
  $elements = Resource::getAll();
  if ($elements == FALSE) {
    header("Location: add.php");
    exit();
  }
  html_start("Reservierungssystem");
```

Wenn der Funktionsaufruf *Resource::getAll() FALSE* zurückgibt, sind keine Ressourcen vorhanden und man wird via *header*-Funktion auf die Eingabeseite add.php umgeleitet. Andernfalls wird in einer *foreach*-Schleife die Liste der verfügbaren Ressourcen angezeigt (vergleiche Abbildung 3.3).

```
<?php
  foreach($elements as $r) {
    echo "<option value='{$r->id}'>{$r->name}";
    if ($r instanceof Room) {
      printf(" (%s Plätze)", $r->getSeats());
    }
    echo "</option>\n";
  }
?>
```

Interessant in dieser Schleife ist der *instanceof*-Operator. Implementiert eine Klasse das *Room*-Interface, ist sie automatisch eine Instanz von *Room*. Dementsprechend wird für alle Räume angezeigt, wie viele Sitzplätze vorhanden sind.

Ressourcen reservieren: book.php

Der für den Anwender interessanteste Teil ist das Reservieren einer Ressource. Das book.php-Script muss mit einer ID aufgerufen werden (*$id*), andernfalls wird man gleich auf die Startseite weitergeleitet.

```
  if ($id == '' || $id == FALSE) {
    header("Location: index.php");
  }
  try {
    $r = Resource::getById($id);
  } catch (Exception $e) {
    html_start();
    echo "<p class='error'>Die gewünschte Ressource konnte ".
      "nicht gefunden werden\n";
    html_end();
    exit();
  }
```

Das gewünschte Objekt wird von der statischen Methode *getById* aus der *Resource*-Klasse geholt. Ist die ID nicht vorhanden, wird eine *Exception* erzeugt, auf die mit der entsprechenden Fehlermeldung reagiert wird. Anschließend wird eine Hilfsfunktion aus der *Resource*-Klasse aufgerufen, die die beiden Texteingabefelder für den Start- und den Endzeitpunkt anzeigt (*$r->showAddReservation*). Wurde das Formular zur Buchung abgeschickt (*$reserve* hat einen Wert), wird versucht, die gewünschte Zeitspanne für die Ressource zu buchen. Andernfalls wird der ganze *if*-Block übersprungen und die Funktion *$r->showBooked* gibt eine List der vorhandenen Reservierungen aus.

```
$r->showAddReservation();
if ($reserve != '') {
  $from = array_item($_GET, 'from');
  $to = array_item($_GET, 'to');
  try {
    $r->book($from, $to);
    $r->save();
  } catch (DateFormatException $e) {
    echo $e;
    $e->showHelp();
  } catch (Exception $e) {
    printf("<p class='error'>%s</p>\n", $e->getMessage());
  }
}
$r->showBooked();
```

Die eigentliche Buchung führt die Funktion *$r->book* aus der *Resource*-Klasse durch. Diese kann, wie oben erwähnt, unterschiedliche *Exceptions* erzeugen, je nachdem, was schief gegangen ist (ein Datumsproblem oder die Ressource ist bereits belegt). In book.php werden die Fehler für Datumskonvertierungen (*DateFormatException*) gesondert behandelt, denn bei ihnen wird zusätzlich der Link zu den korrekten Datumsformaten angezeigt (*$e->showHelp*). Alle anderen *Exceptions* werden in der zweiten Schleife abgefangen.

Zwei weitere kleine PHP-Scripts sind noch vorhanden: del.php und reset.php. Das *reset*-Script ist sehr einfach: Es ruft die statische *clearAll*-Funktion der *Resource*-Klasse auf und leitet den Anwender auf die Startseite zurück. del.php löscht einen Eintrag aus der Liste der gebuchten Zeiten. Auch dazu wird die entsprechende Funktion in der *Resource*-Klasse verwendet (*deleteReservation*).

Hinweis

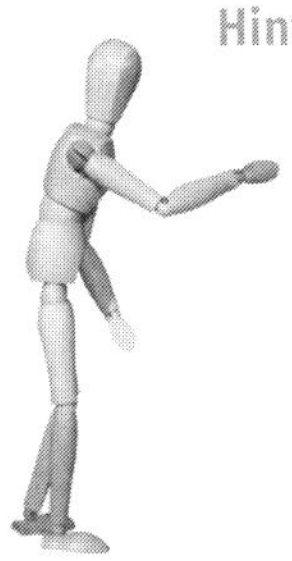

Das Beispiel war wirklich nur dazu gedacht, Ihnen einige Grundzüge von OOP näherzubringen. In dieser Form bietet es keine praktischen Einsatzmöglichkeiten. Daher wurde auch darauf verzichtet, die Eingaben streng zu prüfen, um etwaige Angreifer abzublocken. Der Umgang mit Textfeldern und GET-Variablen in einem öffentlichen Webformular ist sehr heikel und sollte gut abgesichert werden. Sie erfahren mehr zu diesem Thema in den folgenden Kapiteln und Beispielen (z.B. im Abschnitt 5.5).

4 Wichtige PHP-Funktionen

Die Standardbibliothek von PHP enthält eine Vielzahl nützlicher Funktionen. Die mathematischen Funktionen werden Ihnen wahrscheinlich aus anderen Programmiersprachen bekannt sein; im Bereich von HTTP- und URL- Funktionen setzt PHP aber neue Maßstäbe. Da Arrays ein so wichtiger Bestandteil der Sprache sind, widmet sich ein längerer Abschnitt diesem Sprachkonstrukt.

Die Beispiele in diesem Kapitel können Sie auch mit dem Kommandozeilen-Interpreter von PHP ausprobieren. Es reicht ein Textfenster mit dem interaktiven PHP-Interpreter (`php -a`), oder Sie schreiben Scripts, die Sie via `php scriptname` aufrufen. Die Beispiele sind auch auf der beiliegenden DVD enthalten und können direkt von dort gestartet werden.

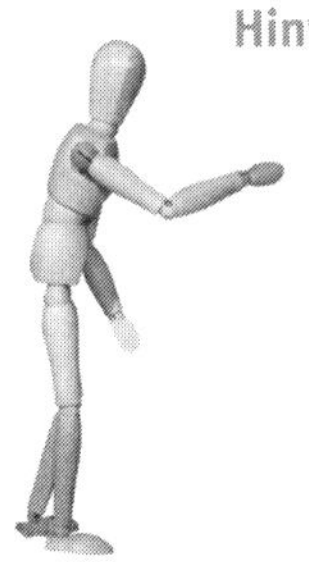

Hinweis

Die Funktionen im folgenden Kapitel werden nur mit ihren gängigen Parametern beschrieben. Für eine vollständige Liste empfehlen wir Ihnen einen Blick in die ausführliche und sehr übersichtliche Online-Dokumentation:

`http://www.php.net/manual/de/`.

Ein sehr nützliches Feature der PHP-Webseite ist die eingebaute Suchmaschine. Suchen Sie zum Beispiel Informationen zur *is_array*-Funktion, können Sie folgenden URL eingeben:

`http://php.net/is_array`

Der Aufruf wird Sie auf die gewünschte Handbuch-Seite eines *Mirror-Servers* von `php.net` führen. (Welcher Mirror-Server das ist und welche Sprache Sie bevorzugen, können Sie übrigens unter MY PHP.NET via Cookie abspeichern.)

Wenn Sie *Firefox/Mozilla* als Browser verwenden, können Sie sich alternativ dazu auch das PHP-Such-Plug-In installieren:

`http://mycroft.mozdev.org/download.html`

4.1 Mathematische Funktionen

Wie beinahe jede andere Programmiersprache stellt auch PHP die meisten üblichen Mathematikfunktionen zur Verfügung. Dazu zählen unter anderem Sinus (*sin*), Cosinus (*cos*), Tangens (*tan*), die Exponentialfunktion (*pow*), die Exponentialfunktion mit *e* (der Euler'schen Zahl) als Basis (*exp*), der Logarithmus (*log*) und die Quadratwurzel (*sqrt*).

Die Mathematikbibliothek beinhaltet aber auch Funktionen, die im täglichen Programmiergebrauch öfter eine Rolle spielen. Die Funktionen *min* und *max* nehmen jeweils zwei oder mehrere numerische Argumente und geben den entsprechend kleinsten bzw. größten Wert zurück. Ein praktisches Beispiel ist die Berechnung des Seitenverhältnisses bei Rechtecken, von denen man nicht weiß, ob sie im Hoch- oder Querformat vorliegen.

```
$width = 200; $height = 100;
$max_aspect = max($width, $height);     // 200
$min_aspect = min($width, $height);     // 100
```

min und *max* akzeptieren übrigens auch Arrays als Eingabe.

Zum Runden von Ergebnissen steht die *round*-Funktion zur Verfügung. Manchmal benötigt man aber auch einfach den nächstgrößeren oder den nächstkleineren Integer einer Fließkommazahl. *ceil* und *floor* können diese Aufgabe erledigen.

```
$my_number = 17.5947;
echo round($my_number, 1)."\n"; // Ausgabe: 17.6
echo floor($my_number)."\n";    // Ausgabe: 17
echo ceil($my_number) ."\n";    // Ausgabe: 18
```

Da der Zufall das Leben erst so richtig spannend macht, können Sie auch mit PHP Zufälle produzieren. Mit *rand* und *mt_rand* bietet PHP gleich zwei verschiedene Funktionen zum Erzeugen einer Zufallszahl. Erstere verwendet die Aufrufe der C-Bibliothek und ist dafür bekannt, dass sie nicht wahnsinnig schnell ist. *mt_rand* wurde als Ersatz für *rand* programmiert, ist schneller und noch »zufälliger«. Beiden Funktionen kann ein Bereich übergeben werden, zwischen dem die Zufallszahl liegen soll.

```
echo rand(0, 100)."\n";
echo mt_rand(1, 1000)."\n";
```

Einige Berechnungen laufen am Computer im hexadezimalen Zahlensystem ab (z.B. die Angabe von Farbwerten in HTML). PHP enthält auch Funktionen, mit denen Sie Zahlen vom dezimalen ins hexadezimale System umwandeln können und umgekehrt.

```
echo dechex(111)."\n";        // Ausgabe: 6f
echo hexdec("ff")."\n";       // Ausgabe: 255
```

Der Parameter für die *hexdec*-Funktion muss natürlich ein String sein. Wenn Sie auch das Binärsystem oder das Oktalsystem verwenden wollen, können Sie entsprechend *bindec* und *octdec* verwenden.

4.2 String-Funktionen

Da Menschen in der Regel mehr mit Zeichenketten als mit Zahlen anfangen können, sind String-Funktionen in praktisch jeder Anwendung vorhanden. Im Standardsprachumfang von PHP finden sich eine Vielzahl nützlicher Funktionen in Zusammenhang mit Zeichenketten. In diesem Abschnitt werden Sie über die gebräuchlichsten Funktionen informiert. Tipps und Beispiele zur Anwendung von regulären Mustern (*regular expressions*) folgen in Abschnitt 5.9.

4.2.1 Ausgabe von Strings

Meist sollen Strings nach ihrer Verarbeitung in irgendeiner Form ausgegeben werden. Ob das direkt an den Browser geschieht oder in eine Textdatei, ist egal, man benötigt Methoden zur Ausgabe.

Die einfachste Möglichkeit, Strings auszugeben, ist *echo* oder *print*. Welche Funktion Sie verwenden, ist Geschmackssache, in der Geschwindigkeit sollten Sie keine Unterschiede feststellen (*print* liefert 1 als Wert zurück und könnte daher in Situationen eingesetzt werden, wo ein Rückgabewert erwartet wird).

```
echo "Hello World.\n";
print "Hello World.\n";
```

Auch mehrzeiliger Text kann so ausgegeben werden. Der PHP-Parser erwartet als Abschluss des Strings das Anführungszeichen, mit dem der String begonnen wurde.

```
echo "Hello
World.
";
```

Für eine strukturierte Ausgabe von Variablen eignet sich die *printf*-Anweisung besser, da hier ein Format für die Ausgabe definiert werden kann. In der folgenden Tabelle werden die Einwohnerzahlen rechtsbündig ausgegeben, während der Stadtname und das Land linksbündig gesetzt werden.

```
Tokyo                |     33800000 | Japan
Mexico City          |     21900000 | Mexico
Berlin               |      3450000 | Deutschland
Innsbruck            |       127000 | Österreich
```

Die *printf*-Anweisung übernimmt die Ausrichtung der einzelnen Variablen:

```
$format = "%-20s | %12u | %-16s\n";
foreach ($cities as $c) {
  printf($format, $c[0], $c[1], $c[2]); }
```

Die Formatdefinition ist selbst ein String, in dem das %-Zeichen eine spezielle Bedeutung hat. *%-20s* bewirkt zum Beispiel, dass ein String von der Länge 20 linksbündig ausgegeben wird. *%12u* setzt eine *unsigned Integer*-Zahl und reserviert 12 Stellen dafür. Häufig verwendet werden *%s* (String), *%d* (Integer mit Vorzeichen), und *%f* (Fließkommazahl). Einen genauen Überblick über die Formatanweisungen von *printf* gibt die Online-Dokumentation:

http://www.php.net/manual/en/function.sprintf.php.

Oft liefert die *printf*-Funktion aber auch nur eine besser lesbare Schreibweise für zusammenhängende Zeichenketten.

```
echo "<p>".$_SERVER['HTTP_HOST'].":".$_SERVER['SERVER_PORT'].
  $_SERVER['REQUEST_URI']."</p>\n";
printf("<p>%s:%s%s</p>\n",
  $_SERVER['HTTP_HOST'], $_SERVER['SERVER_PORT'],
  $_SERVER['REQUEST_URI']);
```

Durch die Trennung von Formatierung und Inhalt bleibt die *printf*-Anweisung übersichtlicher.

Vor allem für Debug-Zwecke wird *print_r* verwendet. Die Funktion gibt jede Stelle eines Arrays aus und formatiert die Ausgabe der Hierarchie entsprechend. Die Formatierung erfolgt durch Einrückung mit Leerzeichen. Damit man das auch in HTML sieht, hat es sich bewährt, *print_r* innerhalb einer *<pre>*-Umgebung zu verwenden.

```
if (DEBUG)
  echo "<pre>\n"; print_r($_SERVER); echo "</pre>\n";
```

4.2.2 Standardfunktionen

strpos, strlen, strstr

Wenn Sie nur einen Teil einer Zeichenkette suchen, kann PHP mit unterschiedlichen Funktionen helfen. *strpos* sucht das erste Vorkommen eines Zeichens und gibt die Position als Zahl zurück. *strlen* berechnet die Länge der Zeichenkette, während *strstr* ein Zeichen sucht und den String ab diesem Zeichen zurückgibt. Strings lassen sich außerdem wie ein Array aus Zeichen ansprechen. Die Nummerierung der Zeichen beginnt bei 0.

```
$my_string = "Hello World.";
$len = strlen($my_string);
$sub = strstr($my_string, "W");
$pos = strpos($my_string, "W");
echo "|$my_string| ist $len Zeichen lang\n";
echo "|$sub| ist der Teilstring ab W\n";
echo "|W| an der Position $pos gefunden\n";
echo "Das Zeichen an der Position 0: ".$my_string[0]."\n";
```

substr

substr hilft dabei, Teile einer Zeichenkette zu lesen, z.B. alle Zeichen ab einer bestimmten Position. Der zweite Parameter gibt die Startposition an, wobei 0 das erste Zeichen meint. Es sind auch negative Werte erlaubt – dann wird von hinten gerechnet (-1 für das letzte Zeichen). Der optionale dritte Parameter gibt die gewünschte Zeichenanzahl an. Wenn dieser Parameter fehlt, liefert *substr* alle Zeichen bis zum Ende der Zeichenkette.

```
$x = substr('abcde', 3);      // liefert 'de'
$x = substr('abcde', 3, 1);   // liefert 'd'
$x = substr('abcde', -3);     // liefert 'cde'
```

trim

Leerzeichen am Anfang oder Ende eines Strings sind oft unerwünscht. Mit der *trim*-Funktion kann PHP Zeilenumbrüche, Leerzeichen und andere nicht druckbare Zeichen automatisch entfernen. Wenn Sie Strings einlesen, von denen Sie wissen, dass vorn und hinten keine Leerzeichen sein sollen, ist es immer eine gute Idee, *trim* für diesen String aufzurufen. Hier ein Beispiel, das nur auf der Kommandozeile funktioniert:

```
// ein Beispiel für PHP auf der Kommandozeile
echo "Bitte geben Sie Ihren Namen ein: ";
$line = fgets(STDIN);
printf("Hallo %s, wie gehts?\n", trim($line));
```

Hier entfernt *trim* den Zeilenumbruch, der bei der Eingabe durch Enter entstanden ist.

implode, explode

Oft besteht der Bedarf, mehrere Strings aus einem Array in einen großen String umzuwandeln. Natürlich hat PHP auch dafür eine Funktion vorgesehen, *implode*. Das Gegenstück zu *implode* heißt *explode* und teilt einen String in Array-Elemente auf. Beiden Funktionen wird als erster Parameter eine Zeichenkette übergeben, die zwischen die Elemente eingefügt wird bzw. an der der String aufgeteilt wird.

Programmierer, die Erfahrung mit Perl haben, kennen diese Funktionen als *join* und *split*. *join* wurde in PHP als *Alias* von *implode* definiert, Sie können also eines von beiden verwenden. *explode* und *split* sind in PHP nicht identisch, da *split* den String an einem regulären Ausdruck aufteilt (mehr dazu in Abschnitt 5.9), *explode* den String hingegen als normale Zeichenkette behandelt.

```
// implode
$munroes = array("Ben Nevis", "Ben Macdui",
    "Braeriach", "Cairn Toul", "Sgor an Lochain Uaine");
echo "Munroes:\n".implode("\n", $munroes);

// explode
$name = "John Smith";
$n_array = explode(" ", $name);
print_r($n_array);
```

htmlspecialchars, htmlentities

Da PHP hauptsächlich im Zusammenhang mit Webservern und HTML zum Einsatz kommt, dürfen Funktionen, die mit HTML umgehen können, auch nicht fehlen. Ein immer wiederkehrendes Problem ist die Anzeige von Benutzereingaben. Wenn Sie vom Benutzer eingegebene HTML-Zeichen nicht entschärfen, ist das ein guter Ansatzpunkt für Angreifer (das Spektrum der Angriffe reicht hier vom Überschreiben einer Seite bis zu *Cross-Site-Scripting*-Attacken).

Glücklicherweise bietet PHP sehr einfache Funktionen, um derartige Benutzereingaben unschädlich zu machen. Mit *htmlspecialchars* werden die gängigen HTML-Kennzeichner (das sind *&*, <, > und ") mit dem entsprechenden HTML-Code umschrieben (z.B. steht *&* für *&* oder *<* für <). Vergleichen Sie den folgenden PHP-Code mit der Ausgabe in Abbildung 4.1. Durch *htmlspecialchars* zeigt der Browser die *<h1>*-Elemente an.

```
<!DOCTYPE HTML PUBLIC "-//W3C//DTD HTML 4.01 Transitional//EN"
"http://www.w3.org/TR/html4/loose.dtd">
<html>
 <head><title>HTML-Sonderzeichen</title></head>
 <body>
<?php
$header = '<h1>HTML-"Sonderzeichen"</h1>';
echo "$header\n";
echo htmlspecialchars($header);
?>
</html>
```

htmlentities funktioniert wie *htmlspecialchars*, mit dem Unterschied, dass *htmlentities* alle Zeichen umsetzt, die ein HTML-*Entity* haben, nicht nur *&*, < und >. Im *latin1*-Zeichensatz gehören dazu zum Beispiel die Umlaute, die Tilde (~) oder mathematische Symbole wie Pi. Eine vollständige Liste finden Sie unter:

http://www.w3.org/TR/REC-html40/sgml/entities.html

Sowohl *htmlspecialchars* als auch *htmlentities* haben zwei optionale Parameter, die die Umsetzung von Anführungszeichen und den Zeichensatz betreffen. Aus Kompatibilitätsgründen zu älteren PHP-Versionen werden standardmäßig nämlich nur doppelte Anführungszeichen ersetzt. Wenn Sie auch einfache Anführungszeichen ersetzt haben möchten, müssen Sie als ersten Parameter die Konstante *ENT_-QUOTES* angeben. Verwenden Sie einen anderen Zeichensatz als *latin1* (*iso-8859-1*), so müssen Sie das als zweiten Parameter spezifizieren.

```
$special_string = "<h1>Die Währung der 'EU': `</h1>";
echo htmlentities($special_string, ENT_QUOTES, "ISO-8859-15");
// Ausgabe:
// &lt;h1&gt;Die W&auml;hrung der &#039;EU&#039;: &euro;&lt;/h1&gt;
```

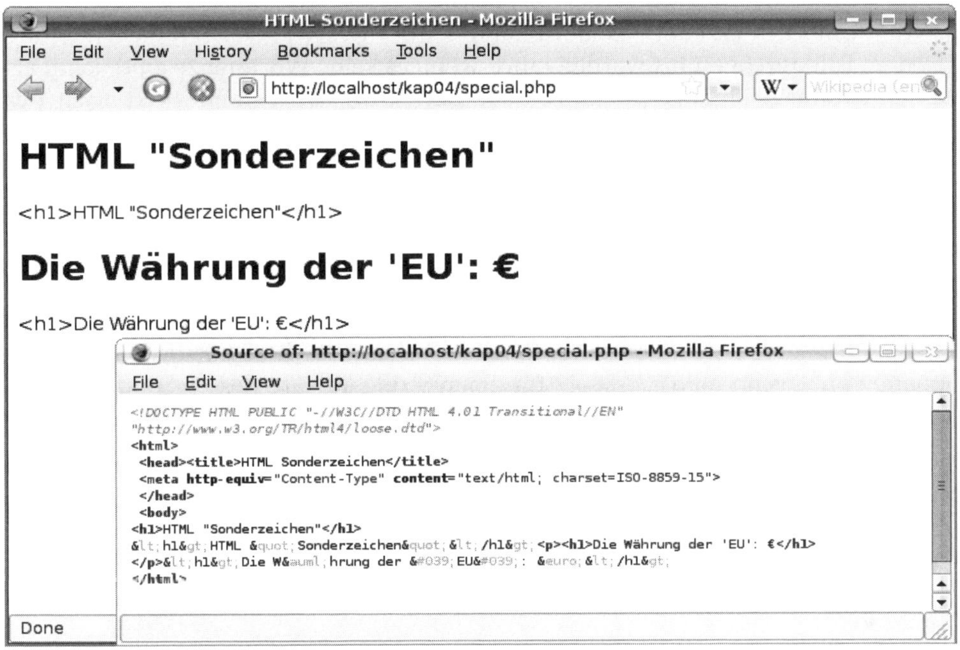

Abbildung 4.1: htmlspecialchars zur Umsetzung von HTML-Zeichen

nl2br, wordwrap

Wenn Sie Benutzereingaben aus mehrzeiligen Textfeldern (*textarea*) in HTML ausgeben möchten, ist es sinnvoll, die Zeilenumbrüche um das HTML-Tag *
* zu ergänzen. Die Funktion *nl2br* macht genau das. Der Eingabe-String wird nach der Anweisung für eine neue Zeile durchsucht, und jedes Vorkommen wird um das HTML-Tag erweitert.

```
$my_input = "Hello
World.";
echo nl2br($my_input);
// Ausgabe: Hello<br />
World.
```

Um das Layout noch besser kontrollieren zu können, gibt es die Möglichkeit, einen Zeilenumbruch an Wortgrenzen in einem String einzufügen.

```
$str = "Ein langer String, in dem ein Zeilenumbruch eingefügt wird";
echo wordwrap($str, 20);
// Ausgabe: Ein langer String,
//          in dem ein
//          Zeilenumbruch
//          eingefügt wird
```

Wird *wordwrap* keine Länge übergeben, so umbricht die Funktion automatisch nach 75 Zeichen. Über einen dritten Parameter kann das Zeichen angegeben werden, das den Umbruch erzeugt, standardmäßig wird *\n* verwendet. Soll die Trennung in jedem Fall durchgeführt werden (auch wenn es keine Wortgrenze gibt), kann als vierter Parameter *1* angegeben werden. Der String wird dann strikt nach der gewünschten Anzahl von Zeichen abgetrennt.

stripslashes, addslashes

PHP bietet auch eine einfache Möglichkeit, die Sonderzeichen ", ', \ und das 0-Byte *\0* so zu verändern, dass sie ihre spezielle Bedeutung verlieren. Mit *addslashes* wird jedem dieser Zeichen ein Backslash (\) vorangestellt, wodurch der PHP-Interpreter sie als normales Zeichen behandelt. Problematisch wird die Situation nur, wenn man *addslashes* für einen String aufruft, dessen Sonderzeichen bereits mit Backslashes versehen sind.

Mit *Magic Quotes* wollten die PHP-Entwickler den Programmierern das Leben leichter machen. Alle Strings, die aus externen Quellen kommen (von einem Formular mit *GET* oder *POST* abgeschickt oder aus einem *Cookie*), werden automatisch mit diesen Backslashes versehen. Damit spart sich der Programmierer den Aufruf von *addslashes*. Das klingt eigentlich ganz praktisch, nur leider ist das nicht immer so.

Die *Magic Quotes* können in der PHP-Konfiguration ein- oder ausgeschaltet werden. Für den PHP-Entwickler bedeutet das, dass er sich jedes Mal über den Stand der Einstellungen erkundigen muss, bevor er *addslashes* aufruft. (Weitere Informationen zu *Magic Quotes* folgen in Abschnitt 5.5, wo es um die Verarbeitung von Formulardaten geht.)

Die Umkehrfunktion von *addslashes* heißt *stripslashes* und macht im Wesentlichen nichts anderes, als alle Backslash-Zeichen aus einem String zu entfernen. Das typische Beispiel ist die Verarbeitung von Formulardaten. Man überprüft die Einstellung der *Magic Quotes* und entfernt die Backslash-Zeichen bei Bedarf.

```
<?php // Dateiname: slashes.php ?>
<!DOCTYPE html PUBLIC "-//W3C//DTD HTML 4.01 Transitional//EN">
<html>
 <head><title>Formular-Test</title></head>
 <body>
<?php
  printf("<p>Variable von GET: %s</p>\n", $_GET['name']);
  if (get_magic_quotes_gpc()) {
    $stripped_name = stripslashes($_GET['name']);
    printf("<p>Variable nach strip: %s</p>\n", $stripped_name);
  }
?>
```

```
    <form method="GET" action="slashes.php">
    Name: <input type="text" name="name">
    <input type="submit">
    </form>
  </body>
</html>
```

str_repeat, str_replace

Mit *str_repeat* können Sie eine beliebig lange Zeichenkette erzeugen, die von einem Muster ausgefüllt wird.

```
$my_header = str_repeat("°~", 35);
```

Die Zeichenkette wird 35-mal wiederholt und erzeugt einen String von der Länge 70. Weit praktischer ist oft die Funktion *str_replace*. Sie ersetzt alle Vorkommen von einem String durch einen anderen. Die Ersetzung findet nur bei einer exakten Übereinstimmung statt, es gibt keine Wildcards.

```
$my_string = "PHP ist eine Programmiersprache.";
echo str_replace("eine", "eine großartige", $my_string);
// Ausgabe: PHP ist eine großartige Programmiersprache.
```

Die Parameter für *str_replace* sind der zu suchende String, die Ersetzung und der String, in dem die Ersetzung vorgenommen werden soll. Die Suche erfolgt immer abhängig von der Groß-/Kleinschreibung. Wenn Sie das nicht möchten, bietet PHP die Funktion *str_ireplace* (*case insensitive*).

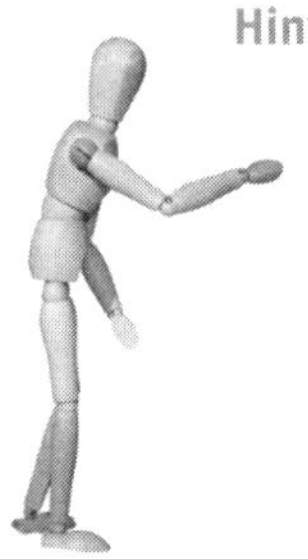

Hinweis

Für komplexe Suchmuster mit Wildcards und Rückverweisen stellt PHP auch reguläre Ausdrücke zur Verfügung (siehe Abschnitt 5.9). Bei einfachen Zeichenersetzungen hat *str_replace* aber den Vorteil der höheren Geschwindigkeit.

ctype-Funktionen

Mit den *ctype*-Funktionen können Sie Zeichen auf ihren Typ überprüfen. *ctype_-alnum* überprüft auf alphanumerische Zeichen, *ctype_alpha* auf Buchstaben und *ctype_digit* auf Zahlen. Die Funktionen geben jeweils *TRUE* oder *FALSE* als Ergebnis zurück. Die vollständige Liste ist online verfügbar unter http://php.net/ctype.

```
$my_string = "HELLOWORLD";
if (ctype_upper($my_string)) { echo "Großbuchstaben.\n"; }
```

mbstring-Funktionen

Der Standard-Zeichensatz in PHP ist *ISO-8859-1* alias *latin1*, ein Ein-Byte-Zeichensatz, in dem 256 Einträge möglich sind. Leider kommen nicht alle Sprachen mit 256 Zeichen aus, wodurch die Notwendigkeit entstand, Zeichensätze zu entwickeln, die mehr als nur ein Byte verwenden.

Die *mbstring*-Erweiterung von PHP versteht auch den Umgang mit Mehrbyte-Zeichensätzen wie Unicode, was eine nicht ganz triviale Erweiterung von Strings darstellt. Alle wichtigen String-Funktionen haben eine *mb_**-Variante, die für Mehrbyte-Zeichensätze das richtige Ergebnis liefert. (Weitere Informationen zu Zeichensätzen und speziell zu Unicode finden Sie in den Abschnitten 1.7 und 2.3.)

Die *mbstring*-Erweiterung ist noch nicht so gut getestet wie die String-Funktionen aus dem Standardumfang von PHP. Wenn Sie also nicht unbedingt mit Mehrbyte-Zeichensätzen arbeiten müssen, empfehlen wir Ihnen, bei *latin1* (*ISO-8859-1*) zu bleiben.

Syntaxzusammenfassung

Damit Sie nicht immer im PHP-Online-Handbuch nachsehen müssen, wenn Sie den Namen oder die Parameterreihenfolge einer String-Funktion vergessen haben, fasst die folgende Tabelle die Syntax der wichtigsten Funktionen zusammen.

Funktion	Anwendung
***echo** $s1, $s2 ...;*	Gibt die Zeichenketten aus.
***printf**($format, $x1, $x2, $x3);*	Gibt die Formatzeichenkette und den Inhalt der nachfolgenden Variablen aus; die Formatzeichenkette muss Platzhalter für die Variablen enthalten, z.B. *%s*, *%d* oder *%f* für Zeichenketten, ganze Zahlen oder Fließkommazahlen.
$n = **strlen**($s);	Ermittelt die Länge der Zeichenkette.
$pos = **strpos**($s, $x [, $startpos]);	Sucht *x* innerhalb von *s* und liefert die Position oder *FALSE*.
$s = **strstr**($s, $x);	Sucht *x* innerhalb von *s* und liefert die Zeichenkette ab *x*.
$s = **trim**($s);	Entfernt Leerzeichen am Anfang und Ende von *$s*.
$s = **substr**($s, $start [, $len]);	Liefert einen Teil-*String* von *s* beginnend bei der Position *start* (0 für das erste Zeichen, -2 für das vorletzte); *len* gibt die gewünschte Anzahl der Zeichen an; wenn *len* fehlt, liefert *substr* alle Zeichen bis zum Ende von *s*.
$s = **str_repeat**($s, $n);	Wiederholt *s* *n*-mal.
$s = **str_replace**($pattern, $new, $s)	Ersetzt in *s* jedes Auftreten von *pattern* durch *new*; *str_replace("ä", "a", $s)* ersetzt also ä durch a.

Tabelle 4.1: Wichtige String-Funktionen

Funktion	Anwendung
$arr = **explode**($pattern, $s);	Zerlegt *s* in Zeichenketten und liefert diese als Feld zurück; *pattern* gibt das oder die Trennzeichen an (z.B. ein Leerzeichen); das Trennzeichen ist in den Feldelementen nicht enthalten.
$s = **implode**($pattern, $arr);	Fügt alle Feldelemente zu einer Zeichenkette zusammen, wobei *pattern* als Trennzeichen verwendet wird.
$s = **htmlspecialchars**($s);	Ersetzt die Zeichen <, >, & und " durch HTML-Codes wie *>*
$s = **htmlentities**($s);	Funktioniert wie *htmlspecialchars*, ersetzt aber auch diverse internationale Zeichen und Sonderzeichen durch HTML-Codes.
$s = **nl2br**($s);	Ersetzt Zeilenumbrüche durch * *.
$s = **wordwrap**($s, n);	Bricht *s* nach maximal *n* Zeichen um (fügt *n* ein).
$s = **addslashes**($s);	Fügt vor \, ', " ein zusätzliches \-Zeichen ein und ersetzt 0-Codes durch \0.
$s = **stripslashes**($s);	Entfernt die Quotierungszeichen \ (Umkehrfunktion zu *addslashes*).

Tabelle 4.1: Wichtige String-Funktionen (Forts.)

4.2.3 Regionale Formatierung und Sortierung von Zeichenketten

Sie kennen sicher die im Deutschen eher unübliche Datumsangabe: 10/12/04. Ist das jetzt der 10. Dezember oder der 12. Oktober? In diesem Beispiel lässt es sich nicht mit letzter Gewissheit sagen, denn während Briten hier auf den Dezember tippen, ist man sich in Amerika darüber einig, dass der 12. Oktober gemeint ist.

Ein gutes Computerprogramm sollte die Ausgabe so formatieren, wie der Anwender sie in seiner Umgebung gewohnt ist. Dafür sorgen im Computer-Umfeld die *Locale*-Einstellungen. Über unterschiedliche Konstanten können diese Einstellungen in der PHP-Funktion *setlocale* zugewiesen werden.

Konstante	Bedeutung
LC_TIME	Einstellungen zum Zeit und Datumsformat
LC_NUMERIC	Zahlenformat (z.B. Tausender-Trennzeichen)
LC_MONETARY	Format von Geldbeträgen
LC_CTYPE	Zeichenumwandlung von Nicht-ASCII-Zeichen
LC_COLLATE	Sortierung
LC_ALL	setzt alle vorangegangenen Einstellungen

Tabelle 4.2: Konstanten für die Funktion setlocal

Das Beispiel zeigt, wie das Datum in unterschiedlichen *Locales* formatiert wird.

```
setlocale(LC_ALL, "de_DE");
echo strftime ("Deutsch: %x\n");      // Ausgabe: 13.10.2004
setlocale(LC_ALL, "en_GB");
echo strftime ("British: %x\n");      // Ausgabe: 13/10/04
setlocale(LC_ALL, "C");
echo strftime ("C:       %x\n");      // Ausgabe: 10/13/04
```

Die *Locales*-Einstellung C wird verwendet, wenn das gewünschte *Locale* nicht vorhanden ist. In dieser Defaulteinstellung werden Meldungen auf Englisch ausgegeben und das Datumsformat ist amerikanisch.

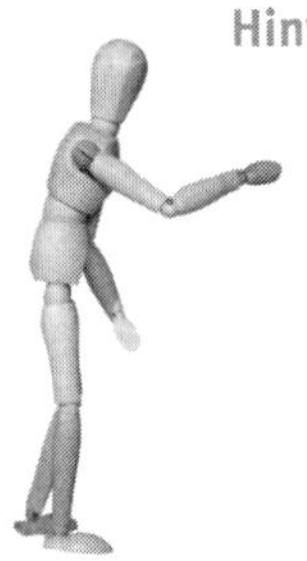

Hinweis

Neben den unterschiedlichen Formatierungen von Zeichenketten ist auch die Sortierung von der jeweiligen regionalen Einstellung abhängig. So sortiert man in Schweden die Umlaute nach dem Buchstaben z ein, während im deutschsprachigen Raum das Ö nach dem O im Alphabet steht. Ein Beispiel zur *locale*-abhängigen Sortierung folgt in Abschnitt 4.5.3.

4.3 Datums- und Zeitfunktionen

Datums- und Zeitberechnungen sind keine triviale Angelegenheit. Das ist nicht erst seit der Jahr-2000-Problematik bekannt. PHP bietet eine leistungsfähige und gleichzeitig übersichtliche Bibliothek zur Behandlung von Datum und Uhrzeit.

4.3.1 date

Die *date*-Funktion formatiert ein Datum nach einem frei definierbaren String.

```
echo date("d-m-Y H:i")."\n";     // Ausgabe: 22-10-2004 08:29
```

Das Beispiel gibt das aktuelle Datum und die Uhrzeit aus. Als Parameter wird die Formatdefinition übergeben. Die wichtigsten Formate sind in den anschließenden zwei Tabellen festgehalten. Für eine komplette Liste der Formate empfiehlt sich ein Blick in die Online-Dokumentation (http://php.net/date).

Zeichen	Bedeutung
d	Tag im Monat (mit führender 0)
m	Monat (als Zahl, mit führender 0)
y	Jahreszahl, zweistellig (mit führender 0)

Tabelle 4.3: Zeichen zur Datumsformatierung

Zeichen	Bedeutung
D	Tag der Woche, abgekürzt (dreistellig, z.B.: *Mon*)
M	Monat, abgekürzt (dreistellig, z.B.: *Feb*)
Y	Jahreszahl, vierstellig
l	Tag der Woche, ausgeschrieben (z.B.: *Monday*)
w	Tag der Woche, numerisch (von 0 (Sonntag) bis 6 (Samstag))
F	Monat, ausgeschrieben (z.B.: *March*)
z	Tag im Jahr (von 0 bis 365)

Tabelle 4.3: Zeichen zur Datumsformatierung (Forts.)

Zeichen	Bedeutung
H	Stunde, 24-Stunden-Format (mit führender 0)
i	Minute (mit führender 0)
s	Sekunde (mit führender 0)
h	Stunde, 12-Stunden-Format (mit führender 0)
a	*am-* oder *pm-*Angabe für Vormittag oder Nachmittag (kleingeschrieben)
B	die Swatch-Internet-Zeit (24 Stunden werden in 1000 Einheiten geteilt) mit führender 0 (von 000 bis 999)

Tabelle 4.4: Zeichen zurzeitformatierung

Ein weiteres, sehr nützliches Format ist *date("r")*. Es liefert einen *RFC 2822*-konformen Datums-String zurück, der bei vielen Internet-Anwendungen nützlich ist (E-Mail-Header, HTTP-Header, ...).

Was aber, wenn Sie nicht die aktuelle Zeit ausgeben möchten, sondern Datum und Uhrzeit von einem anderem Zeitpunkt? Die *date*-Funktion ist auch dafür gerüstet. Als zweiten Parameter kann ein *UNIX-Timestamp* übergeben werden, der den Zeitpunkt beschreibt.

Ein *UNIX-Timestamp* ist ein Integerwert, der die Anzahl der Sekunden seit der *UNIX-Epoche* enthält. Die Zeitrechnung der UNIX-Epoche beginnt am 1. Januar 1970. Zu dem Zeitpunkt, als ich diese Zeilen schrieb, waren seitdem circa 1.098.427.140 Sekunden vergangen. Da der Speicherbereich für Integerzahlen limitiert ist, kann man mit *Timestamps* nicht alle Zeit abdecken. Auf Systemen, die mit vorzeichenbehafteten 32-Bit-Integer Zahlen arbeiten, reicht die Zeitspanne vom Dezember 1901 bis zum Januar 2038. Auf Windows-Systemen ist dieser Bereich auf die positiven Integerzahlen beschränkt, also nur von 1970 bis 2038.

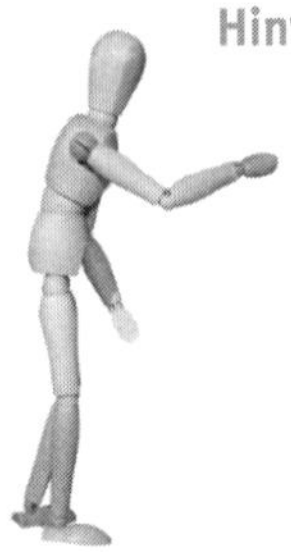

Hinweis

Wie Sie ein Datum in ein *Timestamp* umwandeln, erfahren Sie im nächsten Abschnitt.

Die *date*-Funktion hat keine Unterstützung für die *Locale*-Einstellungen. Das bedeutet, dass sie die Strings immer in englischer Sprache ausgibt. Wenn Sie eine Funktion suchen, die auf Ihre regionalen Einstellungen eingeht, so können Sie *strftime* verwenden. Mehr zu *Locale*-Einstellungen und Beispiele für *strftime* finden Sie in Abschnitt 4.2.3.

4.3.2 mktime und strtotime

Um einen *UNIX-Timestamp* zu erzeugen, gibt es zwei wichtige Funktionen: *mktime* und *strtotime*. Die Funktionen unterscheiden sich dadurch, dass *mktime* eine klar strukturierte Eingabe erwartet und *strtotime* aus einem String (englisches Format!) ein Datum zu erkennen versucht.

```
echo mktime(0,0,0,10,22,2004)."\n";  // Ausgabe: 1098396000
```

Das Beispiel erzeugt den Timestamp für den 22. Oktober 2004, 00:00 Uhr Mitternacht. Da die Funktion den Integerwert als Ergebnis zurückgibt, kann sie wunderbar mit *date* kombiniert werden.

```
echo date("r", mktime(0,0,0,10,22,2004))."\n";
// Ausgabe: Fri, 22 Oct 2004 00:00:00 +0200
```

Auf diese Art können schön formatierte Datumsangaben zu einem beliebigen Zeitpunkt ausgegeben werden. Die Parameter für *mktime* sind dabei Stunde, Minute, Sekunde, Monat, Tag, Jahr und 1 oder 0 für Sommerzeit oder keine Sommerzeit. Von rechts nach links können die Parameter weggelassen werden, wobei sie durch die aktuelle Zeit ersetzt werden.

Mit diesem Wissen können Sie sehr einfach den Wochentag Ihres eigenen Geburtstags errechnen:

```
echo date("l", mktime(0,0,0,10,5,1973))."\n";  // es war ein Freitag
```

Übernimmt man das Datum aus anderen Anwendungen oder von einer Benutzereingabe, so ist die *strtotime*-Funktion hilfreich. Sie untersucht eine Zeichenkette nach allen erdenklichen Formaten und versucht, ein gültiges Datum herauszufinden. Wichtig ist, dass sich die Monat-Tag-Schreibweise immer am amerikanischen Format orientiert, zum Beispiel 9/11 für den 11. September. *strtotime* kann nicht nur absolute Daten, sondern auch relative Zeit-Formate verarbeiten. Dem Motto des Buches entsprechend, hier einige Beispiele:

```
echo date("r", strtotime("22 October 2004 6:00pm"))."\n";
echo date("r", strtotime("22Oct04"))."\n";
echo date("r", strtotime("9/11"))."\n";
echo date("r", strtotime("2004-10-22"))."\n";
```

```
echo date("r", strtotime("last sunday"))."\n";
echo date("r", strtotime("+3 years"))."\n";
echo date("r", strtotime("yesterday"))."\n";
echo date("r", strtotime("now"))."\n";
```

Eine vollständige Beschreibung der unterstützten Formate liefert die Webseite des GNU-Projekts:

http://www.gnu.org/software/tar/manual/html_chapter/Date-input-formats.html

4.3.3 date_create_from_format und date_get_last_errors (PHP 5.3)

Die *strtotime*-Funktion ist zwar äußerst praktisch, aber leider an das amerikanische Datumsformat gebunden. Manchmal ist es wünschenswert, genauere Kontrolle bei der Umwandlung der Zeichenkette in ein Datumsobjekt zu haben. Mit PHP 5.3 wurde daher die Funktion *date_create_from_format* eingeführt. Bei dem Funktionsaufruf wird als erster Parameter das Format angegeben (vergleiche Tabelle 4.3 und 4.4) und als zweiter Parameter die umzuwandelnde Zeichenkette. Hier ein Beispiel für die Umwandlung des britischen Datumsformats:

```
$d = date_create_from_format( 'd/m/Y', "03/07/2008" );
```

Ein weiterer Vorteil gegenüber der *strtotime*-Funktion ist, dass man mögliche Fehler bei der Umwandlung sehr einfach analysieren kann. *date_get_last_errors* gibt eine Array-Variable mit Warnungen und mit Fehlermeldungen bei der Konvertierung zurück. Hier ein Beispiel für die Umwandlung eines fehlerhaften Datumsformats:

```
$d = date_create_from_format( 'd/m/Y', "03072008" );
```

Die Ausgabe von *print_r(date_get_last_errors)* sieht folgendermaßen aus:

```
Array
(
    [warning_count] => 0
    [warnings] => Array
        (
        )

    [error_count] => 2
    [errors] => Array
        (
            [2] => The separation symbol could not be found
            [4] => The separation symbol could not be found
        )

)
```

Das gewünschte Trennzeichen (/) konnte folglich zweimal nicht gefunden werden.

4.4 Variablenverwaltung

In manchen Situationen möchte man nicht wissen, welchen Wert eine Variable hat, sondern überprüfen, ob sie überhaupt vorhanden ist.

```
if (isset($_SERVER["SERVER_ADMIN"])) {
  printf("Server Administrator: %s\n", $_SERVER["SERVER_ADMIN"]);
} else {
  echo "Kein SERVER_ADMIN definiert.\n";
}
```

isset überprüft, ob eine Variable gesetzt ist. Die Programmlogik funktioniert auch, wenn Sie die *if*-Abfrage ohne das *isset* ausführen, da der Aufruf einer nicht definierten Variable *NULL* zurückgibt. Der PHP-Interpreter erzeugt aber eine Warnung vom Typ *E_NOTICE*, mit dem Hinweis, dass der Index *SERVER_ADMIN* nicht definiert ist. Diese Warnungen sind hilfreich, um Tippfehler zu entlarven. Korrekter PHP-Code sollte bei der Überprüfung, ob Variablen definiert sind, also immer *isset* verwenden.

Der *isset*-Funktion können auch mehrere Variablen hintereinander übergeben werden. Nur wenn alle gesetzt sind, gibt die Funktion auch *TRUE* zurück. Andere Sprachelemente außer Variablen dürfen *isset* nicht übergeben werden.

Variablen können auch gelöscht werden. Wenn Sie sich sicher sind, dass die Variable nicht mehr verwendet wird, können Sie den Speicherplatz mit *unset* wieder freigeben. Bei Array-Variablen kann *unset* ein einzelnes Element aus dem Array löschen. Wird eine Variable nach dem Aufruf von *unset* mit der *isset*-Funktion getestet, so ist das Ergebnis erwartungsgemäß *FALSE*.

```
$my_name = "";
if (isset($my_name)) {
  echo "Variable ist definiert!\n";
}
unset($my_name);
if (isset($my_name)) {
  echo "Variable ist definiert!\n";
} else {
  echo "Variable ist nicht mehr definiert!\n";
}
```

Für Konstanten gibt es eine eigene Funktion, um zu überprüfen, ob sie gesetzt sind: *defined*.

```
if (defined("PHP_LIBDIR")) {
  printf("PHP-Bibliotheken in:%s\n",PHP_LIBDIR);
}
```

Die Konstante *PHP_LIBDIR* ist eine der vordefinierten Konstanten vom Sprachkern von PHP und sollte immer gesetzt sein.

Speziell bei der Validierung von Benutzereingaben ist es hilfreich, sich Klarheit über den Typ der Variablen zu verschaffen, bevor man sie zum Beispiel in die Datenbank schreibt. Die via *Submit* geschickten Formulardaten sind immer Strings, aber die *is_numeric*-Funktion testet, ob ein String in eine Zahl umgewandelt werden kann.

```
<form method="GET" action="is_num.php">
Ihr Alter: <input type="text" name="age">
</form>
<?php
  if (is_numeric($_GET['age'])) {
    printf("Sie sind %d Jahre alt\n",$_GET['age']);
  } else {
    echo "Alter bitte als Integer-Zahl eingeben\n";
  }
```

Wie schon in Kapitel 2 erwähnt wurde, übernimmt PHP die Umwandlung von Datentypen in der Regel selbst. In manchen Situationen möchte man den Variablentyp aber doch lieber fest definieren. Um in PHP den Typ einer Variable festzulegen, verwenden Sie die gleiche Syntax wie in C:

```
$my_integer = (int) "99.99";    // $my_integer enthält 99
```

Der gewünschte Datentyp wird in runden Klammern vor der Variable angegeben. In diesem Beispiel werden bei der Konvertierung zum Integer die Kommastellen abgeschnitten (nicht gerundet!). Ist die Konvertierung nicht möglich, wird der neuen Variable 0 zugewiesen.

Beim Entwickeln von Programmen kommt es immer wieder vor, dass man sich den Inhalt einer Variable ausgeben lassen möchte. Die *var_dump*-Funktion zeigt neben dem Wert auch den Typ der Variable an und kann auf jedes Objekt angewendet werden. Hier ein Beispiel mit dem interaktiven PHP-Interpreter:

```
$a = 17.5;
$b = 19;
$c = "199";
$d = (int) $c;
var_dump($a, $b, $c, $d);
// Ergebnis: float(17.5)
//           int(19)
//           string(3) "199"
//           int(199)
```

4.5 Array-Funktionen

Da der Array-Datentyp sehr flexibel ist, kommt er in PHP-Scripts häufig zum Einsatz. Dementsprechend viele Array-Funktionen gibt es. Die in diesem Abschnitt vorgestellten Funktionen sind direkt in PHP integriert, stehen also ohne externe Bibliotheken oder *configure*-Optionen zur Verfügung. (Eine allgemeine Einführung zu Arrays und dazu, wie diese erzeugt werden, finden Sie in Kapitel 2.)

4.5.1 Standardfunktionen

Bevor man eine Variable als Array verarbeitet, kann man sich davon überzeugen, dass es sich auch wirklich um ein Array handelt. Die *is_array*-Funktion testet eine Variable nur darauf und gibt *TRUE* oder *FALSE* zurück.

```
$my_array = "";
if (!is_array($my_array)) {
  echo "\$my_array ist kein Array!\n";
  var_dump($my_array);
}
```

Oft möchte man die Elemente eines Arrays Stück für Stück durchgehen und eine Aktion damit durchführen. PHP bietet eine sehr praktische Schleife für diesen Zweck: *foreach*.

```
echo "<table>\n";
foreach($_SERVER as $key=>$value) {
  printf("<tr><td>%s</td> <td>%s</td></tr>\n", $key, $value);
}
echo "</table>\n";
```

Hier werden alle Werte aus der *$_SERVER*-Variable in einer HTML-Tabelle ausgegeben. Das *foreach*-Konstrukt kann ein assoziatives Array sehr einfach in Schlüssel- und Werte-Paare trennen. Durch die Anweisung *as* innerhalb der Klammer werden die Inhalte der *$_SERVER*-Variable neuen Variablen (in diesem Fall *$key* und *$value*) zugewiesen. Ist man nur am Wert und nicht an dem Schlüssel interessiert, kann die Schreibweise abgekürzt werden:

```
foreach($_SERVER as $value)
```

Um die Anzahl der Array-Elemente zu ermitteln, ohne eine *foreach*-Schleife mit einer Zähler-Variable zu programmieren, stellt PHP die *count*-Funktion zur Verfügung:

```
printf("Das Array \$_SERVER hat %d Einträge.\n", count($_SERVER));
```

Ein Array kann man nicht nur in eine Richtung durchgehen. Mit *next* und *prev* kann man in einem Array vorwärts und rückwärts springen. Die Funktionen geben das Element an der jeweiligen Stelle zurück und setzen den internen Zeiger nach vor bzw. zurück. Die *current*-Funktion liefert das jeweils aktuelle Element zurück. Möchten Sie nicht nur den Wert, sondern auch den Schlüssel an der aktuellen Position erfahren, so hilft die *key*-Funktion. Wenn man vor lauter Vor- und Zurückspringen nicht mehr weiß, an welcher Stelle das Array gerade steht, kann man es mit *reset* auf das erste Element zurückstellen.

```
while ($val = next($_SERVER)) {
  $key = key($_SERVER);
  echo "$key: $val\n";
}
```

4.5.2 Suche in Arrays

Sie brauchen nur drei Zeilen Code, um eine Schleife zu schreiben, die ein bestimmtes Element sucht. Da diese Funktion so häufig gebraucht wird, haben die PHP-Entwickler das schon vorgesehen (außerdem ist die in C programmierte Funktion schneller als eine selbst konstruierte PHP-Variante). Um einen Schlüssel zu suchen, bietet PHP die Funktion *array_key_exists* an, um einen Wert zu suchen *in_array*:

```
<?php  // Datei: funcs array_key_exists.php
  if (array_key_exists("HTTPS", $_SERVER)) {
    echo "PHP läuft auf einem HTTPS-Server!\n";
  } else {
    echo "Kein HTTPS vorhanden.\n";
  }
?>
```

Der *HTTPS*-Eintrag in der Server-Variable ist nur dann vorhanden, wenn der Webserver über die verschlüsselte HTTP-Variante (*https://*) angesprochen wird.

```
<?php  // Datei funcs in_array.php
  $even = range(0,50,2);
  $rand = rand(0,50);
  if (in_array($rand, $even)) {
    echo "$rand ist im Array \$even.\n";
  } else {
    echo "$rand ist nicht im Array \$even.\n";
  }
```

Die *range*-Funktion weist dem Array *$even* die geraden Zahlen von 0 bis 50 zu. Mit *in_array* wird überprüft, ob die Zufallszahl in *$rand* in dem Array *$even* enthalten ist. Möchte man verschachtelte Arrays durchsuchen, so stellt PHP die *array_search*-Funktion bereit.

```
<?php  // Datei funcs array_search.php
  if ($key = array_search("localhost", $_SERVER)) {
    printf("gefunden: %s->%s\n", $key, $_SERVER["$key"]);
  } else {
    echo "localhost nicht gefunden\n";
  }
```

array_search durchsucht das assoziative Array *$_SERVER* nach der Zeichenkette *localhost* und liefert bei erfolgreicher Suche den entsprechenden Schlüssel als Ergebnis zurück. Wenn Sie dieses Beispiel auf dem Webserver Ihres lokalen PCs testen (Aufruf mit *http://localhost/..*), enthält die Variable *$_SERVER['HTTP_HOST']* den entsprechenden Eintrag. Der String-Vergleich unterscheidet übrigens immer zwischen Groß- und Kleinschreibung. Über einen optionalen dritten Parameter kann *array_search* angewiesen werden, zusätzlich zu den Werten auch die Typen der Variablen zu vergleichen.

4.5.3 Sortierung

Werden Elemente aus einem Array gelöscht (mit *unset*) oder hinzugefügt, kommt der Wunsch nach einer neuerlichen Sortierung auf. PHP kann Arrays nach ihren Elementen oder nach den Schlüsseln sortieren. Die Funktionen dazu sind *sort* bzw. *ksort*. Möchten Sie das Array rückwärts sortieren, können Sie *rsort* bzw. *krsort* verwenden.

```
$my_arr = array("beta", "gamma", "alpha");
rsort($my_arr);
print_r($my_arr);
```

Wie erwartet, werden die Array-Elemente rückwärts nach dem Alphabet sortiert ausgegeben. Um ein assoziatives Array nach den Schlüsseln zu sortieren, steht die Funktion *ksort* zur Verfügung.

```
$my_arr = array(
  2 => "bar",
  3 => "baz",
  1 => "foo"
);
ksort($my_arr);
print_r($my_arr);
```

Hinweis

Verwenden Sie die *sort*-Funktion nicht bei assoziativen Arrays. Die Schlüssel werden dabei gelöscht und durch neue ersetzt. Die Funktion *asort* sortiert assoziative Arrays nach ihrem Inhalt, unter Beibehaltung der Schlüssel.

Regionale Sortierung

Interessant wird die Sortierung, wenn Umlaute zum Einsatz kommen.

```
$countries = array("Österreich", "Deutschland", "USA", "Dänemark");
sort($countries);
print_r($countries);
```

Alles wunderbar, das Ergebnis ist sortiert, nur leider nicht ganz so, wie wir uns das im deutschen Sprachraum vorstellen:

```
Array
(   [0] => Deutschland
    [1] => Dänemark
    [2] => USA
    [3] => Österreich  )
```

Dem Algorithmus der *sort*-Funktion ist offensichtlich nicht bewusst, dass nach deutschsprachiger Sortierung das *Ö* von Österreich vor den *U* von USA steht. Um dem abzuhelfen, bietet PHP eine Funktion zur Sortierung, die abhängig von den regionalen Einstellungen arbeitet. *strcoll* wertet die Einstellungen von *locale* aus und sortiert Strings dementsprechend.

Um die *locale*-abhängige *strcoll*-Funktion in die Array-Sortierung einzubeziehen, verwendet man *usort*, der eine vom *user* spezifizierte Funktion zur Sortierung übergeben wird.

```
$countries = array("Österreich", "Deutschland", "USA", "Dänemark");
setlocale(LC_ALL, "de_DE");
usort($countries, "strcoll");
print_r($countries);
```

Die neuerliche Ausgabe entspricht der im deutschen Sprachraum gängigen Sortierung:

```
Array
(   [0] => Dänemark
    [1] => Deutschland
    [2] => Österreich
    [3] => USA           )
```

4.6 HTTP-Funktionen

4.6.1 header

Wer im Web surft, überträgt die Daten über das *Hypertext Transfer Protocol (HTTP)*. Die Übertragung basiert auf Nachrichten, wobei zwischen der Anfrage (*Request*) und der Antwort (*Response*) unterschieden wird. Die exakte Spezifikation für HTTP ist in einem RFC-Dokument nachzulesen:

http://www.faqs.org/rfcs/rfc2616

Jeder HTTP-Nachricht können bestimmte Header-Informationen vorausgeschickt werden, die dem Empfänger Informationen über den zu erwartenden Inhalt der Nachricht geben. Für den Webbrowser ist zum Beispiel sehr interessant, welche Art von Information zu erwarten ist, denn dementsprechend kann der Browser ein Plug-In laden oder eine externe Anwendung starten.

Die *header*-Funktion in PHP verschickt die gewünschten Kopfzeilen. Der Name der Header-Zeile wird als String übergeben. Ein kleines Beispiel soll die Theorie verdeutlichen:

```
<?php // Datei funcs header.php
  header("Content-Type: text/plain; charset=ISO-8859-1");
?>
Hello World.

Hier können auch Umlaute vorkommen.
```

In diesem Beispiel wird dem Browser angekündigt, dass kein HTML-Text (die Standardeinstellung), sondern *Plain*-Text ausgeliefert wird. Der Browser sollte dementsprechend eine nichtproportionale Schriftart verwenden und die Zeilenumbrüche einhalten. Wenn Sie die *header*-Zeile auskommentieren, werden Sie den Unterschied zur HTML-Formatierung sehen.

Wichtig zur *header*-Funktion ist, dass sie vor allen anderen Ausgaben kommen muss. Zuvor darf also nicht ein Byte vom Inhalt übertragen werden. Ein häufiger Fehler ist, dass der PHP-Start-Bezeichner (*<?php*) nicht in der ersten Zeile steht. PHP gibt daraufhin eine Warnung aus, der Ablauf des Scripts wird aber nicht abgebrochen. Die Fehlermeldung dürfte von einigen schlecht gewarteten Internetseiten bekannt sein:

```
Warning: Cannot modify header information - headers already sent ...
```

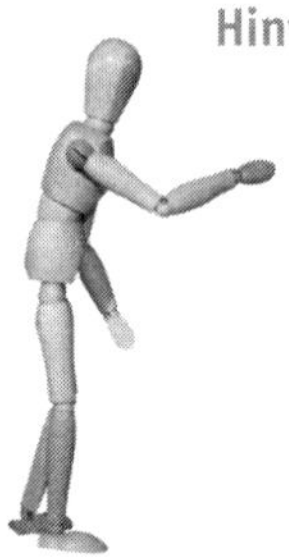

Hinweis

Da die *header*-Anweisung nur funktioniert, wenn sie vor jeglicher Ausgabe kommt, müssen Sie auch in Ihren eingebundenen Dateien und Bibliotheken sehr darauf achten, dass keine Inhalte ausgegeben werden. In der Praxis bedeutet das für eingebundene Dateien, dass sie an der ersten Stelle mit dem PHP-Start-Bezeichner beginnen und am Dateiende mit dem Endbezeichner abschließen.

Um diesen weit verbreiteten Fehler zu vermeiden, wurde in PHP 4 eine Möglichkeit eingeführt, die Ausgabe des Inhalts zu puffern und erst bei Bedarf an den Browser zu senden. Diese Funktion bringt aber wieder andere Nachteile mit sich und wird hier nicht weiter behandelt.

Die folgende Tabelle gibt eine Übersicht über häufig verwendete *header*-Anweisungen. Die HTTP-Spezifikation schreibt vor, dass der Header-Bezeichner immer mit einem Doppelpunkt von dem Wert zu trennen ist.

Header	Bedeutung
Location	Umleitung auf eine andere Seite
Content-Type	Art des Inhalts (z.B.: *text/html*)
User-Agent	Bezeichnung des Clients (Browser-Kennung)
Cache-Control	Wie lange darf der Inhalt im Cache bleiben?
Expires	Wann muss die Seite neu geladen werden? (Zeitangabe nach *RFC 822*)
Last-Modified	Wann wurde die Seite zuletzt geändert? (Zeitangabe nach *RFC 822*)
WWW-Authenticate	Verpflichtende Anmeldung für diese Seite (siehe Abschnitt 5.2)
Status	HTTP-Status (z.B.: *404 Not Found*)

Tabelle 4.5: Wichtige header-Anweisungen

Location

header("Location: .."); ist vielleicht die meistgebrauchte Header-Anweisung in PHP-Programmen. Außer dass der Browser auf die neue Seite umgeleitet wird, schickt PHP noch den HTTP-Status *302* mit, der den Client darauf aufmerksam macht, dass es sich um eine temporäre Umleitung handelt und der Link wiederverwendet werden soll (im Unterschied zu Status *301*, eine permanente Umleitung).

Die Angabe der neuen Seite muss laut HTTP-Spezifikation eine absolute URL sein, also *Protokoll*, *Servername* und *Pfad zur Datei*. Soll Ihre Applikation sowohl mit verschlüsselten Verbindungen (*https://*) als auch bei normalen HTTP-Verbindungen funktionieren, müssen Sie das Protokoll bei Umleitungen mit angeben.

Wenn Sie keine verschlüsselten Verbindungen benutzen, sieht der Code für eine Seitenumleitung typischerweise so aus:

```
$baseurl = "http://" . $_SERVER['HTTP_HOST'] .
           dirname($_SERVER['PHP_SELF']);
header("Location $baseurl/neueseite.php");
```

Dabei werden der Name des Webservers und der Name und das Verzeichnis der aktuellen Seite aus *$_SERVER*-Variablen gelesen (siehe den nächsten Abschnitt). *$_SERVER['PHP_SELF']* liefert das Verzeichnis und den Namen der aktuellen Seite, also z.B. /projekt/alteseite.php. Die Funktion *dirname* entfernt den eigentlichen Dateinamen und lässt nur das Verzeichnis übrig (hier also /projekt).

Content-Type

Der *Content-Type* gibt dem Client einen Hinweis, wie der Inhalt formatiert werden soll. So kann der Browser für *application/pdf* das entsprechende Plug-In laden oder bei *image/png* einen Bildbetrachter. Eine weitere sehr nützliche Funktion ist die Angabe des Zeichensatzes für den kommenden Inhalt. Bei meinen Versuchen hat die im *Content-Type* angegebene Zeichenkodierung alle anderen Angaben (HTML-*Meta-Tags* und Webserver-*DefaultCharacterSet*) überschrieben. Das bedeutet, dass der Browser bei einer Angabe von

```
header("Content-Type: text/html; charset=UTF-8");
```

die Kodierung immer auf UTF-8 umstellt.

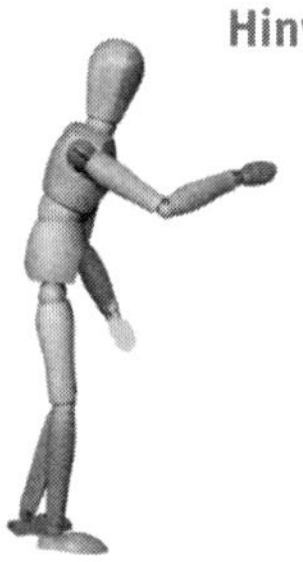

Hinweis

Einleitende Informationen zu Zeichensätzen und speziell zu Unicode finden Sie in Abschnitt 1.7. Ein Beispiel zur Verwendung von unterschiedlichen Zeichensätzen bei der Verarbeitung von Formulardaten gibt Abschnitt 5.5.

Cache-Control, Expires und Last-Modified

Cache-Control, Expires und *Last-Modified* beziehen sich darauf, wie oft eine Seite neu geladen werden muss. Das betrifft nicht nur Ihren Browser, sondern alle zwischengeschalteten Proxy-Server. Will man ganz sichergehen, dass eine Seite immer neu geladen wird, empfiehlt es sich, alle drei Header-Informationen zu setzen. Für *Expires* und *Last-Modified* bietet die *date*-Funktion von PHP eine sehr angenehme Option der Formatierung, denn der Aufruf von *date("r").* erzeugt das gewünschte *RFC 822*-Format. Die Einstellungen für *Cache-Control* sind weit flexibler und können im oben erwähnten *RFC 2616* (HTTP-Spezifikation) detailliert nachgelesen werden. Gängige Werte für *Cache-Control* sind *public, private, no-cache* und *no-store.*

Weitere header-Funktionen

PHP kennt zwei weitere Funktionen, um den Status der Header-Informationen abzufragen. *headers_sent()* überprüft, ob irgendwelche Kopfzeilen bereits zum Client geschickt wurden. Ab PHP 5 gibt es auch die Möglichkeit, alle Kopfzeilen als Array abzufragen. *headers_list()* erzeugt dieses Array, das nicht nur von Hand gesetzte Kopfzeilen enthält, sondern auch die von PHP selbst erzeugten. Je nach Angabe der Kopfzeilen kann die Ausgabe von *print_r(headers_list())* zum Beispiel so aussehen:

```
Array(  [0] => X-Powered-By: PHP/5.0.2
        [1] => Content-Type: text/plain; charset=ISO-8859-15
        [2] => Last-Modified: Thu, 21 Oct 2004 11:37:00 +0200   )
```

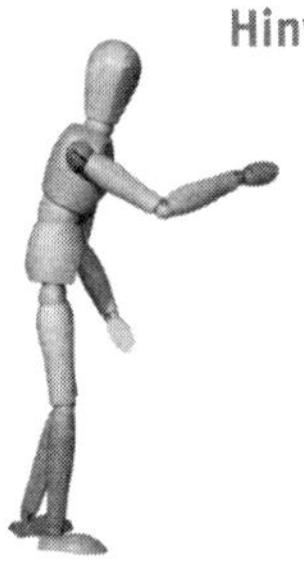

Hinweis

Wenn PHP in der Client-Rolle agiert, das heißt auf eine *Response* wartet, so können auch nur die Header-Zeilen abgerufen werden. Mehr dazu erfahren Sie im Abschnitt 4.7.

4.6.2 $_SERVER-Variablen

Die *$_SERVER*-Variable zählt zu den super-globalen Variablen, die jederzeit während der Programmausführung zur Verfügung stehen. Wie der Name bereits vermuten lässt, wird der Inhalt vom Webserver geliefert. Es gibt dabei keine Garantie, dass jeder Webserver auch alle diese Variablen setzt.

In der Praxis wird das *$_SERVER*-Array dazu verwendet, Pfade für Bibliotheken oder Scripts automatisch einzustellen. Auch bei einer Weiterleitung via *header("Location ..");* werden die Informationen aus *$_SERVER* verwendet, um einen absoluten URI zu erstellen.

Variable	Inhalt
PHP_SELF	Die *relative* URL des ausgeführten Scripts (ohne Protokoll und Servername); z.B. /php5/special.php
SERVER_NAME	Name des Webservers laut Konfiguration; z.B. www.google.com
SERVER_ADDR	IP-Adresse des Webservers
SERVER_PORT	Port, auf den zugegriffen wird; Standard-Port für http: 80
SERVER_PROTOCOL	Protokollversion des Servers; z.B.: *HTTP/1.1*
QUERY_STRING	In der Adresszeile übergebene Parameter
REMOTE_ADDR	IP-Adresse des Clients
HTTP_REFERER	Seite, auf der der Client zuletzt war
DOCUMENT_ROOT	Der absolute Pfad zum Dokument-Verzeichnis des Webservers; z.B. /var/www/html oder c:/programme/apache group/apache/htdocs
PHP_AUTH_USER	Benutzername bei einer HTTP-Anmeldung (siehe auch Abschnitt 5.2)
PHP_AUTH_PW	Passwort bei HTTP-Anmeldung
AUTH_TYPE	Typ der HTTP-Authentifizierung

Tabelle 4.6: Wichtige Elemente des $_SERVER-Felds

Eine vollständige Liste der Variablen, die Ihr Server unterstützt, zeigt Ihnen die Funktion *phpinfo()* an. Sie können auch einfach die *$_SERVER*-Variable mit *print_r* ausgeben.

Wenn Sie kleine PHP-Scripts mit Formularen schreiben, so können Sie bei der *ACTION*-Angabe des Formulars auch die Server-Variable *PHP_SELF* angeben. Dadurch wird das Script unabhängig vom Pfad- und Dateinamen, und Sie können es später umbenennen, ohne den Code ändern zu müssen.

```
<form method="POST" action="<?php echo $_SERVER['PHP_SELF']; ?>">
```

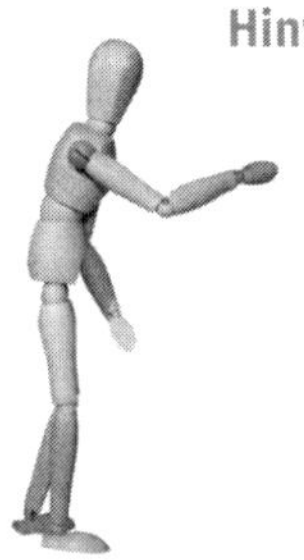

Hinweis

Cookies und *Sessions* gehören zu den wichtigen HTTP-Funktionen. Ihre Verwendung wird ausführlich in den Abschnitt 5.3 und 5.4 beschrieben.

4.7 URL-Funktionen

Da PHP hauptsächlich im Zusammenhang mit dem Internet eingesetzt wird, ist es wenig verwunderlich, dass es auch nützliche Funktionen zur Behandlung von Internetadressen in Form von URLs (*Uniform Resource Locator*) gibt. Die Verwendung von nicht-alphanumerischen Zeichen in URLs ist etwas heikel, weshalb man sich auf den Unterstrich, den Bindestrich und den Punkt beschränken sollte (eine detaillierte Aufstellung der erlaubten, reservierten und unsicheren Zeichen finden Sie im RFC 1738: http://www.faqs.org/rfcs/rfc1738.html). Um die anderen Zeichen sicher zu transportieren, sollten sie in ihrer hexadezimalen Form mit einem vorangestellten %-Zeichen kodiert werden.

Interessant ist diese Umsetzung vor allem bei Parametern, die an die URL angehängt werden. (Ihr Browser macht diese Übersetzung zum Beispiel, wenn Sie ein Formular mit *method="GET"* abschicken.) PHP hat dafür die Funktion *urlencode* vorgesehen.

```
$path = "/var/www/html/";
$new_loc = "http://localhost/path.php?p=".urlencode($path);
header("Location: $new_loc");
// Umleitung nach: http://localhost/path.php?p=%2Fvar%2Fwww%2Fhtml%2F
```

In diesem Beispiel werden die Schrägstriche mit *%2F* übersetzt. Dadurch wird sichergestellt, dass dieses Zeichen an keiner Stelle zwischen dem Absender und dem Empfänger falsch interpretiert wird. Um die ursprüngliche Form dieses Strings wiederherzustellen, bietet PHP die Funktion *urldecode*. Die Funktionen *rawurlencode* und *rawurldecode* unterscheiden sich nur dadurch, dass das Leerzeichen nicht als +, sondern mit *%20* kodiert wird.

Eine andere, weit verbreitete Kodierung ist *Base64*. Sie wird bei der Übertragung von Binärdaten (Bildern, Zip-Dateien) eingesetzt, wenn nicht sichergestellt ist, dass alle Zwischenstationen korrekt mit 8-Bit-Binärdaten umgehen können (ältere Mail-Systeme verstanden nur 7-Bit). Die Kodierung verwendet ausschließlich ASCII-Zeichen und wird dementsprechend ca. ein Drittel größer als das Original. Die Konvertierung in PHP ist sehr einfach:

```
$enc_image = base64_encode(
  file_get_contents("http://www.google.com/images/logo.gif"));
echo "<img src=\"data:image/gif;base64,$enc_image\">\n";
```

Im Beispiel wird das Google-Logo eingelesen und nach *Base64* konvertiert. Anschließend wird der ASCII-String in ein *<img*-Tag eingebunden. Wenn Sie das Script im Browser öffnen, werden Sie wie erwartet das Google-Logo sehen, im Quelltext steht aber der *base64*-Text. Übrigens funktioniert das Beispiel natürlich nicht in unserem Lieblings-Browser auf der Windows-Plattform; *Firefox/Mozilla*, *Opera* und *Konqueror* hingegen stellen das Bild wie erwartet dar.

Um einen *Base64*-String in sein ursprüngliches Format umzuwandeln, ist die Funktion *base64_decode* vorhanden.

Wenn PHP ein HTTP-Dokument empfängt, kann man auch nur die Kopfzeilen der Antwort abfragen. *get_headers* (nicht zu verwechseln mit *headers_list*, siehe Abschnitt 4.6.1) liefert ein Array, das alle gesendeten Kopfzeilen enthält.

```
$header = get_headers("http://www.google.at/");
print_r($header);
```

Die Ausgabe kann durchaus interessante Dinge zum Vorschein bringen (der Wert des Cookies wurde entfernt):

```
Array
(
    [0] => HTTP/1.0 200 OK
    [1] => Cache-Control: private
    [2] => Content-Type: text/html
    [3] => Set-Cookie: PREF=ID=...
    [4] => Server: GWS/2.1
    [5] => Content-Length: 2795
    [6] => Date: Fri, 22 Oct 2004 11:06:32 GMT
    [7] => Connection: Keep-Alive
)
```

5 PHP-Programmiertechniken

In diesem Kapitel werden, mit möglichst praxisrelevanten Beispielen, einige der Highlights von PHP erklärt. Neue Funktionsaufrufe und noch unbekannte Bibliotheken werden im Detail beschreiben, während die Grundfunktionen vorausgesetzt werden. Besonderer Wert wurde auf die praktische Verwendbarkeit der Beispiele gelegt. Sie werden hier keine Variablennamen wie *$foo* oder *$bar* finden.

5.1 Einführung

Dieses Kapitel setzt voraus, dass Sie eine funktionierende Testumgebung mit PHP 5 zur Verfügung haben (siehe auch Kapitel 1). Einige Beispiele im hinteren Teil dieses Kapitels machen Gebrauch von externen Bibliotheken, die vielleicht auf Ihrem System noch nicht installiert sind (zum Beispiel PDF). Sollten die Bibliotheken nicht im Standardumfang von PHP sein, wird extra darauf hingewiesen und die Installation kurz erklärt.

Mit PHP 5 wurden einige Erweiterungen in das PECL-Repository ausgelagert (*Pear Extension Community Library*). Der Code sollte auch ausreichend getestet sein, gehört aber nicht mehr zum Kern von PHP. Die Installation von PECL-Komponenten gestaltet sich sehr einfach, wenn man Zugriff auf Kommandozeilen-Ebene hat (*shell*-Zugriff) und zusätzlich im Besitz von *root*-Rechten ist. Dann reicht in der Regel der Befehl:

```
root# pear install <Modulname>
```

Ohne die *root-shell* ist es von Fall zu Fall unterschiedlich: Manchmal reicht es aus, die PHP-Dateien ins aktuelle Verzeichnis zu kopieren (zum Beispiel bei *Mail_-MIME*), in anderen Fällen ist es etwas komplizierter.

5.2 PHP-Authentifizierung

Oft ist es erwünscht, bestimmte Seiten eines Webservers nur für registrierte Benutzer freizugeben. Um die Funktionalität einer Benutzerverwaltung zu realisieren, kann man an unterschiedlichen Stellen ansetzen:

- Auf **Betriebssystemebene** kann der Zugang zum gesamten Webserver für bestimmte Adressen eingeschränkt werden. Dieses Vorgehen ist sehr unflexibel und erstreckt sich auf das gesamte Seitenangebot eines Webservers.
- Auf **Webserverebene** können Einstellungen für die Authentifizierung eingerichtet werden. Der Apache Webserver zum Beispiel kann durch Module für die Passwortüberprüfung an unterschiedlichen Diensten konfiguriert werden.
- Auf **Programmebene** kann die Authentifizierung sehr flexibel gestaltet werden. Je nach Bedarf können Passwörter aus einer Textdatei gelesen, an einem LDAP-Server oder an einem Mailserver überprüft werden.

Dieser Abschnitt beschäftigt sich mit der Authentifizierung auf Programmebene. Die Beispiele machen Gebrauch von der im HTTP vorgesehenen Anmeldefunktion, die nur einwandfrei funktioniert, wenn PHP als Modul im Webserver geladen ist.

5.2.1 Lokale Passwörter

In der einfachsten Form werden Benutzernamen und Passwörter in einer Variable verpackt. Die folgenden Zeilen geben nur den Benutzern *john* und *marc* Zugriff auf das Programm.

```
<?php  // Datei check_local_user.php

require_once ('html.inc.php');
$user_passwd = array (
  'john' => 'pu88jksd',
  'marc' => 'lks31lsk' );
if (!isset($_SERVER['PHP_AUTH_USER'])) {
  auth();
} else {
  if ($_SERVER['PHP_AUTH_PW']
      === $user_passwd[$_SERVER['PHP_AUTH_USER']]) {
    html4head('Gültige Anmeldung');
    echo '<body>Sie sind angemeldet';
    htmlend();
  } else {
    auth();
  }
}

function auth() {
  header('WWW-Authenticate: Basic realm="Confidential Documents"');
  header('HTTP/1.0 401 Unauthorized');
  html4head('Anmeldung erforderlich');
  echo '<body>Für diesen Bereich des Webservers ist ein gültiges
    Kennwort notwendig';
  htmlend();
  exit;   }
?>
```

$user_passwd enthält in diesem Beispiel die Einträge aller gültigen Benutzer inklusive des dazugehörigen Passworts. Der dabei verwendete Datentyp ***array*** setzt den Benutzernamen als Schlüssel und das Passwort als dazugehörigen Wert ein. Bei falscher Eingabe wird die Funktion *auth()* aufgerufen, die den Browser dazu veranlasst, neuerlich das Eingabefenster für die Anmeldung anzuzeigen. Stimmen die Zugangsdaten mit *$user_passwd* überein, wird die Erfolgsmeldung angezeigt. Bricht der Benutzer die Anmeldung ab, so erscheint der Text, der nach einem gültigen Kennwort verlangt, und die Ausführung wird abgebrochen. Das Aktualisieren der Seite startet den Vorgang erneut.

Um eine dem Standard entsprechende HTML-Datei zu erzeugen, wird die Hilfsbibliothek html.inc.php eingebaut, die durch zwei Funktionen (*html4head* und *htmlend*) den Anfang und das Ende der Ausgabe erzeugt. Beim Aufruf der Funktion *html4head* wird noch der Seitentitel übergeben.

```
function html4head($title) {
  echo '
<!DOCTYPE HTML PUBLIC "-//W3C//DTD HTML 4.01 Transitional//EN"
  "http://www.w3.org/TR/html4/loose.dtd">
<html lang="de"><head><title>'.$title.'</title>
<meta http-equiv="Content-type" content="text/html;
  charset=iso-8859-1">
</head>
';
}
```

Aus Sicherheitsgründen ist es nicht empfehlenswert, Passwörter im Klartext in Dateien abzulegen. Obwohl bei richtiger Serverkonfiguration ein PHP-Script nie unverarbeitet den Webserver verlassen kann, sollte man im Umgang mit Passwörtern nicht zu unachtsam sein. Ein Gewinn an Sicherheit kann erreicht werden, indem man das Passwort mit einer nicht umkehrbaren mathematischen Funktion verschlüsselt. PHP bietet dazu mehrere Algorithmen an, in diesem Beispiel werden wir *md5* verwenden. Die md5-Summe ist ein 32 Zeichen langer hexadezimaler String, der eine einmalige Repräsentation einer Zeichenkette darstellt.

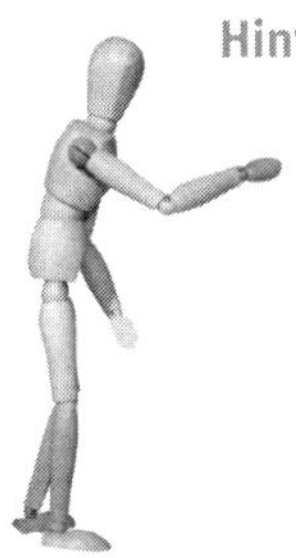

Hinweis

Auch md5-codierte Passwörter sind nicht *absolut* sicher. Wenn ein Angreifer den md5-String in die Finger bekommt, so kann er entweder einen *Brute-Force*-Angriff auf die Zeichenkette starten (das Ausprobieren jeder möglichen Zeichenfolge) oder einfach bekannte Passwörter ausprobieren, um das richtige Passwort herausfinden. Mehr Informationen zu md5 finden Sie unter:

http://www.faqs.org/rfcs/rfc1321

Um das verschlüsselte Passwort zu erzeugen, reicht eine Zeile Code:

```
echo md5($plain_pw);
```

Diese Anweisung gibt den verschlüsselten Inhalt der Variable *$plain_pw* aus. Um die neuen Passwörter zu erzeugen, kann der php-Interpreter direkt von der Kommandozeile gestartet werden:

```
user@host> php -r 'echo md5("1ks311sk")."\n";'
8f90e833b292f3ac442d502ced47e8a3
```

Im vorangegangenen Beispiel ändert sich damit die Definition der Variable *$user_passwd*:

```
$user_passwd = array (
  'john' => 'f90c987beb43bc15f0a7bb3b61d42252',
  'marc' => '8f90e833b292f3ac442d502ced47e8a3'
);
```

Bei der Überprüfung des Passworts wird die md5-Methode eingebaut:

```
if (md5($_SERVER['PHP_AUTH_PW'])
  === $user_passwd[$_SERVER['PHP_AUTH_USER']]) {
```

Das vorgestellte Beispiel ermöglicht es, mit wenigen Zeilen Code eine einfache Benutzerverwaltung einzurichten, die weitgehend unabhängig von der verwendeten Webserver-Software und deren Konfiguration ist. Im Unternehmenseinsatz ist in der Regel schon eine zentrale Benutzerdatenbank vorhanden, in der ohnehin Passwörter gespeichert sind. Sinnvollerweise kann PHP auch auf diese Services zugreifen.

5.2.2 LDAP-Validierung

Ein LDAP-Verzeichnisdienst bietet schnellen Zugriff auf Ressourcen, die in einer baumförmigen Struktur angeordnet sind. Offene Standards und reichlich Programmierschnittstellen haben dazu beigetragen, dass LDAP in vielen Fällen als *Single-Sign-On*-Lösung im Einsatz ist. PHP stellt eine Reihe von Funktionen zum Zugriff auf einen LDAP-Server zur Verfügung. Für die Authentifizierung reichen zwei: *ldap_connect* und *ldap_bind*.

```
$user = 'uid=john,ou=People,dc=sol';
$pass = 'XXXX';
$server = 'ldap.sol';

$conn = ldap_connect($server);
$res = ldap_bind($conn, $user, $pass);
if ($res) {
  echo "Erfolgreich angemeldet.\n";
} else {
  echo "Fehler bei der Anmeldung am LDAP-Server\n";
}
```

Unter *$user* ist der *Distinguished Name* gespeichert, ein einmaliger Bezeichner für das gewünschte Objekt im LDAP-Baum. Nachdem die Verbindung zum Server hergestellt worden ist, werden mit *ldap_bind* der Benutzername und das Passwort überprüft. Schlägt die Überprüfung fehl, ist der Wert der Variable *$res FALSE* und es wird eine Fehlermeldung ausgegeben.

Gegebenenfalls kann nach erfolgreicher Passwortüberprüfung nach der Mitgliedschaft in bestimmten Gruppen gesucht werden. Mit der Funktion *ldap_search* kann der LDAP-Server durchsucht werden. Als Parameter erwartet die Funktion einen gültigen Link zum Server (das Ergebnis von *ldap_bind*), die Basis, ab der die Baumstruktur durchsucht werden soll, und den Filterstring. Die Filtersyntax ist sehr mächtig und dadurch auch nicht ganz einfach. Für das vorliegende Beispiel reicht ein einfacher Filter aus:

```
(&(ou=Verwaltung)(uid=marc))
```

Die Bedingung für diese Suche lautet: Die Benutzerkennung muss *marc* lauten, und der Eintrag muss der Abteilung *Verwaltung* zugeordnet sein.

Um dem Anwender die Eingabe von Benutzernamen und Passwort zu ermöglichen, können die Funktionen aus Kapitel 5.2.1 eingebaut werden. Hier nun der gesamte Code für das LDAP-Beispiel:

```
// Datei lib/check_ldap_user.php

$server = 'ldap.sol';
$base_dn = 'dc=sol';
$ou = 'Verwaltung';

if (!isset($_SERVER['PHP_AUTH_USER'])) {
  auth();
} else {
  $user = "uid=".$_SERVER['PHP_AUTH_USER'].",ou=People,".$base_dn;
  $pass = $_SERVER['PHP_AUTH_PW'];

  $conn = ldap_connect($server);
  $res = @ldap_bind($conn, $user, $pass);
  if ($res) {
    echo "Success\n";
    $search = ldap_search($conn, $base_dn,
      "(&(ou=$ou)(uid=".$_SERVER['PHP_AUTH_USER']."))");
    $count = ldap_count_entries($conn, $search);
    if ($count > 0) {
      echo "Willkommen!";
    } else {
      echo "Sie sind nicht in der Gruppe $ou";
    }
  } else {  // Benutzername/Passwort sind falsch.
    auth();
  }
}
```

```
function auth() {
  header('WWW-Authenticate: Basic realm="Confidential Documents"');
  header('HTTP/1.0 401 Unauthorized');
  echo "Für diesen Bereich des Webservers ist ein gültiges
        Kennwort notwendig";
  exit;
}
```

5.2.3 Validierung über einen Mailserver

In heterogenen Netzwerken ist der Mailserver oft der kleinste gemeinsame Nenner aller Mitarbeiter. In der Regel bekommen alle Angestellten dort einen Zugang und ein Passwort. Was liegt also näher, als den Maildienst als Passwortüberprüfung zu verwenden? Auch hier bietet PHP einfache Funktionen, um den erfolgreichen Zugriff zu kontrollieren.

Die zugrunde liegende Bibliothek ist die *c-client*-Bibliothek, die an der University of Washington entwickelt wird. Um *c-client*-Funktionen zu verwenden, muss PHP mit dieser Bibliothek übersetzt worden sein (--with-imap). Für Windows steht die Datei php_imap.dll zur Verfügung, die diese Funktionen beinhaltet. Die entsprechende Zeile muss in der Konfigurationsdatei php.ini aktiviert werden.

```
$user = 'marc';
$pass = 'XXXXX';
$server = '{mail.sol:993/ssl/novalidate-cert}INBOX';

$mbox = imap_open($server, $user, $pass, OP_READONLY);
if ($mbox) {
  echo "Success\n";
} else {
  echo "Fehler in der Verbindung: \n";
  print_r (imap_errors());
}
imap_close($mbox);
```

Die Definition der Variable *$server* ist folgendermaßen zu verstehen:

- *mail.sol:933*: Der Servername und Port (993 für verschlüsselte IMAP-Verbindungen)
- */ssl/novalidate-cert*: Der Server soll im SSL-Modus angesprochen werden, zugleich muss es kein offiziell signiertes Zertifikat geben. Diese Einschränkung ist notwendig, um mit selbst erzeugten Zertifikaten arbeiten zu können.

Dem Aufruf der Funktion *imap_open* werden die Serverspezifikationen, der Benutzername und das Passwort übergeben sowie der Parameter *OP_READONLY*, der die Mailbox ohne Schreibrechte öffnet. Schlägt die Anmeldung fehl, gibt die Funktion *FALSE* zurück, andernfalls den Handle für die Mailbox. Die *c-client*-Bibliothek kann außer *IMAP* und *IMAPS* auch noch über *POP3* und verschlüsseltes POP3 validieren.

5.3 Cookies

5.3.1 Was sind Cookies?

Cookies stellen einen Mechanismus dar, durch den der Webserver die Möglichkeit hat, Informationen auf dem Client (in der Regel dem Webbrowser) zu speichern und abzufragen. Als Informationen bieten sich Einstellungen an, die der Benutzer bei einer Sitzung gemacht hat und beim nächsten Besuch wieder vorfinden soll. Im Cookie werden neben dem eigentlichen Inhalt Informationen zum Gültigkeitsbereich, der Gültigkeitsdauer und dem Absender gespeichert. Die maximale Größe eines Cookie liegt bei 4 Kilobyte.

Auf dem Client werden Cookies im Profil des jeweiligen Benutzers gespeichert. Damit ist gewährleistet, dass der Zugriff auf das Cookie nicht vom Arbeitsplatz, sondern von dem angemeldeten Benutzer abhängig ist. Zu Problemen kann das Ablegen von Informationen auf dem Client in Situationen führen, in denen unterschiedliche Benutzer unter dem gleichen Benutzerprofil arbeiten (wie das in Internetcafés oft der Fall ist): Werden hier Benutzername und Passwort in einem Cookie abgelegt, das nicht nach der Sitzung gelöscht wird, haben andere Benutzer Zugriff auf den passwortgeschützten Bereich.

Tipp

Sollten Sie an einem öffentlichen Computer auf private Bereiche (Webmail, oder gar Internetbanking) zugegriffen haben, empfiehlt es sich, nach der Arbeit nicht nur den Verlauf im Browser zu löschen, sondern auch die Cookies.

Anwendungsbereiche von Cookies

Die Verwendung von Cookies bringt vor allem bei längeren Arbeitsabläufen Vorteile. Sollen Informationen über mehrere Seiten transportiert werden (wie zum Beispiel bei einem mehrseitigen Fragebogen), so gibt es mehrere Möglichkeiten, die Daten zwischenzuspeichern:

- Die Eingaben werden über versteckte Eingabefelder (*input type="hidden"*) von Seite zu Seite mitgeschleppt — eine aufwendige und fehleranfällige Variante.
- Es werden Cookies verwendet, um die Informationen zu transportieren. Dazu wird vorausgesetzt, dass der Browser auch mit Cookies umgehen kann und dass die Sicherheitseinstellungen Cookies zulassen.
- Die im nächsten Abschnitt beschriebenen Sessions sind noch flexibler als Cookies, da sie nicht auf die clientseitigen Sicherheitseinstellungen angewiesen sind.

Im einfachen Fall wird in einem Cookie genau ein Wert gespeichert (zum Beispiel der Benutzername *john*). PHP bietet aber auch die Möglichkeit, eine *array*-Variable als Cookie abzulegen, was den Vorteil bringt, dass man die Werte in einer Schleife abarbeiten kann. Für den Fall, dass noch komplexere Daten in einem Cookie gespeichert werden sollen, gibt es die Möglichkeit, den Variableninhalt zu serialisieren (Methode: *serialize*), indem eine Zeichenkette aus der komplexen Variable erstellt wird. Bei all den Verwendungsmöglichkeiten darf man aber die maximale Größe von 4 Kilobyte nicht aus den Augen verlieren.

Nachteile von Cookies

Der große Nachteil von Cookies ist wohl, dass man sich nicht auf sie verlassen kann. Ob ein Browser die Cookies wirklich nach der Sitzung löscht, wie es ihm aufgetragen wurde, ob sie ein Benutzer nicht während einer Sitzung löscht, weil sie ihm als Sicherheitsrisiko erscheinen, oder ob sie überhaupt deaktiviert wurden, lässt sich im Vorhinein nicht sagen. Darum ist es generell keine gute Idee, bei sicherheitskritischen Aufgaben (wie passwortgeschützten Bereichen) auf Cookies zurückzugreifen.

Eine weitere Einschränkung von Cookies ist, dass sie nur vor dem Ausliefern des Seiteninhalts erstellt oder verändert werden können. Diese Limitierung ist in der Definition des HTTP verankert und hängt nicht direkt mit PHP zusammen. Trotzdem muss man bei der Programmierung sehr aufmerksam sein, denn eine einzige Leerzeile reicht, um die Funktion der Cookies zu verhindern. Seit PHP 4 gibt es die Möglichkeit, die Ausgabe zu puffern, um so sicherzustellen, dass der Cookiemechanismus funktioniert.

Cookies werden erst nach dem neuerlichen Laden einer Seite sichtbar. Dieses Verhalten sorgt oft für Verwirrung, z.B. wenn man nach dem Setzen des Cookies gleich prüfen will, ob es auch gesetzt ist.

Cookies und Privatsphäre

Um eine standardisierte Aussage über Informationen machen zu können, die in Cookies gespeichert werden, hat das World Wide Web Consortium (W3C) eine Recommendation dazu herausgegeben (eine Recommendation des W3C können Sie sich wie einen Internet-Standard vorstellen; die Spezifikation von HTML 4.01 ist z.B. eine W3C-Recommendation). Die P3P 1.0-Spezifikation (*Platform for Privacy Preferences*) wurde im April 2002 in diesen Status erhoben und ist damit ein noch recht junger Standard.

Auf den Internetseiten des W3C finden Sie ausführliche Informationen zu P3P. Wenn Sie vorhaben, auf Ihren Internetseiten personenbezogene Daten aufzunehmen, sollten Sie sich einen Überblick über diesen Standard verschaffen. W3C-Informationen zu P3P finden Sie unter:

http://www.w3.org/P3P/

Ab der Version 6 des Internet Explorer hat sich das Standard-Cookie-Verhalten geändert. Damit *Third-Party*-Cookies akzeptiert werden, muss die Website entsprechende P3P-Informationen zur Verfügung stellen. *Third-Party*-Cookies sind Cookies, die beim Aufruf von Ihrer Seite durch eine andere Seite gesetzt werden. Eine häufige Anwendung für dieses Szenario sind Banner-Werbungen, die so ihre Spuren auf dem Client hinterlassen.

Sie erkennen eine Seite, deren *Third-Party*-Cookies nicht akzeptiert wurden, an dem Auge mit dem roten Minus-Zeichen in der Status-Leiste des Internet Explorer. Natürlich können diese Einstellungen vom Anwender beeinflusst werden, so dass diese Cookies auch ohne derartige Informationen akzeptiert werden. Aber Erfahrungswerte zeigen, dass nur sehr wenige Anwender das Defaultverhalten ändern.

Tipp

Wenn Sie *sessions* oder *cookies* verwenden, sollten Sie auf den betroffenen Seiten explizit darauf hinweisen, vielleicht mit einem Link auf eine Seite, die kurz erklärt, warum Cookies hier erforderlich sind und dass dadurch die Privatsphäre nicht gestört wird. Wenn Ihre Seite dann bei einem Anwender nicht funktioniert, weiß dieser zumindest, was die Ursache sein könnte, und kann entsprechend reagieren.

5.3.2 Cookies im Einsatz

Als Beispiel soll die Startseite für einen mehrseitigen Fragebogen programmiert werden. Es werden ein Benutzername und ein Passwort abgefragt, an einer lokalen Benutzertabelle überprüft und in einem Cookie abgelegt. Ein zusätzliches Eingabefeld ermöglicht es dem Benutzer, sich eine Hintergrundfarbe aussuchen, in der die weiteren Seiten angezeigt werden. Auch diese Information wird in einem Cookie transportiert.

Alle Dateien des Beispiels befinden sich im Verzeichnis cookie und haben folgende Struktur:

login_cookie.php	Erzeugt die Eingabemaske für Benutzername und Passwort. Kann über den Parameter *func=logout* die Cookies löschen.
check_cookie_user.php	Überprüft das Passwort und setzt die Cookies.
page_1.php	Die erste Seite des Fragebogens

Um standardkonformen HTML-Code zu erzeugen, kommt noch die Bibliothek html.inc.php zum Einsatz, die schon in Kapitel 5.2.1 beschrieben wurde.

login_cookie.php

```
<?php    // Datei login_cookie.php
if ($_GET['func'] === 'logout') {
  setcookie("my_user", "");
  setcookie("my_pass", "");
  setcookie("my_bgcolor", "");
  header('Location: login_cookie.php');
}
require_once "../lib/html.inc.php";

if (!isset($_COOKIE['my_user'])) {
  html4head("Bitte anmelden");
  echo '<body><form name="user_login" method="post"
    action="check_cookie_user.php">';
  echo '<table>';
  echo '<tr><td>User</td><td><input type="text" name="user_id"
value=""></td>';
  echo '<tr><td>Pass</td><td><input type="password" name="user_pass"
value=""></td>';
  echo '<tr><td>Hintergrundfarbe</td><td><select
    name="bg_color">';
  echo '<option value="lavender">lavender</option>';
  echo '<option value="beige">beige</option>';
  echo '<option value="tan">tan</option>';
  echo '<option value="white">white</option>';
  echo '</select></td></tr></table>';
  echo '<input type="submit" value="abschicken" name="submit">';
  echo '</form>';
} else {
  html4head("Bereits angemeldet");
  echo '<body><p>Sie sind bereits angemeldet</p>';
  echo '<p>Wenn Sie nicht <b>'.$_COOKIE['my_user'].'</b> sind, können
    Sie sich <a href="login_cookie.php?func=logout">hier abmelden</a>.</p>';
  echo '<a href="page_1.php">Zur 1. Seite</a>';
}
htmlend();
?>
```

Die Datei login_cookie.php ist die Startseite dieses Beispiels. Wird diese Datei in der Form login_cookie.php?func=logout aufgerufen, so wird die erste *if*-Abfrage ausgeführt und es werden alle drei Cookies gelöscht (durch Setzen auf einen leeren Wert). Im Anschluss wird das Script noch einmal ohne Parameter aufgerufen. Ist das Cookie mit dem Benutzernamen noch nicht vorhanden, wird der HTML-Code zur Anmeldung angezeigt. Sollte das Cookie noch vorhanden sein, wird man darauf hingewiesen und kann die Passwortüberprüfung überspringen oder sich neu anmelden.

check_cookie_user.php

```
<?php // Datei check_cookie_user.php
require_once "html.inc.php";
$user_passwd = array (
  'john' => 'pu88jksd',
  'marc' => '1ks311sk'  );

if (isset($_POST['submit'])) {
  if ($_POST['user_pass'] === $user_passwd[$_POST['user_id']]) {
    /* Cookies sind 1 Stunde gültig */
    setcookie("my_user", $_POST['user_id'], time()+3600);
    setcookie("my_pass", md5($_POST['user_pass']), time()+3600);
    setcookie("my_bgcolor", $_POST['bg_color'], time()+3600);
    header('Location: page_1.php');
  } else {
    html4head("Login falsch");
    echo '<body>Falsch: Username oder Password. ';
    echo '<a href="login_cookie.php">Neuer Versuch</a>';
    htmlend();
    exit();
  }
}
if (!isset($_COOKIE['my_user'])) {
  html4head("Bitte anmelden");
  echo '<body><a href="login_cookie.php">Bitte Anmelden</a>';
} else {
  html4head("Bereits angemeldet");
  echo '<body><p>Sie sind bereits angemeldet</p>';
  echo '<p>Wenn Sie nicht <b>'.$_COOKIE['my_user'].'</b> sind, können
    Sie sich <a href="login_cookie.php?func=logout">hier abmelden</a>.</p>';
  echo '<a href="page_1.php">Zur 1. Seite</a>';
}
htmlend();
?>
```

In diesem Programm werden nach erfolgreicher Passwortüberprüfung die Cookies gesetzt. Die Zeitangabe (*time()+3600*) wird als UNIX-Timestamp erwartet, also in Sekunden seit dem Beginn der UNIX-Epoche. Üblicherweise macht man sich die PHP-Funktion *time()* zunutze, die die aktuelle Sekundenzahl der Epoche ausgibt, und addiert die gewünschte Anzahl an Sekunden. Um beispielsweise ein Cookie für eine Woche gültig zu halten, wäre die Anweisung *time()+3600*24*7* ausreichend.

Nach dem Setzen der Cookies wird man auf die erste Seite des Fragebogens weitergeleitet. Ist der Benutzername oder das Passwort falsch, erscheinen eine Fehlermeldung und der Link zum neuerlichen Anmelden. Auch in dieser Datei wird auf ein bestehendes Cookie überprüft und man hat die Möglichkeit, sich neu anzumelden.

page_1.php

```
<?php    // Datei cookie/page_1.php

require_once 'html.inc.php';
if (!isset($_COOKIE['my_user'])) {
  header('Location: login_cookie.php');
}
$bg_color = "";
if (isset($_COOKIE['my_bgcolor'])) {
  $bg_color = 'bgcolor="'.$_COOKIE['my_bgcolor'].'"';
}
html4head("Seite 1");
echo "<body $bg_color>";
?>
<h1>Willkommen bei unserer Befragung</h1>
<p><a href="login_cookie.php?func=logout">abmelden</a></p>
</body></html>
```

Der Quelltext der ersten Seite des Fragebogens wertet die Cookies aus: Ist der Benutzername nicht im Cookie gespeichert, wird man zur Anmeldung weitergeleitet. Wenn das Cookie mit der Hintergrundfarbe gesetzt ist, wird diese über das HTML-Tag *<body bgcolor="XXX">* eingebaut und die Seite erscheint in der gewünschten Farbe. Abschließend wird noch ein Link zum Abmelden angezeigt.

Das Beispiel zeigt in wenigen Schritten, wie Cookies gesetzt, verändert und gelöscht werden können. Will man den Fragebogen ausbauen, so kann man sich den erweiterten Möglichkeiten von Cookies widmen, wie etwa dem Speichern von Array-Variablen in einem Cookie.

Hinweis

Weitere Anwendungsbeispiele für Cookies finden Sie im dritten Teil des Buchs: Kapitel 15 beschreibt die Anwendung von Cookies, um die Mehrfachteilnahme an einer Umfrage zu erkennen (siehe Abschnitt 15.4.3). In Kapitel 17 werden Cookies dazu verwendet, die Login-Daten zu einem Diskussionsforum bleibend zu speichern, so dass sich der Benutzer nicht immer wieder neu anmelden muss (siehe Abschnitt 17.4).

5.4 Session-Verwaltung

5.4.1 Einleitung

Dass Cookies nicht besonders verlässlich sind, liegt daran, dass die Information auf dem Client gespeichert ist und dort verändert oder gelöscht werden kann. Sessions gehen dabei einen anderen Weg: Pro Sitzung (*Session*) bekommt der Client eine einmalige Kennung (die Session-ID), über die ihn der Server identifiziert. Dadurch können alle Informationen auf dem Server gehalten werden, was Vorteile bei der Sicherheit und beim Verarbeiten der Variablen mit sich bringt.

Sessions mit Cookies

Ein Problem bei Sessions bleibt: Wie kann der Server die Beziehung zwischen Session-ID und Client, also dem Browser, herstellen? PHP speichert die Session-ID standardmäßig in einem Cookie ab, das den Namen *PHPSESSID* trägt (dieser Name lässt sich über die php.ini-Konfigurationsdatei einstellen). Das ist für alle Beteiligten der unkomplizierteste Weg: Der Programmierer braucht sich nicht um die korrekte Weitergabe der Session-ID kümmern, da sie im Cookie gespeichert ist. Für den Anwender bleibt die Adresse im Browser unverändert, und er kann unbedenklich Bookmarks setzen.

Es bleibt die Frage, was bei dieser Form den Unterschied zu Cookies ausmacht? Die gesamte Information, die zu der Session gespeichert wird, bleibt beim Server und unterliegt daher auch nicht den Größenbeschränkungen, die Cookies haben. Die Sicherheit ist wesentlich höher, da am Client nur ein Code zurückbleibt und nicht alle in der Session verwendeten Variablen. Abbildung 5.1 zeigt die Informationen zu einem PHP-Session-Cookie mit dem hexadezimalen Wert der Session-ID (*Content*).

Abbildung 5.1: Cookie-Information für ein PHP-Session-Cookie

Sessions ohne Cookies

Was passiert aber, wenn der Benutzer die Verwendung von Cookies ganz abgeschaltet hat? PHP hat auch hier vorgesorgt: Können keine Cookies gespeichert werden, übergibt PHP die Session-ID als Parameter an den Scriptaufruf, vorausgesetzt, die Einstellungen in der PHP-Konfigurationsdatei lassen das auch zu. Dabei wird die URL um die Session-ID ergänzt, was aus dem Aufruf

```
http://localhost/a.php
```

die Adresse

```
http://localhost/a.php?PHPSESSID=8e0ee89bea1470ff6644500d06274cca
```

macht. Vom Sicherheitsstandpunkt aus ist diese Lösung aus mehreren Gründen bedenklich, weshalb sie in neueren Versionen von PHP standardmäßig deaktiviert ist:

- Verschickt ein Benutzer einen Link per E-Mail oder IRC, kann eine aktive Session-ID zu einer nicht berechtigten Person gelangen.
- Auf öffentlich zugänglichen Computern können Session-IDs über die Verlauffunktion des Browsers ausspioniert werden.
- Setzt ein Benutzer ein Lesezeichen auf der Seite, wird er immer mit der gleichen Session-ID auf den Server zugreifen.

Diese Variante sollte also nur in ganz speziellen Fällen verwendet werden, wie zum Beispiel bei Intranet-Anwendungen, bei denen keine Angriffe zu erwarten sind.

Zwei Voraussetzungen müssen gegeben sein, um diese Form der Sessions zu verwenden: Der PHP-Interpreter muss entsprechend übersetzt worden sein (*--enable-trans-sid*), und der Konfigurationsparameter *session.use_trans_sid* muss aktiviert sein. Mit PHP 5 ist es möglich, den Wert von *session.use_trans_id* selbst im Script zu setzen:

```
ini_set ('session.use_trans_sid', 1);
```

Dieser Aufruf muss natürlich vor dem Start der Session erfolgen, kann aber auch in einem .htaccess-File für einen ganzen Verzeichnisbaum gesetzt werden.

Wird diese Form verwendet, muss man bei der Programmierung sehr genau darauf achten, dass die Session-ID bei jedem Übergang zu einer neuen Seite korrekt übergeben wird. PHP versucht das mit dem *url_rewriter*-Modul größtenteils automatisch zu erledigen. Der Eintrag in *url_rewriter.tags* (php.ini) beinhaltet HTML-Tags, die automatisch von PHP umgeschrieben werden, um die Session-ID zu transportieren. Die Standardeinstellung von *url_rewriter.tags* in PHP 5 lautet:

```
"a=href,area=href,frame=src,input=src,form=,fieldset="
```

Das bedeutet, dass folgendes PHP-Script

```
<?php
session_start();
?>
<a href="session_test2.php">Continue</a>
```

nach der Auslieferung folgenden HTML-Quelltext erzeugt:

```
<a href="session_test2.php?PHPSESSID=ea93bf7628427db3afcab5536226f80d">
Continue</a>
```

So weit, so gut. Nur was passiert mit direkten Umleitungen aus dem Programmcode heraus? Wird der Benutzer via

```
$baseurl = "http://" . $_SERVER['HTTP_HOST'] .
           dirname($_SERVER['PHP_SELF']);
header("Location: $baseurl/session_test2.php");
```

auf eine neue Seite geleitet, so muss sich der Programmierer darum kümmern, dass die Session-ID auch richtig transportiert wird. PHP stellt dazu im Schlüsselwort *SID* die Session-ID als Zeichenkette der Form *PHPSESSID=...* zur Verfügung. (Beachten Sie, dass *SID* syntaktisch gesehen keine Variable ist und dass daher auch kein *$*-Zeichen vorangestellt wird!)

Die folgenden Zeilen zeigen, wie Sie die Information aus SID in den *header*-Link einbauen. Dazu wird zuerst die Variable *sid* initialisiert. Sie bleibt leer, wenn *SID* leer ist. Andernfalls wird dem Inhalt von *SID* ein Fragezeichen vorangestellt.

```
$sid = SID ? '?' . SID : '';
header("Location: $baseurl/session_test2.php$sid");
```

Achtung

Im Zusammenhang mit dem *url_rewriter* ergeben sich manchmal Probleme mit W3C-standard-konformen HTML-Seiten. Es kann passieren, dass die veränderte Seite nicht mehr dem Standard entspricht.

Sessions ganz sicher

Um sehr sichere Sessions zu ermöglichen, müsste man wohl das HTTP-Protokoll umschreiben, denn die Wurzel des Problems liegt dort, also außerhalb von PHP. Eines der grundlegenden Merkmale von HTTP ist dessen Zustandslosigkeit: Ist eine Anfrage abgearbeitet, ist die Aufgabe für den HTTP-Server erledigt, das heißt, dass eine Anfrage vom selben Client wenige Sekunden später in keinem Zusammenhang mit der ersten Anfrage steht. Auch die HTTP-Erweiterung *Keep-Alive* ändert daran nichts.

Um wirklich sicher zu sein, dass es sich um ein und denselben Benutzer handelt, der auf eine Session zugreift, reicht es nicht, sich auf Cookie- oder gar URL-basierte Sessions zu verlassen. Der Aufwand, der betrieben werden kann, um ganz sicher zu sein, kennt praktisch keine Grenzen.

Ein guter Start für etwas mehr Sicherheit ist es zu überwachen, ob sich die IP-Adresse des Absenders ändert (*$_SERVER['REMOTE_IP']*) und ob der Browser der gleiche bleibt (*$_SERVER['USER_AGENT']*). Natürlich ist auch das nicht der Weisheit letzter Schluss, da diese Variablen gefälscht werden können.

5.4.2 Sessions in der Praxis

Nach dieser etwas komplizierten Einführung ist die Verwendung von Sessions in PHP aber wirklich einfach. Im Wesentlichen reicht es, eine Session zu erzeugen (*session_start()*) und die Variablen, die persistent sein sollen, in der globalen *$_SESSION*-Variable zu registrieren. Wichtig ist dabei, dass der Aufruf an *session_start()* vor jeglicher Ausgabe erfolgen muss (da PHP hier ja vielleicht ein Cookie setzen muss).

Wie schon bei Cookies ist es auch bei Sessions nicht notwendig, dass der Benutzer ein Formular abschickt, um in einer Session zu bleiben. Der Aufruf an *session_start()* versucht, die *SID*-Konstante, in der die Session-ID gespeichert ist, zu ermitteln, und übernimmt bei gefundener Session die Inhalte der *$_SESSION*-Variable. Ein kurzes Beispiel führt über drei Seiten, die jeweils den Benutzernamen mitführen und weiters über den Verlauf des Besuchs Auskunft geben.

welcome.php

Die Datei welcome.php startet die Session und fordert zur Eingabe von Vor- und Nachnamen auf:

```
<?php  session_start();  ?>
<!DOCTYPE HTML PUBLIC "-//W3C//DTD HTML 4.01 Transitional//EN"
  "http://www.w3.org/TR/html4/loose.dtd">
<html>
<head>
  <title>Welcome</title>
  <meta http-equiv="Content-Type" content="text/html;
  charset=iso8859-1">
</head>
<body>
<form method="post" action="session2.php">
Firstname: <input type="text" name="fname"><br />
Lastname: <input type="text" name="lname">
<input type="submit" value="Sign In">
</form>
</body>
</html>
```

session2.php

In session2.php wird erstmals von der globalen *$_SESSION*-Variable Gebrauch gemacht:

```
<?php    // Datei: session/session2.php
session_start();
$_SESSION['fname'] = $_POST['fname'];
$_SESSION['lname'] = $_POST['lname'];
$_SESSION['pagecount']++;
$_SESSION['currpage'] = "Session 2";
?>
<!-- HTML wie zuvor -->
<?php
print "Hello ".$_SESSION['fname']. " ". $_SESSION['lname'];
?>
<p>
Continue to <a href="session3.php">next Page</a></p>
(This is your <?php print $_SESSION['pagecount']; ?> page)
</body>
</html>
```

Die Werte *fname* und *lname* werden in der globalen Session-Variable gespeichert. Zudem wird eine Zählervariable (*pagecount*) um einen Wert erhöht, und *currpage* wird mit dem String "Session 2" belegt. Die Session-Variablen können, anders als Cookies, noch in derselben Seite angesprochen werden. Die Weiterleitung zur nächsten Seite erfolgt jetzt nicht über ein Formular, sondern über einen normalen Link.

session3.php

```
<?php
session_start();
$lastpage = $_SESSION['currpage'];
$_SESSION['currpage'] = "Session 3";
$_SESSION['pagecount']++;
?>
<!-- HTML wie zuvor -->
<?php
print "<p>Hello ".$_SESSION['fname']. " ". $_SESSION['lname'];
print "<br />Your last page was $lastpage</p>";
?>
(This is your <?php print $_SESSION['pagecount']; ?> page)
</body>
</html>
```

Session3.php sieht im Wesentlichen so wie session2.php aus: Der Seitenzähler wird erhöht und später ausgegeben, und der Name der aktuellen Seite wird festgehalten. Neu ist, dass der Name der vorhergegangenen Seite ausgegeben wird. Über diese einfachen Tricks ist es leicht nachvollziehbar, wie Amazon oder andere Online-Shops Ihre bereits gesehenen Artikel ständig präsent halten.

Sessions bieten eine einfache und robuste Möglichkeit, Daten einzelner Anwender persistent zu halten. Wenn es sich nicht um äußerst sicherheitskritische Anwendungen handelt, sparen PHP-Sessions Ihnen viel Arbeit bei der Verfolgung von Benutzerdaten.

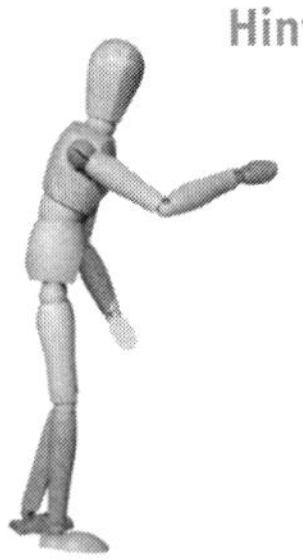

Hinweis

Weitere Anwendungsbeispiele für Sessions finden Sie im dritten Teil des Buchs, wobei es bei allen drei Beispielen darum geht, Login-Daten zu speichern. Werfen Sie einen Blick auf die Abschnitte 15.4.4, 16.4 und 17.5 sowie 18.4! Besonders interessant ist das letzte Beispiel, das auch dann funktioniert, wenn der Benutzer keine Cookies zulässt.

5.5 Verarbeitung von Formulardaten

5.5.1 Gefahren bei Formulardaten

Sicherheitsbedenken

Kaum eine Woche vergeht, ohne dass man in einschlägigen Foren von neuen Sicherheitslücken in Webapplikationen liest. Ob SQL-Injection oder Cross-Site-Scripting (XSS), viele dieser Fehler gehen auf die schlampige Verarbeitung von Formulardaten zurück. Dabei wäre es sehr einfach, die gröbsten Fehler in der Behandlung von Formulardaten zu vermeiden:

- Verwenden Sie keine Felder zur Eingabe von Texten (*input type="text"* oder *textarea*). Leider ist das eine etwas zu große Einschränkung für die meisten Anwendungen und deshalb nicht realistisch.
- Geben Sie nie die Benutzereingabe auf einer Webseite aus. Der Grund dafür ist einfach: Für einen Angreifer wird es so möglich, Script-Code auf dem Client auszuführen.

Denkt man an weit verbreitete PHP-MySQL-Anwendungen wie zum Beispiel ein Gästebuch, merkt man schnell, dass beide Anforderungen unrealistisch sind. Das bedeutet, das Thema betrifft praktisch jeden Webentwickler.

Datenverlust

Bei Fehlern in der Formularbehandlung kann nicht nur der Server angegriffen werden; es gibt noch subtilere Probleme im Zusammenhang mit Zeichensätzen. Datenverlust kann nämlich auch auftreten, wenn die Daten nach der Eingabe falsch kodiert werden und es nicht mehr nachvollziehbar ist, was der Benutzer ursprünglich abgeschickt hat.

Das im englischen Sprachraum oft vernachlässigte Thema der unterschiedlichen Zeichensätze kann zu großen Problemen führen, speziell wenn die Anwendung noch mehrsprachig sein soll. Jeder Webentwickler, der schon mehrsprachige Applikationen entwickelt hat, weiß, wovon hier gesprochen wird. Die wirklich *richtige* Lösung ist eine Zeichenkodierung, die alle Sprachen unterstützt, *Unicode*. Leider ist die Unterstützung von Unicode noch nicht in allen Programmen ganz fehlerlos implementiert. Wie schon erwähnt wurde, kümmert sich der englischsprachige Teil der Computerwelt nicht so engagiert darum, was dazu führt, dass es bei der Verwendung von Unicode hin und wieder zu unerwarteten Ergebnissen kommt.

5.5.2 Formulardaten richtig verarbeiten

Probleme mit Anführungszeichen und HTML-Sonderzeichen (&, < und >) treten auf, sobald man eingegebene Daten wieder anzeigen möchte, mit ihnen rechnet oder sie etwa in einer Datenbank speichert. Diese Problematik wird durch die automatischen Quotierungsmaßnahmen des PHP-Interpreters (*Magic Quotes*) noch etwas verkompliziert.

Formularauswertung

Die abgeschickten Daten eines Formulars stehen, je nachdem, ob die Aktion auf GET oder POST eingestellt ist, in der globalen Array-Variable *$_GET* beziehungsweise *$_POST* zur Verfügung. Wird eine Variable aufgerufen, die nicht belegt ist (weil der Anwender das Feld leer gelassen hat), kommt es zu einer Warnung. Um solchen Warnungen vorzubeugen, sollte man überprüfen, ob das Array den Schlüssel auch enthält. PHP hat dazu die Funktion *array_key_exists* vorgesehen, der als erster Parameter der zu suchende Schlüssel und als zweiter das gesamte Array übergeben wird. Eine kurze Hilfsfunktion liest gültige Werte aus dem Array aus:

```
function array_item($ar, $key) {
  if(array_key_exists($key, $ar)) return ($ar[$key]); }

// Formulardaten in Variable kopieren
$submitbutton = array_item($_POST, 'submitbutton');
$fname = array_item($_POST, 'fname');
```

Die Variablen *$submit* und *$fname* können jetzt ohne Warnungen überprüft werden.

Hinweis

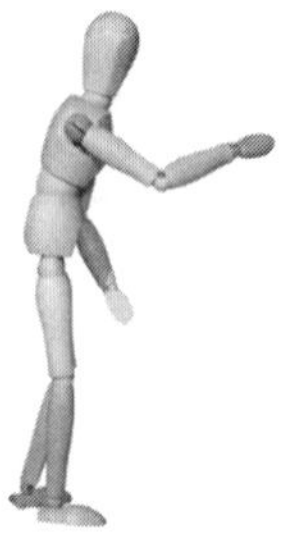

Im *<form>*-Tag des HTML-Codes eines Formulars geben Sie durch *method="post"* oder *method="get"* an, wie die Formulardaten übertragen werden sollen. Welche Methode ist besser? Die Antwort hängt davon ab, welchen Zweck das Formular hat.

get bedeutet, dass die Formulardaten als Teil der URL an die nächste Seite übertragen werden. Die Daten sind also im Adressfeld des Browsers sichtbar. Üblicherweise wird *get* nur für Suchformulare verwendet. *get* bietet da den Vorteil, dass die Formulardaten bei einer Rückkehr von einem Suchergebnis zur Ergebnisliste weiterhin vorhanden sind und nicht neu übertragen werden müssen. Diese Methode sollten Sie nur verwenden, wenn die Datenmengen klein sind und wenn die Formulardaten keinen Speicher- oder Bestellvorgang auslösen. *get* ist hingegen nicht geeignet, wenn Sie große Datenmengen erwarten, wenn die Daten vertraulich sind (Passwörter etc.) oder wenn Unicode-Zeichen vorkommen können!

post bedeutet, dass der Webserver die Formulardaten auf eine für den Benutzer unsichtbare Weise überträgt. In der Praxis werden Sie für die meisten Formulare *post* einsetzen. *post* ist für Daten gedacht, die anschließend nur *einmal* weiterverarbeitet werden sollen, also z.B. Speicher- oder Bestellvorgänge. Wenn ein Benutzer den ZURÜCK-Button seines Browsers verwendet, um später nochmals zur Seite zurückzukehren, mit der die Formulardaten verarbeitet wurden, müssen die Daten neu übertragen werden. Die meisten Browser zeigen vorher eine Warnung an (damit der Benutzer nicht unabsichtlich eine Bestellung doppelt durchführt).

Formulardaten neuerlich in das Formular einsetzen

Oft ist es nötig, Daten, die in ein Formular eingegeben wurden, noch einmal zu bearbeiten, sie also zu editieren. Dazu werden die Werte in das HTML-Formular als *value* eingesetzt. Im praktischen Beispiel sieht das so aus (der PHP-Code innerhalb des HTML-Codes ist fett hervorgehoben):

```
<form method="POST" action="test.php">
  <p>Titel:<input type="text" name="title" size="30" maxlength="30"
    value="<?php echo $title; ?>" /></p>
  <p>Name:<input type="text" name="name" size="30" maxlength="30"
    value="<?php echo $name; ?>" /></p>
  <p><input type="submit" name="submitbutton" value="OK" /></p>
</form>
```

Eigentlich ist das eine sehr praktische Methode, um den Benutzern die Arbeit abzunehmen, alles noch einmal eintippen zu müssen. Was aber passiert, wenn die Zeichenkette der Variable ein Anführungszeichen enthält? Angenommen, jemand gibt in dem Feld für den Namen seinen Spitznamen in Anführungszeichen ein: *Michael "Monty" Widenius*. Der resultierende HTML-Code könnte folgendermaßen aussehen:

```
<p><input type="text" name="lname" size="30" maxlength="30"
    value="Michael "Monty" Widenius" /></p>
```

Der Browser interpretiert das Anführungszeichen vor dem Spitznamen als Ende der Zeichenkette. Der restliche Teil wird in der Regel als unerkanntes HTML-Tag einfach weggelassen. Man kann sich schon ausmalen, dass man hier mit versteckten HTML-Tags (vielleicht noch mit etwas JavaScript angereichert) die Webseite ziemlich verändern kann. Einem Angreifer öffnet eine derart falsche Behandlung der Eingabe in jedem Fall die Tür.

Um dieses Problem in den Griff zu bekommen, sieht PHP eine Funktion vor, die jegliche HTML-Sonderzeichen unschädlich macht: *htmlspecialchars*. Die Funktion ersetzt die Sonderzeichen ", &, < und > durch folgende HTML-Zeichenketten:

"	*"*
&	*&*
<	*<*
>	*>*

Der Code zur Darstellung des Formulars sieht jetzt so aus:

```
<form method="POST" action="test.php">
  <p><input type="text" name="name" size="30" maxlength="30"
      value="<?php echo htmlspecialchars($title); ?>" /></p>
  <p><input type="text" name="name" size="30" maxlength="30"
      value="<?php echo htmlspecialchars($name); ?>" /></p>
  <p><input type="submit" name="submitbutton" value="OK" /></p>
</form>
```

Magic Quotes

Wie eingangs erwähnt, bietet der PHP-Interpreter selbst auch die Möglichkeit, Zeichenketten, die von einer externen Datenquelle stammen, eigenmächtig zu ändern. Diese Funktion wird als *magic quote* bezeichnet und wirkt sich auf die Sonderzeichen ', ", \ und das 0-Byte aus. Sie werden durch einen vorangestellten Backslash ergänzt. (Diese Operation können Sie übrigens auch manuell mit der PHP-Funktion ***addslashes*** durchführen.)

Magic Quotes betreffen generell Daten, die von außen kommen, also z.B. aus GET/POST-Formularen, Cookies, SQL-Abfragen etc. In manchen Fällen erleichtert diese automatische Veränderung der Zeichenketten die Weiterverarbeitung, oft stiftet sie aber auch Verwirrung.

PHP kennt drei *magic-quote*-Modi, die in php.ini voreingestellt werden:

- ***magic_quotes_gpc***: GPC steht für Get/Post/Cookie, d.h., wenn die Variable gesetzt ist, werden Daten aus diesen drei Quellen verändert. Beachten Sie, dass dies alle Formulardaten betrifft, die in PHP-Scripts verarbeitet werden!
- ***magic_quotes_runtime***: Wenn diese Variable gesetzt wird, quotiert PHP in den meisten Fällen Zeichenketten, die aus externen Datenquellen (z.B. MySQL) stammen.
- ***magic_quotes_sybase***: Das Zeichen ' wird durch seine Verdoppelung quotiert (also durch '' statt durch \'). Das gilt aber nur, wenn eine der beiden anderen *magic_quote*-Konfigurationsvariablen gesetzt ist.

Magic-quote-Defaulteinstellung

In der Defaulteinstellung von PHP 4.0 bis 5.0 ist *magic_quotes_gpc* auf *On* gesetzt, die beiden anderen Modi auf *Off*. Diese Einstellung werden Sie auch bei den meisten ISPs vorfinden. Sie hat folgende Konsequenzen für die Programmierung:

- Aus Formularen übermittelte Daten können ohne Veränderungen in *INSERT*-Kommandos verwendet werden. Die kritischen Zeichen ', " und \ sind schon quotiert.

  ```
  $sql = "INSERT ... VALUES('$formVar')";
  ```

- Wenn Sie Formulardaten mit Daten aus SQL-Abfragen vergleichen, müssen Sie die Formulardaten vorher mit der PHP-Funktion *stripslashes()* von den \-Zeichen befreien.

  ```
  if(stripslashes($formVar) == $sql_result_row[0]) ...
  ```

  Wenn Sie den Vergleich dagegen nicht in PHP, sondern mit MySQL durchführen (als Teil einer *WHERE*-Bedingung), sind keine besonderen Maßnahmen erforderlich:

  ```
  $sql = "SELECT ... WHERE authorsName = '$formVar'";
  ```

- Wenn Sie Formulardaten in einem HTML-Dokument (oder neuerlich in einem Formular, etwa zur Korrektur) anzeigen möchten, müssen Sie zuerst die Quotierungszeichen mit *stripslashes* entfernen und dann alle HTML-spezifischen Sonderzeichen mit *htmlentities* neu (und anders!) quotieren:

  ```
  echo htmlentities(stripslashes($formVariable));
  ```

Hinweis

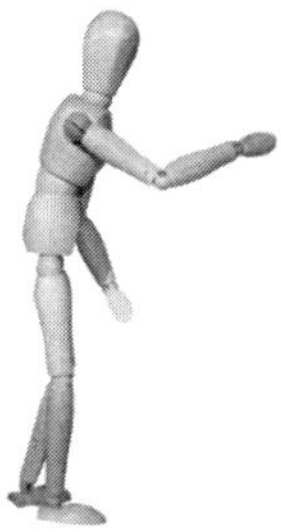

Die PHP-Entwickler schlagen aus Geschwindigkeitsgründen vor, alle drei Modi abzuschalten.

Bevor Sie mit der Entwicklung eigenen Codes beginnen, sollten Sie sich unbedingt darüber informieren, welche *Magic-Quote*-Einstellungen auf dem Server Ihres Internet Service Providers gelten!

Magic-quote-Modi im PHP-Script ermitteln und verändern

Teilweise können Sie den Zustand der drei Konfigurationsvariablen im Code Ihres PHP-Scripts ermitteln oder ändern:

- ***magic_quotes_gpc***: *get_magic_quotes_gpc()* ermittelt den aktuellen Zustand. Eine Änderung ist nicht möglich.
- ***magic_quotes_runtime***: *get_magic_quotes_runtime()* ermittelt den aktuellen Zustand, *set_magic_quotes_runtime()* verändert ihn.
- ***magic_quotes_sybase***: Der Zustand kann weder ermittelt noch verändert werden.

Magic Quotes entfernen

Magic Quotes wurden ohne Zweifel mit der Intention geschaffen, das Leben für Programmierer einfacher zu machen. In der Praxis ist aber leider oft das Gegenteil der Fall: Gerade wenn Sie Code entwickeln, in dem viele Daten aus Formularen ausgelesen und später in dasselbe oder ein anderes Formular übergeben werden, stört die automatische Quotierung von Sonderzeichen oft mehr, als sie nutzt.

Ab PHP-Version 4.1 können Sie die Quotierung durch einen Aufruf der folgenden Funktion abstellen:

```
function no_magic() {  // PHP >= 4.1
  if (get_magic_quotes_gpc()) {
    foreach($_GET as $k=>$v)    $_GET["$k"] = stripslashes($v);
    foreach($_POST as $k=>$v)   $_POST["$k"] = stripslashes($v);
    foreach($_COOKIE as $k=>$v) $_COOKIE["$k"] = stripslashes($v);
  }
}
```

Unicode in Formularen

Ein Anmeldeformular für einen internationalen Kongress sollte dafür gerüstet sein, dass die Namen der Teilnehmer unterschiedlichste Zeichen enthalten. Werden Gäste aus dem Fernen Osten erwartet, reicht der in Westeuropa verbreitete *latin1*-Zeichensatz (oder eigentlich ISO-8859-1-Zeichensatz) nicht mehr aus. Die Lösung für diesen Missstand ist ein Zeichensatz, der alle Zeichen enthält, *Unicode*.

Unicode wurde als Standard entwickelt, um alle Zeichen uns bekannter Schrift mit einer einmaligen Zahl abzubilden. Aus diesem großen Vorhaben stammt die Zeichenkodierung UTF-8, das *8-bit Unicode Transformation Format*. UTF-8 wurde im September 1992 von Ken Thompson auf einem Tischset (englisch: *placemat*) entworfen und tags darauf mit Rob Pike implementiert.

Das Besondere an UTF-8 ist, dass es eine Zeichenkodierung mit variabler Länge ist und dass die ersten 128 Zeichen mit dem US-ASCII-Zeichensatz kompatibel sind (diese werden mit nur einem Byte kodiert). Wer mehr als diese 128 Zeichen verwendet, muss ein zweites Byte zur Kodierung heranziehen. Dadurch ergeben sich 1920 Möglichkeiten, die für romanische, griechische, kyrillische, koptische, armenische, hebräische und arabische Buchstaben vorgesehen sind. Um chinesische und japanische Zeichen zu speichern, sind schon drei Bytes nötig, die Platz für 63.488 neue Zeichen geben. Die weiteren Plätze, die mit 4 Bytes kodiert werden können, sind noch nicht vergeben, vielleicht werden ja hier die *elvischen* Zeichen Platz finden.

Hinweis

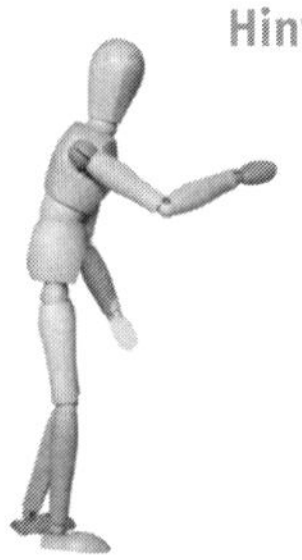

Einführende Informationen zu Unicode gab bereits Abschnitt 1.7. Das Internet bietet eine Vielzahl weiterer Informationen zum Thema Zeichensätze, Unicode und UTF-8. Ein guter Start ist:

http://en.wikipedia.org/wiki/UTF-8
http://www.cl.cam.ac.uk/~mgk25/unicode.html
http://www.utf-8.com/

Bei Computerprogrammen setzt sich UTF-8 nur langsam durch, da die variable Länge einzelner Zeichen bei der Programmierung für wesentlich größeren Aufwand sorgt. Da UTF-8 als Standard-Zeichensatz für XML gewählt wurde, wird an vielen Stellen unter Hochdruck an einer stabilen UTF-8-Implementierung gearbeitet. Jedes Glied in der Kette muss mit dem Zeichensatz umgehen können, im Fall von PHP und MySQL also der Browser, PHP, der Webserver und die Datenbank.

Um dem Browser verständlich zu machen, welchen Zeichensatz die Seite enthält, wird eine META-Zeile im Kopf von HTML mitgeliefert:

```
<html>
<head>
  <title>RSS Feed Reader</title>
  <meta http-equiv="Content-Type" content="text/html;
  charset=utf-8">
</head>
```

Oft reicht das aber nicht aus, um den Browser davon zu überzeugen, dass wirklich UTF-8-Text gesendet wird. Der Webserver sendet, bevor er den eigentlichen Seitentext schickt, einige Informationen über die Seite als Kopfzeilen zum Browser. Wenn der Server so konfiguriert ist, dass der Standardzeichensatz nicht UTF-8, sondern ISO-8859-1 ist (was bei gängigen Linux-Distributionen aus Sicherheitsgründen der Fall ist), wird der Browser versuchen, die UTF-8-Informationen mit dem falschen Zeichensatz darzustellen, und es erscheinen die wohl allen erfahrenen Internetbenutzern bekannten merkwürdigen Zeichen statt der korrekten Umlaute. Zwar kann der Browser manuell umgestellt werden, doch will man das seinen Besuchern sicher nicht zumuten.

PHP bietet eine Möglichkeit, diese Header-Information des Webservers zu beeinflussen: die *header*-Funktion. Sie muss vor jeglichen anderen Ausgaben gemacht werden und sieht für die UTF-8-Umstellung zum Beispiel so aus:

```
header("Content-Type: text/html; charset=utf-8");
```

Damit erkennt der Browser nun automatisch, dass es sich um den UTF-8-Zeichensatz handelt. Interessant wird es bei Formularen, die der Benutzer abschickt. Je nachdem, welchen Zeichensatz der Browser eingestellt hat, werden die Daten in den Formularfeldern interpretiert. Hat der Browser also UTF-8 eingestellt und schickt er ein Formular ab, enthalten die Variablen alle in UTF-8 kodierte Strings. Das ist zu berücksichtigen, wenn diese Variablen in eine Tabelle oder in eine Datei geschrieben werden. Das folgende Beispiel wird darauf eingehen.

5.5.3 Beispiel: Anmeldung zum Kongress

Das kurze Beispiel gibt ein Anmeldeformular aus, in dem Benutzer ihre Daten eingeben und abschicken. Anschließend werden Sie nach der Richtigkeit der Daten gefragt und haben die Möglichkeit, sie bei Bedarf zu verändern. Experimentieren Sie ruhig mit den Eingabefeldern, und versuchen Sie, Sonderzeichen wie äöü, \ oder ganze HTML-Tags (<b>) einzugeben.

```
<?php    // Datei: forms/register.php
header("Content-Type: text/html; charset=utf-8");
function array_item($ar, $key) {
  if(array_key_exists($key, $ar))
    if (get_magic_quotes_gpc()) {
      return stripslashes($ar[$key]);
    } else {
      return $ar[$key];
    }
}
?>
<!DOCTYPE HTML PUBLIC "-//W3C//DTD HTML 4.01 Transitional//EN"
  "http://www.w3.org/TR/html4/loose.dtd">
// HTML mit Titel und Überschrift
```

Das PHP-Script beginnt mit der Anweisung, den Browser auf den UTF-8-Zeichensatz umzustellen, und definiert die schon besprochene Funktion zur Überprüfung der gesendeten Array-Variablen. Eine kleine Änderung gibt es dabei in diesem Beispiel: Sind *Magic Quotes* eingeschaltet (*get_magic_quotes_gpc()*), werden die dabei erzeugten Backslashes gleich entfernt. Würde man diesen Schritt nicht einbauen, verdoppeln sich die Backslashes bei jedem neuerlichen Abschicken der Variablen.

```
<form method="POST" action="register.php">
<?php
$submit = array_item($_POST, 'submitbutton');
$fname = array_item($_POST, 'fname');
$lname = array_item($_POST, 'lname');
$email = array_item($_POST, 'email');
$cdate = array_item($_POST, 'cdate');
if ($submit == 'Register') {
  if ($fname == '' || $lname == '' || $email == '') {
    print "<b>You forgot one of the required fields!</b>";
  } else {
    print "<p>Your date is complete:</p>\n";
    print "<pre>\n";
    print "Firstname:    ". htmlspecialchars($fname)."\n";
    print "Lastname:     ". htmlspecialchars($lname)."\n";
    print "Email:        ". htmlspecialchars($email)."\n";
    print "Congressday:  ".$cdate."\n\n";
    print "<input type=\"submit\" name=\"submitbutton\" value=\"Confirm\"> ";
    print "<input type=\"submit\" name=\"submitbutton\"
      value=\"Correct\"></pre>\n";
    print "<input type=\"hidden\" name=\"fname\"
      value=\"".htmlspecialchars($fname)."\">";
    // ... Ausgabe der restlichen Felder
    print "</form></body></html>";
    exit();
  }
```

Im Hauptteil des Programms werden die abgeschickten Variablen ausgelesen, sofern diese vorhanden sind. Über den Status von *$submit* wird ermittelt, ob das Formular zum ersten Mal abgeschickt wird (*$submit == 'Register'*) oder schon zur Korrektur vorlag (*$submit == 'Confirm'*, siehe unten). Nur wenn alle drei Felder ausgefüllt sind, werden die Daten mit einer nichtproportionalen Schrift (*<pre>*) angezeigt. Wichtig ist dabei, dass die Variablen bei der Ausgabe immer in *htmlspecialchars* geklammert sind, wodurch sichergestellt wird, dass kein HTML-Code eingeschleust werden kann. Da das Datum (*$cdate*) kein Texteingabefeld ist, können hier keine unerwarteten Zeichen auftreten.

Das Formular zur Bestätigung übergibt die Variablen als *input type hidden*, wodurch sicher gestellt wird, dass der Benutzer die geprüften Daten nicht mehr verändert hat. Sollen Veränderungen vorgenommen werden, muss dies über einen neuerlichen Aufruf des Scripts geschehen. Die *exit()*-Anweisung bricht den Programmablauf ab, weshalb hier noch der korrekte HTML-Abschluss eingefügt wird.

```
} else if ($submit == 'Confirm') {
  $mailtext = "$fname\t$lname\t$email\t$cdate\n";
  mail("register@server.com", "New registration", $mailtext);
  print "<p>Thank You!</p>";
  print "<p>Your registration has been sent to us.</p>";
  print "<p><a href=\"/\">Home</a>\n</body></html>";
  exit(); }
?>
```

Hat der Benutzer die Schaltfläche *Confirm* angeklickt, werden seine Daten per E-Mail an die Adresse register@server.com geschickt. Das ist ein kleiner Vorgriff auf das folgende Kapitel, bringt aber dieses Beispiel zu einem schnellen Abschluss.

```
<table border="2">
<tr>
  <td>Firstname
  <td><input type="text" name="fname"
  value="<?php echo htmlspecialchars($fname); ?>" size="30">
  // restlichen Text für die Eingabefelder hier
  <td>Congress day:
  <td>
    <select name="cdate">
      <option value="20041105"
      <?php if ($cdate == '20041105') print "selected"; ?>
      >2004-11-05</option>
      <option value="20041106"
      <?php if ($cdate == '20041106') print "selected"; ?>
      >2004-11-06</option>
      <option value="20041107"
      <?php if ($cdate == '20041107') print "selected"; ?>
      >2004-11-07</option>
    </select>
</tr> </table>
```

```
<i>(all Fields are mandatory)</i>
<p><input type="submit" name="submitbutton" value="Register"></p>
</form> </body> </html>
```

Der restliche Code ist im Wesentlichen die HTML-Formatierung der Eingabefelder. Zu beachten ist, dass auch hier die Variablen, die als *value* in die Textfelder eingesetzt werden, mit *htmlspecialchars* ausgegeben werden, um unerwünschten Ergebnissen vorzubeugen.

Während des gesamten Programmablaufs wird ausschließlich der UTF-8-Zeichensatz verwendet, so kommt auch die gesendete E-Mail als UTF-8-kodierte Nachricht an. Sollte Ihr E-Mail-Programm das nicht von selbst erkennen, so gibt es meist die Möglichkeit, den Zeichensatz von Hand einzustellen. Damit steht Ihren Geschäftspartnern also (fast) nichts mehr im Wege, ihren Namen auf Japanisch einzutragen.

5.6 E-Mail versenden

Oft ist es erwünscht, eine Benutzereingabe nicht nur auf einer Internetseite anzuzeigen, sondern den Benutzer auch via E-Mail davon zu informieren. E-Mails sind leichter zu archivieren als Verweise auf dynamische Webseiten und werden deshalb oft als Bestätigung von Bestellungen oder Reservierungen zusätzlich eingesetzt. In der einfachsten Form reicht eine Zeile PHP-Code aus, um eine E-Mail zu verschicken:

```
mail("user@server.com", "Greetings", "Hello User");
```

Mit dieser Anweisung wird die Nachricht mit dem Betreff »*Greetings*« an den Benutzer *user* bei *server.com* zugestellt. Der Inhalt der Nachricht beschränkt sich auf die Zeile »Hello User«. Diese Form hat aber noch einige Nachteile: So wird als Absender der E-Mail der Benutzeraccount angegeben, unter dem der Webserver läuft (oft *apache* oder *www-data*). Je nachdem, ob und wie die Namesrückauflösung für den Server eingestellt ist, wird der Domain-Name ergänzt, was oft dazu führt, dass der Empfänger nicht auf diese Nachricht antworten kann.

Damit Sie weitere Details des Mail-Transports mit PHP verstehen, werden im Folgenden einige grundsätzliche Eigenschaften der E-Mail-Zustellung erläutert.

Achtung

Der E-Mail-Standard *RFC822* verbietet es, dass Zeilen im Text von E-Mails einfach durch *line feed* (entspricht *n*) getrennt werden. Stattdessen ist eine Trennung durch *carriage return* und *line feed* vorgeschrieben. Wenn Sie zum Versenden von E-Mails die PHP-Funktion *mail* verwenden, müssen Sie unbedingt darauf achten, statt *n* die Kombination *r**n* zu verwenden!

Probleme beim E-Mail-Versand

Das Versenden von E-Mails von lokalen Testrechnern bereitet oft Probleme: Unter Windows steht zumeist kein lokaler E-Mail-Server zum Versenden zur Verfügung. php.ini kann zwar so eingestellt werden, dass *mail* auf den SMTP-Server Ihres Internet-Providers zugreift, aufgrund verschiedener SPAM-Schutzmaßnahmen kann es aber dennoch passieren, dass der SMTP-Server die von PHP kommenden E-Mails einfach ignoriert.

Unter Linux läuft zwar oft sendmail oder postfix, aber diese Programme müssen häufig erst konfiguriert werden. Mit diesem Thema lassen sich eigene Bücher füllen, weswegen hier ein einziger Tipp ausreichen muss: Stellen Sie sicher, dass der Hostname des E-Mail-Servers richtig eingestellt ist und dass es sich dabei um einen im Internet gültigen Namen handelt (nicht nur im lokalen Netz)! Falls Sie postfix verwenden, ändern Sie in /etc/postfix/main.cf den Parameter *myhostname* und starten postfix anschließend neu.

Selbst wenn das Versenden an sich klappt, wird die E-Mail vom Empfänger möglicherweise abgelehnt, wenn die IP-Adresse des Absenders (also die IP-Adresse, unter der Ihr Rechner aus dem Internet sichtbar ist) und der vom E-Mail-Server verwendete Hostname nicht übereinstimmen. Diese an sich vernünftige Maßnahme versucht das Versenden von SPAM zu unterbinden.

Bevor Sie eine Menge Zeit vergeuden, um das Versenden von E-Mails von Ihrem lokalen Rechner in den Griff zu bekommen, testen Sie die *mail*-Funktion Ihrer PHP-Projekte auf der PHP-Installation Ihres ISPs bzw. auf einem Root-Server: In der Regel treten dabei keine Probleme auf, sofern der Domainname in Ihrer Absenderadresse mit dem tatsächlichen Hostnamen des Rechners übereinstimmt.

5.6.1 PHP-Mail mit sendmail unter Unix/Linux

Die Arbeitsweise der *mail()*-Funktion unterscheidet sich grundlegend unter Windows- und UNIX-Betriebssystemen. So steht unter UNIX-Betriebssystemen ein Programm zur Verfügung, das sich um den Mail-Transport kümmert, ein Mail Transport Agent (MTA). Das macht sich PHP zunutze und delegiert die Arbeit des E-Mail-Verschickens an dieses Programm. In der PHP-Konfiguration können spezielle Optionen für den Programmaufruf angegeben werden, zum Beispiel der Pfad, sollte das Programm nicht standardmäßig installiert worden sein.

Der am weitesten verbreitete MTA ist *sendmail*. Bekannt durch seine nicht triviale Konfiguration und die Flexibilität, ist sendmail heute auf großen Mailservern von Universitäten und Firmen gleichermaßen wie auf dem Linux-Desktop im Einsatz. Inzwischen gibt es einige Programme, die die Funktionalität von sendmail nachahmen und dabei eine übersichtlichere Konfiguration versprechen. Qmail, postfix oder smail sind einige der prominenten Vertreter. Da alle diese Programme ein sendmail-Programm mitbringen, das noch dazu die wichtigsten Parameter des Originals unterstützt, ändert sich für die PHP-Konfiguration nichts.

Die weitere Zustellung hängt von der Konfiguration des MTA ab. Dort kann eingestellt werden, ob die Nachricht direkt an den Mailserver des Empfängers übermittelt oder an einen anderen SMTP-Server weitergeleitet wird. Für PHP ist der Prozess abgeschlossen.

Um das in der Einleitung angesprochene Problem mit dem falschen Absender zu lösen, kann der MTA zusätzlich zum E-Mail-Text auch die Kopfzeilen der E-Mail verändern, um den richtigen Absender einzutragen. So reicht die Kopfzeile

```
From: anotherUser@server.com
```

aus, um dem Empfänger die richtige Absenderadresse mitzuteilen. Der Aufruf im PHP-Code ändert sich damit auf:

```
mail("user@server.com", "Greetings", "Hello User",
     "From: anotherUser@server.com");
```

Die Umsetzung weiterer Kopfzeilen (zum Beispiel *From, Reply-To, User-Agent, ...*) erledigt der MTA.

5.6.2 PHP-Mail via SMTP unter Windows

Unter Windows-Betriebssystemen gehört das sendmail-Paket nicht zum Standardumfang. Hier braucht man eine andere Strategie, um eine E-Mail zu verschicken. PHP kontaktiert dazu einen externen Mailserver und gibt die Nachricht an diesen weiter. In der Konfigurationsdatei wird dieser Eintrag in der Sektion *[mail functions]* mit *SMTP* bezeichnet (siehe auch Abschnitt 1.5). Dieser SMTP-Server wird auch beim traditionellen E-Mail als Postausgangsserver oder eben SMTP-Server eingestellt.

Wegen der Problematik von unerwünschten E-Mail-Nachrichten (SPAM) nehmen richtig konfigurierte SMTP-Server nur Nachrichten an, für die sie auch zuständig sind. Ist man beispielsweise über ein Einwahlnetzwerk mit dem Internet verbunden, so stellt in der Regel der Provider einen SMTP-Server zur Verfügung.

Ist die Konfiguration von PHP richtig eingestellt, funktioniert das E-Mail-Verschicken auch unter Windows. Einschränkungen gibt es allerdings für PHP-Versionen vor 4.3: Extra Kopfzeilen (zum Beispiel *From:, Reply-To:, ...*) werden nicht umgesetzt. Einzig die *Cc:*-Kopfzeile funktioniert auch mit älteren PHP-Versionen unter Windows.

Sehr strikte Server-Administratoren verlangen auch für das E-Mail-Verschicken einen gültigen Benutzeraccount und ein Passwort am SMTP-Server. Das in RFC2554 festgeschriebene Verfahren ist noch eher jung (1999), und daher unterstützen es noch nicht alle Mail-Clients. Um mit PHP einen authentifizierten E-Mail-Versand zu erreichen, bedient man sich am besten der PEAR-Mail-Klassen, die seit PHP 4.1 zum Standardumfang von PHP gehören.

5.6.3 E-Mail mit PEAR

Die in PEAR enthaltene Klasse zum E-Mail-Versand (***PEAR::Mail***) geht über die Funktionalität des PHP-*mail()*-Aufrufs hinaus. So können mit *PEAR::Mail* auch Attachments verschickt oder HTML-E-Mails erzeugt werden. Die Art des Versands (*smtp* oder *sendmail*, bei PEAR als Treiber oder Backend bezeichnet) kann von Fall zu Fall ausgewählt werden.

Um *PEAR::Mail* zu verwenden, muss als Erstes eine Instanz der Hauptklasse Mail erzeugt werden:

```
$mail_inst =& Mail::factory('smtp', $params);
```

Die Instanz wird von der Funktion *factory* angelegt, der als erster Parameter der Treiber (in diesem Fall *smtp*) und weiters ein Array mit Einstellungen übergeben wird. Erfordert der Postausgangsserver zum Beispiel eine Validierung, könnten die Parameter so aussehen:

```
$params['host'] = 'smtp.server.com';
$params['port'] = '25';
$params['auth'] = true;
$params['username'] = 'user';
$params['password'] = 'password';
```

Plain-Text-E-Mail mit PEAR

send_text_mail.php verschickt eine kurze Textnachricht über den Server *smtp.server.com*. Die Kopfzeilen (Betreff, Absender und Empfänger) können dabei übersichtlich als Array definiert werden.

```
<?php    // Datei mail/send_text_mail.php
require('Mail.php');

$headers['From'] = 'Another User <anotheruser@host.com>';
$headers['To'] = 'User <user@host.com>';
$headers['Subject'] = 'Testnachricht von PEAR::Mail';

$recipients = 'user@host.com';
$body = 'Hallo User!

Das ist eine kleine Testnachricht.';

$params['host'] = 'smtp.server.com';
$params['port'] = '25';
$mail_object =& Mail::factory('smtp', $params);

if ($mail_object->send($recipients, $headers, $body)== TRUE) {
  echo 'Ihre Nachricht wurde verschickt';
} else {
  echo 'Fehler beim Senden Ihrer Nachricht.';
}
?>
```

Ohne die Kopfzeile für den Empfänger (*$headers['To']*) wird die E-Mail zwar trotzdem zugestellt (beim *send*-Aufruf wird *$recipients* verwendet), das E-Mail-Programm zeigt aber keine Adresse an (siehe Abbildung 5.2).

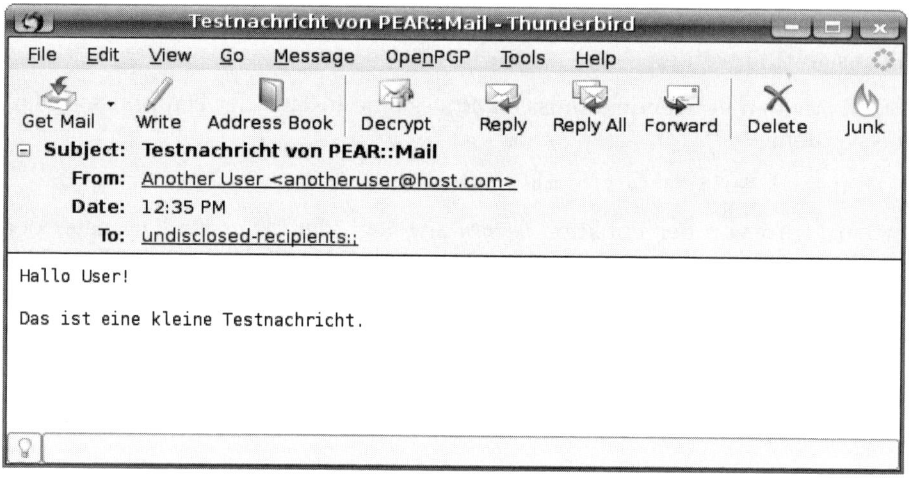

Abbildung 5.2: E-Mail ohne Empfänger-Kopfzeile

MIME-E-Mail mit PEAR

Im nächsten Beispiel wird folgendes Szenario behandelt: Auf einer Internetseite befinden sich drei Bilder, aus denen der Benutzer eines auswählen kann und es via E-Mail an einen Freund verschickt. Zu dem Bild kann noch ein kurzer Text eingegeben werden.

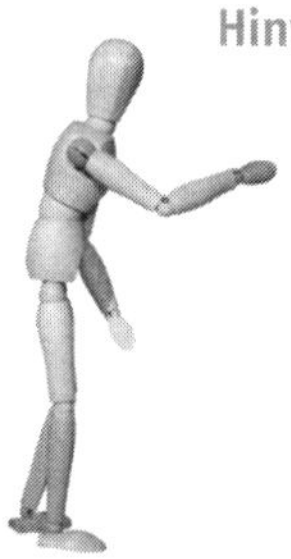

Hinweis

Die *Mail_Mime*-Klasse aus dem PEAR-Paket gehört, im Unterschied zu den bisher besprochenen Mail-Klassen, nicht zum Standardumfang von PHP. Um die praktischen Funktionen der Mime-Klasse zu verwenden, muss das Paket von der folgenden Webseite heruntergeladen werden. Dabei ist es ausreichend, das Paket im Arbeitsverzeichnis zu entpacken.

http://pear.php.net/package/Mail_Mime

Alternativ kann das Paket auch mit dem PEAR-Installer eingespielt werden:

```
root# pear install Mail_MIME
```

Um eine gültige E-Mail mit einem binären Anhang zu erzeugen, muss die Nachricht in das MIME-Format umgewandelt werden. Diese Prozedur selbst zu programmieren, ist etwas aufwendig, aber zum Glück gibt es eine Klasse im PEAR-Paket, die diese Arbeit erledigt: *Mail_mime*. Diese Klasse erzeugt die Kopfzeilen und den Inhalt der E-Mail und wird dann mit der schon bekannten Funktion *send* aus der *PEAR::Mail*-Klasse verschickt.

```
$mime_message = new Mail_mime();
$mime_message->setTXTBody('Im Anhang das Bild');
$mime_message->addAttachment('/tmp/flower.jpg', 'image/jpeg');
$mime_body = $mime_message->get();
$mime_hdr = $mime_message->headers($headers);
```

Nach diesen Aufrufen enthält *$mime_body* den gesamten Inhalt der E-Mail (inklusive des Bilds flower.jpg) und das Array *$mime_hdr* die Kopfzeilen. Um möglichst plattform-unabhängig zu sein, wird das Bild dabei in *base64* kodiert, einem Format, das nur mit ASCII-Zeichen auskommt.

Die gesamte Anwendung kann in einer Datei implementiert werden:

```
<!DOCTYPE HTML PUBLIC "-//W3C//DTD HTML 4.01 Transitional//EN"
  "http://www.w3.org/TR/html4/loose.dtd">
<html lang="de"><head><title>E-Mail-Grußkarten</title>
<meta http-equiv="Content-type" content="text/html;
  charset=iso-8859-1">
</head>
<body>
```

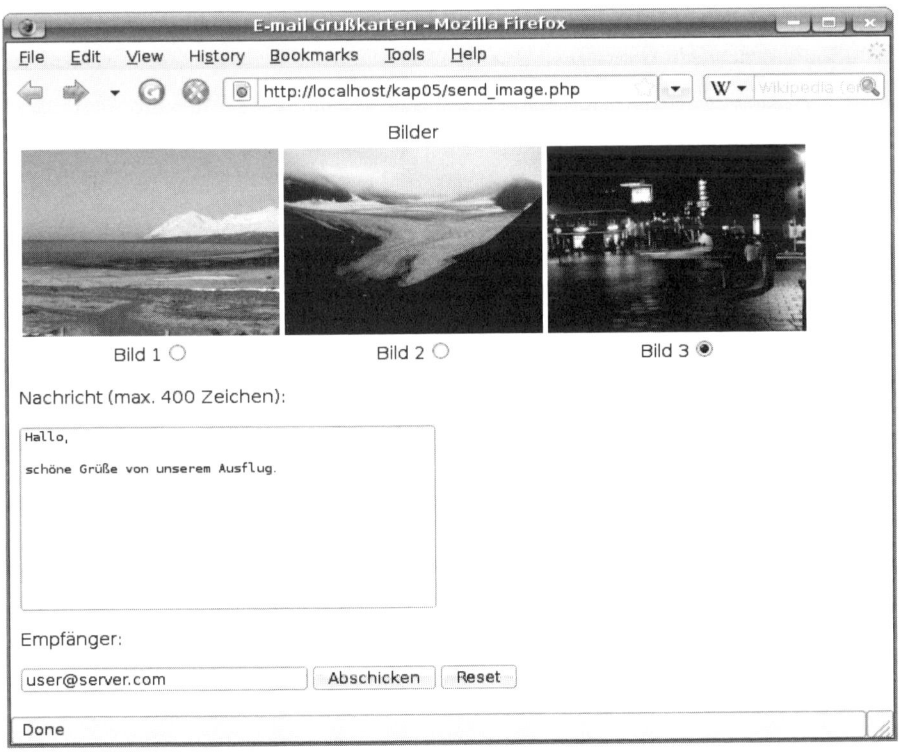

Abbildung 5.3: Bilder als E-Mail-Attachments verschicken

```
<?php    // Datei: mail/send_image.php
require 'Mail.php';
require 'Mail/mime.php';

if ($_POST['submit'] === 'Abschicken') {
  if (strlen($_POST['message']) > 400) {
    echo 'Fehler: Der Text Ihrer Nachricht ist zu lang';
    echo '<br><a href="send_image.php">Neuer Versuch</a>';
    echo '</body></html>';
    exit();
  }
```

Nach der Ausgabe der HTML-Kopfzeilen werden die benötigten PEAR-Klassen geladen: Mail.php (zum Überprüfen der Empfängeradressen) und mime.php. Wurde das Formular abgeschickt (*$_POST['submit'] === 'Abschicken'*), so beginnt die Ausführung des PHP-Codes:

Zuerst wird die Länge der Nachricht überprüft. Sind es mehr als 400 Zeichen, wird das Programm beendet und der Anwender kann neu beginnen. Ist die Länge der Nachricht korrekt, werden der oder die Empfänger überprüft:

```
// überprüfen der eingegebenen Empfänger
$mail_instance = new Mail();
$recipients = $mail_instance->parseRecipients($_POST['email']);
if (count($recipients) <= 0) {
  echo 'Es wurden keine gültigen Empfänger ermittelt';
  echo '<br><a href="send_image.php">Neuer Versuch</a>';
  echo '</body></html>';
  exit();
}
```

Dazu wird eine Instanz der Mail-Klasse benötigt, über die dann der Aufruf an *parseRecipients* gültige Adressen aus einer Zeichenkette extrahiert (intern wird dabei auf die Klasse *RFC822* zurückgegriffen). Das erspart eine Menge Arbeit beim Überprüfen der Eingabe und ermöglicht eine flexible Angabe der E-Mail-Adressen. So kann *parseRecipients* aus den Strings

```
Username <user@server.com>, anotherUser@server.com
```

und

```
user@server.com
```

gültige Adressen herausfiltern. Der Rückgabewert der Funktion (das Array *$recipients*) enthält nur mehr gültige E-Mail-Adressen. Ist diese Variable leer, wird die Ausführung mit dem Hinweis beendet, dass keine Empfänger gefunden werden konnten.

```
    $headers = array (
        'Subject' => 'Eine Nachricht mit Bild',
        'From' => 'Internetformular <webform@server.com>'
        );
    $mime_message = new Mail_mime();
    $mime_message->setTXTBody($_POST['message']);
    $mime_message->addAttachment($_POST['img'], 'image/jpeg');
    $mime_body = $mime_message->get();
    $mime_hdr = $mime_message->headers($headers);
    $final_message =& Mail::factory('mail');
    if ($final_message->send($recipients, $mime_hdr,
          $mime_body) == TRUE) {
      echo '<h1>Ihre Nachricht wurde verschickt</h1>';
    } else {
      echo '<p>Es ist ein Fehler aufgetreten, Ihre Nachricht konnte
        nicht verschickt werden</p>';
    }
  }
?>
```

Im Anschluss werden die Kopfzeilen vorbereitet (in diesem Beispiel wird der Absender fix eingestellt), und die Nachricht wird, wie bereits beschrieben, in das MIME-Format konvertiert. Der Versand der Nachricht erfolgt wie in Kapitel 5.6.3 über die *Mail*-Klasse von PEAR. In diesem Beispiel wird als Backend die von PHP zur Verfügung gestellte *mail*-Funktion verwendet.

```
<FORM action="send_image.php" method="POST">
<table summary="Bilder">
  <caption>Bilder</caption>
  <tbody>
    <tr>
      <td><IMG src="img1.jpg" alt="Bild 1" border="0"></td>
      <td><IMG src="img2.jpg" alt="Bild 2" border="0"></td>
      <td><IMG src="img3.jpg" alt="Bild 3" border="0"></td>
    </tr>
    <tr align="center">
      <td>Bild 1<INPUT type="radio" checked name="img"
      value="img1.jpg"></td>
      <td>Bild 2<INPUT type="radio" name="img" value="img2.jpg"></td>
      <td>Bild 3<INPUT type="radio" name="img" value="img3.jpg"></td>
    </tr>
  </tbody>
</table>
<p>Nachricht (max. 400 Zeichen):</p>
<textarea name="message" cols="50" rows="10"></textarea>
<p>Empfänger:</p>
```

```
<INPUT type="text" name="email" size="25">
<INPUT type="submit" name="submit" value="Abschicken">
<INPUT type="reset" name="reset" value="Reset">
</FORM>
</body>
</html>
```

Der restliche HTML-Code ist sehr schlicht und stellt die Auswahl der Bilder und die Textfelder für Nachricht und Empfänger zur Verfügung.

5.7 PDF-Dokumente erzeugen

Als Adobe 1993 die Version 1.0 des *Portable Document Format* (PDF) auf den Markt brachte, versuchte Adobe damit ein plattformunabhängiges Format für den Austausch digitaler Dokumente zu etablieren. Mehr als zehn Jahre später kann man sagen, dass diese Strategie gut funktioniert hat. Der kostenlose Arcobat-Reader ist auf den meisten aktuellen Computersystemen installiert.

PDF schafft es, Vektorgrafik, Text und Rasterbilder in einem exakten Layout zu verbinden. PDF-Dokumente sollen unabhängig vom Betriebssystem immer gleich aussehen, egal welche Schriftarten oder Farben verwendet werden.

5.7.1 Clibpdf und PDFlib

Zur Erzeugung von PDF-Dokumenten können in PHP zwei verschiedene Bibliotheken verwendet werden, wenn sie bei der Installation berücksichtigt wurden: *Clibpdf* (http://www.fastio.com/) und *PDFlib* (http://pdflib.com). Für beide Produkte gibt es unterschiedliche Lizenzen, und für den privaten Gebrauch sind beide frei verfügbar. PDFlib-Lite ist eine freie Variante der PDFlib, die unter einer Open-Source-Lizenz verwendbar ist.

Hinweis

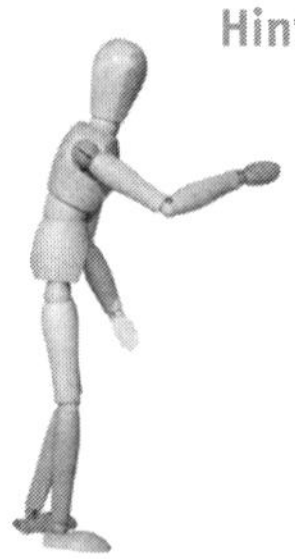

Wer mit den Einschränkungen dieser Lizenz nicht leben kann, hat noch die Möglichkeit, auf eine gänzlich freie Implementierung zurückzugreifen: Unter http://www.fpdf.org/ steht eine rein in PHP programmierte Bibliothek zum Erzeugen von PDF-Dokumenten zur Verfügung. Die Anwendung unterscheidet sich aber wesentlich von den in den folgenden Abschnitten besprochenen Möglichkeiten.

Eine weitere freie PDF-Bibliothek ist im Zend-Framework enthalten. Ein ausführliches Beispiel dazu finden Sie in Abschnitt 6.4.

5.7.2 PDFlib und PDFlib-Lite

Die *PDFlib* ist eine Bibliothek zum Erstellen von hochwertigen PDF-Dokumenten. Seit 2000 wird sie durch die in Deutschland ansässige *PDFlib GmbH* vertrieben, deren Geschäftsführer und geistiger Vater Thomas Merz ist. Wer keine kommerzielle Lizenz der Bibliothek kaufen möchte und auf einige spezielle Funktionen der PDFlib verzichten kann (zum Beispiel auf die Verschlüsselung von Dokumenten oder auf das Kerning von Fonts), dem steht die *PDFlib-Lite* zur Verfügung. Die Lizenz der Open-Source-Variante weist ausdrücklich darauf hin, dass der komplette Quellcode des eigenen Programms der Öffentlichkeit zur Verfügung gestellt werden muss.

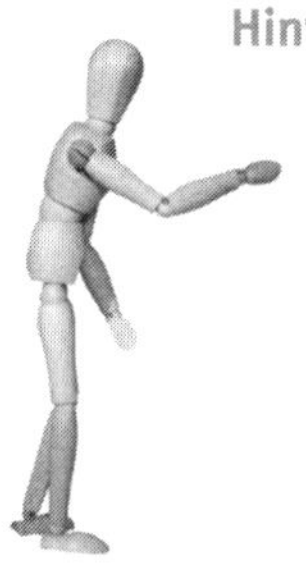

Hinweis

Die Unterschiede zwischen *PDFlib* und *PDFlib-Lite* und deren Lizenzen sind auf der Internetseite der *PDFlib GmbH* aufgeführt.

http://www.pdflib.com/fileadmin/pdflib/pdf/license/PDFlib-license.pdf
http://www.pdflib.com/fileadmin/pdflib/pdf/features/PDFlib_7_features.pdf
http://www.pdflib.com/products/pdflib-family/pdflib-lite/pdflib-lite-licensing/

Für die Beispiele in diesem Buch reichen die Funktionen der Lite-Version auf jeden Fall aus.

Mit PHP 5 wurden die *PDFlib*-Erweiterungen aus dem Kern von PHP entfernt und in das *PECL Repository* übertragen. Das bedeutet, dass die *PDFlib* nun als Extension für PHP zur Verfügung steht und nicht mehr bei der Installation von PHP berücksichtigt werden muss. Für Administratoren reicht der Aufruf von

```
root# pear install pecl/pdflib
```

und das Modul steht für die PHP-Anwendungen zur Verfügung (natürlich muss die *PDFlib* zuerst installiert werden). Leider benötigt man für diesen Vorgang *root*-Rechte auf dem Webserver, was in den meisten Fällen nicht üblich ist. In den Foren von http://www.pear-forum.de/ gibt es einige Tipps, wie man PEAR-Installationen auch ohne *root*-Rechte schafft, das würde diesen Rahmen aber sprengen. Weiters muss, um das Modul automatisch zur Verfügung zu haben, ein Eintrag in der PHP-Konfigurationsdatei erfolgen, der PHP anweist, die Erweiterung zu laden. Unter Linux könnte das zum Beispiel so aussehen:

```
extension=pdf.so
```

Wer keine Schreibberechtigung für die Konfigurationsdatei hat, kann das Modul aber auch im PHP-Code laden. Dabei reicht der Aufruf für das dynamische Laden der Bibliothek (*dl*):

```
dl("pdf.so");
```

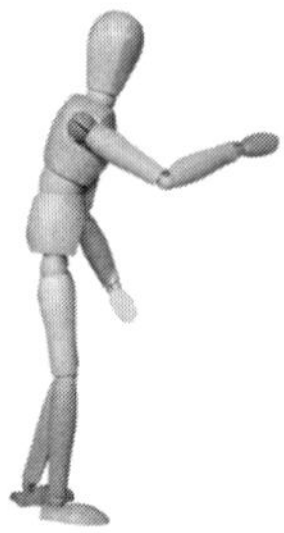

Hinweis

Leider konnten die PEAR-Module mit der Entwickler-Version von PHP 5.3 nicht getestet werden, da die Installation regelmäßig abbrach. Bis zur Fertigstellung von PHP 5.3 sollten die Module und der PEAR-Installer aber angepasst sein. Alle Beispiele, die ein PEAR-Modul verwenden, wurden mit der in Ubuntu 8.04 verwendeten PHP-Version 5.2.4 getestet.

5.7.3 PDF-Logo erstellen

Um die Funktionsweise der PDFlib vorzuführen, wird ein einfaches Logo erzeugt. Der Anwender hat die Möglichkeit, einen kurzen Text einzugeben (zum Beispiel den Namen des Unternehmens) und die Schriftart auszuwählen. Danach wird der Button LOGO ERZEUGEN gedrückt und das Logo erstellt. Unser PHP-Programm soll dafür sorgen, dass sich die Größe des Logos nach der Länge der Zeichenkette richtet.

Die HTML-Eingabemaske enthält neben dem Textfeld noch eine Auswahlliste mit Schriftarten. Damit der PHP-Code keine Probleme macht, sollte man sicherstellen, dass die Schriftarten auch zur Verfügung stehen.

```
<FORM action="create_pdflogo.php" method="POST">
  Text:<INPUT type="text" name="company_name" size="20">
  Font: <SELECT name="font_name">
    <option value="Times">Times</option>
    <option value="Helvetica" selected>Helvetica</option>
    <option value="Courier">Courier</option>
  </SELECT>
  <INPUT type="submit" name="logo" value="Logo erzeugen">
</FORM>
```

Der PHP-Code beginnt mit den bereits bekannten Überprüfungen, ob das Formular abgeschickt worden ist und ob die eingegebene Zeichenkette nicht zu lang ist:

```
<?php    // Datei pdf/create_pdflogo.php
if ($_POST['logo'] === 'Logo erzeugen') {
  $company_name = $_POST['company_name'];
  if (strlen($company_name) > 35) {
    echo 'Es können maximal 35 Zeichen eingegeben werden';
    echo 'Sie haben '.strlen($company_name). ' verwendet';
    exit();
  }
```

Im nächsten Schritt wird das PDF-Dokument initialisiert. Der Aufruf *pdf_new()* erzeugt das PDF-Objekt und wird in der Variable *$pdf* gespeichert. Anschließend wird die Ausgabe von Warnungen unterdrückt, da ein vorzeitiges Senden der Kopfzeilen die korrekte Anzeige des PDF-Dokuments verhindert. Der Funktion *pdf_open_file* übergibt man als ersten Parameter das PDF-Objekt und als zweiten Parameter den Namen der zu erzeugenden Datei. Wird, wie im vorliegenden Beispiel, eine leere Zeichenkette übergeben, so wird das Dokument im elektronischen Speicher erzeugt, also *on-the-fly*. Zusätzliche Informationen über das Dokument werden mit *pdf_set_info* festgelegt. Neben dem Autor, Titel, Erzeuger und Schlüsselwörtern können auch frei definierte Eigenschaften gespeichert werden.

```
$pdf = pdf_new();
pdf_set_parameter($pdf, 'warning', 'false');
pdf_open_file($pdf, "");
pdf_set_info($pdf, "Creator", "create_pdflogo.php (PHP: "
  .phpversion().")");
pdf_set_info($pdf, "Author", "Bernd Oeggl");
pdf_set_info($pdf, "Title", "Logo: $company_name");
```

Um den Schriftzug auf der Seite zu zentrieren und das Seitenformat an die Schrift anzupassen, sind einige Berechnungen notwendig. Alle Längenangaben erfolgen in Postscript-Punkt, wobei 1 Postscript-Punkt ungefähr 0.3527777778 Millimetern entspricht.

```
$border = 20;
$font_size = 16;
$font = pdf_findfont($pdf, $_POST['font_name'], 'iso8859-1', 0);
$string_width = pdf_stringwidth($pdf, $company_name, $font,
  $font_size);
$width = $height = $string_width+$border*2;
$center = $width/2;
```

Durch *pdf_findfont* wird die Schriftart (aus der HTML-Auswahlliste) im richtigen Encoding gesucht und der Variable *$font* zugewiesen. Der vierte Parameter (in diesem Fall *0*, also *FALSE*) entscheidet darüber, ob die Schriftart im PDF eingebettet werden soll oder nicht. Diese Optionen sollte man nur bei der Verwendung von ausgefallenen Schriftarten in Betracht ziehen. Anschließend wird über den Aufruf an *pdf_stringwidth* die Laufweite des Schriftzugs errechnet. Da unterschiedliche Schriftarten eine unterschiedliche Laufweite aufweisen, ist es unerlässlich, diesen Wert zu ermitteln. Nachdem die wichtigsten Längen ermittelt worden sind, kann das Zeichnen beginnen:

```
pdf_begin_page($pdf, $width, $height);
pdf_setcolor($pdf, 'fill', 'gray', .9);
pdf_rect($pdf, 0, 0, $width, $height);
pdf_fill($pdf);
pdf_setcolor($pdf, 'fill', 'gray', 1);
pdf_arc($pdf, $center, $center, $string_width/2, 0, 360);
pdf_fill($pdf);
pdf_setcolor($pdf, 'fill', 'gray', .9);
pdf_arc($pdf, $center, $center, $string_width/10, 0, 360);
pdf_fill($pdf);
```

Eine neue Seite wird mit den ermittelten Werten für Breite und Höhe begonnen. In diesem Fall ist sie quadratisch. *pdf_setcolor* stellt – wie zu erwarten – die Farbe ein, wobei hier zwischen der Füllfarbe (*fill*) und der Stiftfarbe (*stroke*) gewählt werden kann; oder man setzt Beides zugleich (*both*). Die eigentliche Farbe kann in unterschiedlichen Farbräumen (*gray, rgb, cmyk, lab, spot*) eingegeben werden, wobei die Lite-Version der PDFlib nur die Standardverfahren *gray, rgb* und *cmyk* unterstützt. Je nach gewähltem Farbraum werden ein bis vier Parameter (Gleitkommazahlen von 0 bis 1) benötigt, um den Farbton zu beschreiben. Nun wird der gesamte Hintergrund mit einem Grauton von 0.9 gefüllt (*pdf_rect/pdf_fill*). Ein weißer Kreis (*pdf_arc*) mit dem Radius der halben Länge der Zeichenkette wird im Zentrum platziert und von einem kleineren grauen Kreis überlagert. Der Aufruf *pdf_fill* füllt die jeweils zuvor gezeichnete Form. Anschließend wird noch der Text, jetzt in dunklem Blau, positioniert:

```
pdf_setcolor($pdf, 'both', 'rgb', 0, .2, .6);
pdf_setfont($pdf, $font, $font_size);
pdf_set_value($pdf, "textrendering", 0);
pdf_show_xy($pdf, $company_name,
  $center-$string_width/2, $center-$font_size/2);
```

Der PDF-Wert *textrendering* entscheidet über das Aussehen der Schrift. So bedeutet *0* zum Beispiel, dass die Buchstaben gefüllt werden, *1* hingegen zeichnet nur die Randlinie. Durch die Positionierung in der Hälfte der Stringlänge und auf der halben Stringhöhe vom Zentrum wird der Text in *pdf_show_xy* genau in der Mitte des Dokuments gesetzt. Zum Abschluss wird das Dokument gespeichert und an den Browser geschickt:

```
pdf_end_page($pdf);
pdf_close($pdf);
$output = pdf_get_buffer($pdf);
$length = strlen($output);
header("Content-type: application/pdf");
header("Content-Length: $length");
header("Content-Disposition: inline; filename=your_logo.pdf");
echo $output;
pdf_delete($pdf);
```

pdf_end_page beendet die aktuelle Seite, und *pdf_close* schließt das Dokument ab (natürlich ist es auch möglich, mehrseitiges PDF zu produzieren). Da die Datei nicht auf der Festplatte gespeichert wird, legt man den Inhalt über den Aufruf *pdf_get_buffer* in einer Variable, hier *$output*, ab. Um ganz sicherzugehen, dass sich kein Browser an dem veränderten *Content-type* verschluckt, kann man noch die Größe der Datei im Feld der *Content-Length* übergeben. Nach den drei Kopfzeilen reicht ein einfaches *echo*, um den Inhalt auszugeben. Mit *pdf_delete* werden explizit alle Ressourcen freigegeben, die in Zusammenhang mit dem PDF-Objekt stehen.

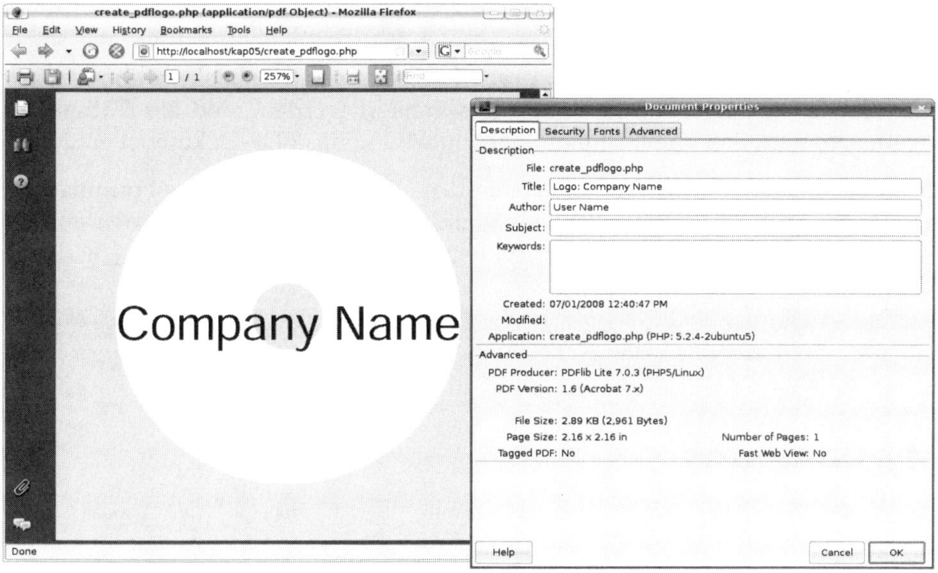

Abbildung 5.4: PDF-Ausgabe von create_pdflogo.php im Acrobat Reader

5.7.4 Eine PDF-Rechnung mit PHP

Bei offiziellen Dokumenten wie Rechnungen oder Bestätigungen wird Wert darauf gelegt, dass der Ausdruck auch immer das gleiche Layout aufweist. HTML ist hier nicht ausreichend, da die gleiche Seite von unterschiedlichen Browsern nicht immer gleich ausgedruckt wird. Hier kann PDF seine Stärken ausspielen, da die Objekte millimetergenau platziert sind.

Im folgenden Beispiel wird ein Web-Interface für Außendienstmitarbeiter einer Firma erstellt. Nachdem ein Techniker seine Arbeit vor Ort erledigt hat, meldet er sich an der Webseite seiner Firma an und gibt dort die gerade erledigte Arbeit ein. Aus diesen Informationen wird eine Rechnung als PDF-Dokument erzeugt, die der Mitarbeiter direkt ausdruckt und unterschreibt. Das allein würde den Aufwand noch nicht rechtfertigen, könnte doch der Techniker auch ein ausgedrucktes Formular bei sich haben und es auf herkömmliche Weise, analog sozusagen, ausfüllen.

Der zusätzliche Nutzen entsteht dadurch, dass die Daten zur Arbeitszeit und zum Auftrag des jeweiligen Mitarbeiters in der zentralen Datenbank der Firma gespeichert werden. Das erspart nicht nur den Mitarbeitern ein erneutes Ausfüllen von Stundenlisten, sondern ermöglicht auch den boomenden *Human-Ressource-Management*-Abteilungen einfachen Zugriff auf die zu optimierenden Daten der MitarbeiterInnen.

Die Webschnittstelle

Beim Ausfüllen der Rechnung hat der Mitarbeiter die Möglichkeit, unterschiedliche Arbeiten einzugeben, die am Ende summiert werden. Sind alle Tätigkeiten eingetragen, wird das Webformular abgeschickt und das PDF-Dokument erzeugt.

job_accounting.php enthält in erster Linie den HTML-Code, der das Formular zur Eingabe der Stunden bereitstellt. Bereits eingegebene Tätigkeiten werden auf der Webseite angezeigt und in einer versteckten Variable mitgeführt.

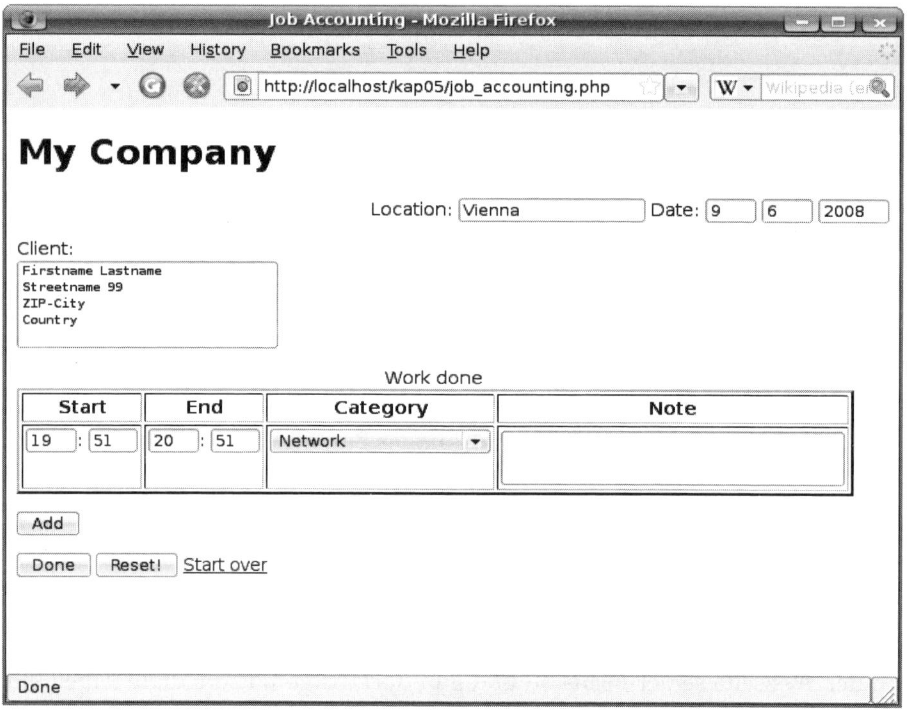

Abbildung 5.5: Eingabemaske zum Erzeugen von Rechnungen

Der PHP-Quelltext für die Webschnittstelle enthält wenig Besonderheiten:

```
<?php
// aktuelles Datum und Zeit berechnen:
$start = localtime(time()-3600, 1);
$end = localtime(time(), 1);
if (isset($_POST['add']) || isset($_POST['done'])) {
  $work_done = unserialize(urldecode($_POST['work_done']));
}
```

Zu Beginn werden eine Startzeit (*$start*) und eine Endzeit (*$end*) berechnet, um die Formularfelder teilweise im Voraus auszufüllen. Die Startzeit wird dabei auf eine Stunde vor der aktuellen Zeit gestellt (*time()-3600*). Egal welcher Button angeklickt wurde (ADD oder DONE), zu Beginn muss der Inhalt der versteckten Variable *$work_done* deserialisiert werden. Die Methode des Serialisierens bietet sich an, um eine komplexe Variable in eine speicherbare Textform zu bringen. In diesem speziellen Fall muss der Inhalt zuerst noch decodiert werden (*urldecode*), da Sonderzeichen bei einem *HTTP-Request* verloren gehen.

```
if (isset($_POST['add'])) {
  $duration = (mktime($_POST['end_hour'],$_POST['end_min']) -
      mktime($_POST['begin_hour'], $_POST['begin_min']))/60;
  $work_done[] = array ($_POST['category'], $_POST['begin_hour'],
      $_POST['begin_min'], $_POST['end_hour'], $_POST['end_min'],
      $_POST['anno'], $duration);
} else if (isset($_POST['done'])) {
  // hier kann die Arbeit in die Datenbank gespeichert werden
  require_once 'PdfInvoice.php';
  $invoice = new PdfInvoice();
  $invoice->init('Firstname Lastname', '99',
      explode("\n", $_POST['client']), $work_done);
  $invoice->show();
}
?>
```

Soll ein Eintrag hinzugefügt werden (*$_POST['add']*), wird in die Array-Variable *$work_done* ein weiteres Element eingetragen. Ist die Rechnung fertig und soll das PDF-Dokument generiert werden, wird eine Instanz der Klasse *PdfInvoice* erzeugt. In der *init*-Methode werden die Daten für die Rechnung übergeben, und anschließend wird das PDF mit *show()* ausgegeben.

Im HTML-Code fehlt noch das Serialisieren und Übergeben der versteckten Variable mit den bereits eingetragenen Arbeiten. Um beim HTTP-Versand keine Zeichen zu verlieren, wird der serialisierte String dem Standard konform kodiert. Diese Kodierung entspricht im Wesentlichen den Vorgaben im *RFC1738*.

```
<input type="hidden" name="work_done" value='<?php
  echo urlencode(serialize($work_done)); ?>'>
```

Natürlich kann man hier auch mit Cookies arbeiten, um die Informationen zu transportieren. In unserem Beispiel sitzt der Außendienstmitarbeiter aber an einem fremden Computer, auf dem keine Spuren hinterlassen werden sollen. Das betrifft auch Cookies, die der Browser auf der Festplatte speichert.

Die Klasse PdfInvoice

Während die Logik des Programms in der Datei job_accounting.php liegt, erzeugt die Klasse PdfInvoice.php die PDF-Rechnung. Dadurch besteht die Möglichkeit, die Klasse auch aus einer anderen Anwendung heraus aufzurufen. Da die meisten PDF-spezifischen Funktionen schon im vorangegangenen Beispiel beschreiben worden sind, werden hier nur neue Funktionen vorgestellt.

Zu Beginn werden Variablen definiert, die das Aussehen der Rechnung bestimmen, wie zum Beispiel die Dimensionen einer DIN-A4-Seite in Postscript-Punkt und die nach DIN-5008 vorgesehene Position des Adressfeldes auf der Seite:

```
// DIN-A4-Seite
var $width = 595.3;
var $height = 842;
// DIN-5008-Angaben für das Adressfeld
var $addr_x = 56.7;
var $addr_y = 700.3;
var $addr_width = 241;        // 85 mm
var $addr_height = 113.4;     // 40 mm
```

Die variablen Inhalte der Rechnung werden der *init()*-Funktion übergeben, die im nächsten Schritt Hilfsfunktionen aufruft, um die Elemente der Rechnung zusammenzusetzen:

```
function init($creator, $invoice_nr, $client, $work) {
  $this->pdf = pdf_new();
  $this->creator = $creator;
  pdf_open_file($this->pdf, "");
  pdf_set_parameter($this->pdf, 'warning', 'false');
  pdf_set_info($this->pdf, "Creator", "pdf_invoice.php (PHP "
    .phpversion().")");
  pdf_set_info($this->pdf, "Author", $this->company .": $creator");
  pdf_set_info($this->pdf, "Title", "Invoice: $invoice_nr");
  pdf_begin_page($this->pdf, $this->width, $this->height);
  $this->_draw_tics();
  $this->_write_letterhead();
  $this->_write_address($client);
  $this->_draw_work_table($work, $invoice_nr);
  $this->_draw_footer();
}
```

Hier ist ein Ansatzpunkt für Verbesserungen des Beispiels: Soll die Ausgabe der Rechnung möglichst flexibel bleiben, so muss das Einbinden von Hilfsfunktionen wie *_draw_tics()* optional sein. Das kann zum Beispiel durch das Setzen einer Statusvariable in der *PdfInvoice*-Klasse erreicht werden, oder man gliedert den Funktionsaufruf an *_draw_tics* aus der *init*-Funktion aus.

Eine sehr kurze, aber nützliche Hilfsfunktion im vorliegenden Beispiel ist *_line_-from_to(x, y, x2, y2)*. Da in diesem Beispiel mehrere Linien gezeichnet werden, verkürzt sich der Aufruf von drei Funktionen der PDF-Bibliothek auf eine interne Hilfsfunktion:

```
function _line_from_to($x,$y,$x2,$y2) {
  pdf_moveto($this->pdf, $x, $y);
  pdf_lineto($this->pdf, $x2, $y2);
  pdf_stroke($this->pdf);
}
```

Eine neue Funktion aus der PDF-Implementierung wird beim Setzen der Adresse verwendet:

```
pdf_show_xy($this->pdf, $client[0], $x, $y);
for ($i=1; $i<count($client); $i++) {
  pdf_continue_text($this->pdf, $client[$i]);
}
```

Die Array-Variable *$client* enthält pro Element eine Zeile der Adresse des Kunden. Die erste Zeile wird mit *pdf_show_xy* an die angegebene Position gesetzt, und die folgenden Zeilen werden innerhalb der *for*-Schleife mit *pdf_continue_text* platziert. Dabei kümmert sich die Funktion selbst um die x- und y-Position des Textes und erspart dem Programmierer das lästige Berechnen der Zeilen und Zeichenhöhe.

Das Firmenlogo, ein Bild im PNG-Format, wird im Kopf der Rechnung platziert. Die PDFlib-Funktionen zum Einbinden von Grafiken sind sehr einfach:

```
function _write_letterhead() {
  $letterhead = pdf_open_image_file($this->pdf, 'png',
      $this->letterhead_logo);
  pdf_place_image($this->pdf, $letterhead, 0,
      $this->height-100, 0.6);
}
```

Nachdem das Bild geöffnet und der Variable *$letterhead* zugewiesen worden ist, positioniert *pdf_place_image* das Bild an den angegebenen Koordinaten (der Ursprung des Koordinatensystems ist die linke untere Ecke) mit der gewünschten Skalierung (0.6 in diesem Beispiel).

Verbesserungsvorschläge und Erweiterungen

Das Beispiel stellt nur die Minimalversion dieser Anwendung dar. Interessante Erweiterungen wären in mehreren Bereichen denkbar:

- Wie bereits erwähnt wurde, kann das Aussehen der Rechnung flexibler gestaltet werden, um die Klasse universeller einsetzbar zu machen. Dazu wäre es nötig, die Aufrufe an die internen Funktionen (*_draw_tics* oder *_write_letterhead*) nur auf Wunsch auszuführen. Dazu könnten Sie zum einen die Aufrufe aus der *init*-Funktion herausnehmen und diese Arbeit der aufrufenden Applikation überlassen. Standardmäßig wäre die Funktion somit deaktiviert. Zum anderen könnte die Ausführung über Variablen gesteuert werden, die den Status *Ein* oder *Aus* darstellen. Dadurch kann der Defaultstatus auf *Ein* sein, und die Applikation kann die Funktion über das Setzen der Variable auf *Aus* deaktivieren.

- Die Eingabe der Kundenadresse sollte mit der Kundenkartei abgeglichen werden. Ist ein Kunde bereits in der Adressdatei vorhanden, soll die Adresse aus der Datenbank ausgelesen werden; ist es ein Neukunde, wird die Datenbank um die Adresse ergänzt.
- Ein weiterer Mangel ist die Ausgabe von Kommentaren des Außendienstmitarbeiters auf der PDF-Rechnung. Ist die Zeichenkette zu lang, gibt es keinen automatischen Zeilenumbruch in der Tabelle. Hier wäre es zumindest notwendig, die Länge der Zeichenkette (*pdf_stringwidth*) mit der Breite der Spalte zu vergleichen und den Text im Zweifelsfall zu kürzen. Natürlich ist es auch möglich, den Text aufzuteilen und in mehrere Zeilen zu schreiben. Dabei darf man nur die Y-Position nicht aus den Augen verlieren, da sie zum weiteren Setzen der Rechnung wichtig ist.

  Will man die Rechnung sehr flexibel gestalten, muss man irgendwann den Seitenumbruch in Bedacht ziehen. Werden zu viele einzelne Arbeiten aufgelistet, sollte eine neue Seite erzeugt werden, die die Rechnung vervollständigt. Für das hier angeführte Beispiel ist das wohl nicht unbedingt notwendig.
- Das Ausstellen der Rechnung sollte natürlich nur für Mitarbeiter der Firma möglich sein. Um das zu garantieren, muss die Seite mit einem Passwort geschützt werden. Dazu bieten sich entweder die in Kapitel 5.2 vorgestellten Möglichkeiten zur Validierung an, oder man verwendet eine Funktion des Webservers (*htaccess* bei Apache). Der wahre Benutzername kann dann aus der Variable *$_SERVER['PHP_AUTH_USER']* an die *init*-Funktion der *PdfInvoice*-Klasse übergeben werden.

5.8 Grafik mit PHP

Durch das Einbinden der im UNIX-Umfeld weit verbreiteten GD-Bibliothek ist es möglich, mit einfachen PHP-Aufrufen binäre Bilddaten zu erzeugen. Ähnlich zu den in Kapitel 5.7 vorgestellten Techniken kann mit der GD-Bibliothek Pixelgrafik in unterschiedlichen Formaten generiert werden. Im Vergleich zu PDF haben Grafiken in gängigen Pixelformaten den Vorteil, dass kein externes Programm oder Plug-In im Browser geladen werden muss. Zudem können JPEG-oder PNG-Dateien heutzutage nicht nur auf PCs angeschaut werden, sondern auch auf besseren Mobiltelefonen oder auf einem PDA.

Seit PHP Version 4.3 wird eine Variante der GD-Bibliothek mit dem Quellcode mitgeliefert. Die PHP-Dokumentation weist darauf hin, dass diese Version in jedem Fall der externen GD-Bibliothek zu bevorzugen ist, da sie einige Funktionen (wie etwa *alpha blending*) beinhaltet, die das Original noch nicht hat. Die Ausgabe kann im GIF-, JPEG-, PNG- oder XPM-Format erfolgen.

Nahezu alle GD-Funktionsaufrufe in PHP beginnen mit *imagexxx*, so dass sich etwas wie ein eigener Namensraum für diese Bibliothek ergibt. Einige wichtige Aufrufe sind *imagecreate*, *colorallocate*, *imageline* und *imagestring*.

imagecreate($w, $h)	initialisiert das Bild mit der Breite *$w* und der Höhe *$h* und gibt eine Referenz darauf zurück.
colorallocate($i, $r,$g,$b)	erzeugt eine Farbe aus den RGB-Werten *$r, $g, $b* für das Bild *$i.*
imageline ($i, $x1, $y1, $x2, $y2, $col)	zeichnet eine Linie von *$x1, $y1* nach *$x2, $y2* in der Farbe *$col.*
imagestring($i, $font, $x, $y, $string, $col)	positioniert den Text *$string* an der Stelle *$x, $y* mit dem Font *$font* und der Farbe *$col.*

Grafische Darstellung der Daten einer automatischen Wetterstation

Automatische Wetterstationen (AWS) zeichnen meteorologische Daten, wie Temperatur, Windgeschwindigkeit oder relative Feuchte, in definierten Zeitabständen auf. Weltweit stehen unzählige dieser Geräte im Gelände und speichern diese Daten auf digitalen Datenträgern oder senden sie direkt an eine Zentrale. Das Datenformat ist in der Regel ein einfaches ASCII-Format mit beliebigen Trennzeichen. Die Daten im folgenden Beispiel stammen von einer Wetterstation in Nord-Island und haben folgendes Format:

```
2003,20,1700,-6.868,77.8,.229,6.842,1.998
2003,20,1800,-6.734,72.4,-.229,6.004,22.07
2003,20,1900,-7.44,83.7,-.229,7.08,19.6
```

Die Einträge sind durch Kommas getrennt und bedeuten der Reihe nach: Jahr, Tag im Jahr, Uhrzeit, Temperatur [° C], relative Feuchte [%], Globalstrahlung [W/m^2], Windstärke [m/s] und Windrichtung [°].

Für das folgende Beispiel soll die Temperatur dieser Station grafisch dargestellt werden, wobei der Benutzer den Zeitraum der Auswertung im Vorfeld auswählen kann. Das Ziel ist es, den Tagesverlauf der Temperatur in einem Diagramm mit Gitternetz aufzutragen.

Die Webschnittstelle

Der Anwender soll den auszuwertenden Tag aus einer Liste der vorhandenen Datensätze auswählen können und als Ergebnis ein PNG-Bild im Browser angezeigt bekommen. Um die Liste der gültigen Tage zu erzeugen, muss als Erstes die Datendatei eingelesen werden. Dies geschieht am Beginn von show_temp.php.

```
<?php    // Datei: show_temp.php
  $lines = file("s01_0803.dat");
  foreach ($lines as $l) {
    $entries = explode(",", $l);
    $days[$entries[1]] = $entries[0];
  }
?>
```

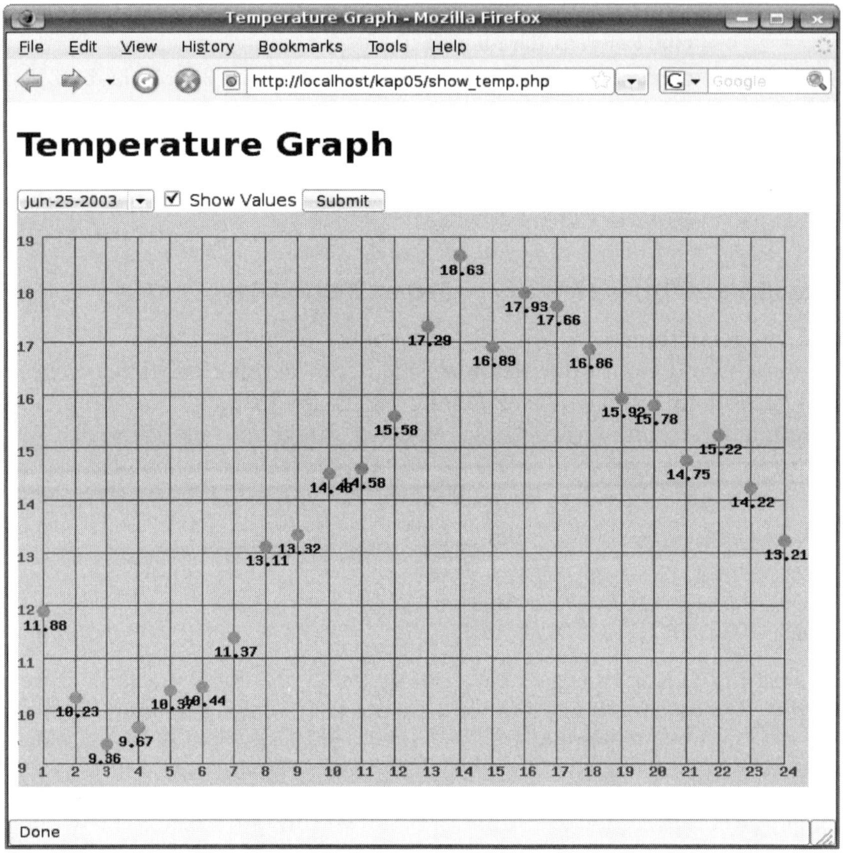

Abbildung 5.6: Auswertung der Temperaturen einer Wetterstation

Die Datendatei heißt also s01_0803.dat und liegt im selben Verzeichnis wie auch der PHP-Quelltext. Die *file*-Funktion liest die gesamte Datei in den Arbeitsspeicher und gibt eine zeilenweise aufgeteilte Array-Variable *$lines* zurück. Anschließend wird jede Zeile von *$lines* abgearbeitet und eine neue Variable *$days* erzeugt, die als Index den Tag der Auswertung und als Wert das Jahr speichert. Durch die Indizierung auf den Tag kommt jeder Tag genau einmal in dem Array vor. Ein Ausdruck der gefüllten Variable würde folgendermaßen aussehen:

```
Array
(
    [20] => 2003
    [21] => 2003
    [22] => 2003
    [23] => 2003
    [24] => 2003
    ...
)
```

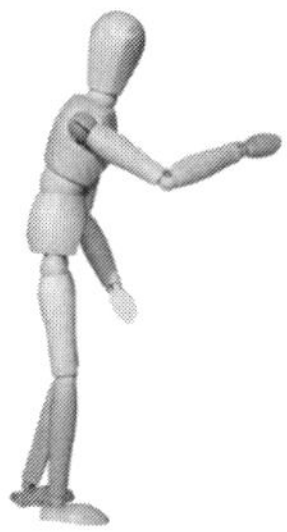

Hinweis

Beim Entwickeln einer Applikation ist es hilfreich, die Inhalte einer Variable auszugeben. PHP hat für Array-Variablen die Funktion *print_r($var)*. Um das Ganze in einer nichtproportionalen Schriftart zu sehen, kann ein *<pre>* dazu ausgegeben werden:

print "<pre>"; print_r ($days); print "</pre>";

Nachdem die Variable nun gefüllt ist, beginnt die HTML-Ausgabe und das Zusammenstellen des Formulars:

```
<!DOCTYPE HTML PUBLIC "-//W3C//DTD HTML 4.01 Transitional//EN"
  "http://www.w3.org/TR/html4/loose.dtd">
<html>
<head>
  <title>Temperature Graph</title>
  <meta http-equiv="Content-Type" content="text/html;
  charset=iso-8859-1">
</head>
<body>
<h1>Temperature Graph</h1>
<form method="post" action="show_temp.php" name="temp">
<select name="day" onchange="temp.submit()">
<?php
foreach ($days as $d=>$y) {
  print "<option value='$d'";
  if ($_POST['day'] == $d) {
    print " selected ";
  }
  print ">".date("M-d-Y", mktime(0, 0, 0, 1, $d, $y)).
    "</option>\n";
}
?>
</select>
<input type="checkbox" name="values"<?php
if (isset($_POST['values'])) {
  print " checked ";
}
?>
>
Show Values
<input type="submit" value="Submit">
</form>
```

Der JavaScript-Aufruf *onchange="temp.submit()"* übernimmt das Abschicken des Formulars, wenn das Datum geändert wird. Das Auswahlfeld für alle vorhandenen Tage wird in der Schleife über die Einträge der *$days*-Variable erzeugt, wobei das Array jeweils Tag und Jahr beinhaltet. Als Wert wird der Tag des Jahres übergeben, direkt so, wie es im Datenfile steht, angezeigt werden soll aber ein formatierter Datums-String. Dabei ist die *date*-Funktion im Zusammenspiel mit der *mktime*-Routine sehr praktisch.

mktime erzeugt einen UNIX-Timestamp, also die Zahl der Sekunden seit der UNIX-Epoche (dem 1.1.1970) bis zu dem angegebenen Zeitpunkt. Als Parameter übergibt man *mktime* Stunden, Minuten, Sekunden, Monat, Tag, Jahr und gibt an, ob es sich um eine Sommerzeit handelt oder nicht (0 oder 1). Von rechts nach links (also beginnend bei dem Schalter für die Sommerzeit) können die Werte weggelassen werden, und PHP setzt dafür die aktuellen Daten ein (ein *mktime()* ergibt also die aktuelle Zahl der Sekunden seit Beginn der UNIX-Epoche). Die *date*-Funktion formatiert diese Sekundenzahl dann frei nach den Wünschen des Programmierers, in diesem Fall als *M-d-Y*, also Monat-Tag-Jahr.

Um den eingestellten Tag auch beim neuerlichen Seitenaufbau richtig anzuzeigen, wird der Status der Variable *$_POST['day']* abgefragt und mit dem in der Schleife aktuellen Tag verglichen. Stimmen die Werte überein, wird *selected* ausgegeben, wodurch dieser Tag als ausgewählt angezeigt wird. Der gleiche Trick wird bei der Checkbox *values* verwendet, um den Status des Feldes beizubehalten.

Im letzten Abschnitt der Datei wird die Grafik angezeigt:

```
<?php
if (isset($_POST['day'])) {
  print "<img src='draw_temp.php?day=".$_POST['day']."&v=".
    $_POST['values']."' width='640' height='480' alt='Temperature'>";
} else {
  print "<p>Select a day.</p>";
}
?>
</body></html>
```

Im HTML-Code wird als Quelle für das Bild ein PHP-Programm angegeben, dem die Werte von *$_POST['day']* und *$_POST['value']* übergeben werden. Das eigentliche Zeichnen des Bildes erfolgt also in der Datei draw_temp.php.

Die grafische Ausgabe (draw_temp.php)

draw_temp.php beginnt mit einigen Definitionen zur Grafik und dem Verweis auf das Datenfile:

```
<?php    // Datei: gd/draw_temp.php
  $lines = file("s01_0803.dat");
  $width = 640;
  $height = 480;
  $border = 20;
```

```
require_once "CoordSystem.php";

foreach ($lines as $l) {
  $entries = explode(",", $l);
  if ($entries[1] == $_GET['day']) {
    $temp[$entries[2]] = $entries[3];
  }
}
```

Die Bibliothek CoordSystem.php, die in weiterer Folge ein Gitternetz zeichnen soll, wird eingebunden, und das Datenfile wird erneut eingelesen. Dieses Mal werden aber die Einträge an der Position 2 und 3 gespeichert, also die Uhrzeit und der Wert des Temperatursensors.

```
$hour = ($width - $border*2)/23;
$y_draw_range = array(floor(min($temp)), ceil(max($temp)));
$deg = ($height - $border*2)/($y_draw_range[1]-$y_draw_range[0]);
```

Im nächsten Schritt werden die Einheiten für das Diagramm berechnet: Wie viel Pixel entsprechen einem Grad und wie viel Pixel einer Stunde? Für die X-Achse (*$hour*) ist das sehr einfach: Von der gesamten Breite wird ein definierter Rand abgezogen (natürlich zweimal, da der Rand ja auf beiden Seiten erscheinen soll) und durch 23 dividiert, um die 24 Stundenwerte auftragen zu können. Die Y-Achse soll auf die vorhandenen Werte skaliert werden, das heißt, dass zum Beispiel bei einem niedrigsten Wert von -4.8 Grad und einem höchsten von 8.3 Grad die Y-Achse von -5 bis 9 Grad reichen soll. Dazu wird zuerst die Variable *$y_draw_range* angelegt, die den niedrigsten und den höchsten Wert, jeweils nach unten (*floor*) bzw. nach oben (*ceil*) gerundet enthält. Die Pixel für ein Grad (*$deg*) berechnen sich danach aus der Höhe der Grafik weniger dem Rand, dividiert durch den Unterschied zwischen größtem und kleinstem Wert.

```
$im = imagecreate($width, $height);
$bgcolor = imagecolorallocate($im, 200, 200, 200);
$labelcolor = imagecolorallocate($im, 255, 0, 0);
$textcolor = imagecolorallocate($im, 0,0,0);
$grid = new CoordSystem($width-2*$border, $height-2*$border);
$grid->setGridColor(100, 100, 100);
$grid->setXDivisions(23);
$grid->setYDivisions($y_draw_range[1]-$y_draw_range[0]);
$grid->setYLabels($y_draw_range[0], $y_draw_range[1]);
$grid->setXLabels(1, 24);
$grid->draw($im, $border, $border);
```

Jetzt wird, mit dem Aufruf an die Funktion *imagecreate*, die Grafik initialisiert. Zu diesem Zeitpunkt ist es noch nicht notwendig, sich für ein Grafikformat zu entscheiden, in dem das fertige Bild ausgegeben wird. Um eine Farbe zu verwenden, muss sie zuerst mit *imagecolorallocate* erzeugt werden, wobei der erste Aufruf gleichzeitig die Hintergrundfarbe definiert. Im weiteren Verlauf werden also Farben für den Hintergrund (*$bgcolor*, Dunkelgrau), die Markierungspunkte (*$labelcolor*, Rot) und den Text (*$textcolor*, Schwarz) in RGB-Werten angegeben.

Da die Darstellung eines Gitternetzes nicht nur bei Temperaturkurven hilfreich ist, bietet es sich an, die Funktionen zum Zeichnen des Koordinatensystems möglichst generisch zu halten, um sie öfter verwenden zu können. Die Klasse *CoordSystem* übernimmt diese Arbeit. Sie wird im nächsten Abschnitt genauer beschrieben. Nachdem eine Instanz der Klasse mit den Dimensionen für Breite und Höhe erzeugt worden ist, wird der Klasse mitgeteilt, welche Farbe zum Zeichnen der Gitternetzlinien verwendet werden soll (*setGridColor*) und wie viele Unterteilungen es in der X- und der Y-Achse gibt (*setXDivisions, setYDivisions*). Mit *setXLabels* bzw. *setYLabels* kann noch eine Beschriftung der Achsen hinzugefügt werden. Wie später noch gezeigt wird, sind diese Funktionen optional. Abschließend wird mit *draw* die Funktion zum Zeichnen des Gitters aufgerufen. Ihr werden die Referenz auf das Bild und die Abstände vom linken und vom oberen Rand übergeben.

Nun geht es daran, die Werte in das Diagramm zu zeichnen. Eine Schleife über das Array, das den Zeitpunkt und die Temperatur enthält, erledigt das:

```
foreach ($temp as $time=>$val) {
  $x = $border + $time/100*$hour;
  $y = $height - ($border + ($val-$y_draw_range[0])*$deg);
  imagefilledellipse($im, $x, $y, 10, 10, $labelcolor);
  if ($_GET['v'] == "on") {
    imagestring($im, 3, $x-15, $y+5, $val, $textcolor);
  }
}
```

In der Schleife stehen die Variablen *$time* und *$val* zur Verfügung, wobei *$time* den Zeitpunkt der Messung in dem für diese Anwendung praktischen Format 0, 100, 200, usw. enthält und *$val* die Temperatur. Die X-Position des Punktes (*$x*) berechnet sich aus dem Abstand vom Rand (*$border*) plus der Pixelanzahl für eine Stunde (*$hour*), multipliziert mit der entsprechenden Stunde. Bei der Y-Position wird es ein wenig komplizierter: Der Ursprung des Koordinatensystems ist bei den Image-Funktionen von PHP links oben, die Temperatur wird aber von unten nach oben aufgetragen. Um die korrekte Position auf der Y-Achse zu ermitteln, geht man daher von der Gesamthöhe der Grafik aus (*$height*) und zieht dann den berechneten Punkt ab. Um die Y-Achse variabel zu halten, muss von dem Temperaturwert der kleinste Wert der Y-Skalierung (*$y_draw_range[0]*) abgezogen werden, bevor er mit dem Faktor für ein Grad (*$deg*) multipliziert wird.

Ist die Position erst ermittelt worden, gestaltet sich das Zeichnen des Symbols geradezu als trivial. *imagefilledellipse* erstellt die Markierung, in diesem Beispiel eine Ellipse mit gleicher X- und Y-Ausdehnung, also einen Kreis, in der vorher definierten Farbe *$labelcolor*. Die *if*-Abfrage nach *$_GET['v']* stellt noch fest, ob die Werte bei den Punkten als Text angezeigt werden sollen oder nicht. Steht die Variable auf *on*, werden sie mit *imagestring* unterhalb des Symbols positioniert. Fünf Schriftarten sind bei den Image-Funktionen von PHP vordefiniert, in diesem Fall wird der Font Nummer 3 verwendet.

Damit der Webbrowser das Bild auch als solches erkennt, muss das Script eine spezielle Kopfzeile schicken, in der der Ausgabetyp beschrieben wird. Im vorliegenden Beispiel soll ein PNG-Bild erzeugt werden, deshalb schickt das Programm den Header *"Content-type: image/png"*. Dadurch erkennt der Browser, dass es sich nun um Bilddaten handelt, und interpretiert diese entsprechend.

```
header("Content-type: image/png");
imagepng($im);
imagedestroy($im);
```

Die Ausgabe der Grafik erfolgt durch *imagepng($im)*, wobei die Daten direkt auf die Standardausgabe geschickt werden, in diesem Fall auf den Browser. Möchte man das Bild lieber in einer Datei speichern, ist es notwendig, den Dateinamen als zweiten Parameter an die *imagepng*-Funktion zu übergeben. Nachdem das Bild ausgeliefert worden ist, kann der belegte Speicher mit *imagedestroy($im)* freigegeben werden.

Das Gitternetz (CoordSystem.php)

Um das Beispiel zu vervollständigen, fehlt noch die Klasse, die das Gitternetz zeichnet. Wie bereits erwähnt, wurde versucht, die Funktionen möglichst allgemein zu halten, um sie in anderen Programmen wiederverwenden zu können. Die Klasse CoordSystem.php hat daher folgende Funktionen:

- Zeichnen eines Gitternetzes auf ein Image-Objekt
- Einstellen der Anzahl von Unterteilungen der X- und Y-Achse
- Einstellen der Farbe der Linien und Texte
- Erstellen der Beschriftungen für X- und Y-Achse

Die Einstellungen für Farbe, Unterteilungen und Beschriftungen werden über *set*-Methoden realisiert. Die übergebenen Werte bleiben in klasseninternen Variablen gespeichert, die am Beginn der Klasse definiert werden:

```
<?php    // Datei: gd/CoordSystem.php

class CoordSystem {

  var $w;
  var $h;
  var $gridcolor = array(0, 0, 0);
  var $div_x = 23;
  var $div_y = 10;
  var $y_labels;
  var $x_labels;

  function CoordSystem($width, $height) {
    $this->w = $width;
    $this->h = $height;
  }
```

Die Breite und Höhe des zu erstellenden Gitternetzes wird bereits beim Initialisieren der Klasse übergeben und kann deshalb schon im Konstruktor (*function CoordSystem)* verwendet werden. *$w* und *$h* halten also von Beginn an die Werte für die Breite und Höhe. *$div_x* und *$div_y*, die Anzahl der Unterteilungen der jeweiligen Achse, werden mit Defaultwerten initialisiert, die durch den Aufruf der Methode *setXDivisions(int)* aber jederzeit überschrieben werden können. Auch die Farbe für die Linien und den Text (*$gridcolor*) wird mit einem Standard-Wert (0, 0, 0, also Schwarz) gesetzt.

```
function draw($im, $x_off, $y_off) {
  $x_space = $this->w / $this->div_x;
  $y_space = $this->h / $this->div_y;
  $gridcolor = imagecolorallocate($im, $this->gridcolor[0],
      $this->gridcolor[1], $this->gridcolor[2]);
  // vertikale Gridlinien
  for ($i=0; $i<=$this->div_x; $i++) {
    $x = $i*$x_space+$x_off;
    $y = $y_off+$this->h;
    imageline($im, $x, $y_off, $x, $y, $gridcolor);
    if (isset($this->x_labels)) {
      imagestring($im, 3, $x-3, $y_off+$this->h, $i+1,
          $gridcolor);
    }
  }
  // horizontale Gridlinien:
  for ($i=0; $i<=$this->div_y; $i++) {
    $x = $x_off+$this->w;
    $y = ($i*$y_space+$y_off);
    imageline($im, $x_off, $y, $x, $y, $gridcolor);
    if (isset($this->y_labels)) {
      imagestring($im, 3, 0, $y-3, $this->y_labels[$i],
          $gridcolor);
    }
  }
}
```

Die Funktion *draw* ist das zentrale Element der Klasse. In ihr werden die Achsen berechnet und gezeichnet. Als Parameter werden, neben der Referenz auf das Bild auch ein Abstand vom linken und oberen Rand übergeben. Zwei Schleifen sind es letztlich, die Linien und Texte zeichnen. Sind die Variablen *$y_labels* oder *$x_labels* nicht gesetzt (d.h. die Funktionen *setXLabels* bzw. *setYLabels* wurden nicht aufgerufen), wird auch kein Text ausgegeben.

Erweiterungsmöglichkeiten

Auch bei diesem Beispiel gibt es noch Ansatzpunkte für Erweiterungen und Verbesserungen:

- Um wirklich universell einsetzbar zu sein, müsste die *CoordSystem*-Klasse noch einige Einstellungen mehr zur Verfügung haben. Die Beschriftung der Achsen kann im Moment nur numerisch, in ansteigender Form sein. Für andere Fragestellungen können aber durchaus auch Texte oder ein Datum erwünscht sein. Ein Lösungsvorschlag wäre, die Beschriftungen als Array an die *setX-Labels*-Funktion zu übergeben.
- Für den Vergleich unterschiedlicher Tage kann eine statische Y-Achse vorteilhaft sein. Diese Erweiterung ist sehr einfach zu realisieren, so reicht es aus, in der Datei `draw_temp.php` die Werte der Variable *$y_draw_range* anzupassen, und das Diagramm hat eine statische Y-Achse. Setzt man zum Beispiel

  ```
  $y_draw_range = array(-20, 20);
  ```

  so zeigt die Y-Achse die Werte von -20 bis 20 an, wobei auch die Punkte richtig positioniert werden. Um die Anwendung komfortabler zu gestalten, könnte man den Zeichenbereich der Y-Achse über Auswahlfelder vom Anwender einstellen lassen.

5.9 Reguläre Ausdrücke

5.9.1 Einführung

Reguläre Ausdrücke stellen eine sehr mächtige, aber leider auch nicht ganz einfache Methode zur Behandlung von Strings dar. Stellen Sie sich vor, Sie suchen eine Zeichenkette, die mit einem Großbuchstaben beginnt, auf den eine beliebige Anzahl von Kleinbuchstaben oder Zahlen folgt, und die auf .txt endet. Mit einem *regexp* (eine Kurzform für *Regular Expression*) ist das kein Problem:

```
[A-Z]{1}[a-z,0-9]+\.txt
```

Für das ungeschulte Auge ist diese Syntax nicht leicht verständlich. Leider können reguläre Ausdrücke auch noch viel komplizierter sein. Nichtsdestotrotz gibt es hier eine kurze Einführung in diese Art der Textverarbeitung.

Die ersten Implementierungen von Regular Expressions (*regexp* oder *regex*) kommen aus der UNIX-Welt und waren in dem Text-Editor *ed* und später in dem bekannten *grep*-Programm zu finden. Heute bieten moderne Textverarbeitungsprogramme wie OpenOffice oder Text-Editoren wie *vi(m), (x)emacs* und *Textpad,* reguläre Ausdrücke zum Suchen und Ersetzen von Text an.

Von den modernen Programmiersprachen war es vor allem Perl, wo es starke Bestrebungen für eine umfangreiche Umsetzung von Regular Expressions gab. Die Anstrengungen gingen so weit, dass in Perl der POSIX-Standard für reguläre Ausdrücke erweitert und etwas abgewandelt wurde. Diese neue Bibliothek heißt PCRE (Perl Compatible Regular Expressions) und wird heute in vielen großen Software-Produkten eingesetzt, wie zum Beispiel in *Apache, Python, KDE, nmap* und *PHP.*

PHP unterstützt zwei verschiedene *regexp*-Bibliotheken: die dem POSIX-Standard 1003.2 entsprechende Variante (mit den Funktionen *ereg** und *split**) und die Perl-kompatiblen Funktionen (*preg_**). Erstere sind voll im PHP-Sprachumfang enthalten, für *preg-** hingegen muss die oben erwähnte *PCRE*-Bibliothek auf dem System installiert sein. Die folgende Tabelle enthält die wichtigsten *regexp*-Funktionen beider Bibliotheken.

POSIX-Funktion	PCRE-Funktion	Beschreibung
ereg(i)	*preg_match(_all)*	Suche nach einer Zeichenkette
ereg(i)_replace	*preg_replace*	Ersetzen einer Zeichenkette
split(i)	*preg_split*	Aufteilen einer Zeichenkette in ein Array

Tabelle 5.1: Wichtige regexp-Funktionen

Um die Suche unabhängig von der Groß-/Kleinschreibung durchzuführen, wird bei den POSIX-regulären Ausdrücken eine eigene Funktion verwendet (*eregi, eregi_replace, spliti*), während die Anweisung bei den Perl-kompatiblen *regexp*s im Suchmuster erfolgt (angehängtes *i* nach dem End-Bezeichner, siehe auch das erste Beispiel im nächsten Abschnitt).

Die Suche nach Zeichenketten (*ereg(i)* und *preg_match*) wird normalerweise nach dem ersten Treffer abgebrochen und liefert *TRUE* zurück. Die *PCRE*-Bibliothek bietet mit *preg_match_all* auch die Möglichkeit, alle Übereinstimmungen in einem Dokument zu finden.

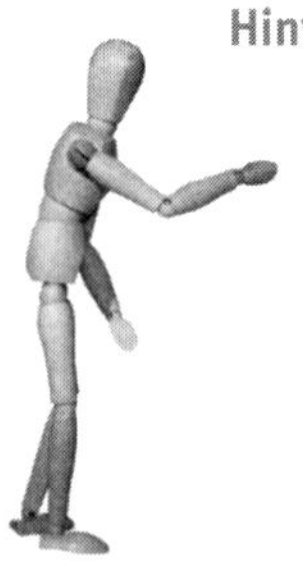

Hinweis

Wer Regular Expressions im Detail studieren möchte, sei an dieser Stelle auf eines der vielen Bücher zu diesem Thema verwiesen (z.B. J. Friedl, Reguläre Ausdrücke. O'Reilly Verlag. ISBN 3930673622).

Syntax regulärer Ausdrücke

Wir werden in diesem Abschnitt, dem Motto des Buches entsprechend, etwas *learning by doing* betreiben. Zuvor aber eine kurze Übersicht über die wichtigsten Steuerzeichen. Die Perl-kompatiblen regulären Ausdrücke bieten manchmal einfachere Optionen zur Formulierung eines *regexp*, weshalb ihnen in den anschließenden Beispielen der Vorzug gegeben wird.

Zur Formulierung der regulären Ausdrücke gilt eine eigene Syntax, deren wichtigste Elemente in den folgenden drei Tabellen zusammengefasst werden. Tabelle 5.2 enthält die allgemeinen Zeichenklassen. Für *PCRE*s gibt es einige sehr nützliche und häufig verwendete Kürzel für bestimmte Zeichenklassen (siehe Tabelle 5.3).

Bei POSIX-*regexp* gibt es diese Klassen auch, sie werden aber über die ausführliche Schreibweise *[[:klasse:]]* adressiert (z.B.: *[[:alnum:]]* für alphanumerische Zeichen). Sogenannte Multiplikatoren geben an, wie oft ein Zeichen vorkommen soll (siehe Tabelle 5.4).

Zeichen	Bedeutung
.	Irgendein Zeichen (Ziffern, Buchstaben, Leerzeichen, einfach alles)
^	Der Anfang eines Strings
$	Das Ende eines Strings
[a-z]	Alle Kleinbuchstaben; in eckigen Klammern können selbst Klassen definiert werden.

Tabelle 5.2: Allgemeine Zeichenklassen (für POSIX und PCRE)

Zeichen	Bedeutung
\w	Alle alphanumerischen Zeichen (Ziffern, Buchstaben und der Unterstrich)
\W	Alle nicht-alphanumerischen Zeichen (Satzzeichen, Leerzeichen, ...)
\s	Alle Leerzeichen, Tabulator, \n und \r
\S	Alle Nicht-Leerzeichen
\d	Alle Ziffern
\D	Alle Zeichen, die nicht Ziffern sind

Tabelle 5.3: PCRE-spezifische Zeichenklassen

Zeichen	Bedeutung
?	Das vorangegangene Element muss null oder genau einmal vorkommen.
*	Das vorangegangene Element kann null mal oder öfter vorkommen.
+	Das vorangegangene Element muss einmal oder öfter vorkommen.
{4}	Das vorangegangene Element muss exakt viermal vorkommen.
{1,}	Das vorangegangene Element muss mindestens einmal vorkommen.
{1,9}	Das vorangegangene Element muss mindestens einmal und höchstens neunmal vorkommen.

Tabelle 5.4: Multiplikatoren (für POSIX und PCRE)

Folgende Zeichen müssen immer mit einem Backslash versehen werden, damit sie ihre eigentliche Bedeutung behalten: *.*, *, +, *?*, *(*, *)*, \.

5.9.2 Beispiele

Die folgenden Beispiele geben einen Einblick in das, was Sie mit regulären Ausdrücken machen können. Als *regexp*-Bibliothek kommen die Perl-kompatiblen Funktionen zum Einsatz, da sie leistungsfähiger und – laut PHP-Online-Dokumentation – teilweise auch schneller sind.

Suche eine gültige E-Mail-Adresse

Ein immer wiederkehrendes Problem ist die Suche nach gültigen E-Mail-Adressen in einer Zeichenkette. Eine stark vereinfachte Beschreibung einer E-Mail-Adresse könnte so lauten: Der String muss das @-Zeichen enthalten, und rechts und links davon dürfen alle Buchstaben, Ziffern, der Punkt, das Prozentzeichen, der Unterstrich und der Bindestrich vorkommen. Eine einfache Aufgabe für einen *regexp*:

```
$email_str = "user@host.com";
$email_match = '/[A-Z0-9.%_-]+@[A-Z0-9._%-]+/i';
if (preg_match($email_match, $email_str)) {
  echo "gültige Adresse!\n";  }
```

Perl-kompatible reguläre Ausdrücke müssen mit einem Start- und Endzeichen geklammert werden. In diesem Fall wird der Schrägstrich (/) dafür verwendet, es kann aber jedes beliebige Zeichen sein. Wichtig ist nur, dass dieses Zeichen im Suchmuster immer mit einem Backslash geschützt werden muss. Die selbst definierte Klasse *[A-Z0-9.%_-]* enthält alle gültigen Zeichen, die in einer E-Mail-Adresse vorkommen können. Es muss mindestens ein Zeichen dieser Klasse oder mehrere hintereinander vorkommen (+). Das abschließende *i* nach dem End-Zeichen bedeutet, dass die Suche unabhängig von der Groß-/Kleinschreibung durchgeführt werden soll.

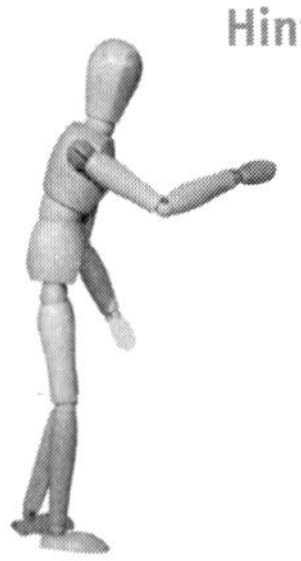

Hinweis

Das PEAR-Paket *Mail* enthält eine Funktion, die Strings nach gültigen Mail-Adressen durchsucht. *parseRecipients* arbeitet nach der Spezifikation in *RFC 822* und ist wesentlich leistungsfähiger als die hier vorgestellte *regexp*-Variante. Der Einsatz dieser Funktion wurde in Abschnitt 5.6.3 demonstriert.

Suche nach den Überschriften erster Ordnung in einem HTML-Dokument

Das folgende Beispiel sucht alle *h1*-Elemente in einem HTML-Dokument und erstellt ein kleines Inhaltsverzeichnis dieser Überschriften.

Das HTML-Dokument wird mit der Funktion *file_get_contents* geöffnet, die zu den Dateisystemfunktionen von PHP zählt. Sie liest eine Datei vollständig ein und gibt diese als String-Variable zurück. *file_get_contents* kann dabei nicht nur auf lokale

Dateien zugreifen, sondern auch eine Webseite von einem entfernten Server einlesen. Diese äußerst praktische Funktion wird als *fopen-wrapper* bezeichnet und steht für viele Dateisystemzugriffe zur Verfügung.

```
$html_string = file_get_contents("http://www.php.net/");
$h1_match = "/<h1.*>(.*)<\/h1>/i";
preg_match_all($h1_match, $html_string, $matches);
foreach($matches[1] as $match) {
  print "$match\n";
}
```

Die Suchanweisung lautet: Suche nach den Zeichen *<h1*, gefolgt von irgendeinem Zeichen (.), das sich null-mal oder öfter wiederholt (*). Das ist notwendig, da das HTML-Tag noch zusätzliche Informationen beinhalten kann, zum Beispiel:

```
<h1 class="example">
```

Der oben definierte *regexp* kann auch diese Überschrift finden. Vor dem abschließenden *</h1>* (der / muss im *regexp* mit einem Backslash entschärft werden) werden wieder irgendwelche Zeichen gesucht (.*) und in einer runden Klammer verpackt. Die runde Klammer weist *preg_match_all* an, die gefundenen Zeichen zu speichern. In diesem Beispiel werden sie im Array *$matches* an der Stelle 1 abgelegt. *$matches[0]* enthält immer die gesamte Übereinstimmung, hier also den Text der Überschrift und die HTML-Tags *<h1>* und *</h1>*. *i* kennen Sie bereits aus dem vorangegangenen Beispiel (*case insensitive*).

Sollte der unwahrscheinliche Fall eintreten, dass in einer Zeile zwei Überschriften vom Typ *h1* vorkommen, ignoriert dieser *regexp* die erste Überschrift. Warum das so ist und was Sie dagegen tun können, erfahren Sie im nächsten Beispiel.

Absolute URLs in einem HTML-Dokument

Im folgenden Beispiel werden alle absoluten Links auf einer Webseite gesammelt. Der *regexp* soll nach dem Verweis für einen Link suchen (*<a*) und innerhalb dieses Tags die Zeichenkette *href=* finden. Alle Zeichen zwischen den Anführungszeichen (einfach oder doppelt) sollen gespeichert werden.

```
$html_string = file_get_contents("http://www.php.net/");
$url_match = '@<a.*href=["\'](http://.*)["\'].*>@i';
preg_match_all($url_match, $html_string, $href_matches);
print_r($href_matches[1]);
```

Als Start- und Endbezeichner für die Perl-kompatiblen regulären Ausdrücke muss nicht der Schrägstrich verwendet werden. Da im vorliegenden Beispiel zwei Schrägstriche im Suchmuster verwendet werden, kommt als Begrenzungszeichen das @ zum Einsatz. In der Zeichen-Klasse der Anführungszeichen (*["\']*) muss das einfache Anführungszeichen mit dem Backslash geschützt werden, da es sonst den String *$url_match* abschließen würde. Gespeichert wird schließlich nur der URL, der zwischen den Anführungszeichen vorkommt. Um ganz sicher zu gehen, dass der gesuchte String mit den gleichen Anführungszeichen beendet wird, mit denen er eröffnet wurde, muss die Suche auf die Referenz der ersten Anführungszeichen zurückgreifen.

```
$url_match = '@<a.*href=(["\'])(http://.*)\\1.*>@i';
```

Der Treffer für das erste Anführungszeichen wird nach dem URL mit *1* referenziert. Die Liste aller URLs ist jetzt nicht mehr in *$href_matches[1]* gespeichert, sondern an der Stelle 2.

Leider ist unser Beispiel immer noch nicht perfekt, denn *regexps* sind von Haus aus gierig (*greedy*) und suchen den längsten Treffer, der möglich ist. Kommen in einer Zeile also mehrere URLs vor, macht PHP das Ergebnis so lang wie möglich. Zur Erklärung: Die Suche nach *<a.*href* liefert im folgenden Beispiel den fett gedruckten Text als Ergebnis:

```
// greedy regexp: /<a.*href/
<a href="http://www.google.de">Google DE</a> -<a href="http:// ..
```

Dieses Verhalten führt oft zu Verwirrung, und Sie sollten besonders aufmerksam mit der Zeichenfolge .* oder .+ umgehen. Glücklicherweise haben die Perl-kompatiblen *regexps* eine Option, um den Treffer auf das Minimum einzuschränken. Wird hinter einen der Multiplikatoren * oder + ein Fragezeichen (*?*) gestellt, so gilt, dass dieser Treffer nicht *greedy* sein darf. Er sucht die kürzeste mögliche Zeichenkette.

Für das *$url_match*-Format im vorliegenden Beispiel trifft das gleich dreimal zu. Die Zeichenkette *<a.*href*, die URL selbst (*http://.**) und alles nach dem Anführungszeichen innerhalb des Tags (.*?>) darf nur die kürzeste Übereinstimmung haben. Der fertige *regexp* lautet also folgendermaßen:

```
$url_match = '@<a.*?href=(["\'])(http://.*?)\\1.*?>@i';
```

Ohne ein für *regexp* geschultes Auge ist der String schon etwas kryptisch zu lesen, und dabei ist das noch ein Leichtgewicht! Die Komplexität ist auch der große Nachteil von regulären Ausdrücken.

Suchergebnisse hervorheben

Mit regulären Ausdrücken können Sie aber nicht nur Text suchen, sondern auch Textteile ersetzen. Im folgenden Beispiel soll das Ergebnis einer Suche angezeigt werden, wobei der gefundene String durch HTML-Formatierung hervorgehoben wird.

```
<?php // Datei funcs regexp_replace.php
  $base = "http://www.google.de/";
  $style = "style=\"color:white;background-color:black\"";
  if (isset($_POST['Suche'])) {
    $query = htmlentities(stripslashes($_POST['q']));
    $target = file_get_contents($base);
    $new_page = preg_replace("/<head>/i",
        "<head><base href=\"$base\">", $target);
```

```
        echo preg_replace("/($query)/",
          "<b $style>\$1</b>", $new_page);
        exit();
    }
  ?>
```

Die Seite, die durchsucht werden soll, ist in diesem Fall die Startseite von Google Deutschland (*$base*). Wird der gesuchte String auf der Seite gefunden, so soll er mit weißer Schrift auf schwarzem Hintergrund formatiert werden (*$style*). Der erste Aufruf der *preg_replace*-Funktion fügt die Anweisung *<base href* in dem Header ein und speichert die gesamte Seite in der Variable *$new_page*. Dadurch wird gewährleistet, dass relative Links in der Ausgabe richtig dargestellt werden. Beim zweiten Aufruf wird schließlich die Ersetzung des Suchmusters durchgeführt. Dabei wird die Style-Anweisung in das *<b>*-Tag eingefügt und der gefundene String durch die Referenz auf das Suchergebnis (*\$1*) ausgegeben. Bleibt die Suche ohne Erfolg, so wird keine Ersetzung durchgeführt und der unveränderte String ausgegeben.

Der HTML-Teil des Scripts besteht im Wesentlichen aus dem Eingabeformular.

```
<form method="POST" action="<?php echo $_SERVER['PHP_SELF']; ?>">
Suche in <?php echo $base; ?> nach
<input type="text" name="q">
<input type="submit" name="Suche">
</form>
```

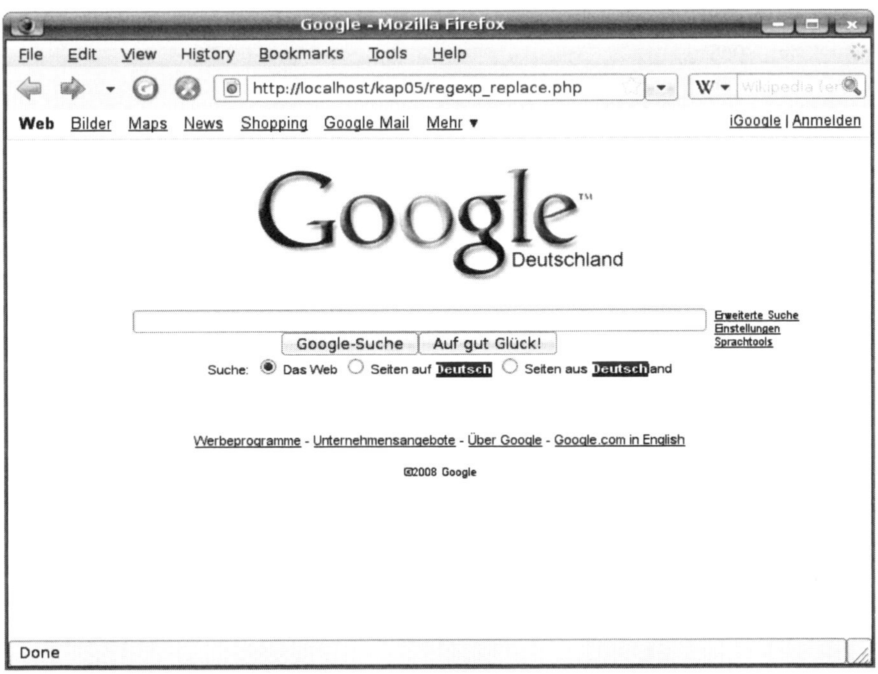

Abbildung 5.7: Suche nach der Zeichenkette "Deutsch" auf www.google.de

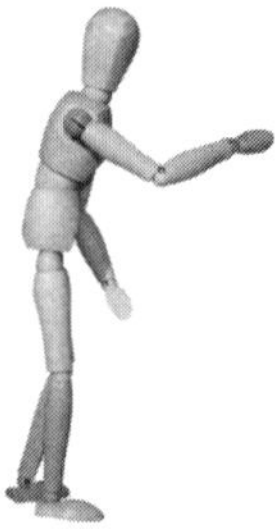

Hinweis

Das Beispiel ist als *Proof-of-Concept* zu verstehen und ist nicht für den produktiven Einsatz gedacht. Die Ersetzung wird für alle Texte im HTML-Dokument durchgeführt, unabhängig davon, ob es sich um Tags, Stylesheet-Anweisungen oder wirklich ausgegebenen Text handelt.

In der Praxis würden Sie für eine derartige HTML-Verarbeitung wohl besser die DOM-Funktionen von PHP 5 verwenden. Dadurch haben Sie sehr fein graduierten Zugriff auf die einzelnen Elemente.

Ein weiteres Beispiel für die Hervorhebung von Suchergebnissen finden Sie in Abschnitt 17.6. Dort werden die Ergebnisse einer Volltextsuche in einem Diskussionsforum hervorgehoben.

Schützen von regexp-Sonderzeichen

Ein gängiges Problem ist, dass Sie die *preg_**-Funktionen in Ihrer eigenen Suche verwenden, die Benutzer-Eingabe hingegen keine *regexp* unterstützen soll. Sie müssen daher alle *regexp*-Sonderzeichen im Suchmuster mit einem Backslash versehen. PHP hat auch hier eine Funktion vorgesehen, *preg_quote*. Die Anwendung ist denkbar einfach: Sie übergeben der Funktion den fraglichen String und bekommen den quotierten String zurück. Als optionaler zweiter Parameter kann das Zeichen angegeben werden, das zur Begrenzung des *regexp* verwendet wird.

```
$query = "Mr. 400$";
$quoted_query = preg_quote($query, "/");     // Mr\. 400\$
```

Sowohl der Punkt als auch das Dollar-Zeichen haben in regulären Ausdrücken eine spezielle Bedeutung und müssen daher geschützt werden. Nach der Quotierung kann der String unbedenklich in *preg_match* oder *preg_replace* eingesetzt werden.

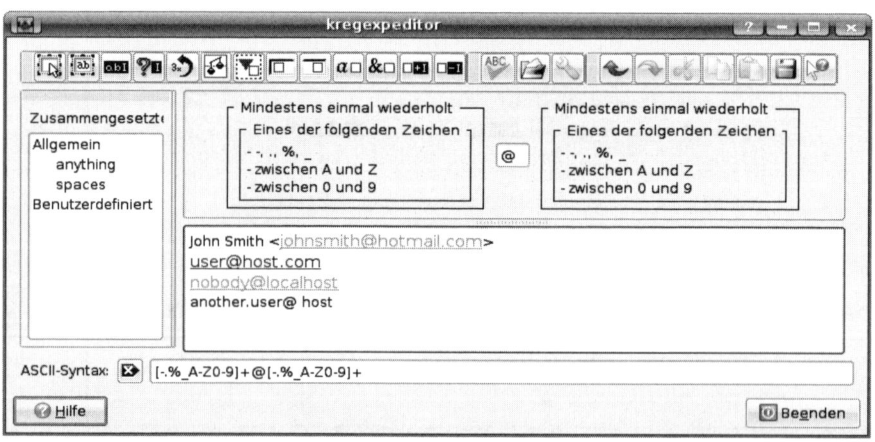

Abbildung 5.8: kregexpeditor unterstützt bei der Formulierung von regulären Ausdrücken.

Wenn Sie jetzt so richtig auf den Geschmack von regulären Ausdrücken gekommen sind und gerne ein wenig üben möchten, so können *regexp*-Editoren eine große Hilfe sein. Unter Linux steht zum Beispiel *kregexpeditor* zur Verfügung (siehe Abbildung 5.8), der Ihnen einerseits hilft, *regexp* zu formulieren, und andererseits vorhandene *regexp* erklärt.

5.10 XML

Dieser Abschnitt vermittelt einen beispielorientierten Zugang zu den wichtigsten XML-Funktionen von PHP. Die präsentierten Beispiele verwenden die Bibliothek SimpleXML, die erst seit Version 5 von PHP fixer Bestandteil der Sprache ist. Um die Beispiele auszuprobieren, brauchen Sie also mindestens PHP 5 oder höher.

5.10.1 Verarbeiten von RSS-Informationen mit SimpleXML

RSS stellt einen Überbegriff für unterschiedliche Versionen eines XML-Dateiformats dar, das darauf ausgerichtet ist, Schlagzeilen mit kurzen Beschreibungen standardisiert und möglichst effizient zur Verfügung zu stellen. Der Begriff »Schlagzeilen« darf dabei sehr weit gefasst werden: Prinzipiell kann jede Information, die in Form einer Liste vorliegt, in RSS transformiert werden. Denkbar wären die Einträge im Changelog einer Software oder die neuen Einträge in einem Weblog; die klassischen RSS-Feeds sind aber Nachrichten.

Hinweis

Nahezu alle großen Zeitungen (Spiegel, FAZ, Stern, ...) und Internet-Nachrichtenmagazine (heise, slashdot, lwn, ...) bieten mehr oder weniger ausführliche RSS-Feeds an. Für eine kurze Meldungsübersicht eignen sich diese sehr gut. In Österreich bietet der ORF eine Sammlung seiner RSS-Dienste unter http://rss.orf.at/ an. Ein deutschsprachiges Verzeichnis von RSS-Feeds finden Sie unter:

http://www.rss-verzeichnis.de/

Für eine Nachrichtenagentur ist es meist wenig Aufwand, einen RSS-Feed zu erzeugen, da die Informationen ohnehin dynamisch aus einer Datenbank abgefragt werden. Leider handelt es sich aber bei RSS nicht um ein einziges Format, das nur in einer Version vorliegt; in Wirklichkeit ist es recht unüberschaubar. Die ursprüngliche Idee hatte wohl Netscape, die die Version 0.90 von RSS ins Internet brachten. Wie die folgenden Tabelle zeigt, verlief die weitere Entwicklung leider etwas unkoordiniert.

Viele Webdienste bieten heute verschiedene Versionen von RSS-Feeds an, um unterschiedlichen Anforderungen zu entsprechen. Wer selbst einen Feed erzeugt, sollte sich zwischen der Version 1.0 und der Version 2.0 entscheiden, da die 0.9x-Versionen als ausgelaufen gelten. Im Web trifft man häufig die Version 1.0 an, aber auch 0.91 ist noch nicht ganz ausgestorben. Für das folgende Beispiel sind die

Unterschiede nicht ganz so wichtig, da die PHP-Bibliotheken die mühsame Arbeit für uns übernehmen.

Version	Merkmale
Version 0.91, 0.92, 0.93, 0.94	Von *Userland* weiterentwickelte Versionen; relativ einfach, aber mehr Metadaten als Version 0.90.
Version 1.0	Von der *RSS-DEV-Working Group* entwickelt; orientiert sich an RDF, einem W3C-Standard; über Module erweiterbar, stabil.
Version 2.0	Der Nachfolger der *0.9x*-Versionen von *Userland;* modularer Aufbau, stabil und reich an Metadaten.

Tabelle 5.5: RSS-Versionen

RSS als XML einlesen

Für die ersten Versuche reichen die Funktionen aus der *SimpleXML*-Bibliothek. Diese in PHP 5 eingeführten Aufrufe machen den Zugriff auf ein XML-Dokument sehr komfortabel. Bereits in drei Zeilen lassen sich die Schlagzeilen von LWN, einer Linux-Nachrichtenseite, auf der eigenen Webseite anzeigen:

```
$rss = simplexml_load_file('http://lwn.net/headlines/rss');
foreach ($rss->channel->item as $item) {
  print "<h2>".$item->title."</h2>\n";
}
```

Für drei Zeilen Code ist das schon ziemlich gut. Die entscheidende Funktion in diesem Zusammenhang ist *simplexml_load_file*, der als Parameter nicht nur ein File im eigentlichen Sinne, sondern auch eine URL übergeben werden kann. Nach dem Laden der Datei wird der Inhalt in ein Objekt vom Typ *simplexml_element* konvertiert. Dabei wird der XML-Code eingelesen und auf seine Gültigkeit überprüft. Sollte die Datei einen Fehler enthalten, also eine ungültige XML-Datei, gibt die Funktion *FALSE* zurück. Die Struktur des *simplexml_element* lässt sich sehr einfach über *var_dump()* anzeigen, was für den RSS-Feed von LWN so aussehen kann:

```
user@host ~>php -a
Interactive mode enabled
<?php
$rss = simplexml_load_file("http://lwn.net/headlines/rss");
var_dump($rss);
object(SimpleXMLElement)#1 (1) {
  ["channel"]=>
  object(SimpleXMLElement)#2 (7) {
    ["title"]=>
    string(7) "LWN.net"
    ["link"]=>
    string(15) "http://lwn.net/"
...
```

Es wurde also ein *SimpleXMLElement* erzeugt, das einen *channel* beinhaltet, der wiederum ein *SimpleXMLElement* hat (die Einrückungen der Ausgabe bedeuten auch hier die Hierarchie). Das *Element #2* hat also einen Titel (*title*), der ein String von der Länge sieben ist, und einen Link (*link*) mit 15 Zeichen. Weitere Werte wurden hier aus Platzgründen weggelassen. Die eigentlichen Schlagzeilen werden als *item* definiert, ein Array von mehreren Objekten, das wiederum vom Typ *SimpleXMLElement* ist.

```
    ["item"]=>
    array(15) {
      [0]=>
      object(SimpleXMLElement)#3 (2) {
        ["title"]=>
        string(10) "Phrack #62"
        ["link"]=>
        string(30) "http://lwn.net/Articles/93504/"
      }
...
```

Jetzt ist die dreizeilige Ausgabe zu Beginn dieses Beispiels schon besser verständlich: Der Aufruf an *$rss->channel->item* wählt also der Reihe nach die einzelnen Array-Objekte an, und mit *$item->title* wird der Titel aus dem *SimpleXMLElement* extrahiert. Genauso lässt sich natürlich auch der Titel der gesamten Seite mit *$rss->title* oder der Link mit *$rss->link* ausgeben. Interessant ist jetzt noch, wie die XML-Datei für lwn.net aussieht:

```
<?xml version="1.0" encoding="ISO-8859-1"?>
<!DOCTYPE rss PUBLIC "-//Netscape Communications//DTD RSS 0.91//EN"
 "http://my.netscape.com/publish/formats/rss-0.91.dtd">
<rss version="0.91">
<channel>
  <title>LWN.net</title>
  <link>http://lwn.net/</link>
  <description>Complete and concise coverage of events in the Linux
         community</description>
     <language>en-us</language>
  <managingEditor>lwn@lwn.net</managingEditor>
  <webMaster>webmaster@lwn.net</webMaster>
    <item>
      <title>Phrack #62</title>
      <link>http://lwn.net/Articles/93504/</link>
    </item>
...
```

Es handelt sich also um einen RSS-Feed der Version 0.91, und die Zeichenkodierung wird mit ISO-8859-1 angegeben. Wie eingangs erwähnt, waren die Spezifikationen 0.9x sehr einfach gehalten, und die Umsetzung des XML-Dokuments in die in PHP vorliegende Struktur ist recht einleuchtend. Interessanter wird die Programmierung bei RSS Version 1.0 oder RSS Version 2.0. Die New York Times stellt ihre Nachrichten in RSS Version 2.0 zur Verfügung (hier der Wissenschaftskanal http://www.nytimes.com/services/xml/rss/nyt/Science.xml):

```
<?xml version="1.0" encoding="iso-8859-1" ?>
<rss version="2.0">
    <channel>
        <title>The New York Times &gt; Science</title>
        <link>http://www.nytimes.com/pages/science/index.html</link>
        <description>Find breaking news, science news &#38;
 multimedia on biology, space, the environment, health, NASA,
 weather, drugs, heart disease, cancer, AIDS, mental health and
 animals.</description>
        <copyright>Copyright 2004 The New York Times
 Company</copyright>
        <language>en-us</language>
```

Das dreizeilige Script vom Beginn dieses Kapitels funktioniert auch bei der *New-York-Times* fehlerlos und zeigt die Überschriften untereinander an. Anders verhält es sich leider mit Version 1.0 von RSS, dort ist die Struktur etwas komplizierter. Hier der RSS-Feed von Slashdot, einem stark frequentierten, computerlastigen Nachrichtenforum im Netz (http://slashdot.org):

```
<?xml version="1.0" encoding="ISO-8859-1"?>

<rdf:RDF
 xmlns:rdf="http://www.w3.org/1999/02/22-rdf-syntax-ns#"
 xmlns="http://purl.org/rss/1.0/"
 xmlns:dc="http://purl.org/dc/elements/1.1/"
 xmlns:slash="http://purl.org/rss/1.0/modules/slash/"
 xmlns:taxo="http://purl.org/rss/1.0/modules/taxonomy/"
 xmlns:admin="http://webns.net/mvcb/"
 xmlns:syn="http://purl.org/rss/1.0/modules/syndication/"
>

<channel rdf:about="http://slashdot.org/">
<title>Slashdot</title>
<link>http://slashdot.org/</link>
<description>News for nerds, stuff that matters</description>
<dc:language>en-us</dc:language>
...
```

Interessant ist der Block nach der XML-Spezifikation, der mit den Zeilen *rdf:RDF* beginnt. Hier werden die Namensräume mit dem Wort *xmlns* definiert, wobei der Standardnamensraum keine Erweiterung mit :xxx enthält. Im vorliegenden Beispiel ist das http://purl.org/rss/1.0/ (der *Default-Namespace*), also die Spezifikation von RSS 1.0. Zusätzliche Namensräume werden wie *Plug-Ins* dazugeladen, in diesem Beispiel etwa *xmlns:dc*, die *Dublin Core*-Spezifikation zur einheitlichen Verwaltung von Meta-Informationen. Unser Programm meldet auch hier keine Fehler und zeigt auch den Titel richtig an, nur fehlen die einzelnen Artikel. Leider unterscheidet sich die Struktur von RSS Version 1.0 insofern, dass die *item*-Elemente nicht hierarchisch unter dem *channel* angeordnet sind. Jetzt könnte man das Script anpassen, die RSS-Versionsnummer erfragen und anschließend je nach Bedarf *$rss->channel->item* oder *$rss->item* aufrufen. Es gibt aber auch noch eine andere Möglichkeit, das *item*-Element zu finden: Man kann PHP danach suchen lassen.

Auf der Suche mit XPath

XPath ist eine vom W3C standardisierte Sprache, um Teile eines XML-Dokuments anzusprechen. Nachdem der Aufbau von XML-Dokumenten schon reichlich kompliziert sein kann, ist zu befürchten, dass auch die XPath-Syntax nicht ganz einfach ist. Auf XPath genauer einzugehen würde den Rahmen dieses Buches sprengen, interessierte Leser sollten auf ein Buch speziell zu diesem Thema zurückgreifen.

Für den ersten Versuch sollen alle *item*-Elemente im XML-Dokument gesucht werden, egal in welcher Hierarchie sie stehen:

```
foreach ($rss->xpath("//item") as $item) {
```

Die XPath-Anweisung *//item* durchsucht damit das Dokument nach allen *item*-Elementen unterhalb des XML-Wurzelelements. Möchte man zum Beispiel nur Titel suchen, die innerhalb eines *item* vorkommen, müsste die Abfrage so aussehen:

```
foreach ($rss->xpath("//item/title") as $item) {
```

Für RSS Version 1.0 bringt aber auch das noch nicht das gewünschte Ergebnis, denn die Suche nach *//item* verläuft erfolglos. *Schuld* daran ist, dass sich SimpleXML auf den *Default Namespace* verlässt und dort keine *item*-Elemente finden kann. XPath bietet aber eine Möglichkeit, nach allen Elementen zu suchen, egal in welchem Namensraum sie vorkommen.

```
foreach ($rss->xpath("//*[local-name() = 'item']") as $item) {
```

Mit diesem Aufruf werden alle Elemente des Dokuments selektiert (//*), auf die zutrifft, dass ihr lokaler Name *item* enthält. Mit dieser etwas umständlichen Suche kann man einen kurzen RSS-Parser schreiben, der mit unterschiedlichen Versionen von RSS arbeitet.

rss_reader.php

Mit dem Wissen aus den vorangegangenen Abschnitten ist es einfach, ein kleines PHP-Script zu schreiben, das unterschiedliche RSS-Feeds ausliest und nach den eigenen Vorstellungen formatiert. rss_reader.php übernimmt diese Aufgabe und demonstriert, dass man mit wenigen Zeilen Code eine nützliche PHP-Anwendung erstellen kann. Da einige Feeds die *utf-8*-Zeichenkodierung verwenden, wird dem Browser von Anfang an klar gemacht, dass nun dieser Zeichensatz ausgeliefert wird:

```
<?php    //  Datei: xml/rss_reader.php
header("Content-Type: text/html; charset=utf-8");
?>
<!DOCTYPE HTML PUBLIC "-//W3C//DTD HTML 4.01 Transitional//EN"
  "http://www.w3.org/TR/html4/loose.dtd">
<html>
<head>
  <title>RSS Feed Reader</title>
  <meta http-equiv="Content-Type" content="text/html;
  charset=utf-8">
</head>
<body>
<form method="POST" action="rss_reader.php">
<select name="feed">
<option value="http://slashdot.org/slashdot.rss">Slashdot</option>
<option value="http://lwn.net/headlines/rss">LWN</option>
<option value="http://www.heise.de/newsticker/heise.rdf">
Heise News</option>
<option
value="http://www.nytimes.com/services/xml/rss/nyt/Science.xml">
New York Times Science</option>
</select>
<input type="submit">
</form>
```

Die Auswahlliste enthält hier vier Einträge: Slashdot, Linux World News, den Heise-Newsticker und einen Kanal der New York Times. Als *value* wird hier gleich die korrekte URL übergeben, was im weiteren Verlauf Arbeit spart.

```
<?php
if (isset ($_POST['feed'])) {
  $rss = simplexml_load_file($_POST['feed']);
} else {
  print "No Feed supplied";
  print "</body></html>";
  exit();  }

print "<h1>".$rss->channel->title ."</h1>\n";
print "<ol>\n";
foreach ($rss->xpath("//*[local-name() = 'item']") as $item) {
  print "<li><a href=\"".$item->link. "\">";
  print $item->title. "</a><br />\n";
  if (isset($item->pubDate)) {
    print "<i>".$item->pubDate."</i><br />\n";  }

  print $item->description."</li>\n";
}
print "</ol>";
?>
</body></html>
```

Ist eine Auswahl abgeschickt worden, wird die URL mit der bereits bekannten *simple_xml_load_file*-Funktion eingelesen und auf ihre Gültigkeit überprüft. Anschließend wird der Seitentitel als Überschrift 1 ausgegeben. In einer numerierten Liste stehen die Überschriften der einzelnen Einträge, die mit dem entsprechenden Link versehen sind. Die *foreach*-Schleife wird mit der *xpath*-Suche initialisiert, damit alle RSS-Formate funktionieren. Ist das Datum der Veröffentlichung angegeben, wird es kursiv unter dem Titel gesetzt. Abschließend wird noch die Beschreibung des Eintrags angezeigt. Abbildung 5.9 zeigt den formatierten Feed zum Thema Wissenschaft der New York Times (RSS Version 2.0).

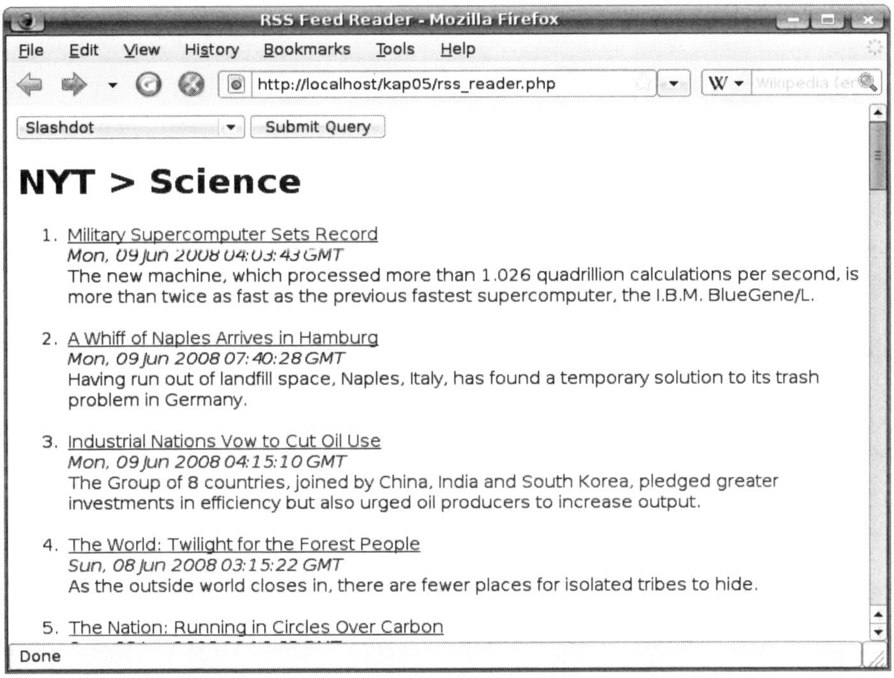

Abbildung 5.9: Ein formatierter RSS-Feed der New York Times

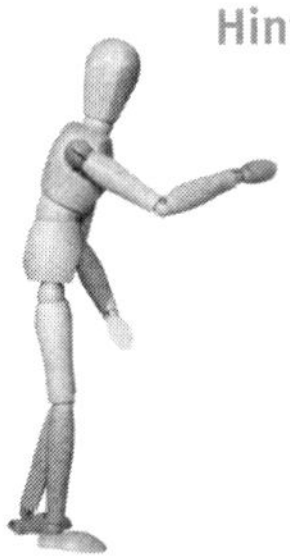

Hinweis

Um mehrere RSS-Feeds effizient zu verwalten, gibt es natürlich schon Software. Wer mit Mozilla surft, hat mit *Sage* eine Implementierung direkt im Browser:

http://sage.mozdev.org

Die Mozilla-Nachfolger Firefox (Browser) und Thunderbird (Mail-Client) beinhalten bereits eine integrierte RSS-Unterstützung. Links zu anderer Software gibt es zum Beispiel unter:

http://blogspace.com/rss/readers

5.10.2 XML verarbeiten mit DOM

PHP 5 hat aber in puncto XML noch wesentlich mehr zu bieten. Wer mit SimpleXML nicht genug hat oder wer gerade erst auf den Geschmack von XML gekommen ist, sollte sich die *DOM*-Erweiterungen genauer ansehen. Wie auch SimpleXML bauen die *DOM*-Funktionen auf der viel gelobten *libxml2* des Gnome-Projekts auf. Die unter der MIT-Lizenz verfügbare Bibliothek ist in C programmiert, bietet aber Bindungen an viele wichtige Programmiersprachen (Python, Perl, Ruby, C++, Java, ...).

Die Funktionsaufrufe der *DOM*-Bibliothek halten sich streng an die Vorgaben des W3C für DOM2.

Einlesen eines OpenOffice-Dokuments

Als Beispiel für den Einsatz der DOM-Funktionen sollen aus einem OpenOffice-Textdokument die Überschriften extrahiert und auf einer Internetseite dargestellt werden. Das Dateiformat von OpenOffice-Textdokumenten (.odt) entspricht der XML-Spezifikation. Um Grafiken, verschiedene Textstile und alles, was sonst noch zu einem Dokument dazugehört, in einer Datei speichern zu können, werden mehrere Dateien in einem Zip-File verpackt. Der Inhalt lässt sich einfach anzeigen:

```
user@host> unzip -l test.odt
Archive:  test.odt
  Length      Date   Time    Name
 --------     ----   ----    ----
       39  05-01-08 11:22   mimetype
        0  05-01-08 11:22   Configurations2/statusbar/
        0  05-01-08 11:22   Configurations2/accelerator/current.xml
        0  05-01-08 11:22   Configurations2/floater/
        0  05-01-08 11:22   Configurations2/popupmenu/
        0  05-01-08 11:22   Configurations2/progressbar/
        0  05-01-08 11:22   Configurations2/menubar/
        0  05-01-08 11:22   Configurations2/toolbar/
        0  05-01-08 11:22   Configurations2/images/Bitmaps/
     2942  05-01-08 11:22   content.xml
     9305  05-01-08 11:22   styles.xml
     1019  05-01-08 11:22   meta.xml
     3281  05-01-08 11:22   Thumbnails/thumbnail.png
     7781  05-01-08 11:22   settings.xml
     1866  05-01-08 11:22   META-INF/manifest.xml
 --------                   -------
    26233                   15 files
```

Das Dokument test.sxw enthält also sechs Dateien, alle im XML-Format. Der eigentliche Inhalt des Dokuments befindet sich in der Datei content.xml, die das PHP-Programm dom_odt_reader.php nun verarbeiten soll. Um auf content.xml zugreifen zu können, gibt es zwei Möglichkeiten:

- PHP zerlegt das Zip-File und liest den Inhalt aus content.xml ein.
- Man zerlegt das OpenOffice-Dokument selbst und übergibt PHP die entpackte XML-Datei.

Zweifellos ist der erste Weg der elegantere, nur benötigt PHP dazu die *ZIP*-Erweiterung, die ab PHP Version 4.3 ausgelagert wurde (http://pecl.php.net/package/zip). Die Installation via *PEAR* gestaltet sich (*root*-Zugriff vorausgesetzt) sehr einfach:

```
root# pear install pecl/zip
```

Wie schon bei der Installation der PDFlib (Kapitel 5.7.2) kümmert sich PEAR um die Position der Bibliotheken und lädt den Quelltext der Erweiterung von einem Server aus dem Internet. Nach erfolgter Installation kann das OpenOffice-Dokument in PHP verarbeitet werden:

```
<?php    // Datei: xml/dom_sxw_reader.php
dl('zip.so');
$zip = zip_open("test.sxw");

if ($zip) {
  while ($zip_entry = zip_read($zip)) {
    if (zip_entry_name($zip_entry) === 'content.xml') {
      if (zip_entry_open($zip, $zip_entry, "r")) {
        $buf = zip_entry_read($zip_entry,
        zip_entry_filesize($zip_entry));
        zip_entry_close($zip_entry);
      }
    }
  }
  zip_close($zip);
}
```

Zu Beginn wird, wie bei der PDFlib-Erweiterung, die Zip-Erweiterung als dynamische Bibliothek geladen (*dl*). Nach dem Öffnen der Zip-Datei läuft eine Schleife über alle Einträge darin und sucht den Eintrag mit dem Namen content.xml. Ist dieser Eintrag gefunden, wird er mit Lesezugriff geöffnet und der Inhalt in der Variable *$buf* gespeichert. Abschließend wird die Zip-Datei mit *zip_close* wieder freigegeben.

DOM-Zugriff auf das OpenOffice-Dokument

Jetzt kann man einen Einblick in die XML-Struktur des OpenOffice-Dokuments gewinnen, indem man sich den extrahierten XML-Teil anzeigen lässt. Möchte man diese Ausgabe im Browser sehen, müssen die HTML-Sonderzeichen ausgetauscht werden:

```
header("Content-Type: text/html; charset=utf-8");
print htmlspecialchars($buf);
```

Der (etwas schöner formatierte) Beginn von content.xml sieht also so aus:

```
<?xml version="1.0" encoding="utf-8"?>
<office:document-content
xmlns:office="urn:oasis:names:tc:opendocument:xmlns:office:1.0"
xmlns:style="urn:oasis:names:tc:opendocument:xmlns:style:1.0"
xmlns:text="urn:oasis:names:tc:opendocument:xmlns:text:1.0"
xmlns:table="urn:oasis:names:tc:opendocument:xmlns:table:1.0"
xmlns:draw="urn:oasis:names:tc:opendocument:xmlns:drawing:1.0"
xmlns:fo="urn:oasis:names:tc:opendocument:xmlns:xsl-fo-compatible:1.0"
xmlns:xlink="http://www.w3.org/1999/xlink"
xmlns:dc="http://purl.org/dc/elements/1.1/"
xmlns:meta="urn:oasis:names:tc:opendocument:xmlns:meta:1.0"
xmlns:number="urn:oasis:names:tc:opendocument:xmlns:datastyle:1.0"
xmlns:svg="urn:oasis:names:tc:opendocument:xmlns:svg-compatible:1.0"
xmlns:chart="urn:oasis:names:tc:opendocument:xmlns:chart:1.0"
xmlns:dr3d="urn:oasis:names:tc:opendocument:xmlns:dr3d:1.0"
xmlns:math="http://www.w3.org/1998/Math/MathML"
xmlns:form="urn:oasis:names:tc:opendocument:xmlns:form:1.0"
xmlns:script="urn:oasis:names:tc:opendocument:xmlns:script:1.0"
xmlns:ooo="http://openoffice.org/2004/office"
xmlns:ooow="http://openoffice.org/2004/writer"
xmlns:oooc="http://openoffice.org/2004/calc"
xmlns:dom="http://www.w3.org/2001/xml-events"
xmlns:xforms="http://www.w3.org/2002/xforms"
xmlns:xsd="http://www.w3.org/2001/XMLSchema"
xmlns:xsi="http://www.w3.org/2001/XMLSchema-instance"
xmlns:field="urn:openoffice:names:experimental:ooxml-odf-
interop:xmlns:field:1.0"
office:version="1.1">
```

Nach der schon bekannten XML-Definition wird der Dokumenttyp als *OfficeDocument* der Version 1.1 mit einer bestimmten *Document Type Definition* (DTD) beschrieben. Der für dieses Beispiel interessante Teil kommt in der folgenden Spezifikation der Namespaces (*xmlns*). Über diese Zuweisungen sind Texte, Zeichnungen, Stile, Formeln usw. im Dokument getrennt ansprechbar. Will man mit PHP auf die Elemente im XML-Dokument zugreifen, so muss bei der Auswahl des Elements der richtige Namensraum angegeben werden.

Im weiteren Verlauf kommen folgende Zeilen im XML-Dokument vor:

```
<text:h text:style-name="Heading_20_1"
text:outline-level="1">Introduction</text:h>
<text:h text:style-name="Heading_20_2"
text:outline-level="2">Object Orientated Programming</text:h>
<text:p text:style-name="Standard">The Object Model of PHP
was completely rewritten...</text:p>
<text:h text:style-name="Heading_20_1"
text:outline-level="1">Programming Examples</text:h>
```

Hier stehen also Überschriften und der Text, wobei Überschriften im Namensraum *text* den Namen *h* (*Heading*) haben und der eigentliche Text dann den Namen *p* (*Paragraph*) bekommt.

Für ein Inhaltsverzeichnis sind also nur die *text:h*-Elemente interessant. DOM sieht eine Funktion für den Zugriff auf einzelne Einträge eines bestimmten Namesraums vor: *getElementsByTagNameNS*. Die Funktion kann direkt auf ein *DomDocument*-Objekt angewandt werden, wobei der Rückgabewert eine neue Instanz der Klasse *DOMNodeList* ist.

```
$dom = new DomDocument();
$dom->loadXML($buf);
$heading = $dom->getElementsByTagNameNS
  ("urn:oasis:names:tc:opendocument:xmlns:text:1.0", "h");
print "Table of Contents\n";
foreach ($heading as $node) {
  $level = $node->getAttribute("text:outline-level");
  if ($level == 1 || $level == 2) {
    $heading = "h".$level;
  } else {
    continue;
  }
  print "<$heading>". $node->textContent . "</$heading>\n";
}
```

Als Erstes wird ein Objekt vom Typ *DomDocument* erzeugt und mit dem XML-String, der in der Variable *$buf* gespeichert ist, beladen. Dem entscheidenden Aufruf an *getElementsByTagNameNS* werden zwei Parameter übergeben: der URI für den Namensraum und der Name der Elemente innerhalb dieses Namensraums. Die Überschriften befinden also im *text*-Namespace (urn:oasis:names:tc:opendocument:xmlns:text:1.0) und haben die Bezeichnung *h*.

Das Ergebnis wird in einer *foreach*-Schleife abgearbeitet, wobei hier noch überprüft wird, welcher Ordnung die Überschrift ist, denn es sollen nur Überschriften erster und zweiter Ordnung ausgegeben werden. Dazu wird das *outline-level*-Attribut des Elements abgefragt und auf seinen Wert geprüft. Ist dieser 1 oder 2, wird die jeweilige HTML-Formatierung als *h1* bzw. *h2* zusammengestellt. Bei allen anderen Überschriften wird das nächste Element in der Schleife abgearbeitet (*continue*).

Zum Abschluss wird der Text via *$node->textContent* ausgegeben. *textContent* ist nicht in der Spezifikation des W3C für DOM vorgesehen, es ist eine Zusatzfunktion, die PHP bereitstellt, um den Zugriff auf den Text bequemer zu gestalten. Der W3C-Weg, auf den Text dieses Elements zuzugreifen, wäre über *$node ->firstChild ->data*, wobei das natürlich nur stimmt, wenn die gesuchten Informationen wirklich im ersten Element des Nodes (*firstChild*) sind.

Tipp

Durch CSS-Formatierungen der Überschriften lässt sich dieses sehr kurze Beispiel schnell zu einer ansprechenderen grafischen Ausgabe bewegen. Ein Anfang wäre vielleicht:

h2 {text-indent: 1em}

Wieder zeigt sich, mit wie wenig Code ein komplexes XML-Format in PHP verarbeitet werden kann. Die DOM-Funktionen bieten natürlich noch viel mehr Möglichkeiten. Weiterführende Informationen finden Sie wie immer auf der PHP-Webseite:

http://www.php.net/dom

6 Das Zend-Framework

Das Rad immer wieder neu zu erfinden mag Spaß machen, ist aber nicht effizient. In Tausenden von PHP-Projekten wurden dieselben Grundfunktionen von Heerscharen von Programmierern immer wieder neu implementiert. Abhilfe versprechen sogenannte Frameworks: Sie verpacken oft benötigte Komponenten, Bausteine bzw. Funktionen in einfach nutzbare Klassen.

Für PHP gibt es nicht ein Framework, sondern gleich eine ganze Palette. Die Auswahl fällt schwer, weil jedes Framework andere Schwerpunkte setzt. Für dieses Kapitel haben wir uns auf das Framework von Zend konzentriert. Zend ist die Firma, die maßgeblich an der Entwicklung von PHP beteiligt ist. Für dieses Framework spricht nicht nur ein hoher Qualitätsgrad, sondern auch die Hoffnung, dass es über die kommenden Jahre weiterentwickelt und weiter gewartet wird. Was nützt das beste Framework, wenn sich ihre Entwicklern neuen Projekten zuwenden und Sie mit verwaistem, nicht mehr wartbarem Code sprichwörtlich im Regen stehen lassen?

Das Zend-Framework ist eine große Zusatzbibliothek, die für PHP-Programmierer kostenlos zur Verfügung gestellt wird. Zend lizenziert das Paket unter der *New BSD License*, einer Lizenz, die sehr kurz formuliert ist und im Wesentlichen besagt, dass die Software keinerlei Einschränkungen unterliegt, dass Zend aber auch jegliche Haftung ausschließt.

Die Bibliothek ist vollständig in PHP programmiert (es gibt keine Programmteile, die erst übersetzt werden müssten) und deckt ein enormes Spektrum an Anwendungsbereichen ab. Die Entwickler verfolgten drei wichtige Ziele:

- eine erweiterbare und gut getestete Code-Basis
- eine flexible Architektur
- eine einfache Installation und Verwendung der Bibliothek, die ohne Konfigurationsdateien auskommt

Die Ausrichtung der Komponenten wurde auch in Hinblick auf neue Erscheinungen im *Web 2.0* ausgelegt. Für Web-Services, wie sie von Amazon, Flickr oder Google angeboten werden, sind ebenso Schnittstellen vorhanden wie für RSS und sehr interaktive Anwendungen auf der Basis von AJAX.

6.1 Installation

Für die Installation benötigen Sie mindestens die Version 5.1.4 von PHP. Mit dieser Voraussetzung gestaltet sich die Installation sehr einfach. Auf der unten genannten Website steht die aktuelle Version der Software als Zip- oder als Tar-Archiv zum Download bereit. Zu dem Zeitpunkt, als dieses Kapitel entstand, war das die Version 1.5.1. Auch das Referenzhandbuch mit vielen Code-Beispielen und die aus dem Quellcode generierte API-Dokumentation können Sie von dieser Seite herunterladen.

http://zendframework.com/download

Entpacken Sie die PHP-Quellen in ein Verzeichnis Ihrer Wahl, und nehmen Sie dieses Verzeichnis in den *include_path* Ihrer PHP-Installation auf (vergleiche Abschnitt 1.5). Sollten Sie keinen Zugriff auf die php.ini-Datei haben, besteht die Möglichkeit, diese Anweisung in eine .htaccess-Datei zu schreiben. Sollte auch das auf Ihrem System nicht funktionieren, gibt es immer noch eine Möglichkeit, um das Zend-Framework zu verwenden: Sie können den *include_path* auch in einem Ihrer PHP-Skripts setzen:

```
set_include_path('../ZendFramework-1.5.1/library');
```

Die relative Pfadangabe vor dem ZendFramework-1.5.1-Ordner besagt, dass Sie die Quellen in einem Ordner oberhalb des Skripts entpackt haben.

Tipp

Bei manchen Linux-Distributionen – z.B. bei Ubuntu – stehen fertige ZendFramework-Pakete zur Verfügung. Sie müssen also nur das jeweilige Paket suchen und installieren, fertig! Diese Vorgehensweise hat noch einen Vorteil: Wenn es zu einem späteren Zeitpunkt eine Update-Version des Zend-Frameworks mit Sicherheitsupdates gibt, wird diese im Rahmen des Linux-Update-Systems automatisch installiert.

Dokumentation

Sowohl der Reference Guide als auch die API-Dokumentation stehen auf der Webseite des Zend-Frameworks zum Download bereit oder können dort online gelesen werden. Bei beiden Paketen handelt es sich um statische HTML-Dateien, die auch ohne Webserver direkt von der Festplatte geladen werden können. Das Referenzhandbuch ist übersichtlich aufgebaut und mit vielen kurzen Code-Schnipseln gespickt, bietet aber keine vollständige Dokumentation der Funktionen und Objekte. Diese finden Sie in der API-Dokumentation, die mit *phpDocumentor* automatisch aus den PHP-Quellen erzeugt wurde. Die von phpDocumentor erzeugte Struktur erinnert stark an die von der Programmiersprache Java her bekannte HTML-Dokumentation. Über die Navigation in der linken Browserhälfte lassen sich die Klassen schnell auswählen (vergleiche Abbildung 6.1).

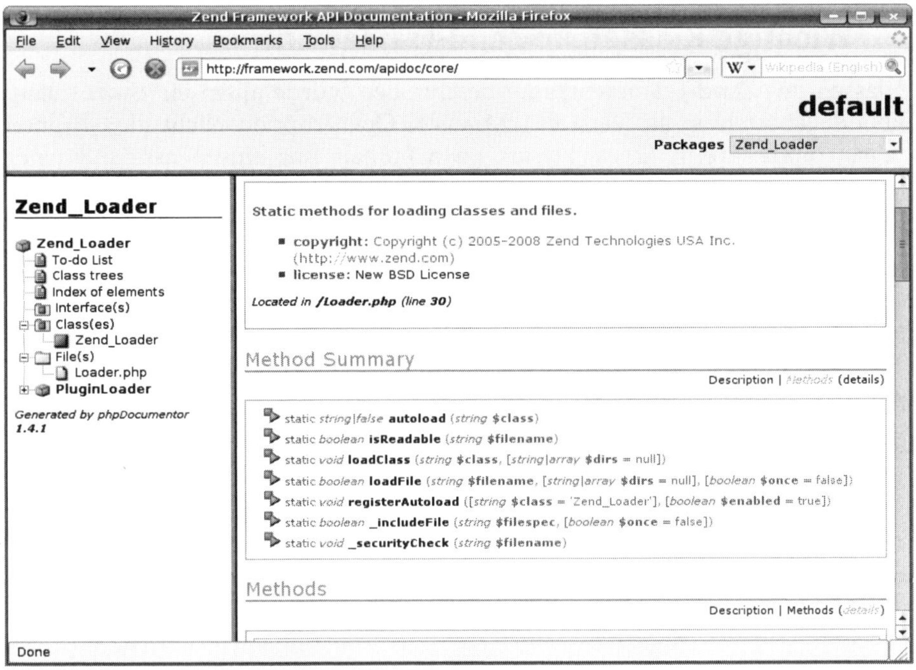

Abbildung 6.1: Die automatisch erzeugte API-Dokumentation des Zend-Frameworks

Laden der Klassen: Zend_Loader

Um die Klassen des Zend-Frameworks zu verwenden, gibt es mehrere Möglichkeiten. Sie können die jeweilige Datei mit der *require*-Anweisung vor der ersten Verwendung der Klasse laden. Für das PDF-Modul sieht die Anweisung dann folgendermaßen aus:

```
require("Zend/Pdf.php");
```

Der *Zend_Loader* aus dem Framework bringt statische Funktionen mit, die den *require*-Aufruf überflüssig machen. *Zend_Loader::loadClass($class)* sucht nach einer Datei *$class.php* im *include_path* von PHP. Ein Unterstrich im Klassennamen wird als ein Verzeichnis interpretiert. Die Klasse *Zend_Gdata_YouTube* wird also im Pfad `Zend/Gdata/` als Datei `YouTube.php` gesucht und geladen. Optional kann *loadClass* einen zweiten Parameter übernehmen, der einen Pfad (als String) oder ein Array aus Pfaden beinhaltet. Diese Pfade werden vor dem *include_path* nach zu ladenden Klassen durchsucht. *Zend_Loader::loadFile* funktioniert ähnlich, nur wird hier der Dateiname angegeben, einschließlich der Erweiterung (`.php`).

Eine weitere Vereinfachung bringt die *autoload*-Funktion des *Zend_Loaders*. Durch den Aufruf von *Zend_Loader::registerAutoload()* sucht der *Zend_Loader* die entsprechenden Klassen automatisch in der Pfadstruktur des Zend-Frameworks. Damit PHP die *Zend_Loader*-Klasse finden kann, muss diese zuerst mit *require* oder *include* geladen werden.

6.2 Wichtige Klassen im Zend-Framework

Alle Klassen des Zend-Frameworks zu beschreiben würde allein ein Buch füllen. Die Bibliothek besteht in der Version 1.5.1 aus 43 Obergruppen. Nicht alle Gruppen sind gleich umfangreich (*Zend_Version* etwa enthält nur eine Klasse mit einer Methode, *compareVersion*); manche bestehen aus über 50 Klassen, *Zend_Gdata* gar aus über 200 Klassen.

Die folgende Auswahl stellt eine sehr subjektive Selektion dar. Werfen Sie auf jeden Fall auch einen Blick auf die Online-Dokumentation (Referenzhandbuch), die eine vollständige Liste aller Klassen enthält. Der erste Block enthält eine Liste von Klassen, die zum Teil schon im PHP-Kern vorhanden sind, durch das Zend-Framework aber deutlich erweitert wurden:

Zend_Auth	Authentifizierungsmodul mit unterschiedlichen Adaptern (HTTP, LDAP, Datenbank, ...)
Zend_Config	Zugriff auf XML- oder Windows-INI-Textdateien zur Konfiguration
Zend_Date	viele Datumsberechnungen, die im PHP-Kern fehlen
Zend_Feed	RSS- und Atom-Feeds einlesen und erzeugen
Zend_Json	für den Austausch zwischen Javascript- und PHP-Objekten
Zend_Ldap	objektorientierte Schnittstelle zu den LDAP-Funktionen
Zend_Mail	SMTP-Mailversand und Mailempfang über POP3 und IMAP
Zend_Mime	Bearbeitung von mehrteiligen Nachrichten im MIME-Format
Zend_Pdf	zum Erstellen, Verändern und Speichern von PDF-Dokumenten
Zend_Translate	Übersetzungsbibliothek mit unterschiedlichen Adaptern

Klassen, die sich bei der Behandlung von Formularfeldern als hilfreich erweisen:

Zend_Filter	entfernt unerwünschte Elemente (zum Beispiel für *htmlspecialchars*)
Zend_Validate	Prüfung eines Elements (ergibt *WAHR* oder *FALSCH*)

Schnittstellen zu Online-Diensten:

Zend_Service	Schnittstelle zu gängigen Internet-Diensten (Yahoo, Flickr, Delicious, Amazon, ...)
Zend_Gdata	Schnittstelle zu Googles Online-Diensten (Kalender, Tabellenkalkulation, Picasa-Web-Album, YouTube, Blogger)

Ein großer Teil des Zend-Frameworks beschäftigt sich mit dem Model-View-Controller-Ansatz (MVC). Dabei handelt es sich um ein Konzept, in dem es eine strikte Trennung zwischen Inhalt, Darstellung und Applikationslogik gibt. Der Einsatz von MVC ist etwas aufwendig und wird in diesem Buch nicht beschrieben.

Zend_Controller	steuert die Logik der Anwendung
Zend_Form	Erstellen von HTML-Formular-Elementen
Zend_Layout	Vorlagen für die Anzeige
Zend_View	Umsetzung der Anzeige

6.3 Erste Versuche: Zend_Version

Zum Einstieg in die Arbeit mit der Bibliothek erstellen wir ein Programm, das die verwendete Version des Zend-Frameworks kontrolliert. Anhand einer vorgegebenen Variable (*$required_version*) wird überprüft, ob die verwendete Version den Vorgaben entspricht.

```
<?php  // Beispieldatei: zfversion.php
set_include_path('../ZendFramework-1.5.1/library');
require('Zend/Version.php');

$required_version = '1.5.1';
$ver = Zend_Version::compareVersion($required_version);

switch ($ver) {
case -1:
case 0:
  print "Zend-Framework Version ist OK.";
  break;
case 1:
  print "Zend-Framework Version ist zu alt. ";
  printf("(erwartet wird Version %s, Sie verwenden %s)",
    $required_version, Zend_Version::VERSION);
  break;
}
```

Nachdem der *include_path* gesetzt worden ist, wird die benötigte Klasse, in unserem Fall Version.php, mit *require* eingebunden. Da die Namen aller Klassen aus dem Zend-Framework mit *Zend_* beginnen, lautet der Aufruf der statischen Funktion *Zend_Version::compareVersion*. Außer dieser Funktion enthält *Zend_Version* noch eine Konstante (*Zend_Version::VERSION*) mit der aktuellen Versionsnummer. Sie wird ausgegeben, wenn sich bei dem Versionsvergleich herausgestellt hat, dass die verwendete Version zu alt ist.

6.4 Zend_Pdf und Zend_Filter_Input

Das Erzeugen von PDF-Dokumenten bereitete PHP-Entwicklern bisher häufig Kopfzerbrechen. Wie in Abschnitt 5.7 beschrieben wird, gab es bisher zwei verschiedene Bibliotheken, die hochwertige PDF-Dateien mit PHP erzeugen konnten. Leider war keine davon unter einer freien Lizenz erhältlich.

Zend_Pdf aus dem Zend-Framework schafft hier Abhilfe. Die Bibliothek ist ausschließlich in PHP kodiert und bietet ein erstaunliches Spektrum an Funktionalität. So können existierende PDF-Dateien geladen werden (*Zend_Pdf* unterstützt dabei sogar Versionen innerhalb eines PDF-Dokuments), Seiten hinzugefügt oder entfernt werden, oder die Reihenfolge von Seiten kann geändert werden. Durch die objektorientierte Schnittstelle wird der Code ausgesprochen gut lesbar: Um die

Seiten eines Dokuments umgekehrt zu sortieren, verwenden Sie beispielsweise *$pdf->pages = array_reverse($pdf->pages).*

Beispiel – Verteilung aktueller Erdbeben als PDF-Datei

Das Beispiel verwendet einen Datensatz, den das U.S. Geological Survey stündlich aktualisiert im Internet zur Verfügung stellt. Es werden dabei alle aufgezeichneten Erd- und Seebeben der letzten 24 Stunden festgehalten, die über dem Wert 1 auf der Richterskala liegen. Der Datensatz steht als XML- oder CSV-Datei zur Verfügung und beinhaltet unter anderem die geografische Lage (in Längen- und Breitengraden) und die Stärke der Beben. Das fertige PDF-Dokument enthält als Hintergrundbild eine Weltkarte, und darauf werden die Erdbeben als Punkte eingetragen. Die Größe der Punkte und auch ihre Farbe hängen von der Stärke des Bebens ab. Eine Legende gibt Auskunft über die Farbzuweisungen.

Hinweise

Nageln Sie mich nicht auf die exakte Position der Punkte fest. Es handelt sich hier keineswegs um eine kartografisch hochwertige Arbeit, sondern es sollen einige der Funktionen von *Zend_Pdf* aufgezeigt werden. Um die Punkte richtig auf einer Karte darstellen zu können, bräuchte man eine korrekt projizierte Kartengrundlage und müsste die Punkte in das entsprechende Koordinatensystem umrechnen (ähnlich wie in Abschnitt 13.5.3).

Außer dem *Zend_Pdf*-Modul werden in diesem Beispiel noch drei andere Bibliotheken aus dem Zend-Framework eingebunden: *Zend_Date, Zend_Version* und *Zend_Filter_Input*. Während *Date* und *Version* nur kurz Beachtung finden, hat das *Filter_Input*-Modul eine wichtigere Funktion. Die URL-Parameter sollen auf ihre Gültigkeit überprüft werden und im Zweifelsfall mit einen Default-Wert ausgestattet werden. Sowohl *links* als auch *mag* können mit dem Wert 1 oder 0 versehen werden und führen so zur Anzeige des entsprechenden Textes (Google-Maps-Link oder die Stärke des Bebens).

Das *Zend_Filter_Input*-Modul benötigt drei Eingabeparameter: die Filter (*$filters*), die Validatoren (*$validators*) und die Daten (*$data*). Alle drei sind vom Typ *Array*. Im **Filter** können die Eingangsdaten noch modifiziert werden. Verlangt der Filter zum Beispiel, dass die Eingabe numerisch sein muss (*Digits*), und kommen sowohl Zahlen als auch Buchstaben in der Variable vor, so kann der Filter den Zahlenteil extrahieren.

Die **Validatoren** hingegen überprüfen den gefilterten Wert auf seine Gültigkeit und können außerdem einen Default-Wert zur Verfügung stellen. Der Wertebereich für die Variablen *links* und *mag* soll zwischen 0 und 1 liegen, daher kommt der Validator *Zend_Validate_Between* zum Einsatz. Sowohl Filter als auch Validatoren können aneinandergereiht werden (*filter chain*). Um eine Kette von Filtern oder Validatoren zu definieren, werden sie einfach wieder in einen *Array* verpackt.

```
$data = $_GET;
$filters = array(
  'links' => 'Digits',
  'mag'   => 'Digits'
);
$validators = array(
  'links' => array(
    new Zend_Validate_Between(0,1),
    'default'  => 0
  ),
  'mag'   => array(
    new Zend_Validate_Between(0,1),
    'default' => 0
  )
);
$input = new Zend_Filter_Input($filters, $validators, $data);
```

Ab diesem Zeitpunkt steht über das *$input*-Objekt der Zugriff auf die Member-Variablen *links* und *mag* zur Verfügung. Das Filter-Konzept im Zend-Framework ist äußerst flexibel und kann unter anderem auch auf gültige E-Mail-Adressen, IP-Adressen, hexadezimale Zeichenketten oder überhaupt reguläre Ausdrücke prüfen.

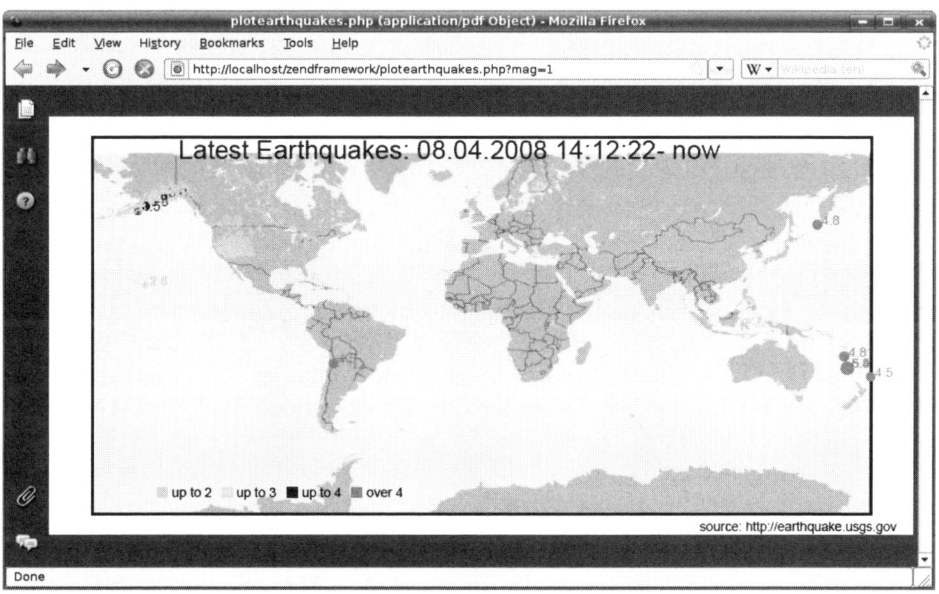

Abbildung 6.2: Die aktuelle Verteilung von Erdbeben als PDF-Dokument

Beim Laden der CSV-Datei wird hier die Funktion *fgetcsv* eingesetzt. Gegenüber dem einfachen *explode*, das in Abschnitt 5.8 verwendet wurde, bietet diese Funktion den Vorteil, dass sie Zeichenketten innerhalb eines Feldes korrekt erkennt und von der Aufspaltung ausnimmt. Das Datumsformat im vorliegenden Datensatz würde mit *explode* fälschlicherweise aufgespalten:

```
nc,40214810,1,"Tuesday, April  8, 2008 12:26:22 UTC",...
```

fgetcsv benötigt als Parameter den *Filehandle* (einen Zeiger auf die geöffnete Datei oder URL), die maximale Länge einer Zeile (in diesem Fall 0, wodurch PHP diese Länge automatisch bestimmt) und das Trennzeichen der Felder.

```
$eql = "http://earthquake.usgs.gov/eqcenter/catalogs/eqs1day-M1.txt";
$eq_handle = fopen($eql, "r");
while (($entries = fgetcsv($eq_handle, 0, ",")) !== FALSE) {
  if (!is_float(0+$entries[4])) { continue; }  // remove illegal lines
  $g = new Earthquake($entries[6], $entries[4], $entries[5]);
  $col = (int) $g->mag;
  if ($col > 4) { $col = 4; }
  $ccol = 'color' . $col;
  $page1->setFillColor($$ccol);
  $page1->drawCircle(BORDER_X+$g->x, BORDER_Y+$g->y, $g->mag/2,
    Zend_Pdf_Page::SHAPE_DRAW_FILL);
  if ($input->mag > 0) {
    $page1->drawText($g->mag, BORDER_X+$g->x-11, BORDER_Y+$g->y);
  }
  if ($input->links > 0) {
    $page1->drawText($g->getMapLink(), BORDER_X+$g->x+2, BORDER_Y+$g->y);
  }
  $minDate = new Zend_Date();
  $d = new Zend_Date(strtotime($entries[3]), Zend_Date::TIMESTAMP);
  if ($minDate->isLater($d)) {
    $minDate = $d;
  }
}
```

Der Variable *$g* wird ein neues *Earthquake*-Objekt zugewiesen, dem die Stärke (*$entries[6]*) und der Längen- und Breitengrad (Spalte 4 und 5) übergeben wird. Das Earthquake-Objekt stellt in erster Linie einen Container zur Speicherung der Erdbebendaten zur Verfügung. Außerdem berechnet es noch die X- und Y-Position des Bebens am Bildschirm. Anschließend wird die Füllfarbe als Variable mit variablen Namen erzeugt. Basierend auf der Stärke des Bebens (*$g->mag*) wird die Farbe zwischen *$color1* bis *$color4* gewählt.

Abhängig davon, ob der Parameter *mag* oder *links* an die URL übergeben und auf 1 gesetzt wurde, wird ein entsprechender Text im PDF angezeigt. Hier zeigt sich eine Schwäche der *Zend_Pdf*-Implementierung: Es ist nicht möglich eine URL als Link an ein Objekt zu binden. Wer den Adobe Reader zum Betrachten von PDF-Dokumenten verwendet, kommt trotzdem in den Genuss von Hyperlinks. Die Adresse allein reicht, und der Reader bietet die Möglichkeit den Link zu öffnen (dieses Verhalten kann in den Einstellungen des Adobe Readers beeinflusst werden). In diesem Beispiel führt der Link zu Google-Maps und zeigt die Erdbebenposition auf einer wesentlich präziseren Karte – ein durchaus nützliches Feature.

Abschließend sehen Sie hier den Code der oben schon erwähnten *Earthquake*-Klasse:

```
class Earthquake {
  function __construct($mag, $lat, $lon) {
    $this->mag = $mag;
    $this->lat = $lat;
    $this->lon = $lon;
    $this->x = $lon+180;
    $this->y = $lat+90;
  }
  function getMapLink() {
    return sprintf("http://maps.google.com/?ie=UTF8&ll=%s,%s&z=8",
      $this->lat, $this->lon);
  }
}
```

Im Konstruktor der Klasse werden zu Beginn die Member-Variablen (*mag, lat, lon*) belegt. Die Dezimalgrad-Angaben in der CSV-Datei haben ihren Nullpunkt beim Nullmeridian (er verläuft durch Greenwich, England) in X-Richtung und am Äquator in Y-Richtung. Das Koordinatensystem der *Zend_Pdf*-Klasse liegt in der linken unteren Ecke. Um die Werte anzupassen, werden in X-Richtung die fehlenden 180 Grad und in Y-Richtung 90 Grad zu den Koordinaten dazugezählt. In der Zeichnung entspricht dann ein Grad einem Pixel. Die Funktion *getMapLink* erzeugt eine URL, die auf die entsprechende Position bei Google-Maps verweist. Mithilfe des Parameters *z* wird der Zoom-Faktor auf den Wert 8 gestellt.

6.5 Zend_Gdata, Zend_Translate

Mehrsprachige (Web-)Applikationen

Der gängige Weg, Mehrsprachigkeit in einem Programm zu ermöglichen, besteht darin, dass alle Zeichenketten bei der Ausgabe (*print, echo, ...*) eine Funktion durchlaufen, die die *Locale*-Einstellungen des Anwenders überprüft. Auf Basis dieser Auswertung werden entsprechende Dateien geladen, in denen die übersetzten Zeichenketten gespeichert sind. In Open-Source-Projekten kommt dabei häufig die *GNU-gettext*-Bibliothek zum Einsatz, die sich seit vielen Jahren großer Beliebtheit erfreut. Web-Applikationen stellen dabei keinen großen Unterschied zu klassischen Applikationen dar. Für textlastige Webseiten eignet sich das hier beschriebene Vorgehen allerdings nicht.

Bereits seit Version 4 bietet PHP Unterstützung für die *gettext*-Bibliothek. Viele Web-Entwickler sind aber mit dieser Bibliothek nicht vertraut und programmieren daher ihre eigenen Übersetzungsroutinen. Mit *Zend_Translate* vereint das Zend-Framework unterschiedliche Übersetzungsformate in einer Bibliothek. Über sogenannte *Adapter* können nicht nur *gettext*-Dateien, sondern auch einfache CSV-Dateien, PHP-Arrays oder XML-Dokumente für die Übersetzung verwendet werden.

Wer damit immer noch nicht zufrieden ist, kann seinen eigenen Adapter schreiben und mit *Zend_Translate* verwenden. Die Aufrufe der Bibliothek bleiben dabei dieselben, gleichgültig welchen Adapter man verwendet. Das ist ein großer Vorteil der Bibliothek, denn entscheidet man sich später für die Verwendung einer anderen Übersetzungsstrategie, so muss der PHP-Code dazu nur minimal verändert werden.

Einige wichtige Adapter von *Zend_Translate* sind:

Array	PHP-Variablenkonstrukt
CSV	*comma separated value*, sehr einfache Handhabung, Texteditor
gettext	weitverbreitete Übersetzungsbibliothek, benötigt Software
QT	XML-Format der plattformübergreifenden GUI-Bibliothek
eigene	durch Ableitung der Klasse *Zend_Translate_Adapter*

Außerdem gibt es noch andere XML-Formate, die von *Zend_Translate* unterstützt werden. Zend hat auch angekündigt, hier noch weitere Adapter folgen zu lassen.

GNU-Gettext

Das folgende Beispiel verwendet den momentan am weitesten verbreiteten Adapter: *gettext*. GNU-Gettext wurde unabhängig von PHP entwickelt und kann mit vielen unterschiedlichen Programmiersprachen verwendet werden, zum Beispiel mit C, C++, Python, Java, Ruby und Lisp, um nur ein paar wichtige zu nennen. Die im Folgenden angesprochenen Hilfsprogramme werden für alle gängigen Plattformen im Internet zum Download angeboten. Die Windows-Version steht auf Sourceforge zur Verfügung (http://gettext.sourceforge.net/), Linux-Anwender installieren das Paket *gettext*.

Der Arbeitsablauf bei der Verwendung von *gettext* (unabhängig von *Zend_-Translate*) stellt einen mehrstufigen Prozess dar: Im ersten Schritt wird das PHP-Programm erstellt, wobei im Code alle zu übersetzenden Zeichenketten speziell gekennzeichnet werden. Üblicherweise erfolgt die Kennzeichnung mit einem Unterstrich vor der Zeichenkette. Die Ausgabe für den String *Deutsch* sieht zum Beispiel so aus:

```
print _("Deutsch");
```

Im nächsten Schritt müssen die zu übersetzenden Zeichenketten aus dem Quellcode extrahiert werden. Das Werkzeug *xgettext* leistet hier gute Dienste, indem es den PHP-Code analysiert und die fraglichen Zeichenketten in einer Datei speichert. Diese Datei wird als *Portable Object Template* (.pot) bezeichnet und ist der Ausgangspunkt für die Übersetzungen. Für jede zu übersetzende Sprache wird aus dieser Vorlage eine Übersetzungsdatei generiert, ein *Portable Object* (.po). Ein Auszug aus der PO-Datei für die englische Übersetzung im anschließenden Beispiel sieht so aus:

```
#: snooker.php:35
msgid "Deutsch"
msgstr "German"

#: snooker.php:36
msgid "Englisch"
msgstr "English"

#: snooker.php:45
msgid "Aufrufe"
msgstr "Views"
```

Die Message-ID (*msgid*) ist dabei die Zeichenkette, die im PHP-Code verwendet wird. Sind alle Strings übersetzt, wird die PO-Datei in eine MO-Datei (*machine object*) verwandelt. Durch die Konvertierung in ein binäres Format kann eine hohe Ausführungsgeschwindigkeit sichergestellt werden. Ein typischer Arbeitsablauf für die Übersetzung in die deutsche Sprache sieht demnach folgendermaßen aus:

```
xgettext -o template.pot --from-code=utf-8 snooker.php
msginit --locale=de --input=template.pot --output-file=de.po
# Übersetzung der Texte in de.po
msgfmt -o de.mo de.po
```

xgettext erstellt die Vorlage template.pot, wobei dem Programm mitgeteilt wird, dass der Quellcode in UTF-8 kodiert ist. Das ist vor allem dann sinnvoll, wenn die Message-IDs nicht in englischer Sprache verfasst werden, sondern wie hier, in Deutsch.

Werden die Zeichenketten im PHP-Code später verändert oder erweitert, so muss nicht die ganze Übersetzungsprozedur von Neuem durchgeführt werden. Das Hilfsprogramm *msgmerge* kann eine neu erstellte POT-Datei mit vorhandenen PO-Dateien zusammenführen. Schon vorhandene Zeichenketten bleiben also mit der Übersetzung erhalten.

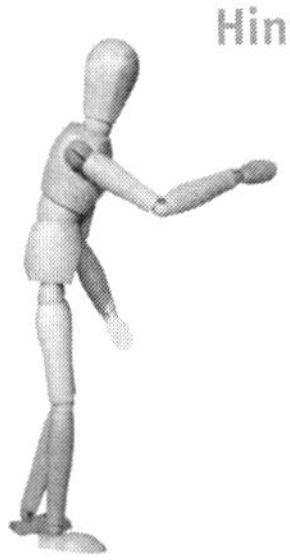

Hinweis

Wer sich mit den Programmaufrufen auf der Kommandozeile nicht anfreunden kann, für den stehen auch grafische Werkzeuge zur Verfügung. Sowohl für Windows- als auch für Linux- und Apple-Systeme gibt es das Open-Source-Programm *Poedit*. Es unterstützt den kompletten Arbeitsablauf (Strings extrahieren, PO-Dateien erstellen, übersetzen, MO-Dateien erzeugen) und bietet zusätzlich eine Rechtschreibprüfung. Das KDE-Programm *Kbabel* kann auch PO-Dateien zu vergleichen.

http://www.poedit.net/
http://kbabel.kde.org/

Beispiel – Snooker Highlights auf YouTube

Das folgende Beispiel zeigt in einem sehr kurzen Skript die Verwendung von *Zend_Gdata_Youtube*, *Zend_Translate* mit dem *gettext*-Adapter und einen kleinen Javascript-Trick, um einen Bereich der Webseite dynamisch zu verändern. Für den Anwender bietet das Programm die Möglichkeit, fünf Youtube-Videos eines Snooker-Spielers anzeigen zu lassen. Auf der Webseite erscheinen ein Vorschaubild, die Länge des Videos und eine Kurzbeschreibung dazu. Wenn der Anwender auf das Bild klickt, startet der YouTube-Videoplayer als Teil der Webseite (nicht als eigenes Fenster oder in einem Frame). Über die Schließen-Funktion gibt es jederzeit die Möglichkeit, auf die Seite zurückzukehren. Das ganze Beispiel kann in Deutsch und in Englisch verwendet werden.

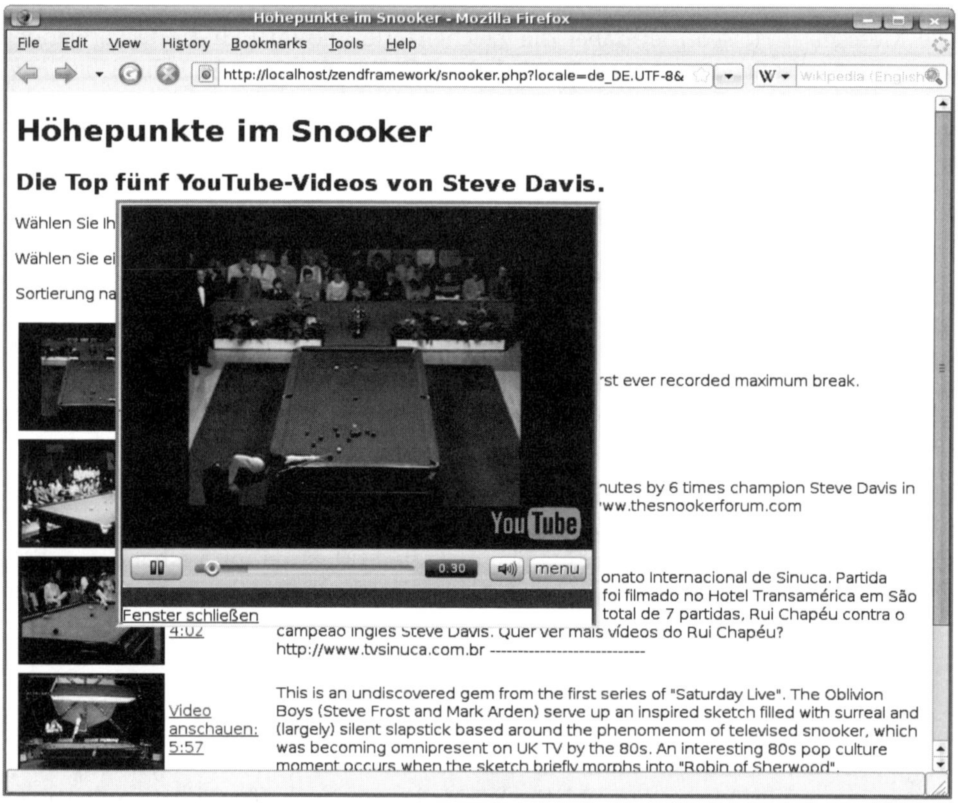

Abbildung 6.3: YouTube-Suche nach Snooker-Highlights

Im Unterschied zu dem Beispiel aus dem vorangegangenen Abschnitt werden die benötigten Zend-Klassen nicht explizit eingebunden, sondern der *Zend_Loader* übernimmt diese Arbeit.

```
<?php    // Beispieldatei: snooker.php
require("Zend/Loader.php");
Zend_Loader::registerAutoload();
```

Ab diesem Zeitpunkt können alle Klassen aus dem Zend-Framework verwendet werden, ohne sie vorher mit *require* einbinden zu müssen. Da das Beispiel mit Formular-Eingaben auf der Webseite arbeitet, kommt auch hier die *Zend_Filter_-Input*-Klasse zum Einsatz. Ähnlich wie in Beispiel 6.3 werden Arrays für den Filter und die Validatoren definiert (dieser Vorgang wird hier nicht noch einmal abgedruckt). Die geprüften Eingaben werden anschließend in der Variable *$input* gespeichert und im Skript verwendet.

```
$input = new Zend_Filter_Input($filters, $validators, $_GET);
$locale = $input->locale;
$player = $input->player;
$order = $input->order;
$t = new Zend_Translate('gettext', 'de.mo', 'de');
$t->addTranslation('en.mo', 'en');
$t->setLocale($locale);
setLocale(LC_ALL,$locale);
$langs = array (
  'de_DE.UTF-8' => $t->_('Deutsch'),
  'en_GB.UTF-8' => $t->_('Englisch')
);
$players = array (
  1 => 'Ronnie O\'Sullivan',
  2 => 'Steve Davis',
  3 => 'Mark Selby',
  4 => 'Shaun Murphy'
);
$orderBy = array (
  'viewCount' => $t->_('Aufrufe'),
  'published' => $t->_('Hinzugefügt'),
  'rating' => $t->_('Bewertung')
);
```

$t (ein kurzer Variablenname ist hier sinnvoll, denn die Variable wird bei jeder String-Ausgabe verwendet) wird als Referenz auf ein *Zend_Translate*-Objekt erzeugt, wobei dem Konstruktor der Adapter (*gettext*), die erste Sprachdatei (de.mo, also das binäre *machine object*) und das abgekürzte *Locale* für diese Sprache (*de*) mitgegeben werden. Anschließend können mit *$t->addTranslation* beliebig viele Sprachen hinzugefügt werden. Der Aufruf von *setLocale* (sowohl für das *Zend_-Translate*-Objekt *$t* als auch für die allgemeinen Einstellungen des PHP-Skripts) führt schließlich zu der korrekten Sprachausgabe.

Die im Folgenden definierten Arrays werden in den HTML-Auswahllisten verwendet. Interessant ist hier der erste Gebrauch der Übersetzungsbibliothek. *$t->_('Deutsch')* führt dazu, dass der String *Deutsch* in die Liste der zu übersetzenden Wörter aufgenommen wird. Folglich steht in der englischen Version der

Seite *German* und in der deutschen Version *Deutsch* im Auswahlmenü. Das assoziative Array enthält damit je nach Sprache unterschiedliche Werte, die Schlüssel (*de_DE.UTF-8* und *en_GB.UTF-8*) bleiben jedoch immer gleich. Auch alle weiteren Zeichenketten, die von PHP ausgegeben werden, müssen durch die Übersetzungsfunktion laufen. Hier sehen Sie zum Beispiel die Beschriftung des Buttons, mit dem Sie Formulare abschicken.

```
<input type="submit" value="<?php print $t->_("Abschicken"); ?>" />
```

Bevor Sie die Message-IDs im Quelltext verfassen, sollten Sie bedenken, wer die Übersetzungen für Ihr Programm vornehmen wird. Die Verwendung der eigenen Muttersprache bei den Message-IDs ist zwar für den Programmierer sehr praktisch, mögliche Übersetzer müssen dann aber zu der zu übersetzenden Sprache auch diese Sprache beherrschen. Daher empfiehlt die *gettext*-Dokumentation, im Quellcode Englisch zu verwenden. In diesem Beispiel sind die Message-IDs trotzdem in Deutsch und beinhalten sogar noch Umlaute, was durch die verwendete UTF-8-Kodierung möglich wird.

Die Abfrage an das YouTube-Portal greift auf die *Zend_Gdata_YouTube*-Klasse zurück und erzeugt ein neues *Zend_Gdata_YouTube_VideoQuery*-Objekt (*$query*):

```
$yt = new Zend_Gdata_YouTube();
$query = $yt->newVideoQuery();
$query->videoQuery = $players[$player];
$query->maxResults = 5;
$query->category = 'Snooker';
$query->orderBy = $order;
```

Das *$query*-Objekt kann jetzt mit den Informationen gefüllt werden, die für die Suche erforderlich sind: *videoQuery* wird der Name des gewählten Spielers zugewiesen (aus dem Array der Spieler), *maxResults* beschränkt die Suche auf die ersten fünf Ergebnisse, und die Sortierung (*orderBy*) kommt aus der HTML-Auswahlliste auf der Webseite. Die Abfrage selbst wird durch die Funktion *getVideoFeed* des *Zend_Gdata_YouTube*-Objekts durchgeführt. Sollte aus irgendeinem Grund die Abfrage scheitern, löst die Funktion eine *Exception* aus. Um dem Anwender eine Fehlermeldung in der gewählten Sprache ausgeben zu können, wird dieser Aufruf in einem *try-catch*-Block geklammert.

```
try {
  $videoFeed = $yt->getVideoFeed($query);
} catch (Zend_Http_Client_Adapter_Exception $ze) {
  print $t->_("Keine Verbindung zum Internet");
  print "</body></html>";
  exit();
}
```

Die Ausgabe der Ergebnisse erfolgt in der folgenden Schleife:

```
$videoFeed = $yt->getVideoFeed($query);
foreach ($videoFeed as $videoEntry) {
  $length = $videoEntry->getVideoDuration();
  print "<tr>\n";
  printf("<td><a href='#' onclick='javascript:ytViewer(\"%s\");'>
    <img src='%s' alt='%s' /></a></td>",
    $videoEntry->getFlashPlayerUrl(),
    $videoEntry->mediaGroup->thumbnail[0]->url,
    htmlspecialchars($videoEntry->getVideoTitle(), ENT_QUOTES));

  printf("<td><a href='#' onclick='javascript:ytViewer(\"%s\");'>",
    $videoEntry->getFlashPlayerUrl());

  printf($t->_("Video anschauen: %1\$s:%2\$s"),
    floor($length/60), sprintf("%02d", $length%60));

  print "</a></td>\n";
  print "<td>\n";
  print htmlspecialchars(substr($videoEntry->getVideoDescription(),
    0, 400), ENT_QUOTES);
  print "</td></tr>\n";
}
```

$videoFeed besteht aus einem Array mit Objekten vom Typ *Zend_Gdata_YouTube_-VideoEntry*. Sie merken es schon: Mit Objekten wird hier nicht gespart. Wer sich für die Interna eines solchen Objekts interessiert, der kann sich den Inhalt mit *var_-dump($videoEntry)* oder mit *print_r($videoEntry)* anzeigen lassen.

Das Zend-Framework unterstützt auch eine Klasse zum Debugging, *Zend_Debug*. Die Klasse verfügt nur über eine statische Funktion, *dump*, die intern *var_dump* aufruft und die Ausgabe mit *htmlentities* und dem HTML-Tag *<pre>* formatiert. Mit *Zend_Debug::dump($videoEntry)* können Sie den Inhalt des Objekts betrachten. Aber erschrecken Sie nicht: Es ist riesig, und es wimmelt nur so von weiteren Objekten.

Wenn Sie sich weit genug durcharbeiten, finden Sie unter *mediaGroup->thumb-nail[0]->url* die Adresse eines der Vorschaubilder. Wie im Code gezeigt, kann man die Zeichenkette so auslesen, besser ist es aber, die dazu vorgesehenen Funktionen zu verwenden. Den Beschreibungstext zum Video liefert *getVideoDescription()*, die Adresse für den Videoplayer liefert *getFlashPlayerUrl()*. Welche Methoden das Objekt außerdem unterstützt, erläutert die API-Dokumentation des Zend-Frameworks.

Hinweis

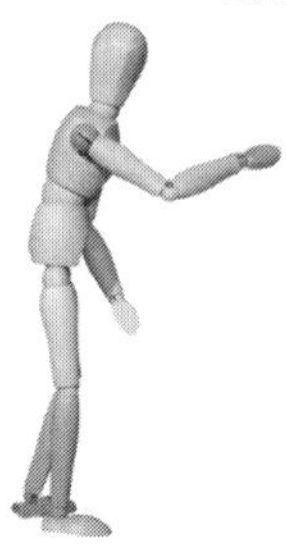

Zend_Gdata_YouTube ist nur eine von vielen Klassen zum Zugriff auf die Schnittstellen, die Google Entwicklern zur Verfügung stellt. Google nennt diese API *Gdata*, und die Möglichkeiten für Programmierer sind enorm. Ob Tabellenkalkulation, Terminkalender oder Datenbank – Google bietet eine sehr komfortable Schnittstelle dazu. Intern basiert die Übertragung auf Atom und RSS, beides XML-Anwendungen. Mithilfe des Zend-Frameworks kommt man aber mit dem XML-Code gar nicht in Berührung. Weitere Informationen zu Gdata finden Sie bei Google:

http://code.google.com/apis/gdata/

Bei aller Begeisterung sollte man nicht vergessen, dass Google jeden Zugriff auf Ihre Services protokolliert und laut seiner Lizenz auch Einblick in die bei Google gespeicherten Daten nehmen darf.

Der Bereich, in dem das Video angezeigt wird, ist als verstecktes *div*-Element definiert (*display:none*). Innerhalb dieses Rahmens wird ein weiteres *div*-Element definiert, in dem später der String für den YouTube-Videoplayer eingebaut wird. Der äußere Rahmen enthält außerdem noch einen Link zum Schließen des Fensters:

```
<div id="viewerDiv"
style='position:absolute;top:100px;left:100px;width:425px;height:385px;
  background-color:#555555; border-width:5px; border-color:#cccccc;
  border-style:groove; padding:2px; display:none'>
<div id='ytplayer' style='width:425px;height:355px;'>
</div>
<p style='background-color:white;color:black;'>
<a style='color:black;' href="#" onclick="javascript:hideViewer();">
<?php print $t->_("Fenster schließen");
?></a></p>
</div>
```

YouTube schlägt vor, den Videoplayer mit einer Kombination aus den HTML-Komponenten *object* und *embed* einzubauen. Leider lassen sich diese Elemente in den unterschiedlichen Browsern nicht mit den gleichen Kommandos ansteuern (der Internet Explorer kann zum Beispiel auf die *param*-Elemente nicht mit *getElementById* zugreifen). Um hier keine Browser-Weichen in Javascript programmieren zu müssen, wird der gesamte String zur Ausgabe des Videoplayers vor dem Anzeigen eines Videos neu zusammengesetzt. Das ist sicher nicht der eleganteste Weg, um Teile einer Webseite zu ändern, im momentanen Stadium der Browserentwicklung gibt es aber wenig bis keine anderen Optionen. Wenn Sie die CSS-Eigenschaft *display = 'block'* setzen, erscheint das *div*-Element an der festgelegten Position.

```
<script type="text/javascript">
  <!--
  function ytViewer(url) {
    var ytFlashString = '<object id="ytmovie" width="425" height="355">'+
      '<param name="movie" value="'+url+'"></param>'+
      '<embed name="ytmovie" src="'+url+'" '+
      'type="application/x-shockwave-flash"'+
      '    width="425" height="355"></embed>'+
      '</object>';
    document.getElementById('ytplayer').innerHTML = ytFlashString;
    document.getElementById('viewerDiv').style.display = 'block';
  }
  function hideViewer() {
    document.getElementById('ytplayer').innerHTML = '';
    document.getElementById('viewerDiv').style.display = 'none';
  }
  -->
</script>
```

Die Javascript-Funktion, mit der Sie den Player wieder verstecken (*hideViewer*), löscht das HTML-Fragment aus dem *div*-Element und setzt anschließend die CSS-Eigenschaft *display* wieder auf *none*. Die Datenübertragung von YouTube wird dabei in jedem Fall beendet, egal ob der Player noch aktiv war oder nicht.

Teil II

MySQL-Grundlagen und -Programmiertechniken

7 phpMyAdmin

phpMyAdmin ist das wohl beliebteste Administrationswerkzeug für MySQL. Sie können damit Datenbanken und Tabellen erzeugen, verändern und wieder löschen, neue Datensätze einfügen/ändern/löschen, Daten bzw. ganze Datenbanken importieren und exportieren sowie diverse andere Administrationsaufgaben durchführen.

Welche Funktionen Ihnen in phpMyAdmin zur Auswahl stehen, hängt stark davon ab, welche Zugriffsrechte phpMyAdmin auf den MySQL-Server hat. Auf dem lokalen Testsystem werden Sie phpMyAdmin mit *root*-Rechten einrichten; damit können Sie auf alle Datenbanken zugreifen und sämtliche Administrationsaufgaben erledigen. Bei Ihrem Internet Service Provider haben Sie mit phpMyAdmin dagegen nur Zugriff auf Ihre eigene(n) Datenbank(en).

phpMyAdmin ist ein riesiges PHP-Projekt, das Sie in das Dokumentenverzeichnis Ihres Webservers installieren – üblicherweise sowohl auf dem lokalen Testrechner zu Hause als auch auf dem Rechner des Internet Service Providers, bei dem Ihre Webseiten öffentlich zugänglich sind. Die Bedienung von phpMyAdmin erfolgt durch einen Webbrowser. Für dieses Kapitel haben wir die Versionen 2.11 (stabil) und 3.0 Alpha (Testversion) getestet. Die Bedienung beider Versionen unterscheidet sich nur in Details. Bis Version 3.0 endgültig erschienen ist, raten wir aber zum Einsatz der Version 2.11, die wesentlich stabiler läuft.

Andere Administrationswerkzeuge

phpMyAdmin ist keineswegs das einzige Administrationswerkzeug für MySQL. Die wichtigsten Alternativen wurden bereits in Kapitel 1 vorgestellt:

- `mysql` (ein textbasierter Kommandointerpreter)
- `mysqladmin`, `mysqldump` (Textkommandos zur Administration)
- MySQL Administrator (Benutzeroberfläche zur Administration)
- MySQL Query Browser (Benutzeroberfläche zum Test von SQL-Kommandos)
- MySQL Workbench (Benutzeroberfläche zum Datenbankdesign, momentan nur für Windows verfügbar)

Der wesentliche Nachteil all dieser Werkzeuge besteht darin, dass sie nur funktionieren, wenn ein Datenbankzugriff möglich ist – und genau daran scheitert oft ihre Anwendung: Wenn Sie beispielsweise den MySQL Administrator auf Ihrem lokalen Rechner ausführen, können Sie damit nicht auf den MySQL-Server Ihres

Internet Service Providers zugreifen. Der Grund: Die meisten Webhoster konfigurieren den MySQL-Server aus Sicherheitsgründen so, dass kein Zugriff über das Internet möglich ist.

Bei phpMyAdmin tritt dieses Problem nicht auf, weil die PHP-Seiten auf dem Rechner des Webhosters ausgeführt werden. Aus Sicht des MySQL-Servers ist phpMyAdmin ein lokales Programm. Da aber die phpMyAdmin-Seiten über einen Webbrowser überall zugänglich sind, haben Sie mit phpMyAdmin ein extern zugängliches Administrationswerkzeug.

Ein elementarer Mangel von phpMyAdmin besteht leider darin, dass das Programm ungeeignet ist, um Stored Procedures zu verwalten. Abhilfe verspricht das neue Projekt phpMyIde, das in Kapitel 14 vorgestellt wird. Auch die Benutzeroberfläche von phpMyAdmin entspricht nicht mehr ganz dem Stand der Technik. Eine Neukonzeption des Programms mit Web-2.0-Techniken wäre wünschenswert.

7.1 Installation und Konfiguration

Bei vielen Webhostern ist phpMyAdmin standardmäßig installiert – wenn auch nicht immer in der aktuellen Version. Außerdem stellen viele Linux-Distributionen fertige phpMyAdmin-Pakete zur Verfügung, deren Installation ein Kinderspiel ist. Nur wenn diese Voraussetzungen bei Ihnen nicht zutreffen, müssen Sie sich selbst mit der Installation und Konfiguration auseinandersetzen. Entsprechende Tipps gibt dieser Abschnitt.

phpMyAdmin-Dateien installieren

Sie finden phpMyAdmin auf der Website http://www.phpmyadmin.net/ als *.zip- oder *.tar.bz2-Archiv zum Download. Alle Dateien dieses Archivs müssen in ein Unterverzeichnis des DocumentRoot-Verzeichnisses von Apache kopiert werden. Je nach Betriebssystem lautet das Verzeichnis beispielsweise C:\apache22\htdocs, /var/www, /var/www/html oder /srv/www/htdocs. Der Platzbedarf für phpMyAdmin beträgt nach dem Entpacken je nach Version zwischen 11 und 15 MByte.

Lokaler Windows-Rechner: Unter Windows verwenden Sie zum Auspacken das Programm WinZip oder ab Windows XP einfach den Windows Explorer (Dateimanager). Anschließend benennen Sie das neue Verzeichnis phpMyAdmin-*version* um und geben ihm einen leichter zu merkenden Namen (in allen folgenden Beispielen verwenden wir einfach phpmyadmin).

Lokaler Linux-Rechner: Unter Linux wechseln Sie in das DocumentRoot-Verzeichnis und entpacken das Archiv mit tar:

```
root# cd <documentroot-Verzeichnis>
root# tar xjf phpMyAdmin-version.tar.bz2
root# mv phpMyAdmin-version phpmyadmin
```

Achten Sie darauf, dass der Account, unter dem Apache läuft, Leserechte auf die phpMyAdmin-Dateien benötigt. Eventuell müssen Sie mit chown -R account:gruppe die Zugriffsrechte aller Dateien korrekt einstellen. Unter welchem Account Apache läuft, stellen Sie am einfachsten mit ps axu | grep apache fest.

Webserver beim Webhoster: Ein wenig komplizierter ist es, phpMyAdmin auf einem externen Webserver zu installieren:

- **Mit Shell-Login:** Zuerst laden Sie phpMyAdmin-*version.tar.bz2* von phpmyadmin.net auf Ihren lokalen Rechner. Dann übertragen Sie diese Datei mit einem FTP-Client zum Webhoster. Dort loggen Sie sich nun mit ssh ein und führen die drei obigen Kommandos wie bei einer lokalen Linux-Installation aus.
- **Ohne Shell-Login:** Wenn Sie keinen ssh-Zugang zu Ihrem Account haben, müssen Sie phpMyAdmin auf dem lokalen Rechner in ein beliebiges Verzeichnis entpacken. Anschließend übertragen Sie den gesamten Verzeichnisbaum mit einem FTP-Client. Da es sich um über 800 Dateien mit einem Gesamtumfang von mehr als 15 MByte handelt, wird das eine ganze Weile dauern. Achten Sie unbedingt darauf, dass Ihr FTP-Client den Binary-Modus nutzt (nicht den Textmodus)!

phpMyAdmin-Konfiguration

Bevor Sie phpMyAdmin nutzen können, müssen Sie in der Datei config.inc.php im phpMyAdmin-Installationsverzeichnis eine Basiskonfiguration speichern. Dazu zählen zumindest die Angaben, auf welchem Rechner der MySQL-Server läuft sowie welchen Namen und welches Passwort phpMyAdmin zur Authentifizierung verwenden soll.

Seit Version 2.8 gibt es zwei Möglichkeiten, um die Konfiguration durchzuführen: Am komfortabelsten ist es, die Konfiguration mit speziell dafür vorgesehenen Setup-Dialogen direkt mit phpMyAdmin durchzuführen. Das setzt aber voraus, dass Sie vorher ein config-Verzeichnis einrichten, in das phpMyAdmin schreiben darf. Alternativ können Sie config.inc.php natürlich auch mit einem Texteditor bearbeiten.

Konfiguration per Setup-Dialog

Wenn Sie phpMyAdmin unkonfiguriert nutzen, erscheinen auf der Startseite eine Fehlermeldung sowie ein Link zu einem Setup-Dialog. Bevor Sie diesen nutzen können, müssen Sie im phpMyAdmin-Verzeichnis das Unterverzeichnis config anlegen. phpMyAdmin benötigt in diesem Verzeichnis Schreibrechte. Unter Linux sehen die erforderlichen Kommandos so aus:

```
root# cd <phpMyAdmin-verzeichnis>
root# mkdir config
root# chmod o+rw config
```

Die Adresse des Setup-Dialogs (siehe Abbildung 7.1) sieht so aus:

```
http://<rechnername>/<phpverzeichnis>/scripts/setup.php
```

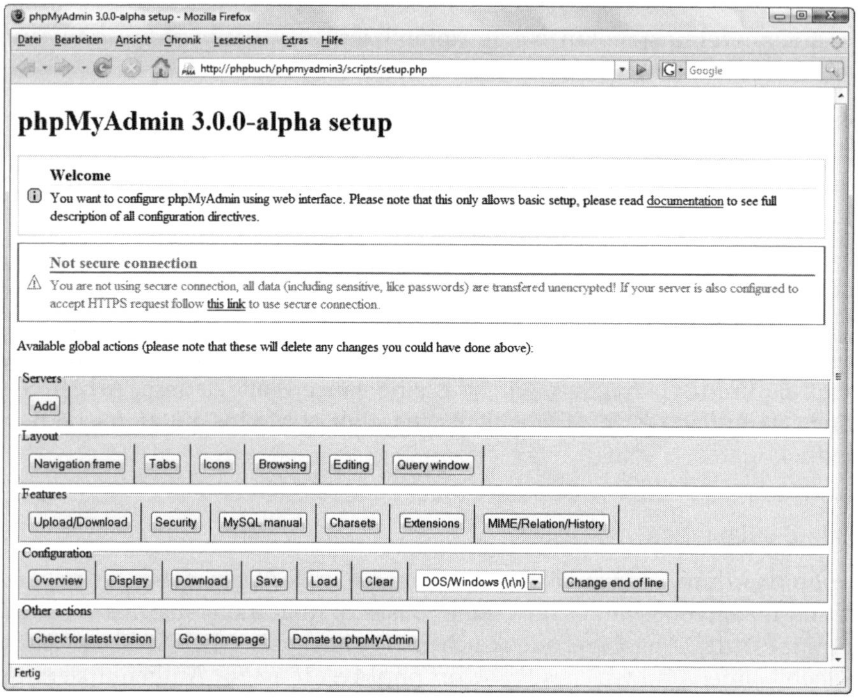

Abbildung 7.1: phpMyAdmin-Setup-Dialog

Die Basiskonfiguration ist schnell erledigt: Der Button SERVERS | ADD führt in den in Abbildung 7.2 dargestellten Dialog. Dort tragen Sie den Rechnernamen des MySQL-Servers (meist *localhost*), den MySQL-Benuterznamen (meist *root*) sowie das zugehörige Passwort ein. Alle anderen Einstellungen können Sie unverändert belassen. (phpMyAdmin sieht eine Menge weitergehender Konfigurationsmöglichkeiten vor, die in den folgenden Abschnitten noch beschrieben werden. Die hier beschriebene Basiskonfiguration reicht aber bereits aus, um die wichtigsten Funktionen von phpMyAdmin zu nutzen.)

Der Button ADD führt in den Hauptdialog zurück. Dort klicken Sie auf CONFIGURATION | SAVE, um die Konfiguration in der Datei config/config.inc.php zu speichern. Diese Datei müssen Sie nun noch in das phpMyAdmin-Hauptverzeichnis kopieren:

```
root# cp config/config.inc.php .
```

Nach Abschluss der Konfiguration sollten Sie die Zugriffsrechte auf das config-Verzeichnis aus Sicherheitsgründen einschränken oder das Verzeichnis ganz löschen:

```
root# chmod og-rw config
```

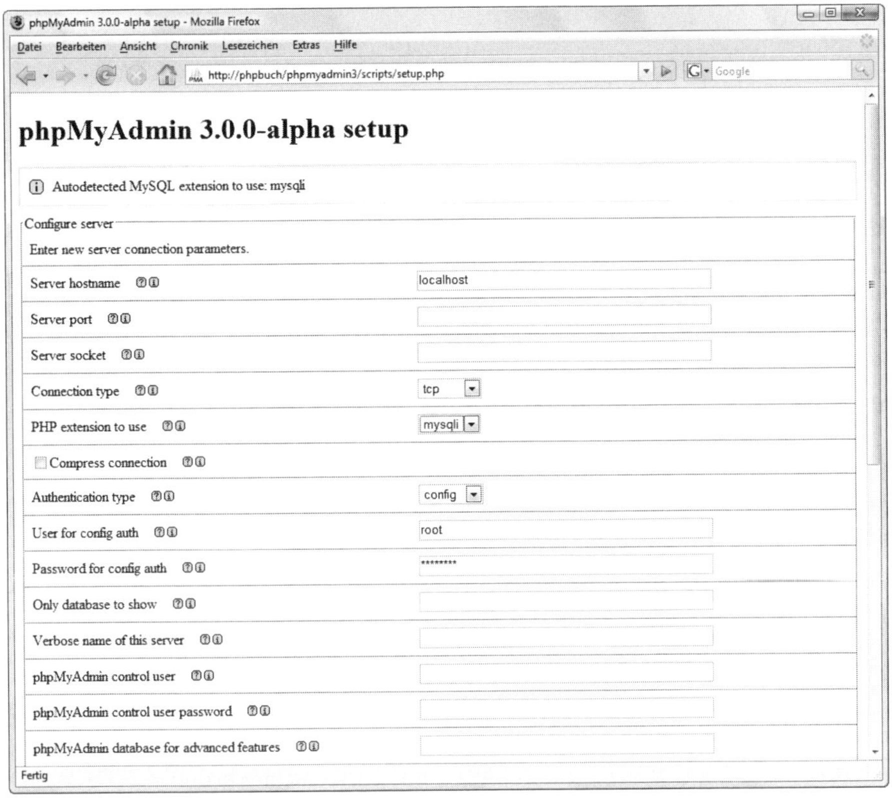

Abbildung 7.2: Basiskonfiguration mit der Setup-Seite

Manuelle Konfiguration

Die vorhin beschriebenen Konfigurationsdialoge vereinfachen phpMyAdmin-Einsteigern das Leben. Fortgeschrittene phpMyAdmin-Nutzer können die Datei config.inc.php mit einem Editor auch selbst erstellen. Das unten abgedruckte Listing zeigt die für eine Minimalkonfiguration relevanten Zeilen.

Die folgenden Parameter geben an, wie phpMyAdmin die Verbindung zum MySQL-Server herstellt. Normalerweise müssen Sie nur das Passwort angeben und können die anderen Werte so lassen, wie sie sind. Wenn MySQL noch nicht durch ein Passwort abgesichert ist, muss die Passwortzeichenkette vorerst leer bleiben.

Wenn Sie config.inc.php für die phpMyAdmin-Installation bei einem Webhoster einrichten, müssen Sie statt *root* den MySQL-Benutzernamen angeben, der Ihnen von der Webhosting-Firma zugewiesen wurde. Möglicherweise müssen Sie auch statt *localhost* einen Rechnernamen aus dem lokalen Netz Ihres Webhosters angeben (nur, wenn der Webserver und der MySQL-Server auf unterschiedlichen Rechnern laufen).

```
$i=1;
$cfg['Servers'][$i]['host']             = 'localhost';// MySQL-Rechnername
$cfg['Servers'][$i]['extension']        = 'mysqli';   // muss 'mysqli' lauten
$cfg['Servers'][$i]['auth_type']        = 'config';   // muss 'config' lauten
$cfg['Servers'][$i]['user']             = 'root';     // MySQL-Benutzer
$cfg['Servers'][$i]['password']         = 'xxxxxx';   // MySQL-Passwort
$cfg['Servers'][$i]['connect_type'] = 'tcp';          // 'tcp' oder 'socket'
```

Authentifizierungsmethode: Hier wurde nur die einfachste Form zur MySQL-Authentifizierung vorgestellt. Daneben bestehen drei weitere Varianten: die *http-*, die *cookie-* und die *signon*-Authentifizierung, die allerdings zum Teil eine aufwendigere Konfiguration erfordern.

Diese Varianten vermeiden es, das MySQL-Passwort im Klartext in config.inc.php einzutragen. Ein weiterer Vorteil besteht darin, dass die phpMyAdmin-Installation von unterschiedlichen Benutzern zur Administration unterschiedlicher Datenbanken genutzt werden kann. Das ist insbesondere für ISPs interessant, die ihren Kunden eine vorgefertigte phpMyAdmin-Installation anbieten möchten.

Details zu den beiden Authentifizierungsvarianten finden Sie in der phpMyAdmin-Dokumentation:

http://www.phpmyadmin.net/documentation/#config

Programmierschnittstelle: PHP kennt zwei unterschiedliche Schnittstellen zu MySQL: *mysql* und *mysqli*. Die *mysqli*-Version bietet viele Vorteile und sollte bei aktuellen PHP- und MySQL-Versionen unbedingt verwendet werden.

Kommunikationsschnittstelle: Wenn der MySQL-Server unter Windows läuft, muss die Kommunikation über das Netzwerkprotokoll TCP/IP erfolgen. Das setzt voraus, dass der MySQL-Server so konfiguriert ist, dass er über diese Schnittstelle kommuniziert. Aus Sicherheitsgründen ist das oft nicht der Fall. Führen Sie gegebenenfalls nochmals das Windows-Programm MYSQL SERVER INSTANCE CONFIGURATION WIZARD aus, um diese Einstellung zu ändern.

Unter Linux/Unix kann die Kommunikation zwischen PHP und MySQL auch über eine sogenannte *socket*-Datei erfolgen, sofern Apache und MySQL auf dem selben Rechner laufen. Nach Möglichkeit sollten Sie die *socket*-Variante vorziehen. Sie *müssen* über eine *socket*-Datei kommunizieren, wenn der MySQL-Server aus Sicherheitsgründen so konfiguriert ist, dass er keine TCP/IP-Verbindungen zulässt!

phpMyAdmin ausprobieren

Anschließend können Sie phpMyAdmin testen, indem Sie in Ihrem Webbrowser die Adresse http://localhost/phpmyadmin/ oder http://*rechnername*/phpmyadmin/ angeben. Je nach Webserver-Konfiguration müssen Sie der Adresse noch index.php hinzufügen, also:

http://localhost/phpmyadmin/index.php oder
http://*rechnername*/phpmyadmin/

Auf der Startseite von phpMyAdmin können Sie die gewünschte Sprache und das Oberflächendesign (Layout) von phpMyAdmin einstellen. Die Startseite sollte so ähnlich wie in Abbildung 7.3 aussehen (je nachdem, welche Version von phpMyAdmin Sie installiert haben und welche Zugriffsrechte phpMyAdmin auf den MySQL-Server hat).

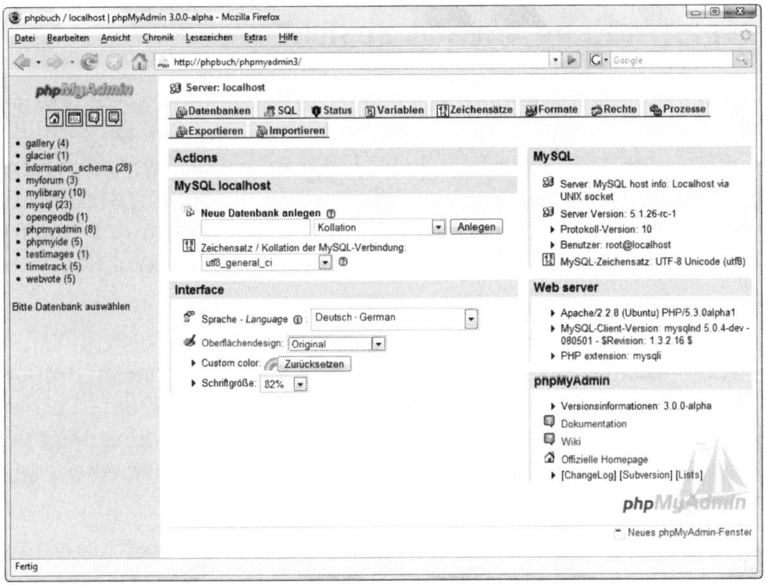

Abbildung 7.3: phpMyAdmin-Startseite

phpMyAdmin-Verzeichnis absichern

Mit der phpMyAdmin-Installation handeln Sie sich ein Sicherheitsproblem ein: Nicht nur Sie, sondern jeder Surfer kann via phpMyAdmin Ihre Datenbanken manipulieren oder löschen (sofern er das Verzeichnis errät, in das Sie phpMyAdmin installiert haben).

Das können Sie verhindern, indem Sie den Zugriff auf das phpMyAdmin-Verzeichnis durch eine .htaccess-Datei mit einem Passwort absichern. Damit muss jeder, der mit seinem Browser eine PHP-Datei aus dem phpMyAdmin-Verzeichnis ansehen will, zuvor einen Loginnamen und ein Passwort angeben. (Der Loginname und das Passwort sind vollkommen unabhängig vom Account-Login und vom MySQL-internen Zugriffssystem. Details zur Verwendung einer .htaccess-Datei finden Sie in Abschnitt 1.4.)

Ein zweites Sicherheitsproblem kann die Datei config.inc.php darstellen, die ja Ihr MySQL-Passwort im Klartext enthält. Manchmal ist der Rechner bei Ihrem Webhoster so installiert, dass die Webdateien auch via FTP geladen werden können; dann greift der Schutz durch .htaccess zu kurz. Stellen Sie also sicher, dass es auch via Anonymous FTP unmöglich ist, config.inc.php zu lesen!

Wenn Ihr Testrechner mit dem Internet verbunden ist oder Teil eines lokalen Netzwerks ist, ist auch die phpMyAdmin-Installation Ihres Testsystems mehr oder weniger öffentlich zugänglich. Vergessen Sie also nicht, phpMyAdmin also auch auf Ihrem Testrechner abzusichern!

7.2 Benutzerverwaltung, MySQL absichern

MySQL verfügt über ein ziemlich komplexes System zur Verwaltung der Zugriffsrechte, die unter MySQL oft auch als »Privilegien« bezeichnet werden. Die Grundidee besteht darin, dass jeder Anwender bzw. jedes Programm, das MySQL nutzen möchte, sich vorher anmelden muss. Die Anmeldedaten bestehen aus drei Informationen: einem Benutzernamen, einem Passwort sowie dem Namen des Client-Rechners. (Als Client gilt hier das Programm, das mit dem MySQL-Server kommunizieren möchte.)

Nach einer Neuinstallation unter Linux ist MySQL vorerst bei den meisten Distributionen noch nicht abgesichert: Jeder kann sich vom lokalen System aus unter dem Namen *root* ohne Passwort anmelden und hat dann uneingeschränkte Rechte (d.h., er darf Datenbanken erzeugen und löschen, Daten ändern etc.). Eine positive Ausnahme sind Debian und Ubuntu, die bei der Installation die Eingabe eines *root*-Passworts für den MySQL-Server verlangen.

Unter Windows sieht die Lage besser aus: Das Installationsprogramm bietet die Möglichkeit, MySQL von Anfang an durch ein Passwort abzusichern. Die richtige Verwendung dieses Konfigurationswerkzeugs wurde in Abschnitt 1.2.2 beschrieben. Mit PROGRAMME | MYSQL | MYSQL 5.N | MYSQL SERVER INSTANCE WIZARD können Sie dieses Programm auch nachträglich starten und MySQL absichern.

Unabhängig davon, ob Sie nun unter Windows oder unter Linux arbeiten, zeigt dieser Abschnitt, wie Sie phpMyAdmin einsetzen können, um neue Benutzer anzulegen, Zugriffsrechte zu verändern und MySQL abzusichern. Falls sich Ihre Website auf einem eigenen *root*-Server befindet, gilt diese Anleitung natürlich auch für die Absicherung des MySQL-Servers auf dem *root*-Server. Vorweg ist es allerdings notwendig, einige Grundlagen des MySQL-Zugriffssystems zu beschreiben.

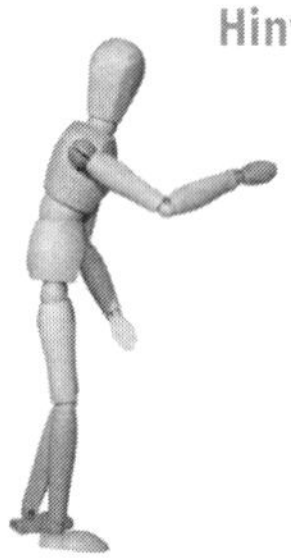

Hinweis

Änderungen an der MySQL-Benutzerverwaltung können Sie nur bei einer lokalen Installation von MySQL durchführen, wenn phpMyAdmin mit *root*-Rechten läuft.

Die MySQL-Installation Ihres Webhosters hat dessen Administrator bereits abgesichert. (Falls das nicht der Fall sein sollte, sollten Sie sich sofort einen anderen Provider suchen ...) Ihr MySQL-Account beim Webhoster erlaubt es Ihnen nicht, die MySQL-Zugriffsrechte zu verändern.

7.2.1 Verwaltung von Benutzern und Privilegien

MySQL speichert die Informationen darüber, welche Benutzer MySQL nutzen dürfen und welche Privilegien diese Benutzer haben, in der Datenbank *mysql*. Die Datenbank besteht aus mehreren Tabellen, von denen *user* und *db* die beiden wichtigsten sind.

- ***user*** enthält für jeden Benutzer dessen Login-Namen (*User*), das Passwort (*Password*), den Namen des Rechners (*Host*), von dem aus sich der Benutzer anmelden darf, sowie eine lange Liste von globalen Privilegien, die der Benutzer hat. Zu diesen Privilegien zählen beispielsweise *Select_priv* (der Benutzer darf alle Tabellen aller existierenden Datenbanken lesen), *Insert_priv* (der Benutzer darf Daten in Tabellen einfügen), *Create_priv* (der Benutzer darf neue Tabellen erzeugen) etc.

  Wenn es in der *user*-Tabelle leere *User*-Einträge gibt, gelten diese Einträge für alle Benutzer, deren Name in der *User*-Tabelle nicht explizit bekannt ist. Analog bedeutet das Zeichen % in der Spalte *Host*, dass der Eintrag für beliebige Client-Netzwerknamen gilt. Das Passwort ist natürlich verschlüsselt.

- ***db*** enthält weitere Informationen darüber, welche Datenbanken der Benutzer nutzen bzw. verändern darf. Die durch die *db*-Tabelle definierten Privilegien sind dann wichtig, wenn ein Benutzer keine globalen Privilegien hat.

  Beispielsweise ist es möglich, dass ein MySQL-Benutzer nicht alle Datenbanken lesen darf, sondern nur zwei ganz bestimmte Datenbanken. In diesem Fall enthält die *Select_priv*-Spalte der *user*-Tabelle den Wert *N*. Dafür gibt es für jede der beiden Datenbanken je einen Eintrag in der *db*-Tabelle, in der die *Select_priv*-Spalte den Wert *Y* hat.

Bei Ihrer Testinstallation können Sie sich die Tabellen der *mysql*-Datenbank mit phpMyAdmin ansehen (siehe Abbildung 7.4).

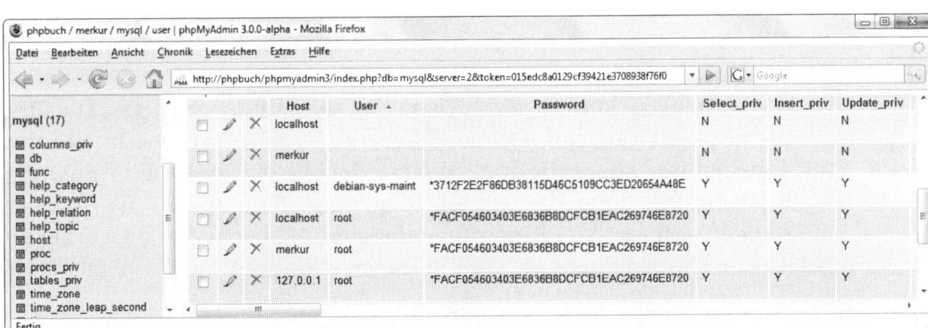

Abbildung 7.4: user-Tabelle der mysql-Datenbank

Der Hostname bei der Zugriffsverwaltung

Eine Besonderheit von MySQL besteht darin, dass zur Authentifizierung nicht wie sonst üblich zwei Daten ausgewertet werden (Benutzername und Passwort), sondern als dritte Information auch noch der Netzwerkname des Rechners, von dem aus der Zugriff erfolgt (*hostname*-Spalte in den Tabellen *user* und *db*). Mit anderen Worten: Selbst wenn Name und Passwort korrekt sind, ist ein Datenbankzugriff nur von einem ganz bestimmten Rechner aus möglich.

Wenn MySQL in erster Linie als Datenbank-Server für eine Website eingesetzt wird, ist das Zugriffssystem meist so eingestellt, dass nur Zugriffe vom lokalen Rechner bzw. von dem Rechner aus möglich sind, auf dem der Webserver läuft. Aus Sicherheitsgründen verwenden fast alle ISPs eine entsprechende MySQL-Konfiguration.

Unter Unix/Linux birgt der lokale Zugriff auf MySQL nochmals einen Sonderfall in sich: Es bestehen nämlich zwei Varianten, wie ein lokales Programm (z.B. der PHP-Interpreter) mit MySQL kommunizieren kann: über das Netzwerkprotokoll TCP/IP oder über eine sogenannte Socket-Datei. Die zweite Variante hat den Vorteil, dass sie effizienter ist. Wozu ein Netzwerkprotokoll mit erheblichem Overhead nutzen, wenn beide Programme ohnedies auf demselben Rechner laufen? PHP nutzt deswegen für lokale Verbindungen zum MySQL-Server unter Unix/Linux grundsätzlich die Socket-Datei.

Zurück zur Zugriffsverwaltung: Die beiden lokalen Kommunikationsformen werden in der *hostname*-Spalte durch zwei getrennte Einträge abgesichert: Der Eintrag mit dem tatsächlichen Netzwerknamen (z.B. merkur) beschreibt die Zugriffsrechte für den Zugriff über das Netzwerkprotokoll. Ein zweiter Eintrag mit dem Netzwerknamen localhost gibt an, welche Privilegien bei einem Zugriff über die Socket-Datei bzw. über *Named Pipes* bestehen.

Hinweis

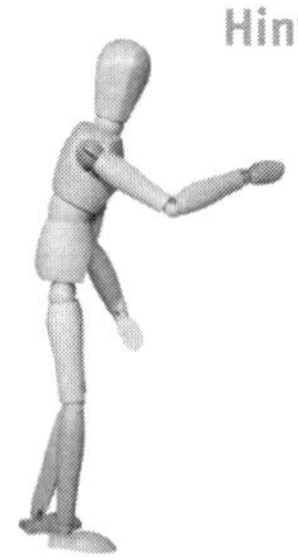

Die obige Beschreibung der MySQL-Zugriffsverwaltung hat sich auf das absolute Minimum beschränkt. Tatsächlich ist das Zugriffssystem erheblich komplexer. Beispielsweise können Sie die Zugriffsrechte nicht nur auf Datenbankebene, sondern auch für einzelne Tabellen und sogar für Spalten einer Tabelle einstellen. Eine ausführliche Beschreibung des MySQL-Zugriffssystems finden Sie im Buch *MySQL* von Michael Kofler (ebenfalls im Addison-Wesley Verlag erschienen) sowie in der MySQL-Dokumentation:

http://dev.mysql.com/doc/refman/5.1/en/server-administration.html

7.2.2 MySQL absichern

Damit man eine MySQL-Installation als sicher bezeichnen kann, müssen die folgenden Bedingungen erfüllt sein:

- Es gibt keine Benutzer ohne Passwort.
- Es gibt keine Benutzer ohne Namen. (Wenn die *User*-Spalte leere Einträge hat, kann sich *jeder* anmelden!)
- Es gibt keine Benutzer, deren *Host*-Spalte % enthält. (% bedeutet hier, dass sich der Benutzer von jedem beliebigen Ort im Netzwerk bzw. Internet anmelden darf.)
- Es gibt möglichst wenige Benutzer (im Idealfall: nur *root*), die uneingeschränkte Rechte haben. (Alle Privilegienspalten enthalten Y.)

  Auf der Seite zur Verwaltung der Zugriffsrechte in phpMyAdmin erkennen Sie uneingeschränkte Rechte daran, dass die Spalte GLOBALE RECHTE den Wert ALL PRIVILEGES enthält (siehe Abbildung 7.5).

Je nachdem, wie und unter welcher Distribution die MySQL-Konfiguration durchgeführt wurde, gibt es häufig mehrere Kombinationen aus Benutzer, Hostname und Passwort, die den obigen Sicherheitsregeln widersprechen.

Zur Absicherung sollten alle Einträge ohne Benutzername gelöscht werden und alle *root*-Einträge durch ein Passwort abgesichert werden. Dabei hilft Ihnen die Rechteverwaltung innerhalb von phpMyAdmin (siehe Abbildung 7.5). Um auf die entsprechende Seite zu gelangen, klicken Sie in der phpMyAdmin-Startseite auf den Link RECHTE.

Unsichere Einträge löschen: Dazu markieren Sie die betroffenen Benutzer in der Benutzerübersicht und klicken dann auf den OK-Button im Bereich DIE AUSGEWÄHLTEN BENUTZER LÖSCHEN.

Einträge mit Passwort absichern: Durch einen Klick auf das ÄNDERN-Symbol in der letzten Spalte des jeweiligen Benutzers gelangen Sie zu einer neuen Seite, die alle Zugriffsrechte des ausgewählten Benutzers zusammenfasst. Diese Seite bietet unter anderem die Möglichkeit, ein neues Passwort anzugeben. Um Tippfehler auszuschließen, müssen Sie das Passwort zweimal angeben.

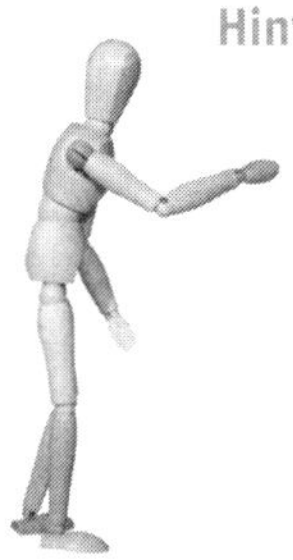

Hinweis

Nach der Veränderung des Passworts von *root* für *localhost* wird phpMyAdmin beim nächsten Seitenwechsel die Fehlermeldung *access denied* anzeigen. Damit phpMyAdmin wieder funktioniert, müssen Sie nun das neue Passwort auch in config.inc.php eintragen (siehe Abschnitt 7.1).

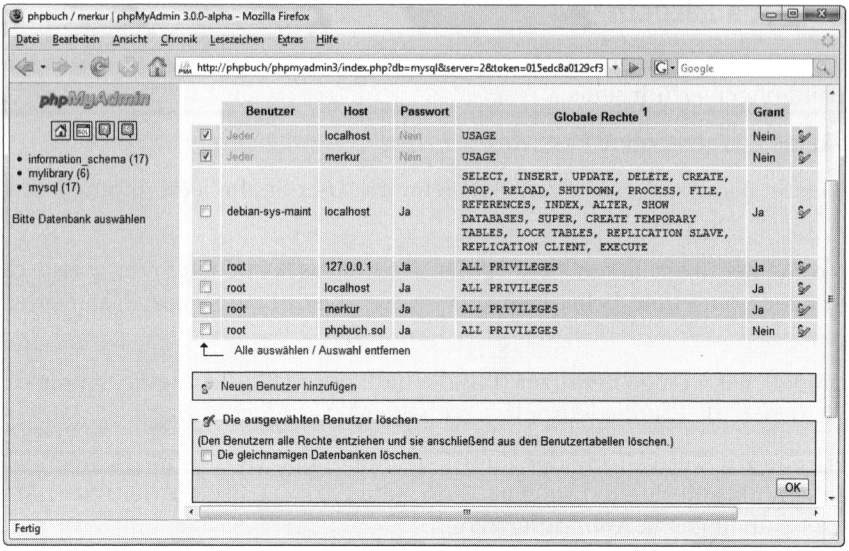

Abbildung 7.5: Verwaltung von Benutzern und Zugriffsrechten in phpMyAdmin

7.2.3 Neue Benutzer anlegen

Der Benutzer *root* sollte aus Sicherheitsgründen nur für Administrationszwecke eingesetzt werden. Wenn Sie eine neue PHP-Anwendung entwickeln, sollten Sie für diese Anwendung einen neuen MySQL-Benutzer erzeugen, der gerade so viele Rechte hat, wie es für die Anwendung erforderlich ist. Im Regelfall reicht es aus, wenn dieser Benutzer eine bestimmte Datenbank lesen und ändern kann.

Der Grund für diese Vorgehensweise sind Sicherheitsüberlegungen: Es lässt sich nicht vermeiden, das Passwort des MySQL-Benutzers als Klartext in eine PHP-Seite zu schreiben. Sollte dieses Passwort durch irgendeinen Konfigurationsfehler nach außen hin zugänglich sein, ist der Schaden immerhin geringer, als wenn auf diese Weise gleich das *root*-Passwort kompromittiert worden wäre.

Benutzer hinzufügen

Um einen neuen Benutzer anzulegen, klicken Sie in der phpMyAdmin-Startseite auf RECHTE und in der RECHTE-Seite auf den Link NEUEN BENUTZER HINZUFÜGEN. Auf der folgenden Seite (siehe Abbildung 7.6) geben Sie im Feld BENUTZERNAME den gewünschten Namen an. Im Feld HOST wählen Sie normalerweise den Listeneintrag LOKAL aus. phpMyAdmin fügt dann automatisch in die nächste Spalte den Text LOCALHOST ein. Das bedeutet, dass der neue Benutzer MySQL nur vom lokalen Rechner aus kontaktieren kann, was für PHP-Anwendungen zumeist ausreichend ist. Schließlich müssen Sie noch zweimal das Passwort angeben (das sich möglichst vom *root*-Passwort unterscheiden sollte!).

Die globalen Privilegien (GLOBALE RECHTE in phpMyAdmin) lassen Sie alle leer! Wenn Sie möchten, können Sie zusammen mit dem Benutzer eine gleichnamige Datenbank anlegen, oder dem Benutzer den Zugriff auf alle Datenbanken gewähren, deren Name wie der Benutzername beginnt.

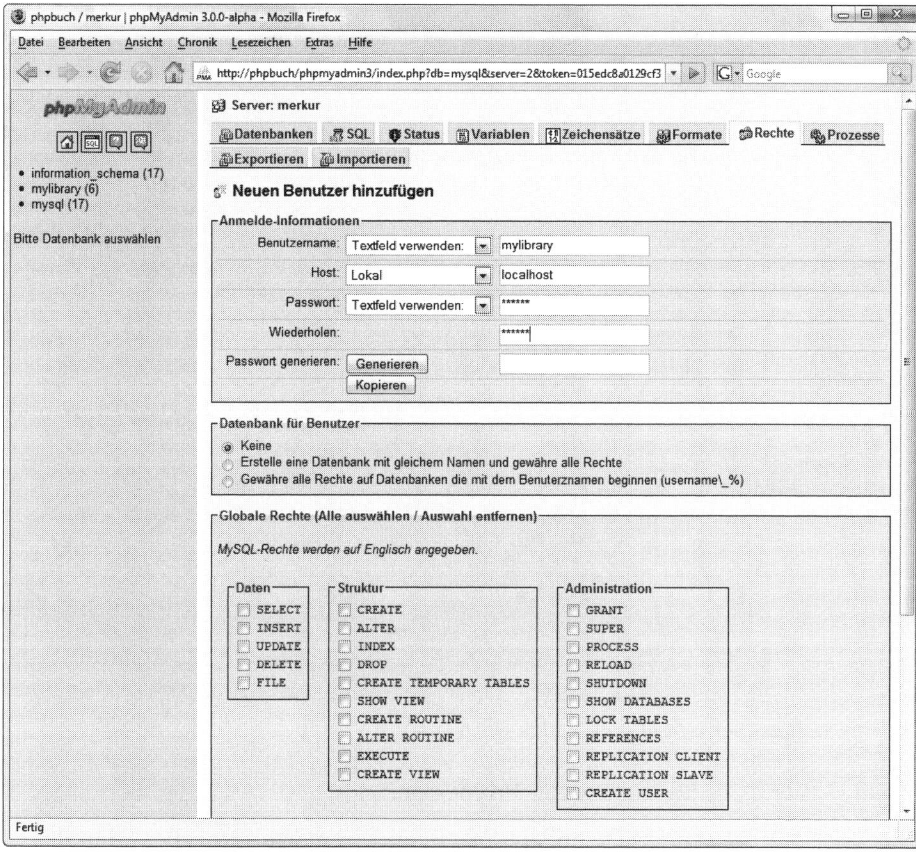

Abbildung 7.6: Neuen Benutzer anlegen

Datenbankspezifische Rechte hinzufügen

Der OK-Button des vorigen Dialogs führt zu einer neuen Seite, in der Sie die Zugriffsdetails des Benutzers einstellen können. Beim Punkt DATENBANKSPEZIFISCHE RECHTE wählen Sie im Listenfeld die Datenbank aus, auf die der Benutzer Zugriff haben soll (siehe Abbildung 7.7). Die Datenbank muss dazu schon existieren. Wenn das noch nicht der Fall ist, können Sie den Namen der Datenbank auch im Textfeld angeben.

Die Auswahl der Datenbank im Listenfeld führt sofort zur nächsten Seite, auf der Sie angeben, welche Rechte (Privilegien) Sie dem neuen Benutzer für die ausgewählte Datenbank geben möchten (siehe Abbildung 7.8).

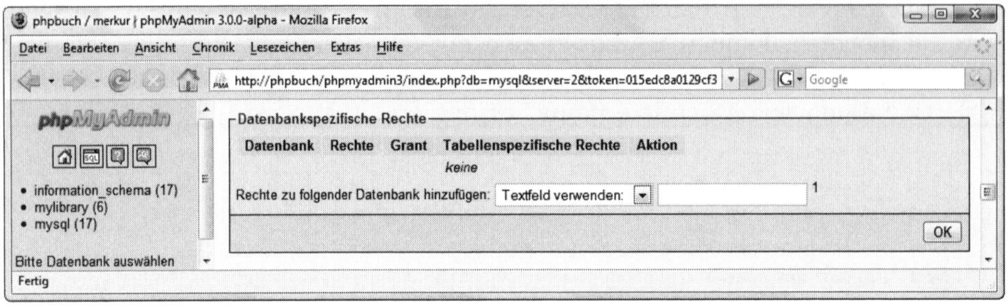

Abbildung 7.7: Datenbank für den neuen Benutzer auswählen

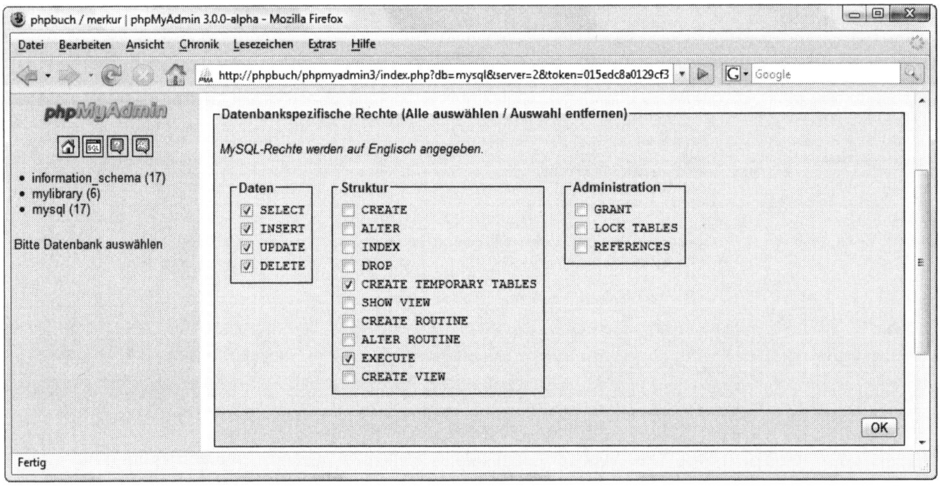

Abbildung 7.8: Datenbankspezifische Rechte einstellen

Kurz einige Worte zur Bedeutung der Privilegien:

- *SELECT, INSERT, UPDATE* und *DELETE* sind immer erforderlich, damit der Benutzer (und die darauf aufbauenden PHP-Seiten) Tabellen lesen und verändern dürfen.
- *CREATE, ALTER, INDEX, DROP* und *CREATE TEMPORARY TABLES* erlauben es dem Benutzer, die Struktur (das Schema) der Datenbank zu verändern. Es hängt von der Art der Anwendung ab, ob das notwendig ist.
- *CREATE* und *SHOW VIEW* erlauben die Definition und Verwendung von Views.
- *CREATE* und *ALTER ROUTINE* erlauben die Definition und Veränderung von Stored Procedures (SPs). *EXECUTE* erlaubt es, SPs auszuführen.

- *GRANT* erlaubt es dem Benutzer, seine Rechte anderen Benutzern weiterzugeben. Dieses Privileg sollte aus Sicherheitsgründen nicht aktiviert werden.
- *LOCK TABLES* erlaubt es dem Benutzer, Tabellen durch *LOCK* zu sperren. Das ist in seltenen Fällen erforderlich, um mehrere miteinander verbundene SQL-Kommandos sicher ausführen zu können (ohne dass andere Benutzer gleichzeitig die zugrunde liegenden Daten ändern können). Eine bessere Alternative zu *LOCK TABLES* ist die Verwendung von InnoDB-Tabellen und Transaktionen.
- *REFERENCES* erlaubt es, Foreign-Key-Regeln zu definieren, soweit das Tabellenformat dies zulässt.

Tabellenspezifische Rechte ermöglichen es, dem Benutzer für einzelne Tabellen Operationen zu erlauben, die für die ganze Datenbank nicht zulässig sind. Eine Veränderung der tabellenspezifischen Rechte ist nur in seltenen Sonderfällen notwendig und wird hier nicht beschrieben.

7.3 Datenbanken erstellen und ändern

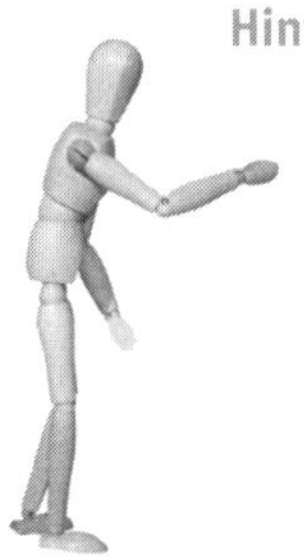

Hinweis

Dieser Abschnitt setzt voraus, dass Sie die Grundlagen des Datenbankdesigns und insbesondere die Tabellen- und Datentypen von MySQL kennen. Diese Informationen finden Sie im Detail in Kapitel 8. Dort ist auch die *mylibrary*-Datenbank ausführlich beschrieben, die in diesem Abschnitt als Beispiel dient.

7.3.1 Datenbank erzeugen

Nichts ist einfacher, als eine neue Datenbank zu erzeugen! Geben Sie einfach in der Startseite von phpMyAdmin den gewünschten Namen und die Sortierordnung an, und klicken Sie auf den Button ANLEGEN. Die Sortierordnung bestimmt auch den Zeichensatz (unsere persönliche Empfehlung hierfür: *latin1_german1_ci*).

Zunächst einige Hintergrundinformationen zum Zeichensatz und zur Sortierordnung: MySQL unterstützt seit Version 4.1 verschiedene Zeichensätze und zu jedem Zeichensatz diverse Sortierordnungen. Sie können bei jeder Tabelle und sogar bei jeder Spalte einen beliebigen Zeichensatz samt Sortierordnung wählen. Der Zeichensatz und die Sortierordnung für die Datenbank gelten lediglich als Defaulteinstellung.

Abbildung 7.9: Neue Datenbank erzeugen

Die beiden für Westeuropa wichtigsten Zeichensätze sind *latin1* (mit den Sortierordnungen *general*, *german1* und *-2*, *danish*, *spanish* und *swedish*) und *utf8* (Unicode, ebenfalls mit diversen Sortierordnungen, wobei *german* aber fehlt).

Wenn Sie möchten, dass deutsche Texte richtig sortiert werden, sollten Sie sich für *latin1_german1_ci* oder *latin1_german2_ci* entscheiden. Der Unterschied zwischen den beiden Varianten: *german1* betrachtet *ä* wie *a*, *german2* betrachtet *ä* wie *ae*. Sämtliche Beispiele dieses Buchs verwenden *latin1_german1_ci*.

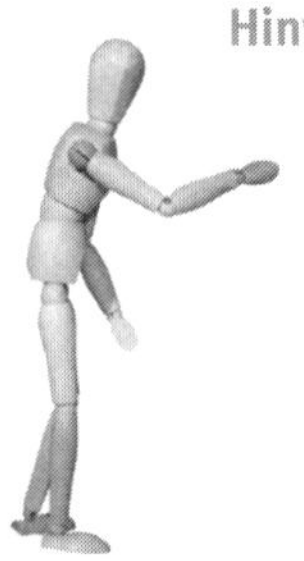

Hinweis

Weitere Informationen und Beispiele zum Umgang mit Zeichensätzen und Sortierordnungen in MySQL finden Sie in den Abschnitten 1.7, 8.3.4, 9.2.2 und 10.1.2.

7.3.2 Tabelle erzeugen

Die neue Datenbank ist leer, d.h., sie enthält noch keine Tabellen. Der nächste Schritt besteht somit darin, eine oder mehrere Tabellen zu erzeugen. Dazu wählen Sie zuerst im Datenbanklistenfeld die gewünschte Datenbank aus, um auf die Strukturseite der Datenbank zu kommen. (Nach dem Erzeugen einer neuen Datenbank gelangen Sie automatisch auf diese Seite.)

Im ersten Schritt geben Sie nun den Namen der Tabelle sowie die gewünschte Anzahl von Spalten (Feldern) an. Geben Sie im Zweifelsfall lieber zu viele Spalten an – überzählige Spalten können Sie einfach leer lassen.

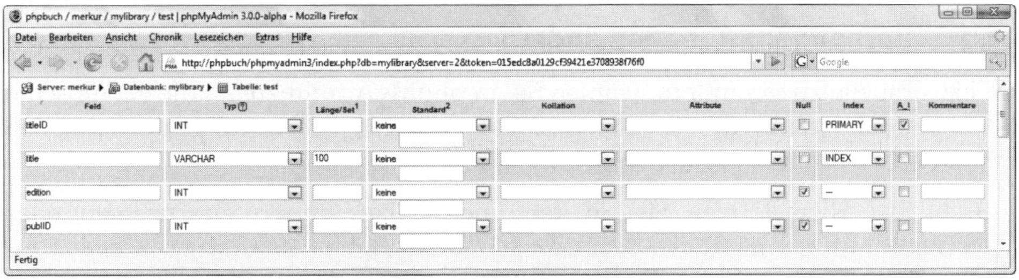

Abbildung 7.10: Neue Tabelle erzeugen

phpMyAdmin zeigt nun ein ebenso großes wie unübersichtliches Eingabeformular an. In diesem geben Sie für jede Spalte (für jedes Feld) der Tabelle die folgenden Daten an:

- FELD: Name der Spalte
- TYP: Datentyp, z.B. *INT* oder *VARCHAR*
- LÄNGE: Dieses Feld ist bei den meisten Datentypen optional. Lediglich bei *VARCHAR*-Spalten müssen Sie die Maximalanzahl der Zeichen (bis zu 255) angeben.
- STANDARD: Hier können Sie den Defaultwert der Spalte angeben, der gespeichert wird, wenn beim Einfügen eines Datensatzes nicht explizit ein anderer Wert angegeben wird (optional).
- KOLLATION: Das Feld bestimmt den gewünschten Zeichensatz und die Sortierordnung (nur wenn diese Einstellungen von den Defaulteinstellungen abweichen).
- ATTRIBUTE: Dieses Feld bleibt normalerweise leer. Bei Integer-Zahlentypen können Sie hier UNSIGNED einstellen, wenn Sie vorzeichenlose Zahlen wünschen.
- NULL: Dieses Feld gibt an, ob die Spalte den Wert *NULL* enthalten darf oder nicht.
- INDEX: In diesem Listenfeld geben Sie den Indextyp für das Feld an.
- A..I: Diese Abkürzung steht für AUTO_INCREMENT und gibt an, ob der MySQL-Server neuen Datensätzen automatisch eine ID-Nummer zuweist.

Unterhalb des Spaltendefinitionsblocks können Sie einen Kommentar angeben, der üblicherweise Informationen über den Inhalt der Tabelle enthält. Weiters sollten Sie hier den gewünschten Tabellentyp auswählen (MyISAM oder InnoDB, siehe Abschnitt 8.2). Das Listenfeld KOLLATION ist nur relevant, wenn die Standardsortierordnung der Tabelle von jener der Datenbank abweichen soll. Mit SPEICHERN schließen Sie den Designprozess ab.

7.3.3 Vorhandene Tabellen ändern

Um eine Tabelle zu verändern, wählen Sie in phpMyAdmin zuerst die gewünschte Datenbank und dann die Tabelle aus. Die weiteren Bearbeitungsmöglichkeiten sind in den diversen Ansichten angegeben:

- STRUKTUR: Hier können Sie Spalten und Indizes ändern, hinzufügen oder löschen.
- OPERATIONEN: Hier können Sie unter anderem die Tabelle umbenennen, den Tabellentyp ändern oder die Tabelle in eine andere Datenbank verschieben bzw. kopieren.
- LEEREN: Damit löschen Sie alle Datensätze aus der Tabelle. Die Tabelle selbst bleibt aber erhalten.
- LÖSCHEN: Damit löschen Sie die gesamte Tabelle (Inhalt und Struktur).

Abbildung 7.11: Volltextindex über zwei Spalten anlegen

Index über mehrere Spalten anlegen

Um einen neuen Index über eine Spalte anzulegen, reicht ein Mausklick auf das entsprechende Indexsymbol in der Strukturansicht der Tabelle. Wenn Sie aber einen Index über mehrere Spalten erzeugen möchten, müssen Sie in der Strukturansicht der Tabelle den Link +DETAILS anklicken, dann die Anzahl der Spalten angeben und OK anklicken. Auf der nächsten Seite können Sie die gewünschten Spalten und den Indextyp einstellen (siehe Abbildung 7.11). Die Angabe des Indexnamens ist optional; wenn Sie auf die Eingabe verzichten, wird in der Regel der Name einer indizierten Spalte verwendet.

7.3.4 Foreign-Key-Regeln aufstellen

Sofern Sie als Tabellentyp InnoDB verwendet haben, können Sie Verknüpfungen zwischen den Tabellen durch Integritätsregeln absichern (*Foreign-Key*-Regeln, siehe Abschnitt 8.8.3). Dazu wählen Sie zuerst die Tabelle aus, die einen oder mehrere Fremdschlüssel enthält (also Felder, die auf andere Tabellen verweisen), und klicken dann in der Strukturansicht auf den Link BEZIEHUNGSÜBERSICHT.

Auf der folgenden Seite können Sie nun für jeden Fremdschlüssel angeben, auf welchen Primärschlüssel einer anderen Tabelle er verweist (siehe Abbildung 7.12). Beispielsweise verweist das Feld *titles.catID* auf das Feld *categories.catID*. Wenn Sie hierfür eine *Foreign-Key*-Regel definieren, wird damit ausgeschlossen, dass *titles* auf einen nicht existenten Eintrag in *categories* verweist.

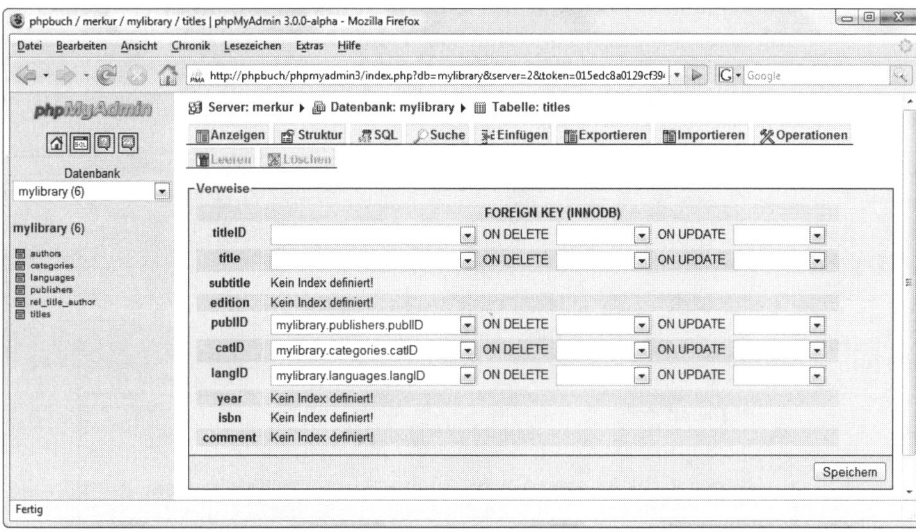

Abbildung 7.12: Foreign-Key-Regeln aufstellen

Mit den Feldern *ON DELETE* und *ON UPDATE* können Sie definieren, wie sich MySQL bei *DELETE*- bzw. *UPDATE*-Kommandos verhalten soll, die die Integritätsregeln verletzen würden. Das Defaultverhalten besteht einfach darin, einen Fehler auszulösen und das Kommando nicht auszuführen. In manchen Fällen kann es sinnvoll sein, stattdessen alle betroffenen Datensätze zu löschen (*CASCADE*) oder die betroffenen Fremdschlüsselfelder auf *NULL* zu setzen (*SET NULL*). Wenn Sie das möchten, müssen Sie die entsprechenden Optionen auswählen.

7.3.5 Datenbankstruktur dokumentieren

Wenn Sie die Definition einer neuen Datenbank abgeschlossen haben, besteht oft der Wunsch, das Ergebnis zu dokumentieren. phpMyAdmin hilft Ihnen auch dabei: Klicken Sie in der linken Spalte auf den Datenbanknamen und dann auf den Link STRUKTURVERZEICHNIS. Damit gelangen Sie zu einer Seite, in der phpMyAdmin die wichtigsten Eigenschaften aller Tabellen zeigt (siehe Abbildung 7.13).

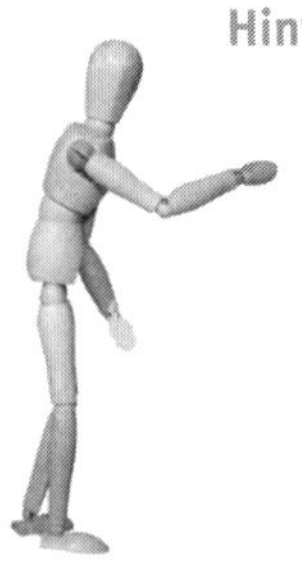

Hinweis

phpMyAdmin ist sogar in der Lage, ein grafisches Beziehungsdiagramm zu zeichnen und als PDF-Datei zu exportieren. Damit diese Funktion zur Verfügung steht, müssen Sie allerdings vorher einige Hilfstabellen erzeugen und phpMyAdmin so konfigurieren, dass es auf diese Tabellen zugreifen kann. Im Detail ist die Vorgehensweise in Abschnitt 7.8 beschrieben.

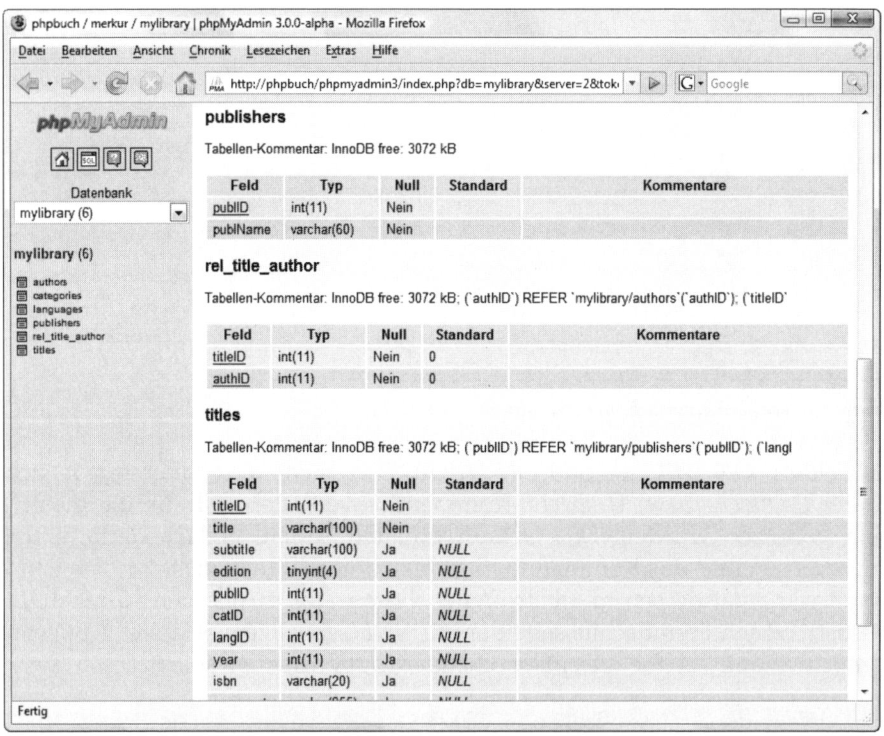

Abbildung 7.13: Übersicht über die mylibrary-Datenbankstruktur

7.4 Daten ansehen, einfügen und ändern

Wenn eine Datenbank bereits Daten enthält, können Sie mit phpMyAdmin durch die Tabellen blättern. Dazu wählen Sie die gewünschte Tabelle aus und wählen die Ansicht ANZEIGEN. phpMyAdmin zeigt nun die ersten 30 Datensätze an. Wenn Sie die Spaltentitel anklicken, sortiert phpMyAdmin die Liste entsprechend (siehe Abbildung 7.14). Mit den Buttons <<, <, >, >> blättern Sie zur ersten, vorigen, nächsten bzw. letzten Seite. Felder mit umfangreichen Texten werden automatisch gekürzt, wenn Sie das T-Symbol (in der linken oberen Ecke der Tabelle) anklicken.

Ausgehend von dieser Ansicht können Sie nun einzelne Datensätze löschen (x-Button) oder ändern (EDIT-Button). Sie können auch zuerst mehrere Datensätze markieren und diese dann gemeinsam löschen bzw. ändern.

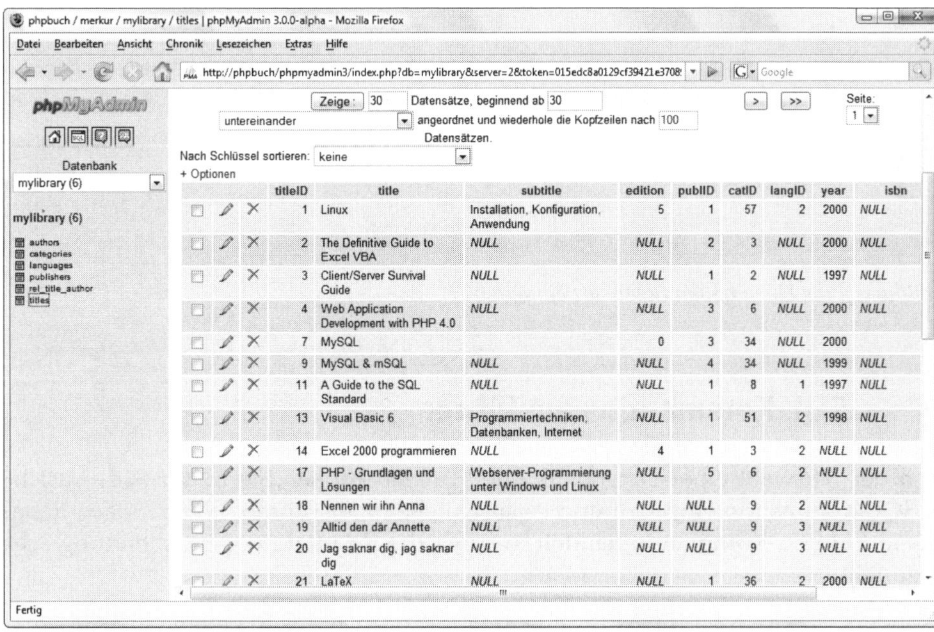

Abbildung 7.14: Tabelleninhalt betrachten

Die Ansicht EINFÜGEN erlaubt die Eingabe von gleich zwei neuen Datensätzen (siehe Abbildung 7.15). Beachten Sie, dass Sie bei Spalten mit dem *AUTO_INCREMENT*-Attribut (typischerweise ID-Spalten bzw. Primärschlüssel) und bei *TIMESTAMP*-Spalten normalerweise keinen Wert angeben sollten. MySQL fügt selbst die passenden Daten in diese Spalten ein.

Die Auswahlliste FUNKTION im Eingabeformular ermöglicht es, eine SQL-Funktion auf die nachfolgenden Eingabezeichenkette anzuwenden. Damit können Sie beispielsweise *PASSWORD('abc')* statt einfach *'abc'* in einer Spalte speichern, die verschlüsselte Passwörter enthält.

Tipp

Die Eingabe zahlreicher Datensätze mit phpMyAdmin ist ziemlich mühsam. Allzu oft ist das in der Praxis auch nicht notwendig; normalerweise ist es ja die Aufgabe Ihres PHP-Programms, Daten in der Datenbank zu speichern.

Wenn Sie dennoch einmal einige Testdatensätze rasch einfügen möchten, ist es am besten, diese mit einem Editor oder Tabellenkalkulationsprogramm zu erfassen, als Textdatei zu speichern und diese dann zu importieren (siehe Abschnitt 7.6).

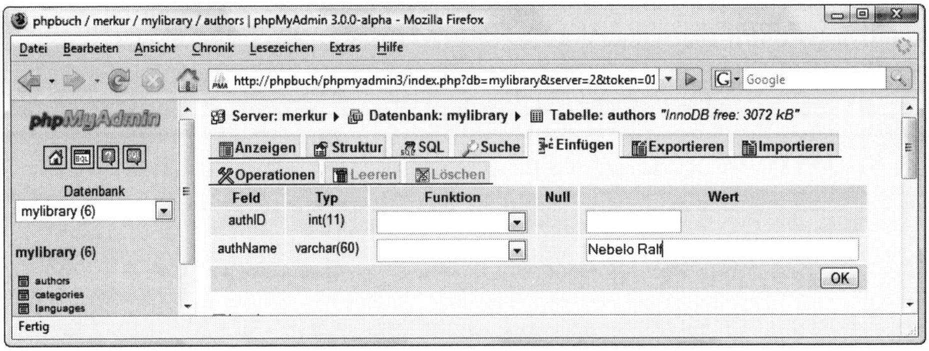

Abbildung 7.15: Einen neuen Datensatz eingeben

7.5 SQL-Kommandos ausführen

Nach der Auswahl einer Datenbank oder Tabelle können Sie in der SQL-Ansicht ein SQL-Kommando eingeben und es anschließend ausführen. Wenn es sich dabei um ein *SELECT*-Kommando handelt, werden die Resultate wie in Abbildung 7.14 dargestellt.

Besonders praktisch ist die Möglichkeit, SQL-Kommandos in einem eigenen Fenster einzugeben (siehe Abbildung 7.16). Um dieses Fenster zu öffnen, klicken Sie in phpMyAdmin in der linken Spalte auf den SQL-Button (oberhalb des Datenbanklistenfelds). Das Fenster bietet eine bequeme Möglichkeit, die Spalten der aktuellen Tabelle in den Edit-Bereich einzufügen.

Sie können auch mehrere SQL-Kommandos gleichzeitig eingeben und ausführen. Die Kommandos müssen in diesem Fall durch Strichpunkte voneinander getrennt sein.

Sofern Sie für phpMyAdmin eine Datenbank zur Unterstützung diverser Zusatzfunktionen eingerichtet haben (siehe Abschnitt 7.8), merkt sich phpMyAdmin die ausgeführten SQL-Kommandos. Über die Ansicht SQL-VERLAUFSPROTOKOLL können Sie komfortabel auf die zuletzt ausgeführten Kommandos zugreifen.

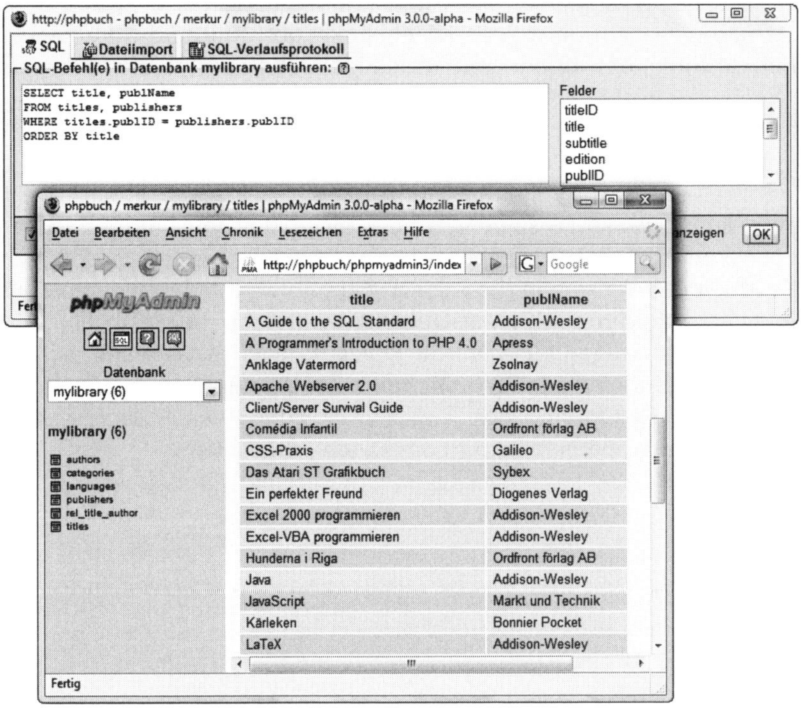

Abbildung 7.16: SQL-Kommandos ausführen

7.6 Import und Export

phpMyAdmin bietet verschiedene Möglichkeiten, um Tabellen oder ganze Datenbanken zu exportieren und zu importieren. Dieser Abschnitt fasst die Varianten zusammen.

Leider ist der Export und Import großer Datenbanken bzw. Tabellen problematisch, weil die maximale Laufzeit eines PHP-Scripts limitiert ist. Sie können versuchen, diese Zeit in config.inc.php zu vergrößern (*$cfg['ExecTimeLimit'] = n*). Wenn PHP sicher konfiguriert ist, wird diese Einstellung aber ignoriert. Helfen würde nur eine Veränderung von *max_execution_time* in der PHP-Konfigurationsdatei php.ini. Zum zeitlichen Limit kommt hinzu, dass PHP auch die Größe von Upload-Dateien limitiert (Einstellung *upload_max_filesize = 2M* in php.ini).

Wenn PHP auf dem Rechner Ihres Internet Service Providers ausgeführt wird, haben Sie auf die Datei php.ini aber keinen Einfluss. (Sie können natürlich Ihren Webhoster bitten, einzelne Variablen zu verändern – aber erfahrungsgemäß werden Sie damit auf wenig Gegenliebe stoßen.) Versuchen Sie, den Import bzw. Export in kleine Portionen zu zerlegen – z.B. jede Tabelle extra zu speichern statt die ganze Datenbank auf einmal.

Eine andere Alternative besteht darin, den Datenbankexport mit dem Kommando mysqldump durchzuführen, den Import mit mysql. Das setzt aber voraus, dass Sie sich bei Ihrem Webhoster via SSH einloggen können.

Datenbank-Backup (SQL-Datei)

Um eine gesamte Datenbank so zu speichern, dass sie später vollständig wiederhergestellt werden kann (auch auf einem anderen Rechner), wählen Sie die gewünschte Datenbank aus, wechseln in die Ansicht EXPORTIEREN und aktivieren dort die Option SQL (siehe Abbildung 7.17). Anschließend wählen Sie alle Tabellen aus und verändern bei Bedarf einige Optionen. Im Regelfall machen Sie nichts falsch, wenn Sie einfach die Defaulteinstellungen übernehmen. Bei Tabellen mit Foreign-Key-Schlüssel sollten Sie die Option FREMDSCHLÜSSELPRÜFUNG DEAKTIVIEREN setzen, andernfalls gibt es bei einem späteren Import der Daten oft Probleme.

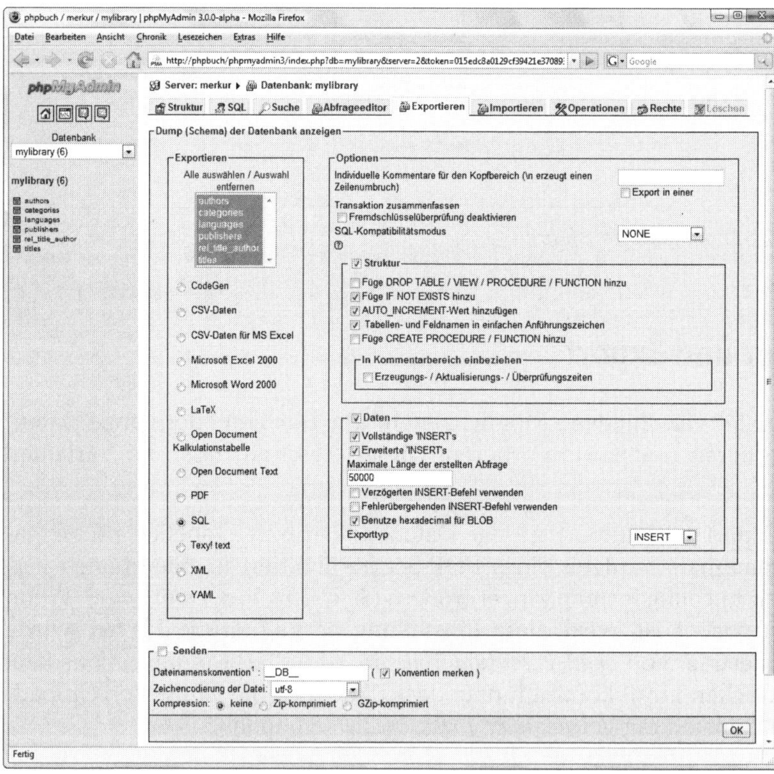

Abbildung 7.17: Datenbank-Backup

Sobald Sie OK anklicken, erzeugt phpMyAdmin eine neue Seite mit zahllosen *CREATE-TABLE-* und *INSERT-*Kommandos. Sie können diese Kommandos nun markieren, in einen lokalen Editor kopieren und dann speichern. Einfacher geht es, wenn Sie vor dem Anklicken des OK-Buttons die Option SENDEN aktivieren.

phpMyAdmin überträgt die Daten jetzt zu Ihrem Webbrowser. Dieser zeigt einen SPEICHERN-Dialog an, mit dem Sie die übertragenen Daten in einer lokalen *.sql-Datei speichern können. Optional können Sie den Upload auch in komprimierter Form durchführen. Sie erhalten die SQL-Kommandos dann in einer *.gz- bzw. *.zip-Datei.

Kurz noch einige Erklärungen zu den wichtigsten Export-Optionen:

- FREMDSCHLÜSSELÜBERPRÜFUNG DEAKTIVIEREN: Falls Sie InnoDB-Tabellen mit Foreign-Key-Regeln exportieren, sollten Sie diese Option aktivieren. phpMyAdmin fügt nun am Anfang der SQL-Datei *SET FOREIGN_KEY_CHECKS=0* ein, am Ende *...=1*. Damit wird später während des Imports die automatische Überprüfung der Integritätsregeln deaktiviert. Das macht den Import nicht nur schneller, es verhindert auch Fehler, wenn die Tabellen nicht in der richtigen Reihenfolge erzeugt werden.
- STRUKTUR-Optionen: Diese Optionen steuern den Aufbau der *CREATE-TABLE*-Kommandos. Beispielsweise besteht die Möglichkeit, vor *CREATE TABLE* das Kommando *DROP TABLE* einzufügen, um eine gleichnamige, schon existierende Tabelle zu löschen.
- DATEN-Optionen: Diese Optionen steuern den Aufbau der *INSERT*-Kommandos. VOLLSTÄNDIGE INSERTS bedeutet, dass bei jedem *INSERT*-Kommando alle Spaltennamen angegeben werden, was in der Regel überflüssig ist.

  ERWEITERTE INSERTS bedeutet, dass mehrere Datensätze mit einem einzigen *INSERT*-Kommando eingefügt werden. phpMyAdmin beschränkt die Länge von erweiterten *INSERT*-Kommandos auf standardmäßig 50.000 Zeichen. Grundsätzlich sind lange Kommandos effizienter, allerdings führen zu lange Zeichenketten oft zu Problemen bei einem späteren Import (Fehlermeldung *got a packet bigger than 'max_allowed_packet' bytes*). Bleiben Sie beim vorgeschlagenen Limit!

  Im Listenfeld EXPORTTYP können Sie statt *INSERT* auch die Kommandos *UPDATE* oder *REPLACE* wählen. (Das ist zweckmäßig, wenn Sie vorhandene Daten lediglich aktualisieren möchten.)

Bitte beachten Sie, dass die resultierende SQL-Datei eine UTF8-Datei (Unicode-Datei) ist!

Tabellen-Export (CSV-Textdatei)

CSV steht für *Comma Separated Value*. CSV-Dateien sind einfache Textdateien, deren Einträge durch Kommas oder wahlweise auch durch andere Zeichen getrennt sind. Die meisten Tabellenkalkulationsprogramme sind in der Lage, derartige Dateien problemlos zu importieren. In der Regel ist es sinnvoll, pro CSV-Datei nur eine Tabelle zu exportieren (nicht alle Tabellen der Datenbank auf einmal).

Wenn Sie die CSV-Datei mit einer deutschen Excel-Version importieren möchten, wählen Sie in phpMyAdmin die Export-Option CSV und wählen für die Option FELDER GETRENNT MIT einen Strichpunkt.

Die Export-Option CSV-DATEN FÜR MS EXCEL ist dagegen nicht sinnvoll, weil sich der Export an der englischen Excel-Version orientiert und beim Import mit einer deutschen Excel-Version Probleme bereitet.

Zeichensatzprobleme: In der Defaulteinstellung bietet phpMyAdmin keine Möglichkeit, den gewünschten Zeichensatz der CSV-Datei einzustellen. Stattdessen erzeugt phpMyAdmin Unicode-Dateien (*utf8*), deren Import unter Excel Probleme bereitet. Abhilfe ist zum Glück einfach: Sie müssen lediglich eine Variable in config.inc.php verändern:

```
# in config.inc.php
$cfg['AllowAnywhereRecoding'] = TRUE;
```

Von nun an erscheint am Ende des Exportdialogs ein Listenfeld, in dem Sie die gewünschte Textkodierung auswählen können.

Datenbank- oder Tabellen-Import (SQL-Datei)

Wenn eine Datenbank oder Tabelle in Form von SQL-Kommandos exportiert wurde (entweder mit der gerade beschriebenen Export-Funktion oder mit dem Kommando mysqldump), können Sie die Datenbank später wieder importieren. Dazu müssen Sie zuerst auf der phpMyAdmin-Startseite eine leere Datenbank erzeugen. Anschließend wechseln Sie in das Dialogblatt IMPORTIEREN und wählen die *.sql-Datei sowie deren Zeichensatzformat aus. Standardmäßig nimmt phpMyAdmin an, dass die *.sql-Datei im *utf8*-Zeichensatz vorliegt. Wenn das nicht der Fall ist, stellen Sie den gewünschten Zeichensatz ein.

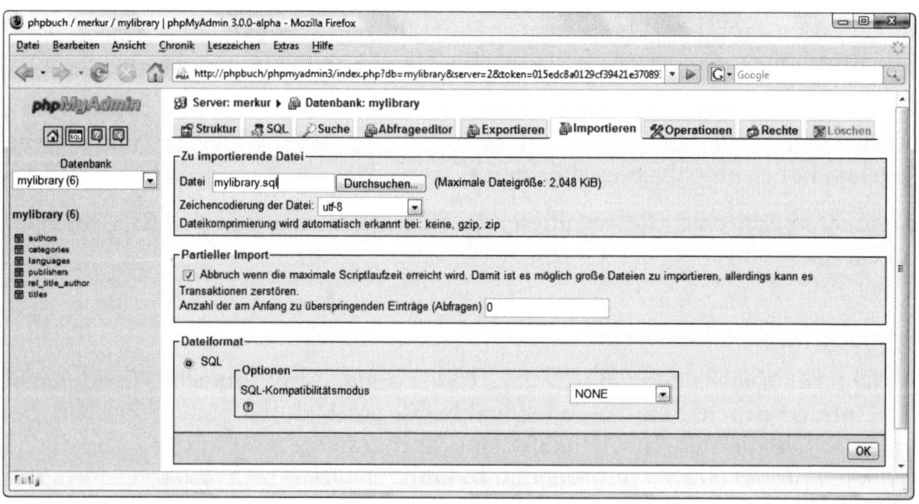

Abbildung 7.18: Datenbankimport aus einer SQL-Datei

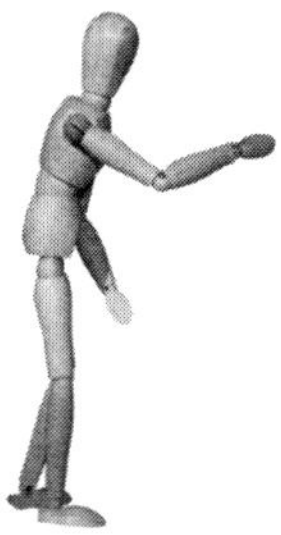

Hinweis

Die *.sql-Dateien mit den Beispieldatenbanken sind übrigens UTF8-Dateien, obwohl die Tabellen den *latin1*-Zeichensatz verwenden. Das liegt daran, dass das MySQL-Backup-Programm `mysqldump` immer UTF8-Dateien erzeugt. Sie müssen also zum Import der Beispieldatenbanken keinen bestimmten Zeichensatz auswählen.

phpMyAdmin kann auch eine einzelne Tabelle importieren. Die Tabelle muss dazu bereits mit der richtigen Anzahl von Spalten und mit den richtigen Datentypen für alle Spalten existieren. Zum Import wählen Sie zuerst die gewünschte Tabelle aus und wechseln dann in den (nun tabellenspezifischen) Dialog IMPORTIEREN.

7.7 Administrative Funktionen

Wenn Sie das HOME-Symbol links oben im phpMyAdmin-Fenster anklicken, gelangen Sie zurück zur phpMyAdmin-Startseite. Sofern der phpMyAdmin-Login ausreichende MySQL-Zugriffsrechte gibt, enthält diese Seite Links für diverse administrative Operationen:

- MYSQL-LAUFZEIT-INFORMATIONEN ANZEIGEN zeigt den Status des MySQL-Servers an (entspricht dem SQL-Kommando *SHOW STATUS*).
- MYSQL-SYSTEM-VARIABLEN ANZEIGEN zeigt den Inhalt der MySQL-Variablen an (entspricht *SHOW VARIABLES*).
- PROZESSE zeigt die aktuelle Prozessliste an (entspricht dem SQL-Kommando *SHOW PROCESSLIST*). Sofern Sie ausreichende Privilegien haben, können Sie die Prozesse auch beenden.
- ZEICHENSÄTZE UND KOLLATIONEN führt zu einer Seite mit einer Zusammenfassung aller vom MySQL-Server unterstützten Zeichensätze und Sortierordnungen (entspricht *SHOW COLLATION*).
- TABELLENFORMATE gibt an, welche Tabellentypen der MySQL-Server unterstützt. Die beiden wichtigsten Typen sind momentan MyISAM und InnoDB.
- DIE RECHTE NEU LADEN liest die Datenbanken *mysql.** neu ein (entspricht *FLUSH PRIVILEGES*).
- RECHTE führt zu einer Seite, die alle MySQL-Benutzer aufzählt. Ausgehend von dieser Seite, können Sie neue Benutzer anlegen, die Rechte vorhandener Nutzer ändern oder diese ganz löschen (siehe Abschnitt 7.2).
- DATENBANKEN führt zu einer Liste aller Datenbanken. Mit DATENBANKSTATISTIKEN AKTIVIEREN können Sie die Größe aller Datenbanken feststellen. Sehr praktisch ist dabei der durch ein Vorhängeschloss gekennzeichnete Link RECHTE ÜBERPRÜFEN: Er führt zu einer Seite, die angibt, welcher MySQL-Benutzer Zugriff auf die jeweilige Datenbank hat.

- EXPORTIEREN führt zu dem aus dem vorigen Abschnitt bekannten Export-Dialog (siehe Abbildung 7.17). Der einzige Unterschied besteht darin, dass Sie nun mehrere Datenbanken gleichzeitig auswählen und sichern können.

7.8 Zusatzfunktionen

Das gemeinsame Merkmal der in diesem Abschnitt beschriebenen Zusatzfunktionen besteht darin, dass vorher mehrere Tabellen erzeugt werden müssen, in denen phpMyAdmin Informationen speichern kann. Daher beginnt dieser Abschnitt mit den erforderlichen Schritten, um diese Tabellen anzulegen. In der Folge lernen Sie die neuen Möglichkeiten kennen, die sich dadurch ergeben. Sowohl die Zusatzfunktionen an sich als auch die folgende Konfigurationsanleitung richten sich an fortgeschrittene phpMyAdmin-Anwender.

Datenbank für phpMyAdmin anlegen

Im Folgenden gehe ich davon aus, dass Sie die phpMyAdmin-Authentifizierung *config* verwenden (*$cfg['Servers'][$i]['auth_type'] = 'config'*), d.h., dass in `config.inc.php` der Benutzername und das Passwort im Klartext enthalten sind. Wenn Sie dagegen die *cookie*- oder *http*-Authentifizierung verwenden, sieht die optimale Vorgehensweise ein wenig anders aus. (Tipps dazu finden Sie in der leider recht unübersichtlichen phpMyAdmin-Dokumentation.)

Datenbank *phpmyadmin* erzeugen: Damit phpMyAdmin Daten bleibend speichern kann, benötigt es eine eigene Datenbank. Zum Erzeugen der Datenbank *phpmyadmin* und der darin enthaltenen Tabellen gibt es ein fertiges SQL-Script. Sie finden es im phpMyAdmin-Installationsverzeichnis:

```
scripts/create_tables_mysql_4_1_2+.sql
```

Um dieses Script auszuführen, folgen Sie auf der phpMyAdmin-Startseite dem Link IMPORTIEREN und laden dann die Datei. Wenn Sie auf die Datei keinen Zugriff haben (z.B. weil phpMyAdmin nicht auf einem externen Rechner bzw. auf dem Rechner des Webhosters läuft), müssen Sie die phpMyAdmin-Installationsdateien vorübergehend auf Ihren lokalen Rechner herunterladen und extrahieren.

Benutzer *pma* erzeugen: Der Zugriff auf diese Datenbank erfolgt durch den MySQL-Benutzer *pma*. Folgen Sie auf der phpMyAdmin-Startseite dem Link RECHTE, und legen Sie dort einen neuen Benutzer an:

Benutzername:	*pma*
Host:	*MySQL-rechnername* (oder *localhost* bei *socket*-Kommunikation)
Passwort:	*******
Datenbank:	keine
Globale Rechte:	keine

Mit OK gelangen Sie in einen zweiten Dialog. Dort geben Sie im Bereich DATENBANKSPEZIFISCHE RECHTE den Datenbanknamen *phpmyadmin* an. Damit gelangen Sie in einen dritten Dialog, in dem Sie angeben, welche Rechte *pma* auf diese Datenbank hat. Erforderlich sind *SELECT, INSERT, UPDATE* und *DELETE.*

config.inc.php anpassen: Jetzt müssen Sie noch config.inc.php anpassen. Entscheidend sind die folgenden beiden Zeilen, die den Benutzernamen und das Passwort für den Zugriff auf die Datenbank mit den phpMyAdmin-Hilfstabellen festlegen. Hier tragen Sie einfach denselben Benutzer und dasselbe Passwort wie bei der phpMyAdmin-Grundkonfiguration ein.

```
// in config.inc.php
$cfg['Servers'][$i]['controluser'] = 'pma';        // MySQL-Benutzername
$cfg['Servers'][$i]['controlpass'] = 'xxxxxxxx';
```

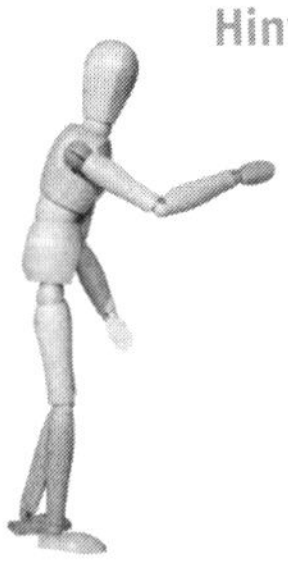

Hinweis

Falls Sie unzureichende Rechte haben, um den neuen Benutzer *pma* und die neue Datenbank *phpmyadmin* anzulegen, können Sie auch mit Ihrem lokalen Benutzeraccount arbeiten und die für *phpmyadmin* vorgesehenen Tabellen in einer anderen Datenbank anlegen. Dazu führen Sie die entsprechenden *CREATE-TABLE*-Kommandos aus create_tables_mysql_4_1_2+.sql einzeln in einer Datenbank aus, auf die Sie Zugriff haben. Für die Parameter *controluser* und *controlpass* geben Sie nun Ihren eigenen MySQL-Benutzernamen und das zugehörige Passwort an. Außerdem geben Sie in einer weiteren Zeile in config.inc an, in welcher Datenbank sich die phpMyAdmin-Tabellen befinden.

```
$cfg['Servers'][$i]['pmadb'] = 'datenbankname';
```

SQL-Bookmarks und -Verlaufsprotokoll

Wenn Sie in phpMyAdmin häufig SQL-Kommandos ausführen, ist es lästig, diese immer wieder neu einzugeben. phpMyAdmin kann diese Kommandos in einer eigenen Tabelle speichern. Voraussetzung ist eine kleine Änderung in config.inc.php, durch die Sie angeben, in welcher Tabelle phpMyAdmin die SQL-Kommandos bzw. die Reihenfolge der zuletzt ausgeführten Kommandos speichern soll:

```
# in config.inc.php
$cfg['Servers'][$i]['bookmarktable'] = 'pma_bookmark';
$cfg['Servers'][$i]['history']       = 'pma_history';
```

Von nun an können Sie alle SQL-Kommandos, die Sie in dem von phpMyAdmin losgelösten SQL-Fenster bearbeiten, unter einem beliebigen Namen speichern.

Informationen über Relationen speichern

phpMyAdmin ist von sich aus nicht in der Lage zu erkennen, durch welche Felder Tabellen miteinander verknüpft sind (nicht einmal dann, wenn bei InnoDB-Tabellen Integritätsregeln definiert wurden). Sie können diese Informationen aber selbst angeben, was in der Folge die Bearbeitung der Tabellen sehr vereinfacht. Voraussetzung ist eine kleine Änderung in config.inc.php:

```
# in config.inc.php
$cfg['Servers'][$i]['relation']   = 'pma_relation';
$cfg['Servers'][$i]['table_info'] = 'pma_table_info';
```

Nun gelangen Sie vom STRUKTUR-Blatt jeder Tabelle über den Link BEZIEHUNGSÜBERSICHT in einen Dialog, in dem Sie für jedes Fremdschlüsselfeld angeben können, auf welches Feld einer anderen Tabelle es verweist. (Bei InnoDB-Tabellen mit *Foreign-Key*-Regeln können Sie auf diesen Schritt verzichten.) Außerdem können Sie angeben, welche Spalten der aktuellen Tabelle bei Verweisen angezeigt werden sollen.

Am einfachsten ist das anhand eines Beispiels zu verstehen: Die Felder *publID, catID* und *langID* der Tabelle *titles* aus der Beispieldatenbank *mylibrary* verweisen auf die Tabellen *publishers, categories* und *languages*. Diese Informationen wurden in Abbildung 7.19 im Abschnitt VERWEISE angegeben. Wenn eine andere Tabelle auf die *titles*-Tabelle verweist, dann soll nicht die *titleID*-Nummer angezeigt werden, sondern der Buchtitel (ANZUZEIGENDE SPALTE).

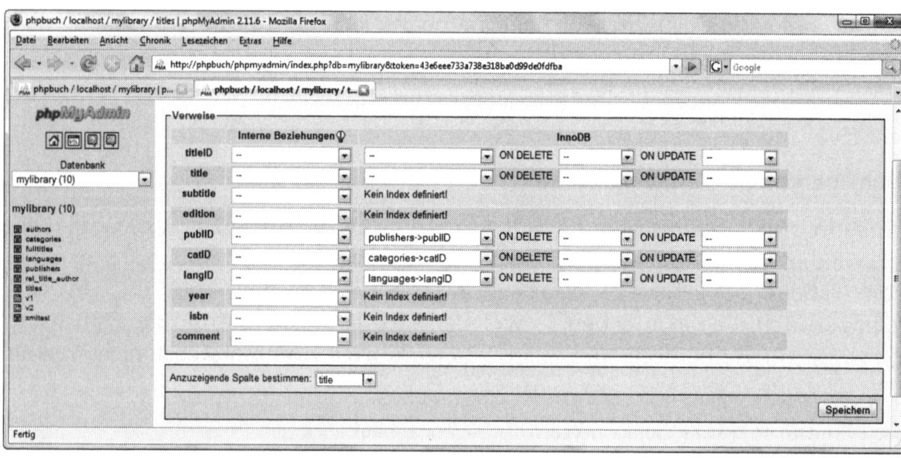

Abbildung 7.19: Verweise der Tabelle »titles« auf andere Tabellen der Datenbank »mylibrary«

Die Eingabe dieser Zusatzinformationen für alle Tabellen ist natürlich ein wenig mühsam. In der Folge wird die Bearbeitung dieser Datenbank durch phpMyAdmin aber deutlich einfacher:

- Wenn Sie den Inhalt einer Tabelle ansehen, werden Fremdschlüsselfelder als Links ausgeführt. Wenn Sie den Link anklicken, wird der entsprechende Datensatz der verknüpften Tabelle angezeigt.
- Wenn Sie den Datensatz einer Tabelle verändern oder neu eingeben, müssen Sie in den Fremdschlüsselfeldern keine ID-Nummern mehr angeben. Stattdessen werden Listenfelder angezeigt, die eine komfortable Auswahl des verknüpften Feldes ermöglichen (siehe Abbildung 7.20). Das Listenfeld enthält jeden Eintrag zweimal, einmal geordnet nach dem ID-Feld und ein zweites Mal geordnet nach dem anzuzeigenden Feld.
- Der Link STRUKTURVERZEICHNIS im STRUKTUR-Blatt der Tabellenansicht gibt nun detailliertere Informationen über den Aufbau der Datenbank und eignet sich gut zum Ausdrucken (als Dokumentation über die Datenbank).
- Schließlich können Sie eine PDF-Datei zur Dokumentation des Tabellenschemas erzeugen, die alle Informationen zusammenfasst.

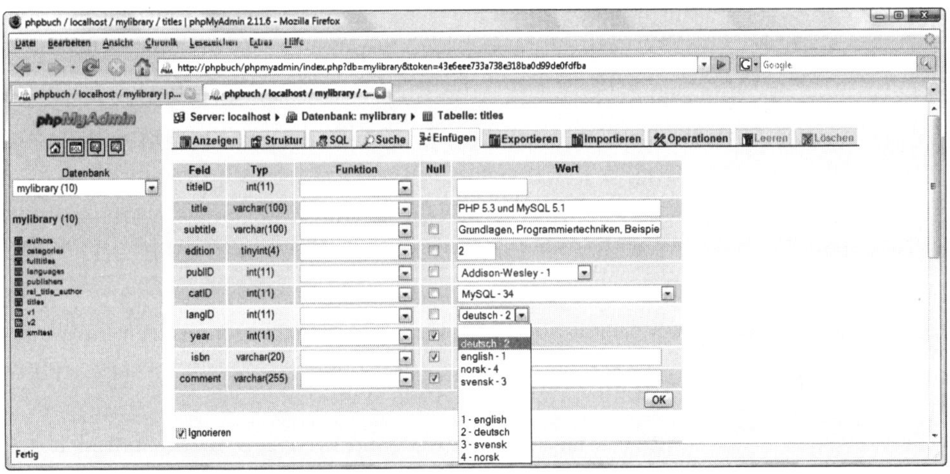

Abbildung 7.20: Listenfelder erleichtern die Eingabe bzw. Veränderung von Fremdschlüsselfeldern

PDF-Beziehungsdiagramm erstellen

Sie können phpMyAdmin auch dazu verwenden, um ein Diagramm zu zeichnen, das die Beziehungen der Tabellen zueinander darstellt. Die Vorgehensweise ist allerdings etwas umständlich, und das Ergebnis lohnt die Mühe kaum. Voraussetzung ist wieder eine kleine Änderung in config.inc.php:

```
# in config.inc.php
$cfg['Servers'][$i]['table_coords']  = 'pma_table_coords';
$cfg['Servers'][$i]['pdf_pages']     = 'pma_pdf_pages';
```

Die Erstellung eines PDF-Dokuments erfolgt in mehreren Schritten:

- Der Prozess beginnt im OPERATIONEN-Blatt der Datenbankansicht mit dem Link PDF-SEITEN BEARBEITEN (ganz unten auf der Seite).
- Nun müssen Sie dem zu erstellenden PDF-Dokument einen Namen geben. Sofern in der Tabelle Beziehungen definiert sind, aktivieren Sie die Option AUTOMATISCHE ANORDNUNG. OK erzeugt eine erste Version des Beziehungsschemas, zeigt dieses aber noch nicht an.
- Für die Strukturansicht, in der die Verknüpfungen der Tabelle zueinander dargestellt werden, müssen Sie für jede Tabelle die Startkoordinaten innerhalb der Seite angeben. Der Koordinatenbereich reicht bei einer A4-Seite für die X-Koordinate von 0 (links) bis 800 (rechts) und für die Y-Koordinate von 0 (oben) bis 600 (unten).

  Mit einem modernen Webbrowser können Sie die Tabellen direkt am Bildschirm per Drag&Drop verschieben (Button KLEMMBRETT ANZEIGEN). Vergessen Sie nicht, diese Änderungen explizit zu SPEICHERN, bevor Sie den PDF-Export zum ersten Mal durchführen.
- Die restlichen Optionen geben an, wie das PDF-Dokument gestaltet werden soll:

  GITTERLINIEN ANZEIGEN bewirkt, dass das Schema mit einem Koordinatenkreuz und Gitterlinien hinterlegt wird. Das ist während der Layoutphase hilfreich.

  MEHRFARBIG bezieht sich auf die Farbe der Verbindungslinien zwischen den Tabellen. (Der Ausdruck farbiger Linien auf einem Schwarzweiß-Drucker sieht meist nicht so toll aus.)

  TABELLENDIMENSIONEN ANZEIGEN bewirkt, dass bei jeder Tabelle deren Größe im Koordinatensystem des PDF-Dokuments angegeben wird. Auch diese Option ist nur während der Optimierung des Layouts sinnvoll.

  SOLLEN ALLE TABELLEN MIT GLEICHER BREITE ANGEZEIGT WERDEN? bezieht sich auf die Breite der Tabellen im PDF-Dokument. Eine einheitliche Breite ist unter Umständen übersichtlicher.

  STRUKTURVERZEICHNIS gibt an, ob außer dem Tabellenschema auch eine detaillierte Beschreibung der Eigenschaften aller Tabellen in das PDF-Dokument integriert werden soll (eine Seite pro Tabelle).

Mit OK wird das PDF-Dokument erzeugt und an den Webbrowser übertragen. Je nach Browser-Einstellung können Sie das Dokument sofort mit Adobe Acrobat anzeigen oder müssen es zuerst in einer lokalen Datei speichern. Bei meinen Tests wurde die PDF-Datei nur mit eingermaßen aktuellen PDF-Viewern fehlerfrei angezeigt.

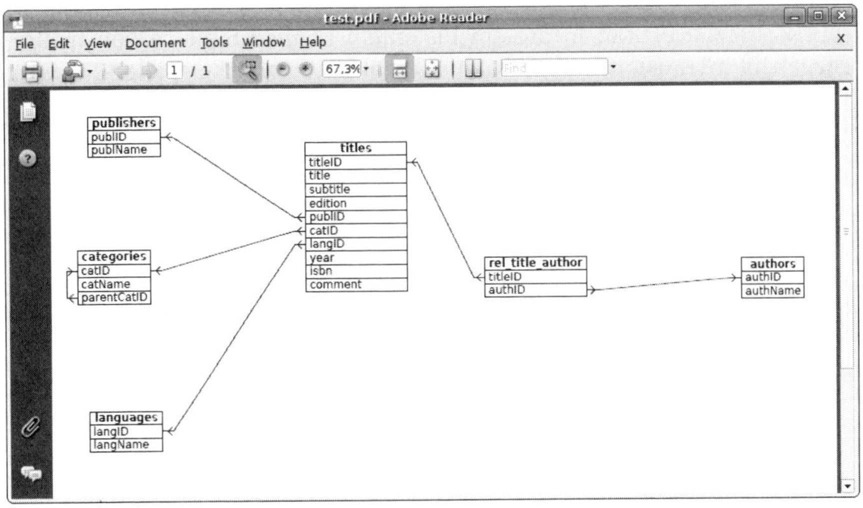

Abbildung 7.21: Beziehungsdiagramm der mylibrary-Datenbank

Transformationen (alternative Darstellung von Spalteninhalten)

phpMyAdmin kann den Inhalt einzelner Spalten anhand vorgegebener Regeln verändern (transformieren). Daraus ergeben sich ganz neue Möglichkeiten zur Darstellung von Tabellen:

- **Inline-Bilder:** Bei BLOB-Spalten mit Bildern (JPEG/PNG) können die Bilder direkt in der Tabellenansicht dargestellt werden.
- **Links:** Bei Textspalten mit Weblinks oder Dateinamen können in die Tabellenansicht Links auf die Webseite bzw. auf die Datei eingebaut werden.

Voraussetzung ist einmal mehr eine kleine Veränderung in config.inc.php, damit phpMyAdmin weiß, in welcher Tabelle es die Transformationsregeln speichern soll.

```
# in config.inc.php
$cfg['Servers'][$i]['column_info'] = 'pma_column_info';
```

Wenn Sie nun die Eigenschaften einer Spalte verändern, bietet phpMyAdmin drei neue Eingabefelder an:

- MIME/TYPE: In diesem Listenfeld wählen Sie den Datentyp der Spalte aus (z.B. *image/jpeg* oder *text/plain*). Der Listeneintrag *auto-detect* funktioniert leider noch nicht.

- DARSTELLUNGSUMWANDLUNG: In diesem Listenfeld können Sie eine von mehreren vorgegebenen Transformationsregeln auswählen. Einige Beispiele:

  image/jpeg inline: Bild direkt anzeigen
  image/jpeg link: Link auf Bild anzeigen
  text/plain link: Link anzeigen

  Die phpMyAdmin-Dokumentation enthält eine komplette Referenz aller momentan verfügbaren Transformationsregeln und deren Optionen.

- UMWANDLUNGSOPTIONEN: Hier können Sie zusätzliche Umwandlungsoptionen angeben. Beispielsweise können Sie bei *text/plain link* als erste Option ein Präfix zur Adresse angeben.

  Dazu gleich ein konkretes Beispiel: In der *titles*-Tabelle aus *mylibrary* gibt es ein *ISBN*-Feld. Wenn Sie bei diesem Feld den MIME-Typ *text/plain,* die Transformation *text/plain link* und die Option *'http://www.amazon.de/exec/obidos/ASIN/'* angeben, bildet phpMyAdmin aus der ISBN passende Links zu amazon.de.

8 Datenbank-Design

Am Beginn jeder Datenbankanwendung steht das Design der Datenbank. Es hat großen Einfluss darauf, wie effizient die Anwendun g wird, wie einfach oder kompliziert die Programmierung und Wartung und wie flexibel die Lösungen bei eventuellen Änderungswünschen werden. Fehler, die in der Designphase begangen werden, lassen sich später nur mit sehr großem Aufwand korrigieren.

Dieses Kapitel geht auf die Grundlagen relationaler Datenbanken ein, fasst die unter MySQL zur Auswahl stehenden Daten- und Tabellentypen zusammen und demonstriert anhand der *mylibrary*-Datenbank die Anwendung der sogenannten Normalisierungsregeln. Die *mylibrary*-Datenbank dient zur Verwaltung von Büchern, Autoren und Verlagen und kommt in vielen Beispielen dieses Buchs zum Einsatz. Weitere Themen sind die richtige Anwendung von Indizes sowie Integritätsregeln (*Foreign-Key*-Regeln).

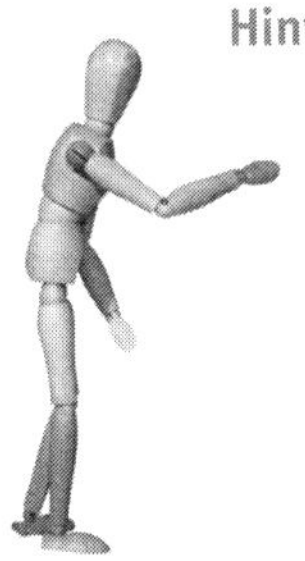

Hinweis

Dieses Kapitel vermittelt ein Fundament für das Datenbank-Design, es erklärt aber nicht, wie eine neue Datenbank und deren Tabellen konkret erzeugt werden. Dazu bestehen zwei Möglichkeiten:

Am komfortabelsten ist es, eine Benutzeroberfläche wie phpMyAdmin einzusetzen. Damit können Sie die Eigenschaften neuer Tabellen einfach durch ein paar Mausklicks definieren (siehe Abschnitt 7.3).

Die andere Möglichkeit besteht darin, Datenbanken und Tabellen durch entsprechende SQL-Kommandos zu erzeugen (z.B. *CREATE TABLE name ...*, siehe Abschnitt 9.10). Zwar ist die Formulierung solcher Kommandos relativ mühsam, der Vorteil besteht aber darin, dass solche Kommandos auch in einem PHP-Script ausgeführt werden können. Das kann praktisch sein, wenn Sie eine temporäre Tabelle erzeugen möchten oder Initialisierungsarbeiten automatisieren möchten.

8.1 Grundlagen (Miniglossar)

Im allgemeinen Sprachgebrauch gilt jede geordnete Sammlung von Daten als **Datenbank**. In diesem Buch ist die Bedeutung dieses Begriffs etwas spezifischer: Bei MySQL und bei jedem anderen relationalen Datenbanksystem besteht eine Datenbank aus mehreren **Tabellen**.

Jede Zeile einer Tabelle wird üblicherweise als **Datensatz** (*record*) bezeichnet. Der Aufbau des Datensatzes ist durch die Definition der Tabelle vorgegeben. Bei einer Adresstabelle wird beispielsweise jeder Datensatz **Felder** (*fields*) für den Familien- und Vornamen, die Straße etc. enthalten. Für jedes Feld existieren genaue Vorschriften über den Inhalt, der darin gespeichert werden kann (zumeist Zahlen in verschiedenen Formaten oder Zeichenketten mit einer vorgegebenen maximalen Zeichenanzahl). Statt von Datensätzen mit Feldern ist oft auch von **Zeilen** (*rows*) und **Spalten** (*columns*) die Rede. Gemeint ist dasselbe.

Die Anzahl der Datenbanken sowie die Zahl der Tabellen pro Datenbank ist in MySQL praktisch unbeschränkt. Wenn Sie auf einen MySQL-Server bei einem Webhoster zugreifen, ist es aber oft so, dass Sie selbst keine neuen Datenbanken erzeugen dürfen. Vielmehr stellt Ihnen der Webhoster eine Datenbank zur Verfügung, in der Sie dann beliebig viele Tabellen erzeugen können.

Innerhalb einer Datenbank sind Verweise von einer Tabelle auf eine andere möglich. Diese Verknüpfungen bzw. **Relationen** sind der Grund, weswegen man von einer relationalen Datenbank spricht. Zur Verdeutlichung gleich ein Beispiel: Eine Datenbank könnte aus einer Kundentabelle (Name, Adresse ...), einer Artikeltabelle und schließlich einer Tabelle mit den Bestellungen bestehen. In der Tabelle mit den Bestellungen kann auf die Daten der beiden anderen Tabellen (z.B. über die Kunden- und Artikelnummer) zugegriffen werden.

Die Beschreibung einer aus mehreren Tabellen bestehenden Datenbank mit all ihren Feldern, Relationen und Indizes (siehe unten) wird als **Datenbankschema** bezeichnet. Dieses Schema definiert also den Aufbau der Datenstrukturen und gibt gleichzeitig das Format vor, in dem die eigentlichen Daten gespeichert werden.

Tabellen enthalten die Daten üblicherweise ungeordnet (oder, um es exakter auszudrücken: die Ordnung ergibt sich aus der Reihenfolge, in der die Daten eingegeben bzw. verändert werden). Zur effizienten Verwendung der Daten ist es aber erforderlich, dass aus diesen an sich ungeordneten Daten eine (nach unterschiedlichen Kriterien) geordnete Liste entsteht. Häufig ist es auch sinnvoll, dass diese Liste gar nicht alle Daten enthält, sondern nur eine Auswahl. Ein Beispiel wäre eine nach Postleitzahlen geordnete Liste aller Kunden, die in den letzten zwölf Monaten einen Einkauf getätigt haben.

Um eine solche Liste zu bilden, formulieren Sie eine **Abfrage** (*query*). Das Ergebnis einer Abfrage ist abermals eine Tabelle, die allerdings nur im Arbeitsspeicher (RAM), nicht aber auf der Festplatte existiert.

Zur Formulierung von Abfragen werden SQL-Anweisungen verwendet, also eine Reihe von Kommandos zur Auswahl und Selektion der Daten. **SQL** steht für *Structured Query Language* und stellt einen Standard zur Formulierung von Datenbankabfragen dar. Selbstverständlich wirbt jeder Datenbankhersteller mit spezifischen Erweiterungen dieses Standards, wodurch das Ziel der Kompatibilität unterschiedlicher Datenbanksysteme wieder verwässert wird.

Bei umfangreichen Tabellen hängt die Geschwindigkeit, mit der eine Abfrage beantwortet wird, wesentlich davon ab, ob für die Reihenfolge der Datenfelder ein geeigneter **Index** zur Verfügung steht. Ein Index ist eine Zusatztabelle, die nur Informationen über die Reihenfolge der Datensätze enthält. **Schlüssel** (*key*) ist ein Synonym für Index.

Ein Index beschleunigt zwar den geordneten Zugriff auf Daten, hat aber auch Nachteile: Erstens vergrößert jeder Index den Platzbedarf der Datenbankdatei auf der Festplatte, und zweitens muss der Index bei jeder Veränderung der Daten aktualisiert werden, was natürlich Zeit kostet. (Ein Index spart also Zeit beim Lesen von Daten, kostet aber Zeit beim Schreiben oder Verändern von Daten. Es hängt demnach von der Verwendung der Daten ab, ob ein Index insgesamt gesehen eine höhere Arbeitsgeschwindigkeit ergibt oder nicht.)

Ein Sonderfall eines Index ist ein **Primärindex** (oder **Primärschlüssel**): Der wichtigste Unterschied besteht darin, dass der Primärindex eine *eindeutige* Zuordnung zu einem Datensatz sicherstellen muss. Oft wird dazu einfach eine fortlaufende Nummer verwendet (ID-Nummer). Primärindizes spielen bei relationalen Datenbanken eine große Rolle und können den Datenzugriff erheblich beschleunigen.

8.2 Tabellentypen (MyISAM, InnoDB, MEMORY, Falcon)

Ein Datenbanksystem, aber verschiedene Tabellentypen

Eine Besonderheit von MySQL besteht darin, dass das Datenbanksystem unterschiedliche Tabellentypen unterstützt. Sie müssen beim Erzeugen einer neuen Tabelle explizit angeben, welchen Typ Sie wünschen. Vergessen Sie das, verwendet MySQL automatisch den Standardtyp, der aber je nach Version und Konfiguration variieren kann. Momentan ist das zumeist MyISAM oder InnoDB. Deswegen sollten Sie es sich angewöhnen, den Tabellentyp immer explizit anzugeben. Ein nachträglicher Wechsel ist zwar prinzipiell möglich, aber oft mit riesigem Aufwand verbunden.

Die verschiedenen Tabellentypen unterscheiden sich in vielen Details voneinander: Welche Funktionen sie unterstützen (z.B. Foreign-Key-Regeln, Volltextsuche, Transaktionen), wie sie die Daten intern speichern, welche Backup-Möglichkeiten es gibt, wie schnell bestimmte Datenbankoperationen ausgeführt werden, wie viel Platz die Daten auf der Festplatte benötigen etc. Die naheliegende Frage, welcher Tabellentyp nun der »beste« oder »schnellste« ist, führt ins Leere: Jeder Tabellentyp ist für bestimmte Aufgaben optimiert, die er gut erfüllt. Bei anderen Aufgaben treten dann aber oft Nachteile oder Einschränkungen auf.

Vor- und Nachteile

MySQL ist ausgesprochen stolz auf das im Datenbankbereich vermutlich einzigartige Konzept, unterschiedliche Tabellentypen durch sogenannte *engines* zu unterstützen. Es gibt erfahrenen Benutzern die Möglichkeit, je nach Aufgabe den optimalen Tabellentyp auszuwählen. Und es bietet professionellen Entwicklern die Möglichkeit, auf das Fundament von MySQL aufbauend mit verhältnismäßig kleinem Aufwand eine eigene *engine* zu entwickeln, die optimal an die spezielle Natur der eigenen Daten angepasst ist.

Eine Neuerung in MySQL 5.1 besteht darin, dass *engines* dank einer Plugin-Architektur sogar zur Laufzeit hinzugefügt bzw. wieder entfernt werden können. Das Plugin muss dabei aber speziell für eine ganz bestimmte MySQL-Versionsnummer kompiliert werden, was einer einfachen Weitergabe und Installation von *engines* noch im Wege steht.

Der vielleicht größte Nachteil der vielen Tabellentypen ist die unübersichtliche Dokumentation: Auch wenn es eine gemeinsame Basis gibt (elementare SQL-Kommandos funktionieren immer gleich), bietet jeder Tabellentyp besondere Merkmale. Beispielsweise unterstützt momentan (MySQL 5.1) nur der MyISAM-Typ die Volltextsuche, aber nur der InnoDB-Typ Transaktionen. Brauchen Sie beide Merkmale, haben Sie Pech. Aus dem umfangreichen MySQL-Handbuch (zu finden unter `http://dev.mysql.com/doc`) geht oft nicht hervor, welche Features für welchen Tabellentyp zur Verfügung stehen, oder welche Einschränkungen die Wahl eines bestimmten Tabellentyps mit sich bringt.

Schließlich gibt es auch (firmen)politische Aspekte, die zu berücksichtigen sind: Die Entwickler des InnoDB-Tabellentyps wurden 2005 von Oracle übernommen. Die Firma MySQL wiederum ist seit Anfang 2008 Teil von Sun. Auch wenn sowohl MySQL als auch InnoDB Open-Source-Code entwickeln, sind MySQL/SUN ungern von einem ihrer größten Konkurrenten (Oracle) abhängig. Eine der wichtigsten Neuerungen der für 2009 geplanten Version MySQL 6 ist denn auch Falcon, eine weitere, transaktionsfähige Datenbank-Engine. Was das für die Zukunft von InnoDB bedeutet, ist noch vollkommen offen.

Wichtige Tabellentypen

- **MyISAM:** MyISAM ist der »klassische« Tabellentyp von MySQL. Solange keine besonderen Gründe für einen anderen Tabellentyp sprechen, sollten Sie diesen Typ verwenden.

  Vorteile: ausgereift, einfache Administration, Volltextsuche, sehr weit verbreitet

  Nachteile: keine Transaktionen, keine Foreign-Key-Regeln, kein Online-Backup

- **InnoDB:** InnoDB ist noch immer der einzige MySQL-Tabellentyp, der Transaktionen unterstützt. Wenn Sie die Integrität Ihrer Daten durch Transaktionen sicherstellen möchten, ist InnoDB momentan die einzige Wahl. Aus diesem Grund ist InnoDB bei vielen MySQL-Installationen der Standardtabellentyp.

  Vorteile: schnell, ausgezeichnete Transaktionsmerkmale, *Foreign-Key*-Regeln (Integritätsregeln), sehr weit verbreitet

  Nachteile: schwierigere Administration, keine Volltextsuche, wird außerhalb der Firma MySQL entwickelt, Online-Backup-Programm kostenpflichtig

- **MEMORY:** Die Besonderheit von MEMORY-Tabellen (ehemals HEAP-Tabellen) besteht darin, dass sie nur im RAM und nicht auf der Festplatte angelegt werden. Außerdem verwenden sie einen sogenannten Hash-Index, der einen besonders schnellen Zugriff auf einzelne Datensätze ermöglicht. MEMORY-Tabellen sollten immer dann eingesetzt werden, wenn vorübergehend verhältnismäßig kleine Datenmengen mit maximaler Geschwindigkeit verwaltet werden.

  Vorteile: sehr schnell

  Nachteile: Alle Daten gehen verloren, wenn MySQL beendet wird; keine Unterstützung für *xxxTEXT*- oder *xxxBLOB*-Datentypen, keine *AUTO_INCREMENT*-Funktion, keine Indizes nur für *NOT-NULL*-Spalten

- **Falcon:** Die Firma MySQL arbeitet seit einigen Jahren an einem neuen transaktionsfähigen Tabellentyp, der voraussichtlich 2009 in MySQL 6 unter dem Namen Falcon sein Debut feiern wird. Möglicherweise wird es Falcon auch als Plugin zu MySQL 5.1 geben. Es ist noch nicht abzusehen, ob Falcon eine echte Alternative zu InnoDB sein wird. Zudem wird es wohl einige Jahre dauern, bis Falcon so ausgereift ist, dass es InnoDB das Wasser reichen kann.

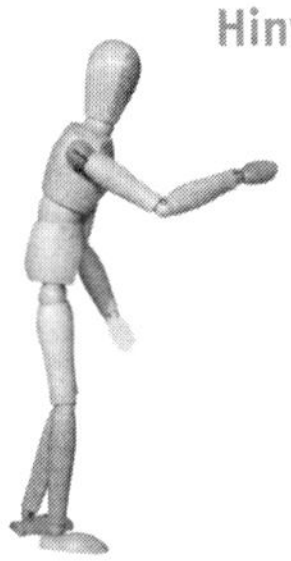

Hinweis

Es ist möglich, innerhalb einer Datenbank Tabellen mit unterschiedlichen Tabellentypen einzusetzen. Sie können also drei MyISAM- und zwei InnoDB-Tabellen miteinander kombinieren. Ein wesentlicher Nachteil dieser Vorgehensweise ist der Umstand, dass die Administration und insbesondere Backups dadurch komplizierter werden.

Wenn Sie wissen möchten, welche Tabellentypen Ihre MySQL-Version unterstützt, führen Sie einfach das SQL-Kommando *SHOW ENGINES* aus. Als wir das zuletzt mit MySQL 5.1.24 getestet haben, standen acht Tabellentypen zur Auswahl. Die meisten Typen spielen in der Praxis nur eine untergeordnete Rolle. In den Beispielen dieses Buchs kommen ausschließlich die Typen MyISAM und InnoDB zum Einsatz.

Temporäre Tabellen

Bei den meisten der oben aufgezählten Tabellentypen besteht die Möglichkeit, die Tabellen temporär zu erzeugen (*CREATE TEMPORARY TABLE name ...*). Solche Tabellen werden automatisch wieder gelöscht, sobald das PHP-Script die Verbindung zu MySQL beendet. Temporäre Tabellen sind für andere PHP-Scripts bzw. für andere MySQL-Clients unsichtbar, so dass also zwei PHP-Scripts parallel temporäre Tabellen mit denselben Namen verwenden, ohne sich dabei in die Quere zu kommen.

Temporäre Tabellen sind kein eigener Tabellentyp, sondern nur eine Variante zu den oben beschriebenen Typen. Temporäre Tabellen werden manchmal automatisch von MySQL angelegt, um komplexe *SELECT*-Abfragen auszuführen.

Temporäre Tabellen werden nicht im selben Verzeichnis wie die anderen MySQL-Tabellen gespeichert, sondern in einem eigenen temporären Verzeichnis (unter Windows zumeist `C:\Windows\Temp`, unter Unix/Linux zumeist `/tmp` oder `/var/tmp` oder `/usr/tmp`).

Tipp

Oft ist es zweckmäßig, bei temporären Tabellen den Tabellentyp *MEMORY* zu verwenden. Die Tabellen werden damit nicht auf der Festplatte, sondern nur im RAM gespeichert, was natürlich deutlich schneller ist. Temporäre *MEMORY*-Tabellen bieten sich dann an, wenn der Datenumfang gering ist und die Tabelle gleich wieder gelöscht wird.

8.3 Datentypen (Spaltentypen)

Jede Tabelle setzt sich aus mehreren Spalten zusammen. Für jede Spalte müssen Sie den gewünschten Datentyp angeben (und zwar unabhängig davon, ob Sie nun MyISAM- oder InnoDB-Tabellen einsetzen). Dieser Abschnitt gibt einen Überblick über die in MySQL verfügbaren Datentypen.

8.3.1 Ganze Zahlen

Per Default sind alle MySQL-Integerzahlen vorzeichenbehaftet. In einer *TINYINT*-Spalte können Sie daher Zahlen zwischen -127 und +128 speichern. Wenn Sie ausschließlich positive Zahlen speichern möchten, müssen Sie bei der Spaltendefinition zusätzlich das Attribut *UNSIGNED* angeben.

MySQL-Schlüsselwort	Bedeutung
TINYINT(m)	8-Bit-Integer (1 Byte); der optionale Wert *m* gibt die gewünschte Spaltenbreite in *SELECT*-Ergebnissen an (*maximum display width*), hat aber keinen Einfluss auf den zulässigen Wertebereich der Zahlen.
SMALLINT(m)	16-Bit-Integer (2 Byte)
MEDIUMINT(m)	24-Bit-Integer (3 Byte)
INT(m), INTEGER(m)	32-Bit-Integer (4 Byte)
BIGINT(m)	64-Bit-Integer (8 Byte)
SERIAL	Synonym für *BIGINT AUTO_INCREMENT NOT NULL PRIMARY KEY*

Tabelle 8.1: Datentypen für ganze Zahlen

Integer-ID-Spalte (AUTO_INCREMENT)

Üblicherweise ist jede Tabelle einer relationalen Datenbank mit einer ID-Spalte ausgestattet. Der Zweck der ID-Spalte besteht darin, jeden Datensatz eindeutig zu identifizieren. ID-Spalten werden auch dazu verwendet, Relationen zwischen Tabellen herzustellen. (Weitere Informationen zu diesem Thema folgen in Abschnitt 8.8.)

Für ID-Spalten werden in der Regel *INT*- oder *BIGINT*-Spalten eingesetzt (*BIGINT* nur, wenn Sie vorhaben, sehr viele Datensätze zu speichern bzw. wenn sehr häufig Datensätze eingefügt und wieder gelöscht werden). Außerdem werden in der Regel die folgenden zusätzlichen Attribute definiert:

- *AUTO_INCREMENT* bedeutet, dass MySQL beim Einfügen eines neuen Datensatzes automatisch eine neue ID-Nummer erzeugt. Die Nummer ist um eins größer als der beim Einfügen des letzten Datensatzes verwendete Wert. (MySQL erzeugt nur dann selbst einen ID-Wert, wenn Sie beim Einfügen den Wert *NULL* oder gar keinen Wert angeben.)
- *NOT NULL* bedeutet, dass in der Spalte keine *NULL*-Werte gespeichert werden dürfen. (Normalerweise dürfen einzelne Felder eines Datensatzes leer bleiben. MySQL speichert dann den Wert *NULL*, damit dieser Fall vom Wert 0 oder von einer leeren Zeichenkette unterschieden werden kann.)
- *PRIMARY KEY* bedeutet, dass die ID-Spalte als Primärschlüssel für die Tabelle verwendet wird. MySQL stellt dadurch sicher, dass es keine zwei Datensätze gibt, die dieselbe ID-Nummer aufweisen.

8.3.2 Fließ- und Festkommazahlen

Der Unterschied zwischen Fließ- und Festkommazahlen liegt in der internen Darstellung. Fließkommazahlen werden von MySQL in einem binären Format gespeichert, Festkommazahlen dagegen als Zeichenketten.

Der Vorteil von Festkommazahlen besteht darin, dass Rundungsfehler ausgeschlossen sind. Das ist besonders bei der Speicherung von Geldbeträgen interessant. Dem stehen mehrere Nachteile gegenüber: Der Speicherbedarf ist wesentlich höher, gleichzeitig ist der zulässige Zahlenbereich sehr eingeschränkt. Außerdem ist die Verarbeitung von Festkommazahlen langsamer.

MySQL-Schlüsselwort	Bedeutung
FLOAT(m, d)	Fließkommazahl, 8 Stellen Genauigkeit (4 Byte); die optionalen Werte *m* und *d* geben die gewünschte Anzahl von Stellen vor und nach dem Dezimalpunkt in *SELECT*-Ergebnissen an; die Werte haben aber keinen Einfluss auf die tatsächliche Speicherung der Zahlen.
DOUBLE(m, d)	Fließkommazahl, 16 Stellen Genauigkeit (8 Byte)

Tabelle 8.2: Datentypen für Fließ- und Festkommazahlen

MySQL-Schlüsselwort	Bedeutung
REAL(m, d)	Synonym für *DOUBLE*
DECIMAL(p, s)	Festkommazahl. *p* gibt die gesamte Stellenanzahl an (maximal 64), *s* die Anzahl der Stellen hinter dem Komma (maximal 30); per Default gilt *DECIMAL(10,0)*. Bei *DECIMAL(6,3)* reicht der Zahlenbereich von 999.999 bis -999.999. Intern werden die Zahlen binär gespeichert. Der Speicherbedarf setzt sich aus Vor- und Nachkommaanteil zusammen und beträgt jeweils mindestens 4 Byte für die ersten neun Stellen, also 8 Byte für *DECIMAL(18, 9)*. Zusätzliche Stellen werden in einzelne Bytes gepackt (normalerweise 2 Stellen pro Byte, 9 Stellen in 4 Byte).
NUMERIC, DEC	Synonyme für *DECIMAL*

Tabelle 8.2: Datentypen für Fließ- und Festkommazahlen (Forts.)

8.3.3 Datum und Uhrzeit

Von den im Folgenden aufgezählten Datums- und Zeitformaten kommt *DATETIME* am häufigsten zum Einsatz. Felder mit diesem Datentyp eignen sich gut, um einen beliebigen Zeitpunkt zu speichern.

MySQL-Schlüsselwort	Bedeutung
DATE	Datum in der Form '2006-12-31' (3 Byte); Bereich 1000-01-01 bis 9999-12-31
TIME	Zeit in der Form '23:59:59' (3 Byte); Bereich +/-838:59:59
DATETIME	Kombination aus *DATE* und *TIME* in der Form '2006-12-31 23:59:59' (8 Byte)
YEAR	Jahreszahl 1900-2155 (1 Byte)
TIMESTAMP	Datum und Zeit in der Form '2006-12-31 23:59:59' für Zeiten zwischen 1970 und 2038 (4 Byte); der Inhalt der *TIMESTAMP*-Spalte wird von MySQL automatisch bei jeder Änderung aktualisiert.

Tabelle 8.3: Datentypen für Datum und Uhrzeit

Der Datentyp *TIMESTAMP* hat eine Sonderrolle inne: Eine in diesem Format definierte Spalte wird von MySQL automatisch verwaltet. Bei jeder Veränderung des Datensatzes speichert MySQL in dieser Spalte automatisch den Änderungszeitpunkt (sofern Sie nicht beim Speichern selbst einen anderen Zeitpunkt für die *TIMESTAMP*-Spalte angeben). Pro Tabelle funktioniert diese automatische Aktualisierung nur für die erste *TIMESTAMP*-Spalte. Es ist selten sinnvoll, mehr als eine *TIMESTAMP*-Spalte pro Tabelle zu definieren.

TIMESTAMP-Spalten sollten nur eingesetzt werden, wenn Sie eine automatische Protokollierung des letzten Änderungszeitpunktes wünschen. *TIMESTAMP*-Spalten sind hingegen *nicht* dazu gedacht, um darin beliebige Zeitwerte zu speichern! Zu diesem Zweck verwenden Sie besser eine *DATETIME*-Spalte.

Falls Sie bei der Änderung eines Datensatzes wünschen, dass der *TIMESTAMP*-Wert unverändert bleibt, müssen Sie im *UPDATE*-Kommando *SET ts=ts* verwenden (wobei *ts* der Name der *TIMESTAMP*-Spalte ist). Damit weisen Sie der *TIMESTAMP*-Spalte den bisherigen Wert wieder zu.

8.3.4 Zeichenketten

Zum Speichern kurzer Zeichenketten werden in der Regel *VARCHAR(n)*-Spalten verwendet. *n* gibt dabei die maximale Zeichenanzahl an (255 bis MySQL 4.1, 65535 ab MySQL 5.0). Zur Speicherung längerer Zeichenketten stehen *MEDIUM*- und *LONGTEXT* zur Auswahl.

CHAR(n) hat eine ähnliche Bedeutung wie *VARCHAR*, allerdings werden hier unabhängig von der tatsächlichen Länge der Zeichenkette immer *n* Zeichen reserviert. Das ist zwar eine offensichtliche Platzverschwendung und erhöht damit den Speicherbedarf für die Tabelle, dafür sind *CHAR*-Spalten in seltenen Fällen effizienter als *VARCHAR*-Spalten. *CHAR*-Spalten kommen in der Praxis eher selten vor.

MySQL-Schlüsselwort	Bedeutung
CHAR(n)	Zeichenkette mit vorgegebener Länge, maximal 255 Zeichen
VARCHAR(n)	Zeichenkette mit variabler Länge, maximal 255 Zeichen bis MySQL 4.1 bzw. maximal 65535 Zeichen ab MySQL 5.0)
TINYTEXT	Zeichenkette mit variabler Länge, maximal 255 Zeichen
TEXT	Zeichenkette mit variabler Länge, maximal 2^{16}-1 Zeichen
MEDIUMTEXT	Zeichenkette mit variabler Länge, maximal 2^{24}-1 Zeichen
LONGTEXT	Zeichenkette mit variabler Länge, maximal 2^{32}-1 Zeichen

Tabelle 8.4: Datentypen für Zeichenketten

Zeichensatz und Sortierordnung für Zeichenketten

Bis einschließlich MySQL 4.0 waren der Zeichensatz und die Sortierordnung für sämtliche Textfelder durch den MySQL-Server vorgegeben. Ab MySQL 4.1 können der Zeichensatz und die Sortierordnung für jede Spalte angegeben werden. Sie können also z.B. in einer Spalte UTF-8-Zeichenketten (Unicode) und in einer anderen Latin-1-Zeichenketten speichern. Die Angabe des gewünschten Zeichensatzes und der Sortierordnung erfolgt durch die zusätzlichen Attribute *CHARACTER SET name COLLATE name*. Wenn Sie auf die Angabe verzichten, gilt der Standardzeichensatz der Tabelle, der Datenbank oder des MySQL-Servers, je nachdem, auf welcher Ebene Defaulteinstellungen definiert sind.

Eine lange Liste aller Zeichensätze sowie der zu den jeweiligen Zeichensätzen verfügbaren Sortierordnungen gibt das SQL-Kommando *SHOW CHARACTER SET* bzw. in phpMyAdmin der Link ZEICHENSÄTZE UND SORTIERUNGSTABELLEN. Die folgende Tabelle fasst lediglich die allerwichtigsten Kombinationen zusammen.

Beachten Sie, dass für *utf8*-Spalten momentan keine deutschen Sortierregeln verfügbar sind!

Zeichensatz	Sortierordnung	Bedeutung
latin1	*latin1_swedish_ci*	Schwedische Sortierordnung, gilt in MySQL standardmäßig für *latin1*-Spalten; *ci* steht für *case-insensitive*, d.h. Groß- und Kleinbuchstaben werden als gleichwertig betrachtet.
latin1	*latin1_general_ci*	Allgemeine Sortierordnung, geeignet für viele westeuropäische Sprachen, aber ohne Berücksichtigung landesspezifischer Besonderheiten.
latin1	*latin1_general_cs*	Wie oben, aber *case-sensitive*, d.h., Großbuchstaben werden vor Kleinbuchstaben sortiert.
latin1	*latin1_german1_ci*	Deutsche Sortierordnung gemäß DIN-1-Standard (ä=a, ö=o, ü=u, ß=s)
latin1	*latin1_german2_ci*	Deutsche Sortierordnung gemäß DIN-2-Standard (Telefonbuchregeln, also ä=ae, ö=oe, ü=ue, ß=ss)
utf8	*utf8_general_ci*	Allgemeine Sortierordnung, geeignet für viele westeuropäische Sprachen, aber ohne Berücksichtigung landesspezifischer Besonderheiten; gilt in MySQL standardmäßig für *utf8*-Spalten.

Tabelle 8.5: Die wichtigsten Zeichensätze und Sortierordnungen

8.3.5 Binärdaten (BLOBs)

Zur Speicherung von Binärdaten (z.B. Bildern) stellt MySQL vier Datentypen zur Auswahl, die sich nur durch ihre maximale Größe unterscheiden. Beachten Sie aber, dass die Speicherung großer Binärobjekte in relationalen Datenbanken ziemlich umstritten ist. Aus Effizienzgründen ist es besser, derartige Objekte in Dateien außerhalb der Datenbank zu speichern. In der Datenbank müssen Sie dann nur den Dateinamen des Objekts speichern.

MySQL-Schlüsselwort	Bedeutung
TINYBLOB	Binärdaten mit variabler Länge, maximal 255 Byte
BLOB	Binärdaten mit variabler Länge, maximal 2^{16}-1 Byte
MEDIUMBLOB	Binärdaten mit variabler Länge, maximal 2^{24}-1 Byte
LONGBLOB	Binärdaten mit variabler Länge, maximal 2^{32}-1 Byte

Tabelle 8.6: Datentypen für Binärdaten

8.3.6 Sonstige Datentypen

Die beiden Datentypen *ENUM* und *SET* sind eine Besonderheit von MySQL. Sie ermöglichen eine für den MySQL-Server besonders effiziente Verwaltung von Zeichenketten-Aufzählungen bzw. -Kombinationen.

Mit *ENUM* können Sie eine Liste von bis zu 65.535 Zeichenketten verwalten, denen durchlaufende Nummern zugeordnet werden. Im Feld kann dann eine dieser Zeichenketten ausgewählt werden.

SET verfolgt eine ähnliche Idee, allerdings sind hier beliebige Kombinationen möglich. Intern werden den Zeichenketten dazu Zweierpotenzen zugeordnet (1, 2, 4, 8 etc.), so dass eine bitweise Kombination möglich ist. Dementsprechend größer ist auch der Speicherbedarf (ein Bit pro Zeichenkette). Maximal dürfen 64 Zeichenketten kombiniert werden. Der Speicherbedarf beträgt dann acht Byte.

Die Datentypen haben allerdings auch Nachteile: Zum einen ist deren Verwaltung durch PHP-Code relativ umständlich (etwa, wenn Sie die zur Auswahl stehenden Zeichenketten eines *ENUM*-Felds ermitteln möchten). Zum anderen kennen die meisten anderen Datenbanksysteme weder *ENUM* noch *SET*, was einen späteren Wechsel des Datenbanksystems sehr erschwert. Deswegen ist es oft zweckmäßiger, statt *ENUMs* bzw. *SETs* zusätzliche verknüpfte Tabellen zu verwenden.

MySQL-Schlüsselwort	Bedeutung
ENUM	Aufzählung von maximal 65.535 Zeichenketten (1 oder 2 Byte)
SET	Kombination von maximal 255 Zeichenketten (1 bis 8 Byte)
GEOMETRY, POINT etc.	Geometrieobjekte (ab MySQL 4.1, siehe Kapitel 13)

Tabelle 8.7: Sonstige Datentypen

8.3.7 Optionen und Attribute

Bei der Definition jeder Spalte können verschiedene Optionen bzw. Zusatzattribute angegeben werden. Die folgende Tabelle fasst die wichtigsten Optionen nochmals zusammen. Beachten Sie, dass viele Attribute nur für bestimmte Datentypen geeignet sind!

MySQL-Schlüsselwort	Bedeutung
NULL	gibt an, dass die Spalte auch den Wert *NULL* enthalten darf. (Diese Einstellung gilt per Default.)
NOT NULL	lässt den Wert *NULL* nicht zu.
DEFAULT xxx	gibt den Defaultwert *xxx* an, der verwendet wird, wenn beim Einfügen kein anderer Wert angegeben wird.

Tabelle 8.8: Wichtige Spaltenattribute und -optionen

MySQL-Schlüsselwort	Bedeutung
PRIMARY KEY	definiert die Spalte zum Primärschlüssel.
AUTO_INCREMENT	bewirkt, dass in die Spalte automatisch ein durchlaufender Zähler eingefügt wird. *AUTO_INCREMENT* kann nur für eine Spalte für ganze Zahlen verwendet werden. Außerdem müssen die Optionen *NOT NULL* und *PRIMARY KEY* angegeben werden. (Statt *PRIMARY KEY* kann die Spalte auch mit einem *UNIQUE*-Index ausgestattet werden.)
UNSIGNED	bewirkt bei ganzen Zahlen, dass diese ohne Vorzeichen gespeichert werden. Achtung: Auch Berechnungen werden dann vorzeichenlos durchgeführt.
CHARACTER SET name [COLLATE sort]	gibt bei Zeichenketten den Zeichensatz und optional die gewünschte Sortierordnung an.

Tabelle 8.8: Wichtige Spaltenattribute und -optionen (Forts.)

8.4 Tipps und Tricks zum Datenbankdesign

Regeln für gutes Datenbankdesign

- Tabellen sollen keine redundanten (sich wiederholende) Daten enthalten. (Wenn Sie also in einzelne Felder einer Tabelle immer wieder dieselben Zahlen oder Zeichenketten eingeben müssen, stimmt etwas nicht.)
- Tabellen sollten ohne Spalten der Art *bestellung1, bestellung2, bestellung3* etc. auskommen. Selbst wenn Sie zehn derartige Spalten vorsehen, wird irgendwann der Fall eintreten, dass ein Kunde elf Artikel bestellen möchte.
- Der Platzbedarf zur Speicherung aller Tabellen soll so klein wie möglich sein.
- Häufig benötigte Datenbankabfragen sollen einfach und effizient ausführbar sein. (Verstöße gegen diese Regel bemerkt man leider erst dann, wenn die Datenbank nicht nur ein paar Testdatensätze, sondern Tausende oder vielleicht sogar Millionen von Datensätzen enthält. Dann sind Änderungen am Design aber oft nicht mehr möglich ...)

Die obigen Regeln haben im Prinzip dieselbe Konsequenz wie die im folgenden Abschnitt vorgestellten Normalisierungsregeln, sind aber oft leichter nachvollziehbar.

Tipps zur Namensgebung

- MySQL unterscheidet bei Datenbank- und Tabellennamen zwischen Groß- und Kleinschreibung, bei Spaltennamen dagegen nicht. Insofern ist es zumindest bei Datenbanken und Tabellen wichtig, auf eine einheitliche Groß- und Kleinschreibung zu achten. (In den Beispieldatenbanken dieses Buchs werden für Datenbank- und Tabellennamen grundsätzlich nur Kleinbuchstaben verwendet.)
- Namen von Datenbanken, Tabellen und Spalten dürfen maximal 64 Zeichen lang sein.
- Vermeiden Sie Sonderzeichen (z.B. äöüß) in den Namen! MySQL erlaubt zwar grundsätzlich alle alphanumerischen Zeichen; je nach Betriebssystem bzw. Linux-Distribution gelten aber unterschiedliche Defaultzeichensätze, die vor allem bei einem Systemwechsel leicht zu Stolperfallen werden.
- Wählen Sie möglichst klare Feld- und Tabellennamen. Achten Sie bei Feldnamen darauf, dass diese den Inhalt eindeutig beschreiben. (*authName* ist also besser als *name*.)
- Ein einheitliches Schema für die Benennung von Feldern erspart viele Flüchtigkeitsfehler: Egal ob Ihnen nun *author_name* oder *authName* sympathischer ist – bleiben Sie konsequent.
- Ebenso sollten Sie sich überlegen, wie Sie mit Singular und Plural umgehen: Im vorliegenden Beispiel habe ich beispielsweise alle Tabellen im Plural bezeichnet. Es gibt hier keine Regel, was *richtig* ist, aber es ist auf jeden Fall verwirrend, wenn die Hälfte der Tabellen den Singular, die andere den Plural verwendet.

Tipps zum Designprozess

Grundsätzlich ist es kein triviales Unterfangen, vorhandene Daten möglichst geschickt auf mehrere Tabellen zu verteilen. Gerade Einsteiger in die Datenbankwelt sollten die beiden folgenden Empfehlungen beherzigen:

- Beginnen Sie mit einer relativ kleinen Anzahl von Testdaten, und versuchen Sie, diese in eine oder mehrere Tabellen einzutragen. Der Umfang der Testdaten sollte nicht zu klein sein, damit offensichtliche Designprobleme von Anfang an sichtbar werden; er sollte aber auch nicht zu groß sein, damit der Zeitaufwand für das Datenbankdesign nicht zu groß ist.
- Führen Sie Ihre ersten Experimente *nicht* mit realen MySQL-Tabellen durch, sondern verwenden Sie stattdessen einige Blätter eines Tabellenkalkulationsprogramms, also z.B. Excel oder OpenOffice Calc. (Abbildung 8.1 ist schon eine Vorschau auf den nächsten Abschnitt.) Damit können Sie viel unkomplizierter arbeiten. Vorläufig geht es ja nur um die Verteilung der Daten auf Tabellen und deren Spalten, nicht um datenbankspezifische Details wie Spaltenformate, Indizes etc.

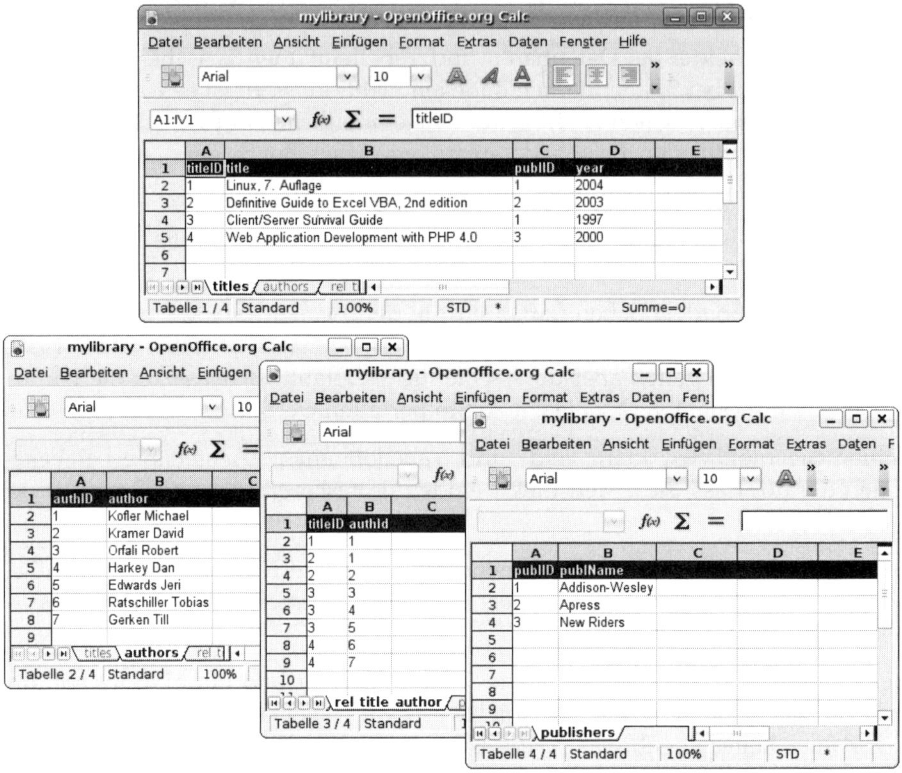

Abbildung 8.1: Datenbankdesign mit einem Tabellenkalkulationsprogramm

8.5 Normalisierungsregeln

Buchautoren denken immer nur an Bücher! Wen wundert es daher, dass auch die Beispieldatenbank *mylibrary* von Büchern handelt? Das Ziel des Beispiels ist es, eine kleine Datenbank zu erstellen, in der Daten über Bücher gespeichert werden: Titel des Buchs, Verlag, Autoren, Erscheinungsdatum etc. Diese Daten können natürlich ganz ohne Datenbank gespeichert werden, z.B. als einfache Liste im Textformat:

Michael Kofler: *Linux, 7. Auflage*. Addison-Wesley 2004.

Michael Kofler, David Kramer: *Definitive Guide to Excel VBA, 2nd edition*. Apress 2003.

Robert Orfali, Dan Harkey, Jeri Edwards: *Client/Server Survival Guide*. Addison-Wesley 1997.

Tobias Ratschiller, Till Gerken: *Web Application Development with PHP 4.0*. New Riders 2000.

An sich enthält diese Liste alle erforderlichen Informationen. Warum sollten Sie sich also überhaupt die Mühe machen, diesen Text in eine Datenbank umzuwandeln? Nun, es gibt eine Menge Gründe: Die Liste ermöglicht zwar ein einfaches Suchen, es ist aber nicht möglich, die Daten anders zu organisieren: beispielsweise um eine Teilliste aller Bücher des Autors x zu erstellen oder um eine neue Liste zu erstellen, die nicht nach Autorennamen, sondern nach Titeln geordnet ist.

Der erste Versuch

Also denken Sie sich: Nichts ist einfacher, als diese Liste in eine Datenbanktabelle umzuwandeln. (Im Folgenden werden Titel und Autorennamen aus Platzgründen abgekürzt.) Sie erstellen also eine neue Tabelle mit den folgenden Spalten:

title	publName	year	author1	author2	author3
Linux	Addison-Wesley	2004	Kofler M.		
Definitive Guide ...	Apress	2003	Kofler M.	Kramer D.	
Client/Server ...	Addison-Wesley	1997	Orfali R.	Harkey D.	Edwards E.
Web Application ...	New Riders	2000	Ratschiller T.	Gerken T.	

Abbildung 8.2: Buchdatenbank, erster Versuch

Diese Tabelle ist offensichtlich problematisch: Schon auf den ersten Blick fällt auf, dass die Limitierung auf drei Autoren willkürlich ist. Was tun Sie mit einem Buch, das von vier oder fünf Autoren geschrieben wurde? Einfach immer mehr *authorN*-Spalten einfügen, von denen dann die meisten leer bleiben werden?

8.5.1 Die erste Normalform

Die Regeln für die erste Normalform lauten (aus der Sprache der Theoretiker in verständliches Deutsch übersetzt):

- Spalten mit gleichartigem Inhalt müssen entfernt werden.
- Für jede Gruppe zusammengehöriger Daten muss eine eigene Tabelle gebildet werden.
- Jeder Datensatz muss durch einen sogenannten Primärschlüssel eindeutig identifizierbar sein.

Die erste Regel bezieht sich in diesem Beispiel offensichtlich auf die *authorN*-Spalten.

Die zweite Regel scheint hier nicht zuzutreffen. Es handelt sich bei diesem Beispiel ausschließlich um Daten, die spezifisch zum jeweiligen Buch gehören. Eine Tabelle reicht daher. (Es wird sich bald herausstellen, dass das ein Irrtum ist.)

Die dritte Regel bedeutet in der Praxis, dass eine durchlaufende und vor allem eindeutige Nummer eingeführt werden muss, die jede Zeile identifiziert. (Genau genommen ist es nicht notwendig, dass eine Zahl als Primärschlüssel verwendet wird. Formal ist nur die Eindeutigkeit wichtig. Aus Effizienzgründen sollte der Primärschlüssel aber auch möglichst klein sein. Eine Integerzahl ist daher viel besser geeignet als eine Zeichenkette variabler Länge.)

Eine Neugestaltung der Tabelle gemäß der ersten und dritten Regel liefert folgendes Ergebnis:

titleID	**title**	**publName**	**year**	**author**
1	Linux	Addison-Wesley	2004	Kofler M.
2	Definitive Guide ...	Apress	2003	Kofler M.
3	Definitive Guide ...	Apress	2003	Kramer D.
4	Client/Server ...	Addison-Wesley	1997	Orfali R.
5	Client/Server ...	Addison-Wesley	1997	Harkey D.
6	Client/Server ...	Addison-Wesley	1997	Edwards E.
7	Web Application ...	New Riders	2000	Ratschiller T.
8	Web Application ...	New Riders	2000	Gerken T.

Abbildung 8.3: Buchdatenbank, erste Normalform

Es ist leicht erkennbar, dass es nun keine Probleme mehr mit der Anzahl der Autoren gibt. Egal wie viele Autoren ein Buch hat – es kann in dieser Tabelle gespeichert werden. Der Preis dafür ist allerdings hoch: Die Inhalte der Spalten *title, publisher* und *year* wiederholen sich mit jedem Autor. Das kann nicht der Weisheit letzter Schluss sein!

8.5.2 Zweite Normalform

Die Regeln für die zweite Normalform lauten:

- Immer dann, wenn sich Inhalte in Spalten wiederholen, müssen die Tabellen in mehrere Teiltabellen zerlegt werden.
- Die Tabellen müssen durch sogenannte Fremdschlüssel (*foreign keys*) miteinander verbunden werden.

  Wenn Sie sich noch nicht in die Datenbanksprache eingelesen haben, ist *Fremdschlüssel* für Sie wahrscheinlich ein denkbar merkwürdiger Begriff. Umgangssprachlich würde man Fremdschlüssel wohl besser mit »Querverweis« übersetzen: Es handelt sich ganz einfach um einen Verweis auf eine Zeile in einer anderen Tabelle. Für Programmierer wäre die Bezeichnung Zeiger (*pointer*) nahe liegend, im Internet-Jargon könnte man auch von einem Link sprechen.

In Abbildung 8.3 wiederholen sich Daten in beinahe allen Spalten. Die Ursache dafür liegt offensichtlich in der Autorenspalte. Der erste Versuch, die Autoren in eine eigene Tabelle auszulagern, führt zu dem Ergebnis, das Sie in Abbildung 8.4 und Abbildung 8.5 sehen.

titleID	title	publName	year
1	Linux	Addison-Wesley	2004
2	Definitive Guide ...	Apress	2003
3	Client/Server ...	Addison-Wesley	1997
4	Web Application ...	New Riders	2000

Abbildung 8.4: titles-Tabelle, zweite Normalform

authID	titleID	authName
1	1	Kofler M.
2	2	Kofler M.
3	2	Kramer D.
4	3	Orfali R.
5	3	Harkey D.
6	3	Edwards E.
7	4	Ratschiller T.
8	4	Gerken T.

Abbildung 8.5: authors-Tabelle, zweite Normalform

Bei der *authors*-Tabelle dient die erste Spalte mit den durchnummerierten *authID*-Werten als Primärschlüssel. Die zweite Spalte übernimmt die Aufgabe des Fremdschlüssels: Sie verweist auf Zeilen der *titles*-Tabelle. Beispielsweise bedeutet Zeile 7 der *authors*-Tabelle, dass *Ratschiller T.* ein Autor des Buchs mit *titleID=4* ist (also des Buchs *Web Application ...*).

Zweite Normalform, zweiter Versuch

Optimal ist das Ergebnis noch nicht. In der *authors*-Tabelle kommt *Kofler M.* zweimal vor. Je mehr Bücher in diese Datenbank eingefügt werden, desto öfter wird es zu derartigen Redundanzen kommen – immer dann, wenn ein Autor an mehr als einem Buch mitgearbeitet hat.

Die einzig mögliche Lösung zu diesem Problem besteht darin, die *authors*-Tabelle nochmals zu zerlegen und dabei auf die *titleID*-Spalte zu verzichten. Die Information, welches Buch zu welchem Autor gehört, muss in einer dritten Tabelle angegeben werden. Die drei Tabellen sehen dann so aus wie in Abbildung 8.6 bis Abbildung 8.8.

titleID	title	publName	year
1	Linux	Addison-Wesley	2004
2	Definitive Guide ...	apress	2003
3	Client/Server ...	Addison-Wesley	1997
4	Web Application ...	New Riders	2000

Abbildung 8.6: titles-Tabelle, zweite Normalform

authID	author
1	Kofler M.
2	Kramer D.
3	Orfali R.
4	Harkey D.
5	Edwards E.
6	Ratschiller T.
7	Gerken T.

Abbildung 8.7: authors-Tabelle, zweite Normalform

titleID	authID
1	1
2	1
2	2
3	3
3	4
3	5
4	6
4	7

Abbildung 8.8: rel_title_author-Tabelle, zweite Normalform

Dieser Schritt ist zweifellos der schwierigste und abstrakteste – wahrscheinlich deswegen, weil eine Tabelle der Form *rel_title_author* keiner menschlichen Vorgehensweise entspricht. Für eine manuelle Verwaltung der Daten wäre *rel_title_author* vollkommen ungeeignet. Aber Computer sind eben keine Menschen!

Für den Computer ist es kein Problem, die Daten zusammenzufügen (zumindest dann nicht, wenn ihm ein Programm wie MySQL dabei hilft!). Angenommen, Sie wollten eine Liste aller Autoren des Buchs *Client/Server* ... haben. MySQL würde dann zuerst in der *titles*-Tabelle nachsehen, welche *titleID*-Nummer dieses Buch hat. Dann würde es in der *rel_title_author*-Tabelle nach Datensätzen suchen, in denen diese Nummer in der *titleID*-Spalte vorkommt. Die dazugehörigen *authID*-Nummern führen dann zu den Autoren.

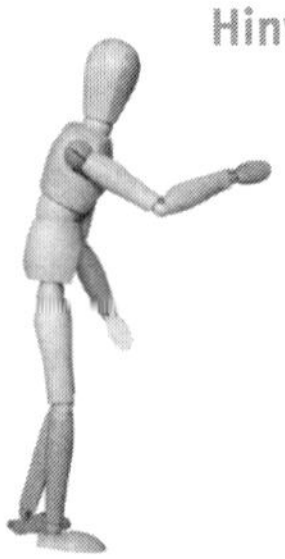

Hinweis

Vielleicht fragen Sie sich, warum es in der *rel_title_author*-Tabelle keine eigene *ID*-Spalte gibt, also z.B. *rel_title_author_ID*. Auf eine solche Spalte wird üblicherweise verzichtet, weil die Kombination aus *titleID* und *authID* bereits ein optimaler Primärschlüssel ist. (Relationale Datenbanksysteme erlauben auch Primärschlüssel, die aus mehreren Spalten zusammengesetzt sind.)

8.5.3 Dritte Normalform

Die einzige Regel der dritten Normalform lautet:

- Spalten, die nicht in unmittelbarer Abhängigkeit zum Primärschlüssel einer Tabelle stehen, müssen eliminiert werden (also in eine eigene Tabelle ausgelagert werden).

Im vorliegenden Beispiel betrifft das die Spalte *publName* in der *title*-Tabelle. Die Liste der Verlage und die Liste der Buchtitel sind voneinander unabhängige Informationseinheiten und sollten daher getrennt werden. Natürlich soll auch weiterhin bei jedem Titel vermerkt werden, in welchem Verlag er erschienen ist – aber dazu muss nicht jedes Mal der ganze Verlag genannt werden, es reicht ein Fremdschlüssel (also ein Verweis).

titleID	**title**	**publID**	**year**
1	Linux	1	2004
2	Definitive Guide ...	2	2003
3	Client/Server ...	1	1997
4	Web Application ...	3	2000

Abbildung 8.9: titles-Tabelle, dritte Normalform

publID	**publName**
1	Addison-Wesley
2	Apress
3	New Riders

Abbildung 8.10: publishers-Tabelle, dritte Normalform

Die Tabellen *authors* und *rel_title_author* ändern sich in der dritten Normalform nicht mehr. Die gesamte Bücherdatenbank besteht jetzt also aus vier Tabellen. Bei genauerem Studium der Regeln der ersten Normalform (zusammengehörende Daten gehören in eigene Tabellen) hätten natürlich einige Zwischenschritte gespart werden können – aber das hätte den didaktischen Wert des Beispiels gemindert. Tatsächlich ist es auch in der Praxis oft so, dass man erst beim Einfügen von Testdaten und anhand der dabei auftretenden Redundanzen bemerkt, an welchen Stellen Tabellen zerlegt werden müssen.

8.5.4 Erweiterungen

Die *mylibrary*-Datenbank ist noch ein wenig komplexer, als aus den vorherigen Abschnitten hervorgeht. Die *titles*-Tabelle enthält einige weitere Felder, z.B. zur Speicherung des Untertitels oder eines Kommentars. Eine weitere *languages*-Tabelle enthält eine Liste aller Sprachen, in denen die Bücher verfasst wurden. Das *langID*-Feld der *titles*-Tabelle enthält für jeden Titel die Sprache. Schließlich enthält die *categories*-Tabelle eine hierarchische Liste aller Buchkategorien (z.B. *Computer books*). Das *catID*-Feld der *titels*-Tabelle gibt für jeden Titel die Kategorie an.

Der Aufbau der *categories*-Tabelle wird im nächsten Abschnitt behandelt. Eine Zusammenfassung aller Datenbankeigenschaften finden Sie schließlich am Ende dieses Kapitels.

8.6 Verwaltung von Hierarchien

In der *mylibrary*-Datenbank hilft die Tabelle *categories* dabei, die Bücher in unterschiedliche Kategorien einzuordnen (Sachbücher, Kinderbücher etc.). Die Besonderheit besteht darin, dass die Kategorien hierarchisch strukturiert werden können. Vom Datenbankdesign her ist das ganz einfach: Das Feld *parentID* verweist einfach bei jeder Kategorie auf die übergeordnete Kategorie. (Bei der Startkategorie *All books* enthält *parentID* den Wert *NULL*. Dieser Sonderfall muss bei der Verwaltung bzw. Auswertung der *categories*-Tabelle immer berücksichtigt werden!) Abbildung 8.12 zeigt, wie die in Abbildung 8.11 dargestellte Hierarchie datenbankmäßig abgebildet werden kann.

All books
- *Children's books*
- *Computer books*
  - *Databases*
    - *Object-oriented databases*
    - *Relational Databases*
    - *SQL*
  - *Programming*
    - *Perl*
    - *PHP*
- *Literature and fiction*

Abbildung 8.11: Beispieldaten für die categories-Tabelle

catID	CatName	parentCatID
1	Computer books	11
2	Databases	1
3	Programming	1
4	Relational Databases	2
5	Object-oriented databases	2
6	PHP	3
7	Perl	3
8	SQL	2
9	Children's books	11
10	Literature and fiction	11
11	All books	NULL

Abbildung 8.12: Datenbankmäßige Darstellung der Hierarchie aus Abbildung 8.11

Um es gleich vorwegzunehmen: So elegant und einfach die Darstellung derartiger Hierarchien auf den ersten Blick wirkt, so viele Probleme verursacht sie bei der Programmierung: Beispielsweise ist es mit einfachen *SELECT*-Abfragen unmöglich, alle über- oder untergeordneten Kategorien zu ermitteln. Daher müssen von PHP aus mehrere Abfragen durchgeführt werden, um die Hierarchie aufzubauen. Entsprechende Programmiertechniken werden in Abschnitt 12.7 diskutiert.

8.7 Relationen

Wenn Sie eine Datenbank auf mehrere Tabellen verteilen, müssen Sie die Tabellen miteinander verknüpfen. Diese Verknüpfungen heißen in der Datenbanksprache *Relationen*. Grundsätzlich gibt es drei mögliche Relationen zwischen zwei Tabellen:

1:1 Eindeutige Beziehung zwischen zwei Tabellen: Jeder Datensatz der einen Tabelle entspricht genau einem Datensatz der anderen Tabelle. Solche Beziehungen sind selten, weil die Informationen beider Tabellen dann ebenso in einer einzigen Tabelle gespeichert werden könnten.

1:n Ein Datensatz der ersten Tabelle kann in mehreren Datensätzen der zweiten Tabelle auftreten (z.B. ein Verlag bei mehreren Titeln). Umgekehrt ist keine Mehrdeutigkeit möglich, ein Titel kann immer nur von einem Verlag herausgegeben werden. Gelegentlich wird auch von einer *n:1*-Beziehung gesprochen, die aber mit einer *1:n*-Beziehung identisch ist (lediglich die Blickrichtung ist anders).

n:m Ein Datensatz der einen Tabelle kann in mehreren Datensätzen der anderen Tabelle vorkommen und umgekehrt (z.B. Bücher und ihre Autoren: ein Autor kann mehrere Bücher schreiben, ein Buch kann aber auch von mehreren Autoren verfasst werden).

1:1-Relationen

Eine *1:1*-Relation wird in der Praxis am ehesten dann eingesetzt, wenn eine Tabelle in zwei Teile zerlegt wird, die einen gemeinsamen Primärschlüssel verwenden. Das ist am einfachsten anhand eines Beispiels zu verstehen: Eine Tabelle mit Informationen zum Personal einer Firma enthält sehr viele Informationen: Name, Abteilung, Geburtsdatum, Einstelldatum, Gehalt etc. Man könnte diese Tabelle nun in *personal* und *personal_extra* zerlegen, wobei *personal* die oft benötigten und allgemein zugänglichen Informationen enthält, *personal_extra* zusätzliche, seltener benötigte und privatere Daten.

Es kann zwei Gründe für eine derartige Trennung geben. Der eine ist der Sicherheitsaspekt – es ist einfach, die *personal_extra*-Tabelle vor allgemeinem Zugriff zu schützen. (Bei MySQL können die Zugriffsrechte aber auch für jede einzelne Spalte einer Tabelle getrennt eingestellt werden.)

Der andere Grund ist die Geschwindigkeit: Wenn eine Tabelle sehr viele Spalten enthält, von denen bei den meisten Abfragen aber nur wenige Spalten benötigt werden, ist es effizienter, diese Spalten in einer Tabelle zusammenzufassen.

Der wesentliche Nachteil einer Trennung der Tabellen besteht darin, dass ständig darauf geachtet werden muss, die Tabellen synchron zu halten.

1:n-Relationen

1:n-Relationen kommen immer dann zum Einsatz, wenn ein bestimmtes Feld eines Datensatzes einer Detailtabelle auf unterschiedliche Spalten einer anderen Tabelle (Mastertabelle) verweisen kann.

Die Verknüpfung erfolgt über Schlüsselfelder. Die Spalten der Mastertabelle sind dabei durch einen Primärschlüssel gekennzeichnet. Die Detailtabelle enthält ein Fremdschlüsselfeld, dessen Inhalt auf die Mastertabelle verweist. Beispiele:

- *mylibrary*-Datenbank: Hier gibt es eine *1:n*-Relation zwischen der *title*- und der *publisher*-Tabelle: Die Verlagstabelle *publisher* ist die Mastertabelle mit dem Primärschlüssel *publisher.publID*. Die Titeltabelle ist die Detailtabelle mit dem Fremdschlüssel *title.publID*. Jeder Verlag (*1*) kann mehrere Bücher veröffentlichen (*n*).

  Die *mylibrary*-Datenbank enthält noch zwei weitere *1:n*-Relationen: zwischen *titles* und *languages* (Feld *langID*) und zwischen *titles* und *categories* (Feld *catID*). Alle drei *1:n*-Relationen sind auch gut in Abbildung 8.13 am Ende dieses Kapitels sichtbar.

- Geschäftsanwendung, Tabelle mit Bestellungen: Die Detailtabelle enthält Daten zu allen eingegangenen Bestellungen. Darin verweist ein Fremdschlüsselfeld auf die Mastertabelle mit der Liste aller Kunden.

  Jeder Kunde (*1*) kann beliebig viele Bestellungen (*n*) durchführen.

- Diskussionsforum, Tabelle mit Nachrichten: Die Detailtabelle enthält die Daten jedes auf der Website verfügbaren Diskussionsbeitrags (Titel, Text, Datum, Autor, Gruppe etc.). Zwei mögliche Mastertabellen wären die Gruppentabelle mit der Liste aller Diskussionsgruppen und die Autorentabelle mit der Liste aller Website-Mitglieder, die Beiträge verfassen dürfen.

  Jeder Autor (*1*) kann beliebig viele Diskussionsbeiträge (*n*) verfassen. In jeder Diskussionsgruppe (*1*) können beliebig viele Diskussionsbeiträge (*n*) enthalten sein.

- CD-Datenbank, Tabelle mit CDs: Die Detailtabelle enthält die Daten jeder gespeicherten CD (Titel, Bandname, Anzahl der CDs etc.). Zwei dazu passende Mastertabellen wären die Bandtabelle mit einer Liste aller in der Datenbank vertretenen Musikgruppen und eine Label-Tabelle mit einer Liste der Platten-Label.

Jede Band (*1*) kann beliebig viele CDs (*n*) veröffentlichen. Jedes Label (*1*) kann beliebig viele CDs (*n*) auf den Markt bringen.

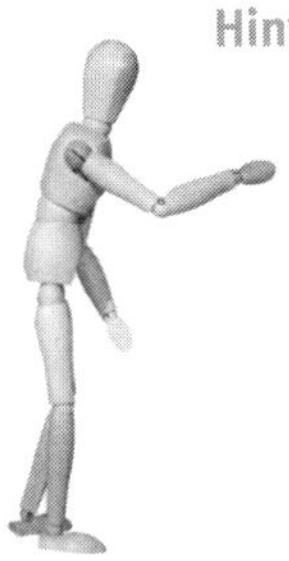

Hinweis

Oft wird beim Entwurf einer Datenbank versucht, Felder zweier Tabellen, die später durch eine Relation verknüpft werden sollen, gleich zu benennen. Das fördert die Übersichtlichkeit, ist aber keineswegs Bedingung.

Grundsätzlich ist es auch möglich, dass sich der Primär- und der Fremdschlüssel in ein und derselben Tabelle befinden. Dann verweist ein Datensatz einer Tabelle auf einen anderen Datensatz derselben Tabelle. Das ist immer dann sinnvoll, wenn Hierarchien dargestellt werden sollen (siehe auch den vorherigen Abschnitt!). Nochmals einige Beispiele:

- *mylibrary*-Datenbank: Jede Kategorie in der *categories*-Tabelle verweist durch das Feld *parentID* auf eine übergeordnete Kategorie (oder auf *NULL*).
- Personaltabelle: Bei jedem Mitarbeiter (außer dem Chef bzw. der Chefin) verweist ein Feld auf die jeweils übergeordnete Person (den Gruppenleiter, Abteilungsleiter etc.).
- Diskussionsforum, Tabelle mit Nachrichten: Bei jeder Nachricht verweist ein Feld auf die jeweils übergeordnete Nachricht (auf die hier geantwortet wurde).
- Musikdatenbank, Tabelle mit Musikstilen: Bei jeder Stilrichtung verweist ein Feld auf die übergeordnete Gruppe – z.B. Bebop als eine Stilrichtung innerhalb der Kategorie Jazz.

n:m-Relationen

Für *n:m*-Relationen ist zwischen den beiden Ausgangstabellen eine zusätzliche Tabelle erforderlich, über die die *n:m*-Relation auf zwei *1:n*-Relationen zurückgeführt wird. Beispiele:

- *mylibrary*-Datenbank: Hier gibt es eine *n:m*-Beziehung zwischen Buchtiteln und Autoren. Die Relation wird über die *rel_title_author*-Tabelle hergestellt.

  Eine mögliche Ergänzung dieser Tabelle könnte ein zusätzliches Feld sein, das die Reihenfolge der Autoren bestimmt (falls diese nicht einfach in alphabetischer Reihenfolge dargestellt werden sollen).
- Geschäftsanwendung, Tabelle mit Bestellungen: Um eine Beziehung zwischen der Bestellung und den bestellten Artikeln herzustellen, gibt die dazwischen befindliche Tabelle an, wie viel Stück des Artikels x bei der Bestellung y geliefert werden sollen.

Die Tabelle könnte also aus den Spalten *articleID*, *orderID*, *quantity* und eventuell auch *price* bestehen. Der Preis ist zwar sicher auch in der Artikeltabelle enthalten, er kann sich aber mit der Zeit ändern. In diesem Fall enthält die Bestelltabelle weiterhin den Preis, der zum Zeitpunkt der Bestellung gültig war.

- Universitätsverwaltung, Prüfungslisten: Um zu speichern, welcher Student welche Prüfung (wann und mit welcher Note) absolviert hat, ist eine Tabelle erforderlich, die zwischen der Studententabelle und der Prüfungstabelle angesiedelt ist.

8.8 Primär- und Fremdschlüssel

Relationen hängen unmittelbar mit Primär- und Fremdschlüsseln zusammen. Dieser Abschnitt gibt eine zusammenfassende Erläuterung zu diesen beiden Begriffen und ihrer Anwendung. Es lässt sich leider nicht ganz vermeiden, dass dieser Abschnitt auf SQL-Kommandos vorgreift, die erst im nächsten Kapitel vorgestellt werden.

8.8.1 Primärschlüssel (primary key)

Die Aufgabe des Primärschlüssels besteht darin, möglichst rasch einen ganz bestimmten Datensatz in der Tabelle zu finden (z.B. den Datensatz mit *id=123456* aus einer Million Datensätzen). Diese Operation muss jedes Mal durchgeführt werden, wenn Daten aus mehreren Tabellen zusammengefügt werden – also sehr oft!

MySQL erlaubt auch Primärschlüssel, die aus mehreren Feldern einer Tabelle zusammengesetzt sind. Unabhängig davon, ob nun eines oder mehrere Felder als Primärschlüssel dienen, sollten folgende Eigenschaften gelten:

- Der Primärschlüssel muss eindeutig sein. Es muss ausgeschlossen sein, dass zwei Datensätze denselben Inhalt im Primärschlüsselfeld haben.

- Das Primärschlüsselfeld soll kompakt sein. Das hat gleich zwei Gründe:

  Erstens muss für das Primärschlüsselfeld ein Index (der Primärindex) verwaltet werden, damit die Suche nach Datensätzen (*id = 123456*) möglichst rasch erfolgt. Die Verwaltung dieses Index ist umso effizienter, je kompakter das Primärschlüsselfeld ist. Daher eignet sich eine Integerzahl besser als eine Zeichenkette variabler Länge zur Verwendung als Primärschlüsselfeld.

  Zweitens wird der Inhalt des Primärschlüsselfelds in anderen Tabellen als Fremdschlüssel verwendet – und auch dort ist es effizient, wenn der Fremdschlüssel möglichst kompakt ist. (Relationen zwischen Tabellen werden ja nicht zuletzt deswegen eingeführt, um eine Platzverschwendung durch etwaige Redundanzen zu vermeiden. Das ist natürlich nur dann sinnvoll, wenn die Verwaltung von Schlüsselfeldern nicht noch mehr Platz beansprucht!)

Bei MySQL wird für ein Primärschlüsselfeld zumeist ein Feld mit dem Datentyp *INT* oder *BIGINT* und mit den Attributen *NOT NULL AUTO_INCREMENT PRIMARY KEY* verwendet. MySQL erzeugt automatisch eine durchlaufende Nummer (1, 2, 3 ...) für das Feld.

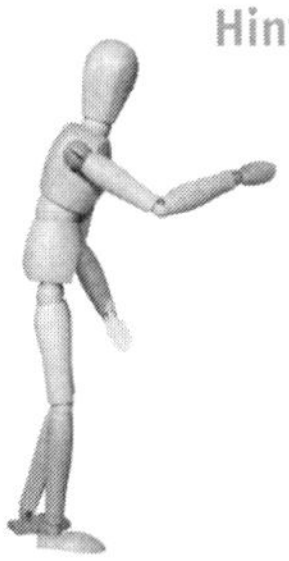

Hinweis

Der Name des Primärschlüsselfelds spielt übrigens keine Rolle. In diesem Buch wird meist *id* oder *tablenameID* verwendet. Oft werden Sie auch Kombinationen mit *no* oder *nr* vorfinden, etwa *kundenNr* oder *customerNo*.

8.8.2 Fremdschlüssel (foreign key)

Die Aufgabe eines Fremdschlüsselfelds besteht darin, auf einen Datensatz in der Detailtabelle zu verweisen. Dieser Verweis kommt allerdings erst durch die Formulierung einer Datenbankabfrage zustande, etwa in der folgenden Form:

```
SELECT title, publName FROM titles, publishers
WHERE titles.publID = publishers.publID
ORDER BY title
```

Damit wird eine alphabetische Liste aller Buchtitel erzeugt, bei der in der zweiten Spalte der Verlag angegeben wird, in dem das Buch erschienen ist. Das Ergebnis würde also so aussehen:

title	*publName*
Client/Server ...	Addison-Wesley
Definitive Guide ...	Apress
Linux	Addison-Wesley
Web Application ...	New Riders

Der entscheidende Punkt bei der Abfrage ist die Klausel *WHERE title.publID = publisher.publID*. Mehr Details zur Formulierung von Abfragen, die die Daten mehrerer Tabellen verknüpfen, folgen in Abschnitt 9.3.

Bei der Deklaration einer Tabelle spielt das Fremdschlüsselfeld keine besondere Rolle. Für MySQL ist ein Fremdschlüsselfeld ein ganz gewöhnliches Tabellenfeld. Es sind keine besonderen Schlüsselwörter erforderlich. Sie sollten aber unbedingt darauf achten, dass das Fremdschlüsselfeld im gleichen Datentyp wie das Primärschlüsselfeld deklariert wird – andernfalls wird die Verknüpfung sehr langsam. Das Attribut *AUTO_INCREMENT* darf hier nicht verwendet werden – Sie wollen ja selbst angeben, auf welchen Datensatz das Feld verweist!

8.8.3 Referenzielle Integrität (Foreign-Key-Regeln)

Wenn Sie aus der *authors*-Tabelle der *mylibrary*-Datenbank den Autor *Kofler* löschen, werden Sie in der Folge bei allen Abfragen Probleme bekommen, die auf die Bücher *Linux* und *Definitive Guide ...* zugreifen. Die in der *rel_title_author*-Tabelle angegebene *authorID*-Nummer 1 existiert in der *author*-Tabelle nicht mehr! Im Datenbank-Jargon würde man das so formulieren: Die referenzielle Integrität der Datenbank ist verletzt.

Als Datenbankentwickler sind Sie dafür verantwortlich, dass so etwas nicht passieren kann. Sie müssen also vor dem Löschen eines Datensatzes immer überprüfen, ob es nicht in einer anderen Tabelle einen Verweis auf gerade diesen Datensatz gibt.

Da auf Programmierer nicht immer Verlass ist und Datenbanken manchmal auch manuell verändert werden müssen, sehen die meisten Datenbanksysteme eine automatische Kontrolle der Einhaltung der referenziellen Integrität vor. Sogenannte *Foreign-Key*-Regeln (Integritätsregeln) testen bei jeder Veränderung der Datenbank, ob dadurch Querverweise zwischen Tabellen betroffen sind. Je nachdem, wie der Fremdschlüssel deklariert wurde, gibt es bei Verstößen gegen die Regeln zwei mögliche Konsequenzen: Entweder wird die betreffende Operation einfach nicht ausgeführt (Fehlermeldung), oder es werden gleich auch alle betroffenen Datensätze in abhängigen Tabellen gelöscht. Welche Vorgehensweise günstiger ist, hängt vom Inhalt der Daten ab.

Auch MySQL bietet einen derartigen Kontrollmechanismus, momentan allerdings nur dann, wenn Sie InnoDB-Tabellen einsetzen. Die folgenden Zeilen zeigen auszugsweise den SQL-Code zur Deklaration eines Fremdschlüssels mit Integritätsregel. (SQL-Kommandos zum Erzeugen und Verändern von Tabellen werden im Detail in Abschnitt 9.10 behandelt.)

```
CREATE TABLE titles
  (column1, column2,  ...,
   publID INT,
   FOREIGN KEY (publID) REFERENCES publishers (publID))
```

Die Integritätsregel hat Auswirkungen auf beide Tabellen:

- In *titles* können Sie keine Titel mit einer *publID*-Nummer einfügen, die es in der *publishers*-Tabelle nicht gibt. Ebenso wenig dürfen Sie in *titles* den Wert von *publID* bei einem vorhandenen Titel ändern, wenn es keinen entsprechenden *publishers*-Datensatz gibt.
- Aus *publishers* dürfen Sie keinen Verlag löschen, auf den die *titles*-Tabelle verweist. Auch hier gilt die Einschränkung ebenso für *UPDATE*-Kommandos.

Daraus ergeben sich auch Konsequenzen für die *Reihenfolge* von Operationen: Wenn Sie einen neuen Titel für einen neuen Verlag speichern möchten, müssen Sie zuerst den Verlag und dann den Titel eintragen. Wenn Sie Verlag und Titel wieder löschen möchten, müssen Sie dagegen zuerst den Titel und dann den Verlag löschen. Letzteres ist natürlich nur möglich, wenn es keinen anderen Titel gibt, der in diesem Verlag erschienen ist.

Foreign-Key-Regeln in der mylibrary-Datenbank

Die *mylibrary*-Datenbank besteht ausschließlich aus InnoDB-Tabellen. Sämtliche Relationen zwischen den Tabellen sind durch Integritätsregeln abgesichert:

Fremdschlüssel	Referenzierter Schlüssel
titles.publID	*publishers.publID*
titles.langID	*languages.langID*
titles.catID	*categories.catID*
categories.parentCatID	*categories.catID*
rel_title_author.titleID	*titles.titleID*
rel_title_author.authID	*authors.authID*

Tabelle 8.9: Fremdschlüssel und referenzierte Schlüssel in der mylibrary-Datenbank

8.9 Indizes

8.9.1 Grundlagen

Wenn Sie einen bestimmten Datensatz einer Tabelle suchen oder eine geordnete Tabelle einer Reihe von Datensätzen erstellen möchten, muss MySQL *alle* Datensätze der Tabelle laden. Die folgenden Zeilen zeigen einige entsprechende *SELECT*-Kommandos (Details dazu folgen im nächsten Kapitel):

```
SELECT column1, column2 ... FROM table WHERE column3=12345
SELECT column1, column2 ... FROM table ORDER BY column3
SELECT column1, column2 ... FROM table WHERE column3 LIKE 'Smith%'
SELECT column1, column2 ... FROM table WHERE column3 > 2000
```

Bei großen Tabellen leidet unter solchen ganz alltäglichen Abfragen natürlich die Performance. Zum Glück gibt es eine einfache Abhilfe: Sie benötigen einen Index für die betroffene Spalte (in den obigen Beispielen also für *column3*)!

Ein Index ist eine zusätzliche Datei oder ein zusätzlicher Dateibereich (InnoDB) mit sortierten Querverweisen auf die Datensätze einer Tabelle. (Ein Datenbankindex funktioniert also ganz ähnlich wie das Stichwortverzeichnis dieses Buchs. Das Stichwortverzeichnis erspart Ihnen die Mühe, das ganze Buch von vorn bis hinten durchzulesen, wenn Sie lediglich herausfinden möchten, wo ein bestimmtes Thema beschrieben wird.)

Achtung

Indizes sind kein Allheilmittel! Zwar beschleunigen sie den Zugriff auf Daten, sie verlangsamen aber gleichzeitig jede Änderung in der Datenbank. Jedes Mal, wenn ein Datensatz verändert wird, muss zusätzlich auch der Index aktualisiert werden. Ein weiterer offensichtlicher Nachteil von Indizes besteht darin, dass sie zusätzlichen Platz auf der Festplatte benötigen.

Setzen Sie Indizes also nur für solche Spalten ein, nach denen Sie oft suchen oder sortieren. Indizes bleiben weitgehend nutzlos, wenn die Spalte sehr viele gleiche Einträge enthält. (In solchen Fällen sollten Sie sich eher die Frage stellen, ob die Normalisierung der Datenbank nicht noch optimiert werden könnte.)

Prinzipiell kann für jedes Feld der Tabelle ein Index eingerichtet werden – bis zu einer Maximalanzahl von 16 Indizes pro Tabelle. (MySQL erlaubt auch Indizes für mehrere Felder gleichzeitig. Das ist dann sinnvoll, wenn häufig nach einer Kombination von Feldern gesucht oder sortiert wird – etwa *WHERE country='Austria' AND city='Graz'*).

Einschränkungen

- MySQL kann Indizes nicht anwenden, wenn Sie Ungleichheitsoperatoren einsetzen (*WHERE column != ...*).
- Ebenso können Indizes nicht für Vergleiche eingesetzt werden, bei denen der Spalteninhalt mit einer Funktion bearbeitet wird (*WHERE DAY(column)= ...*).
- Bei *JOIN*-Operationen (also beim Zusammenfügen von Daten aus mehreren Tabellen) helfen Indizes nur dann, wenn Primär- und Fremdschlüssel denselben Datentyp aufweisen.
- Wenn die Vergleichsoperatoren *LIKE* oder *REGEXP* eingesetzt werden, hilft ein Index nur dann, wenn am Beginn des Suchmusters *kein* Jokerzeichen steht. Bei *LIKE 'abc%'* hilft ein Index, bei *LIKE '%abc'* dagegen nicht.
- Indizes kommen schließlich nur dann bei *ORDER-BY*-Operationen zum Einsatz, wenn die Datensätze nicht vorher nach anderen Kriterien ausgewählt werden müssen. (Gerade bei Abfragen, bei denen die Datensätze aus mehreren Tabellen zusammengesetzt werden, hilft ein Index leider nur in seltenen Fällen, *ORDER BY* zu beschleunigen.)
- Indizes sind wirkungslos, wenn eine Spalte sehr häufig dieselben Werte enthält. Es ist daher nicht sinnvoll, eine Spalte mit 0/1- oder Y/N-Werten zu indizieren.

8.9.2 Gewöhnlicher Index, Unique-Index, Primärindex

Gewöhlicher Index

Die einzige Aufgabe eines gewöhnlichen Index (Definition mit dem Schlüsselwort *KEY* oder *INDEX*) ist es, den Zugriff auf die Daten zu beschleunigen. Sie sollten damit Spalten indizieren, die Sie in Bedingungen (*WHERE column=...*) oder zum Sortieren (*ORDER BY column*) häufig benötigen. Indizieren Sie nach Möglichkeit Spalten mit kompakten Daten (z.B. Integerzahlen).

Unique-Index

Bei einem gewöhnlichen Index ist es erlaubt, dass mehrere Datensätze der Tabelle im indizierten Feld denselben Wert aufweisen. (In einer Personaltabelle kann es beispielsweise zweimal denselben Namen geben, obwohl es sich um unterschiedliche Personen handelt.)

Wenn aus dem Kontext klar ist, dass eine Spalte eindeutige Werte enthält, sollten Sie den Index mit dem Schlüsselwort *UNIQUE* definieren. Das hat zweierlei Konsequenzen:

- Zum einen fällt MySQL jetzt die Verwaltung des Index leichter, d.h., der Index ist noch effizienter.
- Zum anderen stellt MySQL jetzt sicher, dass Sie keinen neuen Datensatz einfügen, wenn es schon einen anderen Datensatz gibt, der im indizierten Feld denselben Wert aufweist. Manchmal wird ein *UNIQUE*-Index nur aus diesem Grund definiert – also nicht zur Zugriffsoptimierung, sondern zur Vermeidung von Doppelgängern.

Ein *UNIQUE*-Index ist auch für Spalten zulässig, in denen *NULL*-Werte gespeichert werden. *NULL*-Werte werden nicht indiziert, es dürfen daher beliebig viele Datensätze *NULL* enthalten.

Primärindex

Für die im vorigen Abschnitt immer wieder erwähnten Primärschlüsselfelder muss ein Primärindex definiert werden. Dabei handelt es sich um einen *UNIQUE*-Index, dessen einzige Besonderheit darin besteht, dass für die Spalte *NOT NULL* gelten muss.

Foreign-Key-Index

Auch wenn Sie für ein Fremdschlüsselfeld (siehe ebenfalls den vorigen Abschnitt) eine Integritätsregel definieren, erzeugt MySQL intern einen Index. Dieser Index dient dazu, die Einhaltung der *Foreign-Key*-Regel möglichst effizient sicherzustellen.

Zusammengesetzte Indizes

Ein Index darf auch mehrere Spalten umfassen – also etwa *INDEX(columnA, columnB)*. Eine Besonderheit bei solchen Indizes besteht darin, dass MySQL einen derartigen Index selektiv einsetzen kann.

Wenn also für eine Abfrage nur ein Index für *columnA* benötigt wird, kann dafür der zusammengesetzte Index für *INDEX(columnA, columnB)* eingesetzt werden. Dies gilt allerdings nur für Teilindizes am Beginn der Indexreihenfolge. *INDEX(A, B, C)* kann also auch als Index für A oder für (A,B) verwendet werden, nicht aber als Index für B oder C oder (B,C) etc.

Beschränkung der Indexlänge

Bei der Definition eines Index für *CHAR*- und *VARCHAR*-Spalten können Sie den Index auf eine bestimmte Zeichenanzahl beschränken (die kleiner ist als die maximal in diesem Feld erlaubte Zeichenanzahl). Sie erreichen damit, dass die resultierende Indexdatei kleiner und ihre Auswertung schneller wird. In den meisten Anwendungsfällen – d.h. bei Zeichenketten mit Namen – reichen bereits 10 bis 15 Zeichen vollkommen, um die Suchmenge auf ganz wenige Datensätze zu reduzieren.

Bei *BLOB*- und *TEXT*-Spalten *müssen* Sie diese Beschränkung durchführen, wobei MySQL eine maximale Indexlänge von 255 Zeichen zulässt.

8.9.3 Volltextindex

Ein gewöhnlicher Index für Textfelder hilft nur bei der Suche nach Zeichenketten, die am *Beginn* des Feldes stehen (d.h., deren Anfangsbuchstaben bekannt sind). Wenn Sie in Textfeldern hingegen Texte speichern, die aus mehreren – womöglich sehr vielen – Wörtern bestehen, bleibt ein herkömmlicher Index wirkungslos. Die Suche muss in der Art *LIKE '%wort%'* formuliert werden, was für MySQL denkbar aufwendig ist und bei großen Datenmengen zu unerträglich langen Antwortzeiten führt.

Sofern Sie MyISAM-Tabellen verwenden, bietet sich in solchen Fällen der Einsatz eines Volltextindex an: MySQL erstellt bei dieser Form des Index eine Liste aller Wörter, die im Text der angegebenen Spalten vorkommen. Ein Volltextindex kann während des Datenbankdesigns oder auch nachträglich eingerichtet werden.

In *SELECT*-Abfragen kann nun nach Datensätzen gesucht werden, die ein oder mehrere Wörter enthalten. Dabei gilt eine eigene Abfragesyntax:

```
SELECT * FROM tablename
WHERE MATCH(column1, column2) AGAINST('wort1 wort2 wort3')
```

Damit werden alle Datensätze gefunden, bei denen in den Spalten *column1* und *column2* die Wörter *wort1, wort2* und *wort3* vorkommen. Wichtig ist, das bei *MATCH* genau die Spalten angegeben wurden, für die der Volltextindex existiert.

(Bei einer Suche über mehrere Spalten benötigen Sie einen Volltextindex, der genau die betroffenen Spalten erfasst, nicht mehrere Volltextindizes für jeweils eine Spalte!)

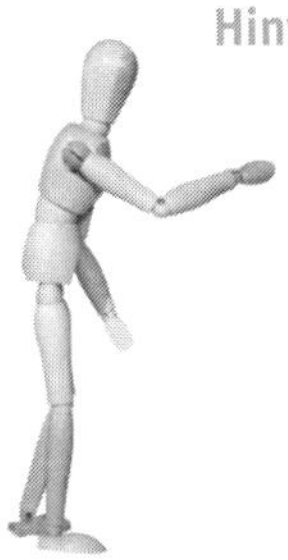

Hinweis

Der InnoDB-Tabellentreiber unterstützt leider noch keinen Volltextindex.

Eine ausführliche Beschreibung der SQL-Syntax für die Volltextsuche sowie eine Menge Anwendungsbeispiele finden Sie in Abschnitt 10.10. Ein weiteres Praxisbeispiel gibt Abschnitt 17.6 (Volltextsuche in einem Diskussionsforum mit Hervorhebung der Suchergebnisse).

8.10 Views

Views sind ein fortgeschrittenes Mittel zum Datenbankdesign, das ab MySQL 5.0 zur Verfügung steht. Dieser Abschnitt setzt voraus, dass Sie das Prinzip der MySQL-Zugriffsrechte kennen (siehe Abschnitt 7.2) und mit *SELECT*-Kommandos umgehen können (siehe die Abschnitte 9.2 bis 9.6). Beachten Sie, dass Sie in phpMyAdmin 2.11 *Views* zwar ansehen und löschen, aber nicht definieren oder verändern können. Dazu müssen Sie die entsprechenden SQL-Kommandos direkt ausführen.

Views (wörtlich: Sichten oder Ansichten) ermöglichen es, eine spezielle Darstellung einer oder mehrerer Tabellen zu definieren. Die *View* verhält sich selbst weitestgehend wie eine Tabelle, d.h., Sie können daraus Daten mit *SELECT* abfragen und (je nach Definition der *View*) mit *INSERT*, *UPDATE* und *DELETE* auch ändern.

Es gibt vor allem zwei Gründe für den Einsatz von *Views*:

- **Sicherheit:** Es kann sein, dass Sie bestimmten Benutzern einer Datenbank keinen vollständigen Zugriff auf eine Tabelle gewähren möchten. Ein typisches Beispiel wäre eine Personaltabelle in einem Betrieb, in der diverse Daten zu allen Angestellten gespeichert sind. Sie möchten, dass alle Benutzer auf einige Daten zugreifen dürfen (z.B. Name und Telefonnummer), auf andere hingegen nicht (z.B. Geburtsdatum und Gehalt).

  Die Lösung ist eine *View*, die nur die für alle zugänglichen Spalten enthält. Gleichzeitig müssen Sie die MySQL-Zugriffsrechte so einstellen, dass der Benutzer zwar auf die *View* zugreifen darf, nicht aber auf die zugrunde liegende Personaltabelle.

- **Komfort:** In vielen Anwendungen müssen immer wieder die gleichen Abfragen durchgeführt werden, um Daten aus einer oder mehreren Tabellen nach bestimmten Anforderungen zusammenzufügen. Anstatt jeden Anwender bzw. Programmierer zu zwingen, immer wieder dieselben komplizierten *SELECT*-

Kommandos zusammenzustellen, können Sie als Datenbankadministrator eine *View* definieren.

View definieren

Die folgenden Kommandos definieren zwei *Views* für die *mylibrary*-Datenbank und zeigen jeweils fünf Datensätze dieser *Views*. Die Ausführung des Kommandos *CREATE VIEW* erfordert das Privileg *Create View*:

```
CREATE VIEW v1 AS
  SELECT titleID, title, subtitle FROM titles
  ORDER BY title, subtitle
SELECT * FROM v1 LIMIT 5
```

titleID	*title*	*subtitle*
11	A Guide to the SQL Standard	NULL
52	A Programmer's Introduction ...	NULL
19	Alltid den där Annette	NULL
51	Anklage Vatermord	Der Fall Philipp Halsmann
78	Apache Webserver 2.0	Installation, ...

```
CREATE VIEW v2 AS
  SELECT title, publname, catname FROM titles, publishers, categories
  WHERE titles.publid=publishers.publid
  AND titles.catID = categories.catID
  AND langID=2
SELECT * FROM v2 ORDER BY title LIMIT 5
```

title	*publname*	*catname*
Anklage Vatermord	Zsolnay	Literature and fiction
Apache Webserver 2.0	Addison-Wesley	Computer books
CSS-Praxis	Galileo	Computer books
Ein perfekter Freund	Diogenes Verlag	Literature and fiction
Excel 2000 programmieren	Addison-Wesley	Programming

View-Datensätze ändern

Ob auf eine *View* die Kommandos *INSERT, UPDATE* und *DELETE* angewendet werden können, hängt davon ab, ob MySQL aus den *View*-Spalten alle erforderlichen Informationen für die Veränderung der zugrunde liegenden Tabellen erhält. Eine Grundvoraussetzung besteht darin, dass die *View* alle Spalten der zugrunde liegenden Tabellen enthält, für die Primär- oder Unique-Indizes oder *Foreign-Key*-Regeln definiert sind.

Views, deren *SELECT*-Kommando *GROUP BY, DISTINCT* oder *HAVING* enthält, können grundsätzlich nicht verändert werden. Dasselbe gilt auch für beinahe alle

SELECT-Kommandos, die Daten aus mehreren Tabellen verarbeiten. Bei den obigen Beispielen ist *v1* veränderlich, *v2* hingegen nicht.

View-Optionen

Die vollständige Syntax des *CREATE-VIEW*-Kommandos sieht so aus:

```
CREATE [OR REPLACE]
  [ALGORITHM = {UNDEFINED | MERGE | TEMPTABLE}]
  [DEFINER = user ]                          (ab MySQL 5.1)
  [SQL SECURITY {DEFINER | INVOKER}          (ab MySQL 5.1)
VIEW name [(spaltenliste)] AS select-kommando
[WITH [CASCADED | LOCAL] CHECK OPTION]
```

Die folgenden Punkte geben eine kurze Erklärung zu den verschiedenen Optionen:

- *OR REPLACE* bedeutet, dass eine schon vorhandene *View* ohne Fehlermeldung durch die neue *View* ersetzt wird.
- *ALGORITHM* gibt an, wie die *View* intern dargestellt wird. Die Option war leider noch nicht dokumentiert, als dieser Abschnitt verfasst wurde. Per Default verwendet MySQL auf jeden Fall *UNDEFINED* (kann durch *SHOW CREATE TABLE viewname* ermittelt werden).
- *DEFINER* ermöglicht es, die *View* einem anderen als dem gerade aktiven MySQL-Benutzer zuzuordnen. Das ist nur erlaubt, wenn der aktive Benutzer das *Super*-Privileg besitzt.
- *SQL SECURITY* gibt an, welche Sicherheitsprivilegien bei der Verarbeitung einer *View* ausgewertet werden: die des Benutzers, der die *View* definiert hat (*DEFINER*, gilt standardmäßig), oder die des gerade aktiven Benutzers (*INVOKER*).
- *WITH CHECK OPTION* bedeutet, dass Änderungen an den *View*-Datensätzen nur zulässig sind, wenn dabei auch die *WHERE*-Bedingungen des *SELECT*-Kommandos erfüllt werden. *WITH CHECK OPTION* ist natürlich nur relevant, wenn die *View* überhaupt veränderbar ist.

  Die Variante *WITH LOCAL CHECK OPTION* betrifft *Views*, die selbst von anderen *Views* abgeleitet sind (auch das ist erlaubt!). *LOCAL* bedeutet, dass nur die *WHERE*-Bedingungen des *CREATE-VIEW*-Kommandos berücksichtigt werden, nicht aber die *WHERE*-Bedingungen der übergeordneten *Views*.

  Genau die gegenteilige Wirkung hat *WITH CASCADED CHECK OPTION*: Es werden die *WHERE*-Bedingungen aller übergeordneten *Views* berücksichtigt. Wenn Sie weder *CASCADED* noch *LOCAL* angeben, gilt per Default *CASCADED*.

View löschen

SHOW TABLES liefert eine Liste aller Tabellen und *Views*. Zum Löschen von *Views* können Sie allerdings nicht *DROP TABLE* einsetzen, sondern müssen das Kommando *DROP VIEW viewname* aufrufen. Das erfordert das Privileg *Drop View*.

8.11 mylibrary-Datenbankschema

Im Verlauf dieses Kapitels habe ich am Beispiel der *mylibrary*-Datenbank verschiedene Aspekte des Datenbankdesigns präsentiert. Aus diesem Grund hat sich die Beschreibung der *mylibrary*-Datenbank so in die Länge gezogen, dass Sie möglicherweise den Überblick verloren haben, welche Tabellen, Felder und Indizes es nun tatsächlich gibt, welche Datentypen eingesetzt wurden etc. Daher gibt dieser Abschnitt eine abschließende Zusammenfassung aller Eigenschaften der *mylibrary*-Datenbank. Die Summe dieser Eigenschaften wird üblicherweise auch als Datenbankschema bezeichnet.

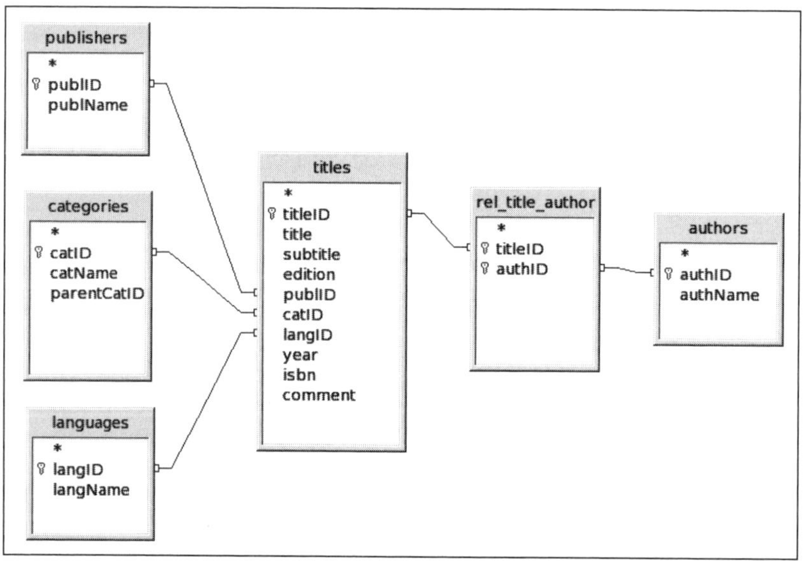

Abbildung 8.13: Das Schema der Bücherdatenbank

Abbildung 8.13 zeigt eine grafische Kurzfassung des Schemas. Aus der Abbildung gehen zwar weder die Datentypen der Spalten noch alle Indizes hervor, aber immerhin sieht man gut, welche Spalten als Primärindex verwendet werden und wie die Tabellen miteinander in Verbindung stehen. (Die Abbildung wurde übrigens wie alle anderen Schema-Abbildungen in diesem Buch mit dem Abfrage-Designer von OpenOffice erstellt.)

Hinweis

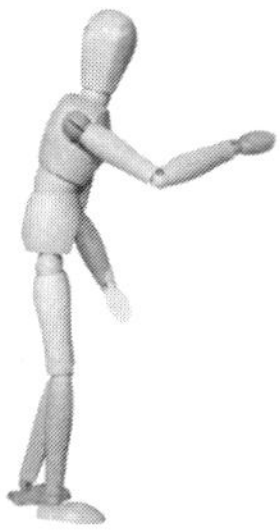

Eine *.sql-Datei mit der vollständigen Definition der *mylibrary*-Datenbank inklusive einiger Testdatensätze finden Sie im Beispielverzeichnis zu diesem Kapitel auf der beiliegenden DVD. Um diese Datei einzulesen, erzeugen Sie mit phpMyAdmin eine leere Datenbank mit *latin1* als Defaultzeichensatz, wechseln dann auf die Seite SQL und laden die *.sql-Datei. Achten Sie darauf, dass Sie auch in diesem Dialog den Zeichensatz *latin1* auswählen! Details zu den Import-Funktionen von phpMyAdmin finden Sie in Abschnitt 7.6.

Datenbankeigenschaften

Für die Datenbank *mylibrary* und alle darin enthaltenen Textfelder gelten per Default der Zeichensatz *latin1* und die Sortierordnung *latin1_german1_ci.*

Tabelleneigenschaften

Alle Tabellen sind InnoDB-Tabellen. Die folgenden Tabellen geben zu jeder *mylibrary*-Tabelle alle Felder, deren Datentypen, Attribute und Indizes an.

Feld	Datentyp	Attribute	Index, Foreign-Key-Regeln
authID	*INT*	*NOT NULL* *AUTO_INCREMENT*	*PRIMARY KEY*
authName	*VARCHAR(60)*		*KEY*

Tabelle 8.10: Eigenschaften der authors-Tabelle

Feld	Datentyp	Attribute	Index, Foreign-Key-Regeln
catID	*INT*	*NOT NULL* *AUTO_INCREMENT*	*PRIMARY KEY*
catName	*VARCHAR(60)*	*NOT NULL*	*KEY*
parentCatID	*INT*		*KEY,* *FOREIGN KEY categories.catID*

Tabelle 8.11: Eigenschaften der categories-Tabelle

Feld	Datentyp	Attribute	Index, Foreign-Key-Regeln
langID	*INT*	*NOT NULL* *AUTO_INCREMENT*	*PRIMARY KEY*
langName	*VARCHAR(60)*	*NOT NULL*	*KEY*

Tabelle 8.12: Eigenschaften der languages-Tabelle

Feld	Datentyp	Attribute	Index, Foreign-Key-Regeln
publID	*INT*	*NOT NULL* *AUTO_INCREMENT*	*PRIMARY KEY*
publName	*VARCHAR(60)*	*NOT NULL*	*KEY*

Tabelle 8.13: Eigenschaften der publishers-Tabelle

Feld	Datentyp	Attribute	Index, Foreign-Key-Regeln
authID	*INT*	*NOT NULL*	*PRIMARY KEY,* *FOREIGN KEY authors.authID*
titleID	*INT*	*NOT NULL*	*PRIMARY KEY,* *KEY,* *FOREIGN KEY titles.titleID*

Tabelle 8.14: Eigenschaften der rel_title_author-Tabelle

Feld	Datentyp	Attribute	Index, Foreign-Key-Regeln
titleID	*INT*	*NOT NULL* *AUTO_INCREMENT*	*PRIMARY KEY*
title	*VARCHAR(100)*	*NOT NULL*	*KEY*
subtitle	*VARCHAR(100)*		
edition	*TINYINT*		
publID	*INT*		*KEY,* *FOREIGN KEY* *publishers.publID*
catID	*INT*		*KEY,* *FOREIGN KEY categories.catID*
langID	*INT*		*KEY,* *FOREIGN KEY* *languages.langID*
year	*INT*		
isbn	*VARCHAR(20)*		
comment	*VARCHAR(255)*		

Tabelle 8.15: Eigenschaften der titles-Tabelle

9 SQL-Grundlagen

Dieses Kapitel gibt eine Einführung in die Datenbanksprache *Structured Query Language* (kurz SQL). Diese Sprache wird dazu verwendet, um Anweisungen an das Datenbanksystem zu formulieren – z.B. Abfragen, Änderungs- oder Löschkommandos. Die wichtigsten dazu geeigneten Kommandos heißen *SELECT, INSERT, UPDATE* und *DELETE*. SQL kann aber auch für einige administrative Aufgaben eingesetzt werden, z.B. um Tabellen zu erzeugen oder zu ändern (*CREATE TABLE, ALTER TABLE* etc.).

Hinweis

Um SQL-Kommandos auszuprobieren, verwenden Sie am besten phpMyAdmin (siehe Abschnitt 7.5).

Alle in diesem Kapitel vorgestellten Beispiele basieren auf der im vorigen Kapitel präsentierten Beispieldatenbank *mylibrary*. Sie sollten diese Datenbank auf Ihrem Rechner installieren (siehe Abschnitt 7.6 und 8.11).

Als Fortsetzung zu diesem Kapitel präsentiert das nächste Kapitel diverse Rezepte zur Lösung alltäglicher Datenbankaufgaben: Zur Formatierung von Zeichenketten, Daten und Zeiten, zur zufälligen Auswahl von *n* Datensätzen aus einer Tabelle etc.

Wenn Sie wissen möchten, wie Sie SQL-Kommandos durch PHP-Code ausführen und auswerten können, werden Sie schließlich in Kapitel 11 fündig.

9.1 Syntaxregeln

Für die Formulierung von SQL-Kommandos gelten einige Syntaxregeln:

- **Groß- und Kleinschreibung:** Für die folgenden Namen müssen Sie auf die exakte Groß- und Kleinschreibung achten:

  Datenbanknamen, Tabellennamen, Aliasnamen

  Ansonsten ist MySQL sehr tolerant: bei SQL-Schlüsselwörtern, Funktionsnamen, Spaltennamen, Variablennamen (ab MySQL 5.0) etc. ist die Groß- und Kleinschreibung egal. In diesem Buch werden SQL-Schlüsselwörter nur wegen der besseren Übersichtlichkeit großgeschrieben.

- **Objektnamen:** Namen von Spalten, Tabellen und Datenbanken können zusammengesetzt werden. Beispielsweise sind zur Bezeichnung einer Spalte die Schreibweisen *spaltenname, tabellenname.spaltenname* und *dbname.tabelle.spalte* zulässig. Die ausführliche Schreibweise wird zumeist nur verwendet, um Mehrdeutigkeiten zu vermeiden.

- **Zeichenketten:** Zeichenketten müssen in Hochkommas gestellt werden (wahlweise einfache oder doppelte), also: *'zeichenkette'* oder *"zeichenkette"*. Wenn Sie kompatibel zum ANSI-SQL/92-Standard bleiben möchten, sollten Sie ausschließlich die erste Variante verwenden.

  Wenn Sie zwei oder mehr Zeichenketten aneinander fügen möchten, müssen Sie dazu die SQL-Funktion *CONCAT* verwenden. Der Operator + ist nicht dazu geeignet.

- **Sonderzeichen:** Wenn die Zeichenkette Sonderzeichen enthält, müssen Sie diese durch ein vorangestelltes \-Zeichen quotieren (also z.B. *'O\'Reilly'*).

\0	0-Zeichen (Code 0)
\b	Backspace (Code 8)
\t	Tabulator (Code 9)
\n	Newline (Code 10)
\r	Carriage Return (Code 13)
\"	Doppeltes Anführungszeichen
\'	Einfaches Anführungszeichen
\\	Backslash

  In PHP-Programmen können Sie spezielle Funktionen oder Methoden zur Quotierung einsetzen (z.B. *mysqli->escape_string*).

- **Zeichensatz:** Normalerweise gilt für Zeichenketten der Defaultzeichensatz für die Kommunikation zwischen dem MySQL-Server und dem Client (z.B. PHP). Nur in Ausnahmefällen ist es erforderlich, den gewünschten Zeichensatz durch einen sogenannten Cast-Operator voranzustellen bzw. Zeichenketten mit *CONVERT* in einen bestimmten Zeichensatz zu konvertieren:

  _utf8 'unicode-zeichenkette'
  _latin1 'latin1-zeichenkette'
  CONVERT('zeichenkette' USING utf8)

- **Binäre Daten:** Binäre Daten werden wie Zeichenketten behandelt. Alternativ können Sie auch eine hexadezimale Darstellung verwenden, z.B. *0x414243*.

- **Ganze Zahlen:** Ganze Zahlen können ebenfalls in hexadezimaler Schreibweise angegeben werden, also z.B. *0xFF*.

- **Dezimalzahlen:** Dezimalzahlen verwenden einen Dezimalpunkt (kein Komma!). Bei sehr kleinen oder großen Zahlen ist auch die wissenschaftliche Notation erlaubt, also z.B. *4.567e-89*.
- **Datum und Uhrzeit:** Datums- und Zeitangaben müssen wie Zeichenketten zwischen Hochkommas gestellt werden. Für Daten gilt das Format *'2006-12-31'*, für Zeiten *'23:59:59'*. Bei den Datentypen *DATETIME* und *TIMESTAMP* werden beide Formate kombiniert, es ergibt sich *'2006-12-31 23:59:59'*.
- **Kommentare:** Es gibt drei Möglichkeiten, einem Kommentar innerhalb von SQL-Kommandos anzugeben:

  sql # kommentar
  sql / kommentar, auch über mehrere Zeilen; darf nicht verschachtelt werden */*
  sql /!40100 sql */*
  sql -- kommentar (nach -- muss ein Leerzeichen folgen!)

  Ein Sonderfall ist die Schreibweise */*!version xxx */*: Wenn die MySQL-Server-Version kleiner ist als die nach dem Ausrufezeichen angegebene Versionsnummer, wird die Kontruktion als Zeichenkette betrachtet. Ist die Server-Version dagegen gleich oder größer, wertet der Server die Zeichenkette aus. Damit können Sie Neuerungen in der SQL-Syntax nutzen, die erst ab einer bestimmten Version gelten, ohne inkompatibel zu älteren MySQL-Versionen zu werden.

9.2 Einfache Abfragen (SELECT)

Die denkbar einfachste Datenbankabfrage lautet *SELECT * FROM tabelle*. Die Abfrage liefert als Resultat alle Datensätze der angegebenen Tabelle. Das Zeichen * bedeutet, dass die Abfrage alle Spalten der Tabelle umfassen soll.

```
SELECT * FROM publishers
```

publID	publName
1	Addison-Wesley
2	Apress
9	Bonnier Pocket
...	...

SELECT kann auch vollkommen losgelöst von Datenbanken und Tabellen verwendet werden, etwa in der Form *SELECT 2*3*. *SELECT* liefert in diesem Fall das Ergebnis des Ausdrucks in Form einer kleinen Tabelle (eine Spalte, eine Zeile). Das wird relativ oft dazu verwendet, um den Inhalt von MySQL-Variablen oder -Funktionen zu ermitteln (etwa *SELECT NOW()*, um die aktuelle Zeit zu ermitteln).

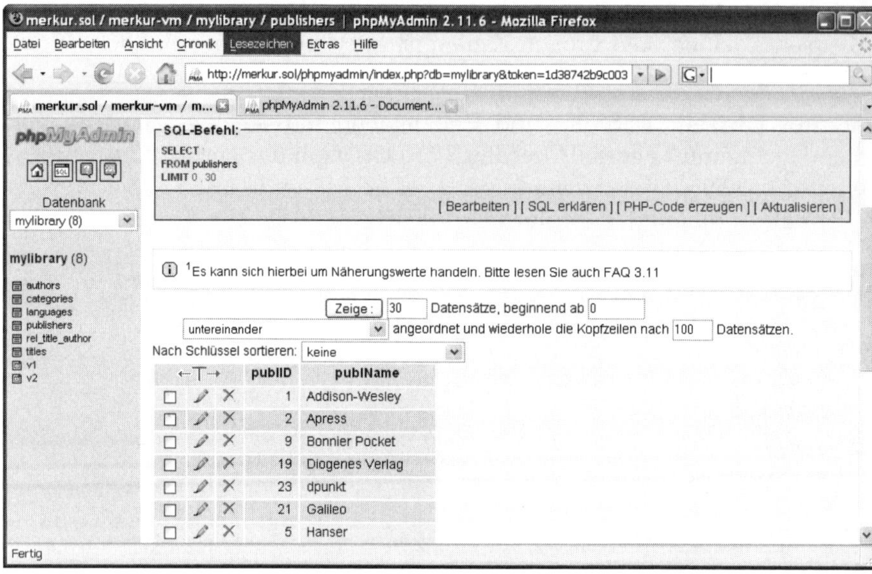

Abbildung 9.1: Erste SQL-Experimente in phpMyAdmin

Spalten einschränken

Oft interessieren Sie sich gar nicht für alle Spalten einer Tabelle. In solchen Fällen müssen Sie statt * die gewünschten Spalten explizit angeben.

```
SELECT publName FROM publishers
```

publName
Addison-Wesley
Apress
...

Tipp

Bei Abfragen, die sehr viele Datensätze als Ergebnis liefern, sollten Sie sich generell angewöhnen, nur die benötigten Spalten explizit anzugeben (anstatt aus Bequemlichkeit * zu verwenden). Der Grund: MySQL (unnötige Datenextraktion), das Client-Programm (Speicherbedarf) und das Netzwerk (unnötiger Datentransfer) arbeiten effizienter, wenn die verarbeiteten Datenmengen reduziert werden.

Anzahl der Datensätze (Zeilen) ermitteln

Vielleicht wollen Sie die Datensätze gar nicht im Detail ansehen, sondern lediglich ermitteln, wie viele Datensätze es in einer Tabelle gibt. Dann hilft die folgende Abfrage weiter:

```
SELECT COUNT(publID) FROM publishers
```

COUNT(publID)
11

Prinzipiell könnten Sie in dieser Abfrage statt *publID* jede beliebige Spalte der Tabelle angeben (auch * für alle Spalten). MySQL optimiert die Abfrage in jedem Fall und ermittelt nur die Anzahl der Datensätze, ohne diese selbst zu lesen.

Anzahl unterschiedlicher Werte ermitteln (DISTINCT)

Wenn in der Spalte einer Tabelle mehrfach die gleichen Werte vorkommen können und Sie zählen möchten, wie viele unterschiedliche Werte es gibt, müssen Sie das Schlüsselwort *DISTINCT* verwenden. Wenn Sie beispielsweise wissen möchten, in wie vielen Verlagen die Bücher aus der *titles*-Tabelle veröffentlicht wurden, muss die Abfrage so aussehen:

```
SELECT COUNT(DISTINCT publID) FROM titles
```

COUNT(DISTINCT publID)
11

Das Ergebnis ist übrigens nicht zwangsläufig mit dem der vorigen Abfrage identisch. Es kann sein, dass die *publishers*-Tabelle Verlage enthält, die gar keinen Titel veröffentlicht haben.

Das zweite *DISTINCT*-Beispiel zeigt, dass Sie in SQL-Kommandos auch einfache Berechnungen durchführen können. Das Kommando berechnet die durchschnittliche Anzahl der Autoren pro Buch. Dazu ermittelt *COUNT(*)* die Anzahl der Einträge in der Tabelle *rel_title_author*. (Diese Tabelle stellt den Zusammenhang zwischen Büchern und Autoren her.) *COUNT(DISTINCT titleID)* ermittelt die Anzahl der unterschiedlichen Titel in dieser Tabelle.

```
SELECT COUNT(*) / COUNT(DISTINCT titleID) FROM rel_title_author
```

COUNT(*) / COUNT(DISTINCT titleID)
1.27

9.2.1 Anzahl der Ergebnisdatensätze einschränken (LIMIT)

Sie können nicht nur die Anzahl der Spalten, sondern auch die Anzahl der Ergebnisdatensätze limitieren. Stellen Sie sich vor, die *title*-Tabelle enthielte 100.000 Bücher, aber Sie würden vorerst nur die ersten zehn Datensätze benötigen (etwa zur Darstellung in einem HTML-Dokument). Da wäre es eine Vergeudung von Rechenzeit und Speicher- und Netzwerkkapazität, auch die verbleibenden 99.990 Datensätze abzufragen. Um das zu vermeiden, kann die Anzahl der Ergebnisdatensätze mit *LIMIT n* beschränkt werden. Das folgende Kommando liefert zwei Datensätze aus der *titles*-Tabelle:

```
SELECT title FROM titles LIMIT 2
```

title
Client/Server Survival Guide
Definitive Guide to Excel VBA

Um die nächsten zwei Datensätze zu ermitteln, führen Sie eine neue Abfrage aus, diesmal mit *LIMIT offset, n*. Dabei gibt *offset* an, mit welchem Datensatz begonnen werden soll. (Vorsicht: Die Zählung der Datensätze beginnt mit 0! Ein *offset* von 2 bedeutet daher, dass mit dem dritten Datensatz begonnen wird.)

```
SELECT title FROM titles LIMIT 2, 2
```

title
Linux
Web Application Development with PHP 4.0

Anzahl der durch LIMIT unterdrückten Datensätze ermitteln (SQL_CALC_FOUND_ROWS, FOUND_ROWS)

Wenn Sie eine *SELECT*-Abfrage mit *LIMIT* durchführen, erhalten Sie nur eine Teilmenge des Gesamtergebnisses. Gerade zum seitenweisen Anzeigen von Suchergebnissen wäre es aber oft hilfreich zu wissen, wie viele Datensätze insgesamt zur Verfügung stehen.

Wenn Sie in der *SELECT*-Abfrage die zusätzliche Option *SQL_CALC_FOUND_-ROWS* verwenden, können Sie mit einer zweiten Abfrage die SQL-Funktion *FOUND_ROWS()* auswerten, die angibt, wie viele Datensätze die Abfrage ohne *LIMIT* geliefert hätte.

Die folgende Abfrage liefert die drei (alphabetisch) ersten Titel aus der *titles*-Tabelle. Anschließend wird mit *FOUND_ROWS* ermittelt, wie viele Datensätze insgesamt zur Verfügung stehen.

```
SELECT SQL_CALC_FOUND_ROWS title FROM titles ORDER BY title LIMIT 3
```

title
A Guide to the SQL Standard
Alltid den där Annette
Client/Server Survival Guide

```
SELECT FOUND_ROWS()
```

FOUND_ROWS()
26

Die Anwendung von *CALC_FOUND_ROWS* und *FOUND_ROWS* ist insbesondere bei komplexen Abfragen sinnvoll, bei denen eine separate *SELECT*-Abfrage zur Ermittlung der Datensatzanzahl zeitaufwendig wäre. Beachten Sie aber, dass die Option *CALC_FOUND_ROWS* gewisse Optimierungen verhindert, die MySQL bei

LIMIT-Abfragen durchführt. Verwenden Sie *CALC_FOUND_ROWS* also nur, wenn Sie anschließend *FOUND_ROWS()* tatsächlich auswerten!

9.2.2 Ergebnisse sortieren (ORDER BY)

SELECT liefert die Ergebnisse grundsätzlich in willkürlicher Reihenfolge. Wenn Sie eine geordnete Ergebnisliste wünschen, müssen Sie das explizit durch *ORDER BY spalte* angeben. Das folgende Kommando liefert eine alphabetische Liste der Autoren der *mylibrary*-Datenbank.

```
SELECT authName FROM authors ORDER BY authName
```

authName
Asimov Isaac
Atwood Margaret
Bear Greg
Bitsch Gerhard
Coetzee J. M.
...

Wenn Sie eine umgekehrte Sortierreihenfolge wünschen, müssen Sie *ORDER BY* noch das Schlüsselwort *DESC* (für *descending*, also absteigend) anhängen, also *ORDER BY authName DESC*.

Sortierung mit anderer Sortierordnung

Bei der Sortierung von Zeichenketten kommt die für die Spalte eingestellte Sortierordnung zum Einsatz. Wenn für die Spalte keine Sortierordnung definiert ist, gilt jene der Tabelle; gibt es auch hier keine Defaulteinstellung, gilt die der Datenbank.

Wenn Sie eine andere Sortierordnung wünschen, können Sie diese mit *COLLATE* angeben. Dabei sind allerdings nur solche Sortierordnungen zulässig, die für den Zeichensatz der Spalte vorgesehen sind. Beachten Sie, dass ein eventuell vorhandener Index dann nicht genutzt werden kann. Mit anderen Worten: Die Verwendung einer anderen Sortierordnung ist bei großen Tabellen langsam und ineffizient! (Selbstverständlich besteht die Möglichkeit, die Sortierordnung einer Spalte nachträglich zu ändern. Anschließend sollten Sie den Index löschen und neu anlegen.)

```
SELECT authName FROM authors
ORDER BY authName COLLATE latin1_german2_ci
```

Wenn es die gewünschte Sortierordnung für den Zeichensatz der Spalte nicht gibt, können Sie das Sortierkriterium mit *CONVERT* in einen anderen Zeichensatz umwandeln. Es sollte Ihnen aber klar sein, dass das bei großen Tabellen sehr zeitaufwendig ist! Im folgenden Beispiel werden die Autorennamen von *latin1* nach *utf8* konvertiert und dann nach der polnischen Ordnung sortiert:

```
SELECT authName FROM authors
ORDER BY CONVERT(authName USING utf8) COLLATE utf8_polish_ci
```

9.2.3 Datensätze durch Bedingungen auswählen (WHERE, HAVING)

Oft interessieren nicht alle Datensätze einer Tabelle, sondern nur jene, die eine oder mehrere Bedingungen erfüllen. Derartige Bedingungen werden mit *WHERE* eingeleitet. Im ersten Beispiel werden nur die Autoren angezeigt, deren Anfangsbuchstabe größer als L ist (also M*xxx*, N*xxx*, O*xxx* etc.).

```
SELECT authName FROM authors WHERE authName>='M' ORDER BY authName
```

authName
Mankell Henning
Monjiam Bruce
Nesser Håkan
Öggl Bernd
...

Im zweiten Beispiel wird für den Zeichenkettenvergleich der Operator *LIKE* eingesetzt. Die Abfrage ermittelt alle Autoren, die das Buchstabenpaar *er* enthalten. Für den Operator *LIKE* dient das Zeichen % als Platzhalter für eine beliebige Zeichenkette.

```
SELECT authName FROM authors
WHERE authName LIKE '%er%' ORDER BY authName
```

authName
Bitsch Gerhard
Edwards Jeri
Gerken Till
...

Achtung

LIKE-Vergleiche sind bei großen Tabellen sehr aufwendig und langsam! Es müssen alle Datensätze gelesen und analysiert werden. Es ist unmöglich, Indizes zur Optimierung der Abfrage einzusetzen. Eine Alternative zu *LIKE*-Vergleichen ist oft die Verwendung eines Volltextindex (siehe Abschnitt 10.10).

Vergleiche mit einer ganzen Menge von Werten werden am einfachsten mit *IN* durchgeführt:

```
SELECT authID, authName FROM authors
WHERE authID IN (2, 7, 12)
```

authID	*authName*
2	Kramer David
7	Gerken Till
12	Yarger R.J.

HAVING

Statt mit *WHERE* können Bedingungen auch mit *HAVING* formuliert werden. Dabei haben die *WHERE*-Bedingungen Vorrang. *HAVING*-Bedingungen werden erst auf das (durch *WHERE* schon vorselektierte) Zwischenergebnis angewandt.

Der Vorteil von *HAVING* besteht darin, dass die Bedingungen auch auf errechnete Felder angewandt werden können (z.B. auf *SUM(spalteXy)* in einer *GROUP-BY*-Abfrage). Ein Beispiel finden Sie im übernächsten Abschnitt.

HAVING-Bedingungen lassen sich für MySQL schwerer optimieren als *WHERE*-Bedingungen und sollten vermieden werden, wenn es eine gleichwertige *WHERE*-Möglichkeit gibt.

Beachten Sie bitte, dass die Bedingung *colname = NULL* nicht zulässig ist. Wenn Sie Datensätze suchen, die *NULL* enthalten, müssen Sie *ISNULL(colname)* anwenden.

9.3 Daten aus mehreren Tabellen verknüpfen (JOIN)

Bis jetzt betrafen alle *SELECT*-Beispiele immer nur Datensätze aus einer einzigen Tabelle. Der Regelfall bei relationalen Datenbanken ist aber, dass mehrere Tabellen miteinander verknüpft sind. Dementsprechend müssen bei *SELECT* die Daten aus mehreren Tabellen zusammengefügt werden. Dieses Zusammenfügen wird im Englischen als *JOIN* bezeichnet.

9.3.1 JOINs über zwei Tabellen

Ein erster Versuch, aus den Tabellen *titles* und *publishers* eine Liste aller Buchtitel (Spalte *title*) samt Verlag (Spalte *publName*) zu bilden, scheitert kläglich:

```
SELECT title, publName FROM titles, publishers
```

title	*publName*
A Guide to the SQL Standard	Addison-Wesley
A Programmer's Introduction to PHP 4.0	Addison-Wesley
Alltid den där Annette	Addison-Wesley
Anklage Vatermord	Addison-Wesley
...	
A Guide to the SQL Standard	Apress
A Programmer's Introduction to PHP 4.0	Apress
Alltid den där Annette	Apress
Anklage Vatermord	Apress
...	

MySQL liefert eine Liste aller möglichen Kombinationen aus Titeln und Verlagen! Bei der relativ kleinen Beispieldatenbank ist das nicht so schlimm. Aber bei einer echten Datenbank mit 10.000 Titeln und 500 Verlagen gäbe es bereits 5.000.000 Kombinationen!

Direkte Verknüpfung (INNER JOIN)

Damit Abfragen über mehrere Tabellen sinnvolle Ergebnisse liefern, muss immer ganz exakt angegeben werden, wie die Daten miteinander verbunden werden sollen. Eine Möglichkeit, diesen Zusammenhang zu formulieren, bietet eine Bedingung mit *WHERE*. Da das Verknüpfungsfeld *publID* in beiden Tabellen vorkommt, muss in der Schreibweise *tabelle.spalte* exakt angegeben werden, welches Feld gemeint ist.

```
SELECT title, publName FROM titles, publishers
WHERE titles.publID = publishers.publID
ORDER BY publName, title
```

title	*publName*
A Guide to the SQL Standard	Addison-Wesley
Client/Server Survival Guide	Addison-Wesley
Linux	Addison-Wesley
...	
The Definitive Guide to Excel VBA	Apress
MySQL	Apress
...	
Kärleken	Bonnier Pocket
Ein perfekter Freund	Diogenes Verlag
CSS-Praxis	Galileo
...	

Es gibt zwei SQL-Syntaxvarianten, die zum selben Resultat kommen. Eine Variante besteht darin, die Tabellenliste mit *INNER JOIN* zu erstellen und die Verknüpfung mit *ON* zu bilden:

```
SELECT title, publName
FROM titles INNER JOIN publishers ON titles.publID = publishers.publID
ORDER BY publName, title
```

Eine andere Variante nutzt das Schlüsselwort *USING*, in dem das gemeinsame Verknüpfungsfeld angegeben wird. Diese Variante setzt allerdings voraus, dass das Verknüpfungsfeld (hier *publID*) in beiden Tabellen denselben Namen hat. Das ist nicht immer der Fall.

```
SELECT title, publName
FROM titles INNER JOIN publishers USING (publID)
ORDER BY publName, title
```

Verknüpfungen mit NULL-Werten (LEFT JOIN, RIGHT JOIN)

Die obigen Abfragen haben einen Schönheitsfehler: Titel, bei denen kein Verlag angegeben wurde (also mit *titles.publID = NULL*), fallen durch den Rost. Wenn Sie auch solche Titel berücksichtigen möchten, formulieren Sie die Abfrage mit *LEFT JOIN*:

```
SELECT title, publName
FROM titles LEFT JOIN publishers ON titles.publID = publishers.publID
```

oder

```
SELECT title, publName
FROM titles LEFT JOIN publishers USING (publID)
```

Die Abfrage bezieht alle Datensätze der ersten (linken) Tabelle in das Ergebnis ein, auch wenn das Verknüpfungsfeld (also *publID*) *NULL* enthält. Wenn Sie die Reihenfolge der Tabellen vertauschen, können Sie die Abfrage auch andersherum sehen und dann mit *RIGHT JOIN* formulieren:

```
SELECT title, publName
FROM publishers RIGHT JOIN titles ON titles.publID = publishers.publID
```

oder

```
SELECT title, publName
FROM publishers RIGHT JOIN titles USING (publID)
```

Das MySQL-Handbuch kennt darüber hinaus weitere Syntaxvarianten, die aber keine zusätzlichen Funktionen mit sich bringen und auf die wir deswegen in diesem Buch nicht weiter eingehen werden (z.B. *NATURAL JOIN*).

http://dev.mysql.com/doc/refman/5.1/de/join.html

9.3.2 JOINs über drei und mehr Tabellen

Ein wenig unübersichtlich wird es, wenn die Abfrage Daten aus mehr als zwei Tabellen berücksichtigen muss. Die folgende Abfrage liefert eine Liste aller Buchtitel mit allen Autoren. (Bücher mit mehreren Autoren treten in dieser Liste mehrfach auf.)

```
SELECT title, authName
  FROM titles, rel_title_author, authors
 WHERE titles.titleID = rel_title_author.titleID
   AND authors.authID = rel_title_author.authID
ORDER BY title
```

title	*authName*
A Guide to the SQL Standard	Date Chris
A Guide to the SQL Standard	Darween Hugh
A Programmer's Introduction to PHP 4.0	Gilmore W.J.
Alltid den där Annette	Pohl Peter
Anklage Vatermord	Pollack Martin
Apache Webserver 2.0	Wolfgarten Sebastian
Client/Server Survival Guide	Orfali Robert
Client/Server Survival Guide	Harkey Dan
Client/Server Survival Guide	Edwards Jeri
ComÃ©dia Infantil	Mankell Henning
...	

Noch ein bisschen komplexer ist dieses Beispiel: Hier wird eine Liste der Verlage und ihrer Autoren erstellt. (Die Abfrage ermittelt also, welche Autoren für welche Verlage schreiben.) Die Verbindung zwischen Verlagen und Autoren erfolgt über die Tabellen *title* und *rel_title_author*, so dass insgesamt vier Tabellen im Spiel sind.

Bemerkenswert an dieser Abfrage ist auch das SQL-Schlüsselwort *DISTINCT*. Es bewirkt, dass gleichartige Datensätze nur einmal ausgegeben werden. Da es in der *mylibrary*-Datenbank Autoren gibt, die (für einen Verlag) mehrere Bücher geschrieben haben, würden durch die einfache Verknüpfung der Tabellen manche Kombinationen aus Verlag und Autor mehrfach im Ergebnis auftreten.

```
SELECT DISTINCT publName, authName
  FROM publishers, titles, rel_title_author, authors
 WHERE titles.titleID = rel_title_author.titleID
   AND authors.authID = rel_title_author.authID
   AND publishers.publID = titles.publID
ORDER BY publName, authName
```

publName	*authName*
Addison-Wesley	Bitsch Gerhard
Addison-Wesley	Darween Hugh
Addison-Wesley	Date Chris
...	
Apress	Kofler Michael
Apress	Kramer David
Bonnier Pocket	Theodor Kallifatides
Diogenes Verlag	Suter Martin
Galileo	Laborenz Kai
...	

9.4 Sub-SELECTs

Sub-*SELECT*s sind ineinander verschachtelte *SELECT*-Abfragen. MySQL kennt dabei die folgenden Syntaxvarianten:

- ***SELECT ... WHERE col = (SELECT ...)***

  Bei dieser Variante muss die zweite *SELECT*-Abfrage einen einzelnen Wert liefern (eine Zeile und eine Spalte). Dieser Wert wird für den Vergleich *col=...* verwendet. (Es sind auch andere Vergleichsoperatoren zulässig, also etwa *col>...* oder *col<=...* oder *col<>...*)

- ***SELECT ... WHERE col IN (SELECT ...)***

  Bei dieser Variante darf die zweite *SELECT*-Abfrage eine ganze Liste einzelner Werte liefern. Diese Liste wird dann in der Form *SELECT ... WHERE col IN (n1, n2, n3)* verarbeitet. Statt *IN* darf auch *NOT IN* verwendet werden.

- ***SELECT ... WHERE EXISTS (SELECT ...)***

  Bei dieser Variante wird für jeden gefundenen Datensatz aus der ersten *SELECT*-Abfrage die zweite Abfrage ausgeführt. Nur wenn diese ein Ergebnis liefert (also mindestens einen Datensatz), bleibt der Datensatz aus der ersten *SELECT*-Abfrage in der Ergebnisliste. Auch bei dieser Variante darf der Negationsoperator *NOT* vorangestellt werden.

  EXISTS-Konstruktionen sind in der Regel nur sinnvoll, wenn die Datensätze der beiden *SELECT*-Kommandos durch eine *WHERE*-Bedingung verknüpft werden (wie bei einer *JOIN*-Operation). Ein entsprechendes Beispiel finden Sie unten.

- ***SELECT ... FROM (SELECT ...) AS name WHERE ...***

  Bei dieser Variante, die in der Praxis eher selten zum Einsatz kommt, wird zuerst das geklammerte *SELECT*-Kommando ausgeführt. Es liefert eine Tabelle, die als Grundlage der äußeren *SELECT*-Abfrage dient. Mit anderen Worten: Das äußere *SELECT*-Kommando greift nicht wie sonst üblich auf eine vorhandene Tabelle zu, sondern auf eine Tabelle, die selbst nur das Ergebnis eines *SELECT*-Kommandos ist. Solche Tabellen werden auch *derived tables* genannt. Die SQL-Syntax schreibt vor, dass diese Tabelle mit *AS name* benannt werden muss.

SELECT-Kommandos dürfen auch mehrfach ineinander verschachtelt werden. Solche Kommandos sind dann allerdings nur mehr schwer zu lesen bzw. zu verstehen.

SELECT-Kommandos können auch in der *WHERE*-Bedingung von *UPDATE*- oder *DELETE*-Kommandos eingesetzt werden, um zu entscheiden, welche Datensätze verändert bzw. gelöscht werden sollen.

Beispiele

Die folgende Abfrage ermittelt alle Buchtitel, bei denen der Name des Verlags mit *O* beginnt. Dazu wird die Liste der *publID*-Werte für das Schlüsselwort *IN* mit einer eigenen *SELECT*-Abfrage ermittelt.

```
SELECT title FROM titles WHERE publID IN
  (SELECT publID FROM publishers WHERE publName LIKE 'O%')
```

title
MySQL & mSQL
Practical UNIX & Internet security
MySQL Cookbook
Comédia Infantil
Hunderna i Riga

Das nächste Kommando sucht nach Buchtiteln, zu denen kein Autor gespeichert wurde:

```
SELECT title FROM titles
WHERE titleID NOT IN (SELECT titleID FROM rel_title_author)
```

Auf gleiche Weise sucht dieses Kommando nach Verlagen, die kein Buch veröffentlicht haben:

```
SELECT publName FROM publishers WHERE publID NOT IN
  (SELECT publID FROM titles)
```

9.5 Abfrageergebnisse aneinander fügen (UNION)

Mit *UNION* können Sie ab MySQL 4.0 die Ergebnisse von zwei oder mehr *SELECT*-Abfragen vereinen. Sie erhalten damit eine Ergebnistabelle, in der die Ergebnisse der einzelnen Abfragen einfach hintereinander gereiht werden.

```
SELECT-Kommando UNION [ALL] SELECT-Kommando ...
```

Das folgende Beispiel zeigt, wie die Ergebnisse zweier *SELECT*-Kommandos derselben Tabelle vereint werden. (Selbstverständlich dürfen die Abfragen auch unterschiedliche Tabellen betreffen, allerdings müssen Sie darauf achten, dass die Spaltenanzahl jeweils gleich ist. Außerdem sollten die Spalten jeweils denselben Datentyp aufweisen; ist das nicht der Fall, versucht MySQL, die Daten an die Datentypen des ersten *SELECT*-Kommandos anzupassen.)

```
SELECT * FROM authors WHERE authName LIKE 'b%'
UNION
SELECT * FROM authors WHERE authName LIKE 'g%'
```

authID	*authName*
67	Bear Greg
22	Bitsch Gerhard
69	Gardell Jonas
26	Garfinkel Simon
7	Gerken Till
48	Gilmore W.J.
38	Goosens Michael

Normalerweise werden gleiche Datensätze aus dem Ergebnis automatisch eliminiert. Nur wenn Sie *UNION ALL* verwenden, enthält das Ergebnis auch Doppelgänger.

Sie können die einzelnen *SELECT*-Terme auch klammern. Dann kann für jeden Teil der Abfrage sowie für das Gesamtergebnis nach Belieben *LIMIT* und *ORDER* verwendet werden. Die folgende Abfrage wählt zuerst jeweils maximal 10 Datensätze aus den Tabellen *tbl1* und *tbl2* aus und vereint diese. Von diesen nun (maximal 20) Datensätzen werden aber nur die 5 aktuellsten angezeigt.

```
(SELECT * FROM tbl1 ORDER BY colA LIMIT 10)
UNION
(SELECT * FROM tbl2 ORDER BY colA LIMIT 10)
ORDER BY colTimestamp LIMIT 5
```

Hinweis

UNION ist zurzeit der einzige Mengenoperator in MySQL. Die in manchen anderen Datenbanksystemen verfügbaren Schlüsselwörter *MINUS* oder *INTERSECT* stehen nicht zur Verfügung.

9.6 Gruppierte Abfragen, Aggregatsfunktionen

Die in der Datenbank *mylibrary* gespeicherten Bücher sind verschiedenen Kategorien zugeordnet. Wenn Sie wissen möchten, in welcher Kategorie es welche Bücher gibt, hilft die folgende Abfrage weiter. (Achtung: Bücher, die keiner Kategorie zugeordnet sind, erscheinen gar nicht! Wenn Sie alle Bücher anzeigen möchten, müssen Sie die Tabellenverknüpfung mit *FROM titles LEFT JOIN categories ON titles.catID = categories.catID* durchführen.)

```
SELECT catName, title FROM titles, categories
WHERE titles.catID = categories.catID
ORDER BY catName, title
```

catName	*title*
C#	Visual C#
Children's books	Alltid den där Annette
Children's books	Jag saknar dig, jag saknar dig
Computer books	Apache Webserver 2.0
Computer books	CSS-Praxis
Computer books	JavaScript
Computer books	Maple
Computer books	Mathematica
Computer books	Practical UNIX & Internet security
...	

Wenn Sie nun wissen möchten, wie viele Bücher es pro Kategorie gibt, können Sie in der obigen Liste zu zählen beginnen: ein Buch zu C#, zwei Kinderbücher, sechs nicht genauer klassifizierte Computerbücher und so weiter.

Wie Sie sich sicher denken werden, geht es auch einfacher: *GROUP BY name* bildet in der resultierenden Liste eine Gruppe für jeden Inhalt der angegebenen Spalte. Durch *GROUP BY catName* wird in der obigen Abfrage aus den zwei Einträgen mit *catName = 'Children's books'* eine einzige Zeile. Welcher Titel dabei angezeigt wird, hängt vom Zufall (oder von der Sortierung) ab.

Mit *GROUP BY* allein ist also noch nicht viel gewonnen (es sei denn, Sie wollten lediglich eine Liste aller Kategorienamen erstellen – aber das wäre auch einfacher gegangen). Im Zusammenhang mit *GROUP BY* unterstützt SQL aber auch sogenannte Aggregatsfunktionen. Das bedeutet, dass Sie in der Spaltenliste zu Beginn des *SELECT*-Kommandos Funktionen wie *COUNT, SUM, MIN* und *MAX* verwenden können. Erst diese Aggregatsfunktionen machen *GROUP BY* zu einem wirklich sinnvollen Werkzeug, wie das nächste Beispiel beweist: Dabei wird pro Kategorie gezählt (*COUNT*), wie viele passende Einträge es gibt.

Neu ist in diesem Zusammenhang auch die Verwendung des Schlüsselworts *AS*: Damit wird der zweiten Spalte der Abfrage der Name *nrOfItems* gegeben. Ohne *AS* hätte die Spalte den Namen *'COUNT(itemID)'*, was nicht nur ein wenig unübersichtlich wäre, sondern zudem auch den Tippaufwand bei jeder Referenzierung der Spalte (etwa in *ORDER BY*) erhöhen würde.

```
SELECT catName, COUNT(title) AS nrOfItems
FROM titles, categories
WHERE titles.catID = categories.catID
GROUP BY catName
ORDER BY catName
```

catName	*nrOfItems*
C#	1
Children's books	3
Computer books	6
Databases	2
LaTeX, TeX	2
Linux	3
Literature and fiction	19
MySQL	6
PHP	6
Programming	5
...	

Wenn Sie eine Liste *aller* Kategorien wünschen, auch der, zu denen es momentan keine Bücher gibt, müssen Sie die Verbindung zwischen den beiden Tabellen durch *LEFT JOIN* herstellen (wie in Abschnitt 9.3 beschrieben). Die resultierende Liste wird diesmal so sortiert, dass die Kategorien mit den meisten Büchern zuerst angezeigt werden.

```
SELECT catName, COUNT(title) AS nrOfItems
FROM categories LEFT JOIN  titles ON titles.catid = categories.catid
GROUP BY catname
ORDER BY nrOfItems DESC
```

catName	*nrOfItems*
Literature and fiction	19
Computer books	6
MySQL	6
PHP	6
Programming	5
Linux	3
...	
All books	0
Operating Systems	0

Hinweis

Innerhalb von Aggregatsfunktionen kann die SQL-Funktion *IF* eingesetzt werden, beispielsweise um bei *COUNT* oder *SUM* nur solche Werte zu berücksichtigen, die eine bestimmte Bedingung erfüllen. Entsprechende Anwendungsbeispiele finden Sie im nächsten Kapitel in Abschnitt 10.5.

GROUP_CONCAT-Aggregatsfunktion

Die MySQL-spezifische Aggregatsfunktion *GROUP_CONCAT* ermöglicht es, Zeichenketten einer Gruppe zusammenzufassen. Daraus ergeben sich faszinierende Anwendungsmöglichkeiten, wie das folgende Beispiel beweist. Es liefert eine Tabelle mit allen Buchtiteln, die von mehr als einem Autor geschrieben wurden, samt einer Zeichenkette mit den alphabetisch geordneten Autoren.

An die Funktion *GROUP_CONCAT* übergeben Sie im einfachsten Fall nur den Spaltennamen. MySQL fügt die Zeichenketten einer Gruppe dann in willkürlicher Reihenfolge aneinander und trennt sie durch ein Komma. Durch *ORDER BY* können Sie die Zeichenketten sortieren, *SEPARATOR* gibt die gewünschten Trennzeichen an.

```
SELECT title,
       GROUP_CONCAT(authname ORDER BY authname SEPARATOR ', ')
         AS authors,
       COUNT(authors.authID) AS cnt
FROM authors, titles, rel_title_author
WHERE authors.authID = rel_title_author.authID
AND   titles.titleID = rel_title_author.titleID
GROUP BY titles.titleID
HAVING cnt>1
ORDER BY title
```

title	*authors*	*cnt*
A Guide to the SQL Standard	Darween Hugh, Date Chris	2
Client/Server Survival Guide	Edwards Jeri, Harkey Dan, ...	3
Linux für Internet und Intranet	Holz Helmut, Schmitt Bernd, ...	3
Maple	Bitsch Gerhard, Kofler Michael, ...	3
Mit LaTeX ins Web	Goosens Michael, Rahtz Sebastian	2
MySQL	Kofler Michael, Kramer David	2
MySQL & mSQL	King Tim, Reese Georg, Yarger ...	3
PHP 5 und MySQL 5	Kofler Michael, Öggl Bernd	2
PHP and MySQL Web Development	Thomson Laura, Wellington Luke	2
The Definitive Guide to ...	Kofler Michael, Kramer David	2
The Definitive Guide to ...	Kofler Michael, Kramer David	2
Visual C#	Frank Eller, Kofler Michael	2
Web Application Development ...	Gerken Till, Ratschiller Tobias	2

GROUP BY für mehrere Spalten

GROUP BY kann auch für mehrere Spalten verwendet werden. Die folgende Abfrage gibt Auskunft darüber, wie viele Buchtitel in welcher Sprache und in welcher Kategorie erschienen sind. Beachten Sie, dass bei dieser Abfrage alle Titel durch den Rost fallen, die keiner Sprache oder Kategorie zugeordnet sind.

```
SELECT COUNT(*), langName, catName
FROM titles, languages, categories
WHERE titles.catID = categories.catID
  AND titles.langID = languages.langID
GROUP BY titles.langID, titles.catID
```

COUNT(*)	*langName*	*catName*
1	english	Computer books
2	english	PHP
1	english	SQL
...		
5	deutsch	Computer books
1	deutsch	Databases
4	deutsch	Programming
...		
2	deutsch	Visual Basic .NET
2	svensk	Children's books
9	svensk	Literature and fiction
1	norsk	Literature and fiction

9.7 Daten ändern (INSERT, UPDATE und DELETE)

9.7.1 Datensätze einfügen (INSERT)

Mit *INSERT* fügen Sie einen neuen Datensatz in eine Tabelle ein. Nach dem Namen der Tabelle muss zuerst eine Liste der Spaltennamen und danach eine Liste mit den einzufügenden Werten übergeben werden. Spalten mit Defaultwerten, Spalten, die *NULL* enthalten dürfen, sowie *AUTO_INCREMENT*- und *TIMESTAMP*-Spalten müssen nicht angegeben werden.

Mit dem folgenden Beispiel wird ein neuer Datensatz in der *titles*-Tabelle der *mylibrary*-Datenbank gespeichert. Dabei werden nur zwei Spalten (*title* und *year*) angegeben. Um alle anderen Spalten kümmert sich MySQL selbst: In *titleID* wird ein neuer *AUTO_INCREMENT*-Wert eingesetzt, in die anderen Spalten der vorgesehene Defaultwert oder *NULL*. (Diese Vorgehensweise ist nur deswegen zulässig, weil beim Erzeugen der *titles*-Tabelle bei den meisten Spalten *NULL* als zulässiger Wert angegeben wurde.)

```
INSERT INTO titles (title, year) VALUES ('MySQL', 2005)
```

Auf die Nennung der Spaltennamen kann verzichtet werden, wenn Werte für alle Spalten – inklusive Default- und *AUTO_INCREMENT*-Spalten – angegeben werden und dabei exakt die Spaltenreihenfolge der Tabelle befolgt wird. Bei *titles* gibt es ziemlich viele Spalten: *titleID, title, subtitle, edition, publID, catID, langID, year, isbn* und *comment*.

Für einige Spalten wird *NULL* übergeben. In den meisten Fällen speichert MySQL dann auch den Wert *NULL*. Die einzige Ausnahme hier ist die Spalte *titleID*, in die MySQL abermals automatisch eine neue ID-Nummer einsetzt. Sie dürfen statt *NULL* auch explizit eine ID-Nummer angeben. Allerdings kommt es zu einer Fehlermeldung, wenn diese Nummer bereits von einem anderen Datensatz verwendet wird. (Es gibt noch einen Spaltentyp, bei dem MySQL selbstständig einen Wert einsetzt, wenn Sie *NULL* übergeben: In *TIMESTAMP*-Spalten wird statt *NULL* das aktuelle Datum samt Uhrzeit gespeichert.)

```
INSERT INTO titles
VALUES (NULL, 'newtitle', '', 1, NULL, NULL, NULL, 2005, NULL, NULL)
```

Eine Syntaxvariante von *INSERT* ermöglicht es, gleich mehrere neue Datensätze mit einem einzigen Kommando einzufügen:

```
INSERT INTO table (columnA, columnB, columnC)
VALUES ('a', 1, 2), ('b', 12, 13), ('c', 22, 33) ...
```

INSERT bei verknüpften Tabellen

Wenn Sie es mit verknüpften Tabellen zu tun haben, ist es normalerweise nicht mit einem einzigen *INSERT*-Kommando getan. Um beispielsweise ein Buch in der *mylibrary*-Datenbank zu speichern, müssen zumindest in die Tabellen *titles* und *rel_title_author* neue Datensätze eingefügt werden. Wenn das neue Buch von Autoren geschrieben wurde, die bisher noch nicht in der Datenbank gespeichert sind, oder wenn es von einem Verlag publiziert wird, der der Datenbank ebenfalls noch unbekannt ist, müssen außerdem neue Datensätze in die Tabellen *publishers* und *authors* eingefügt werden.

Dabei tritt allerdings das Problem auf, dass nicht alle Daten für die Einfügekommandos von Beginn an bekannt sind. Um ein in einem neuen Verlag erschienenes Buch zu speichern, muss in der *titles*-Tabelle die *publID*-Nummer des Verlags angegeben werden. Dabei handelt es sich aber um einen *AUTO_INCREMENT*-Wert, der von MySQL erst beim Speichern des neuen Verlags erzeugt wird.

Es muss also eine Möglichkeit geben, um auf den zuletzt erzeugten *AUTO_INCREMENT*-Wert zuzugreifen. Genau dazu dient die Funktion *LAST_INSERT_ID()*, die den *AUTO_INCREMENT*-Wert des letzten *INSERT*-Kommandos liefert. Die Funktion gilt nur innerhalb der aktuellen Verbindung, d.h., *AUTO_INCREMENT*-Werte, die quasi gleichzeitig durch *INSERT*-Kommandos anderer Datenbankbenutzer entstanden sind, werden ignoriert.

Die folgenden Zeilen zeigen, wie ein Buch mit lauter neuen Informationen (drei neue Autoren, ein neuer Verlag) gespeichert wird. Dabei handelt es sich um das Buch:

Randy Yarger, George Reese, Tim King: *MySQL & mSQL*. O'Reilly 1999.

```
INSERT INTO publishers (publName) VALUES ('O\'Reilly & Associates')
SELECT LAST_INSERT_ID()
                4   <--- publisherID für den Verlag

INSERT INTO authors (authName) VALUES ('Yarger R.')
SELECT LAST_INSERT_ID()
               12   <--- authorID für ersten Autor

INSERT INTO author (author) VALUES ('Reese G.')
SELECT LAST_INSERT_ID()
               13   <--- authorID für zweiten Autor

INSERT INTO author (author) VALUES ('King T.')
SELECT LAST_INSERT_ID()
               14   <--- authorID für dritten Autor

INSERT INTO titles (title, publID, year)
     VALUES ('MySQL & mSQL', 4, 1999)
SELECT LAST_INSERT_ID()
                9  <--- titleID für das Buch

INSERT INTO rel_title_author
VALUES (9, 12), (9, 13), (9,14)
```

In der Praxis werden Sie diese Kommandos natürlich nicht manuell eingeben – das wäre zu mühsam und sehr fehleranfällig –, sondern in einer Benutzeroberfläche per Programmcode ausführen. Der Code kümmert sich dann nicht nur um die Aus- und Wiederverwertung der *ID*-Werte, sondern sollte auch sicherstellen, dass nicht irrtümlich schon vorhandene Autoren oder Verlage nochmals in der Datenbank gespeichert werden. Ein entsprechendes PHP-Codebeispiel finden Sie in Abschnitt 12.4.

9.7.2 Datensätze verändern (UPDATE)

Mit *UPDATE* verändern Sie einzelne Felder eines schon vorhandenen Datensatzes. Im Regelfall sieht die Syntax des Kommandos so aus:

```
UPDATE tablename
SET column1=value1, column2=value2 ...
WHERE tableID=n
```

Es werden also einzelne Felder eines durch seinen *tableID*-Wert spezifizierten Datensatzes verändert. Mit dem folgenden Beispiel wird der Titel des Linux-Buchs (*titleID=1*) verändert:

```
USE mylibrary
UPDATE titles SET title='Linux, 5th ed.' WHERE titleID=1
```

Wenn *UPDATE* ohne *WHERE* verwendet wird, gelten die Veränderungen für alle Datensätze der Tabelle (Vorsicht!). Das folgende Kommando würde beispielsweise bei allen Büchern das Erscheinungsdatum auf 2005 setzen:

```
UPDATE titles SET year=2005
```

Mit gewissen Einschränkungen sind in *UPDATE*-Kommandos auch Berechnungen möglich. Nehmen Sie an, in der *title*-Tabelle wäre auch der Preis von Büchern gespeichert: Dann wäre es ein Leichtes, diesen Preis um fünf Prozent zu erhöhen:

```
UPDATE title SET price=price*1.05
```

Datensätze in sortierten Listen ändern (UPDATE mit ORDER BY und LIMIT)

Wenn Sie die ersten oder letzten *n* Datensätze verändern möchten, können Sie beim *UPDATE*-Kommando auch *ORDER BY* und *LIMIT* angeben. Das folgende Kommando setzt bei den 10 alphabetisch ersten Datensätzen aus *tablename* das Feld *mydata* auf 0.

```
UPDATE tablename SET mydata=0 ORDER BY name LIMIT 10
```

Update bei verknüpften Tabellen

Sie können in *UPDATE*-Kommandos auch Daten aus mehreren Tabellen gleichzeitig verarbeiten. Durch das folgende Beispiel wird die Spalte *columnA* von *table1* geändert, wobei die neuen Daten aus *table2.columnB* stammen. Die Verknüpfung zwischen den beiden Feldern wird durch das gemeinsame ID-Feld *table1ID* hergestellt.

```
UPDATE table1, table1
SET table1.columnA = table.columnB
WHERE table1.table1ID = table2.table1ID
```

9.7.3 Datensätze löschen (DELETE)

Das syntaktisch einfachste Kommando dieses Abschnitts ist zweifelsohne *DELETE*. Alle durch *WHERE* ausgewählten Datensätze werden ganz einfach gelöscht. Eine Angabe von Spalten ist hier nicht erforderlich (und auch gar nicht möglich), weil ohnedies immer ganze Datensätze gelöscht werden. Die folgende Anweisung löscht einen einzelnen Datensatz aus der *title*-Tabelle:

```
DELETE FROM titles WHERE titleID=8
```

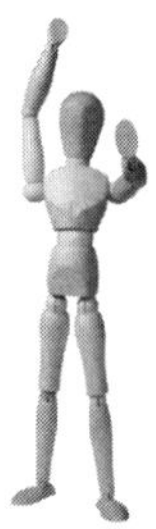

Achtung

Wenn *DELETE* ohne *WHERE*-Bedingung ausgeführt wird, werden alle Datensätze der Tabelle gelöscht. Es gibt keine Undo-Möglichkeit!

Die Tabelle selbst mit der Definition von Spalten, Indizes etc. bleibt dabei aber erhalten. Wenn die Tabelle an sich gelöscht werden soll, muss dazu das Kommando *DROP TABLE* eingesetzt werden.

Datensätze aus verknüpften Tabellen löschen

Das *DELETE*-Kommando kann sich auch auf mehrere Tabellen beziehen:

```
DELETE t1, t2 FROM t1, t2, t3 WHERE bed1 AND bed2 ...
```

Damit werden aus den Tabellen *t1* und *t2* alle Datensätze gelöscht, die die angegebenen Bedingungen erfüllen. Die Bedingungen dürfen beliebige Verknüpfungen der Tabellen *t1*, *t2* und *t3* enthalten. (Allgemeiner formuliert: *DELETE* löscht nur Datensätze aus den Tabellen, die vor *FROM* genannt sind. In den Bedingungen dürfen aber Datensätze aus allen Tabellen verwendet werden, die nach *FROM* aufgezählt sind.)

Das folgende Beispiel löscht aus der *titles*-Tabelle alle Buchtitel des Autors *Kofler Michael*. Um die zu löschenden Titel zu finden, wird eine Verknüpfung zwischen den drei Tabellen *titles*, *rel_title_author* und *authors* hergestellt.

```
DELETE titles FROM titles, rel_title_author, authors
WHERE titles.titleID=rel_title_author.titleID
  AND authors.authID=rel_title_author.authID
  AND authors.authName='Kofler Michael'
```

Die folgende Variante des obigen Kommandos löscht nicht nur die Titel, sondern auch *Kofler Michael* aus der *authors*-Tabelle sowie alle Datensätze aus *rel_title_-author*, die die Verbindung zwischen dem Autor *Kofler Michael* und seinen Büchern herstellen. (Der Unterschied zur ersten Abfrage besteht darin, dass nun alle drei Tabellen vor *FROM* aufgezählt werden.)

```
DELETE titles, rel_title_author, authors
  FROM titles, rel_title_author, authors
WHERE titles.titleID=rel_title_author.titleID
  AND authors.authID=rel_title_author.authID
  AND authors.authName='Kofler Michael'
```

Die Verknüpfung der Tabellen darf auch durch *JOIN*-Operatoren erfolgen.

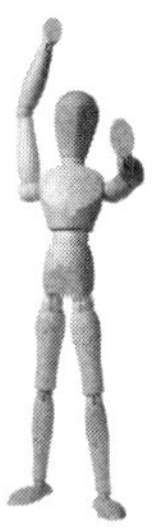

Achtung

Die beiden obigen Kommandos funktionieren bei der *mylibrary*-Datenbank leider nicht, sondern führen jeweils zum Fehler *a foreign key constraint fails*.

Der Grund: Für die Tabelle *rel_title_author* gelten zwei *Foreign-Key*-Regeln. Die eine besagt, dass aus *titles* kein Titel gelöscht werden darf, der in *rel_title_author* noch in Verwendung ist; gemäß der zweiten Regel darf auch aus *authors* kein Autor gelöscht werden, auf den *rel_title_author* verweist. Sie müssen also zuerst die entsprechenden Einträge aus *rel_title_author* löschen – und dazu sind leider nur mehrere getrennte *DELETE*-Kommandos erforderlich.

Sie können das Problem dadurch umgehen, dass Sie die Überprüfung der *Foreign-Key*-Regeln vorübergehend durch *SET foreign_key_-checks=0* abschalten und nach dem *DELETE*-Kommando durch *SET foreign_key_checks=1* wieder aktivieren. (*SET* ist ein eigenständiges SQL-Kommando.)

Die andere Alternative besteht darin, dass Sie überhaupt auf *Foreign-Key*-Regeln verzichten oder MyISAM-Tabellen einsetzen (die *Foreign-Key*-Regeln gar nicht unterstützen).

Datensätze mit Sub-SELECTs löschen

Das folgende Kommando löscht alle Einträge aus der Tabelle *rel_title_author*, die auf nicht existente Datensätze in *authors* oder *titles* verweisen.

```
DELETE FROM rel_title_author
WHERE authID  NOT IN (SELECT authID FROM authors) OR
      titleID NOT IN (SELECT titleID FROM titles)
```

Datensätze aus sortierten Listen löschen (DELETE mit ORDER BY und LIMIT)

ORDER BY darf auch in *DELETE*-Kommandos eingesetzt werden. Das ist nur in Kombination mit *LIMIT* sinnvoll. Nun ist es nämlich möglich, die ersten *n* oder die letzten *n* Datensätze aus einer Tabelle zu löschen, wobei ein beliebiges Sortierkriterium verwendet werden kann. Das folgende Kommando löscht den Autor mit der höchsten *authID*-Nummer aus der *authors*-Tabelle.

```
DELETE FROM authors ORDER BY authID DESC LIMIT 1
```

9.7.4 Neue Tabellen erstellen

Sie können das Ergebnis einer Abfrage auch direkt in einer neuen Tabelle speichern. (In der Praxis wird dieser Weg oft beschritten, um Teilergebnisse einer komplexen Abfrage vorübergehend in einer temporären Tabelle zwischenzuspeichern.) Dazu geben Sie einfach mit *CREATE TABLE* den Namen der neuen Tabelle an und fügen ein gewöhnliches *SELECT*-Kommando am Ende der Anweisung hinzu. Die folgende Anweisung kopiert alle Titel mit *catID=1* (Kategorie *Computer books*) in die neue Tabelle *computerbooks*.

```
CREATE TABLE computerbooks
SELECT * FROM titles WHERE catID=1
```

Ab sofort steht die neue Tabelle zur Verfügung. Mit *SELECT* können Sie sich davon überzeugen, dass dort tatsächlich die gewünschten Daten enthalten sind.

```
SELECT title FROM computerbooks
```

title
Linux, 5th ed.
LaTeX
Mathematica
Maple
Practical UNIX & Internet security

Wenn Sie die Tabelle *computerbooks* nicht mehr benötigen, können Sie sie leicht wieder löschen:

```
DROP TABLE computerbooks
```

9.8 Variablen

Durch SQL-Kommandos können auch Variablen zugewiesen bzw. verändert werden. In gewöhnlichen Anwendungen spielen Variablen zwar nur eine geringe Rolle, dafür sind sie ein wichtiges SQL-Sprachelement, wenn es um den Aufruf von *Stored Procedures* geht (siehe Kapitel 14).

MySQL kennt drei Typen von Variablen:

- **Gewöhnliche Variablen:** Solche Variablen werden durch ein vorangestelltes @-Zeichen gekennzeichnet. Sie verlieren ihren Inhalt mit dem Ende der MySQL-Verbindung.
- **System- oder Server-Variablen:** Solche Variablen enthalten Zustände oder Attribute des MySQL-Servers. Die Variablen sind durch zwei vorangestellte @@-Zeichen gekennzeichnet (z.B. *@@binlog_cache_size*).

  Manche Systemvariablen existieren sogar in doppelter Ausführung: einmal spezifisch für die aktuelle Verbindung (z.B. *@@session.wait_timeout*) und einmal global für den MySQL-Server (z.B. *@@global.wait_timeout* mit dem Defaultwert für diese Variable).
- **Lokale Variablen und Parameter innerhalb von Stored Procedures:** Diese Variablen werden im Inneren von SPs deklariert und sind nur dort gültig (siehe auch Abschnitt 14.5.5). Sie werden nicht gekennzeichnet, müssen dafür aber Namen tragen, die sie eindeutig unterscheidbar von Tabellen- und Spaltennamen machen.

Variablenzuweisung

Wie die folgenden Beispiele zeigen, bestehen mehrere Möglichkeiten, Variablen Werte zuzuweisen. Die letzte Variante, also die Zuweisung mehrerer Spalten eines Datensatzes an mehrere Variablen, ist allerdings erst ab MySQL 5.0 zulässig. Beachten Sie, dass *SET* den Zuweisungsoperator = verwendet, *SELECT* dagegen :=.

```
SET @varname = 3

SELECT @varname := 3

SELECT @varname := COUNT(*) FROM tabelle

SELECT COUNT(*) FROM tabelle INTO @varname

SELECT title, subtitle FROM titles WHERE titleID=... INTO @t, @st
```

Verwendung von Variablen

Wenn eine Variable einmal definiert ist, kann sie in jedem beliebigen SQL-Kommando eingesetzt werden:

```
SELECT @varname

@varname
________
123

SELECT * FROM titles WHERE titleID=@varname
```

9.9 Transaktionen für InnoDB-Tabellen

Normalerweise wird jedes SQL-Kommando sofort ausgeführt. Wenn dabei kein Fehler auftritt, sind die Änderungen an der Datenbank unwiderruflich. Sofern Sie InnoDB-Tabellen einsetzen, können Sie mehrere SQL-Kommandos aber auch im Rahmen einer sogenannten Transaktion ausführen. Am Ende der Transaktion entscheiden Sie, ob Sie diese bestätigen und damit alle Änderungen durchführen oder ob Sie die Transaktion widerrufen. Transaktionen bieten eine Reihe von Vorteilen:

- Transaktionen vergrößern die Datenbanksicherheit, weil Sie sich darauf verlassen können, dass entweder alle zu einer Transaktion gehörenden Kommandos ausgeführt werden oder keines. (Wenn Sie eine aus zwei Teilen bestehende Buchung als Transaktion ausführen, ist sichergestellt, dass entweder beide Teile der Buchung ausgeführt werden oder keine. Es ist ausgeschlossen, dass der Geldbetrag von Konto A abgebucht wird, Konto B aber nie erreicht.)
- Transaktionen können die Geschwindigkeit von Datenbankoperationen vergrößern. Das gilt insbesondere, wenn sonst notwendige *LOCK*-Kommandos (die den Zugriff auf eine Tabelle für andere Programme vorübergehend blockieren) vermieden werden können.
- Transaktionen vereinfachen die Fehlerabsicherung im Programmcode. Sobald ein Fehler auftritt, widerrufen Sie einfach die ganze Transaktion.

Transaktionen durch SQL-Kommandos steuern

Standardmäßig gilt in MySQL der Auto-Commit-Modus. Das bedeutet, dass jedes SQL-Kommando in einer eigenen, kleinen Transaktion ausgeführt wird. Um mehrere SQL-Kommandos zu einer gemeinsamen Transaktion zusammenzufassen, gibt es zwei Möglichkeiten:

- Sie starten eine sogenannte Ad-hoc-Transaktion mit *START TRANSACTION* oder *BEGIN* und beenden sie mit *COMMIT* (bestätigen) oder *ROLLBACK* (widerrufen).

  START TRANSACTION deaktiviert den Auto-Commit-Modus nur für diese eine Transaktion. Wenn Sie anschließend wieder eine Transaktion starten möchten, müssen Sie neuerlich *BEGIN* ausführen.
- Sie deaktivieren durch das SQL-Kommando ***SET AUTOCOMMIT = 0*** den Auto-Commit-Modus. Damit gelten alle Kommandos als Transaktion, bis sie durch *COMMIT* oder *ROLLBACK* bestätigt oder widerrufen werden. Durch *COMMIT* oder *ROLLBACK* beginnt automatisch eine neue Transaktion. (Sie müssen also nie mehr *START TRANSACTION* ausführen. Allein diese Bequemlichkeit ist oft Grund genug, um mit *SET AUTOCOMMIT=0* zu arbeiten.) Den aktuellen Zustand des Auto-Commit können Sie mit *SELECT @@autocommit* ermitteln.

Automatisches Transaktionsende

Transaktionen werden automatisch auch durch die folgenden Kommandos abgeschlossen (wie durch *COMMIT*):

> *ALTER TABLE, CREATE INDEX, CREATE TABLE, DROP DATABASE, DROP TABLE, LOCK TABLES, RENAME TABLE, SET AUTOCOMMIT=1, TRUNCATE* und *UNLOCK TABLES*

Transaktionen werden *nicht* beendet, wenn bei der Ausführung eines SQL-Kommandos ein gewöhnlicher Fehler auftritt. (Die Transaktion läuft weiter, bis sie explizit beendet wird.)

Achtung

Wenn die Verbindung zwischen dem MySQL-Server und einem Client (z.B. einem PHP-Script) verloren geht – beispielsweise, weil im PHP-Script ein Fehler aufgetreten ist – wird die ganze Transaktion widerrufen! Dasselbe gilt, wenn Sie *COMMIT* vergessen.

Beispiel

Die folgenden Kommandos zeigen, wie einige Testdatensätze aus *mylibrary* im Rahmen einer Transaktion gelöscht werden:

```
START TRANSACTION

DELETE FROM rel_title_author WHERE titleID IN
  (SELECT titleID FROM titles WHERE title LIKE 'test%')

DELETE FROM titles WHERE title LIKE 'test%'

DELETE FROM rel_title_author WHERE authID IN
  (SELECT authID FROM authors WHERE authName LIKE 'test%')

DELETE FROM authors WHERE authName LIKE 'test%'

DELETE FROM publishers WHERE publName LIKE 'test%'

COMMIT
```

9.10 Datenbanken und Tabellen erzeugen und ändern

Normalerweise werden Sie phpMyAdmin oder ein anderes Administrationswerkzeug verwenden, um Datenbanken oder Tabellen zu erzeugen bzw. zu verändern. Sie ersparen sich damit die fehleranfällige Formulierung der *CREATE-* bzw. *ALTER*-Kommandos. Wenn sich aber in einem PHP-Script die Notwendigkeit ergibt, Datenbanken oder Tabellen zu verändern, sollten Sie die Syntax der *CREATE-*

und *ALTER*-Kommandos kennen. Im Folgenden werden ohnedies nur die wichtigsten Syntaxvarianten beschrieben. Eine vollständige Referenz aller Optionen gibt das MySQL-Manual unter http://dev.mysql.com/doc/.

Tipp

Bei bereits existierenden Tabellen können Sie sich mit *SHOW CREATE TABLE name* den SQL-Code zur Erzeugung der Tabelle ansehen.

9.10.1 Datenbank erzeugen (CREATE DATABASE)

Bevor Sie irgendwelche Tabellen anlegen können, müssen Sie die Datenbank selbst erzeugen. Das dürfen Sie nur, wenn Sie das entsprechende MySQL-Zugriffsrecht (Privileg) besitzen. Wenn Sie MySQL bei einem Internet Service Provider nutzen, ist das zumeist nicht der Fall. Stattdessen gibt es normalerweise schon eine Datenbank, die Ihr Provider für Sie erzeugt hat.

```
CREATE DATABASE mylibrary
```

Anschließend müssen Sie die neue Datenbank zur aktiven Datenbank machen. In phpMyAdmin wählen Sie dazu einfach die gewünschte Datenbank aus der Auswahlliste aus. Wenn Sie die Kommandos dagegen im Programm mysql ausführen, verwenden Sie *USE* zur Einstellung der Defaultdatenbank für alle weiteren SQL-Kommandos:

```
USE mylibrary
```

9.10.2 Tabellen erzeugen (CREATE TABLE)

Neue Tabellen erzeugen Sie mit *CREATE TABLE*. Die Syntax für dieses Kommando sieht so aus:

```
CREATE [TEMPORARY] TABLE [IF NOT EXISTS] tblname (
   colname1 coltype coloptions reference,
   colname2 coltype coloptions reference...
   [ , index1, index2 ...]   )
[ ENGINE = MyISAM|InnoDB|MEMORY ]
[ DEFAULT CHARSET = csname [ COLLATE = colname ]]
```

Der Hauptteil des Kommandos besteht darin, die Spalten der Tabelle (Name, Datentyp, Attribute) sowie die Indizes zu beschreiben (Name, in Klammern die indizierte Spalte). Die Syntax wird am besten anhand eines Beispiels deutlich:

```
CREATE TABLE titles (
  titleID  INT          NOT NULL AUTO_INCREMENT,
  title    VARCHAR(100) NOT NULL,
  subtitle VARCHAR(100),
  edition  TINYINT,
  publID   INT,
  catID    INT,
  langID   INT,
  year     INT,
  isbn     VARCHAR(20),
  comment  VARCHAR(255),
  PRIMARY KEY     (titleID),
  KEY publIdIndex (publID),
  KEY langID      (langID),
  KEY catID       (catID),
  KEY title       (title),
  CONSTRAINT titles_ibfk_1 FOREIGN KEY (publID)
    REFERENCES publishers (publID),
  CONSTRAINT titles_ibfk_2 FOREIGN KEY (langID)
    REFERENCES languages (langID),
  CONSTRAINT titles_ibfk_3 FOREIGN KEY (catID)
    REFERENCES categories (catID) )
ENGINE = InnoDB
DEFAULT CHARSET = latin1 COLLATE = latin1_german1_ci
```

Die Formulierung der *Foreign-Key*-Regeln setzt voraus, dass die Tabellen *categories*, *languages* und *publishers* bereits existieren. Wenn das nicht der Fall ist, können Sie die Integritätsregeln auch später durch *ALTER-TABLE*-Kommandos hinzufügen.

9.10.3 Das Tabellendesign ändern (ALTER TABLE)

Mit *ALTER TABLE* können Sie diverse Details einer Tabelle ändern: Spalten hinzufügen oder löschen, Spalteneigenschaften ändern (z.B. den Datentyp), Indizes definieren oder löschen etc. Das folgende Beispiel zeigt, wie Sie die Maximalanzahl der Zeichen in der *title*-Spalte der *titles*-Tabelle auf 150 Zeichen erhöhen.

```
ALTER TABLE titles CHANGE title title VARCHAR(150) NOT NULL
```

Ein wenig verwirrend beim *ALTER-TABLE*-Kommando ist vielleicht die zweifache Nennung von *title*: Das erste Mal bezieht sich *title* auf den bisherigen Namen der Spalte, beim zweiten Mal gibt es den neuen Spaltennamen an (der hier aber unverändert bleibt).

Im Folgenden sind die wichtigsten Syntaxvarianten von *ALTER TABLE* kurz zusammengefasst:

Spalte hinzufügen

```
ALTER TABLE tblname ADD newcolname coltype coloptions
    [FIRST | AFTER existingcolumn]
```

Spalte ändern

```
ALTER TABLE tblname CHANGE oldcolname newcolname coltype coloptions
```

Spalte löschen

```
ALTER TABLE tblname DROP colname
```

Index hinzufügen

```
ALTER TABLE tblname ADD PRIMARY KEY              (indexcols ...)
ALTER TABLE tblname ADD INDEX    [indexname]  (indexcols ...)
ALTER TABLE tblname ADD UNIQUE   [indexname]  (indexcols ...)
ALTER TABLE tblname ADD FULLTEXT [indexname]  (indexcols ...)
```

Foreign-Key-Regel hinzufügen

```
ALTER TABLE tblname ADD FOREIGN KEY [indexname]
  (column1) REFERENCES table2 (column2)
```

Hinweis: Der InnoDB-Tabellentreiber ignoriert den angegebenen *indexnamen* und gibt dem Index selbst einen Namen.

Index entfernen

```
ALTER TABLE tblname DROP PRIMARY KEY
ALTER TABLE tblname DROP INDEX indexname
ALTER TABLE tblname DROP FOREIGN KEY indexname
```

Typ der Tabelle (MyISAM, InnoDB) ändern

```
ALTER TABLE tblname ENGINE innodb|myisam
```

Datenbank/Tabelle löschen

```
DROP TABLE tblname
DROP DATABASE dbname
```

10 SQL-Rezepte

Dieses Kapitel enthält eine Sammlung kleiner SQL-Beispiele. Die Beispiele sollen einerseits als Rezepte für häufig auftretende Probleme dienen; sie sollen aber andererseits zeigen, dass SQL weit mehr kann als *SELECT * FROM tabelle*!

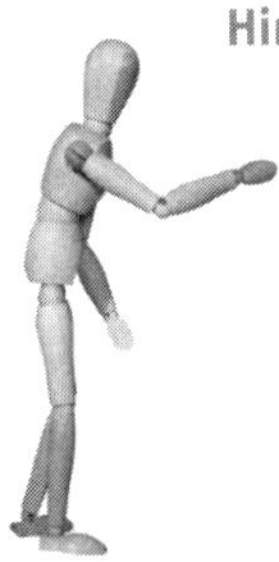

Hinweis

Neben den in diesem Kapitel vorgestellten SQL-Funktionen zur Bearbeitung von Zeichenketten, Datum und Uhrzeit etc. gibt es unzählige weitere, die in diesem Buch aus Platzgründen nicht beschrieben werden können. Eine vollständige Referenz gibt das MySQL-Manual im Internet:

http://dev.mysql.com/doc/refman/5.1/en/functions.html

10.1 Zeichenketten

MySQL kennt eine ganze Reihe von Funktionen, mit denen Zeichenketten in Abfragen bearbeitet werden können. Die folgenden Beispiele stellen einige dieser Funktionen vor.

10.1.1 Zeichenketten bearbeiten

Zeichenketten zusammensetzen

CONCAT(s1, s2 ...) setzt die angegebenen Zeichenketten zu einer Zeichenkette zusammen. Die Funktion ist praktisch, wenn Sie mehrere Spalten verbinden möchten (z.B. wenn Sie Vor- und Nachname in zwei verschiedenen Spalten gespeichert haben und sie nun zusammenführen möchten):

```
SELECT CONCAT(title, ' -- ', subtitle) AS completetitle
FROM titles ORDER BY completetitle
```

Wenn eine der an *CONCAT* übergebenen Zeichenketten *NULL* ist, dann ist das gesamte Ergebnis von *CONCAT* ebenfalls *NULL*. Da in der *mylibrary*-Datenbank viele Titel ohne Untertitel gespeichert sind, ist es besser, die Abfrage mit *IF* zu formulieren. Die Funktion *IF(a, b, c)* wertet den ersten Ausdruck *a* aus. Wenn das Ergebnis wahr ist (*TRUE*), liefert die Funktion *b* zurück, sonst *c*.

```
SELECT IF(ISNULL(subtitle), title, CONCAT(title, ' -- ', subtitle))
AS completetitle FROM titles ORDER BY completetitle
```

Teile aus Zeichenketten extrahieren

SUBSTRING(s, pos, n) liefert *n* Zeichen der Zeichenkette *s* ab der Position *pos*. Dabei wird das erste Zeichen mit *pos=1* angesprochen, nicht mit *pos=0*. Das folgende Kommando liefert jeweils die ersten 10 Zeichen aller Buchtitel aus der *mylibrary*-Datenbank.

```
SELECT SUBSTR(title, 1, 10) FROM titles
```

Wer mit der Basic-Syntax vertraut ist, kann statt *SUBSTR* auch die Funktionen *LEFT, RIGHT* und *MID* einsetzen, um komfortabel Zeichenketten vom Anfang oder vom Ende der Zeichenkette zu lesen. Ein entsprechendes Beispiel folgt etwas weiter unten.

Länge einer Zeichenkette ermitteln

CHAR_LENGTH(s) liefert die Anzahl der Zeichen einer Zeichenkette und *LENGTH* die Anzahl der Bytes, die zur Speicherung der Zeichenkette erforderlich sind. Bei *latin1*-Zeichenketten sind beide Werte immer gleich groß. Wenn Sie aber Unicode oder einen anderen Mehrbytezeichensatz verwenden, dann sind zur Speicherung eines Zeichens oftmals mehrere Byte erforderlich!

Zeichenketten auf eine bestimmte Länge verkürzen

Das Ziel des folgenden Beispiels ist es, lange Buchtitel in die Form *»Beginn des Titels ... Ende«* zu bringen, so dass die gesamte Länge der Zeichenkette maximal 30 Zeichen beträgt. Titel mit bis zu 30 Zeichen werden hingegen nicht verändert.

```
SELECT IF(CHAR_LENGTH(title)>30,
          CONCAT(LEFT(title, 20), ' ... ', RIGHT(title, 5)),
          title)
FROM titles AS shorttitle
```

shorttitle
Linux für Internet u ... ranet
Mathematica
Practical UNIX & Int ... urity
Visual Basic Datenba ... erung
...

Geänderte Zeichenketten speichern

Natürlich können Sie die Zeichenkettenfunktionen auch dazu verwenden, um MySQL-Tabellen zu verändern. Das folgende Kommando ersetzt in der Spalte *mycolumn* der Tabelle *mytable* das Zeichen " durch '. Dazu wird die Funktion *REPLACE* eingesetzt.

```
UPDATE mytable SET mycolumn = REPLACE(mycolumn, '"', '\'')
```

Das nächste Kommando sucht nach einem Leerzeichen. Wenn dieses Zeichen gefunden wird, besteht die Zeichenkette offensichtlich aus mehreren Teilen (Wörtern). Das *UPDATE*-Kommando verkürzt diese Zeichenketten auf das erste Wort. Neu ist hier die Funktion *LOCATE*, die die Position eines Suchmusters innerhalb einer Zeichenkette zurückgibt.

```
UPDATE mytable
SET mycolumn = LEFT(mycolumn, LOCATE(" ", mycolumn )-1)
WHERE LOCATE(" ", mycolumn) > 1
```

10.1.2 Zeichensatz ändern

Mit der Funktion *CONVERT(x USING charset)* können Sie den Zeichensatz einer Zeichenkette verändern. Das folgende Kommando liefert beispielsweise Unicode-Ergebnisse (während alle Beispieldatenbanken dieses Buchs *latin1*-Zeichenketten enthalten). Beachten Sie, dass die Veränderung des Zeichensatzes zumeist wirkungslos bleibt, weil sie nur im MySQL-Server stattfindet. Der Server übergibt dann die Ergebnisse an den Client, und bei dieser Übergabe werden alle Zeichenketten an den Zeichensatz des Clients angepasst.

```
SELECT CONVERT(title USING utf8) FROM titles
```

Dass *CONVERT* tatsächlich funktioniert, sehen Sie, wenn Sie die Zeichenketten anschließend noch in eine hexadezimale Darstellung umwandeln:

```
SELECT HEX(CONVERT('äöü' USING latin1))
  E4F6FC
SELECT HEX(CONVERT('äöü' USING utf8))
  C3A4C3B6C3BC
```

Sie können die oben erwähnte *CONVERT*-Funktion auch dazu verwenden, um Daten von einer Spalte einer Tabelle in eine zweite zu kopieren und dabei den Zeichensatz zu ändern. Die folgenden Kommandos fügen der *titles*-Tabelle eine neue Spalte *title_utf8* hinzu und kopieren dorthin die Buchtitel im Unicode-Format:

```
ALTER TABLE titles ADD title_utf8 VARCHAR(100) CHARSET utf8
UPDATE titles SET title_utf8 = CONVERT(title USING utf8)
```

Zur Kontrolle können Sie nun überprüfen, wie viele Byte zur Speicherung des Titels erforderlich sind. Bei Titeln mit Sonderzeichen sind in der *utf8*-Spalte mehr Byte erforderlich als in der ursprünglichen *latin1*-Spalte:

```
SELECT title,
       LENGTH(title)       AS latin1length,
       LENGTH(titles_utf8) AS utf8length FROM titlescopy
HAVING latin1length!=utf8length ORDER BY title
```

title	*latin1length*	*utf8length*
Alltid den där Annette	22	23
Comédia Infantil	16	17
Dansläraren Återkomst	21	23
Das Haus meiner Väter	21	22
Gengångare	10	11
Kärleken	8	9
Linux für Internet und Intranet	31	32
Linux im Büro	13	14
Nicht alle Eisbären halten Winterschlaf	39	40
PHP - Grundlagen und Lösungen	29	30

10.2 Datum und Uhrzeit

Alle Beispiele dieses Abschnitts setzen voraus, dass *mytable* eine Spalte *ts* mit Zeitwerten enthält (Datentyp *DATETIME* oder *TIMESTAMP*).

Syntax für Datum und Uhrzeit

Grundsätzlich gilt, dass Daten und Zeiten in SQL-Kommandos als Zeichenketten angegeben werden müssen, wobei eine Syntax verwendet werden muss, die der MySQL-Server versteht.

```
SELECT COUNT(*) FROM mytable
WHERE ts BETWEEN '2004-05-16 08:34:07' AND '2006-02-11 00:15:44'
```

Beachten Sie, dass *BETWEEN a AND b* bedeutet, dass Start- und Endzeitpunkt mit eingeschlossen sind (also *ts>=a AND ts<=b*).

Daten und Zeiten formatieren

DATE_FORMAT(date, format) und *TIME_FORMAT* helfen dabei, Daten und Zeiten anders als im MySQL-Defaultformat darzustellen. Drei Beispiele illustrieren die Syntax:

```
SELECT DATE_FORMAT('2005-12-31', '%M %d %Y')
  December 31 2005

SELECT DATE_FORMAT('2005-12-31', '%D of %M')
  31st of December

SELECT TIME_FORMAT('02:17', '%H')
  02
```

Namen von Wochentagen, Monaten etc. werden immer in Englisch angegeben, unabhängig davon, in welcher Sprache (*language*-Option) MySQL ausgeführt wird.

Noch einige Anmerkungen zur Wochennummer: *%U* liefert 0 für die Tage bis vor den ersten Sonntag im Jahr. Vom ersten Sonntag bis zum darauf folgenden Samstag 1, dann 2 etc. Bei *%u* gilt statt des ersten Sonntags der erste Montag als Stichtag.

Platzhalter	Bedeutung	Beispiel
%S %s	Sekunden zweistellig	*00-59*
%i	Minuten zweistellig	*00-59*
%k	Stunden bis 24 Uhr	*0-23*
%H	Stunden zweistellig bis 24 Uhr	*00-23*
%l	Stunden bis 12 Uhr	*1-12*
%h %I	Stunden zweistellig bis 12 Uhr	*01-12*
%T	Zeit bis 24 Uhr	*00:00:00 bis 23:59:59*
%r	Zeit bis 12 Uhr	*12:00:00 AM bis 11:59:59 PM*
%p	AM oder PM	*AM, PM*
%W	Wochentag	*Monday bis Sunday*
%a	Wochentag abgekürzt	*Mon bis Sun*
%e	Monatstag	*1-31*
%d	Monatstag zweistellig	*01-31*
%D	Monatstag mit englischer Endung	*1st, 2nd, 3rd, 4th ...*
%w	Wochentag als Nummer	*0 (Sontag) - 6 (Samstag)*
%j	Tag im Jahr dreistellig	*001-366*
%U	Wochennummer zweistellig (So)	*00-52*
%u	Wochennummer zweistellig (Mo)	*00-52*
%M	Monatsname	*January-December*
%b	Monatsname abgekürzt	*Jan-Dec*
%c	Monatsnummer	*1-12*
%m	Monatsnummer zweistellig	*01-12*
%Y	Jahr vierstellig	*2000, 2001 ...*
%y	Jahr zweistellig	*00, 01 ...*
%%	Das Zeichen %	*%*

Tabelle 10.1: Platzhalter für DATE_FORMAT und TIME_FORMAT

Anzahl der Datensätze pro Tag, Monat etc. ermitteln

Recht oft kommt es vor, dass Sie wissen möchten, wie viele Datensätze pro Tag und Monat es gibt. Natürlich können Sie nun eine Menge Abfragen mit *BETWEEN start AND end* durchführen. Wesentlich einfacher ist es aber, das Datumsfeld mit verschiedenen Funktionen zu formatieren und die Anzahl durch *GROUP BY* und *COUNT* zu ermitteln.

Die Abfrage ermittelt die Anzahl der Einträge pro Monat für das Jahr 2005. Monat und Jahr werden mit den MySQL-Funktionen *MONTH* und *YEAR* ermittelt.

```
SELECT COUNT(*), MONTH(ts) AS m
FROM mytable
WHERE YEAR(ts)=2002
GROUP BY m
```

COUNT(*)	*m*
152	1
227	2
...	...
58	12

Wenn Sie alle Ergebnisse wissen möchten (nicht nur die für ein Jahr), muss der Gruppierungsausdruck sowohl den Monat als auch das Jahr enthalten. Dazu verwenden Sie am besten die *DATE_FORMAT*-Funktion.

```
SELECT COUNT(*), DATE_FORMAT(ts, '%Y-%m') AS m_y
FROM votelanguage
GROUP by m_y
```

count(*)	*m_y*
214	2004-05
111	2004-06
226	2004-07
...	....
73	2005-01

Berechnungen mit Datum und Uhrzeit

MySQL bietet leider nur wenige SQL-Funktionen an, um mit Datum und Uhrzeit ordentlich zu rechnen: Mit *ADDDATE* können Sie zwar zu einem Datum ein Vielfaches eines Intervalls hinzufügen (z.B. *ADDDATE(NOW(), INTERVAL 2 month)*), es ist aber unmöglich, damit zwei *DATETIME*- oder *TIMESTAMP*-Ausdrücke zu addieren. Immerhin erlauben es die beiden neuen Funktionen *DATEDIFF* und *TIMEDIFF* (verfügbar ab MySQL 4.1), die Zeitdauer zwischen zwei Datums- bzw. Zeitausdrücken zu berechnen.

Die folgenden Beispiele zeigen, wie einfache Zeitberechnungen direkt per SQL-Code durchgeführt werden können. Als Grundlage dient die Tabelle *workingtimes*, mit der Sie z.B. Ihre Arbeitszeiten aufzeichnen können.

```
CREATE TABLE workingtimes (
  id INT AUTO_INCREMENT,
  begintime DATETIME,
  endtime DATETIME,
  PRIMARY KEY (id))
```

```
INSERT INTO workingtimes (begintime, endtime) VALUES
  ('2005-03-27 7:15', '2005-03-27 18:00'),
  ('2005-03-28 8:00', '2005-03-28 18:00'),
  ('2005-03-29 7:30', '2005-03-29 16:50'),
  ('2005-03-30 7:00', '2005-03-30 17:15')
```

Der erste Versuch, für jeden Arbeitstag die Arbeitszeit zu berechnen, scheitert kläglich. Der Grund besteht darin, dass MySQL für die Subtraktion *endtime - begintime* die Zeichenketten mit den Zeitangaben einfach als ganze Zahlen interpretiert, also beispielsweise *'2005-03-27 7:15:00'* als *20050327071500*. Diese Zahlen kann MySQL zwar subtrahieren, das Ergebnis hat aber keinerlei Sinn. (Es handelt sich nicht um die Anzahl der Sekunden, weil die Zeitangaben ja nicht im Dezimalsystem erfolgen! Sekunden und Minuten reichen nur von 0-59 statt von 0-99 etc.)

```
SELECT DATE_FORMAT(begintime, '%Y-%m-%d'), endtime - begintime
FROM workingtimes
```

DATE_FORMAT(begintime, '%Y-%m-%d')	endtime-begintime
2005-03-27	108500
2005-03-28	100000
2005-03-29	92000
2005-03-30	101500

Zum gewünschten Ergebnis kommen Sie am einfachsten, wenn Sie die Funktion *TIMEDIFF* einsetzen:

```
SELECT DATE_FORMAT(begintime, '%Y-%m-%d') AS dt,
       TIMEDIFF(endtime, begintime) AS s
FROM workingtimes
```

dt	t
2005-03-27	10:45:00
2005-03-28	10:00:00
2005-03-29	09:20:00
2005-03-30	10:15:00

Eine andere Vorgehensweise besteht darin, die Zeitangaben mit *UNIX_TIMESTAMP* in UNIX *timestamps* umwandeln. Dabei handelt es sich um 32-Bit-Integerzahlen, die die Anzahl der Sekunden seit dem 1.1.1970 angeben. (Eine Umwandlung ist allerdings nur für den Zeitraum zwischen 1970 und 2038 sinnvoll. Für Zeiten davor sind UNIX-*timestamps* nicht definiert, danach kommt es zu einem Überlauf.) Nach dieser Umwandlung kann die Arbeitszeit in Sekunden berechnet werden.

```
SELECT DATE_FORMAT(begintime, '%Y-%m-%d') AS dt,
 UNIX_TIMESTAMP(endtime) - UNIX_TIMESTAMP(begintime) AS s
FROM workingtimes
```

dt	*s*
2005-03-27	38700
2005-03-28	36000
2005-03-29	33600
2005-03-30	36900

Um die Sekundenangaben besser lesbar zu machen, können Sie die Funktion *SEC_-TO_TIME* einsetzen. Sie ermittelt eine Zeitangabe, wenn die Sekunden seit Mitternacht gerechnet wurden. (Auch Zeitintervalle mit mehr als 24 Stunden werden in das Format *hhhhh:mm:ss* formatiert. Es werden also keine Tage berechnet.)

```
SELECT DATE_FORMAT(begintime, '%Y-%m-%d') AS dt,
 SEC_TO_TIME(UNIX_TIMESTAMP(endtime) - UNIX_TIMESTAMP(begintime)) AS t
FROM workingtimes
```

dt	*t*
2005-03-27	10:45:00
2005-03-28	10:00:00
2005-03-29	09:20:00
2005-03-30	10:15:00

Auch die Gesamtarbeitszeit können Sie leicht mit *SUM* ermitteln – z.B. für alle Tage im März 2005.

```
SELECT SEC_TO_TIME(SUM(UNIX_TIMESTAMP(endtime) -
                       UNIX_TIMESTAMP(begintime))) AS sumtime
FROM workingtimes
WHERE begintime>='2005-03-01 00:00:00' AND
      begintime<='2005-03-31 23:59:59'
```

sumtime
40:20:00

10.3 ENUMs und SETs

Die in Abschnitt 8.3.6 vorgestellten Datentypen *ENUM* und *SET* bieten eine besonders effiziente Möglichkeit, in einem Feld eine aus *n* Zeichenketten (*n*<65.536) bzw. eine Kombination aus *n* Zeichenketten (*n*<256) zu speichern. Dieser Abschnitt gibt einige Tipps zum Umgang mit *ENUM*- und *SET*-Spalten.

ENUM

Mit *ENUM* können Sie eine Liste von bis zu 65.535 Zeichenketten verwalten, denen durchlaufende Nummern zugeordnet werden. Im Feld kann dann immer eine dieser Zeichenketten ausgewählt werden.

In Abfragen wird beim Zeichenkettenvergleich nicht zwischen Groß- und Kleinschreibung unterschieden. Neben den vordefinierten Zeichenketten kann in dem Feld auch eine leere Zeichenkette gespeichert werden (sowie *NULL*, falls dies nicht mit *NOT NULL* ausgeschlossen wurde).

Der Umgang mit dem Feld erfolgt in ähnlicher Weise wie bei einem gewöhnlichen Zeichenkettenfeld. Die folgenden Kommandos zeigen, wie eine Tabelle mit einer *ENUM*-Aufzählung erzeugt und angewendet wird. Im Feld *color* der Tabelle *testenum* kann eine von fünf vordefinierten Farben gespeichert werden.

```
CREATE TABLE testenum
  (color ENUM ('red', 'green', 'blue', 'black', 'white'))

INSERT testenum VALUES ('red')

SELECT * FROM testenum WHERE color='red'
```

SET

SET verfolgt eine ähnliche Idee, allerdings sind hier beliebige Kombinationen möglich. Intern werden den Zeichenketten dazu Zweierpotenzen zugeordnet (1, 2, 4, 8 etc.), so dass eine bitweise Kombination möglich ist. Dementsprechend größer ist auch der Speicherbedarf (ein Bit pro Zeichenkette). Maximal dürfen 64 Zeichenketten kombiniert werden. (Der Speicherbedarf beträgt dann acht Byte.)

Um in einem Feld eine Kombination mehrerer Zeichenketten zu speichern, müssen diese durch Kommas getrennt (aber ohne Leerzeichen!) angegeben werden. Die Reihenfolge der Zeichenketten spielt keine Rolle und wird nicht berücksichtigt. In Abfrageergebnissen werden Kombinationen immer in der Reihenfolge angegeben, in der die Menge definiert wurde.

```
CREATE TABLE testset
  (fontattr SET ('bold', 'italic', 'underlined'))

INSERT testset VALUES ('bold,italic')
```

Bei Abfragen mit dem Operator = wird ein exakter Vergleich der gesamten Kombination durchgeführt. Als Ergebnis werden nur Datensätze geliefert, bei denen die Kombination genau stimmt. Wenn in *testset* also nur der oben eingefügte Datensatz mit *'bold,italic'* gespeichert wurde, dann liefert die folgende Abfrage kein Ergebnis:

```
SELECT * FROM testset WHERE fontattr='italic'
```

Um auch Datensätze zu finden, in denen ein Attribut gesetzt ist (unabhängig von der Kombination mit anderen Attributen), kann die MySQL-Funktion *FIND_IN_-SET* eingesetzt werden. Diese Funktion liefert die Position der gesuchten Zeichenkette innerhalb der Menge (im vorliegenden Beispiel also 1, wenn *'bold'* gefunden wird, 2 für *'italic'* etc.).

```
SELECT * FROM testset WHERE FIND_IN_SET('italic', fontattr)>0
```

Tipp

ENUM- und *SET*-Werte werden intern als Zahlen, nicht als Zeichenketten dargestellt. Wenn Sie bei Abfragen den intern gespeicherten Zahlenwert ermitteln möchten, verwenden Sie einfach *SELECT x+0 FROM table*, wobei *x* der Spaltenname der *ENUM*- oder *SET*-Spalte ist. Es ist auch zulässig, Zahlenwerte bei *INSERT*- oder *UPDATE*-Kommandos zu speichern.

Wenn Sie die Liste aller zulässigen Zeichenketten für ein *ENUM*- oder *SET*-Feld ermitteln möchten (etwa in einem PHP-Programm), müssen Sie *DESCRIBE tablename columnname* zu Hilfe nehmen. Das SQL-Kommando liefert eine Tabelle, in der das Feld *columnname* beschrieben wird. Die Spalte *Type* dieser Tabelle enthält die *ENUM*- oder *SET*-Definition.

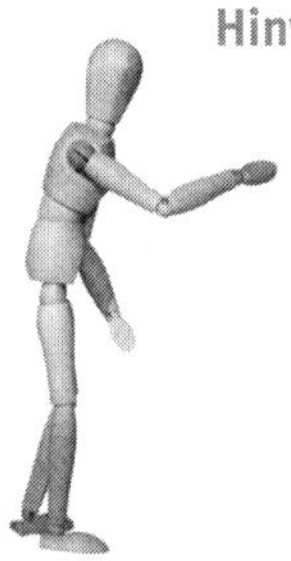

Hinweis

Die Inhalte von *ENUM*- und *SET*-Feldern werden nicht alphabetisch sortiert, sondern in der Reihenfolge, in der die zur Auswahl stehenden Zeichenketten definiert wurden! (Der Grund besteht darin, dass MySQL intern mit den Zahlenwerten arbeitet, die den Zeichenketten zugeordnet sind.) Wenn Sie eine alphabetische Sortierung erreichen möchten, müssen Sie die Spalte explizit in eine Zeichenkette umwandeln, z.B. so:

SELECT CONCAT(x) AS xstr ... ORDER BY xstr

10.4 IF- und CASE-Bedingungen

IF-Abfragen

Mit der Funktion *IF* können Sie je nach dem Wert einer Bedingung zwei unterschiedliche Ergebnisse zurückliefern:

```
IF(bedingung, ergebnis1, ergebnis2)
```

Selbstverständlich können Sie *IF*-Abfragen auch verschachteln, z.B. so:

```
IF(bed1, ergeb1, IF(bed2, ergeb2a, ergeb2b))
```

Wenn Sie testen möchten, ob eine Spalte *NULL* enthält, können Sie dazu die Funktion ***ISNULL**(expr)* verwenden. In manchen Fällen können Sie statt einer Verschachtelung von *IF* und *ISNULL* die Funktion ***IFNULL*** einsetzen. Der folgende Ausdruck liefert *expr2*, wenn *expr1 NULL* ist, sonst *expr1*.

`IFNULL(expr1, expr2)` entspricht `IF(ISNULL(expr1), expr2, expr1)`

CASE-Verzweigungen

Das *CASE*-Konstrukt kennt zwei Syntaxvarianten. Die erste Variante liefert *result1*, wenn *expr=val1*, *result2*, wenn *expr=val2* etc.

```
CASE expr
  WHEN val1 THEN result1resultn.
  WHEN val2 THEN result2
  ...
  ELSE resultn
END
```

Bei der zweiten Variante wird nicht ein Ausdruck ausgewertet, sondern eine beliebige Anzahl von Bedingungen. Das Ergebnis lautet *result1*, wenn die Bedingung *cond1* zutrifft, *result2*, wenn *cond2* gilt, etc.

```
CASE
  WHEN cond1 THEN result1
  WHEN cond2 THEN result2
  ...
  ELSE resultn
END
```

Das folgende Beispiel liefert eine alphabetische Liste aller englischen Buchtitel (*langID=1*) aus der *mylibrary*-Datenbank. Die Besonderheit besteht darin, dass die Artikel *a*, *an* und *the* bei der Sortierung nicht berücksichtigt werden. *A Programmer's Introduction* findet sich daher beim Buchstaben P, nicht bei A. Dazu wird nicht *title* selbst sortiert, sondern der *CASE*-Ausdruck, der je nach dem Inhalt von *title* die um den englischen Artikel verkürzte Zeichenkette zurückgibt.

```
SELECT title FROM titles
WHERE langID=1
ORDER BY
  CASE
    WHEN LEFT(title,2)="A "   THEN MID(title,3)
    WHEN LEFT(title,3)="An "  THEN MID(title,4)
    WHEN LEFT(title,4)="The " THEN MID(title,5)
    ELSE title
  END
```

```
title
-----------------------------------------
A Guide to the SQL Standard
MySQL
MySQL Cookbook
PHP and MySQL Web Development
Practical UNIX & Internet security
A Programmer's Introduction to PHP 4.0
```

Analog zu diesem Beispiel können Sie damit natürlich auch deutsche Titel (Artikel *der*, *die* oder *das*), das Kürzel www in Webadressen oder andere Teile einer Zeichenkette vor dem Sortieren herausfiltern.

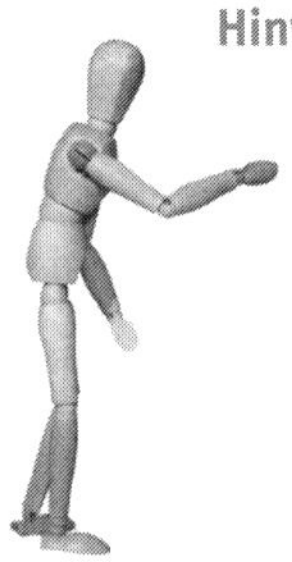

Hinweis

Beachten Sie bitte, dass derartige Suchkriterien die Ausführung von SQL-Abfragen stark verlangsamen. MySQL muss zuerst eine Liste aller Titel bilden und diese dann sortieren. Es ist nicht möglich, den vorhandenen Index der Spalte *title* zu verwenden.

10.5 Kreuztabellen (Pivottabellen)

Kreuztabellen sammeln Informationen aus einer Datenquelle und ordnen sie in mehrere Gruppen. Am einfachsten ist der Zweck solcher Tabellen anhand eines Beispiels zu verstehen: In der *mylibrary*-Tabelle kann zu jedem Buchtitel ein Verlag, eine Kategorie und eine Sprache gespeichert werden. Nun möchten Sie beispielsweise wissen, wie viele Titel es für jede Kombination aus Kategorie und Sprache gibt. Kreuztabellen bieten also eine einfache statistische Auswertung.

SQL bietet leider nur wenige Möglichkeiten zur Bildung von Kreuztabellen, aber in einfachen Fällen können ein paar Zeilen SQL-Code Wunder wirken. Besonders praktisch ist in diesem Zusammenhang die Funktion *SUM* in Kombination mit *IF*: ***SUM*** ermöglicht es, die Summe einer gruppierten Spalte zu ermitteln. Mit ***IF*** kann die Summenbildung von beliebigen Kriterien abhängig gemacht werden. Die beiden folgenden Beispiele demonstrieren die Vorgehensweise.

Kreuztabelle Buchtitel / Sprachen / Kategorien

Ausgangspunkt ist die *mylibrary*-Datenbank. Ziel ist es, eine Tabelle zu ermitteln, die angibt, wie viele Titel in jeder Kombination aus Kategorie und Sprache erschienen sind (natürlich nur für jene Titel, bei denen diese Informationen zur Verfügung stehen). Die Ausgangsdaten sehen so aus:

```
SELECT title, langName, catName
FROM titles, categories, languages
WHERE titles.catID = categories.catID
  AND titles.langID = languages.langID
```

title	*langName*	*catName*
A Guide to the SQL Standard	english	SQL
Practical UNIX & Internet security	english	Computer books
MySQL	english	MySQL
MySQL Cookbook	english	MySQL
PHP and MySQL Web Development	english	PHP
Visual Basic	deutsch	Programming
Excel 2000 programmieren	deutsch	Programming
LaTeX	deutsch	Computer books
Nennen wir ihn Anna	deutsch	Children's books
Mathematica	deutsch	Computer books
Jag saknar dig, jag saknar dig	svensk	Children's books
Hunderna i Riga	svensk	Literature and fiction
Ute av verden	norsk	Literature and fiction
...		

Diese Liste wird nun nach Kategorien gruppiert (*GROUP BY*). Für jede Kategorie werden durch *SUM(IF(titles.langID=n, 1, 0))* die Titel gezählt, die in einer bestimmten Sprache veröffentlicht wurden. *COUNT(*)* zählt alle Titel der Kategorie (unabhängig von der Sprache).

```
SELECT catName,
       SUM(IF(titles.langID=1, 1, 0)) AS english,
       SUM(IF(titles.langID=2, 1, 0)) AS deutsch,
       SUM(IF(titles.langID=3, 1, 0)) AS svensk,
       SUM(IF(titles.langID=4, 1, 0)) AS norsk,
       COUNT(*)
FROM titles, categories, languages
WHERE titles.catID = categories.catID
  AND titles.langID = languages.langID
GROUP BY catName
```

catName	*english*	*deutsch*	*svensk*	*norsk*	*COUNT(*)*
C#	0	1	0	0	1
Children's books	0	1	2	0	3
Computer books	1	5	0	0	6
Databases	0	1	0	0	1
LaTeX, TeX	0	2	0	0	2
Linux	0	3	0	0	3
Literature and fiction	2	7	9	1	19
MySQL	3	1	0	0	4
PHP	2	3	0	0	5
Programming	0	4	0	0	4

Relational Databases	0	1	0	0	1
Sience Fiction	3	0	0	0	3
SQL	1	0	0	0	1
Visual Basic	0	1	0	0	1
Visual Basic .NET	0	2	0	0	2

Ein offensichtliches Problem dieser Abfrage besteht natürlich in den *SUM(...)*-Termen. Was, wenn die *languages*-Spalte nicht nur vier, sondern 20 oder 30 Sprachen enthält? In solchen Fällen müssen Sie den SQL-Code für die Abfrage in einem Client-Programm (z.B. in einem PHP-Script) zusammensetzen: Zuerst ermitteln Sie eine Liste aller Sprachen, dann fügen Sie für jede Sprache einen *SUM(...)*-Term in die SQL-Abfrage ein.

Die Gesamtanzahl der Titel pro Sprache können Sie so ermitteln:

```
SELECT langName, COUNT(*)
FROM titles, categories, languages
WHERE titles.catID = categories.catID
  AND titles.langID = languages.langID
GROUP BY langName
```

langName	*COUNT(*)*
deutsch	32
english	12
norsk	1
svensk	11

Kreuztabelle mit den Abfrageergebnissen pro Monat

Das zweite Beispiel wertet eine fiktive Tabelle *vote* mit Abfrageergebnissen einer Umfrage aus. Die Ausgangsdaten sehen so aus:

```
SELECT * FROM vote LIMIT 5
```

id	*choice*	*ts*
1	4	20010516083407
2	3	20010516083407
3	5	20010516083407
4	4	20010516083407
5	2	20010516083407

Das Ziel besteht nun darin, für jeden Monat die prozentuellen Ergebnisse anzuzeigen, beispielsweise um eine Veränderung des Abstimmverhaltens oder einen Manipulationsversuch festzustellen.

Ganz einfach ist es, die Anzahl der Teilnehmer der Umfrage pro Monat festzustellen.

```
SELECT DATE_FORMAT(ts, '%Y-%m') AS mnth, COUNT(*)
FROM vote
GROUP BY mnth
```

mnth	*COUNT(*)*
2001-05	214
2001-06	111
...	...
2002-12	58
2003-01	73

Die Anzahl der Stimmen für jede mögliche Auswahl (A bis F) wird mit *SUM(IF(...))* ermittelt.

```
SELECT DATE_FORMAT(ts, '%Y-%m') AS mnth,
       SUM(IF(choice=1, 1, 0)) AS A,
       SUM(IF(choice=2, 1, 0)) AS B,
       SUM(IF(choice=3, 1, 0)) AS C,
       SUM(IF(choice=4, 1, 0)) AS D,
       SUM(IF(choice=5, 1, 0)) AS E,
       SUM(IF(choice=6, 1, 0)) AS F,
       COUNT(*)
FROM vote
GROUP BY mnth
```

mnth	*A*	*B*	*C*	*D*	*E*	*F*	*COUNT(*)*
2001-05	20	24	30	110	16	14	214
2001-06	6	13	15	64	7	6	111
...							
2002-12	8	4	6	31	5	4	58
2003-01	7	14	13	24	10	5	73

Wenn Sie nun noch die Prozentverteilung wissen möchten, müssen Sie die *SUM*-Ausdrücke durch *COUNT(*)* dividieren. Durch die Multiplikation mit 100 und die Funktion *ROUND* werden die Ergebnisse gut lesbar formatiert.

```
SELECT DATE_FORMAT(ts, '%Y-%m') AS mnth,
       ROUND(SUM(IF(choice=1, 1, 0)) * 100 / COUNT(*), 1) AS A,
       ROUND(SUM(IF(choice=2, 1, 0)) * 100 / COUNT(*), 1) AS B,
       ROUND(SUM(IF(choice=3, 1, 0)) * 100 / COUNT(*), 1) AS C,
       ROUND(SUM(IF(choice=4, 1, 0)) * 100 / COUNT(*), 1) AS D,
       ROUND(SUM(IF(choice=5, 1, 0)) * 100 / COUNT(*), 1) AS E,
       ROUND(SUM(IF(choice=6, 1, 0)) * 100 / COUNT(*), 1) AS F
FROM votel
GROUP BY mnth
```

```
mnth        A     B     C     D     E     F
-----------------------------------------------
2001-05   9.3  11.2  14.0  51.4   7.5   6.5
2001-06   5.4  11.7  13.5  57.7   6.3   5.4
..
2002-12  13.8   6.9  10.3  53.4   8.6   6.9
2003-01   9.6  19.2  17.8  32.9  13.7   6.8
```

10.6 Doppelgänger suchen

Bei der Wartung von Datenbanken tritt immer wieder das Problem auf, dass Datensätze mehrfach gespeichert werden. Wie das folgende Beispiel für die *authors*-Tabelle aus der *mylibrary*-Datenbank zeigt, lassen sich derartige Datensätze leicht finden. Dazu werden Gruppen gleicher Autorennamen gebildet und nur die Namen angezeigt, deren Gruppe größer eins ist.

```
SELECT authName, COUNT(*) AS cnt FROM authors
GROUP BY authName HAVING cnt>1
```

In einem zweiten Schritt könnten nun die *authID*-Nummern dieser Datensätze ermittelt werden. Anschließend kann der Fehler behoben werden: Dazu ersetzen Sie in der Tabelle *rel_title_author* die zweite *authID*-Nummer durch die erste und löschen dann den zweiten Eintrag aus der Tabelle *authors*.

Bei der *titles*-Tabelle ist es durchaus zulässig, dass mehrere Bücher denselben Titel haben. Es müssen also mehrere Spalten gleichzeitig berücksichtigt werden:

```
SELECT title, subtitle, edition, COUNT(*) AS cnt FROM titles
GROUP BY title, subtitle, edition HAVING cnt>1
```

Schwieriger ist es, Doppelgänger zu finden, die sich nur durch Tippfehler unterscheiden. Bei englischen Namen können Sie sich mit *SOUNDEX* behelfen. Diese Funktion liefert eine Zeichenkette, die der Aussprache des Texts entspricht. Das Resultat muss allerdings manuell kontrolliert werden: Einerseits findet *SOUNDEX* keineswegs alle ähnlichen Datensätze, andererseits findet die Funktion Doppelgänger, bei denen es sich in Wirklichkeit um ganz unterschiedliche Namen handelt. Die folgende Abfrage liefert dank *MIN(authName)* auch gleich den alphabetisch ersten der ähnlich lautenden Namen.

```
SELECT SOUNDEX(authName) AS snd,
       COUNT(*) AS cnt,
       MIN(authName) AS firstname
FROM authors
GROUP BY snd
HAVING cnt>1
```

10.7 Die ersten/letzten *n* Datensätze bearbeiten

Die immer wieder auftauchende Frage, wie eine *Top-Ten*-Liste erzeugt wird oder wie (allgemeiner formuliert) die ersten, besten, aktuellsten, ältesten *n* Datensätze ermittelt werden können, ist schnell beantwortet: durch ein *SELECT*-Kommando in Kombination mit *ORDER BY* und *LIMIT*.

Mit *ORDER BY* müssen Sie das Sortierkriterium angeben – z.B. ein Datum. Falls Sie nicht die ersten, sondern die letzten Ergebnisse ermitteln möchten, drehen Sie die Sortierreihenfolge durch ein nachfolgendes *DESC* um (*ORDER BY datum DESC*). *LIMIT* beschränkt die Anzahl der Ergebnisse auf eine bestimmte Zahl.

Die folgende Abfrage ermittelt die fünf alphabetisch ersten Buchtitel aus der *titles*-Tabelle:

```
SELECT title FROM titles ORDER BY title LIMIT 5
```

Ein wenig komplizierter ist es, die Verlage zu ermitteln, in denen am meisten Bücher erschienen sind: Die Einträge der *titles*-Tabelle werden nach ihrer *publID*-Nummer gruppiert. Das Ergebnis wird nach der Anzahl der Titel verkehrt sortiert (die größte Anzahl zuerst) und dann auf die drei besten Ergebnisse beschränkt.

```
SELECT publName, COUNT(titles.publID) AS cnt
FROM titles, publishers
WHERE publishers.publID = titles.publID
GROUP BY titles.publID
ORDER BY cnt DESC
LIMIT 3
```

Tipp

So, wie Sie mit *SELECT* die ersten/letzten *n* Datensätze durch *ORDER BY* und *LIMIT n* auswählen können, so können Sie diese Datensätze auch mit *UPDATE* bzw. mit *DELETE* ändern.

10.8 Datensätze zufällig auswählen

Manchmal ist es sinnvoll, Datensätze zufällig auszuwählen – beispielsweise um auf einer Website wechselnde Bilder, Werbeangebote etc. anzuzeigen.

Auswahl ohne random-Spalte

Am einfachsten ist eine zufällige Auswahl dadurch zu erreichen, dass alle Datensätze mit *SELECT* ausgewählt werden und ***ORDER BY*** mit dem Zusatz ***RAND()*** ausgeführt wird. Dadurch wird die resultierende Liste nach Zufallszahlen sortiert. Nun kann mit *LIMIT* der erste Datensatz ausgewählt werden.

Die folgenden Beispiele basieren auf einer Kopie der *titles*-Tabelle aus der *mylibrary*-Datenbank. Zwei Abfragen suchen daraus zwei unterschiedliche (zufällige) Titel aus:

```
SELECT titleID, title  FROM titles
ORDER BY RAND() LIMIT 1
```

titleID	*title*
59	PHP and MySQL Web Development

```
SELECT titleID, title  FROM titles
ORDER BY RAND() LIMIT 1
```

titleID	*title*
2	Definitive Guide to Excel VBA

Wenn Sie nicht nur einen, sondern mehrere Datensätze zufällig auswählen möchten, geben Sie einfach *LIMIT n* statt *LIMIT 1* an.

Auswahl mit random-Spalte

Die oben präsentierte Vorgehensweise hat einen offensichtlichen Nachteil: Sie ist bei großen Tabellen sehr ineffizient! Es müssen alle Datensätze in den Speicher gelesen und dort (entsprechend einer Zufallszahl) sortiert werden, um dann nur einen einzigen Datensatz auszuwählen.

Für größere Tabellen ist es deswegen sinnvoll, eine Spalte mit einer Zufallszahl bereits bei der Tabellendeklaration vorzusehen. Natürlich kann die *random*-Spalte auch nachträglich eingefügt werden, wie die folgenden Zeilen beweisen: Das erste *ALTER-TABLE*-Kommando fügt die Spalte hinzu, das zweite stattet die Spalte mit einem Index aus. *UPDATE* speichert schließlich bei allen vorhandenen Datensätzen einen Zufallswert in der neuen Spalte. (Beim Einfügen neuer Datensätze müssen Sie allerdings selbst daran denken, eine Zufallszahl für die *random*-Spalte zu übergeben. Leider bietet MySQL zurzeit keine Möglichkeit, als Defaultwert eine Funktion wie *RAND* anzugeben.)

```
ALTER TABLE titles ADD random DOUBLE

ALTER TABLE titles ADD INDEX (random)

UPDATE titles SET random = RAND()
```

Um nun einen zufälligen Datensatz auszuwählen, verwenden Sie das folgende Kommando:

```
SELECT titleID, title FROM titles
WHERE random > RAND() ORDER BY random LIMIT 1
```

Dieses Kommando wirkt auf den ersten Blick nicht effizienter als jenes im vorherigen Beispiel. Tatsächlich muss MySQL nun aber nur noch einen einzelnen Datensatz aus der Tabelle heraussuchen, der der Bedingung *random > RAND()* genügt. Da für die *random*-Spalte ein Index angelegt wurde, ist der Zugriff sehr effizient.

Vergessen Sie nicht *ORDER BY*! Andernfalls wählt MySQL irgendeinen Datensatz aus, der *random > RAND()* genügt, und nicht unbedingt den, der am nähesten beim Zufallswert liegt. Die Auswahl des Datensatzes wäre dann nicht mehr rein zufällig, sondern davon abhängig, wie die Datensätze in der Tabelle gespeichert sind.

Natürlich ist auch die Variante mit *random*-Spalte nicht ohne Nachteile:

- Der Platzbedarf der Tabelle auf der Festplatte ist größer (zusätzliche Spalte plus Index).
- Jede Änderung der Tabelle ist langsamer als bisher (Index für die *random*-Spalte).
- Es ist nur eine zufällige Auswahl *eines* Datensatzes möglich. (Wenn Sie *LIMIT 5* verwenden, bekommen Sie zwar fünf Datensätze, aber es ist immer das gleiche Paket von fünf Datensätzen.)
- Sie müssen beim Einfügen neuer Datensätze immer daran denken, der *random*-Spalte eine Zufallszahl zuzuweisen.

Auswahl auf der Basis einer ID-Spalte

Vielleicht erscheinen Ihnen die beiden obigen Lösungsansätze unnötig kompliziert. Es geht ja eigentlich nur darum, den *n*-ten von *nmax* Datensätzen zu lesen, wobei *nmax* mit *SELECT COUNT(*) FROM table* leicht ermittelt werden kann. Leider gibt es kein SQL-Kommando, um den *n*-ten Datensatz zu lesen. In welcher Reihenfolge die Datensätze gespeichert werden, entscheidet MySQL (bzw. der Tabellentreiber) – das ist von außen nicht beeinflussbar.

Der nahe liegende Ausweg wäre es, eine *AUTO_INCREMENT*-Spalte zu verwenden. Wenn die Tabelle 1000 Datensätze enthält, dann müsste die *id*-Spalte ja die Werte 1 bis 1000 enthalten und die Auswahl wäre mit *WHERE id = CEILING(RAND()*1000)* möglich. Das Problem besteht aber darin, dass Sie sich nicht darauf verlassen dürfen, dass die *id*-Spalte lückenfrei gefüllt ist. Sobald Sie Datensätze aus der Tabelle löschen, entstehen Lücken, die auch beim Einfügen neuer Datensätze nicht mehr gefüllt werden!

10.9 Mustervergleich

LIKE

Mit dem Operator *LIKE* können Sie Zeichenketten nach Mustern durchsuchen. *LIKE* unterstützt die zwei Platzhalter, _ für ein beliebiges Zeichen und % für beliebig viele (auch 0) Zeichen. Wie beim gewöhnlichen Zeichenkettenvergleich unterscheidet auch *LIKE* nicht zwischen Groß- und Kleinschreibung.

```
SELECT 'MySQL' LIKE '%sql'
        1
```

Das folgende *SELECT*-Kommando liefert alle Buchtitel, die die Zeichenkette SQL enthalten:

```
SELECT title FROM titles WHERE title LIKE '%SQL%'
```

Wenn die Zeichen _ oder % selbst im Muster verwendet werden sollen, muss \ vorangestellt werden.

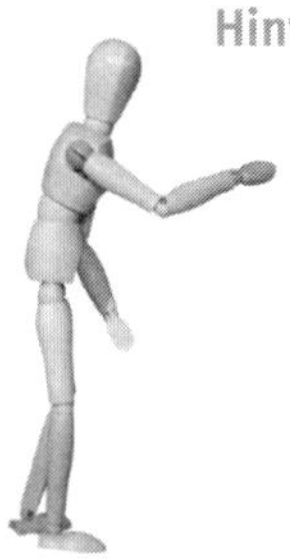

Hinweis

Beachten Sie bitte, dass die Durchführung eines Mustervergleichs in einer Abfrage bei großen Tabellen sehr langsam ist. Das gilt für *LIKE* und in noch stärkerem Maße für *REGEXP*. In manchen Fällen ist es sinnvoller, statt eines Mustervergleichs eine Volltextsuche durchzuführen (siehe den nächsten Abschnitt).

REGEXP

Erheblich mehr Möglichkeiten zur Formulierung eines Vergleichmusters bietet *REGEXP* bzw. das gleichwertige Kommando *RLIKE*. Wie bei *LIKE* wird nicht zwischen Groß- und Kleinschreibung unterschieden. Zur Bildung des Suchmusters stehen nun erheblich mehr Zeichen zur Auswahl, die in der folgenden Tabelle zusammengefasst sind.

Zeichen	Bedeutung
abc	Die Zeichenkette *abc*
(abc)	Die Zeichenkette *abc* (zu einer Gruppe zusammengefasst)
[abc]	Eines der Zeichen *a*, *b* oder *c*
[a-z]	Eines der Zeichen *a-z*
[^abc]	Keines dieser Zeichen (jedes beliebige andere)
.	Jedes beliebige Zeichen
x	Der Ausdruck *x* muss einmal auftreten.
x|y	Der Ausdruck *x* oder *y* muss einmal auftreten.
x?	Der Ausdruck *x* darf genau einmal (oder gar nicht) auftreten.
*x**	Der Ausdruck *x* darf beliebig oft (auch gar nicht) auftreten.
x+	Der Ausdruck *x* darf beliebig oft, muss aber mindestens einmal auftreten.
x{n}	Der Ausdruck *x* muss genau *n* mal auftreten.
x{,n}	Der Ausdruck *x* darf höchstens *n*-mal auftreten.
x{n,}	Der Ausdruck *x* muss mindestens *n*-mal auftreten.
x{n,m}	Der Ausdruck *x* muss mindestens *n*- und darf höchstens *m*-mal auftreten.

Tabelle 10.2: Suchmuster für REGEXP

Zeichen	Bedeutung
^	Platzhalter für den Beginn der Zeichenkette
$	Platzhalter für das Ende der Zeichenkette
x	Sonderzeichen *x* (z.B. *$* für *$*)

Tabelle 10.2: Suchmuster für REGEXP (Forts.)

An dieser Stelle werden lediglich einige Syntaxbeispiele gegeben. Im einfachsten Fall testet *expr REXEXP pattern* einfach, ob die *pattern*-Zeichenkette in *expr* enthalten ist.

```
SELECT 'abcabc' REGEXP 'abc',     'abcabc' REGEXP 'cb'
        1, 0
```

Das Suchmuster braucht also nicht die gesamte Zeichenkette zu beschreiben, sondern nur einen Teil. Wenn Sie die gesamte Zeichenkette erfassen möchten, müssen Sie im Suchmuster ^ und $ verwenden.

```
SELECT 'abc' REGEXP '^abc$', 'abcabc' REGEXP '^abc$'
        1, 0
```

Eckige Klammern stellen mehrere Zeichen zur Auswahl. Der Operator + bedeutet, dass eines dieser Zeichen mindestens einmal im Suchausdruck auftreten muss.

```
SELECT 'cde' REGEXP '[a-c]+', 'fgh' REGEXP '[a-c]+'
        1, 0
```

Runde Klammern bezeichnen eine ganze Zeichenkette. Geschwungene Klammern geben an, wie oft diese Zeichenkette unmittelbar hintereinander vorkommen muss.

```
SELECT 'xabcabcz' REGEXP '(abc){2}', 'xabcyabcz' REGEXP '(abc){2}'
        1, 0
```

Beachten Sie bitte, dass *REGEXP* erfolgreich ist, wenn das Suchmuster irgendwo innerhalb der Zeichenkette erkannt wird.

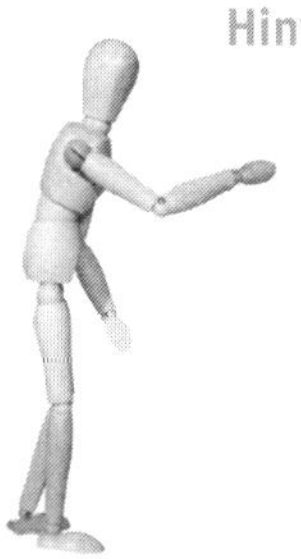

Hinweis

Eine Menge weiterer Beispiele finden Sie im Anhang des MySQL-Handbuchs.

http://dev.mysql.com/doc/refman/5.1/en/regexp.html

Binärer Zeichenkettenvergleich

Zeichenketten werden normalerweise ohne Berücksichtigung der Groß- und Kleinschreibung verglichen, d.h., 'a'='A' liefert 1 (wahr) als Ergebnis. Wenn Sie einen Binärvergleich durchführen möchten, müssen Sie vor einen der Operanden *BINARY* stellen. *BINARY* ist ein sogenannter Cast-Operator, d.h., er verändert den Datentyp eines Operanden (macht also aus einer Zahl oder einer Zeichenkette ein Binärobjekt). *BINARY* gilt sowohl für gewöhnliche Zeichenkettenvergleiche als auch für Mustervergleiche mit *LIKE* und *REGEXP*.

```
SELECT 'a'='A', BINARY 'a' = 'A', 'a' = BINARY 'A'
      1, 0, 0
SELECT 'abcabc' REGEXP 'ABC', 'abcabc' REGEXP BINARY 'ABC'
      1, 0
```

10.10 Volltextsuche

Zwar können Sie mit *LIKE* oder *REGEXP* auch umfangreiche Tabellen nach einem oder mehreren Wörtern durchsuchen, aber Sie müssen sich dann auf lange Wartezeiten einstellen. MySQL muss jeden Datensatz lesen und einen Mustervergleich ausführen. Wesentlich effizienter ist es, für die entsprechenden Spalten der Tabelle einen Volltextindex einzurichten (siehe Abschnitt 8.9).

Um eine Tabelle nachträglich mit einem Volltextindex auszustatten, führen Sie das folgende Kommando aus. Als Parameter von *FULLTEXT* können beliebig viele *TEXT*- und (*VAR*)*CHAR*-Spalten angegeben werden.

```
ALTER TABLE tabelle ADD FULLTEXT(spalte1, spalte2 ...)
```

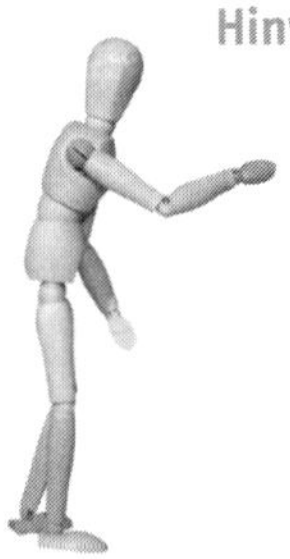

Hinweis

Ein Volltextindex kann momentan nur für MyISAM-Tabellen eingerichtet werden (nicht für InnoDB-Tabellen)!

Wörter bis zu drei Buchstaben werden nicht in den Volltextindex aufgenommen und können daher auch nicht gesucht werden! Der MySQL Administrator kann dieses Standardverhalten ändern, indem er in die Konfigurationsdatei my.cnf bzw. my.ini die Einstellung *ft_min_word_len = 3* einträgt, den Server neu startet und durch *REPAIR TABLE tablename QUICK* bei den betreffenden Tabellen den Index neu erzeugt.

Für die folgenden Beispiele wurde in der *mylibrary*-Datenbank, die ja aus lauter InnoDB-Tabellen besteht, eine neue MyISAM-Tabelle *fulltitles* erzeugt. Dabei wurde eine besondere Syntaxvariante des *CREATE-TABLE*-Kommandos eingesetzt. MySQL führt zuerst das *SELECT*-Kommando aus. Dessen Ergebnisse werden in die neue Tabelle eingefügt. Die Ergebnisse bestimmen gleichzeitig auch die Spaltennamen und Spalteneigenschaften der neuen Tabelle.

```
CREATE TABLE fulltitles ENGINE = MyISAM
SELECT titleID, title, subtitle FROM titles
```

Anschließend wurde die neue Tabelle mit einem Volltextindex für die Spalten *title* und *subtitle* ausgestattet.

```
ALTER TABLE fulltitles ADD FULLTEXT(title, subtitle)
```

Volltextsuche

Wenn ein Volltextindex existiert, kann zur Suche der SQL-Ausdruck *MATCH AGAINST* eingesetzt werden:

```
SELECT * FROM fulltitles
WHERE MATCH(title, subtitle) AGAINST('wort1 wort2 wort3') > 0.001
```

Damit werden alle Datensätze gefunden, in denen zumindest eines der drei Wörter *wort1*, *wort2* oder *wort3* enthalten ist. Die Spaltenliste bei *MATCH* muss exakt jener entsprechen, mit der der Index erzeugt worden ist. Die Groß- und Kleinschreibung der Suchbegriffe in *AGAINST* ist gleichgültig. Die Reihenfolge der Suchbegriffe wird ebenfalls nicht berücksichtigt. Wörter mit drei oder weniger Buchstaben werden generell ignoriert.

MATCH liefert als Ergebnis eine Fließkommazahl, die umso größer ist, je höher die Relevanz des Ergebnisses ist. Wenn keines der Wörter gefunden wurde oder wenn die Suchbegriffe in sehr vielen Datensätzen auftreten und deswegen ignoriert werden, liefert *MATCH* 0.

Der Ausdruck *MATCH ... > 0.001* scheidet Ergebnisse aus, bei denen *MATCH* sehr kleine Werte liefert. (Damit lassen sich statistische Ausreißer bzw. Fließkommaungenauigkeiten ausschließen.)

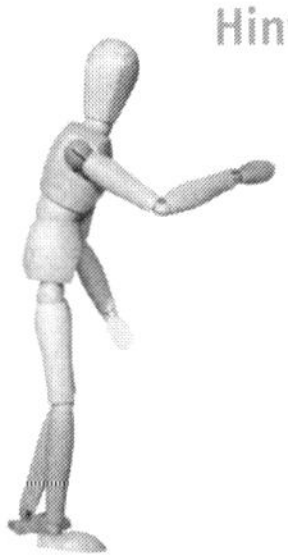

Hinweis

Damit das obige Kommando mit *MATCH(title, subtitle)* ausgeführt werden kann, muss ein Volltextindex über genau diese beiden Spalten existieren. Ein Index über mehr Spalten oder zwei Volltextindizes über jeweils eine Spalte (also einer für *title* und einer für *subtitle*) sind nicht geeignet!

Ergebnisse ordnen

Der *MATCH*-Ausdruck kann zum Ordnen der Ergebnisse verwendet werden. Die folgende Abfrage liefert die fünf besten Ergebnisse. Die Bedingung muss mit *HAVING* formuliert werden, weil *WHERE* den Aliasnamen *mtch* nicht akzeptiert.

```
SELECT *, MATCH(title, subtitle) AGAINST('MySQL') AS mtch
FROM fulltitles
HAVING mtch > 0.001
ORDER BY mtch DESC
LIMIT 5
```

titleID	title	subtitle	mtch
60	MySQL Cookbook	Solutions and Examples ...	2.711235
7	MySQL		1.887832
34	MySQL	NULL	1.887832
9	MySQL & mSQL	NULL	1.866610
59	PHP and MySQL Web Development	NULL	1.866610

Der *MATCH*-Ausdruck wird nach relativ komplizierten Regeln berechnet. Insbesondere werden Wörter, die im Text selten vorkommen, stärker gewichtet. Ebenso wird ein Wort stärker gewichtet, wenn es aus einem kurzen Text stammt.

Boolesche Suchausdrücke

Standardmäßig werden alle in *AGAINST* angegebenen Suchbegriffe durch ein logisches Oder verknüpft. Alternativ können Sie die Suchbegriffe aber auch zu einem booleschen Ausdruck verknüpfen. Dazu muss dem Suchausdruck ***IN BOOLEAN MODE*** folgen. Außerdem können nun zur Formulierung des Ausdrucks die Sonderzeichen aus der folgenden Tabelle verwendet werden.

Zeichen	Bedeutung
+word	bedeutet, dass das Wort im Datensatz enthalten sein muss. Damit entspricht *AGAINST('+word1 +word2' IN BOOLEAN MODE)* einer booleschen *Und*-Verknüpfung der beiden Suchbegriffe.
-word	bedeutet, dass das Wort nicht im Datensatz enthalten sein darf.
~word	bedeutet, dass das Wort nicht im Datensatz enthalten sein soll. Anders als durch *-word* werden derartige Datensätze aber nicht ganz ausgeschlossen, sondern nur geringer bewertet. *~word* eignet sich damit zur Kennzeichnung von *noise words*, also Begriffen, die im Kontext Ihrer Suche eher stören als nutzen.
<word	ordnet dem Wort einen geringeren Stellenwert zu.
>word	ordnet dem Wort einen höheren Stellenwert zu.
word*	sucht nach Wörtern, die mit *word* beginnen (z.B. *words*, *wordless* etc.).
"word1 word2"	bedeutet, dass exakt diese Wortfolge gesucht wird. Die Groß- und Kleinschreibung wird auch hier nicht berücksichtigt.
( )	kann zur Gruppierung von Ausdrücken verwendet werden. *AGAINST('+mysql +(buch book)' IN BOOLEAN MODE)* sucht nach Datensätzen, die *mysql* und *buch* oder *book* enthalten.

Tabelle 10.3: Boolesche Suchausdrücke (IN BOOLEAN MODE)

Eine boolesche Volltextsuche kann z.B. so aussehen:

```
SELECT * FROM tablename
WHERE MATCH(column1, column2)
      AGAINST('+word1 +word2 -word3' IN BOOLEAN MODE)
```

Ein wesentlicher Nachteil der booleschen Suche besteht darin, dass *MATCH* jetzt nur noch die Resultate 0 oder 1 liefert, je nachdem, ob die Suchbedingung erfüllt ist oder nicht. Eine Bewertung der Relevanz erfolgt nicht mehr.

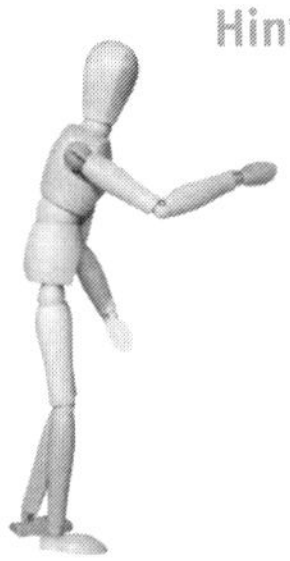

Hinweis

Beachten Sie, dass bei der Volltextsuche keine Suchmuster wie bei *LIKE* möglich sind. Die einzige Ausnahme ist die oben erwähnte Variante *word**, wobei das Jokerzeichen * am Ende des Worts stehen muss.

Volltextsuche über mehrere Tabellen

Ein Volltextindex kann immer nur für eine Tabelle definiert werden. Um nach Daten aus verknüpften Tabellen zu suchen, müssen Sie beide Tabellen mit einem Volltextindex ausstatten. Die resultierenden SQL-Suchabfragen sind allerdings umständlich zu formulieren und für den Server schlecht zu optimieren.

Einschränkungen

- Damit die Volltextsuche funktioniert, müssen sich in der Tabelle mindestens drei Datensätze befinden. Experimente mit Tabellen, die nur ein oder zwei Datensätze enthalten, scheitern daher. Generell funktioniert *MATCH* bei großen Tabellen besser als bei kleinen, wo es bisweilen schwer nachvollziehbare Ergebnisse liefert.
- Die Volltextsuche basiert auf ganzen Wörtern. Jede noch so kleine Veränderung (Plural, andere Endung, andere Verbkonjugation etc.) gilt als eigenes Wort. Das erschwert bisweilen die Suche.

  Um alle relevanten Datensätze zu finden, müssen in *AGAINST* auch Varianten angegeben werden (z.B. *AGAINST('book books')* oder *AGAINST('buch bücher computerbuch computerbücher')*, um alle Datensätze zu finden, die von Büchern handeln). Einen anderen Ausweg bietet manchmal das Jokerzeichen *, das aber nur in booleschen Suchausdrücken verwendet werden kann (*AGAINST('book*' IN BOOLEAN MODE)*).

  Als *Wort* im Sinne der Volltextsuche werden Zeichenmengen betrachtet, die aus Buchstaben, Zahlen und den Zeichen ' und _ bestehen. Erfreulicherweise gelten auch nicht englische Buchstaben wie äöü als Buchstaben. Beachten Sie aber, dass Begriffe wie C++ nicht als Wörter gelten und daher auch nicht gefunden werden können!

- Wörter müssen mindestens vier Zeichen lang sein, damit sie berücksichtigt werden! Das macht die Suche nach Abkürzungen wie SQL unmöglich. (Diese Einschränkung kann durch eine Änderung der Server-Konfiguration behoben werden, siehe unten.)
- Die Volltextsuche unterscheidet nicht zwischen Groß- und Kleinbuchstaben (was in der Regel ja auch sinnvoll ist).
- Die Volltextsuche steht zurzeit nur für MyISAM-Tabellen zur Verfügung (nicht aber für InnoDB-Tabellen).

Volltextsuche für Wörter mit drei Buchstaben

Wie bereits erwähnt, funktioniert die Volltextsuche per Default nur für Wörter ab vier Buchstaben. Damit soll vermieden werden, dass englische Wörter wie *a*, *in*, *the* etc. oder deutsche Wörter wie *der*, *die*, *das*, *ein* etc. den Index unnötig aufblähen. Allerdings macht das die Suche nach Abkürzungen wie SQL oder PHP unmöglich.

Mit dem MySQL-Konfigurationsparameter `ft_min_word_len=n` können Sie die minimale Wortlänge für den Volltextindex einstellen. Dazu tragen Sie den Parameter in der MySQL-Konfigurationsdatei (`my.cnf` oder `my.ini`) in den Abschnitt `[mysqld]` ein. Damit die Einstellung wirksam wird, müssen Sie den MySQL-Server neu starten und den Volltextindex neu erzeugen (am einfachsten durch *REPAIR TABLE tablename QUICK*).

10.11 XML-Funktionen

MySQL 5.1 kennt zwei neue XML-Funktionen, die bei der Bearbeitung von XML-Daten helfen, die als Zeichenketten in MySQL-Tabellen gespeichert sind:

- *result* = ***ExtractValue****(xml, xpath)* wendet den XPath-Ausdruck auf die XML-Zeichenkette an und liefert als Ergebnis eine Teilzeichenkette.
- *result* = ***UpdateXML****(oldxml, xpath, newxml)* ersetzt innerhalb von *oldxml* die durch *xpath* ausgewählte Teilzeichenkette durch *newxml* und liefert als Ergebnis die neue XML-Zeichenkette zurück.

Beachten Sie, dass die beiden hier vorgestellten Funktionen MySQL nicht zur »XML-Datenbank« machen – was auch immer man in diesen Begriff hineininterpretiert. *ExtractValue* und *UpdateXML* sind zwar praktische, aber nicht unbedingt effiziente Hilfsfunktionen. Beide Funktionen verarbeiten nur eine Teilmenge der XPath-Syntax. Weitere Details und Beispiele zum Umgang mit XML-Daten in MySQL 5.1 finden Sie hier:

http://dev.mysql.com/doc/refman/5.1/en/xml-functions.html
http://dev.mysql.com/tech-resources/articles/mysql-5.1-xml.html
http://dev.mysql.com/tech-resources/articles/xml-in-mysql5.1-6.0.html

Ich setze hier voraus, dass Ihnen XML-Grundlagen und die XPath-Syntax vertraut sind. Sollte das nicht der Fall sein, besorgen Sie sich ein grundlagenorientiertes XML-Buch oder suchen Sie im Internet nach *xpath syntax*. Empfehlenswert sind die folgenden Webseiten:

http://de.selfhtml.org/xml/darstellung/xpathsyntax.htm
http://www.zvon.org/xxl/XPathTutorial/General_ger/examples.html
http://www.w3schools.com/xpath/xpath_syntax.asp
http://www.w3.org/TR/xpath

Vorbereitungsarbeiten

Die folgenden Kommandos zeigen, wie die Tabelle *xmltest* erzeugt wurde, um die Kommandos *ExtractValue* und *UpdateXML* auszuprobieren. *xmltest* ist in der Datenbank *mylibrary* bereits enthalten; es ist also nicht notwendig, dass Sie die folgenden Schritte wiederholen.

Die Tabelle *xmltest* ist ganz einfach aufgebaut und besteht lediglich aus einer ID-Spalte und der Textspalte *xmldata*.

```
CREATE TABLE xmltest
  (id INT NOT NULL AUTO_INCREMENT,
   xmldata TEXT,
   PRIMARY KEY (id))
ENGINE = InnoDB
DEFAULT CHARSET = latin1 COLLATE = latin1_german1_ci
```

Die Tabelle enthält drei Testdatensätze, die durch *INSERT*-Kommandos wie im folgenden Beispiel eingefügt wurden:

```
INSERT INTO xmltest (xmldata)
VALUES ('<book>
           <title>Brott</title>
           <subtitle></subtitle>
           <authors>Fossum Karin</authors>
           <publisher>Månpocket</publisher>
           </book>')
```

Beispiele

Das folgenden *SELECT*-Kommando extrahiert aus den XML-Zeichenketten jeweils den Buchtitel.

```
SELECT id, ExtractValue(xmldata, '/book/title') FROM xmltest
```

id	*extractvalue(xmldata, '/book/title')*
1	Linux
2	PHP 5.3 und MySQL 5.1
3	Brott

Das folgenden *UPDATE*-Kommando korrigiert die Schreibweise des Addison-Wesley-Verlags (mit Bindestrich). Beachten Sie, dass Sie bei *UpdateXML* ein vollständiges XML-Tag angeben müssen, nicht nur dessen Inhalt!

```
UPDATE xmltest
SET xmldata = UpdateXML(xmldata, '/book/publisher',
                        '<publisher>Addison-Wesley</publisher>')
WHERE ExtractValue(xmldata, '/book/publisher') = 'Addison Wesley'
```

10.12 Metainformationen abfragen (information_schema)

In typischen PHP-Programmen ist es nur selten erforderlich, Informationen über den Aufbau der Datenbank zu ermitteln – also beispielsweise nicht den Inhalt einer Tabelle zu lesen, sondern die Beschreibung der Tabelleneigenschaften. Zu den Ausnahmen zählen Programme wie phpMyAdmin, die die Struktur von Datenbanken, Tabellen und anderen MySQL-Objekten lesen, ändern und verwalten.

MySQL hilft bei der Ermittlung derartiger Metadaten auf zweierlei Weise: Einerseits durch einige MySQL-spezifische SQL-Kommandos wie *SHOW DATABASES*, *SHOW TABLES* etc., und andererseits durch die virtuelle *information_schema*-Datenbank: Diese Datenbank beschreibt in mehreren Tabellen alle Eigenschaften aller MySQL-Objekte zusammen. Die Datenbank existiert nicht real auf der Festplatte, vielmehr werden die Informationen vom MySQL-Server dynamisch bei Bedarf erzeugt.

Einen ersten Überblick über die vorhandenen Tabellen und deren Inhalt gibt phpMyAdmin: Dort können Sie die *information_schema* wie jede andere Datenbank auslesen (aber nicht verändern). Eine genaue Beschreibung der zurzeit immerhin 22 Tabellen gibt wie üblich das MySQL-Handbuch:

http://dev.mysql.com/doc/refman/5.1/en/information-schema.html

Die folgenden Beispiele zeigen die Abfrage einiger elementarer Daten. Die Tabelle *schemata* enthält eine Liste aller MySQL-Datenbanken:

```
USE information_schema

SELECT schema_name, default_character_set_name, default_collation_name
FROM schemata
```

schema_name	*default_character_set_name*	*default_collation_name*
information_schema	utf8	utf8_general_ci
mylibrary	latin1	latin1_german1_ci
mysql	latin1	latin1_swedish_ci
phpmyadmin	utf8	utf8_bin
test	latin1	latin1_swedish_ci

Die Tabelle *tables* verrät, aus welchen Tabellen eine Datenbank zusammengesetzt ist und welche Eigenschaften diese Tabelle hat.

```
SELECT table_name, table_type FROM tables WHERE table_schema='mylibrary'
```

table_name	*table_type*
authors	BASE TABLE
categories	BASE TABLE
fulltitles	BASE TABLE
languages	BASE TABLE
publishers	BASE TABLE
rel_title_author	BASE TABLE
titles	BASE TABLE
v1	VIEW
v2	VIEW

Die Tabelle *character_sets* listet alle vom MySQL-Server unterstützten Zeichensätze auf:

```
SELECT * FROM character_sets ORDER BY character_set_name
```

character_set_name	*default_collate_name*	*description*	*maxlen*
armscii8	armscii8_general_ci	ARMSCII-8 Armenian	1
ascii	ascii_general_ci	US ASCII	1
...			
latin1	latin1_swedish_ci	cp1252 West European	1
latin2	latin2_general_ci	ISO 8859-2 Central European	1
latin5	latin5_turkish_ci	ISO 8859-9 Turkish	1
latin7	latin7_general_ci	ISO 8859-13 Baltic	1
...			
ucs2	ucs2_general_ci	UCS-2 Unicode	2
ujis	ujis_japanese_ci	EUC-JP Japanese	3
utf8	utf8_general_ci	UTF-8 Unicode	3

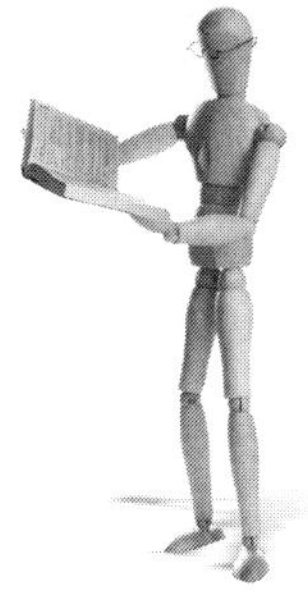

11 PHP/MySQL-Schnittstellen (mysql, mysqli, PDO)

Dieses Kapitel beschreibt, wie Sie in PHP-Code auf MySQL-Datenbanken zugreifen. Hierfür stehen momentan drei Schnittstellen zur Wahl:

- **mysql:** Die *mysql*-Funktionen sind vielen PHP-Programmierern aus älteren PHP-Versionen bekannt.
- **mysqli:** Ab PHP 5.0 ermöglicht die objektorientierte Schnittstelle *mysqli* eine elegantere Programmierung und gibt Zugang zu einigen neuen MySQL-Funktionen (z.B. die besonders effiziente Ausführung von SQL-Kommandos mit Parametern durch sogenannte *Prepared Statements*). *mysqli* setzt voraus, dass Sie zumindest MySQL 4.1 oder eine neuere MySQL-Version verwenden.
- **pdo:** Ab PHP 5.1 können Sie mit MySQL auch über die *PHP Data Objects* (PDO) kommunizieren. Dabei handelt sich um eine Erweiterung für den einheitlichen Zugriff auf unterschiedliche Datenbanken. Der Reiz an PDO besteht darin, dass diese Schnittstelle nicht MySQL-spezifisch ist, sondern auch für andere Datenbanksysteme verwendet werden kann. Allerdings hat sich PDO – zumindest im Zusammenspiel mit MySQL – bisher nicht durchsetzen können und nur eine geringe Verbreitung gefunden.

mysqlnd-Backend

Beginnend mit PHP 5.3 greifen *mysql*, *mysqli* und PDO intern nicht mehr auf die libmysql-Bibliothek zurück, sondern auf die neue, speziell für PHP konzipierte mysqlnd-Bibliothek. In der PHP-Dokumentation ist oft auch vom *mysqlnd*-Backend die Rede, weil *mysqlnd* nach außen hin nicht bemerkbar ist. Die drei Schnittstellen *mysql*, *mysqli* und PDO haben sich aus Sicht der PHP-Entwickler nicht verändert, alle Funktionen bzw. Methoden sind unverändert geblieben. Hinter den Kulissen hat die mysqlnd-Bibliothek aber zwei Vorteile: Sie ist effizienter und besser in PHP integriert (keine Referenzen auf externe Bibliotheken).

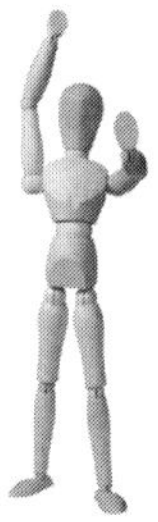

Achtung

Die *mysqlnd*-Bibliothek allerdings einen Nachteil: Sie unterstützt nur noch die in MySQL 4.1 eingeführte neue Authentifizierungsmethode. Nun verwenden aber manche Linux-Distributionen aus Kompatibilitätsgründen bis heute die Einstellung *old_passwords =1* in /etc/mysql/my.conf. Damit werden Passwörter automatisch im alten (unsicheren) Format erzeugt. Auch älterere *mysql*-Datenbanken, die Sie von einer MySQL-Version zur nächsten migriert haben, können Passwörter im alten Format enthalten.

Sie erkennen das Passwortformat und das damit verbundene Authentifizierungsverfahren durch einen Blick in die Tabelle *user* der MySQL-Sicherheitsdatenbank *mysql*. Alte Passwörter sind in verschlüsselter Form 16 Zeichen lang. Neue Passwörter beanspruchen dagegen 40 Zeichen und beginnen mit einem Stern.

Wenn Sie alte Passwörter finden, stellen Sie als Erstes sicher, dass die MySQL-Konfigurationsdatei nicht *old_passwords=1* enthält. Ist das der Fall, ändern Sie die Einstellung in *old_passwords=0* ab oder entfernen die Zeile. Anschließend starten Sie den MySQL-Server neu. Die Konfigurationsdatei befindet sich normalerweise hier:

Windows:	C:\Programme\MySQL\MySQL Server n.n\my.ini
Linux:	/etc/mysql/my.conf

Der zweite Schritt besteht darin, dass Sie alle alten Passwörter durch neue ersetzen. Am einfachsten gelingt das in phpMyAdmin: Auf der Startseite klicken Sie den Link RECHTE an. Dann klicken Sie bei den betroffenen Benutzern auf das Icon RECHTE ÄNDERN und stellen Sie ein neues Passwort ein. Das setzt voraus, dass Sie das ursprüngliche Passwörter im Klartext kennen. Ist das nicht der Fall, müssen Sie ein neues Passwort vergeben. Die Migration von Passwörtern vom alten in das neue Format lässt sich leider nicht automatisieren.

Die Qual der Wahl

Bei neuen Projekten raten wir Ihnen zum Einsatz der *mysqli*-Schnittstelle – es sei denn, Sie erwägen jetzt schon, später zu einem anderen Datenbanksystem zu wechseln, oder Sie müssen in Ihrem Programm auf mehrere unterschiedliche Datenbanksysteme gleichzeitig zugreifen. Für *mysqli* spricht, dass diese Schnittstelle sehr ausgereift und weit verbreitet ist. Außerdem bietet sie die bei Weitem beste Unterstützung für MySQL-spezifische Besonderheiten.

Die *mysql*-Schnittstelle ist nur noch aus historischen Gründen erwähnenswert – und natürlich bei der Wartung alten Codes: Es gibt Tausende von PHP-Projekten, die noch immer die *mysql*-Schnittstelle verwenden – entweder, weil die Entwickler keine Zeit zur Umstellung auf *mysqli* gefunden haben, oder weil sie den Code kompatibel zu PHP 4.*n* halten wollen.

Beispiele

Dieses Kapitel stellt alle drei Schnittstellen vor. Das nächste Kapitel beschreibt dann eine Menge Programmiertechniken speziell für die *mysqli*-Schnittstelle. Die Beispielprogramme im dritten Teil des Buchs greifen schließlich nochmals alle drei Schnittstellen auf. Damit bietet Ihnen dieses Buch für jede Schnittstelle zumindest ein längeres Beispiel.

Internetumfrage (Kapitel 15): PDO-Schnittstelle
Bilddatenbank (Kapitel 16): *mysql*-Schnittstelle
Diskussionsforum (Kapitel 17): *mysqli*-Schnittstelle
Zeiterfassung (Kapitel 18): *mysqli*-Schnittstelle

Alle Beispiele in diesem und dem nächsten Kapitel basieren auf der Datenbank *mylibrary*, die in Kapitel 8 vorgestellt wurde. Bitte beachten Sie, dass Sie die Login- und Passwortzeichenketten in der Datei password.php anpassen müssen, damit die Beispiele funktionieren! Lesen Sie auch die readme-Datei im Verzeichnis mit den Beispieldateien dieses Kapitels.

11.1 mysql-Funktionen

Die *mysql*-Funktionen sind kein integraler Bestandteil von PHP, sondern eine Erweiterung. Damit diese Erweiterung genutzt werden kann, muss PHP unter Linux mit der Option *--with-mysql* kompiliert sein. Bei der Windows-Version von PHP wird die entsprechende Erweiterung als DLL mitgeliefert, die Erweiterung muss aber in php.ini aktiviert sein, und PHP muss alle erforderlichen DLLs finden (siehe auch Kapitel 1).

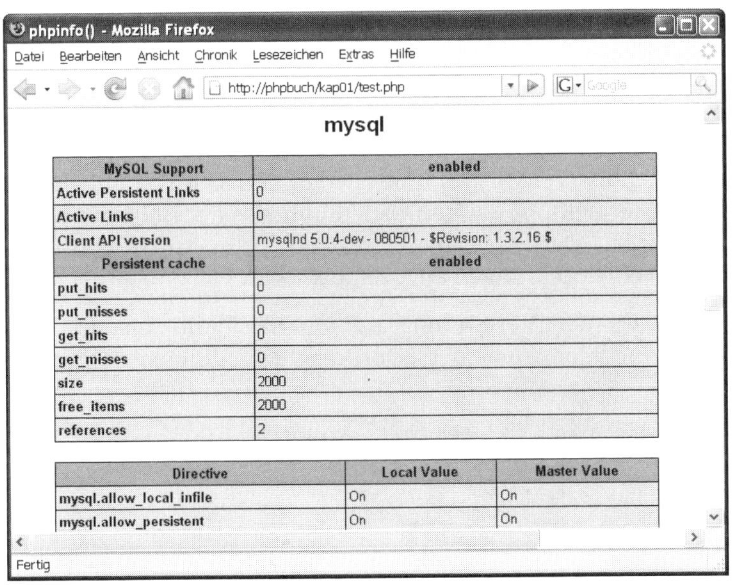

Abbildung 11.1: PHP kennt die mysql-Funktionen.

Ob die von Ihnen benutzte PHP-Version die *mysql*-Funktionen kennt, stellen Sie am einfachsten mit einem minimalen PHP-Script fest, das lediglich die Zeile *<?php phpinfo(); ?>* enthält. Das Resultat dieses Scripts ist eine lange Tabelle mit den verfügbaren PHP-Funktionen. Der *mysql*-Teil der Ausgabe sollte in etwa wie in Abbildung 11.1 aussehen.

11.1.1 Verbindungsaufbau

Zum Verbindungsaufbau führen Sie ***mysql_connect*** aus, wobei Sie die drei Informationen übergeben: den Rechnernamen (Hostnamen) des MySQL-Servers, den MySQL-Benutzernamen und das Passwort. Wenn MySQL auf demselben Rechner läuft wie das PHP-Script, lautet der Rechnername *localhost*.

```
$conn = mysql_connect("localhost", "username", "xxx");
```

Die Funktion liefert eine Identifikationsnummer für die Verbindung zurück. Diese Nummer benötigen Sie in Zukunft nur, wenn Sie mehr als eine Verbindung zu MySQL öffnen. (Solange nur eine einzige Verbindung zu MySQL besteht, gilt diese Verbindung als Defaultverbindung; die ID-Nummer braucht deswegen beim Aufruf der diversen *mysql_xxx*-Funktionen nicht angegeben zu werden.)

Durch einen optionalen vierten Parameter können Sie angeben, ob bei einer mehrfachen Ausführung von *mysql_connect* mit den gleichen Verbindungsdaten einfach ein Link auf die bereits vorhandene Verbindung zurückgegeben werden soll (*false*, Defaultverhalten) oder ob eine neue Verbindung erstellt werden soll (*true*). Die Schreibweise *mysql_connect($host, $name, $pw, true)* ist also unbedingt erforderlich, wenn Sie mehrere getrennte Verbindungen benötigen.

Im ebenfalls optionalen fünften Parameter können Sie Client-Flags übergeben. Mögliche Konstanten sind z.B. *MYSQL_CLIENT_COMPRESS* (wenn der Datenaustausch komprimiert erfolgen soll).

Wenn beim Verbindungsaufbau Probleme auftreten, enthält die Variable *conn* den Wert *FALSE*. Außerdem sendet *mysql_connect* eine Fehlermeldung an den Webserver, so dass im entstehenden HTML-Dokument eine hässliche Fehlermeldung zu sehen ist. Um diese Fehlermeldung zu vermeiden, muss vor *mysql_connect* das Zeichen @ angegeben werden. (Dieses Zeichen verhindert beim Aufruf von PHP-Funktionen generell, dass Fehlermeldungen angezeigt werden.)

Wenn Sie den PHP-Code für den Verbindungsaufbau selbst mit einer lesbaren Fehlermeldung absichern möchten, sieht der erforderliche Code etwa folgendermaßen aus:

```
$conn = @mysql_connect("localhost", "username", "xxx");
if($conn == FALSE) {
  echo "<p>Fehlermeldung ...</p>\n";
  exit();
}
```

Sobald eine Verbindung hergestellt ist, können Sie mit diversen *mysql_xxx*-Funktionen SQL-Kommandos durchführen und vieles andere mehr. Damit Sie dabei nicht jedes Mal die gewünschte Datenbank angeben müssen, können Sie mit *mysql_select_db* eine Defaultdatenbank auswählen. (*mysql_select_db* entspricht dem SQL-Kommando *USE databasename*.)

```
mysql_select_db("mylibrary");
```

Die Funktionen ***mysql_get_client_info***, ***mysql_host_info***, ***mysql_proto_info*** und ***mysql_server_info*** sowie ***mysql_client_encoding***, ***mysql_stat*** und ***mysql_thread_id*** liefern genaue Informationen zur aktuellen Verbindung: die Version der Client-Bibliothek, die Art der Verbindung zum Server, die Versionsnummer des Protokolls, die Server-Version, den gültigen Zeichensatz, den aktuellen Status des Servers und die Thread-Nummer des MySQL-Server-Prozesses.

Mit ***mysql_close*** schließen Sie die Verbindung zu MySQL.

11.1.2 SQL-Kommandos ausführen

Um SQL-Kommandos auszuführen, übergeben Sie diese als Zeichenkette an die Funktion ***mysql_query***. Falls das Kommando nicht für die aktuelle Datenbank gelten soll, können Sie mit *mysql_db_query* zusätzlich den Namen der gewünschten Datenbank angeben. Bei beiden Funktionen kann als optionaler letzter Parameter die ID-Nummer der Verbindung (also der Rückgabewert von *mysql_connect*) angegeben werden, wenn mehr als eine Verbindung zu MySQL besteht.

```
$result = mysql_query("SELECT COUNT(*) FROM titles");
$result = mysql_db_query("mylibrary", "SELECT COUNT(*) FROM titles");
```

Mit *mysql_query* kann jede Art von SQL-Kommando ausgeführt werden – Abfragen mit *SELECT*, Veränderungen an den Daten mit *INSERT*, *UPDATE* und *DELETE*, Veränderungen an der Datenbankstruktur mit *CREATE TABLE* etc.

Achtung

Das SQL-Kommando darf nicht mit einem Strichpunkt abgeschlossen werden – das wäre ein SQL-Syntaxfehler.

Es ist nicht möglich, mehrere Kommandos auf einmal zu übergeben. Wenn Sie mehrere Kommandos ausführen möchten, müssen Sie *mysql_query* mehrfach ausführen (für jedes Kommando einmal).

Nach *INSERT-*, *UPDATE-* und *DELETE*-Kommandos (und allen anderen Kommandos, die Datensätze verändern) können Sie mit ***mysql_affected_rows*** ermitteln, wie viele Datensätze verändert worden sind. Die Funktion ist auch nach *CREATE TABLE ... SELECT ...* hilfreich, um zu ermitteln, wie viele Datensätze in die neue Tabelle eingefügt wurden.

Außerdem können Sie nach einem *INSERT*-Kommando mit ***mysql_insert_id*** ermitteln, welcher *AUTO_INCREMENT*-Wert zum Einfügen des letzten neuen Datensatzes verwendet worden ist.

```
$n = mysql_affected_rows();  // Anzahl der veränderten Datensätze
$new_id = mysql_insert_id(); // ID-Nummer des letzten AUTO_INCREMENT-
                             // Datensatzes
```

Die Funktion ***mysql_info*** liefert weitere Informationen über das letzte *ALTER-TABLE-*, *CREATE-TABLE-*, *INSERT-INTO-*, *LOAD-DATA-* und *UPDATE*-Kommando. Die zurückgegebene Zeichenkette enthält beispielsweise Informationen über Duplikate, aufgetretene Warnungen etc. Wenn Sie beispielsweise das Kommando *CREATE TABLE backup SELECT * FROM table* ausführen, liefert *mysql_info* eine Zeichenkette nach dem Muster *»Records: nnn Duplicates: nnn Warnings: nnn«*.

Wenn das SQL-Kommando korrekt ausgeführt werden konnte, liefert *mysql_query* einen Wert ungleich 0. Falls es sich bei dem Kommando um eine Abfrage gehandelt hat, ist der Rückgabewert von *mysql_query* ein Verweis auf eine PHP-Ressource (z.B. eine Zeichenkette der Form *»Resource id #2«*). Der Rückgabewert kann dann in diversen anderen Funktionen (z.B. *mysql_fetch_row*) eingesetzt werden, um die einzelnen Felder der Tabelle auszuwerten. In den Beispielen dieses Kapitels wird der Rückgabewert zumeist in einer Variablen mit dem Namen *result* gespeichert. (Der Umgang mit *SELECT*-Ergebnissen wird detailliert im nächsten Abschnitt beschrieben.)

Wenn das SQL-Kommando dagegen nicht ausgeführt werden konnte, liefert *mysql_query* das Ergebnis *FALSE* (also 0). Außerdem wird eine Fehlermeldung angezeigt, die Sie verhindern können, wenn Sie *mysql_query* mit einem vorangestellten @-Zeichen ausführen. (Die Ursache der Fehler können Sie feststellen, wenn Sie *mysql_errno* und *mysql_error* auswerten. Weitere Informationen zur Fehlerauswertung finden Sie etwas weiter unten.)

11.1.3 SELECT-Ergebnisse auswerten

Wenn Sie mit *mysql_query* eine *SELECT*-Abfrage ausführen, bekommen Sie als Ergebnis einen Verweis auf eine Tabelle mit *rows* Zeilen und *cols* Spalten:

```
$result = mysql_query("SELECT * FROM titles");
$rows = mysql_num_rows($result);
$cols = mysql_num_fields($result);
```

Das gilt auch für zwei Sonderfälle:

- Wenn die Abfrage nur einen einzelnen Wert liefert (z.B. *SELECT COUNT(*) FROM table*), hat die Tabelle nur eine Zeile und eine Spalte.
- Wenn die Abfrage gar kein Ergebnis liefert – z.B. wenn es keine Datensätze gibt, die den *WHERE*-Bedingungen entsprechen –, hat die Tabelle 0 Zeilen. Dieser Fall kann nur durch die Auswertung von *mysql_num_rows* erkannt werden.

Einzig wenn die SQL-Abfrage syntaktisch falsch war oder es bei der Kommunikation mit MySQL ein Problem gab, bekommen Sie gar kein Ergebnis (d.h., der Rückgabewert von *mysql_query* ist *FALSE*).

Den einfachsten, aber auch langsamsten Zugriff auf die einzelnen Felder der Tabelle bietet ***mysql_result***. Dort geben Sie in zwei Parametern einfach die gewünschte Zeilen- und Spaltennummer an. Die Zählung beginnt wie bei allen PHP-MySQL-Funktionen mit 0. Statt der Spaltennummer können Sie auch den Spaltennamen angeben (bzw. den Aliasnamen, wenn Sie in der SQL-Abfrage mit *AS alias* gearbeitet haben).

```
$item = mysql_result($result, $row, $col);
```

Deutlich effizienter ist es, das Ergebnis zeilenweise auszuwerten. Dazu gibt es gleich vier Funktionen:

```
$row = mysql_fetch_row($result);
$row = mysql_fetch_array($result);
$row = mysql_fetch_assoc($result);
$row = mysql_fetch_object($result);
```

- ***mysql_fetch_row*** liefert den Datensatz in Form eines einfachen Arrays. Der Zugriff auf die Spalten erfolgt mit *$row[$n]*.
- ***mysql_fetch_array*** liefert den Datensatz in Form eines assoziativen Arrays. Der Zugriff auf die Spalten erfolgt mit *$row[$n]* oder mit *$row[$colname]* (also z.B. *$row[3]* oder *$row["publName"]*). Der Spaltenname muss in korrekter Groß- und Kleinschreibung angegeben werden.
- ***mysql_fetch_assoc*** liefert ebenfalls ein assoziatives Feld, das in der Form *$row[$colname]* ausgelesen werden kann. Anders als bei *mysql_fetch_array* ist es aber nicht zulässig, als Parameter die Spaltennummer anzugeben.
- ***mysql_fetch_object*** liefert den Datensatz als Objekt. Der Zugriff auf die Spalten erfolgt mit *$row->colname*.

Ein gemeinsames Merkmal aller drei Funktionen besteht darin, dass mit jedem Aufruf automatisch der nächste Datensatz geliefert wird (oder *FALSE*, wenn das Ende der Datensatzliste erreicht ist). Falls diese vorgegebene Reihenfolge geändert werden soll, kann der gerade aktive Datensatz mit ***mysql_data_seek*** verändert werden.

```
mysql_data_seek($result, $rownr);
```

PHP speichert Abfrageergebnisse bis zum Ende des Scripts. Wenn Sie Abfrageergebnisse schon früher freigeben möchten (weil Sie z.B. in einem Script eine ganze Menge Abfragen ausführen und nicht mehr Speicher als notwendig verbrauchen möchten), können Sie das Abfrageergebnis vorzeitig mit ***mysql_free_result*** freigeben. Das empfiehlt sich insbesondere, wenn es in Ihrem Script eine Schleife gibt, die SQL-Abfragen ausführt!

```
mysql_free_result($result);
```

SELECT-Beispiel

Die folgenden Zeilen sollen das Zusammenspiel der verschiedenen Funktionen veranschaulichen. Nach dem durch *if* abgesicherten Verbindungsaufbau führt das Programm für die Datenbank *mylibrary* die Abfrage *SELECT * FROM titles* aus und zeigt die gefundenen Titel (und, soweit vorhanden, Untertitel) zeilenweise an. *htmlentities* stellt sicher, dass eventuell enthaltene Sonderzeichen im Buchtitel (z.B. <, > oder ") HTML-konform kodiert werden. Nach der Ausgabe wird das *result*-Objekt gelöscht und die Verbindung beendet.

```
// Beispiel mysql-intro.php
if($conn = @mysql_connect("localhost", "root", "xxx")) {
  mysql_select_db("mylibrary");
  if($result=mysql_query("SELECT * FROM titles ORDER BY title")) {
    printf("<p>Number of records: %d</p>\n", mysql_num_rows($result));
    printf("<p>Number of columns: %d</p>\n",
      mysql_num_fields($result));
    while($row = mysql_fetch_object($result)) {
      if($row->subtitle)
        printf("<br />%s -- %s\n",
          htmlentities($row->title), htmlentities($row->subtitle));
      else
        printf("<br />%s\n", htmlentities($row->title));
    }
    mysql_free_result($result);
  }

} else {
  printf("<p>Sorry, could not connect to MySQL server! %s</p>\n",
    mysql_error());
}
```

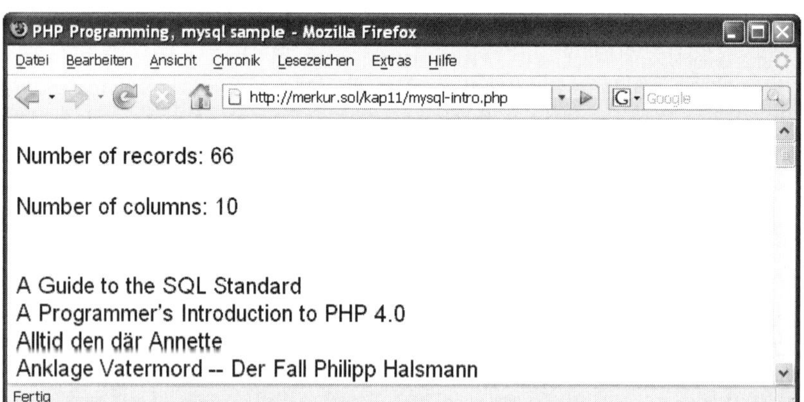

Abbildung 11.2: mylibrary-Titelliste als Ergebnis des Beispielprogramms

Spaltennamen und andere Meta-Informationen

Wenn Sie allgemein gültige Abfragen verarbeiten und die Ergebnisse anzeigen möchten, benötigen Sie dazu nicht nur die Daten an sich, sondern auch Meta-Informationen über die Natur der Daten: die Namen der Spalten, deren Datentypen etc.

mysql_field_name liefert den Namen der angegebenen Spalte. ***mysql_field_table*** gibt darüber hinaus an, aus welcher Tabelle die Daten stammen (wichtig bei Abfragen, die Daten aus mehreren Tabellen sammeln). ***mysql_field_type*** gibt den Datentyp der Spalte als Zeichenkette an (z.B. *"BLOB"*). ***mysql_field_len*** gibt die maximale Länge der Spalte an (interessant insbesondere bei den Datentypen *CHAR* und *VARCHAR*).

```
$colname   = mysql_field_name($result, $n);
$tblname   = mysql_field_table($result, $n);
$typename  = mysql_field_type($result, $n);
$collength = mysql_field_len($result, $n);
```

Noch mehr Detailinformationen zu einer Spalte geben *mysql_field_flags* und *mysql_fetch_field*: Die Funktion ***mysql_field_flags*** liefert eine Zeichenkette zurück, in der die wichtigsten Attribute der Spalte angegeben sind (z.B. »*not_null primary_key*«). Die Eigenschaften sind durch Leerzeichen getrennt; die Auswertung gelingt am einfachsten mit *explode*.

mysql_fetch_field liefert dagegen ein Objekt, das teilweise dieselben Informationen wie die Zeichenkette von *mysql_field_flags* aufweist. Die Auswertung erfolgt in der Form *colinfo->name, colinfo->blob* etc.

```
$colflags = mysql_field_flags($result, $n);
$colinfo  = mysql_fetch_field($result, $n);
```

Abfragen mit mysql_unbuffered_query

Sie können *SELECT*-Abfragen auch mit ***mysql_unbuffered_query*** (statt mit *mysql_query*) ausführen. Das bewirkt, dass die Abfrageergebnisse nicht sofort in den Speicher des PHP-Interpreters übertragen werden, sondern erst bei Bedarf (also beim Auslesen der einzelnen Ergebnisdatensätze). Daraus ergeben sich folgende Konsequenzen:

- Die Daten bleiben auf dem Server, bis sie durch das PHP-Script von dort abgeholt werden. Das bedeutet, dass während dieser Zeit auf dem MySQL-Server Ressourcen blockiert sind. Dafür muss der PHP-Interpreter nur sehr wenig Speicher für die Zwischenspeicherung reservieren.
- Sie müssen die gefundenen Datensätze mit *mysql_fetch_row, mysql_object, mysql_assoc* oder *mysql_array* der Reihe nach einlesen (*forward only*). Die Funktionen *mysql_fetch_result* und *mysql_data_seek* stehen dagegen nicht zur Verfügung. Bereits gelesene Datensätze können kein zweites Mal gelesen werden, weil sich immer nur *ein* Datensatz im Speicher des PHP-Interpreters befindet.

- Sie dürfen für die jeweilige MySQL-Verbindung kein neues SQL-Kommando ausführen, bevor Sie nicht alle Datensätze des *SELECT*-Ergebnisses gelesen haben! Wenn Sie dies dennoch tun möchten, benötigen Sie entweder eine weitere Verbindung zum MySQL-Server oder Sie müssen das *SELECT*-Ergebnis durch *mysql_free_result($result)* explizit freigeben.
- Sie können die Anzahl der gefundenen Datensätze nur feststellen, indem Sie alle Ergebnisdatensätze durchlaufen. *mysql_num_rows* kann nicht verwendet werden.
- *mysql_buffered_query* ist nur für *SELECT*-Abfragen gedacht (nicht aber für Kommandos, die keine Ergebnisse zurückgeben, also etwa *INSERT* oder *DELETE*).

mysql_unbuffered_query eignet sich insbesondere, wenn sehr große *SELECT*-Ergebnisse Datensatz für Datensatz abgearbeitet werden sollen, ohne dazu viel Client-Speicher zu reservieren. Da es in der Natur von PHP-Seiten liegt, meist nur kleine Datenmengen zu verarbeiten, und da die Ausführdauer von PHP-Code limitiert ist (Einstellung *max_execution_time* in php.ini), gibt es nur wenige Situationen, in denen die Funktion echte Vorteile gegenüber *mysql_query* bietet.

11.1.4 Transaktionen

Es gibt keine Funktionen zur Steuerung von Transaktionen. Wenn Sie mehrere SQL-Kommandos als Transaktion ausführen möchten, führen Sie zu Beginn *mysql_query("BEGIN")* aus. Durch *mysql_query("COMMIT")* bestätigen Sie die Transaktion, durch *mysql_query("ROLLBACK")* widerrufen Sie alle Kommandos der Transaktion. Beachten Sie, dass MySQL Transaktionen momentan nur für InnoDB-Tabellen unterstützt.

11.1.5 Fehlerabsicherung und Fehlersuche

Alle *mysql_xxx*-Funktionen liefern *FALSE* als Ergebnis, wenn es bei der Ausführung zu einem Fehler gekommen ist. Informationen über die Art des Fehlers erhalten Sie durch die Auswertung der Funktionen *mysql_errno* (liefert eine Fehlernummer) und *mysql_error* (Fehlermeldung).

Manche *mysql*-Funktionen schreiben selbst Fehlermeldungen in die HTML-Ausgabe. Wenn Sie das vermeiden möchten, müssen Sie die Funktionen mit einem vorangestellten @-Zeichen aufrufen oder in php.ini die Einstellung *display_errors = Off* verwenden.

```
$result = @mysql_query($sql);
if(!$result) {
  printf("<p>Fehler: %d -- %s</p>\n", mysql_errno(),
    htmlentities(mysql_error()));
}
```

Generell müssen Sie immer mit Fehlern rechnen, insbesondere aber bei der Ausführung von SQL-Kommandos, die Daten verändern. Eine mögliche Fehlerursache können etwa Verbindungsprobleme zum MySQL-Server sein.

Bei der Fehlersuche ist die folgende Funktion ***mysql_query_test*** hilfreich. Sie ist als Ersatz für *mysql_query* gedacht, zeigt aber jedes ausgeführte SQL-Kommando in blauer Schrift an. Falls ein Fehler auftritt, wird auch gleich die Fehlermeldung angezeigt.

```
function mysql_query_test($sql) {
  echo '<p><font color="#0000ff"> SQL:', htmlentities($sql),
    "</font></p>\n";
  $result = mysql_query($sql);
  if($result) return $result;
  echo '<p><font color="#ff0000">Error: ',
    htmlentities(mysql_error()), "</font></p>\n";
  die();
}
```

Tipp

Was tun Sie, wenn ein Beispiel aus dem Buch nicht funktioniert? Die Fehlermeldung (sofern überhaupt eine angezeigt wird) lässt oft keinen klaren Schluss auf die Ursache des Problems zu.

Die Ursache der Probleme ist fast immer der Datenbankzugriff: Das PHP-Script kann/darf die Daten aus der Datenbank nicht lesen und liefert daher falsche oder gar keine Ergebnisse. Gründe dafür kann es viele geben, aber fast immer haben sie mit Zugriffsrechten zu tun: falsches Passwort, kein Passwort (obwohl eines notwendig wäre). Nur wenn MySQL noch gar nicht abgesichert ist, funktioniert bei Zugriffen vom lokalen Rechner die Kombination *name = "root"* und *password = ""*.

Ein gutes Hilfsmittel bei der Fehlersuche ist die oben vorgestellte Funktion *mysql_query_test*: Fügen Sie die Funktion in Ihr Script ein, und ersetzen Sie alle *mysql_query()*-Funktionen im PHP-Script durch *mysql_query_test()*. Anschließend testen Sie die Seite nochmals. Danach wissen Sie zumindest, *was* nicht funktioniert.

11.2 mysqli-Klassen, -Methoden und -Eigenschaften

Die *mysqli*-Schnittstelle ermöglicht eine objektorientierte Programmierung des Datenbankzugriffs auf MySQL und ist damit eine wichtige Hilfe auf dem Weg zu einem übersichtlicheren Code.

Ein zweiter Vorteil von *mysqli* im Vergleich zur älteren *mysql*-Schnittstelle besteht darin, dass damit sehr effizient SQL-Kommandos mit Parametern ausgeführt werden können (*Prepared Statements*). Derartige Kommandos sind erst ab MySQL 4.1 möglich. Sie versprechen eine etwas höhere Effizienz, wenn mehrere gleichartige SQL-Kommandos ausgeführt werden sollen, die sich nur durch ihre Parameter unterscheiden.

Falls Sie *Stored Procedures* einsetzen, gibt es ein weiteres Argument für *mysqli*: Mit *multi_query* können Sie *Stored Procedures* ausführen, die nicht ein, sondern mehrere Datensatzlisten zurückgeben (also die Ergebnisse mehrerer *SELECT*-Kommandos). Das ist mit der *mysql*-Schnittstelle deutlich komplizierter.

Die *mysqli*-Schnittstelle kann sowohl objektorientiert als auch prozedural genutzt werden. Dieses Buch beschreibt allerdings nur den objektorientierten Zugang. Wenn Sie lieber prozedural arbeiten, verwenden Sie die im vorigen Abschnitt beschriebene Schnittstelle *mysql*!

Verfügbarkeit testen

Die *mysqli*-Schnittstelle ist ebenso wie die *mysql*-Schnittstelle kein integraler Bestandteil von PHP, sondern eine Erweiterung. Damit diese Erweiterung genutzt werden kann, muss PHP unter Linux mit der Option *--with-mysqli* kompiliert sein. Bei der Windows-Version von PHP wird die entsprechende Erweiterung als DLL mitgeliefert, die Erweiterung muss aber in php.ini aktiviert sein und PHP muss alle erforderlichen DLLs finden (siehe auch Kapitel 1).

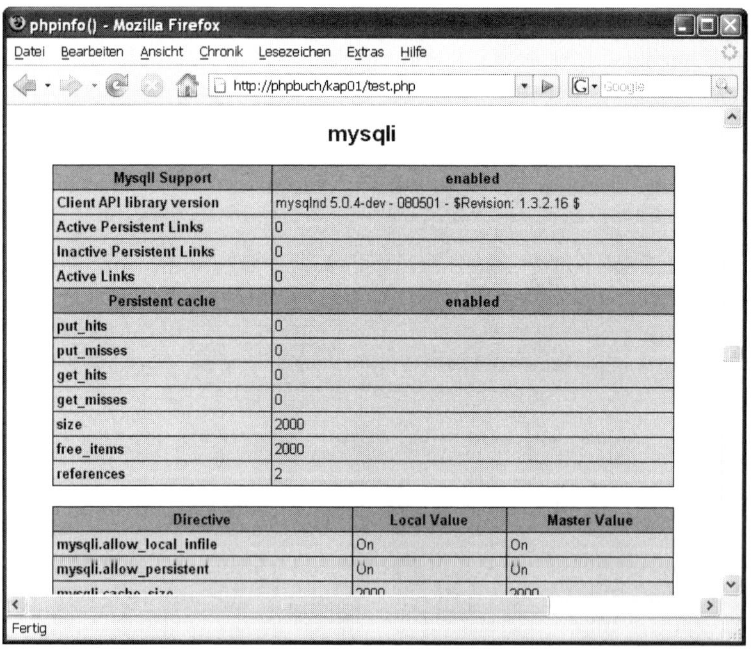

Abbildung 11.3: PHP kennt die mysqli-Schnittstelle.

Ob die von Ihnen benutzte PHP-Version die *mysqli*-Schnittstelle kennt, stellen Sie am einfachsten mit einem minimalen PHP-Script fest, das lediglich die Zeile *<?php phpinfo(); ?>* enthält. Das Resultat dieses Scripts ist eine lange Tabelle mit den verfügbaren PHP-Funktionen. Der *mysqli*-Teil der Ausgabe sollte in etwa wie in Abbildung 11.3 aussehen.

Klassenübersicht

mysqli stellt drei Klassen zur Verfügung:

- ***mysqli:*** Objekte dieser Klasse verwalten die Verbindung zum MySQL-Server. Zum Verbindungsaufbau verwenden Sie den Konstruktor. Die wichtigste *mysqli*-Methode heißt *query* und dient zur Durchführung einer SQL-Abfrage. Bei *SELECT*-Abfragen erhalten Sie als Ergebnis ein *mysql_result*-Objekt.
- ***mysqli_result:*** Objekte dieser Klasse enthalten das Ergebnis von *SELECT*-Abfragen.
- ***mysqli_stmt:*** Mit Objekten dieser Klasse können Sie parametrisierte SQL-Kommandos definieren und ausführen. Sie erzeugen *mysqli_stmt*-Objekte mit *$mysqli ->prepare*.

11.2.1 Verbindungsaufbau

Um eine neue Verbindung zum MySQL-Server herzustellen, übergeben Sie an den *mysqli*-Konstruktor den Namen des Servers (bzw. *localhost*, wenn der MySQL-Server auf dem lokalen Rechner läuft), den Benutzernamen und das Passwort. Drei weitere Parameter sind optional: der Name der Datenbank, die Sie nutzen möchten, die Port-Nummer des MySQL-Servers (per Default 3306) und der Name der Socket-Datei bzw. einer *Named Pipe*. Die Defaultdatenbank für die aktive Verbindung können Sie auch später mit der Methode *select_db* ändern.

Im Regelfall liefert der Konstruktur ein *mysqli*-Objekt zurück. Sie müssen aber auf jeden Fall mit der Funktion *mysqli_connect_errno* testen, ob beim Verbindungsaufbau ein Fehler aufgetreten ist. Die dazugehörige Fehlermeldung liefert *mysqli_connect_error*.

Mit diversen Methoden und Eigenschaften wie *client_info, character_set_name, get_client_info, get_host_info, get_server_info* oder *stat* können Sie Merkmale der Datenbankverbindung feststellen.

Wenn Sie die Verbindung zur Datenbank nicht mehr benötigen, sollten Sie das *mysqli*-Objekt explizit durch *close* schließen.

```
// Beispiel mysqli-intro.php
// Verbindung zur Datenbank herstellen
$mysqli = new mysqli("localhost", "user", "password", "mylibrary");
```

```
// testen, ob Verbindung OK
if(mysqli_connect_errno()) {
  echo "<p>Sorry, no connection! ", mysqli_connect_error(), "</p>\n";
  exit();
}
// Verbindung nutzen
...
// Verbindung schließen
$mysqli->close();
```

Alle weiteren Beispiele in diesem Abschnitt setzen voraus, dass *$mysqli* ein Objekt mit einer aktiven MySQL-Verbindung ist.

Verbindungsaufbau mit real_connect

Der oben beschriebene Verbindungsaufbau mit dem *mysqli*-Konstruktor hat den Nachteil, dass Sie keine MySQL-spezifischen Verbindungsoptionen einstellen können. Wenn das (ohnedies nur in sehr seltenen Fällen) notwendig ist, sieht die Vorgehensweise zum Verbindungsaufbau so aus:

```
$mysqli = mysqli_init();  // mysqli-Objekt erzeugen
$mysqli->options(...);    // Zusatzoptionen einstellen (optional)
$mysqli->ssl_set(...);    // SSL-Optionen einstellen (optional)

// Verbindung zum MySQL-Server herstellen
$mysqli->real_connect("localhost", "user", "password", "mylibrary");

// testen, ob Verbindung OK
if(mysqli_connect_errno()) {
  echo "<p>Sorry, no connection! ", mysqli_connect_error(), "</p>\n";
  exit(); }
```

Zusätzliche Verbindungsoptionen

Die Methoden *options* und *ssl_set* sind optional. Mit *options* können Sie diverse MySQL-Optionen einstellen, beispielsweise um die Timeout-Zeitspanne für den Verbindungsaufbau einzustellen oder um ein SQL-Kommando direkt nach dem Verbindungsaufbau auszuführen:

```
$mysqli->options(MYSQLI_OPT_CONNECT_TIMEOUT, 10);
$mysqli->options(MYSQLI_INIT_COMMAND, "SQL-Kommando ...");
```

Mit *ssl_set* stellen Sie den Schlüssel und andere Parameter für die SSL-Verschlüsselung ein:

```
$mysqli->ssl_set("key", "cert", "ca", "capath", "cipher");
```

An die Methode *real_connect* können Sie in den optionalen Parametern fünf bis sieben die IP-Port-Nummer des MySQL-Servers (zumeist 3306), die Socket-Datei des Servers zur Unix/Linux-internen Kommunikation sowie einige Flags mit spezifischen Verbindungsattributen übergeben. Zulässige Flags sind beispielsweise *MY-*

SQLI_CLIENT_COMPRESS oder *MYSQL_CLIENT_SSL*, wenn alle übertragenen Daten komprimiert oder per SSL verschlüsselt werden sollen.

```
$mysqli->real_connect("localhost", "user", "password", "mylibrary",
  3306, "/var/lib/mysql/mysql.sock", MYSQLI_CLIENT_COMPRESS);
```

11.2.2 SQL-Kommandos ausführen

Die *mysqli*-Schnittstelle bietet zwar mehrere Möglichkeiten zur Ausführung von SQL-Kommandos zur Auswahl, am häufigsten kommt aber die Methode ***query*** zum Einsatz. Bei SQL-Kommandos ohne Rückgabe (also z.B. *INSERT, UPDATE* oder *DELETE*) liefert *query* normalerweise *TRUE* zurück. Anschließend liefert *$mysqli->affected_rows* die Anzahl der geänderten Datensätze. *$mysqli->insert_id* ermittelt den beim letzten *INSERT*-Kommando erzeugten *AUTO_INCREMENT*-Wert.

```
if($mysqli->query("INSERT ...")) {
  echo "<p>Geänderte Datensätze: ", $mysqli->affected_rows, "</p>\n";
  echo "<p>Neuer ID-Wert: ",        $mysqli->insert_id, "</p>\n";
}
```

Bei *SELECT*-Kommandos liefert *query* als Rückgabewert ein *mysqli_result*-Objekt. *$result->num_rows* gibt die Anzahl der gefundenen Datensätze und *$result->field_count* die Anzahl der Ergebnisspalten an.

```
    if($result = $mysqli->query("SELECT ...")) {
      echo "<p>Gefundene Datensätze: ", $result->num_rows, "</p>\n";
      echo "<p>Anzahl der Spalten: ",   $result->field_count, "</p>\n";
      ...
      $result->close();
}
```

Falls bei der Ausführung des Kommandos ein Fehler auftritt, lautet der *query*-Rückgabewert *FALSE*. Genauere Informationen über den Fehler können Sie anschließend mit *$mysqli->errno* bzw. *$mysqli->error* ermitteln.

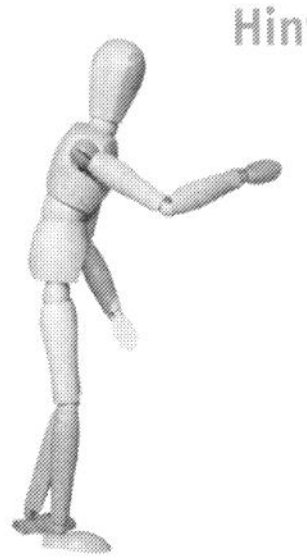

Hinweis

Beachten Sie, dass Sie an *query* nur ein einzelnes SQL-Kommando übergeben können. Wenn Sie mehrere Kommandos gleichzeitig ausführen möchten, müssen Sie die Methode *multi_query* einsetzen, die in Abschnitt 11.2.4 beschrieben wird.

Wenn Sie mehrfach ein gleichartiges SQL-Kommando mit unterschiedlichen Parametern ausführen möchten, ist es am effizientesten, das Kommando zuerst vorzubereiten und dann auszuführen. Der Umgang mit derartigen *Prepared Statements* ist Thema von Abschnitt 11.2.5.

Eine dritte Alternative zu *query* ist die Methode *real_query*, die ein SQL-Kommando ausführt, ohne das Ergebnis zu übertragen. Die Methode liefert *TRUE* oder *FALSE* zurück, je nachdem, ob das SQL-Kommando fehlerfrei ausgeführt worden ist oder nicht. Falls das SQL-Kommando Datensätze zurückgibt, *müssen* diese anschließend mit den Methoden *store_result* oder *use_result* verarbeitet werden. (Vorsicht: Wenn Sie Ergebnisdatensätze nicht durch *store_result* oder *use_result* lesen, kommt es bei allen folgenden SQL-Kommandos zu einem *out-of-sync*-Fehler.)

11.2.3 SELECT-Ergebnisse auswerten (mysqli_result)

Standardmäßig überträgt *query* sämtliche Ergebnisdaten vom Server zum Client und stellt sie als *mysqli_result*-Objekt zur Verfügung. Wenn Sie möchten, dass die Ergebnisse auf dem Server bleiben und von dort erst bei Bedarf Datensatz für Datensatz gelesen werden, übergeben Sie an *query* den zusätzlichen Parameter *MYSQLI_USE_RESULT*. Das ist zweckmäßig, wenn Sie große Datenmengen bearbeiten und diese nicht sofort zum Client übertragen werden sollen. Mit anderen Worten: Der Client wird entlastet, dafür muss der Server das *SELECT*-Ergebnis länger im Speicher behalten. Ein Nachteil von *MYSQLI_USE_RESULT* besteht darin, dass Sie die Anzahl der Datensätze nur durch das Auslesen aller Datensätze ermitteln können.

Wie in der *mysql*-Schnittstelle bietet auch *mysqli* vier zueinander sehr ähnliche Methoden, um das Ergebnis zeilenweise auszulesen:

```
$row = $result->fetch_row();
$row = $result->fetch_array();
$row = $result->fetch_assoc();
$row = $result->fetch_object();
```

- ***fetch_row*** liefert den Datensatz in Form eines einfachen Arrays. Der Zugriff auf die Spalten erfolgt mit *$row[$n]*.
- ***fetch_array*** liefert den Datensatz in Form eines assoziativen Arrays. Der Zugriff auf die Spalten erfolgt mit *$row[$n]* oder mit *$row[$colname]* (also z.B. *$row[3]* oder *$row["publName"]*). Der Spaltenname muss in korrekter Groß- und Kleinschreibung angegeben werden.
- ***fetch_assoc*** liefert ebenfalls ein assoziatives Feld, das in der Form *$row[$colname]* ausgelesen werden kann. Anders als bei *fetch_array* ist es aber nicht zulässig, als Parameter die Spaltennummer anzugeben.
- ***fetch_object*** liefert den Datensatz als Objekt. Der Zugriff auf die Spalten erfolgt mit *$row->colname*, wobei auf die korrekte Groß- und Kleinschreibung der Spaltennamen geachtet werden muss.

Ein gemeinsames Merkmal aller vier Methoden besteht darin, dass mit jedem Aufruf automatisch der nächste Datensatz geliefert wird (oder *FALSE*, wenn das Ende der Datensatzliste erreicht ist). Falls diese vorgegebene Reihenfolge geändert werden soll, kann der gerade aktive Datensatz mit *$result->**data_seek*** verändert werden.

```
$result->data_seek($rownr);
```

Die *fetch*-Methoden wandeln SQL-*NULL*-Werte automatisch in die PHP-Konstante *NULL* um. Die folgenden Zeilen zeigen die Anwendung von *fetch_assoc*, um den Inhalt einer einfachen *SELECT*-Abfrage auszugeben. Die Funktion *htmlentities* stellt sicher, dass eventuell in der Datenbank gespeicherte Sonderzeichen (z.B. <, >, " oder &) in korrekten HTML-Code umgewandelt werden.

```
// Beispiel mysqli-intro.php
if($result = $mysqli->query("SELECT title, subtitle FROM titles")) {
  while($row = $result->fetch_assoc()){
    if($row["subtitle"]==NULL)
      printf("<br />%s\n", htmlentities($row["title"]));
    else
      printf("<br />%s -- %s\n", htmlentities($row["title"]),
        htmlentities($row["subtitle"]));
  }
  // Inhalt von result freigeben
  $result->close();
}
```

Metadaten zum SELECT-Ergebnis

Die bereits erwähnten Eigenschaften *$result->num_rows* und *$result->field_count* ermitteln die Anzahl der gefundenen Datensätze sowie die Anzahl der Spalten. *$result->**lengths*** liefert ein Array, dessen Elemente die Anzahl der Zeichen jeder Spalte für den zuletzt mit *fetch_xxx* gelesenen Datensatz enthalten.

Wenn Sie noch genauere Daten zur Natur der Abfrageergebnisse benötigen, müssen Sie *$meta=$result->**fetch_fields**()* auswerten. Diese Methode liefert ein Objekt-Array. Jedes Objekt enthält unter anderem die folgenden Daten:

```
$meta[$n]->name         Name der Spalte
$meta[$n]->table        Name der zugrunde liegenden Tabelle
$meta[$n]->max_length   längste Zeichenkette im SELECT-Ergebnis
$meta[$n]->type         Datentyp-ID (Integer)
```

Die folgenden Zeilen zeigen, wie Sie das Objekt-Array in einer Schleife auswerten:

```
foreach($result->fetch_fields() as $meta)
  printf("<br />Name=%s Table=%s Len=%d Type=%s\n",
    $meta->name, $meta->table, $meta->max_length, $meta->type);
```

11.2.4 Mehrere SQL-Kommandos gleichzeitig ausführen

Mit *query* können Sie immer nur *ein* SQL-Kommando ausführen. Manchmal ist es aber praktisch, mehrere Kommandos gleichzeitig auszuführen. Zu diesem Zweck übergeben Sie an die Methode ***multi_query*** eine Zeichenkette mit allen SQL-Kommandos, die durch Strichpunkte voneinander getrennt sind. Die Methode liefert *TRUE* zurück, wenn das erste Kommando fehlerfrei ausgeführt worden ist, sonst *FALSE*. (Der Rückgabewert *TRUE* lässt leider keinen Rückschluss darauf zu, ob auch die weiteren SQL-Kommandos fehlerfrei ausgeführt worden sind! Dazu müssen Sie ebenso wie zur Auswertung der übrigen Ergebnisse *next_result* ausführen.)

Da jedes Kommando Resultate liefern kann, ändert sich durch die Verwendung von *multi_query* auch die Vorgehensweise zur Auswertung der Resultate: Das Ergebnis des ersten Kommandos kann mit den Methoden *use_result* oder *store_-result* gelesen werden. Der Unterschied zwischen den beiden Methoden besteht darin, dass das Ergebnis bei *use_result* auf dem Server bleibt und von dort Datensatz für Datensatz zum Client übertragen wird; bei *store_result* werden hingegen alle Ergebnisse sofort an den Client übertragen, was in der Regel effizienter ist.

Ob weitere Kommandos ausgeführt wurden, verrät die schlecht benannte Methode ***more_results***. Die Methode liefert keinerlei Rückschluss, ob es ein tatsächlich ein Ergebnis gibt bzw. ob das SQL-Kommando fehlerfrei ausgeführt wurde. *TRUE* bedeutet nur, dass ein Kommando zur Ausführung an MySQL übergeben wurde. (Die PHP-Dokumentation zu *more_results* ist in diesem Punkt reichlich unklar.)

Sofern *more_results = TRUE* gilt, führen Sie die Methode ***next_result*** aus. Deren Rückgabewert gibt an, ob die Abfrage korrekt ausgeführt wurde oder ob dabei ein Fehler aufgetreten ist. Wenn Sie also wissen möchten, ob alle SQL-Kommandos korrekt ausgeführt wurden (ganz egal, ob diese Kommandos Ergebnisse liefern oder nicht), müssen Sie alle Rückgabewerte von *next_result* überprüfen. Die tatsächliche Ergebnisauswertung erfolgt dann wieder wie üblich durch *use_result* oder *store_result*.

Die folgenden Zeilen zeigen eine typische Anwendung dieser Methoden: Durch das erste SQL-Kommando wird die Variable *@a* initialisiert. Diese Variable wird an eine sogenannte *Stored Procedure* (also an eine benutzerdefinierte SQL-Funktion) übergeben. Anschließend wird der Wert von *@a* und *@b* durch *SELECT* ausgegeben. Jedes *result*-Objekt wird durch die Funktion *show_table* dargestellt, die das Ergebnis als Tabelle formatiert. Der Code von *show_table* folgt in Abschnitt 12.2. (Im vorliegenden Beispiel liefert lediglich das dritte SQL-Kommando ein Ergebnis.)

```
// Beispiel mysqli-multiquery.php
$sql = "SET @a=12; CALL mysp(@a, @b); SELECT @a, @b";
$ok = $mysqli->multi_query($sql);
```

```
if(!$ok)
  echo "<p>Fehler in der ersten SQL-Abfrage.</p>\n";
else
  do {
    // Ergebnis auslesen und anzeigen
    $result = $mysqli->store_result();
    if($result) {
      show_table($result);
      $result->close();
    }
    // Wurden weitere SQL-Kommandos ausgeführt?
    if(!$mysqli->more_results())
      break;
    // Wurde das SQL-Kommando fehlerfrei verarbeitet?
    if(!$mysqli->next_result()) {
      echo "<p>Fehler ...</p>";
      break;
    }
  } while(TRUE);
```

11.2.5 SQL-Kommandos mit Parametern (Prepared Statements)

Bei vielen PHP-Seiten müssen mehrfach ganz ähnliche Abfragen ausgeführt werden, die sich nur durch den Wert einzelner Parameter unterscheiden. In solchen Fällen sieht MySQL ab Version 4.1 sogenannte *Prepared Statements* vor: An den MySQL-Server wird nur einmal das gesamte SQL-Kommando übertragen, in der Folge nur noch die zu variierenden Parameter. Das reduziert nicht nur ein wenig die zu übertragenden Datenmengen, sondern macht auch die Verarbeitung des Kommandos effizienter: der MySQL-Server muss die Struktur des Kommandos nur ein einziges Mal analysieren.

Aus der Sicht von PHP-Programmierern besteht der größte Vorteil von *Prepared Statements* darin, dass der Code wesentlich eleganter und übersichtlicher wird. Es ist nicht mehr notwendig, aus den einzelnen Parametern ein gültiges SQL-Kommando zusammenzusetzen (inklusive der Quotierung von Zeichenketten und BLOBs). Stattdessen reicht es aus, die Parameter in einfachen PHP-Variablen zu speichern und *execute* auszuführen.

Vorher sind allerdings einige Vorbereitungsarbeiten erforderlich: Zuerst müssen Sie mit *$mysqli->**prepare*** das SQL-Kommando angeben. Im Kommando tragen Sie statt der Parameter einfach Fragezeichen ein. Als Ergebnis erhalten Sie ein ***mysqli_stmt***-Objekt, das die Grundlage für alle weiteren Operationen ist. Der folgende Text geht davon aus, dass dieses Objekt in der Variablen *$stmt* gespeichert wird.

Anschließend verbinden Sie durch *$stmt->**bind_param*** die Parameter mit PHP-Variablen. (Achten Sie auf die richtige Reihenfolge!) Für jeden Parameter müssen Sie dessen Datentyp durch ein Zeichen angeben.

Zeichen	Bedeutung
i	ganze Zahlen (*integer*)
d	Fließkommazahlen (*double*)
s	Zeichenketten (*string*)
b	binäre Daten (BLOBs, *binary*)

Tabelle 11.1: Datentypen für bind_param

Um das SQL-Kommando nun tatsächlich auszuführen, speichern Sie in den PHP-Variablen die gewünschten Werte und führen dann *$stmt->**execute*** aus. Diesen Vorgang können Sie beliebig oft wiederholen. Wenn Sie das *mysqli_stmt*-Objekt nicht mehr benötigen, sollten Sie es sofort explizit freigeben. Damit entfernen Sie das Objekt nicht nur aus dem lokalen Speicher, Sie signalisieren auch dem MySQL-Server, dass keine weiteren Kommandos mehr folgen und dass er daher das *prepared statement* löschen kann.

Das folgende Beispiel verdeutlicht die Vorgehensweise:

```
// Beispiel mysqli-prepared.php
// SQL-Kommando mit Parametern vorbereiten
$stmt = $mysqli->prepare(
  "INSERT INTO titles (title, subtitle, langID) VALUES (?, ?, ?)");
$stmt->bind_param('ssi', $title, $subtitle, $langID);

// Kommando mehrfach ausführen
$title = "new Linux title 1";
$subtitle = "new subtitle 1";
$langID = 1;
$stmt->execute();

$title = "new MySQL title 2";
$subtitle = "new subtitle 2";
$langID = 2;
$stmt->execute();

// Kommando freigeben
$stmt->close();
```

Nach *INSERT-*, *UPDATE-* oder *DELETE*-Kommandos liefert *$stmt->affected_rows* die Anzahl der veränderten Datensätze. *$mysqli->insert_id* (nicht *$stmt->insert_id*!) ermittelt den zuletzt erzeugten *AUTO_INCREMENT*-Wert.

SELECT-Ergebnisse auswerten (Prepared Statements)

Anders als *$mysqli->query* liefert *$stmt->execute* kein *mysqli_result*-Objekt. Stattdessen bietet das *mysqli_stmt*-Objekt eine wesentlich elegantere Möglichkeit zur Auswertung von *SELECT*-Ergebnissen: Nach der Durchführung der Abfrage verbinden Sie durch *$stmt->**bind_result*** die Spalten des Ergebnisses mit PHP-Variablen. Anschließend überträgt *$stmt->**fetch*** den jeweils nächsten Datensatz in diese Variablen. *fetch* liefert als Rückgabewert *TRUE* oder *FALSE*, je nachdem, ob ein

Datensatz gefunden wurde oder ob bereits alle Datensätze verarbeitet worden sind.

Per Default verbleiben die *SELECT*-Ergebnisse beim MySQL-Server und werden erst durch *fetch* datensatzweise zum Client übertragen. Wenn Sie möchten, dass sofort alle Ergebnisse an den Client übertragen werden, führen Sie *$stmt->**store_result*** aus. Falls Sie alle Datensätze auslesen müssen, ist das effizienter und entlastet den Server. Am weiteren Code zum Auslesen der Daten ändert *store_result* nichts, d.h., die Methode ist optional.

```
// Beispiel mysqli-prepared.php
// Abfrage ausführen
$stmt = $mysqli->prepare("SELECT titleID, title FROM titles");
$stmt->execute();

// alle Ergebnisse zum Client übertragen (optional!)
$stmt->store_result();

// SELECT-Ergebnis mit Variablen verbinden
$stmt->bind_result($titleID, $title);

// Schleife durch alle Ergebnisse
while($stmt->fetch())
  printf("<br />%d %s\n",
    htmlentities($titleID), htmlentities($title));
$stmt->close();
```

Wenn Sie wissen möchten, wie viele Datensätze das *SELECT*-Kommando geliefert hat, können Sie die Anzahl mit *$stmt->num_rows* ermitteln. Diese Eigenschaft funktioniert allerdings nur, wenn Sie zuvor *$stmt->store_result* ausführen!

Natürlich können Sie die hier vorgestellte Methode *bind_result* und die im vorigen Abschnitt vorgestellte Methode *bind_param* auch kombinieren, etwa wenn Sie mehrfach ein Kommando der Art *SELECT ... FROM ... WHERE column = ?* ausführen möchten. Die folgenden Zeilen geben dafür ein Beispiel.

```
// Beispiel mysqli-prepared.php
// Vorbereitung
$stmt = $mysqli->prepare(
  "SELECT titleID, title FROM titles WHERE title LIKE ?");
$stmt->bind_param('s', $pattern);

// erstes SELECT-Kommando
$pattern="%Linux%";
$stmt->execute();
$stmt->store_result();
$stmt->bind_result($titleID, $title);
echo "<p></p>\n";
while($stmt->fetch())
  printf("<br />%d %s\n", $titleID, htmlentities($title));
```

```
// zweites SELECT-Kommando
$pattern="%MySQL%";
$stmt->execute();
$stmt->store_result();
echo "<p></p>\n";
while($stmt->fetch())
  printf("<br />%d %s\n", $titleID, htmlentities($title));
// aufräumen
$stmt->close();
```

11.2.6 Transaktionen

Die *mysqli*-Schnittstelle sieht momentan keine Methode vor, die dem SQL-Kommando *BEGIN* bzw. *START TRANSACTION* entspricht. Wenn Sie also Transaktionen nutzen möchten, müssen Sie zuerst mit *$mysqli->autocommit(0)* den Auto-Commit-Modus deaktivieren. (Es fehlt auch eine Methode oder Eigenschaft, die Auskunft über den aktuellen Commit-Modus gibt. Sie müssen eine Abfrage mit *SELECT @@autocommit* ausführen. Beachten Sie, dass MySQL Transaktionen zurzeit nur für InnoDB-Tabellen unterstützt.)

Sobald Auto-Commit deaktiviert ist, bilden alle SQL-Kommandos eine Transaktion, die Sie schließlich wahlweise mit den *mysqli*-Methoden *commit* abschließen bzw. mit *rollback* widerrufen. Mit *commit* bzw. *rollback* beginnt gleichzeitig die nächste Transaktion. Vorsicht: Wenn Sie *commit* vergessen bzw. wenn es vor *commit* zu einem Fehler oder Verbindungsabbruch kommt, werden alle SQL-Kommandos der laufenden Transaktion widerrufen.

Statt der Methoden *autocommit, commit* und *rollback* können Sie auch einfach die entsprechenden SQL-Kommandos mit *real_query* ausführen, also z.B. *$mysqli ->real_query("START TRANSACTION")*.

11.2.7 Stored Procedures

Stored Procedures (kurz SPs) sind SQL-Prozeduren bzw. -Funktionen, die direkt vom MySQL-Server ausgeführt werden (siehe Kapitel 14). Aus Sicht der Schnittstelle *mysqli* gibt es zum Thema SPs erfreulicherweise wenig zu schreiben: Der Aufruf von SQL-Kommandos, die SPs aufrufen bzw. verändern (*CREATE FUNCTION* etc.), erfolgt durch die üblichen, auf den vorangegangenen Seiten vorgestellten Funktionen bzw. Methoden. Die folgenden Punkte fassen die möglichen Fälle zusammen:

- **Aufruf einer SP, die keine Datensätze zurückgibt:** Hierfür können Sie wahlweise *$mysqli->real_query* oder *$mysqli->query* verwenden.

  ```
  $sql = "CALL categories_insert('abc', 123, @newcatID)";
  $ok = $mysqli->real_query($sql);
  ```

- **Aufruf einer SP, die Datensätze zurückgibt (ein SELECT-Kommando):** Für derartige Kommandos verwenden Sie im Regelfall *$mysql->query*, weil diese Methode das Ergebnis gleich zurückgibt.

```
$sql = "CALL get_parent_categories(57)";
$result = $mysqli->query($sql);
```

- **Aufruf einer SP, die mehrfach Datensätze zurückgibt (mehrere SELECTs) bzw. Aufruf von mehreren SQL-Kommandos:** Wenn in einer SP mehrere *SELECT*-Kommandos ausgeführt werden, liefert die Prozedur entsprechend mehrere Datensatzlisten zurück. Damit diese verarbeitet werden können, muss das Kommando mit *$mysqli->multi_query* ausgeführt werden. Zum Lesen der Datensatzlisten verwenden Sie *use_result* oder *store_result*, zur Navigation zur jeweils nächsten Datensatzliste *next_result*. (Diese Methoden wurden in Abschnitt 11.2.4 vorgestellt.)

```
$sql = "CALL many_selects(123)";
$ok = $mysqli->multi_query($sql);
```

  multi_query verwenden Sie auch dann, wenn Sie mehrere SQL-Kommandos auf einmal ausführen möchten – ganz egal, wie viele Datensatzlisten Sie als Ergebnis erwarten. Die SQL-Kommandos müssen durch Strichpunkte voneinander getrennt sein.

```
$sql = "SET @myvar=1;
        CALL complicated_calculation(123, @myvar);
        SELECT * FROM tabelle WHERE id=@myvar";
$ok = $mysqli->multi_query($sql);
```

- **Definition einer neuen SP (CREATE-Kommando):** In den meisten PHP-Anwendungen wird es wohl selten notwendig sein, SPs neu zu definieren. Wenn das aber der Fall ist, müssen Sie zur Ausführung von *CREATE FUNCTION* bzw. *CREATE PROCEDURE* unbedingt *real_query* oder *query* verwenden, auf keinen Fall *multi_query*. Der Grund: *multi_query* interpretiert den Strichpunkt als Trennzeichen zwischen Kommandos. Strichpunkte kommen aber auch im Code von SPs vor. Falls Sie vor dem *CREATE*- auch ein *DROP*-Kommando ausführen möchten, müssen Sie die beiden Kommandos getrennt ausführen.

```
$sql = "DROP PROCEDURE IF EXISTS mysp";
$ok =  $mysqli->real_query($sql);
$sql = "CREATE PROCEDURE mysp (OUT abc DOUBLE)
    BEGIN
      DECLARE t, subt VARCHAR(100);
      ...
    END";
$ok =  $mysqli->real_query($sql);
```

11.3 PHP Data Objects (PDO)

Die *PHP Data Objects* (kurz PDO) erlauben einen objektorientierten Zugriff auf diverse Datenbanksysteme. Momentan werden außer MySQL auch der Microsoft SQL Server, Oracle, SQLite, PostgreSQL, Firebird, Informix sowie ODBC unterstützt.

PDO ist ebenso wie *mysql* und *mysqli* als Erweiterung zu PHP konzipiert. Für die Kommunikation mit MySQL benötigen Sie nicht eine, sondern zwei Erweiterungen: *PDO* mit den Grundfunktionen sowie *pdo_mysql* mit dem MySQL-spezifischen Treiber. Unter Windows muss php.ini die beiden Zeilen extension = php_pdo.dll und extension = php_pdo_mysql.dll enthalten.

Vergewissern Sie sich mit einem kleinen PHP-Script, das die Funktion *phpinfo()* ausführt, ob diese Erweiterungen bei Ihrer PHP-Version aktiv sind. Das Ergebnis sollte wie in Abbildung 11.4 aussehen, wobei es natürlich nicht stört, wenn es weitere PDO-Treiber für andere Datenbanksysteme gibt.

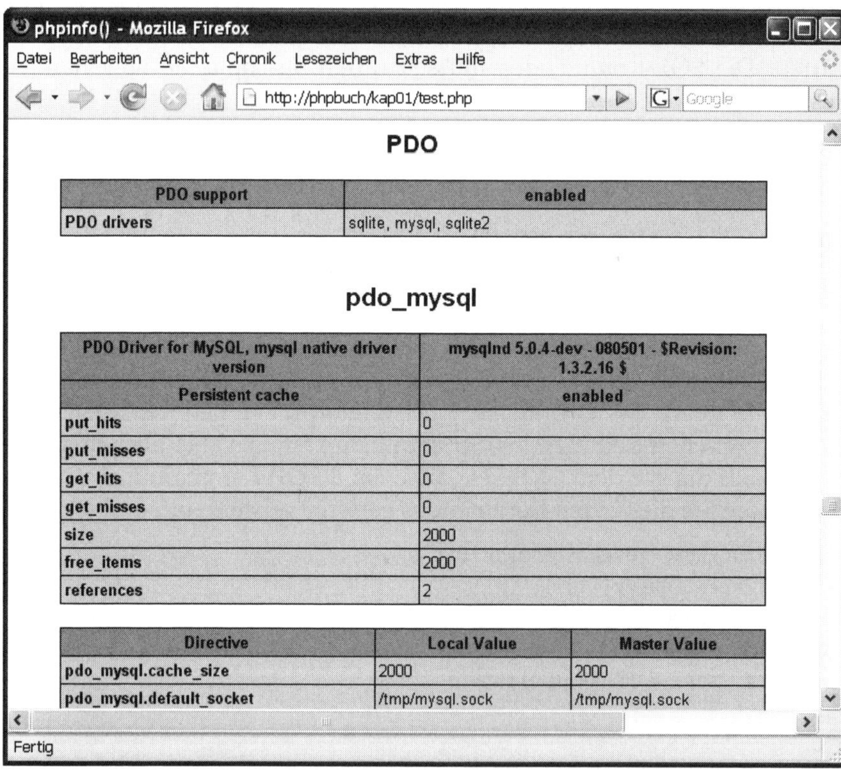

Abbildung 11.4: Die PDO-Erweiterung und dessen MySQL-Modul sind aktiv.

Die PDO-Erweiterung stellt die folgenden Klassen zur Verfügung:

- *PDO*: die Verbindung zur Datenbank
- *PDOStatement:* ein SQL-Kommando (resultiert aus *pdo->query()* oder *pdo->prepare()*)
- *PDORow:* ein Datensatz (eine Zeile) eines SQL-Abfrageergebnisses
- *PDOException:* ein *exception*-Objekt, das Informationen über den zuletzt aufgetretenen Fehler gibt

11.3.1 Verbindungsaufbau

Um eine Verbindung zum MySQL-Server herzustellen, übergeben Sie an den Konstruktor der ***PDO***-Klasse drei Zeichenketten: Mit der ersten Zeichenkette geben Sie die Verbindungsinformationen an. Der sogenannte *data source name* (*dns*) enthält den Datenbanktyp (*mysql*), den Hostnamen des MySQL-Servers, optional den IP-Port des MySQL-Servers (standardmäßig 3306) sowie die gewünschte Datenbank. Unter Unix/Linux können Sie statt des Hostnamens auch eine Socket-Datei übergeben. Einige Beispiele:

```
'mysql:host=localhost;dbname=mylibrary'
'mysql:host=merkur.sol;port=3307;dbname=test'
'mysql:unix_socket=/tmp/mysql.sock;dbname=abc'
```

Zwei weitere Zeichenketten müssen den MySQL-Benutzernamen und das dazugehörende Passwort enthalten. Sollte beim Verbindungsaufbau ein Problem auftreten (falsches Passwort etc.), löst PDO eine Exception aus. Sie müssen Ihren Code durch eine *try-catch*-Konstruktion absichern (siehe auch Abschnitt 2.8.2). Dies sollten Sie nicht vergessen – PHP zeigt sonst diverse Fehlerinformationen auf der resultierenden HTML-Seite an, und die enthalten auch Ihr Passwort!

Die Datenbankverbindung wird automatisch geschlossen, wenn das Ende des PHP-Codes Ihrer Seite erreicht ist. Wenn die Verbindung schon früher beendet werden soll, weisen Sie dem PDO-Objekt einfach *null* zu. Die folgenden Zeilen zeigen den PDO-Verbindungsaufbau inklusive Fehlerabsicherung:

```
// Beispiel pdo-intro.php
try {
  // Verbindung herstellen
  $dns = "mysql:host=$mysqlhost;dbname=$mysqldb";
  $conn = new PDO($dns, $mysqluser, $mysqlpasswd);
  // Datenbankabfragen etc.
  ...
  // Verbindung beenden
  $conn = null; }
catch (PDOException $ex) {
  echo "<p>Fehler: " . $ex->getMessage() . "</p>\n";
  die(); }
```

Verbindungseigenschaften einstellen

Mit der Methode ***setAttribute*** können Sie einige besondere Verbindungseigenschaften einstellen: *$conn->setAttribute(attribute, value)*. Für *attribute* gibt es diverse vordefinierte Konstanten, z.B. *PDO::ATTR_CASE*. Welche Werte für *value* zulässig sind, hängt vom Attribut ab (oft nur *TRUE* oder *FALSE*). Die folgende Tabelle beschreibt ganz kurz die wichtigsten veränderlichen Attribute.

Attribut	Bedeutung
PDO::ATTR_CASE	verändert die Groß- und Kleinschreibung von Spaltennamen. Zulässige Einstellungen sind: *PDO::CASE_NATURAL*: gibt die Namen unverändert weiter (gilt standardmäßig). *PDO::CASE_LOWER*: Kleinbuchstaben *PDO::CASE_UPPER*: Großbuchstaben
PDO::ATTR_ERRMODE	gibt an, wie PDO mit Fehlern verfahren soll (siehe auch Seite 425). *PDO::ERRMODE_SILENT*: Der Code läuft weiter, die Fehlercodes können mit *errorCode* oder *errorInfo* ermittelt werden (gilt standardmäßig). *PDO::ERRMODE_WARING*: Der Code läuft weiter, PDO schreibt aber zusätzlich eine *E_WARNING*-Meldung in die HTML-Ausgabe. *PDO::ERRMODE_EXCEPTION*: PDO löst eine *PDOException* aus. Die Ausführung des Codes wird abgebrochen, wenn die Exception nicht durch *catch* abgefangen wird! Achtung: Die Einstellung gilt nicht für den Verbindungsaufbau. Dort wird bei Fehlern immer eine Exception ausgelöst!
PDO::ATTR_STRINGIFY_ FETCHES	wandelt numerische Werte in Abfrageergebnissen in Zeichenketten um (standardmäßig *FALSE*).
PDO::ATTR_ORACLE_NULLS	bestimmt den Umgang mit NULL-Werten: *PDO::NULL_NATURAL:* gibt die Daten unverändert weiter (gilt standardmäßig). *PDO::NULL_EMPTY_STRING:* wandelt leere Zeichenketten in *NULL* um. *PDO::NULL_EMPTY_STRING:* wandelt *NULL* in eine leere Zeichenkette um. Obwohl der Name das Gegenteil vermuten lässt, ist dieses Attribut für alle Datenbanksysteme definiert, nicht nur für Oracle.
PDO::ATTR_AUTOCOMMIT	aktiviert/deaktiviert den Auto-Commit-Modus. In diesem Modus gilt jedes SQL-Kommando als Transaktion. Explizite Transaktionskommandos sind nicht erforderlich.
PDO::MYSQL_ATTR_-USE_BUFFERED_QUERY	überträgt alle Abfrageergebnisse sofort in das PHP-Programm (statt sie Zeile für Zeile vom MySQL-Server abzuholen). Die Standardeinstellung ist *FALSE*.
PDO::MYSQL_ATTR_-MAX_BUFFER_SIZE	bestimmt die Größe des Puffers zur Übertragung großer Datensätze (standardmäßig 1 MByte).

Tabelle 11.2: Veränderliche Attribute der PDO-Klasse

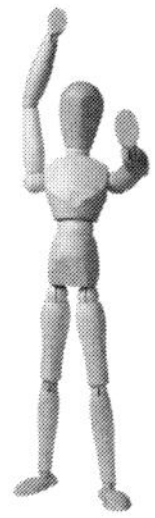

Achtung

Einige MySQL-spezifische Attribute müssen bereits beim Verbindungsaufbau angegeben werden, eine spätere Änderung ist nicht möglich. Das betrifft insbesondere die Einstellung der maximalen Puffergröße (wichtig z.B. für die Übertragung großer Bilder aus der Datenbank). Der *PDO*-Konstruktor sieht hierfür einen optionalen vierten Parameter vor, an den ein Array von Attributen übergeben werden kann. Die richtige Vorgehensweise sieht so aus:

```
$attr = array(PDO::MYSQL_ATTR_MAX_BUFFER_SIZE=>1024*1024*16);
$conn = new PDO($dns, $mysqluser, $mysqlpasswd, $attr);
```

Verbindungseigenschaften lesen

Mit ***getAttribute*** können Sie den aktuellen Zustand von Attributen lesen. Zusätzlich zu den in Tabelle 11.2 genannten Attributen gibt es einige weitere, die nur gelesen, aber nicht verändert werden können. Tabelle 11.3 fasst die Bedeutung der wichtigsten Read-Only-Attribute zusammen.

Attribut	Bedeutung
PDO::ATTR_CLIENT_VERSION	Versionsnummer der MySQL-Client-Bibliothek
PDO::ATTR_CONNECTION_STATUS	Zeichenkette mit Verbindungstyp und Hostname (z.B. *merkur via TCP/IP*)
PDO::ATTR_SERVER_INFO	Zeichenkette mit Statusinformationen des MySQL-Servers
PDO::ATTR_SERVER_VERSION	Versionsnummer des MySQL-Servers

Tabelle 11.3: Read-Only-Attribute der PDO-Klasse

Fehlermanagement

Wie wir bereits erwähnt haben, löst PDO eine *PDOException* aus, wenn beim Verbindungsaufbau ein Fehler auftritt. Merkwürdigerweise gilt für alle anderen Fehler standardmäßig ein anderes Verhalten: Der Code läuft einfach weiter. Es ist Ihre Aufgabe als Programmierer, Fehler selbst festzustellen. Dazu werten Sie nach dem Aufruf jeder PDO-Methode die Methoden *errorCode* bzw. *errorInfo* aus. *errorCode* liefert eine Zeichenkette mit der *SQLSTATE*-Fehlernummer, *errorInfo* ein dreiteiliges Array mit der *SQLSTATE*-Fehlernummer, einem MySQL-spezifischen Fehlercode und der MySQL-Fehlermeldung. Beide Methoden sind für die Klassen *PDO* und *PDOStatement* implementiert.

Wie PDO auf Fehler reagiert, lässt sich durch *$conn->setAttribute* einstellen. Persönlich sind uns Exceptions am liebsten – damit kann der gesamte PDO-Code mit wenig Aufwand durch eine einzige *try-catch*-Konstruktion abgesichert werden:

```
try {
  $conn = new PDO($dns, $mysqluser, $mysqlpasswd);
  $conn->setAttribute(PDO::ATTR_ERRMODE, PDO::ERRMODE_EXCEPTION);
  ...
  $conn = null; }
catch (PDOException $e) {
  echo "<p>Fehler: " . $e->getMessage();
  ...
  die(); }
```

11.3.2 SQL-Kommandos ausführen

Die *PDO*-Klasse sieht drei Methoden vor, um SQL-Kommandos auszuführen:

- ***query*** ist für alle SQL-Kommandos gedacht, die Ergebnisse zurückgeben (in der Regel *SELECT*, aber auch *SHOW xxx*, *EXEC* etc.).
- Mit ***exec*** führen Sie SQL-Kommandos aus, die kein Ergebnis zurückgeben (z.B. *INSERT* oder *DELETE*).
- Wenn Sie vorhaben, ein SQL-Kommando mehrfach auszuführen, sollten Sie das SQL-Kommando zuerst einmal mit ***prepare*** verbereiten und dann mehrfach mit ***execute*** ausführen. Das ist effizienter und ermöglicht zudem eine bequeme Übergabe von Parametern. Details zum Umgang mit *Prepared Statements* folgen in Abschnitt 11.3.4.

SELECT-Abfragen (query)

Auch an ***query*** übergeben Sie das SQL-Kommando als Zeichenkette. Sofern bei der Ausführung des SQL-Kommandos keine Probleme aufgetreten sind, gibt *query* gibt ein *PDOStatement*-Objekt zurück – auch dann, wenn das SQL-Kommando gar kein Ergebnis liefert – etwa *SELECT * FROM table WHERE 0=1*. Bei SQL-Fehlern liefert *query* den Wert *FALSE*. Weitere Fehlerinformationen liefert *$conn->errorInfo()*.

Die Auswertung des *PDOStatement*-Objekts gelingt am einfachsten in einer *foreach*-Schleife. Die folgenden Zeilen geben ein typisches Beispiel. Das zweite *echo*-Kommando gibt den Untertitel in Klammern an, sofern es einen Untertitel gibt. Eine Menge weiterer Details und Varianten zur Auswertung von *SELECT*-Ergebnissen gibt Abschnitt 11.3.3.

```
$sql = "SELECT title, subtitle FROM titles ORDER BY title ";
$result = $conn->query($sql);
foreach($result as $row) {
  echo "<br/>$row[title]";
  echo $row[subtitle] ? " ($row[subtitle])\n" : "\n";  }
```

SQL-Kommandos ohne Ergebnis (exec)

Wenn von vornherein klar ist, dass ein SQL-Kommando kein Ergebnis liefert (also bei *INSERT, UPDATE, DELETE* etc.), verwenden Sie statt *query* besser die Methode ***exec***. Der Rückgabewert von *exec* verrät, wie viele Datensätze durch das Kommando verändert wurden.

```
$sql = "DELETE FROM publishers WHERE publName LIKE 'test%'";
$n = $conn->exec($sql);
```

Grundsätzlich ist es erlaubt, *jedes* SQL-Kommando mit *query* auszuführen. Die Anzahl der veränderten Datensätze ermitteln Sie dann mit *rowCount*. Diese Methode ist aber ungeeignet, um die Anzahl der Ergebnisdatensätze eines *SELECT*-Kommandos zu ermitteln!

```
$sql = "DELETE FROM publishers WHERE publName LIKE 'test%'";
$result = $conn->query($sql);
$n = $conn->rowCount();
```

Fehler feststellen

query und *exec* geben *FALSE* zurück, wenn bei der Kommandoausführung ein Fehler aufgetreten ist. Bei der Auswertung des Rückgabewerts ist aber Vorsicht angebracht: Die folgende Formulierung unterscheidet nicht zwischen dem Ergebnis 0 (keine Datensätze geändert) und *FALSE*:

```
if(!$conn->exec($sql)) echo "Fehler oder keine geänderten Datensätze ..."
```

Exakter ist diese Schreibweise:

```
if($conn->exec($sql) === FALSE) echo "Wirklich ein Fehler ..."
```

Sie gehen diesen Problemen am einfachsten aus dem Wege, wenn Sie, wie im vorigen Abschnitt vorgeschlagen, den *PDO::ERRMODE_EXCEPTION*-Modus aktivieren: Dann lösen SQL-Fehler eine Exception aus und können nicht übersehen werden.

Sonderzeichen (quote)

Wenn Sie SQL-Kommandos zusammenfügen, verursachen Zeichenketten mit Sonderzeichen oft Probleme. Die folgenden Zeilen veranschaulichen das:

```
$newpubl = "O'Reilly";
$sql = "INSERT INTO publishers (publName) VALUES ('$newpubl')";
$result = $conn->query($sql);
```

Bei der Ausführung des Kommandos tritt ein Fehler auf, weil der neue Verlagsname das Zeichen ' enthält. Sie können derartigen Problemen auf zwei Weisen aus dem Weg gehen: Die empfohlene Vorgehensweise besteht darin, die Zeichenketten als Parameter an ein *prepared statement* zu übergeben (siehe Abschnitt 11.3.4). Die andere Methode besteht darin, kritische Zeichenketten mit ***quote*** in eine SQL-kompatible Form umzuwandeln. Die Methode stellt die Zeichenkette in Anführungszeichen und stellt problematischen Zeichen ein \-Zeichen voran.

```
$newpubl = "test O'Reilly";
$sql = "INSERT INTO publishers (publName) VALUES (" .
       $conn->quote($newpubl) . ")";
$conn->query($sql);
```

AUTO_INCREMENT-Wert (lastInsertId)

Nach *INSERT*-Kommandos brauchen Sie oft die ID-Nummer des gerade eingefügten Datensatzes. Den ermitteln Sie mit der PDO-Methode ***lastInsertId***:

```
$sql = "INSERT INTO publishers (publName) VALUES ('test')";
$conn->query($sql);
$id = $conn->lastInsertId();
```

Mehrere Kommandos auf einmal ausführen

query akzeptiert mehrere durch Strichpunkte getrennte SQL-Kommandos und führt diese hintereinander aus. Auf die einzelnen *SELECT*-Ergebnisse greifen Sie via ***fetch****(PDO::FETCH_NUM)* zu. Ob es weitere Ergebnisse gibt, verrät die Methode ***nextRowset***:

```
$sql = "SELECT 1; SELECT 2; SELECT  3";
$result = $conn->query($sql);

do {
  echo "<p>----\n";
  $rowset = $result->fetch(PDO::FETCH_NUM);
  foreach($rowset as $row) {
    echo "<p>$row[0]";
  }
} while($result->nextRowset());
```

Auch *exec* kann mehrere Kommandos auf einmal verarbeiten. Der Rückgabewert bezieht sich in diesem Fall auf das erste Kommando. Wieviele Datensätze durch die weiteren Kommandos verändert wurden, lässt sich nicht ermitteln.

11.3.3 SELECT-Ergebnisse auswerten

Als Ergebnis der im vorigen Abschnitt vorgestellten *query*-Methode erhalten Sie ein *PDOStatement*-Objekt, dessen Elemente Sie zeilenweise in einer *foreach*-Schleife auslesen können. Auf die einzelnen Spalten greifen Sie wahlweise über einen numerischen Index oder über den Spaltennamen zu:

```
$result = $conn->query($sql);
foreach($result as $row) {
  echo $row[0], $row[1], $row[spalteA], $row['spalteB'] etc.}
```

Übersichtlicher wird der Code, wenn Sie die Ergebnisspalten vorweg mit der Methode ***bindColumn*** mit Variablen verbinden:

```
$sql = "SELECT * FROM titles";
$result = $conn->query($sql);
$result->bindColumn('title', $title);
$result->bindColumn('subtitle', $subtitle);
foreach($result as $row) {
  echo "<p>$title $subtitle"; }
```

Anstatt die Ergebnisse mit einer *foreach*-Schleife zu durchlaufen, können Sie jede Spalte explizit mit ***fetch*** auslesen. In welcher Form *fetch* den Datensatz liefert, bestimmt ein optionaler Parameter, der unter anderem die folgenden Werte akzeptiert:

- *PDO::FETCH_NUM: fetch* gibt ein Array zurück. Der Zugriff auf die Felder erfolgt durch die Spaltennummer.
- *PDO::FETCH_ASSOC: fetch* gibt ein assoziatives Array zurück. Der Zugriff auf die Felder erfolgt durch die Spaltennamen.
- *PDO::FETCH_BOTH:* Bei dieser Kombination der beiden vorigen Varianten kann der Spaltenzugriff wahlweise durch einen Index oder den Spaltennamen erfolgen. Diese Variante gilt standardmäßig.
- *PDO::FETCH_BOUND: fetch* schreibt die Spalten in die zuvor durch *bindColumn* angegebenen Variablen.
- *PDO::FETCH_OBJ: fetch* liefert ein anonymes Objekt. Der Spaltenzugriff erfolgt durch Eigenschaften, deren Namen mit den Spaltennamen übereinstimmen.

  ```
  while( $row = $result->fetch(PDO::FETCH_OBJ)) {
    echo "<p>$row->title $row->subtitle\n";
  }
  ```

  Eine Kurzschreibweise zu *fetch(PDO::FETCH_OBJ)* ist *fetchObject()*.

Alle Methoden liefern *FALSE*, wenn es keine weiteren Ergebnisse gibt.

Eine Alternative zu *fetch* ist ***fetchall***. Diese Methode liest alle Datensätze auf einmal und liefert das Ergebnis als Array. Der Datentyp der Array-Elemente wird wie bei *fetch* durch den ersten Parameter von *fetchall* bestimmt.

Singuläre Ergebnisse

Wenn Sie nur an einer bestimmten Spalte des Ergebnisses interessiert sind, rufen Sie ***fetchColumn****($n)* auf, wobei *$n* die Spaltennummer ist. Diese Methode ist vor allem dann interessant, wenn eine Abfrage ein singuläres Ergebnis liefert:

```
$sql = "SELECT COUNT(*) FROM titles";
$result = $conn->query($sql);
$n = $result->fetchColumn(0);
```

Auswertung vorzeitig abbrechen

Wenn Sie nicht alle Zeilen des Ergebnisses lesen, müssen Sie unbedingt daran denken, das *PDOStatement*-Objekt durch die Methode ***closeCursor*** freizugeben. Zum einen entlasten Sie damit den MySQL-Server, der das Ergebnis nun nicht mehr länger zwischenspeichern muss; und zum anderen vermeiden Sie einen PDO-Fehler, der sonst auftritt, sobald Sie das nächste *SELECT*-Kommando auswerten.

Generell sollten Sie nicht mehr benötigten *statement*-Objekte *null* zuweisen – auch nach einer vollständigen Auswertung der Ergebnisse. Andernfalls riskieren Sie Probleme bei der Ausführung des nächsten Kommandos.

Metadaten

Die Methode *columnCount()* verrät Ihnen, wie viele Spalten das Ergebnis umfasst. Genauere Informationen über deren Name, Datentyp etc. liefert die Methode *getColumnMeta ($n)*, wobei *$n* die Spaltennummer ist. Die Methode gibt ein assoziatives Array zurück. Das folgende Beispiel zeigt die drei wichtigsten Array-Elemente:

```
for($i=0; $i<$result->columnCount(); $i++) {
  $meta = $result->getColumnMeta($i);
  echo "<p>Spaltenname: $meta[name] " .
       "Tabelle: $meta[table] " .
       "Datentyp: $meta[native_type]\n"; }
```

Anzahl der Ergebnisse ermitteln

Da PDO *SELECT*-Ergebnisse standardmäßig Datensatz für Datensatz beim MySQL-Server abholt, gibt es keine Möglichkeit, schon die Anzahl der Ergebnisse zu ermitteln, ohne vorher alle Daten auszulesen. Das geht am effizientesten mit *fetchAll*. Wenn diese Variante nicht in Frage kommt, sollten Sie vor dem eigentlichen *SELECT*-Kommando *SELECT COUNT(*)* mit denselben Bedingungen ausführen.

Abfrageergebnisse sofort übertragen

Abfrageergebnisse werden zeilenweise beim MySQL-Server abgeholt. Wenn Sie möchten, dass alle Ergebnisse beim ersten Zugriff durch PDO lokal zwischengespeichert werden, setzen Sie das Attribut *PDO::MYSQL_ATTR_USE_BUFFERED_QUERY* des *PDO*-Objekts. Das erhöht den Speicherbedarf des PHP-Scripts, vermindert aber den Übertragungs-Overhead und entlastet den MySQL-Server.

```
$conn->setAttribute(PDO::MYSQL_ATTR_USE_BUFFERED_QUERY, TRUE);
```

11.3.4 SQL-Kommandos mit Parametern (Prepared Statements)

Prepared Statements machen die wiederholte Ausführung von SQL-Kommandos effizienter. Der Geschwindigkeitsgewinn ergibt sich daraus, dass das eigentliche SQL-Kommando nur ein einziges Mal an den Server übertragen und dort zur Ausführung vorbereitet wird. In der Folge werden nur noch die Parameter übertragen.

Auch wenn die stets beschworene Effizienzsteigerung in der Praxis kaum spürbar bzw. messbar ist, bieten *Prepared Statements* einen zweiten Vorteil: PDO kümmert sich um die korrekte Übertragung von Parametern – auch bei Zeichenketten mit Sonderzeichen oder bei binären Daten. Allein deswegen lohnt sich der Einsatz oft. Sie gehen damit vielen Problemen aus dem Weg, können auf *quote* verzichten und brauchen keine Angst davor haben, dass Benutzer über Zeichenketten SQL-Code einschleusen.

Die Vorgehensweise ist einfach: Zuerst bereiten Sie das SQL-Kommando vor, wobei Sie die Parameter in der Schreibweise *:name* oder einfach durch ein Fragezeichen angeben. Die Methode ***prepare*** liefert dann ein *PDOStatement*-Objekt. Dessen Methode ***execute*** führt das Kommando aus, wobei die Parameter als Array übergeben werden:

```
$sql = "INSERT INTO titles (title, subtitle, edition) " .
       "VALUES (:title, :subtitle, :edition)";
$insCmd = $conn->prepare($sql);
$insCmd->execute(array(':title' => 'Linux',
                       ':subtitle' => 'Installation, Konfiguration, ' .
                                      'Anwendung',
                       ':edition' => 8));
$insCmd->execute(array(':title' => 'Ubuntu 8.04', ':subtitle' => NULL,
                       ':edition' => 1));
```

Wenn Sie möchten, können Sie die Parameter auch mit *bindParam* an PHP-Variablen binden:

```
$sql = "INSERT INTO titles (title, subtitle, edition) " .
       "VALUES (:title, :subtitle, :edition)";
$insCmd = $conn->prepare($sql);
$insCmd->bindParam(':title', $title);
$insCmd->bindParam(':subtitle', $subtitle);
$insCmd->bindParam(':edition', $edition);

$title    = 'test Linux';
$subtitle = 'Installation, Konfiguration, Anwendung';
$edtion   = 8;
$insCmd->execute();
```

Besonders kompakten Code erzielen Sie, wenn Sie die Parameter als Fragezeichen angeben. Die Reihenfolge der Parameter in dem Array, das Sie an *execute* übergeben, ist nun aber entscheidend!

```
$sql = "INSERT INTO titles (title, subtitle, edition) VALUES (?, ?, ?)";
$insCmd = $conn->prepare($sql);
$insCmd->execute(array('Linux',
                       'Installation, Konfiguration, Anwendung',
                       8));
$insCmd->execute(array('Ubuntu 8.04', NULL, 1));
```

Eine eigene *query*-Methode gibt es nicht. Sie können mit *execute* aber auch *SELECT*-Kommandos ausführen. Die Auswertung der Ergebnisse erfolgt wie im vorigen Abschnitt beschrieben.

11.3.5 Umgang mit BLOBs

Von *Binary Large Objects* (kurz BLOBs) spricht man, wenn eine Datenbank größere Binärdaten enthält – in der Praxis oft Bilder oder lange Texte. Beim Umgang mit diesen Daten sind zwei Besonderheiten zu beachten:

- Zum einen ist der Puffer zur Übertragung von Datensätzen standardmäßig auf ein MByte beschränkt. Wenn Sie Text- oder BLOB-Spalten haben, die größere Datenmengen beinhalten, müssen Sie dieses Limit beim Verbindungsaufbau hinaufsetzen (siehe den Hinweis auf Seite 425).
- Zum anderen bieten sich zum Zugriff auf BLOBs oft die *Streaming*-Funktionen von PHP an. Damit Sie die einsetzen können, müssen Sie den Parameter explizit als BLOB-Parameter kennzeichnen:

  ```
  $pdoStmnt->bindParam(n, $var, PDO::PARAM_LOB)
  $pdoStmnt->bindColumn(n, $var, PDO::PARAM_LOB)
  ```

  $var kann nun als Stream verarbeitet werden. Entsprechende Beispiele finden Sie hier:

  http://at.php.net/manual/en/pdo.lobs.php

11.3.6 Transaktionen

Wenn Sie einen transaktionsfähigen Tabellentyp verwenden (momentan kommt hierfür nur InnoDB in Frage), können Sie Transaktionen mit den drei Methoden ***beginTransaction***, ***commit*** und ***rollback*** steuern:

- ***beginTransaction*** leitet eine neue Transaktion ein und schaltet den Auto-Commit-Modus aus.
- ***commit*** bestätigt alle Änderungen der laufenden Transaktion und führt diese aus. Anschließend wird wieder der Auto-Commit-Modus aktiviert.
- ***rollback*** widerruft die laufende Transaktion und schaltet ebenfalls den Auto-Commit-Modus wieder ein.

Standardmäßig bzw. nach dem expliziten Ende einer Transaktion gilt der Auto-Commit-Modus. In diesem Modus gilt jedes SQL-Kommando wie eine eigene, kleine Transaktion, die sofort ausgeführt wird.

11.3.7 Stored Procedures

Stored Procedures (kurz SPs) sind SQL-Prozeduren bzw. -Funktionen, die direkt vom MySQL-Server ausgeführt werden (siehe Kapitel 14). Grundsätzlich erfolgen der Aufruf und die Verwaltung von SPs durch die üblichen, auf den vorangegangenen Seiten vorgestellten Methoden. Die folgenden Punkte fassen die möglichen Fälle zusammen:

- **Aufruf einer SP, die keine Datensätze zurückgibt:** Hierfür verwenden Sie die Methode *exec*.

```
$sql = "CALL categories_insert('abc', 123, @newcatID)";
$conn->exec($sql);
```

- **Aufruf einer SP, die Datensätze zurückgibt (ein SELECT-Kommando):** Für derartige Kommandos verwenden Sie im Regelfall *$mysql->query*, weil diese Methode das Ergebnis gleich zurückgibt.

```
$sql = "CALL get_parent_categories(57)";
$result = $conn->query($sql);
```

- **Aufruf einer SP, die mehrfach Datensätze zurückgibt (mehrere SELECTs) bzw. Aufruf von mehreren SQL-Kommandos:** Wenn in einer SP mehrere *SELECT*-Kommandos ausgeführt werden, liefert die Prozedur entsprechend mehrere Datensatzlisten zurück. Damit diese verarbeitet werden können, müssen die Methoden *nextRowset* und *fetch(PDO::FETCH_NUM)* ausgeführt werden.

```
$sql = "CALL mysp(...)";
$result = $conn->query($sql);
do {
  $rowset = $result->fetch(PDO::FETCH_NUM);
  foreach($rowset as $row)
    echo "<p>$row[0] ...";
} while($result->nextRowset());
```

- **Definition einer neuen SP (CREATE-Kommando):** Wenn Sie via PDO eine neue SP definieren möchten, führen Sie das gesamte *CREATE*-Kommando mit *exec* aus. Beachten Sie aber, dass es in diesem Fall nicht zulässig ist, gleichzeitig weitere Kommandos auszuführen, also auch nicht das oft vorangestellte Kommando *DROP PROCEDURE/FUNCTION IF EXISTS name*.

```
$sql = "DROP FUNCTION IF EXISTS shorten";
$ok = $conn->exec($sql);

$sql = "
CREATE FUNCTION shorten(s VARCHAR(255), n INT)
  RETURNS varchar(255) CHARSET latin1
BEGIN
```

```
  IF ISNULL(s) THEN
    RETURN '';
  ELSEIF n<15 THEN
    RETURN LEFT(s, n);
  ELSE
    IF CHAR_LENGTH(s) <= n THEN
      RETURN s;
    ELSE
      RETURN CONCAT(LEFT(s, n-10), ' ... ', RIGHT(s, 5));
    END IF;
  END IF;
END";
$conn->exec($sql);
```

Achtung

Eine Besonderheit der PDO-Schnittstelle besteht darin, dass *prepare* und *bindParam* Rückgabewerte (*OUT*- bzw. *INOUT*-Parameter) auswerten können. Leider funktioniert das für MySQL (noch) nicht! Um *OUT*- oder *INOUT*-Ergebnisse zu verarbeiten, müssen Sie diese in SQL-Variablen schreiben und die Variablen dann durch *SELECT* auswerten, also: *CALL sp(@abc); SELECT @abc*.

12 mysqli-Programmiertechniken

Nachdem wir Ihnen im vorigen Kapitel die drei PHP/MySQL-Schnittstellen *mysql*, *mysqli* und PDO vorgestellt haben, konzentriert sich dieses Kapitel auf die zurzeit bei weitem populärste Variante, nämlich *mysqli*. Diese Schnittstelle ist weit verbreitet und unterstützt alle Spezialfunktionen von MySQL.

Dieses Kapitel gibt eine Menge Tipps, wie Sie *mysqli* in der Praxis optimal nutzen:

- Auslagerung der Datenbankfunktionen in eine eigene Klasse
- Umgang mit verschiedenen Datentypen (Daten, Zeiten, BLOBs, Bilder)
- Effiziente Verarbeitung von Formulardaten
- Seitenweise Darstellung von Suchergebnissen
- Umgang mit hierarchischen Daten
- Geschwindigkeitsoptimierung

Alle Beispiele in diesem Kapitel basieren auf der Datenbank *mylibrary*, die in Kapitel 8 vorgestellt wurde. Bitte beachten Sie, dass Sie die Login- und Passwortzeichenketten in der Datei `password.php` anpassen müssen, damit die Beispiele funktionieren! Lesen Sie auch die `readme`-Datei im Verzeichnis mit den Beispieldateien dieses Kapitels.

12.1 Datenbankfunktionen in eine Klasse auslagern

Die meisten PHP-Projekte bestehen aus einer Menge PHP-Dateien, und in den meisten Dateien wiederholen sich immer die gleichen Codefragmente: Verbindungsaufbau zur MySQL-Datenbank, Durchführung einfacher Abfragen etc. Eine derartige Vorgehensweise ist aus den verschiedensten Gründen unpraktisch:

- **Redundanz:** Redundanter Code ist generell zu vermeiden. Wenn Sie irgendwo einen Fehler entdecken, müssen Sie ihn womöglich Dutzende Male korrigieren. Das Gleiche gilt, wenn sich bei einem Providerwechsel die Zugangsdaten ändern und Sie bei Dutzenden Dateien Benutzername und Passwort ändern müssen.

- **Sicherheit:** Aus Sicherheitsgründen sollten der MySQL-Benutzername und das Passwort nie im Klartext in einer PHP-Datei stehen, die direkt im Web zugänglich ist.
- **Fehlerabsicherung:** Aus Bequemlichkeit und um einen möglichst kompakten und übersichtlichen Code zu erreichen, neigt man dazu, die Fehlerabsicherung zu minimieren bzw. ganz zu vernachlässigen.

Die Lösung zu allen drei Problemen besteht darin, sowohl die MySQL-Zugangsdaten als auch immer wieder benötigte Funktionen (Verbindungsaufbau etc.) in einer eigenen PHP-Datei zu speichern. Diese Datei kann dann in jede Projektdatei eingebunden werden.

12.1.1 Mehr Sicherheit durch eine eigene Passwortdatei

Theoretisch sollte der Besucher Ihrer Website den PHP-Quellcode natürlich nie sehen: Der Code wird vom Webserver ausgewertet, der Benutzer sieht normalerweise nur das resultierende HTML-Dokument. Es gibt aber einige Fehlermöglichkeiten, die dazu führen können, dass der Besucher die PHP-Datei im Klartext lesen kann:

- Der Webserver ist (z.B. während eines Updates) nicht oder falsch konfiguriert und gibt die PHP-Datei ohne Auswertung weiter.
- Die PHP-Seite ist über Anonymous FTP zugänglich. (Das ist ein schwerer Konfigurationsfehler! Wenn es überhaupt ein Verzeichnis für Anonymous FTP gibt, muss dieses vom Verzeichnis mit HTML- und PHP-Dateien getrennt sein!)
- Beim Ändern einer PHP-Seite wurde eine Backup-Kopie gespeichert (z.B. `name.php~` oder `name.php.bak`). Diese Datei wird wegen der von `*.php` abweichenden Dateikennung nicht vom PHP-Interpreter verarbeitet. Ein Angreifer kann durch einfaches Probieren testen, ob es solche Dateien gibt.

Um also zu vermeiden, dass Fremde allzu leicht an Ihr MySQL-Passwort herankommen, speichern Sie die MySQL-Logininformationen am besten in einer eigenen Datei. Diese Passwortdatei könnte z.B. so aussehen:

```
<?php
  // Datei password.php
  $mysqluser="user";           // Benutzername für den MySQL-Zugang
  $mysqlpasswd="xxx";          // Passwort
  $mysqlhost="localhost";      // Name des Rechners, auf dem MySQL läuft
  $mysqldb="mylibrary";        // Name der Datenbank
?>
```

Wo Sie diese Datei am sichersten speichern, hängt von der Konfiguration des Webservers ab. Auf meiner Website habe ich ein Verzeichnis htdocs/_private/ eingerichtet und den Zugriff auf dieses Verzeichnis durch eine .htaccess-Datei abgesichert.

Daher können Sie auf die Adresse http://www.kofler.cc/_private/password.php nur zugreifen, wenn Sie den in .htaccess angegebenen HTTP-Benutzernamen und das in der dazugehörigen Authentifikationsdatei verschlüsselt gespeicherte Passwort angeben. Und auch dann sehen Sie im Webbrowser nur eine leere Datei!

Tipp

Verwenden Sie auch für Passwort- und andere Include-Dateien die Dateikennung *.php (und nicht *.inc)! Damit stellen Sie sicher, dass die Datei bei einem direkten HTTP-Zugriff vom PHP-Interpreter ausgeführt wird.

Passwortdatei laden

In der PHP-Datei, in der die Verbindung zu MySQL hergestellt werden soll, muss die Passwortdatei mit der ***require_once***-Funktion geladen werden. *require_once* bewirkt, dass die Datei nur ein einziges Mal geladen wird – auch dann, wenn das *require_once*-Kommando in mehreren PHP-Dateien enthalten ist, die sich gegenseitig aufrufen. Falls die Passwortdatei nicht gefunden wird, führt *require_once* zu einem Fehler und zum Abbruch der Scripts.

Wenn Sie beispielsweise annehmen, dass sich die Dateien intro.php und password.php in den Verzeichnissen

/www/user1234/htdocs/php-beispiele/general/intro.php

/www/user1234/htdocs/_private/password.php

befinden, dann muss die *require_once*-Anweisung in intro.php wie folgt aussehen. Bei der Pfadangabe bedeuten die beiden Punkte .., dass das untergeordnete Verzeichnis verwendet werden soll. Je nachdem, wie die Verzeichnisse mit den PHP-Scripts und der Include-Datei relativ zueinander liegen, müssen Sie die Pfadangabe bei *require_once* natürlich ändern! (Die Beispiele auf der beiliegenden DVD lesen die Passwortdatei immer aus dem lokalen Verzeichnis. Das vereinfacht die Weitergabe und Installation der Beispieldateien, ist aber natürlich weniger sicher.)

```
// Datei intro.php
require_once("../../_private/password.php");
$mysqli = new mysqli($mysqlhost, $mysqluser, $mysqlpasswd, $mysqldb);
...
```

12.1.2 Sicherheit und Komfort mit der MyDb-Klasse

Nach der Auslagerung der MySQL-Zugangsdaten kann man natürlich noch einen Schritt weiter gehen und den gesamten Code, der üblicherweise für den Datenbankzugriff erforderlich ist, in einer eigenen PHP-Datei speichern. Diese Datei kapselt also MySQL-Funktionen, die Sie in Ihrem Projekt häufig benötigen. Dabei können Sie die neuen Möglichkeiten zur objektorientierten Programmierung von PHP 5 nutzen und den Code in einer eigenen Klasse formulieren.

Die folgenden Zeilen geben ein Beispiel, wie eine derartige Klasse aussehen kann. Das Beispiel nutzt die *mysqli*-Schnittstelle, ganz analog kann der Code aber auch mit der *mysql*- oder PDO-Schnittstelle realisiert werden.

```
// Beispieldatei mydb.php
class MyDb {
  protected $mysqli;

  // Konstruktor (Objekt dieser Klasse erzeugen)
  function __construct() {
    require_once('password.php');
    $this->mysqli = @new mysqli($mysqlhost, $mysqluser,
      $mysqlpasswd, $mysqldb);

    // testen, ob Verbindung OK
    if(mysqli_connect_errno()) {
      printf("<p>Sorry, no connection! %s\n</p>",
        mysqli_connect_error());
      // evt. HTML-Code hinzufügen, um die Seite
      // abzuschließen (</body></html> etc.)
      $this->mysqli = FALSE;
      exit();
    }
  }

  // Destruktor (Objekt löschen)
  function __destruct() {
    $this->close();
  }

  // Verbindung/Objekt explizit schließen
  function close() {
    if($this->mysqli)
      $this->mysqli->close();
      $this->mysqli = FALSE;
  }
```

```
  // SELECT ausführen, Objektfeld zurückgeben
  function queryObjectArray($sql) {
    if($result = $this->mysqli->query($sql)) {
      if($result->num_rows) {
        while($row = $result->fetch_object())
          $result_array[] = $row;
        return $result_array; }
      else
        return FALSE;
    } else {
      printf("<p>Error: %s</p>\n", $this->mysqli->error);
      return FALSE;
    }
  }

  // SELECT ausführen, Einzelwert zurückgeben
  // Achtung: Rückgabewert bei Fehlern -1 (nicht 0)!
  function querySingleItem($sql) {
    if ($result = $this->mysqli->query($sql)) {
      if ($row=$result->fetch_array()) {
        $result->close();
        return $row[0];
      } else {
        return -1;
      }
    } else {
      printf("<p>Error: %s</p>\n", $this->mysqli->error);
      return -1;
    }
  }

  // SQL-Kommando ohne Ergebnis ausführen (INSERT, DELETE etc.)
  function execute($sql) {
    if ($this->mysqli->real_query($sql)) {
      return TRUE;
    } else {
      print $this->mysqli->error;
      return FALSE;
    }
  }

  // liefert insert_id
  function insertId() {
    return $this->mysqli->insert_id;
  }
}
```

Debugging und Fehlersuche mit MyDB

Eine ausgesprochen praktische Ergänzung zu dieser Klasse sind die Variablen. Sie steuern, ob alle ausgeführten SQL-Kommandos sowie alle Fehlermeldungen in das HTML-Dokument ausgegeben werden sollen. Das ist während der Entwicklung neuen Codes ungemein praktisch und erleichtert die Eingrenzung eines Fehlers sehr (siehe Abbildung 12.1). Der folgende Codeabschnitt zeigt die erforderlichen Änderungen am Beispiel der Funktion *execute*.

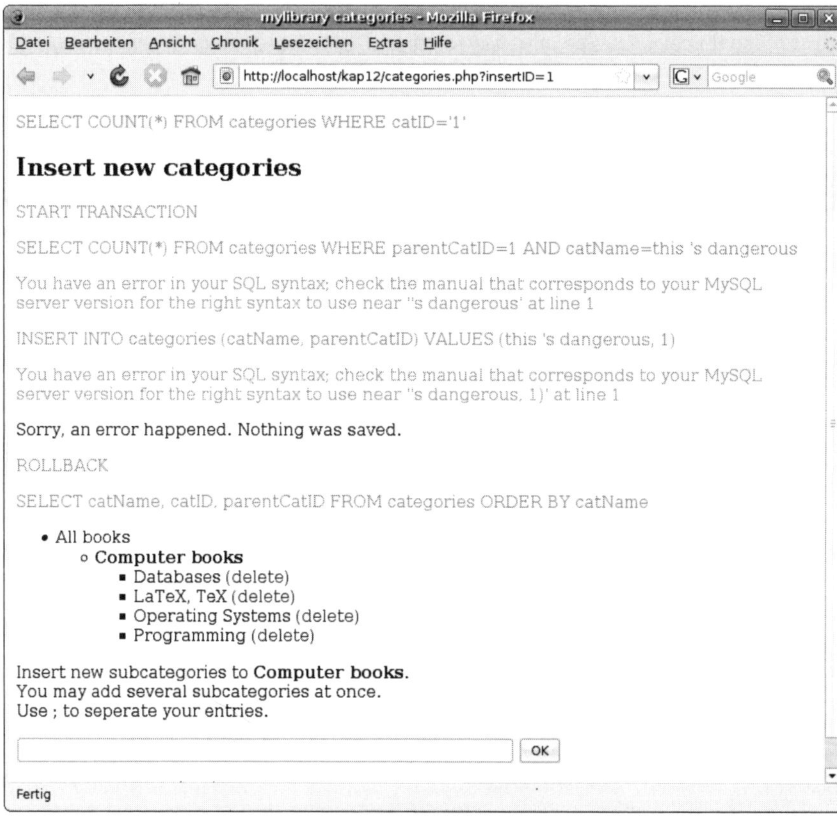

Abbildung 12.1: Fehlersuche leicht gemacht!

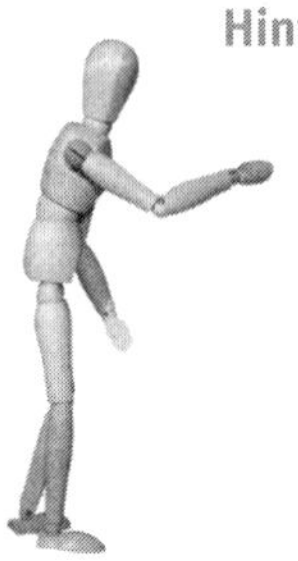

Hinweis

Abschnitt 12.8 beschreibt einige Ergänzungen zur *MyDb*-Klasse, die bei der Effizienzoptimierung von PHP-Seiten helfen. Die Methode *showStatistics* zeigt an, wie viele SQL-Kommandos bisher ausgeführt wurden, wie viele Datensätze zurückgegeben wurden, wie viel Zeit dabei vergangen ist etc.

```
class MyDb {
  protected $mysqli;
  protected $showerror = TRUE;   // Fehlermeldungen anzeigen
  protected $showsql   = FALSE;  // SQL-Code anzeigen

  function execute($sql) {
    $this->printsql($sql);
    if($this->mysqli->real_query($sql))
      return TRUE;
    else {
      $this->printerror($this->mysqli->error);
      return FALSE;
    }
  }

  ...

  private function printsql($sql) {
    if($this->showsql)
      printf("<p><font color=\"#0000ff\">%s</font></p>\n",
        htmlentities($sql)); }

  private function printerror($txt) {
    if($this->showerror)
      printf("<p><font color=\"#ff0000\">%s</font></p>\n",
        htmlentities($txt));   }
}
```

Anwendung der MyDb-Klasse

PHP-Code auf der Basis eines *MyDb*-Objekts ist normalerweise sehr kompakt, wie die folgenden Zeilen zeigen:

```
// Beispieldatei test-mydb.php
require_once("mydb.php");
$db = new MyDb();

// Abfrage für Einzelwert
if(($n = $db->querySingleItem("SELECT COUNT(*) FROM titles"))!=-1)
  printf("<p>Anzahl der Titel: %d</p>\n", $n);

// SELECT
if($result = $db->queryObjectArray("SELECT * FROM titles")) {
  foreach($result as $row)
    printf("<br />TitleID=%d Title=%s Subtitle=%s\n",
      $row->titleID, $row->title, $row->subtitle);
}
```

Alle vier Musterprojekte in den Kapitel 15 bis 18 verwenden Varianten die *MyDb*-Klasse, wobei aus didaktischen Gründen auch die Schnittstellen PDO und *mysql* zum Einsatz kommen:

Internetumfrage (Kapitel 15):	PDO-Schnittstelle
Bilddatenbank (Kapitel 16):	*mysql*-Schnittstelle
Diskussionsforum (Kapitel 17):	*mysqli*-Schnittstelle
Zeiterfassung (Kapitel 18):	*mysqli*-Schnittstelle

Als wird für die Neuauflage dieses Buchs das Umfragenbeispiel aus Kapitel 15 von *mysqli* auf PDO umstellten, wurde auch gleich ein weiterer Vorteil der Kapselung des Datenbankzugriffs klar: Die Umstellung dauerte gerade einmal eine Stunde! Ist der Datenbankcode dagegen über zahlreiche PHP-Dateien verteilt, ist auch der Umstellungsaufwand entsprechend höher.

12.2 SELECT-Ergebnis als Tabelle anzeigen

Das folgende Beispiel zeigt, wie das Ergebnis einer einfachen Abfrage (*SELECT * FROM titles*) in einer HTML-Tabelle dargestellt werden kann. Der Code zur Tabellenausgabe befindet sich in der Funktion *show_table*. Alle Zeichenketten werden durch die PHP-Funktion ***htmlentities*** in korrekten HTML-Code übersetzt. Die Funktion stellt sicher, dass auch Zeichenketten mit HTML-Sonderzeichen wie < oder > korrekt dargestellt werden. Die Gestaltung der Tabelle beschränkt sich auf ein Minimum. Das Layout der Tabelle kann aber durch die CSS-Datei table.css mit wenig Aufwand an eigene Vorlieben angepasst werden.

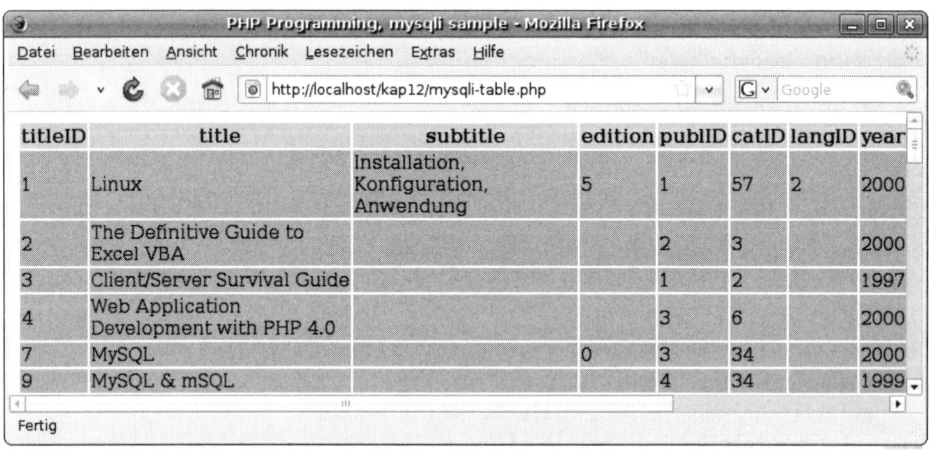

titleID	title	subtitle	edition	publID	catID	langID	year
1	Linux	Installation, Konfiguration, Anwendung	5	1	57	2	2000
2	The Definitive Guide to Excel VBA			2	3		2000
3	Client/Server Survival Guide			1	2		1997
4	Web Application Development with PHP 4.0			3	6		2000
7	MySQL		0	3	34		2000
9	MySQL & mSQL			4	34		1999

Abbildung 12.2: Eine einfache Abfrage als Tabelle anzeigen

```
// Beispieldatei mysqli-table.php
// zeigt das Ergebnis einer Abfrage als HTML-Tabelle an
function show_table($result) {
  if(!$result) {
    echo "<p>No valid query result.</p>\n";
    return;
  }
  if($result->num_rows>0 && $result->field_count>0) {
    echo "<table>";
    // Spaltenbeschriftung
    echo "<tr>";
    foreach($result->fetch_fields() as $meta)
      printf("<th>%s</th>", htmlentities($meta->name));
    echo "</tr>\n";
    // Tabelleninhalt
    while($row = $result->fetch_row()) {
      echo "<tr>";
      foreach($row as $col)
        printf("<td>%s</td>", htmlentities($col));
      echo "</tr>\n";
    }
    echo "</table>\n";
  }
}
```

Die Anwendung dieser Funktion sieht so aus:

```
if($result = $mysqli->query("SELECT * FROM titles")) {
  show_table($result);
  $result->close();
}
```

12.3 Zeichenketten, Datum, Zeit, BLOB und NULL

Wenn Sie Daten aus einer MySQL-Tabelle auslesen und ausgeben, müssen Sie die HTML-Syntaxregeln beachten. Ebenso müssen Sie die MySQL-Syntax beachten, wenn Sie *INSERT*- oder *UPDATE*-Kommandos zusammensetzen. Dieser Abschnitt gibt dazu einige Tipps.

Tipp

Sofern Sie die *mysqli*-Schnittstelle nutzen, können Sie *Prepared Statements* mit gebundenen Parametern bzw. gebundenen Ergebnisvariablen einsetzen (siehe Abschnitt 11.2.5). Das hat den Vorteil, dass sich PHP darum kümmert, dass Zeichenketten, BLOBs und Daten korrekt formatiert werden.

Daten speichern

Um Datensätze in der Datenbank zu verändern, müssen die entsprechenden SQL-Kommandos als Zeichenketten an *mysql_query* bzw. an *$mysqli->query* übergeben werden. Die folgenden Zeilen zeigen, wie ein *INSERT*-Kommando zusammengestellt werden kann:

```
$sql = "INSERT INTO tablename (spalte1, spalte2, ...) "
     . "VALUES($data1, $data2, ...);
```

Daten lesen

Um Daten zu lesen, führen Sie die Abfrage mit *mysql_query* oder *$mysqli->query* aus und werten dann das Ergebnis *$result* mit *mysql_fetch_xxx* bzw. *$result->fetch_xxx* aus.

```
$result = mysql_query("SELECT ...");
$row = mysql_fetch_row($result);
$data = $row[0];
```

12.3.1 Zeichenketten und BLOBs

Zeichenketten in MySQL speichern

Zeichenketten müssen im SQL-Kommando in Anführungszeichen gestellt werden, wobei wahlweise " oder ' verwendet werden darf. Problematisch ist allerdings der Fall, wenn die Zeichenkette selbst Anführungszeichen oder andere in SQL unzulässige Zeichen (\) enthält. Das führt leicht zu Syntaxfehlern:

```
$data = "O'Reilly";
$sql  = "INSERT INTO publishers (publName) VALUES('$data')";
```

Die resultierende (fehlerhafte) SQL-Kommando sieht nun so aus:

```
INSERT INTO publishers (publName) VALUES('O'Reilly')
```

Abhilfe schafft die Funktion ***mysql_real_escape_string*** bzw. die Methode *$mysqli->**escape_string***. Damit werden ', ", \ sowie 0-Bytes durch \', \", \\ bzw. \0 ersetzt. (Dieser Vorgang wird oft auch als Quotierung bezeichnet.)

```
$sql  = "INSERT INTO publishers (publName) VALUES('"
      . $mysqli->escape_string($data) . "')";
```

Nun ist das SQL-Kommando korrekt:

```
INSERT INTO publishers (publName) VALUES('O\'Reilly')
```

Hinweis

Wenn die zu speichernden Daten aus einem HTML-Formular stammen und die PHP-Konfigurationsvariable *magic_quotes_gpc* auf *On* gestellt ist, sind die Daten schon quotiert! In diesem Fall darf natürlich keine neuerliche Quotierung erfolgen. Weitere Informationen zu *Magic Quotes* finden Sie in Abschnitt 5.5.

Zeichenketten ausgeben

Bei der Ausgabe von Zeichenketten in das HTML-Dokument sollten Sie generell die Funktion *htmlspecialchars* oder *htmlentities* verwenden. ***htmlspecialchars*** ersetzt die Zeichen <, >, " und & durch *</>/"/&*. ***htmlentities*** ersetzt darüber hinaus auch unzählige weitere Sonderzeichen durch HTML-Codes, z.B. *ä* durch *ä*. Das ist insbesondere dann notwendig, wenn der Zeichensatz des HTML-Dokuments eine direkte Darstellung der Sonderzeichen nicht vorsieht.

An *htmlspecialchars* und *htmlentities* können zwei optionale Parameter übergeben werden. Der erste Parameter steuert, ob die Zeichen ' und " ersetzt werden sollen. Mögliche Einstellungen sind *ENT_QUOTES* (' und " werden ersetzt), *ENT_NOQUOTES* (' und " bleiben unverändert) und *ENT_COMPAT* (" wird ersetzt, ' bleibt unverändert). Per Default gilt *ENT_COMPAT*.

Der zweite Parameter gibt an, in welchem Zeichensatz die Ausgangszeichenkette vorliegt. Per Default setzen beide Funktionen voraus, dass die Ausgangszeichenkette im Latin-1-Zeichensatz vorliegt (iso-8859-1). Alternative Einstellungen sind unter anderem *iso-8859-15, utf-8* und *cp1252*.

Wenn also beispielsweise in Ihrer MySQL-Datenbank Unicode-Zeichenketten gespeichert sind, sieht der korrekte Aufruf von *htmlentitites* so aus:

```
printf("<p>%s</p>\n",
       htmlentities($data, ENT_COMPAT, "UTF-8"));
```

BLOBs

Binäre Daten (BLOBs) werden exakt wie Zeichenketten behandelt. PHP hat im Gegensatz zu C keine Problem mit 0-Codes.

12.3.2 Datum und Uhrzeit

Datum und Uhrzeit in MySQL speichern

Um ein Datum bzw. eine Uhrzeit den MySQL-Regeln entsprechend zu formatieren, können Sie PHP-Funktionen wie *date* oder *strftime* zu Hilfe nehmen. Falls die Daten aus einer Benutzereingabe stammen, müssen Sie natürlich die üblichen Tests zur Validierung durchführen. (MySQL führt nur eine recht oberflächliche Validierung durch und speichert durchaus auch Daten, die gar nicht existieren können!)

Wenn Sie hingegen einen PHP-Timestamp in einer MySQL-*TIMESTAMP*-Spalte speichern möchten, sollten Sie im *INSERT*- oder *UPDATE*-Kommando auf die MySQL-Funktion *FROM_UNIXTIME* zurückgreifen.

```
$data = time();  // data enthält die aktuelle Zeit als Unix-Timestamp
$sql = "INSERT INTO table (column) VALUES (FROM_UNIXTIME($data))";
```

Datum und Uhrzeit aus MySQL lesen

Wenn Sie Daten/Zeiten aus einer *DATETIME*-Spalte lesen, erhalten Sie eine Zeichenkette der Form 2009-12-31 23:59:59. Bei *DATE*-Spalten fehlt die Zeitangabe. In vielen Fällen ist es für die Weiterverarbeitung der Daten in PHP am praktischsten, die MySQL-Funktion *UNIX_TIMESTAMP* anzuwenden. Damit erhalten Sie eine 32-Bit-Integerzahl, die die Anzahl der Sekunden seit dem 1.1.1970 angibt.

```
$sql = "SELECT UNIX_TIMESTAMP(column) FROM table WHERE ...";
$result = $mysqli->query($sql);
$row = $result->fetch_row();
$ts = $row[0];
```

Eine beliebige Formatierung können Sie mit der MySQL-Funktion *DATE_FORMAT* erzielen. Das folgende SQL-Kommando liefert eine Zeichenkette der Form *December 31 2009*.

```
SELECT DATE_FORMAT(column, '%M %d %Y') FROM table
```

Bei einer *TIME*-Spalte erhalten Sie eine Zeichenkette der Form 23:59:59. Wenn Sie aus dieser Zeichenkette nicht Stunden, Minuten und Sekunden extrahieren möchten, bietet sich die MySQL-Funktion *TIME_TO_SEC* an, die die Anzahl der Sekunden seit 00:00:00 liefert. Daneben können Sie natürlich auch die zahlreichen weiteren MySQL-Funktionen zur Bearbeitung von Zeiten verwenden. Vorsicht: *UNIX_-TIMESTAMP* funktioniert nicht für *TIME*-Spalten!

Bei *TIMESTAMP*-Spalten liefert MySQL eine Zeichenkette der Form *yyyy-dd-mm hh:mm:ss*. Wenn Sie stattdessen einen PHP-kompatiblen Timestamp-Wert wünschen, greifen Sie in der SQL-Abfrage auf die MySQL-Funktion *UNIX_TIMESTAMP* zurück.

```
SELECT UNIX_TIMESTAMP(column) FROM table
```

12.3.3 NULL

NULL speichern

Um in einer Spalte *NULL* zu speichern, übergeben Sie im SQL-Kommando einfach die Zeichenkette *NULL* ohne Hochkommas:

```
INSERT INTO table (column) VALUES (NULL)
```

Wenn Sie statt leeren Zeichenketten *NULL* speichern möchten, , empfiehlt sich die folgende Vorgehensweise:

```
$sql = "INSERT INTO table (column) VALUES (";
if(isset($data)
  $sql .= "'" . $mysqli->escape_string($data) . "')";
else
  $sql .= "NULL)"
```

NULL-Test

Wenn Sie Daten aus einer MySQL-Spalte lesen, die *NULL* als Wert zulässt, müssen Sie diesen Fall vor der Weiterverarbeitung der Daten abfragen. Wenn Sie die *mysql*-Schnittstelle verwenden, führen Sie dazu ***isset**($data)* aus. Die Funktion liefert *FALSE*, wenn die zugrunde liegenden Daten *NULL* waren. Vergleichbare Tests können je nach Datentyp auch mit ***is_numeric**, **is_string*** etc. durchgeführt werden. Beachten Sie aber, dass Tests mit der Funktion ***empty*** bei Zeichenketten nicht zum korrekten Ergebnis führen: *empty* liefert sowohl bei *NULL* als auch bei einer leeren Zeichenkette *""* das Ergebnis *TRUE*.

Deutlich mehr Programmierkomfort bietet die *mysqli*-Schnittstelle: die *fetch_xxx*-Methoden machen aus dem MySQL-*NULL*-Wert automatisch den PHP-Wert *NULL*. Sie können also ganz einfach eine Abfrage der Art *if($data == NULL)* ausführen.

12.4 Miteinander verknüpfte Datensätze einfügen

Um einen Datensatz in eine Tabelle einzufügen, führen Sie einfach ein *INSERT*-Kommando aus. Etwas schwieriger wird es, wenn mehrere Tabellen miteinander verknüpft sind: Dann müssen Sie bei den *INSERT*-Kommandos auf die korrekten Schlüssel achten.

In der Regel ist für die Verbindung zwischen zwei Tabellen ein Schlüssel aus einer *AUTO_INCREMENT*-Spalte verantwortlich. Mit *$mysqli->insert_id* (mysqli) bzw. *mysql_insert_id* (mysql) können Sie den ID-Wert des zuletzt gespeicherten Datensatzes ermitteln.

Die folgenden Zeilen zeigen, wie ein neuer Buchtitel – inklusive zweier Autoren – in der *mylibrary*-Datenbank gespeichert wird. Beachten Sie, dass insgesamt drei *ID*-Werte zwischengespeichert werden müssen, um diese dann in die *rel_title_author*-Tabelle einzufügen. Es wird vorausgesetzt, dass der Verlag des Buchs (hier Addison-Wesley) schon mit *publID=1* in der Datenbank gespeichert ist.

```
$mysqli->query("INSERT INTO titles (title, publID, year)
                VALUES ('A Guide to the SQL Standard', 1, 1997)");
$titleID = $mysqli->insert_id;
$mysqli->query("INSERT INTO authors (authName)
                VALUES ('Date Chris')");
$author1ID = $mysqli->insert_id;
$mysqli->query("INSERT INTO authors (authName)
                VALUES ('Darween Hugh')");
$author2ID = $mysqli->insert_id;
$mysqli->query("INSERT INTO rel_title_author (titleID, authID)
                VALUES ($titleID, $author1ID),
                       ($titleID, $author2ID)");
```

In der Praxis – d.h., wenn Daten interaktiv eingegeben werden – ist die Speicherung von Neueingaben um einiges komplizierter. Da muss z.B. kontrolliert werden, ob ein Autor schon existiert. Wenn ja, muss in *rel_title_author* dessen ID gespeichert werden, andernfalls muss ein neuer Autor angelegt werden. (Oder handelt es sich um einen Tippfehler? Um diese Gefahr zu minimieren, könnten einige ähnlich klingende oder aussehende Autorennamen angezeigt und als Alternativen angeboten werden.)

12.5 Verarbeitung von Formulareingaben

Das folgende Beispiel beschreibt den Code zur Verwaltung eines Formulars zur Eingabe bzw. Veränderung von Daten der *mylibrary*-Datenbank (siehe Abbildung 12.3). Der resultierende Code ist relativ umfangreich. Die intensive Auseinandersetzung mit dem Beispiel lohnt sich aber wegen dessen allgemein gültiger Natur: Fast in jeder Datenbankanwendung müssen Sie Formulareingaben auswerten, validieren, speichern bzw. vorhandene Daten in ein Formular eintragen, um sie dann verändern oder löschen zu können. Bei diesem Beispiel kommt noch hinzu, dass die Formulardaten nicht einfach einer Tabelle zuzuordnen sind, sondern auf mehrere verknüpfte Tabellen verteilt sind.

Zur Bedienung des Formulars muss nicht viel gesagt werden. Die meisten Eingabefelder sind optional; verpflichtend sind nur der Titel und ein Autor. Bei Büchern mit mehreren Autoren können diese durch Strichpunkte voneinander getrennt werden. Bei den Eingabefeldern *publisher* und *language* können Sie wahlweise einen bereits vorhandenen Eintrag auswählen oder einen neuen Verlag bzw. eine neue Sprache angeben. Der Button DELETE TITLE ist nur sichtbar, wenn das Formular zur Veränderung eines schon vorhandenen Titels verwendet wird.

12.5.1 Codeaufbau

Der Code verteilt sich auf die folgenden Dateien:

titleform.php	Hauptcode
mydb.php	Klasse *MyDb* mit Datenbankmethoden (siehe Abschnitt 12.1)
mylibraryfunctions.php	Diverse Hilfsfunktionen
formfunctions.php	Funktionen zur Ausgabe eines Formulars
form.css	CSS-Datei zur Formatierung des Formulars

Zur Übergabe von Daten bei einem Seitenwechsel werden zwei Mechanismen verwendet:

POST	Formulardaten in Form eines Felds (*form["title"), form["authors"]* etc.)
REQUEST	URL-Parameter (*editID* gibt die ID-Nummer des Titels an, der verändert werden soll)

Abbildung 12.3: mylibrary-Titeleingabeformular

Hinweis

titleform.php steht im Zusammenhang mit den beiden Seiten find.php und categories.php, die in den folgenden Abschnitten beschrieben werden. Die drei Seiten bilden zusammen mit titleform.php ein geschlossenes Beispiel: Titeleingabe, Titelsuche und Kategorieverwaltung. Alle drei Seiten greifen auf die Klassen und Funktionen aus mydb.php, mylibraryfunctions.php und formfunctions.php zurück.

Auf der beiliegenden DVD finden Sie eine weitere Datei deletegarbage.php. Sie löscht aus *mylibrary* Autoren ohne Titel, Titel ohne Autoren, von keinem Titel benutzte Verlage etc. Die Seite ist also praktisch, um ungültige oder unvollständige Daten aus *mylibrary* zu löschen, die vielleicht bei Tests entstanden sind.

Von zentraler Bedeutung bei der Auswertung dieser Daten ist die winzige, aber unentbehrliche Funktion *array_item*, die in der Datei mylibraryfunctions.php definiert ist. *array_item($x, "abc")* liefert *$x["abc"]* zurück, wenn es dieses Element gibt, andernfalls *FALSE*. Da nicht immer von vorneherein klar ist, welche Elemente ein Feld enthält, spart *array_item* lästige Warnungen, dass ein Feldelement gar nicht existiert, bzw. Fehlermedlungen, dass es gar kein Feld gibt.

```
function array_item($ar, $key) {
  if(is_array($ar) && array_key_exists($key, $ar))
    return $ar[$key];
  else
    return FALSE; }
```

Ablaufsteuerung

Die zentrale Steuerung von titleform.php erfolgt durch relativ wenige Zeilen Code, die im Folgenden abgedruckt sind. Der gesamte weitere Code ist in Funktionen bzw. in die *MyDb*-Klasse ausgelagert. Je nachdem, welche Daten an die Seite übergeben werden, gibt es grundsätzlich zwei Fälle:

- **Ein vorhandener Titel soll bearbeitet werden (editID=...):** In diesem Fall wird die *titleID*-Nummer an die Funktion *read_title_data* übergeben. Diese Funktion ermittelt sämtliche Daten (Titel, Untertitel, Autoren, Verlag etc.) und liefert sie als Feld zurück. Dieses Feld hat denselben Aufbau wie jenes für die Formulardaten.
- **Formulardaten sollen verarbeitet werden:** Je nachdem, mit welchem Button das Formular beendet wurde, soll ein Titel gespeichert oder gelöscht werden oder einfach nur das Formular geleert werden (zur Eingabe eines neuen Titels). Die Formulardaten befinden sich im Feld *formdata*, aus dessen Elementen eventuell vorhandene *Magic Quotes* entfernt werden.

Der Titel wird nur gespeichert, wenn die Validierung durch die Funktion *validate_data* erfolgreich ist. Anschließend wird *formdata* gelöscht und ein leeres Formular zur Eingabe des nächsten Titels angezeigt. Falls *validate_data* Fehler entdeckt, werden zuerst Fehlermeldungen und dann das Formular mit den alten Daten nochmals angezeigt.

Der Titel wird nur nach einer Rückfrage gelöscht. Das Rückfrageformular wird durch die Funktion *build_delete_form* ausgegeben. Dessen DELETE-Button hat den Namen *btnReallyDelete*.

Sowohl die Speicher- als auch die Löschfunktion wird innerhalb einer Transaktion ausgeführt. Nur wenn die jeweilige Funktion ohne Fehler ausgeführt wird, wird die Transaktion durch *COMMIT* bestätigt.

Zuletzt wird das Formular neuerlich angezeigt – entweder mit vorhandenen Daten zur Korrektur bzw. Veränderung oder leer zur Eingabe eines neuen Titels. Auf die Anzeige des Formulars wird verzichtet, wenn *$showform==FALSE* gilt. (Dieser Fall kommt nur vor, wenn die Löschrückfrage angezeigt wird.)

```
$db = new MyDb();    // Verbindung zu MySQL herstellen
$showform=TRUE;      // soll zum Schluss das Formular angezeigt werden?

if(($editID = array_item($_REQUEST, 'editID'))
  && is_numeric($editID))
  // Fall 1: vorhandenen Titel bearbeiten
  $formdata = read_title_data($editID);

else {
  // Fall 2: Formulardaten verarbeiten
  $formdata = array_item($_POST, "form");
  if(is_array($formdata)) {
    if(get_magic_quotes_gpc())  // magic quotes eliminieren
      while($i = each($formdata))
        $formdata[$i[0]] = stripslashes($i[1]);

    // je nach Button unterschiedliche Reaktion
    if(array_item($formdata, "btnClear"))
      // Formular leeren
      $formdata = FALSE;

    elseif(array_item($formdata, "btnDelete")) {
      // Rückfrage, ob Titel wirklich gelöscht werden soll
      if(build_delete_form($formdata))
        $showform = FALSE; }
```

```
      elseif(array_item($formdata, "btnReallyDelete")) {
        // Titel löschen
        $db->execute("START TRANSACTION");
        if(delete_title($formdata))
          $db->execute("COMMIT");
        else
          $db->execute("ROLLBACK");
        $formdata = FALSE; }

      elseif(validate_data($formdata)) {
        // Daten kontrollieren und speichern, falls OK
        $db->execute("START TRANSACTION");
        if(save_data($formdata))
          $db->execute("COMMIT");
        else
          $db->execute("ROLLBACK");
        $formdata = FALSE; }
    }
  }
  if($showform) {
    // Daten ändern oder neu eingeben?
    if(array_item($formdata, "titleID"))
      echo "<h1>Edit title</h1>";
    else
      echo "<h1>Input new title</h1>";
    // Formular anzeigen
    build_form($formdata);
  }
```

12.5.2 Formularaufbau

Die Orientierung im weiteren Code zur Formularverarbeitung fällt leichter, wenn Sie den internen Aufbau des Formulars kennen. Daher zeigen die folgenden Zeilen auszugsweise den HTML-Code des Formulars. Wichtig für die Auswertung sind die Elementnamen *form[title]*, *form[publisher]* etc. (fett hervorgehoben). Zur Formatierung des Formulars wird eine Tabelle mit vier Spalten verwendet.

```
<table class="myformtable">
<form method="post" action="titleform.php">

<tr><td class="myformtd" colspan="4" >Erklärung ...</td></tr>

<tr><td align="right" class="myformtd">
      <span class="red">Title:</span></td>
    <td class="myformtd" colspan="3" >
      <input class="mycontrol" name="form[title]" size="60"
       maxlength="100" value="Client/Server Survival Guide"/></td>
</tr>
...
```

```
<tr><td align="right" class="myformtd">Publisher:</td>
    <td class="myformtd">
      <select class="mycontrol" name="form[publisher]" >
        <option value="none">(choose)</option>
        <option value="1" selected="selected" >Addison-Wesley</option>
        ...
      </select></td>
      <td align="right" class="myformtd">New publisher:</td>
      <td class="myformtd">
         <input class="mycontrol" name="form[newpubl]"
          size="20" maxlength="40" /></td>
</tr>
...
<tr><td align="right" class="myformtd"></td>
    <td class="myformtd">
      <input class="mybutton" type="submit" value="Save"
       name="form[btnSave]" /></td>
    <td class="myformtd">
      <input class="mybutton" type="submit" value="Delete title"
       name="form[btnDelete]" /></td>
    <input type="hidden" name="form[titleID]" value="3" />
    <td class="myformtd">
      <input class="mybutton" type="submit"
       value="Input new title (clear form)"
       name="form[btnClear]"  /></td>
</tr>
</form></table>
```

Das Layout der Tabelle, von deren Zellen bzw. der Steuerelemente wird durch einige CSS-Definitionen in form.css bestimmt:

```
/* Beispieldatei form.css */
.myformtable {
  font-family: Verdana, Arial, Helvetica, sans-serif;
  border: 5px solid #9090e0;
  border-spacing: 0px;
  border-collapse: collapse; }
.myformtd {
  background-color: #b0b0ff;
  border-width: 4px 0px;
  border-style: solid;
  border-color: #9090e0;
  padding: 3px 5px; }
.mycontrol {... }
.mybutton { ... }
.red { color: red; }
```

Eingabeformular anzeigen

An die Funktion *build_form* wird ein Feld mit eventuell schon vorhandenen Formulardaten übergeben (wenn Daten korrigiert oder verändert werden sollen). Diese Daten werden in die entsprechenden Formularelemente eingefügt (*value="..."*).

Das Erzeugen von HTML-Formularen durch PHP-Code ist eine immer wiederkehrende und fehlerträchtige Aufgabe. In diesem und einigen weiteren Beispielen des Buchs wurde dieser Job deswegen fast vollständig in Hilfsfunktionen delegiert, die sich in formfunctions.php befinden (siehe die nächste Überschrift).

```
// Beispieldatei titleform.php
function build_form($formdata) {
  global $db;  // Datenbankzugriff
  form_start("titleform.php");

  // Eingabefeld für Buchtitel
  form_new_line();
  form_label("Title:", TRUE);
  form_text("title", array_item($formdata, "title"), 60, 100, 3);
  form_end_line();

  // Eingabefeld für Untertitel und Autorennamen
  .. analog
```

Aus Datenbanksicht wird es zum ersten Mal interessant, wenn im Formular die Auswahlliste für den Verlag dargestellt werden soll. Die Liste wird mit einer SQL-Abfrage erzeugt und als zweidimensionales Feld an *form_list* übergeben. Der dritte Parameter dieser Funktion gibt das Listenelement an, das ausgewählt ist.

```
  // Auswahlliste für Verlag
  form_new_line();
  form_label("Publisher:");
  $sql = "SELECT publName, publID FROM publishers ORDER BY publName";
  form_list("publisher", $db->queryArray($sql),
    array_item($formdata, "publisher"));
  form_label("New publisher:");
  form_text("newpubl", array_item($formdata, "newpubl"), 20, 40);
  form_end_line();
```

Noch komplizierter wird es bei der Liste für die Kategorien. Hierbei handelt es um eine hierarchische Struktur, deren Listenelemente entsprechend eingerückt werden müssen. Ein entsprechendes Feld wird in der Funktion *build_category_array* (Datei mylibraryfunctions.php) erzeugt. Details zu dieser rekursiven Funktion folgen in Abschnitt 12.7, der generell den Umgang mit hierarchischen Daten zum Thema hat.

```
  // Auswahlliste für die Kategorie
  form_new_line();
  form_label("Category:");
  // alle Kategorien ermitteln
  $sql = "SELECT catName, catID, parentCatID FROM categories " .
         "ORDER BY catName";
  $rows = $db->queryObjectArray($sql);
  // zwei assoziative Felder zusammensetzen
  //   subcats[catID]  enthält ein Feld mit sub-catIDs
  //   catNames[catID] enthält den Namen
  foreach($rows as $row) {
    $subcats[$row->parentCatID][] = $row->catID;
    $catNames[$row->catID] = $row->catName; }
  // hierarchische Kategorieliste zusammensetzen
  $rows = build_category_array($subcats[NULL], $subcats, $catNames);
  form_list("category", $rows , array_item($formdata, "category"));
  form_url("categories.php", "Edit categories", 2);
  form_end_line();
```

Nach einigen weiteren Texteingabe- und Beschriftungsfeldern folgen schließlich die Buttons. Der *Delete*-Button wird nur angezeigt, wenn im Formular ein bereits vorhandener Titel angezeigt wird. In diesem Fall wird die *titleID*-Nummer in einem unsichtbaren Element übergeben, so dass diese Nummer ebenfalls in den Formulardaten enthalten ist.

```
  // Buttons
  form_new_line();
  form_label("");
  form_button("btnSave", "Save");
  // delete-Button für vorhandenen Titel
  if(array_item($formdata, "titleID")) {
    form_button("btnDelete", "Delete title");
    form_hidden("titleID", $formdata["titleID"]); }
  else
    form_empty_cell(1);
  form_button("btnClear", "Input new title (clear form)");
  form_end_line();

  // Ende des Formulars
  form_end();
}
```

Hilfsfunktionen zur Formularerzeugung

Die in *build_form* eingesetzten Hilfsfunktionen befinden sich in formfunctions.php. Im Folgenden sind einige Funktionen beispielhaft abgedruckt. Diese Funktionen werden auch in zahlreichen anderen Beispielen dieses Buchs eingesetzt.

```
// Beispieldatei formfunctions.php
// Formular einleiten und beenden
function form_start($action) {
  echo '<table class="myformtable">', "\n";
  echo '<form method="post" ',
    html_attribute("action", $action), ">\n"; }
function form_end() {
  echo "</form></table>\n\n"; }

// eine Zeile des Formulars einleiten und beenden
function form_new_line() {   echo "<tr>"; }
function form_end_line() {   echo "</tr>\n\n"; }

// Hilfsfunktion, liefert $name="value"
function html_attribute($name, $value) {
  return $name . '="' . htmlspecialchars($value) . '" '; }
```

Zur Formatierung des Formulars wird eine Tabelle verwendet. Die Anzahl der Spalten dieser Tabelle ist nicht vorgegeben. Sie müssen lediglich darauf achten, dass Sie in jeder Zeile gleich viele Spalten nutzen. Die meisten Funktionen benutzen für ihre Ausgaben eine Zelle (also *<td>* bis *</td>*). Bei einigen Funktionen kann die Ausgabe durch einen optionalen Parameter auf mehrere Spalten verteilt werden (Attribut *colspan*).

form_label schreibt einen Text rechtsbündig in eine Zelle. Damit eignet sich die Funktion gut zur Beschriftung des folgenden Eingabe- oder Steuerelements. Der optionale Parameter *emphasize* gibt an, ob die Beschriftung farbig hervorgehoben werden soll.

```
// Beschriftungszelle
function form_label($caption, $emphasize =FALSE) {
  echo '<td align="right" class="myformtd">';
  if($emphasize )
    echo '<span class="red">', htmlentities($caption), '</span>';
  else
    echo htmlentities($caption);
  echo '</td>', "\n";  }
```

form_text erzeugt ein Texteingabefeld. *name* bestimmt den Elementnamen (daraus wird dann *form["name"]*), *value* den Defaultwert, *size* und *maclength* die gewünschte Größe.

```
// erzeugt ein einzeiliges Texteingabefeld
function form_text($name, $value,
                   $size=40, $maxlength=40, $colspan=1) {
  if($colspan>1)
    echo '<td class="myformtd" ',
      html_attribute("colspan", $colspan), '>';
  else
    echo '<td class="myformtd"> ';
  echo '<input class="mycontrol" ',
    html_attribute("name", "form[$name]"),
    html_attribute("size", $size),
    html_attribute("maxlength", $maxlength);
  if($value)
    echo html_attribute("value", $value);
  echo ' /></td>', "\n";
}
```

form_list erzeugt eine Auswahlliste. *name* bestimmt den Steuerelementnamen, *rows* enthält eine zweidimensionale Liste, wobei *row[n][0]* den Listeneintrag und *row[n][1]* den dazugehörigen Wert enthalten muss. *selected* kann den Wert des ausgewählten Listenelements enthalten.

```
// Auswahlliste erzeugen (<option>-Tag)
function form_list($name, $rows, $selected=-1) {
  echo '<td class="myformtd">';
  echo '<select class="mycontrol" ',
    html_attribute("name", "form[$name]"), '>', "\n";
  echo '<option value="none">(choose)</option>';
  foreach($rows as $row) {
    echo '<option ', html_attribute("value", $row[1]);
    if($selected==$row[1])
      echo 'selected="selected" ';
    $listentry = str_replace(" ", " ", htmlentities($row[0]));
    echo ">$listentry</option>\n";
  }
  echo '</select></td>', "\n";
}
```

12.5.3 Validierung der Formulardaten

Wenn an titleform.php Formulardaten übergeben werden, erfolgt in *validate_data* eine Kontrolle, ob die im Feld (*array*) enthaltenen Daten korrekt sind. Je nach Ergebnis liefert die Funktion *TRUE* oder *FALSE*. In Abhängigkeit von diesem Ergebnis werden die Daten anschließend gespeichert oder nochmals im Formular angezeigt, so dass eine Korrektur möglich ist.

Fehlermeldungen werden an *show_error_msg* übergeben. Diese Funktion befindet sich in formfunctions.php und gibt den Text einfach als Absatz in roter Farbe aus.

```
// Beispieldatei titleform.php
function validate_data($formdata) {
  $result = TRUE;
  if(trim($formdata["title"])=="") {
    show_error_msg("You must specify a title!");
    $result = FALSE; }

  if(trim($formdata["authors"])=="") {
    show_error_msg("You must specify at least one title!");
    $result = FALSE; }

  $year = $formdata["publyear"];
  if(!empty($year) && ((!is_numeric($year)) || $year<1000
      || $year>2100)) {
    show_error_msg("Publishing year must be a four-digit number " .
      "(or empty).");
    $result = FALSE; }

  if(!empty($edition) && ((!is_numeric($edition)) || $edition<1
      || $edition>100)) {
    show_error_msg("Edition must be a number <= 100 (or empty).");
    $result = FALSE; }
  return $result;
}
```

12.5.4 Speicherung der Formulardaten

Die aus Datenbanksicht interessanteste Funktion dieses Beispielsprogramm ist *save_data*. Sie speichert die im Feld *formdata* übergebenen Daten in verschiedenen Tabellen der *mylibrary*-Datenbank. Je nachdem, ob neue Daten eingegeben oder vorhandene Daten verändert wurden, muss der Titel durch *INSERT* bzw. *UPDATE* gespeichert werden. (Welcher dieser Fälle vorliegt, erkennt *save_data* an der Existenz von *$formdata[titleID]*.)

Auch sonst müssen diverse Sonderfälle berücksichtigt werden, etwa die Suche nach bereits existierenden Autoren bzw. die Speicherung neuer Autoren oder neuer Verlage und Sprachen. Weiters muss in der Tabelle *rel_title_author* die Verknüpfung zwischen dem Titel und den Autoren hergestellt bzw. korrigiert werden.

Wenn während des Speicherns keine Fehler auftreten, liefert die Funktion *TRUE* als Ergebnis. Der Rückgabewert wird dazu verwendet, die vor dem Aufruf gestartete Transaktion wahlweise zu bestätigen oder abzubrechen.

```
// Beispieldatei titleform.php
function save_data($formdata) {
  global $db;

  // Autoren suchen bzw. speichern
  $authors = explode(";", $formdata["authors"]);
  foreach($authors as $author) {
    $author = trim($author);
    $sql = "SELECT authID FROM authors WHERE authName = " .
      $db->sql_string($author);
    $rows = $db->queryObjectArray($sql);
    if($rows)
      // vorhandener Autor, ID merken
      $authIDs[] = $rows[0]->authID;
    else {
      // neuer Autor, ID ebenfalls merken
      $sql = "INSERT INTO authors (authName) " .
        "VALUES (" . $db->sql_string($author) . ")";
      if(!$db->execute($sql))
        return FALSE;
      $authIDs[] = $db->insertId();
    }
  }

  // neuen Verlag speichern bzw. ID des ausgewählten Verlags merken
  if($formdata["newpubl"]) {
    $sql = "SELECT publID FROM publishers WHERE publName = " .
      $db->sql_string($formdata["newpubl"]);
    $rows = $db->queryObjectArray($sql);
    if($rows)
      // dieser Verlag existiert schon
      $publID = $rows[0]->publID;
    else {
      // neuen Verlag speichern
      $sql = "INSERT INTO publishers (publName) " .
        "VALUES (" . $db->sql_string($formdata["newpubl"]) . ")";
      if(!$db->execute($sql))
        return FALSE;
      $publID = $db->insertId();
    }
  }
  else
    // publID aus Auswahliste lesen
    $publID = $formdata["publisher"];
```

```
// analoge Vorgehensweise für die Sprache (language) --> $langID
...

// vorhandenen Titel aktualisieren (UPDATE)
if(array_item($formdata, "titleID")) {
  $titleID = array_item($formdata, "titleID");
  $sql = "UPDATE titles SET " .
    "title="    . $db->sql_string($formdata["title"]) . ", " .
    "subtitle=" . $db->sql_string($formdata["subtitle"]) . ", " .
    "langID="   . ID_or_NULL($langID) . "," .
    "publID="   . ID_or_NULL($publID) . "," .
    "catID="    . ID_or_NULL($formdata["category"]) . "," .
    "year="     . num_or_NULL($formdata["publyear"]) . ", " .
    "edition="  . num_or_NULL($formdata["edition"]) . " " .
    "WHERE titleID=$titleID";
  if(!$db->execute($sql))
    return FALSE;
  // vorhandene rel_title_author-Einträge löschen
  $sql = "DELETE FROM rel_title_author WHERE titleID=$titleID";
  if(!$db->execute($sql))
    return FALSE;
}
else {
  // neuen Titel speichern (INSERT)
  $sql = "INSERT INTO titles (title, subtitle, " .
    "langID, publID, catID, year, edition) VALUES (" .
    $db->sql_string($formdata["title"]) . ", " .
    $db->sql_string($formdata["subtitle"]) . ", " .
    ID_or_NULL($langID) . "," .
    ID_or_NULL($publID) . "," .
    ID_or_NULL($formdata["category"]) . "," .
    num_or_NULL($formdata["publyear"]). "," .
    num_or_NULL($formdata["edition"]) . ") ";
  if(!$db->execute($sql))
    return FALSE;
  $titleID = $db->insertId();
}

// Verbindung zwischen Titel und Autoren herstellen
foreach($authIDs as $authID) {
  $sql = "INSERT INTO rel_title_author (titleID, authID) " .
    "VALUES ($titleID, $authID)";
  if(!$db->execute($sql))
    return FALSE;
}
```

```
    // Erfolgsbestätigung als Link ausgeben
    echo "<p>Title ",
      build_href("titleform.php", "editID=$titleID",
        $formdata['title']),
      " has been saved.</p>\n";
    return TRUE;
  }
```

Die Erfolgsbestätigung für den Speichervorgang wird als Link ausgegeben (*titleform.php?editID=nnn*). Durch ein einfaches Anklicken kann der Benutzer den Titel anschließend nochmals ansehen und eventuell korrigieren.

Hilfsfunktionen

Beim Zusammensetzen der SQL-Kommandos werden die Hilfsfunktionen *ID_or_NULL* und *num_or_NULL* sowie die Methode *sql_string* eingesetzt:

```
// Beispieldatei titleform.php
function num_or_NULL($n) {
  if(is_numeric($n))  return $n;
  else                return 'NULL'; }

function ID_or_NULL($id) {
  if($id=="none")
    return 'NULL';
  else
    return $id; }

// Beispieldatei mydb.php
function escape($txt) {
  return trim($this->mysqli->escape_string($txt)); }

function sql_string($txt) {
  if(!$txt || trim($txt)=="")
    return 'NULL';
  else
    return "'" . $this->escape(trim($txt)) . "'";
}
```

Beim Zusammenstellen des Links wird die Funktion *build_href* zu Hilfe genommen.

```
// Beispieldatei mylibraryfunctions.php
function build_href($url, $query, $txt) {
  if($query)
    return "<a href=\"$url?" . $query . "\">" .
           htmlentities($txt) . "</a>";
  else
    return "<a href=\"$url\">" . htmlentities($txt) . "</a>"; }
```

12.5.5 Titel löschen

Bevor ein vorhandener Titel gelöscht werden kann, muss vorher eine Rückfrage bestätigt werden (siehe Abbildung 12.4). Dieses Formular wird durch die Funktion *build_delete_form* ausgegeben.

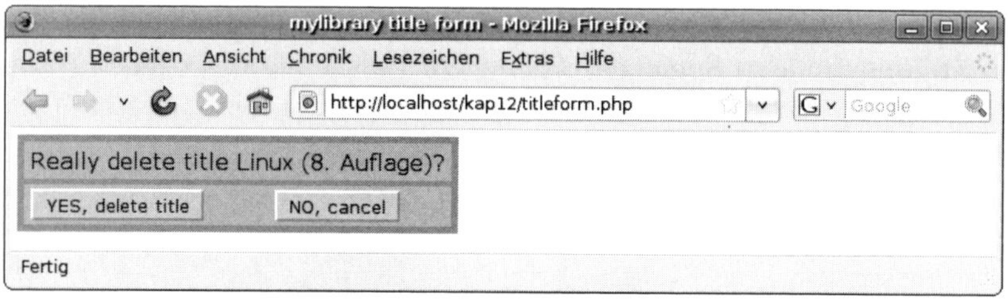

Abbildung 12.4: Rückfrage, bevor ein Titel gelöscht wird

Für das endgültige Löschen ist die Funktion *delete_title* zuständig. Sie löscht nicht nur den Titel, sondern auch die nicht mehr benötigten Einträge aus *rel_title_author*.

```
// Beispieldatei titleform.php
function delete_title($formdata) {
  global $db;
  if((!$titleID = array_item($formdata, "titleID"))
     || !is_numeric($titleID))
    return FALSE;
  $sql = "DELETE FROM rel_title_author WHERE titleID=$titleID";
  if(!$db->execute($sql))
    return FALSE;
  $sql = "DELETE FROM titles WHERE titleID=$titleID LIMIT 1";
  if(!$db->execute($sql))
    return FALSE;
  echo "<p>One title has been deleted.</p>\n";
  return TRUE;
}
```

12.5.6 Erweiterungsmöglichkeiten

Wenn Sie mit dem Beispiel noch ein wenig weiterarbeiten möchten, wären die folgenden Erweiterungen denkbar:

- **Titel:** Bei der Speicherung neuer Titel erfolgt keine Kontrolle, ob dieser Titel bereits existiert. Eine derartige Kontrolle ist insofern aufwendig, weil ein einfacher Titelvergleich nicht reicht: Es kann ja durchaus zwei Bücher geben, deren Titel jeweils *Linux* lautet. Als eindeutiges Kriterium könnte die ISBN herangezogen werden; deren Eingabe ist im Formular aber nicht zwingend. Aber selbst eine simple Rückfrage, wenn es ein Buch mit dem gleichen Titel und denselben Autoren schon gibt, würde die meisten Fehler abfangen.

- **Autoren:** Autorennamen in der *authors*-Tabelle beginnen immer mit dem Familiennamen, weil nur so eine sinnvolle Sortierung möglich ist. Auch titleform.php erwartet Eingaben in dieser Form (also *Kofler Michael* und nicht *Michael Kofler*). Probleme gibt es, wenn sich die Benutzer nicht an diese Regel halten.

  Eine mögliche Verbesserung bestünde darin, getrennte Eingabefelder für Vor- und Zunamen vorzusehen. Das macht aber die Eingabe mehrerer Autoren aufwendiger.

  Denkbar wäre auch ein Test vor dem Speichern eines neuen Namens, ob der Name in umgekehrter Reihenfolge bereits in der *authors*-Tabelle existiert. Das würde Doppelgänger vermeiden.

- **Kategorien:** Im Formular besteht keine Möglichkeit, eine neue Kategorie zu definieren. Stattdessen muss zur Kategorieeingabe zuerst die Seite categories.php aufgerufen werden. Anschließend muss die Titeleingabe neu durchgeführt werden, weil die Kategorieliste nicht aktualisiert werden kann.

  Komfortabler wäre es, wenn wie bei den Verlagen und Sprachen direkt im Formular eine neue Kategorie angegeben werden könnte. In diesem Fall müsste mit dem Kategorielistenfeld die entsprechende Überkategorie ausgewählt werden. Die Gefahr von Fehleingaben wäre dabei allerdings ziemlich groß.

- **Titel löschen:** Durch die Funktion *delete_title* wird nur der Titel an sich gelöscht (Einträge in den Tabellen *titles* und *rel_title_author*). Denkbar wäre, dass auch Autoren und Verlage gelöscht werden, falls diese nur mit dem gelöschten Titel verknüpft waren.

12.6 Seitenweise Darstellung von Suchergebnissen

Auf fast jeder dynamischen Website gibt es eine Suchmöglichkeit. Wenn es mehr als *n* Suchergebnisse gibt, werden nur die ersten *n* angezeigt. Buttons oder Links eröffnen dann die Möglichkeit, zur nächsten Seite zu gelangen. Entsprechende Programmiertechniken vermittelt die Datei find.php, die im Mittelpunkt dieses Abschnitts steht.

find.php ermöglicht es, die *mylibrary*-Datenbank nach Titeln bzw. Autoren zu durchsuchen. Die Bedienung des Programms ist einfach: Für eine Titelsuche geben Sie die ersten Buchstaben des Titels an und/oder wählen eine Kategorie aus. Das Programm sucht nach Titeln, die beide Kriterien erfüllen. Für eine Autorensuche geben Sie die ersten Buchstaben des Autorennamens (Nachname) an.

Die Suchergebnisse sind alphabetisch geordnet und enthalten Links zu find.php, um alle Titel eines Autors, alle Titel einer Kategorie bzw. Detailinformationen zu einem bestimmten Titel anzuzeigen. Wenn es mehr Suchergebnisse gibt als *$pagesize* (diese Variable ist am Beginn von find.php deklariert), erscheinen nach den Suchergebnissen Links auf nachfolgende bzw. vorhergehende Seiten.

Tipp

Das Beispiel sieht keine Volltextsuche vor. (Ein entsprechendes Beispiel ist in Abschnitt 17.6 ausführlich beschrieben.) Dennoch können Sie auch in diesem Beispiel nach Büchern suchen, bei denen der Suchbegriff irgendwo im Titel vorkommt (also nicht nur am Anfang). Dazu geben Sie vor dem Suchbegriff einfach das Zeichen % ein. *%mysql* findet daher nicht nur das *MySQL Cookbook*, sondern auch *PHP 5 und MySQL 5*.

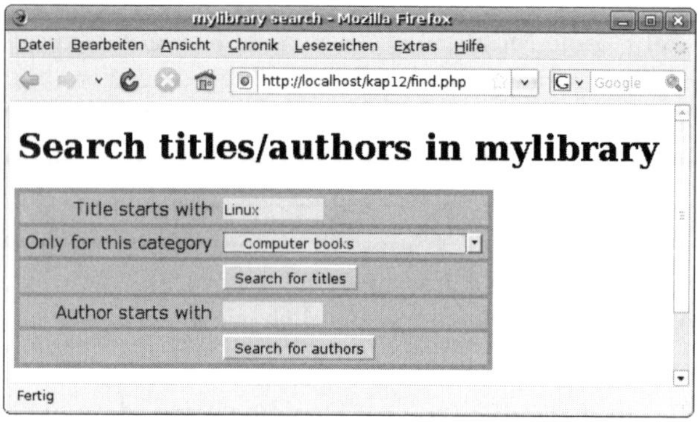

Abbildung 12.5: mylibrary-Suchformular

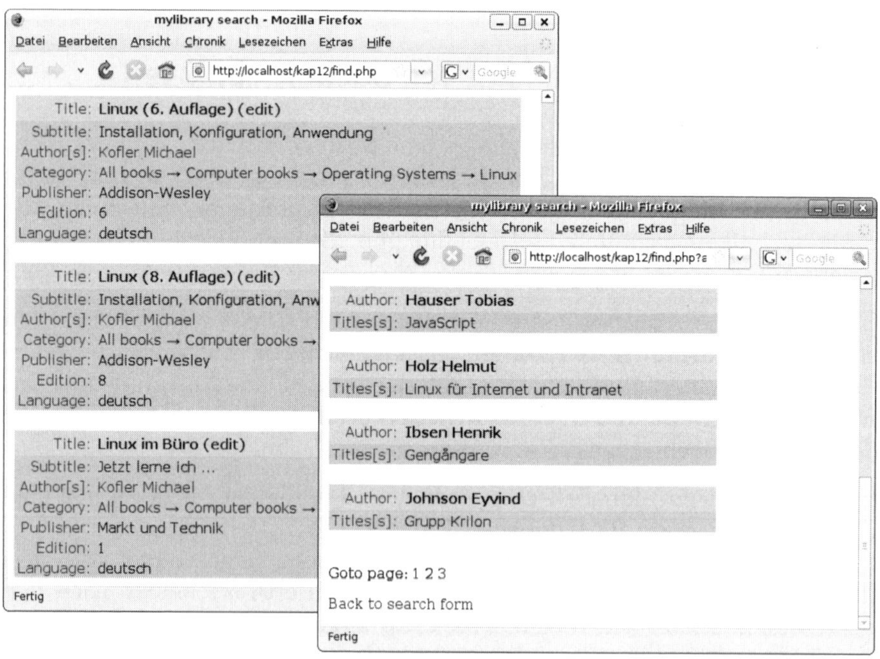

Abbildung 12.6: Links die Suchergebnisse einer Titelsuche, rechts die einer Autorensuche

12.6.1 Codeaufbau

Der Code verteilt sich auf die folgenden Dateien:

find.php	Hauptcode
mydb.php	Klasse *MyDb* mit Datenbankmethoden (siehe Abschnitt 12.1)
mylibraryfunctions.php	diverse Hilfsfunktionen (siehe Abschnitt 12.5)
formfunctions.php	Funktionen zur Ausgabe eines Formulars (siehe Abschnitt 12.5)
form.css	CSS-Datei zur Formatierung des Formulars (siehe Abschnitt 12.5)
resulttable.css	CSS-Datei zur Formatierung der Suchergebnisse

Zur Übergabe von Daten bei einem Seitenwechsel werden zwei Mechanismen verwendet:

POST	enthält die Eingabe aus dem Suchformular in Form eines Felds: *form["title"), form["authors"], form["btnAuthor"]* etc.
REQUEST	enthält URL-Parameter: *titleID*: diesen Titel anzeigen *titlePattern:* Titel anzeigen, die dem Suchmuster entsprechen *authID:* diesen Autor anzeigen *authPattern:* Autoren anzeigen, die dem Suchmuster entsprechen *catID:* alle Titel dieser Kategorie anzeigen *page:* diese Seite anzeigen

Ablaufsteuerung

Der Großteil des Codes befindet sich in Funktionen, von denen einige in den folgenden Abschnitten genauer vorgestellt werden. Die Ablaufsteuerung erfolgt durch die folgenden Zeilen.

Als Erstes werden die an die Seite übergebenen Parameter ausgewertet. Dabei kommt wieder die im vorigen Abschnitt beschriebene Funktion *array_item* aus der Datei mylibraryfunctions.php zum Einsatz. Die Parameter *title-* und *authPattern* müssen innerhalb der URL codiert werden, damit eventuell enthaltene Sonderzeichen keine Probleme verursachen. Diese Codierung wird durch *urldecode* wieder aufgelöst.

```
// Beispieldatei find.php
$db = new MyDb();  // Verbindung zu MySQL
$pagesize = 5;     // Suchergebnisse pro Seite

// URL-Parameter auswerten
$titleID      = array_item($_REQUEST, 'titleID');
$authID       = array_item($_REQUEST, 'authID');
$catID        = array_item($_REQUEST, 'catID');
$authPattern  = urldecode(array_item($_REQUEST, 'authPattern'));
$titlePattern = urldecode(array_item($_REQUEST, 'titlePattern'));
$page         = array_item($_REQUEST, 'page');
```

```
// Valididätskontrolle
if(!$page || $page<1 || !is_numeric($page))   $page=1;
elseif($page>100)                              $page=100;

if(!is_numeric($catID))   $catID = FALSE;
if(!is_numeric($authID))  $authID = FALSE;
if(!is_numeric($titleID)) $titleID = FALSE;
```

Bei den Formulardaten werden eventuell vorhandene *Magic Quotes* entfernt. Den Suchmustern für Titel und Autor wird ein %-Zeichen hintangestellt. Dieses Zeichen ist später zur Bildung des *SELECT*-Kommandos erforderlich. (*WHERE title LIKE 'abc%'* sucht nach Titeln, die mit *abc* beginnen.)

```
// Formulardaten
$formdata = array_item($_POST, "form");
if(is_array($formdata)) {
  // magic quotes entfernen
  if(get_magic_quotes_gpc())
    while($i = each($formdata))
      $formdata[$i[0]] = stripslashes($i[1]);
  $authPattern  = array_item($formdata, "author") . "%";
  if(!array_item($formdata, "btnAuthor")) {
    $catID        = array_item($formdata, "category");
    $titlePattern = array_item($formdata, "title") . "%"; }
}
```

Nach diesen Vorbereitungsarbeiten geht es nun zur Sache: Wenn *titlePattern, titleID* oder *catID* Werte enthalten, werden der Reihe nach drei Funktionen aufgerufen: *build_title_query*, um das SQL-Kommando zusammenzustellen, *show_titles*, um die Suchergebnisse darzustellen, und schließlich *show_page_links*, um bei Bedarf Links zu vorherigen bzw. nachfolgenden Seiten anzuzeigen. Ganz analog sieht der Code für eine Autorensuche aus. Wenn es keine Daten gibt, nach denen gesucht werden soll, wird mit *build_form* ein leeres Suchformular angezeigt.

```
if($titlePattern || $titleID || $catID) {
  // Titelsuche
  $sql = build_title_query($titlePattern, $titleID, $catID,
    $page, $pagesize);
  $rows = $db->queryObjectArray($sql);
  show_titles($rows, $pagesize);
  $query = "catID=$catID&titleID=$titleID&titlePattern=" .
    urlencode($titlePattern);
  show_page_links($page, $pagesize, sizeof($rows), $query);
  echo '<p><a href="find.php">Back to search form</a></p>', "\n";
}
```

```
elseif($authPattern || $authID) {
  // Autorensuche, analoger Code
  ...
}
else {
  // Suchformular anzeigen
  echo "<h1>Search titles/authors in mylibrary</h1>\n";
  build_form(); }
```

12.6.2 Autorensuche

In der Funktion *build_author_query* wird das SQL-Kommando für die Autorensuche zusammengestellt. Wenn *authID* eine Autoren-ID-Nummer enthält, lautet das Kommando einfach:

```
SELECT authID, authName FROM authors WHERE authID=...
```

Soll dagegen nach Autoren gesucht werden, deren Name einem Muster entspricht, ist der SQL-Code etwas komplizierter:

```
SELECT authID, authName FROM authors
WHERE authName LIKE 'abc%'
ORDER BY authName
LIMIT 20, 11
```

Am interessantesten ist dabei der *LIMIT*-Teil, der die Ergebnisse auf eine bestimmte Seite beschränkt. *LIMIT 20, 11* bedeutet, dass das *SELECT*-Kommando die Suchergebnisse 20 bis 30 zurückgeben soll (also die dritte Seite bei *size=10*).

Vielleicht wundern Sie sich, warum nach 11 Autoren gesucht wird, obwohl *size* 10 beträgt: Der Grund besteht darin, dass auf diese Weise festgestellt werden kann, ob es weitere Suchergebnisse gibt. (Angezeigt werden auf jeden Fall nur 10 Ergebnisse. Wenn die Abfrage aber 11 Autoren liefert, wird die weiter unten beschriebene Funktion *show_page_links* einen Link auf die nächste Seite erzeugen.)

```
// Beispieldatei find.php
function build_author_query($pattern, $authID, $page, $size) {
  global $db;
  $sql = "SELECT authID, authName FROM authors ";
  if($authID)
    return $sql . "WHERE authID = $authID";
  else
    return $sql ."WHERE authName LIKE " . $db->sql_string($pattern) .
      " ORDER BY authNAME " .
      "LIMIT " . (($page-1) * $size) . "," . ($size + 1);
}
```

12.6.3 Titelsuche

build_title_query sieht analog aus wie *build_author_query*. Der einzige Unterschied besteht darin, dass unter Umständen gleichzeitig zwei Suchkriterien berücksichtigt werden müssen, also die Kategorie und das Suchmuster für den Titel. Daher werden zwei Bedingungen erstellt, die dann in der Form *WHERE cond1 AND cond2* zusammengesetzt werden. Wenn keine Kategorie bzw. kein Suchmuster angegeben wird, lautet das Kritierium einfach *TRUE*.

Bei der Kategoriesuche ist die Bedingung *catID=n* nicht ausreichend: Vielmehr muss mit *subcategory_list* eine Liste erstellt werden, die auch alle untergeordneten Kategorien enthält. (Wenn Sie nach *Computer books* suchen, möchten Sie ja auch Ergebnisse der Kategorien *Databases, Programming* etc. sehen!) Die Funktion *subcategory_list* befindet sich in mylibraryfunctions.php und wird in Abschnitt 12.7 vorgestellt.

```
// Beispieldatei find.php
function build_title_query($pattern, $titleID, $catID,
                           $page, $size) {
  ... analog wie in build_author_query
  if($catID && $catID!="none") {
    $catsql = "SELECT catID, parentCatID FROM categories";
    $rows = $db->queryObjectArray($catsql);
    foreach($rows as $row)
      $subcats[$row->parentCatID][] = $row->catID;
    $cond1 = "catID IN (" .
      subcategory_list($subcats, $catID) . ") ";    }
  else
    $cond1 = "TRUE";

  if($pattern)
    $cond2 = "title LIKE " . $db->sql_string($pattern) . " ";
  else
    $cond2 = "TRUE";

  $sql .= "WHERE " . $cond1 . " AND " . $cond2 .
    " ORDER BY title ";
  ... weiter wie in build_author_query
}
```

12.6.4 Suchergebnisse anzeigen

An die Funktionen *show_autors* bzw. *show_titles* werden Felder übergeben, deren Elemente jeweils *authID* und *authName* der gefundenen Autoren bzw. *titleID* und *titleName* der gefundenen Titel enthalten. Alle weiteren Autoren- bzw. Titeldaten werden innerhalb der *show_*-Funktionen durch ein bzw. zwei weitere SQL-Abfragen ermittelt. In *show_authors* sieht die Abfrage nach den Titeln, die die Autoren geschrieben haben, so aus:

```
SELECT title, rel_title_author.titleID, authID
FROM  titles, rel_title_author
WHERE titles.titleID = rel_title_author.titleID
  AND rel_title_author.authID IN (1, 2, 3, ..)
ORDER BY title
```

Anschließend geht es nur noch darum, diese Informationen optisch ansprechend auszugeben. Das Beispiel verwendet dazu eine Tabelle, deren Zellen durch die CSS-Datei resulttable.css gestaltet werden.

```
// Beispieldatei find.php
function show_authors($authors, $pagesize) {
  global $db;
  echo "<h1>Search results</h1>\n";
  if(!$authors) {
    echo "<p>Sorry, no authors found.</p>\n";
    return; }

  // Zeichenkette mit authIDs bilden
  $items = min($pagesize, sizeof($authors));
  for($i=0; $i<$items; $i++)
    if($i==0)
      $authIDs = $authors[$i]->authID;
    else
      $authIDs .= "," . $authors[$i]->authID;

  // Titel ermitteln, die diese Autoren geschrieben haben
  $sql = "SELECT title, rel_title_author.titleID, authID " .
    "FROM titles, rel_title_author ".
    "WHERE titles.titleID = rel_title_author.titleID " .
    "AND rel_title_author.authID IN ($authIDs) " .
    "ORDER BY title";
  $rows = $db->queryObjectArray($sql);


  // alle Autoren anzeigen
  echo '<table class="resulttable">', "\n";
  for($i=0; $i<$items; $i++) {
    echo td1("Author:", "td1head"),
      td2($authors[$i]->authName, "td2head");
    // zu jedem Autor alle Titel anzeigen
    $titles=0;
    foreach($rows as $row)
      if($authors[$i]->authID == $row->authID) {
        if($titles==0)
          echo td1("Titles[s]:");
        else
          echo td1("");
        echo td2url($row->title, "find.php?titleID=$row->titleID");
        $titles++;
      }
```

```
      // leere Zeile vor dem nächsten Titel
      echo td1("", "tdinvisible"), td2asis(" ", "tdinvisible");
    }
    echo "</table>\n";
  }
```

Zur Ausgabe der Tabellenzellen werden die Hilfsfunktionen *td1* und *td2xxx* verwendet:

```
function td1($txt, $class="td1") {
  echo "<tr><td class=\"$class\">",
    htmlentities($txt), "</td>\n"; }
function td2($txt, $class="td2") {
  echo "<td class=\"$class\">",
    htmlentities($txt), "</td></tr>\n"; }
function td2asis($txt, $class="td2") {
  echo "<td class=\"$class\">$txt</td></tr>\n"; }
...
```

Der Code für *show_titles* ist deutlich umfangreicher, weil zu jedem Titel viel mehr Informationen angezeigt werden. Das Prinzip ist aber dasselbe wie in *show_authors*, weswegen hier auf eine weitere Diskussion verzichtet wird.

12.6.5 Links auf weitere Seiten

Wenn Sie bei Suchergebnissen Links auf weitere Seiten angeben möchten, gibt es zwei Vorgehensweisen:

- Sie können vorweg durch ein Kommando der Art *SELECT COUNT(*) ... WHERE bedingung* die Gesamtanzahl der Suchergebnisse ermitteln. Dann können Sie problemlos ausrechnen, auf wie viele Seiten das Suchergebnis verteilt werden muss, und können ganz einfach Links auf die betreffenden Seiten erzeugen.
- Die andere Variante besteht darin, dass Sie bei jeder Seite lediglich testen, ob es weitere Suchergebnisse gibt (indem Sie als zweiten Parameter von *LIMIT* nicht *pagesize*, sondern *pagesize+1* übergeben). Diese Information reicht aus, um einen Link auf die jeweils nächste Seite anzugeben.

show_page_links basiert auf der zweiten Vorgehensweise. An die Funktion werden vier Parameter übergeben: die aktuelle Seitennummer, die Anzahl der Ergebnisse pro Seite, die Anzahl der zuletzt gefundenen Suchergebnisse sowie in *query* die Parameterliste, die im Link auf die nächste/vorige Seite übergeben werden soll (z.B. *authPattern=abc*).

show_page_links generiert zuerst die Links auf vorherige Seiten (falls *page>1*), anschließend die Links auf die folgende Seite (falls *results>pagesize*). Zur Erzeugung der Links wird die Hilfsfunktion *build_href* aus mylibraryfunctions.php eingesetzt.

```
// Beispieldatei find.php
function show_page_links($page, $pagesize, $results, $query) {
  if(($page==1 && $results<=$pagesize) || $results==0)
    return;

  echo "<p>Goto page: ";

  if($page>1) {
    for($i=1; $i<$page; $i++)
      echo build_href("find.php", $query . "&page=$i", $i), " ";
    echo "$page "; }

  if($results>$pagesize) {
    $nextpage = $page + 1;
    echo build_href("find.php", $query . "&page=$nextpage",
      $nextpage); }

  echo "</p>\n";
}
```

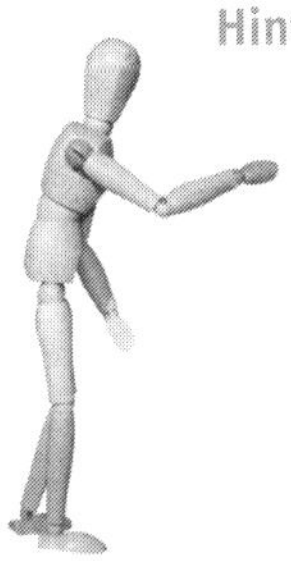

Hinweis

Abschnitt 17.5.3 gibt ein Beispiel für die erste Vorgehensweise. Dort geht es darum, die Themenliste (Thread-Liste) eines Diskussionsforums auf mehrere Seiten zu verteilen. Die Funktion *page_links* liefert ausgehend von der aktuellen Seitennummer Links auf bis zu sechs vorherige bzw. nachfolgende Seiten sowie zusätzliche Links zur ersten, vorigen, nächsten und letzten Seite.

12.7 Hierarchische Daten verwalten

Es ist sehr einfach, in einer Tabelle Hierarchien auszudrücken: Eine zusätzliche Spalte, die auf das übergeordnete Element verweist, reicht aus. Auf diese Weise werden beispielsweise die Buchkategorien in der *mylibrary*-Datenbank (siehe Kapitel 8) bzw. die Thread-Hierarchien im Diskussionsforum *myforum* verwaltet (siehe Kapitel 17). Weitere Anwendungsmöglichkeiten wären die Verwaltung der Hierarchie innerhalb einer Firma (an der Spitze steht die Chefin, dann folgen die Abteilungsleiter, dann Gruppenleiter etc.), Stammbäume (an der Spitze stehen Adam und Eva ...) usw.

So einfach also der Aufbau solcher Hierarchien ist, so mühsam ist die Auswertung der Hierarchietabelle. Oft benötigen Sie rekursive Funktionen (also Funktionen, die sich selbst aufrufen), um alle über- oder untergeordneten Elemente ausgehend von einem gegebenen Startpunkt zu ermitteln.

Dieser Abschnitt stellt am Beispiel der *categories*-Tabelle aus der *mylibrary*-Datenbank einige Programmiertechniken vor, die Sie so oder in ähnlicher Form für Ihre eigenen Hierarchien anwenden können.

Der Großteil der diskutierten Funktionen befindet sich in categories.php. Diese Seite hilft bei der Verwaltung der Buchkategorien (siehe Abbildung 12.7). Die Bedienung ist einfach: Per Mausklick können vorhandene Kategorien gelöscht oder neue Unterkategorien erzeugt werden (siehe auch Abbildung 12.9 einige Seiten weiter hinten).

Beim Löschen werden auch alle Unterkategorien gelöscht – freilich nur, wenn diese Kategorien nicht in Verwendung sind! Der Link SHOW TITLES führt zu find.php?catID=... (siehe den vorigen Abschnitt) und zeigt alle Titel an, die einer bestimmten Kategorie inklusive aller Unterkategorien zugeordnet sind.

Zur Verarbeitung von Tabellen mit hierarchischen Daten können Sie auch sehr gut *Stored Procedures* einsetzen. Diesbezügliche Beispiele finden Sie in Kapitel 14.

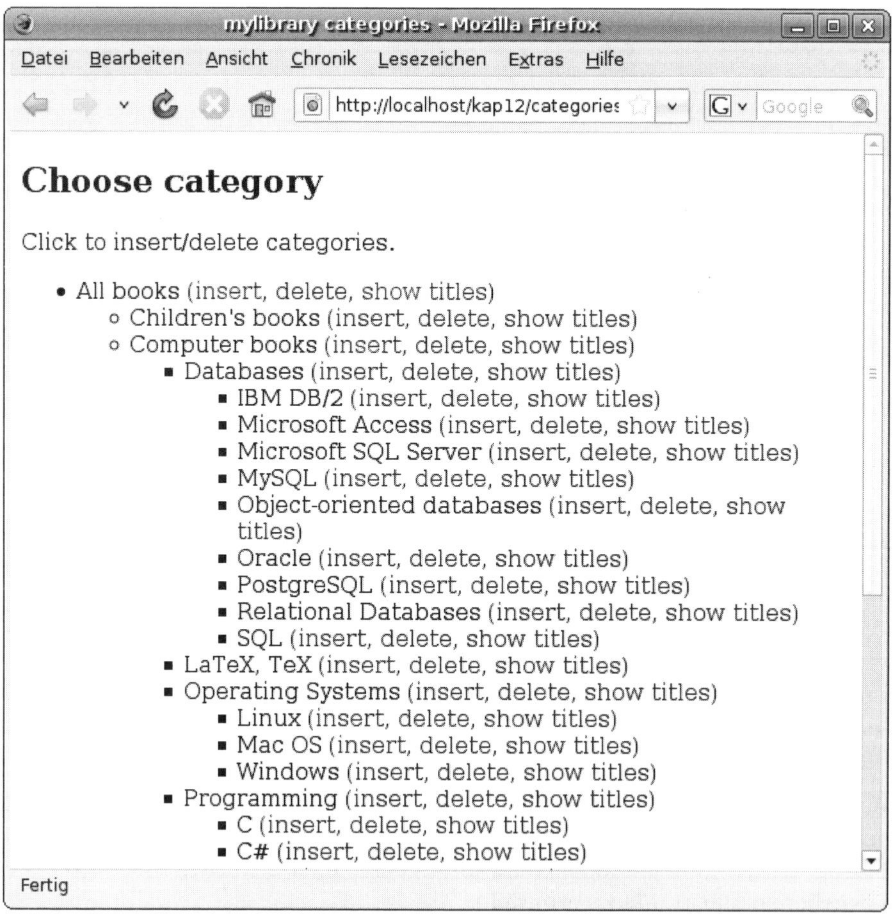

Abbildung 12.7: Buchkategorien verwalten

12.7.1 Codeaufbau

Der Code verteilt sich auf die folgenden Dateien:

categories.php	Hauptcode
mydb.php	Klasse *MyDb* mit Datenbankmethoden (siehe Abschnitt 12.1)
mylibraryfunctions.php	Diverse Hilfsfunktionen (siehe Abschnitt 12.5)

Zur Übergabe von Daten bei einem Seitenwechsel werden zwei Mechanismen verwendet:

POST	enthält die neuen Kategorien aus dem Eingabeformular (*submitbutton, subcategories*)
REQUEST	enthält URL-Parameter: *insertID*: Unterkategorien zu dieser Kategorie eingeben *deleteID:* diese Kategorie löschen

Ablaufsteuerung

Der Großteil des Codes befindet sich in Funktionen, von denen einige in den folgenden Abschnitten genauer vorgestellt werden. Die Ablaufsteuerung erfolgt durch die folgenden Zeilen:

```
// Beispieldatei categories.php
$db = new MyDb(); // Verbindung zu MySQL
$insertID      = array_item($_REQUEST, 'insertID');
$deleteID      = array_item($_REQUEST, 'deleteID');
$submitbutton  = array_item($_POST, 'submitbutton');
$subcategories = array_item($_POST, 'subcategories');
if(get_magic_quotes_gpc())   // keine magic quotes
  $subcategories = stripslashes($subcategories);
```

Die Funktionen *delete_* bzw. *insert_new_categories* werden innerhalb von Transaktionen ausgeführt. Je nach Rückgabewert der Funktionen werden die Transaktionen bestätigt oder abgebrochen. Damit wird sichergestellt, dass entweder der gesamte Lösch- oder Einfügevorgang vollständig und fehlerfrei ausgeführt wird oder aber die Kategorieliste unverändert bleibt.

```
// Kategorie löschen
if($deleteID) {
  $sql = "SELECT COUNT(*) FROM categories WHERE catID='$deleteID'";
  if($db->querySingleItem($sql)==1) {
    $db->execute("START TRANSACTION");
    if(delete_category($deleteID)==-1)
      $db->execute("ROLLBACK");
    else
      $db->execute("COMMIT");  }}
```

```
// neue Kategorien speichern bzw. eingeben
if($insertID) {
  $sql = "SELECT COUNT(*) FROM categories WHERE catID='$insertID'";
  $n = $db->querySingleItem($sql); }
if($insertID && $n==1) {
  echo "<h2>Insert new categories</h2>\n";
  // neue Kategorien speichern
  if($subcategories) {
    $db->execute("START TRANSACTION");
    if(insert_new_categories($insertID, $subcategories))
      $db->execute("COMMIT");
    else
      $db->execute("ROLLBACK"); }
  // Eingabeformular
  print_category_entry_form($insertID);  }
// komplette Liste aller Kategorien anzeigen
else {
  echo "<h2>Choose category</h2>\n";
  echo "<p>Click to insert/delete categories.</p>\n";
  ... Details im nächsten Abschnitt
  print_categories($rows, NULL);  }
```

12.7.2 Kategoriebaum anzeigen

Um den Kategoriebaum (siehe Abbildung 12.7) darzustellen, werden zuerst alle Kategorien mit einer einzigen SQL-Abfrage ermittelt. Aus diesen Daten werden im nächsten Schritt zwei weitere Felder erzeugt. Der Sinn dieser Felder ist es, in der Funktion *print_categories* jegliche Suche nach Feldelementen zu vermeiden. Statt in einer Schleife alle Kategorien zu durchlaufen, um die zu finden, bei denen *parentCatID==n* gilt, sind die gewünschten Kategorien sofort als *subcats[catID]* verfügbar. (Genau genommen ist die Suche lediglich PHP-intern delegiert: Wenn Sie auf *array[key]* zugreifen, muss PHP das Feld nach dem Element mit dem Schlüssel *key* durchsuchen. PHP erledigt diese Suche aber äußerst effizient.)

Die Bedeutung des Felds *catNames* ist auf ersten Blick klar. *catName[catID]* enthält einfach den Kategorienamen für die durch *catID* ausgewählte Kategorie.

subcats ist schon etwas schwerer zu verstehen: Jedes Element *subcats[catID]* enthält wiederum ein Feld, dessen Elemente die *catID*-Nummer aller Unterkategorien enthalten. Die Elemente werden aber gewissermaßen in inverser Logik eingefügt: In der *foreach*-Schleife dient *parentCatID* als Schlüssel, *catID* ist der Wert, der dem Feld hinzugefügt wird. Erfreulicherweise muss der Sonderfall *parentCatID==NULL* nicht extra berücksichtigt werden. PHP akzeptiert auch *NULL* als Schlüssel in einem Feld. Beachten Sie, dass *subcats[n]* die Subkategorien in alphabetischer Reihenfolge enthält, weil die Ausgangsdaten in *rows* durch *ORDER BY catName* sortiert wurden.

Die PHP-Syntax *array[] = abc* bedeutet, dass *abc* als neues Element zum Feld *array* hinzugefügt wird. Wenn *array* noch gar nicht existiert, wird ein neues Feld erzeugt, wobei *abc* das erste Element ist.

```
// Vorbereitungsarbeiten zum Aufruf von print_categories
// alle Kategorien ermitteln
$sql = "SELECT catName, catID, parentCatID " .
       "FROM categories ORDER BY catName";
$rows = $db->queryObjectArray($sql);

// Felder subcats und catNames erzeugen
foreach($rows as $row) {
  $subcats[$row->parentCatID][] = $row->catID;
  $catNames[$row->catID] = $row->catName; }

// Kategorien ausgehend von den Wurzelelementen anzeigen
print_categories($subcats[NULL], $subcats, $catNames);
```

An die Funktion *print_categories* wird im ersten Parameter ein Feld mit dem oder den Wurzelelementen übergeben (*subcats[NULL]*). In einer Schleife werden diese Elemente nun durchlaufen und ausgegeben. Zur Ermittlung der Kategorienamen wird das Feld *catNames* verwendet. Sofern es Unterkategorien gibt (Test durch *array_key_exists($catID, $subcats)*), werden diese einfach mit *$subcats[$catID]* in einem rekursiven Aufruf an *print_categories* übergeben.

```
function print_categories($catIDs, $subcats, $catNames) {
  echo "<ul>";
  foreach($catIDs as $catID) {
    printf("<li>%s (%s, %s, %s)</li>\n",
      htmlentities($catNames[$catID]),
      build_href("categories.php", "insertID=$catID", "insert"),
      build_href("categories.php", "deleteID=$catID", "delete"),
      build_href("find.php", "catID=$catID", "show titles"));
    if(array_key_exists($catID, $subcats))
      print_categories($subcats[$catID], $subcats, $catNames);
  }
  echo "</ul>\n";
}
```

Auswahlliste für Kategorien (für titleform.php, find.php)

Die beiden Seiten titleform.php und find.php enthalten jeweils ein Listenfeld zur Auswahl der Kategorie. In diesem Feld sind die Listeneinträge der Struktur entsprechend eingerückt (siehe Abbildung 12.8).

Um derartige Listenfelder zu erzeugen, nehmen titleform.php und find.php die Funktionen *build_category_array* (Datei mylibraryfunctions.php) und *form_list* (Datei formfunctions.php) zu Hilfe. *build_category_array* liefert als Ergebnis ein zweidimensionales Feld. Jeder Eintrag enthält zwei Elemente, den Kategorietext und die *catID*-Nummer. *form_list* erzeugt aus diesen Daten dann das Listenfeld (siehe Abschnitt 12.7.2).

build_category_array ist im Prinzip wie die oben abgedruckte Funktion *print_categories* aufgebaut und erwartet auch dieselben Parameter (also insbesondere die Felder *catNames* und *subcats*. Neu ist der vierte, optionale Parameter *indent*, der die aktuelle Einrücktiefe enthält.

Die Funktion fügt die im ersten Parameter übergebenen Kategorien in das Feld *tmp* ein. Wenn zu diesen Kategorien Subkategorien existieren, werden diese anschließend durch einen rekursiven Aufruf der Funktion ebenfalls eingefügt (fett hervorgehoben).

Das Feld *tmp* ist statisch deklariert, damit sein Wert bei den Aufrufen von *build_category_array* nicht verloren geht. (Normalerweise sind Variablen innerhalb einer Funktion lokal, d.h., jeder Aufruf einer Funktion enthält eine eigene, unabhängige Variable.) Beim ersten Aufruf von *build_category_array* mit *indent==0* wird der Inhalt von *tmp* gelöscht. Beachten Sie, dass die sonst übliche Funktion *unset* hier nicht eingesetzt werden kann, weil *unset* bei statischen Variablen nicht wie vorgesehen funktioniert (ein PHP-spezifisches Problem).

Um die Listeneinträge korrekt einzurücken, verwaltet *build_category_array* die aktuelle Einrücktiefe im Parameter *indent*. Den Listeneinträgen werden *indent*3* Leerzeichen vorangestellt. In *form_list* werden diese Einträge durch die HTML-Sonderzeichen * * ersetzt (also durch feste Leerzeichen, die nicht als *white space* behandelt und vom Browser daher korrekt dargestellt werden).

```
// Beispieldatei mylibraryfunctions.php
function build_category_array($catIDs, $subcats,
                              $catNames, $indent=0) {
  static $tmp;
  if($indent==0)
    $tmp = FALSE;  // tmp löschen

  foreach($catIDs as $catID) {
    $pair[0] = str_repeat(" ", $indent*3) . $catNames[$catID];
    $pair[1] = $catID;
    $tmp[] = $pair;
    if(array_key_exists($catID, $subcats))
      build_category_array($subcats[$catID], $subcats,
                           $catNames, $indent+1);
  }
  if($indent==0)
    return $tmp;
}
```

Die Funktion *build_category_array* wird nochmals in Abschnitt 12.8 erläutert, wo es um Techniken zur Geschwindigkeitsoptimierung geht.

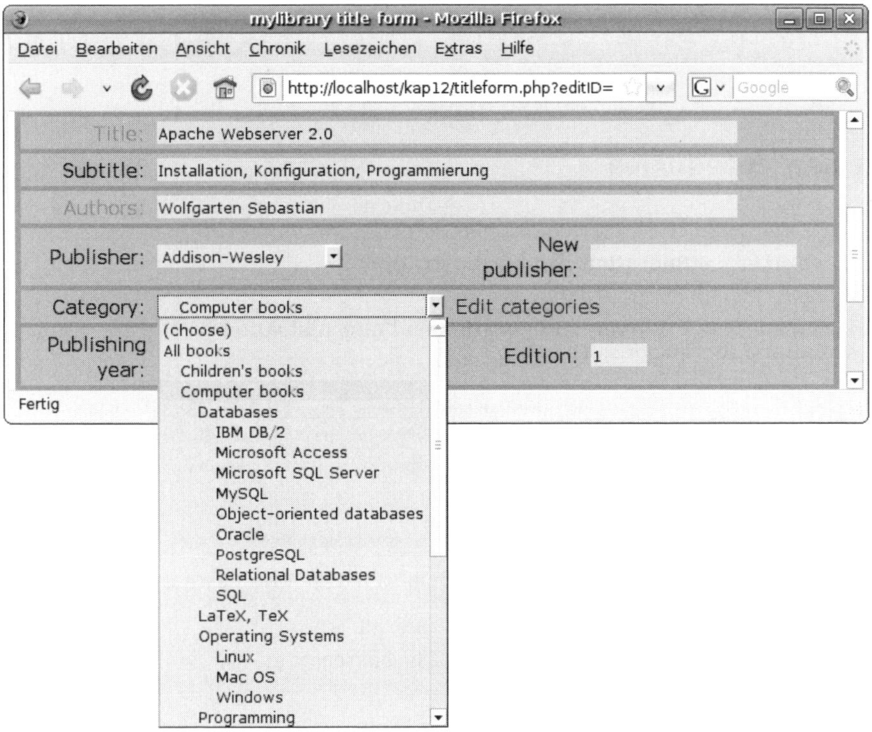

Abbildung 12.8: Auswahlliste für Kategorien

12.7.3 Unterkategorien einfügen

Wenn Sie einen INSERT-Link anklicken, wird zuerst die Funktion *build_category_-entry_form* aufgerufen. Sie liefert eine reduzierte Darstellung des Hierarchiebaums, der nur die direkten Über- und Unterkategorien zur ausgewählten Kategorie enthält. Ein kleines Formular, das aus einem Textfeld und einem Button besteht, ermöglicht nun die Eingabe neuer Kategorien (siehe Abbildung 12.9). Auf eine genauere Beschreibung dieser Funktion wird hier aus Platzgründen verzichtet; zudem enthält die Funktion keinen von der Idee her neuartigen Code.

Das Einfügen neuer Kategorien erledigt die Funktion *insert_new_categories*. An die Funktion werden zwei Parameter übergeben: die *catID*-Nummer der Kategorie, zu der Unterkategorien definiert werden sollen, sowie eine Zeichenkette mit einer oder mehreren neuen Kategorienamen (gegebenenfalls getrennt durch Strichpunkte).

insert_new_categories verteilt die in der Zeichenkette enthaltenen Kategorienamen durch *explode* auf mehrere Feldelemente und ruft dann für jedes Feldelement *insert_new_category* auf. Wenn beim Speichern einer Kategorie ein Fehler auftritt (Rückgabewert -1), wird die Funktion abgebrochen.

Abbildung 12.9: Eingabe neuer Unterkategorien

```
// Beispieldatei categories.php
function insert_new_categories($insertID, $subcategories) {
  global $db;
  $subcatarray = explode(";", $subcategories);
  $count = 0;
  foreach($subcatarray as $newcatname) {
    $result = insert_new_category($insertID, trim($newcatname));
    if($result == -1) {
      echo "<p>Sorry, an error happened. Nothing was saved.</p>\n";
      return FALSE; }
    elseif($result)
      $count++;     }

  if($count)
    if($count==1)
      echo "<p>One new category has been inserted.</p>\n";
    else
      echo "<p>$count new categories have been inserted.</p>\n";
  return TRUE;
}
```

insert_new_category speichert eine neue Kategorie. Vorher wird getestet, ob es diese Kategorie bereits gibt. Die Funktion kann drei verschiedene Ergebniswerte liefern: 1 (die Kategorie wurde gelöscht), 0 (die Kategorie wurde nicht gelöscht) oder -1 (es ist ein SQL- bzw. Datenbankfehler aufgetreten).

```
function insert_new_category($insertID, $newcatName) {
  global $db;
  // newcatName ist leer
  if(!$newcatName) return 0;
  $newcatName = $db->sql_string($newcatName);

  // newcatName existiert schon
  $sql = "SELECT COUNT(*) FROM categories " .
         "WHERE parentCatID=$insertID " .
         "  AND catName=$newcatName";
  if($db->querySingleItem($sql)>0) {
    return 0; }

  $sql = "INSERT INTO categories (catName, parentCatID) " .
         "VALUES ($newcatName, $insertID)";
  if($db->execute($sql))
    return 1;
  else
    return -1;
}
```

12.7.4 Kategorien und Unterkategorien löschen

Eine Kategorie kann nur gelöscht werden, wenn vorher auch alle Unterkategorien gelöscht werden. Zu diesem Zweck ruft *delete_category* sich selbst rekursiv auf (im Listing fett hervorgehoben). Daneben gibt es noch eine Bedingung, die zum Löschen erfüllt sein muss: Es darf keinen Titel geben, der diese Kategorie nutzt.

```
// Beispieldatei categories.php
function delete_category($catID) {
  global $db;
  // Subkategorien suchen und löschen
  $sql = "SELECT catID FROM categories " .
         "WHERE parentCatID='$catID'";
  if($rows = $db->queryObjectArray($sql)) {
    $deletedRows = 0;
    foreach($rows as $row) {
      $result = delete_category($row->catID);
      if($result==-1)
        return -1;
      else
        $deletedRows ++;
    }
    // wenn nicht alle Subkategorien gelöscht werden konnten,
    // dann auch diese Kategorie nicht löschen
    if($deletedRows != count($rows))
      return 0;
  }
```

```
  // wenn die Kategorie genutzt wird, nicht löschen
  $sql = "SELECT COUNT(*) FROM titles WHERE catID='$catID'";
  if($n = $db->querySingleItem($sql)>0) {
    $sql = "SELECT catName FROM categories WHERE catID='$catID'";
    $catname = $db->querySingleItem($sql);
    printf("<br />Category %s is used in %d titles. " .
           "You cannot delete it.\n", $catname, $n);
    return 0;
  }
  // Kategorie löschen
  $sql = "DELETE FROM categories WHERE catID='$catID' LIMIT 1";
  if($db->execute($sql))
    return 1;
  else
    return -1;
}
```

12.7.5 Übergeordnete Kategorien suchen

In den Suchergebnissen von find.php wird bei jedem Titel nicht nur ein Link auf dessen Kategorie angezeigt, sondern auch Links zu allen übergeordneten Kategorien (siehe Abbildung 12.10). Das macht die Suche nach verwandten Titeln besonders komfortabel.

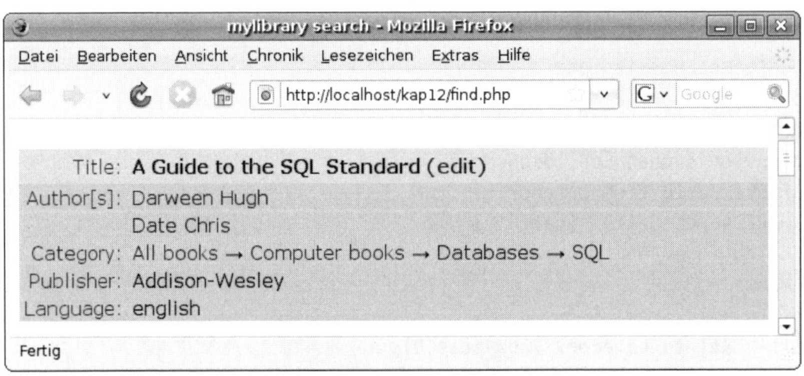

Abbildung 12.10: Links auf die Kategorie des Buchs sowie auf alle übergeordneten Kategorien

Interessant ist an dieser Stelle natürlich die Suche nach den übergeordneten Kategorien. Dazu nimmt *show_titles* die Funktion *build_cat_string* zu Hilfe, die als Resultat eine Zeichenkette mit allen Links liefert. An *build_cat_string* werden drei Parameter übergeben, die Felder *catNames* und *catParents* sowie die *catID*-Nummer der aktuellen Kategorie.

Die beiden Felder werden im Voraus initialisiert. *catNames* enthält zu jedem *catID*-Index den entsprechenden Kategorienamen. Das Feld *catParents* enthält die *catID*-Nummer der übergeordneten Kategorie.

```
// Beispieldatei find.php
function show_titles($titles, $pagesize) {
  ...
  // alle Kategorien ermitteln
  $sql = "SELECT catName, catID, parentCatID FROM categories";
  $rows = $db->queryObjectArray($sql);
  // assoziative Felder für Kategorienamen und parentCatID bilden
  foreach($rows as $cat) {
    $catNames[$cat->catID] = $cat->catName;
    $catParents[$cat->catID] = $cat->parentCatID; }
  ...
  // Schleife über alle Titel
  foreach($titlerows as $title) {
    ... diverse Titeldaten anzeigen
    // Kategorie und Unterkategorien anzeigen
    if($title->catID)
      echo td1("Category:"), td2asis(
        build_cat_string($catNames, $catParents, $title->catID));
```

build_cat_string erzeugt zuerst einen Link auf die durch *catID* angegebene Kategorie. Anschließend durchläuft es eine Schleife, in der der Reihe nach alle übergeordneten Kategorien gesucht werden. Auch zu diesen Kategorien werden Links angelegt. *→* sorgt dafür, dass zwischen den Links nach rechts zeigende Pfeile angezeigt werden. Zur Zusammensetzung der Links (also *<a href="link?query"> txt</a>*) wird wie in vielen anderen Beispielen dieses Kapitels die Funktion *build_-href* aus mylibraryfunctions.php eingesetzt.

```
function build_cat_string($catNames, $catParents, $catID) {
  $tmp = build_href("find.php", "catID=$catID", $catNames[$catID]);
  while($catParents[$catID] != NULL) {
    $catID = $catParents[$catID];
    $tmp = build_href("find.php", "catID=$catID", $catNames[$catID]) .
      " &rarr; " . $tmp; }
  return $tmp;
}
```

12.7.6 Untergeordnete Kategorien suchen

Im Suchformular find.php können Sie als Suchkriterium eine Kategorie angeben. Wenn Sie nun als Kriterium *Databases* wählen, erwarten Sie natürlich, dass das Ergebnis auch die Titel der Unterkategorien *MySQL*, *SQL* etc. enthält. Daher reicht es nicht aus, als Suchkriterium in der *SELECT*-Abfrage *catID=nnn* zu verwenden. Vielmehr müssen Sie zuerst eine Liste mit den ID-Nummern aller Unterkategorien bilden und diese Liste dann als *SELECT*-Kriterium verwenden, also *catID IN (n1, n2, n3 ...)*.

Eine entsprechende Liste liefert die Funktion *subcategory_list*. Sie erwartet als Parameter die Startkategorie sowie das assoziative Feld *subcats*, wobei *subcats[catID]* wiederum ein Feld mit den *catID*-Nummern aller Unterkategorien enthält. Die folgenden Zeilen zeigen die Zusammensetzung von *subcats* und dann den Aufruf von *subcategory_list* innerhalb von *build_title_query*:

```
// Beispieldatei find.php
function build_title_query(...) {
  ...
    $catsql = "SELECT catID, parentCatID FROM categories";
    $rows = $db->queryObjectArray($catsql);
    foreach($rows as $row)
      $subcats[$row->parentCatID][] = $row->catID;
    $cond1 = "catID IN (" .
      subcategory_list($subcats, $catID) . ") ";
```

subcategory_list speichert *catID* in der temporären Variable *lst*. Falls es Unterkategorien gibt (also wenn das Feld *subcats* ein Element mit dem Schlüssel *catID* besitzt), wird *subcategory_list* für alle Unterkategorien rekursiv aufgerufen. Das Ergebnis wird *lst* hinzugefügt.

```
function subcategory_list($subcats, $catID) {
  $lst = $catID;
  if(array_key_exists($catID, $subcats))
    foreach($subcats[$catID] as $subCatID)
      $lst .= ", " . subcategory_list($subcats, $subCatID);
  return $lst;
}
```

12.8 Geschwindigkeitsoptimierung

Wenn Sie PHP-Seiten auf Ihrem lokalen System testen, wird die Geschwindigkeit meist zufrieden stellend sein. Wenn das Projekt aber später im Internet erreichbar ist, kann sich das schlagartig ändern: Die meisten Internet Service Provider fassen mehrere Websites auf einem Server zusammen. Je mehr gleichzeitige Zugriffe auf diese Sites stattfinden, desto langsamer wird jede Seite.

Zudem werden viele Datenbankanwendungen umso langsamer, je mehr Daten die Datenbank enthält. Das gilt insbesondere, wenn Ihr Programmcode nicht dahingehend optimiert ist, auch bei großen Datenmengen sparsam mit den Ressourcen (Speicher, CPU-Zyklen, Datenbankzugriffe, Datenübertragung im Netzwerk) umzugehen.

Aus diesen Gründen ist es zweckmäßig, selbst bei einfachen Projekten auf gut durchdachten und effizienten Code zu achten. Dieser Abschnitt gibt dazu einige Tipps und Beispiele.

12.8.1 Grundregeln für die effiziente Codeausführung

- **Datenbankdesign:** Das wichtigste Fundament für einen effizienten Aufbau dynamischer Webseiten ist ein gutes Datenbankdesign. Wenn die Struktur der Daten nicht Ihren Anforderungen entspricht, sind alle weiteren Optimierungsschritte zum Scheitern verurteilt.

  Aus Effizienzsicht ist das Design dann gut, wenn die in den weiteren Punkten definierten Anforderungen leicht erfüllbar sind. (Beachten Sie, dass derart optimierte Datenbanken manchmal nicht allen Normalformen entsprechen, redundante Daten enthalten können etc. Datenbanktheoretiker werden mit solchen Datenbanken vielleicht nicht glücklich, aber oft können Sie durch Redundanz Geschwindigkeit gewinnen.)

  Ein Teilaspekt des Datenbankdesigns ist die richtige Verwendung von Indizes. Alle Spalten, nach deren Inhalten oft gesucht wird (*WHERE spalte=...*), sollten mit einem Index ausgestattet sein. Beachten Sie aber, dass zu viele Indizes auch nicht günstig sind: Sie vergrößern der Speicherbedarf pro Tabelle und verlangsamen Datenänderungen.

- **Möglichst wenige SQL-Abfragen pro Seite:** Jedes SQL-Kommando, das vom PHP-Interpreter zum MySQL-Server gesandt wird, verursacht erheblichen Aufwand: Übertragung des Kommandos, Kommandoausführung auf dem Server, Rückübertragung des Ergebnisses. Daher gilt: Je weniger SQL-Kommandos zum Aufbau einer Seite bzw. allgemein zur Durchführung einer Aktion erforderlich sind, desto besser.

  Diese alte Datenbankweisheit gilt auch für die Kombination PHP/MySQL, wenn auch mit kleinen Einschränkungen: Wenn der MySQL-Server richtig konfiguriert ist, sollten sich häufig benötigte Tabellen vollständig im RAM befinden. Und wenn Apache und MySQL auf dem gleichen Rechner laufen (was oft der Fall ist), fällt auch das Netzwerk als Geschwindigkeitsbremse weg. Der durch ein SQL-Kommando verursachte Overhead ist dann ziemlich klein. Wenn Sie beispielsweise durch ein zusätzliches SQL-Kommando eine zeitaufwendige PHP-Schleife einsparen, kann das die Gesamt-Performance durchaus steigern. Fazit: Vermeiden Sie unnötige SQL-Kommandos, aber sparen Sie nicht um jeden Preis!

- **Möglichst kleine SELECT-Ergebnisse:** Eine Abfrage, die 1000 Datensätze als Ergebnis liefert, ist fast immer zu vermeiden. Den größten Aufwand bei solchen Abfragen verursacht oft gar nicht die eigentliche Ausführung der Abfrage, sondern deren Übertragung zum PHP-Interpreter und die anschließende Auswertung durch PHP-Code. Filtern Sie die Daten schon auf dem MySQL-Server, indem Sie *SELECT*-Abfragen mit entsprechenden Bedingungen ausstatten!

- **Möglichst effizienter PHP-Code (wenige Schleifendurchgänge etc.):** Viele Aufgabenstellungen lassen sich mehr oder weniger effizient lösen. Versuchen Sie insbesondere, Such- und Sortiervorgänge in PHP zu vermeiden, indem Sie in die *SELECT*-Kommandos entsprechende Kriterien bzw. Sortierregeln einbauen. (MySQL ist im Gegensatz zu Ihrem Code für solche Aufgaben optimiert.)

Sie werden feststellen, dass die Regeln zum Teil im Widerspruch zueinander stehen. Oft kann nur durch konkrete Tests ermittelt werden, ob es effizienter ist, nur eine *SELECT*-Abfrage auszuführen, die aber 1000 Datensätze liefert (größerer Aufwand wegen der Übermittlung großer Datenmengen), oder zwanzig *SELECTs* auszuführen, die dafür insgesamt nur 100 Datensätze liefern (größerer Aufwand, weil der PHP-Interpreter zwanzigmal den MySQL-Server kontaktieren und auf dessen Antwort warten muss).

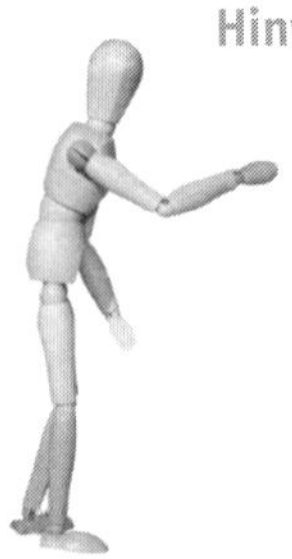

Hinweis

Bevor Sie mit der Optimierung beginnen, überlegen Sie, welche Seiten wie häufig aufgerufen werden. Oft werden Seiten mit Lese- und Suchzugriffen viel häufiger aufgerufen als solche, die Daten verändern. Optimieren Sie die Seiten, die am häufigsten benötigt werden! Optimieren Sie das Datenbankdesign so, dass oft vorkommende Aufgaben effizient ausgeführt werden!

Nehmen wir an, Suchabfragen und Datenänderungen kommen im Verhältnis 1:100 vor. Wenn es Ihnen gelingt, Suchabfragen doppelt so schnell wie bisher ausführen, Datenänderungen aufgrund des geänderten Designs nun aber dreimal so lange dauern, haben Sie unter dem Strich enorm an Effizienz gewonnen.

Wenn Sie an einer Website wie Yahoo! oder GMX arbeiten, wo Millionen Zugriffe pro Tag zu erwarten sind, steht die Effizienz des Codes sicher an vorderer Stelle. Allerdings ist optimal effizienter Code oft unübersichtlich, schwer zu warten und fehleranfällig. Bei Websites, bei denen deutlich weniger Zugriffe zu erwarten sind, sollten die Prioritäten eher dahingehend gesetzt werden, den Code klar und einfach zu halten.

Optimierung der MySQL-Servers

Die im Folgenden kurz zusammengefassten Optimierungsmaßnahmen können Sie nur durchführen, wenn Sie den MySQL-Server selbst administrieren. Wenn sich Ihre PHP-Seiten bei einem externen Webhoster befinden, können Sie nur hoffen, dass dessen Administrator sich darum kümmert.

- **RAM:** Der MySQL-Server läuft dann am schnellsten, wenn sich häufig benötigte Tabellen komplett im RAM befinden. Festplattenzugriffe sind dann nur bei Datenänderungen erforderlich.
- **Cache- und Buffer-Einstellungen:** Diverse Optionen in der MySQL-Konfigurationsdatei /etc/my.conf bzw. Windows\my.ini steuern, wie das RAM vom MySQL-Server genutzt wird. Für die Geschwindigkeit wichtige Einstellungen sind unter anderem *key_buffer_size*, *sort_buffer_size*, *table_cache* und *innodb_buffer_-pool_size*. Die Bedeutung dieser Parameter sind in Büchern zur MySQL-Administration bzw. im MySQL-Online-Handbuch beschrieben:

  http://dev.mysql.com/doc/refman/5.1/en/memory-use.html
  http://dev.mysql.com/doc/refman/5.1/en/innodb-tuning.html
- **Query Cache:** Im Query Cache werden SQL-Abfragen und ihre Ergebnisse zwischengespeichert. Wird dieselbe Abfrage ein zweites Mal ausgeführt, steht das Ergebnis sofort zur Verfügung (sofern sich die zugrunde liegenden Daten in der Zwischenzeit nicht verändert haben). Ob der Query Cache aktiv ist und wie viel Speicher ihm zur Verfügung steht, wird durch einige *query_cache_xxx*-Parameter gesteuert.

12.8.2 Statistik- und Benchmarking-Hilfe

Falls Sie den Datenbankzugriff gekapselt haben (z.B. durch die in Abschnitt 12.1 vorgestellte *MyDb*-Klasse), ist es ein Leichtes, die Anzahl der SQL-Kommandos, die Gesamtanzahl der zurückgelieferten Datensätze, die Zeit für die Ausführung der SQL-Kommandos und die Gesamtzeit seit der Erzeugung der Klasse bzw. seit dem letzten Reset zu erfassen. Am Ende der Seite geben Sie dann diese beiden Eckdaten durch einen Aufruf von *$db->showStatistics()* aus.

Diese Eckdaten geben zumindest einen ersten Eindruck davon, wie aufwendig das Erzeugen der Seite aus Datenbanksicht war (siehe auch Abbildung 12.11). Beachten Sie aber, dass die Zeitangaben stark davon abhängig sind, was der Rechner gerade sonst zu tun hatte, als Sie Ihre Seite getestet haben, ob sich die erforderlichen Daten bereits im Cache des MySQL-Servers befanden etc. Betrachten Sie die Ergebnisse also mit einer gewissen Skepsis!

Zur Ermittlung der genauen Zeit wird die PHP-Funktion *microtime* eingesetzt. Die Funktion *microtime_float* wandelt deren Ergebnis in eine Fließkommazahl um. Die Erweiterungen an der Klassendatei mydb.php sehen auszugsweise so aus:

```
// Beispieldatei mydb.php
class MyDb {
  ...
  protected $sqlcounter = 0;     // Zähler für SQL-Kommandos
  protected $rowcounter = 0;     // Zähler für SELECT-Datensätze
  protected $dbtime     = 0;     // Zeitdauer der SQL-Kommandos
  protected $starttime;          // Gesamtzeit
```

```
    // Konstruktor
    function __construct() {
      ...
      $this->starttime = $this->microtime_float();
    }

    function queryObjectArray($sql) {
      $this->sqlcounter++;
      $this->printsql($sql);
      $time1  = $this->microtime_float();
      $result = $this->mysqli->query($sql);
      $this->dbtime += ($time2 - $this->microtime_float());
      if($result) {
        if($result->num_rows) {
          while($row = $result->fetch_object())
            $result_array[] = $row;
          $this->rowcounter += sizeof($result_array);
          return $result_array; }
        else
          return FALSE;
      } else {
        $this->printerror($this->mysqli->error);
        return FALSE;
      }
    }

    ...

    function showStatistics() {
      $totalTime = $this->microtime_float() - $this->starttime;
      printf("<p><font color=\"#0000ff\">SQL commands: %d\n",
        $this->sqlcounter);
      printf("<br />Sum of returned rows: %d\n", $this->rowcounter);
      printf("<br />Sum of query time (MySQL): %f\n", $this->dbtime);
      printf("<br />Processing time (PHP): %f\n",
        $totalTime - $this->dbtime);
      printf("<br />Total time since MyDB creation / " .
        "last reset: %f</font></p>\n", $totalTime);     }

    function resetStatistics() {
      $this->sqlcounter = 0;
      $this->rowcounter = 0;
      $this->dbtime     = 0;
      $this->starttime = $this->microtime_float();   }

    private function microtime_float() {
      list($usec, $sec) = explode(" ", microtime());
      return ((float)$usec + (float)$sec);    }
}
```

12.8.3 Beispiel: Kategorielisten effizient erzeugen

In Abschnitt 12.7.2 wurde die Funktion *build_category_array* aus mylibraryfunctions.php vorgestellt. Diese Funktion liefert als Ergebnis ein Feld, aus dem dann die Kategorieauswahlliste erzeugt wird.

Dieser Abschnitt stellt drei Varianten dieser Funktion gegenüber und zeigt, wie eine Funktion schrittweise optimiert werden kann. Der gesamte Code befindet sich in optimize/show_categories_list.php. Der Geschwindigkeitsunterschied zwischen der langsamsten und der schnellsten Variante ist bei einer kleinen Kategorieanzahl kaum bemerkbar, wächst aber mit zunehmender Kategorieanzahl dramatisch (um den Faktor 30 bei mehr als 1000 Elementen!).

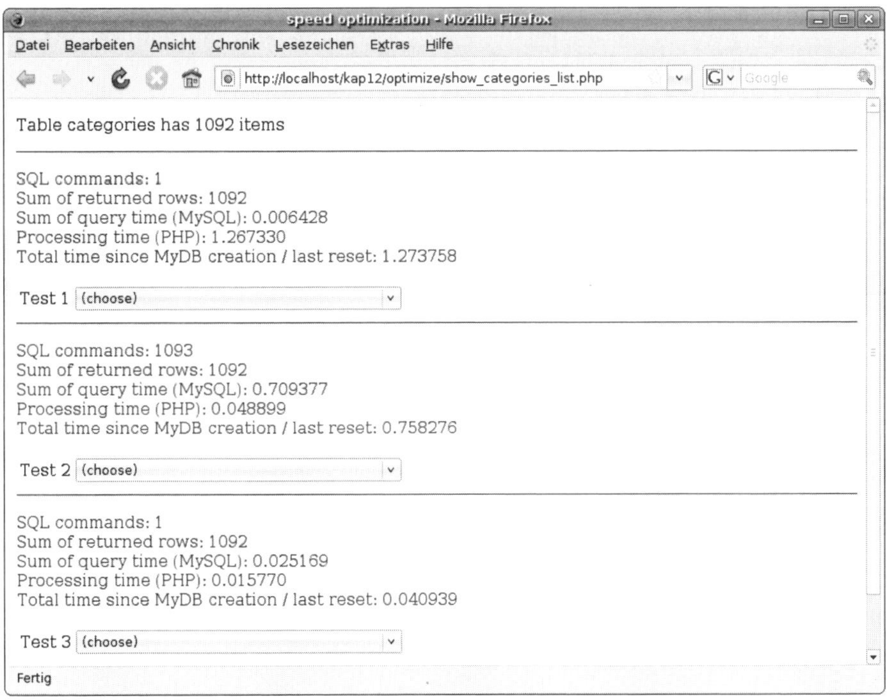

Abbildung 12.11: Geschwindigkeitsvergleich beim Aufbau der Kategorieauswahlliste

Testdaten erzeugen

Der Ausgangspunkt für die folgenden Tests ist eine aus Zufallsdaten gebildete Kategorieliste mit ca. 1000 Einträgen. Um eine entsprechende *categories*-Tabelle zu erzeugen, rufen Sie einmal die Seite optimize/create_categories_test.php auf. Der darin enthaltene Code löst die Integritätsregel für *titles.catID* auf, benennt die *categories*-Tabelle in *oldcategories* um und erstellt dann eine neue *categories*-Tabelle mit Zufallsdaten. Um den ursprünglichen Zustand wiederherzustellen, rufen Sie optimize/remove_categories_test.php auf.

Variante 1: Eine SQL-Abfrage, schlechter PHP-Code

build_category_array1 erwartet als Parameter ein sortiertes Feld mit allen Kategorien sowie die *parentCatID*-Nummer des Startelements. (*parentCatID=NULL* bedeutet, dass der gesamte Baum beginnend mit dem Wurzelelement angezeigt wird.) Die Kategorieliste wird vor dem Aufruf von *build_category_array1* durch ein einziges *SELECT*-Kommando ermittelt.

Die Funktion durchsucht nun das gesamte *rows*-Feld nach Einträgen mit dem passenden *parentCatID* und fügt diese in das statische Feld *tmp* ein. Für jede gefundene Kategorie wird *print_categories* rekursiv aufgerufen, um auch deren Unterkategorien zu berücksichtigen.

```
// Beispieldatei optimize/show_categories_list.php
$sql = "SELECT catName, catID, parentCatID FROM categories ORDER BY catName";
$categories = $db->queryObjectArray($sql);
$rows = build_category_array1($categories);
...
function build_category_array1($rows, $parentCatID=NULL, $indent=0) {
  static $tmp;
  if($indent==0)
    $tmp=FALSE;  // unset funktioniert bei statischen Variablen nicht!
  foreach($rows as $row)
    if($row->parentCatID==$parentCatID) {
      $pair[0] = str_repeat(" ", $indent*3) . $row->catName;
      $pair[1] = $row->catID;
      $tmp[] = $pair;
      build_category_array1($rows, $row->catID, $indent+1);
    }
  if($indent==0)
    return $tmp;
}
```

Ergebnis: In *build_category_array1* kommt es insgesamt zu n^2 Schleifendurchgängen. Das erklärt, warum die erste Variante mit zunehmender Kategorieanzahl unerträglich langsam wird. Immerhin ist der Code sehr einfach zu verstehen ...

Variante 2: Viele kleine SQL-Abfragen

build_category_array1 ist deswegen so langsam, weil nach jeder Kategorie durch einfaches Durchlaufen des gesamten Kategoriefelds gesucht wird. Um das zu vermeiden, ermittelt *build_category_array2* jeweils nur die Unterkategorien zu einer gegebenen Kategorie.

Mit anderen Worten: Statt einer Abfrage mit vielen Ergebnissen müssen nun viele Abfragen durchgeführt werden, die jeweils nur wenige Ergebnisse liefern. (Für 1000 Kategorien sind 1000 Abfragen erforderlich, die insgesamt alle Kategorien zurückliefern. Die vom MySQL-Server nach PHP übertragenen Daten sind somit in beiden Fällen gleich groß, der Overhead ist aber bei dieser Variante größer.)

Am Aufbau der rekursiven Funktion ändert sich im Vergleich zu *build_category_-array1* nicht viel. Einzig beim Aufbau der SQL-Abfrage ist nun eine Fallunterscheidung erforderlich, ob der Parameter *parentCatID NULL* enthält. In diesem Fall muss die Bedingung mit *ISNULL(catID)* formuliert werden, weil *catID=NULL* in SQL nicht zulässig ist.

```
function build_category_array2($parentCatID=NULL, $indent=0) {
  global $db;
  static $tmp;

  if($parentCatID==NULL) {
    $tmp = FALSE;  // tmp löschen
    $sql = "SELECT catName, catID FROM categories " .
           "WHERE ISNULL(parentCatID) ORDER BY catName"; }
  else
    $sql = "SELECT catName, catID FROM categories " .
           "WHERE parentCatID=$parentCatID ORDER BY catName";

  if($rows = $db->queryObjectArray($sql))
    foreach($rows as $row) {
      $pair[0] = str_repeat(" ", $indent*3) . $row->catName;
      $pair[1] = $row->catID;
      $tmp[] = $pair;
      build_category_array2($row->catID, $indent+1);
    }
  if($parentCatID==NULL)
    return $tmp;
}
```

Ergebnis: Je mehr Kategorien, desto schneller ist Variante 2 im Vergleich zu Variante 1. Das Ergebnis beweist, dass es in manchen Fällen besser ist, mehr SQL-Abfragen in Kauf zu nehmen, als riesige *SELECT*-Ergebnislisten mit ineffizientem PHP-Code zu verarbeiten. (Bei kleinen Kategorielisten ist Variante 2 etwas langsamer als Variante 1.)

Abbildung 12.11 zeigt aber auch, dass zwar die Gesamtzeit zur Erzeugung der Auswahlliste gesunken ist, dass die Belastung für den MySQL-Server aber viel höher ist als bei der ersten Variante (0,71 im Vergleich zu 0,006 Sekunden!).

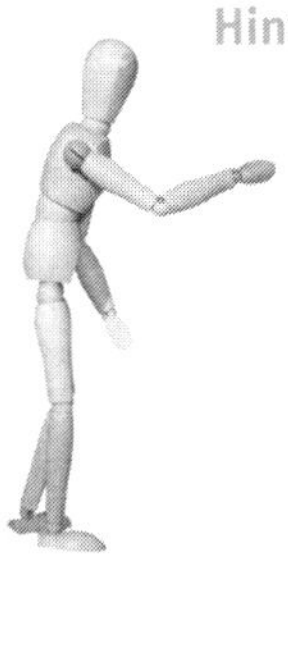

Hinweis

Wenn Sie Abschnitt 11.2.5 gelesen haben, stellt sich jetzt eine offensichtliche Frage: Warum wurden hier keine *Prepared Statements* eingesetzt?

Die Antwort ist einfach: Wegen der rekursiven Natur von *build_-category_array2* ist der Einsatz von *Prepared Statements* hier relativ umständlich und führt dann zu keiner merkbaren Geschwindigkeitssteigerung mehr. *Prepared Statements* eignen sich besser, wenn in einer Schleife immer dieselbe Abfrage ausgeführt wird.

Variante 3: Eine SQL-Abfrage, optimierter PHP-Code

Variante 3 kehrt zur Ausgangssituation von Variante 1 zurück: Es werden zuerst alle Kategorien mit einer einzigen SQL-Abfrage ermittelt. Anstatt aber nun blindlings damit zu beginnen, das Kategoriefeld nach einzelnen Elementen zu durchsuchen, werden zwei weitere Felder, *catNames* und *subcats*, erzeugt, bei denen *catID* bzw. *parentCatID* als Index (Schlüssel) verwendet wird. Das ermöglicht anschließend einen direkten Zugriff auf die gerade benötigten Daten, also ohne langwierige Suchschleifen. Details zum Code finden Sie in Abschnitt 12.7.2.

Ergebnis: Variante 3 ist bei großen Kategorielisten um Größenordnungen schneller als die Varianten 1 und 2. Selbst bei kleinen Kategorielisten macht sich der Zusatzaufwand für das Erzeugen der Felder *catNames* und *subcats* bezahlt. Der einzige Nachteil dieser Variante besteht darin, dass es nun schon etwas Denkaufwand erfordert, um den Code zu verstehen bzw. nachzuvollziehen. Das macht nachträgliche Änderungen schwierig (insbesondere dann, wenn sie von einem anderen Programmierer durchgeführt werden sollen).

Weitere Optimierungsmöglichkeiten

Die durch die dritte Variante erzielten Ergebnisse sind bereits so gut, dass eine weitere Optimierung nicht unbedingt notwendig erscheint. Aber bekanntlich ist das Bessere der Feind des Guten! Wenn man davon ausgeht, dass die Kategorieliste nur relativ selten geändert, aber sehr oft gelesen wird, sind zwei weitere Optimierungsmöglichkeiten denkbar:

- **Verwendung einer Zusatztabelle:** Jedes Mal, wenn ein Kategorieauswahlfeld angezeigt wird, muss die Kategorieliste sortiert und nach Ihrer Hierarchie geordnet und eingerückt werden. Das Ergebnis dieser Arbeit könnte so in einer eigenen Tabelle gespeichert werden.

  Bevor diese Tabelle ausgelesen wird, muss natürlich jedes Mal getestet werden, ob sich *categories* in der Zwischenzeit nicht verändert hat. Als Kriterien könnten die Elementanzahl und der Zeitpunkt der letzten Änderung herangezogen werden. Dieser Zeitpunkt kann relativ leicht ermittelt werden, wenn die *categories*-Tabelle mit einer zusätzlichen *TIMESTAMP*-Spalte ausgestattet wird (*SELECT MAX(ts) FROM categories*). Wenn sich *categories* geändert hat, muss die Zusatztabelle neu erzeugt werden.

- **Anderes Tabellendesign:** Noch eleganter als eine immer wieder zu aktualisierende Zusatztabelle ist es, die *categories*-Tabelle um zwei Spalten zu erweitern: *indent* gibt die Einrücktiefe des jeweiligen Eintrags an und *position* die Position des Elements in der hierarchisch geordneten Liste. *SELECT catName, catID, indent FROM categories ORDER BY position* liefert dann die Kategorien in der Reihenfolge, die zum Aufbau des Listenfelds benötigt wird.

  Natürlich gibt es auch bei dieser Variante Nachteile: Die Zusatzspalten widersprechen den Normalisierungsregeln, weil sie redundante Daten enthalten. Weiters steigt auch der Speicheraufwand für die Tabelle (wenn auch nur minimal). Und schließlich ist das Einfügen neuer Kategorien nun deutlich komplizierter, weil für das neue Element der passende *position*-Wert ermittelt werden muss; außerdem muss *position* für alle hierarchisch darunter befindlichen Kategorien um eins erhöht werden.

Aus Effizienzsicht sind diese Nachteile vernachlässigbar, weil sie nur selten wirksam werden (nur bei Änderungen). Allerdings wird der PHP-Code zum Einfügen neuer Datensätze erheblich umfangreicher und damit fehleranfälliger.

12.9 Binäre Daten (BLOBs) und Bilder

Eine häufige Frage in PHP- und MySQL-Newsgroups und -Diskussionsforen lautet: Wie kann ich den Besuchern meiner Website eine Möglichkeit geben, eigene Bilder zu übertragen (*upload*) und diese später anzuzeigen? Dieser Abschnitt beantwortet diese Frage mit einem Beispielprojekt (siehe Abbildung 12.12), das die erforderlichen Programmiertechniken demonstriert.

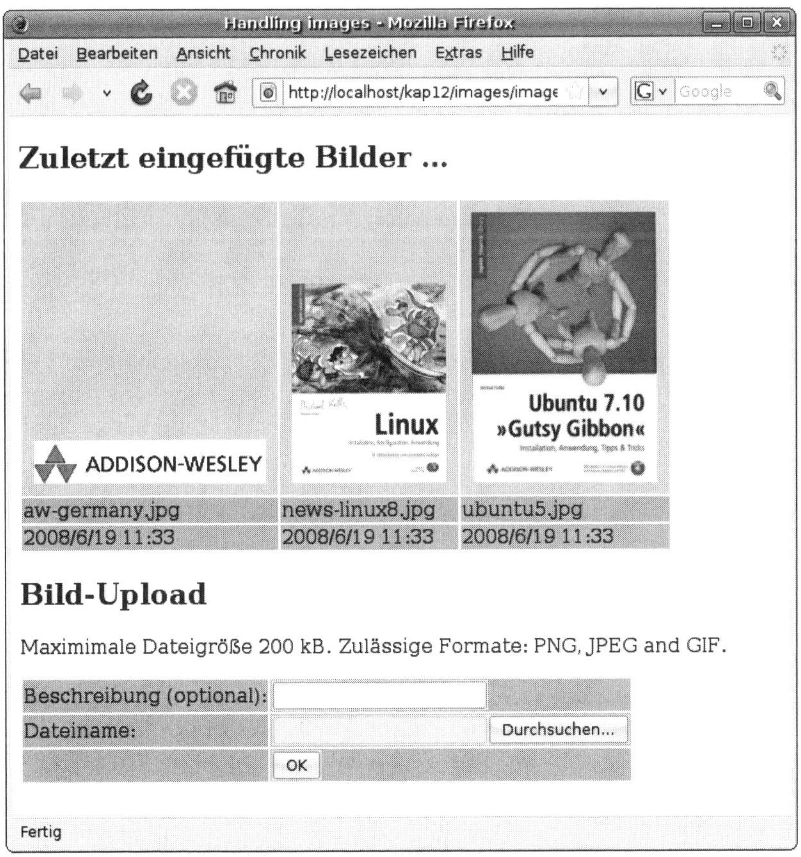

Abbildung 12.12: Bilder speichern und anzeigen

Kapitel 16 greift das Thema Bildverwaltung mit PHP und MySQL nochmals auf: Das dort präsentierte Projekt ist erheblich umfangreicher und zeigt eine Reihe weiterer Techniken. Erwähnenswert ist etwa die Auswertung der EXIF-Daten von digitalen Bildern, die automatische Drehung von Bildern (Hochformat/Querformat) und die Erzeugung von Vorschaubildern (*thumbviews*). Bemerkenswert ist auch, dass bei diesem Projekt nur die Vorschaubilder in der Datenbank gespeichert werden, die (zumeist großen) Orginale aber im Dateisystem.

12.9.1 Grundlagen und Programmiertechniken

Datenbankdesign

Der Ausgangspunkt für das Beispiel ist die Datenbank *testimages* mit der Tabelle *images*. Das *CREATE TABLE*-Kommando zeigt die Struktur der Tabelle:

```
CREATE TABLE images (
  id    BIGINT         NOT NULL AUTO_INCREMENT,
  name  VARCHAR(100)  NOT NULL,
  type  VARCHAR(100)  NOT NULL,
  image LONGBLOB       NOT NULL,
  ts    TIMESTAMP      NOT NULL,
  PRIMARY KEY  (id))
```

Die *images*-Tabelle enthält neben dem üblichen Primärindex *id* die Spalte *name* zur Beschreibung des Bilds, *type* zur Speicherung des Bildformats (z.B. *»JPEG IMAGE«*), *image* zur Speicherung der Bilddaten sowie *ts*, um den Speicherzeitpunkt zu protokollieren.

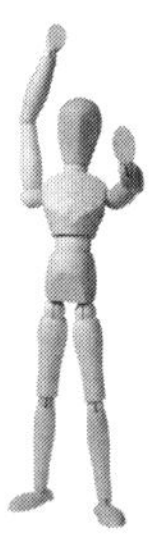

Achtung

Vom Standpunkt der Effizienz aus betrachtet, ist es keine gute Idee, Bilder oder andere große binäre Daten in einer Datenbank zu speichern. Dazu ist das herkömmliche Dateisystem viel besser geeignet. Bei Datenbanken mit vielen BLOBs leidet die Geschwindigkeit vor allem deswegen, weil es für das Datenbanksystem schwierig ist, häufig benötigte Daten und Indizes im RAM zwischenzuspeichern. Es ist daher effizienter, Bilder als gewöhnliche Dateien zu speichern und in die Datenbank nur den Dateinamen einzutragen.

In der Praxis kommt die Speicherung binärer Daten in BLOBs aber dennoch oft vor, und zwar aus zwei Gründen: Erstens ist der Umgang mit den Daten (z.B. bei Backups oder einem Server-Umzug) einfacher, wenn alle Daten an einem zentralen Ort gespeichert sind; und zweitens lassen es viele Webhoster gar nicht zu, dass Sie in PHP-Scripts oder durch anderen Code lokale Dateien erzeugen und wieder auslesen.

HTML-Formulare zur Dateiübertragung

Damit Sie auf einer HTML-Seite die Möglichkeit zur Übertragung einer Datei zum Webserver anbieten können, benötigen Sie ein besonders gestaltetes Formular. Entscheidend ist, dass die Attribute *method* und *enctype* korrekt eingestellt werden. Das Eingabefeld für den Dateinamen (das der Browser automatisch um den Button BROWSE bzw. DURCHSUCHEN erweitert) wird durch ein *<input>*-Feld mit dem Attribut *type = "file"* gebildet.

Falls Sie die Dateigröße limitieren möchten, können Sie dies durch ein verstecktes Feld mit dem Attribut *name="MAX_FILE_SIZE"* tun. Die folgenden Zeilen zeigen den Code für das Upload-Formular, wobei die Dateigröße auf 200 kByte beschränkt ist. Das Formular ist durch eine Tabelle etwas übersichtlicher formatiert. Für das Layout der Tabellenelemente ist die Datei table.css verantwortlich.

```
<form method="post" action="dateiname.php"
      enctype="multipart/form-data" >
  <input type="hidden" value="204800" name="MAX_FILE_SIZE" />
  Dateiname: <input name="imgfile" type="file" />
  <input type="submit" value="OK" name="submitbtn" />
</form>
```

PHP-Auswertung des $_FILES-Feldes

Das PHP-Script, das mit den Formulardaten aufgerufen wird, erhält die gewöhnlichen Formularfelder wie üblich im *$_POST*-Feld (also *$_POST['descr']* mit der Beschreibung des Bilds sowie *$_POST['submitbtn']* mit der Zeichenkette »*OK*«). Die Informationen zur übertragenen Datei befinden sich dagegen im ***$_FILES***-Feld. Der Zugriff erfolgt entsprechend dem obigen Beispielformular über den Schlüssel *'imgfile'* (siehe *name*-Attribut bei *<input type="file">*) und liefert abermals ein Feld. Dessen Elemente geben Auskunft über die übertragene Datei:

```
$imgfile = $_FILES['imgfile'];
$name    = $imgfile['name'];     // Dateiname (ohne Laufwerk/Pfad)
$type    = $imgfile['type'];     // Dateityp, z.B. "image/gif"
$size    = $imgfile['size'];     // Dateigröße in Byte
$uperr   = $imgfile['error'];    // Fehlernummer (0 = kein Fehler)
$tmpfile = $imgfile['tmp_name']; // Name der lokalen, temporären Datei
```

Die übertragene Datei wird vom Webserver vorübergehend in einer temporären Datei gespeichert (Dateiname *$tmpfile*). Diese Datei kann vom PHP-Script ausgelesen werden, z.B. mit den Funktionen *fopen* und *fread*. Beachten Sie, dass die Datei nach der Ausführung des PHP-Scripts automatisch wieder gelöscht wird.

Die Dateiübertragung ist, was die Sicherheit anbelangt, eine relativ gefährliche Operation. Deswegen ist es empfehlenswert, den Code zur weiteren Verarbeitung der Datei gut abzusichern. Die folgende Abfrage testet, ob *$tmpfile* leer ist, ob ein Übertragungsfehler aufgetreten ist oder ob es sich bei der angegebenen Datei gar nicht um eine übertragene Datei (***is_uploaded_file***), sondern vielmehr um eine lokale Datei handelt. Diese Absicherung ist notwendig, damit ein Angreifer nicht versuchen kann, eine lokale Systemdatei auszuwerten – z.B. die Unix/Linux-Passwortdatei /etc/passwd. Derartige Fälle sind in der Vergangenheit bereits vorgekommen!

```
if(!$tmpfile or $uperr or !is_uploaded_file($tmpfile))
  echo "<p>error ...</p>\n";
else {
  ... // die temporäre Datei lesen und verarbeiten
}
```

Optional können Sie in der Sicherheitsabfrage natürlich auch noch den Dateityp und die Dateigröße auswerten.

Übertragene Datei in der MySQL-Datenbank speichern

Um die übertragene Datei in der MySQL-Datenbank zu speichern, lesen Sie die gesamte Datei in eine Variable und führen ein *INSERT*-Kommando aus. Im einfachsten Fall sieht der Code so aus:

```
$file = fopen($tmpfile, "rb");  // Datei öffnen (read-only, binär)
$imgdata = fread($file, $size); // Datei lesen
fclose($file);
$mysqli->query(
  "INSERT INTO images (image) " .
  "VALUES ('" . $mysqli->escape_string($imgdata) . "')");
```

Im weiter unten abgedruckten Code des Beispielprogramms ist das *INSERT*-Kommando etwas komplizierter, weil außerdem der MIME-Typ des Bilds (z.B. »*GIF image*«) sowie der Dateiname oder eine Bildbeschreibung gespeichert werden.

Bilder aus der MySQL-Datenbank anzeigen

Etwas komplizierter ist es, ein Bild aus einer MySQL-Datenbank auszulesen und innerhalb eines HTML-Dokuments anzuzeigen. Grundsätzlich ist es unmöglich, in *einem* PHP-Script gleichzeitig ein HTML-Dokument zu erzeugen (was die übliche Aufgabe eines PHP-Scripts ist) und die Daten zur Darstellung eines Bilds zu generieren. Die beiden Aufgaben müssen auf *zwei* PHP-Scripts verteilt werden.

Das erste (gewöhnliche) Script erzeugt die HTML-Seite inklusive des *<img>*-Tags für das Bild. In diesem Tag wird aber nicht wie sonst üblich der Name einer lokalen Bilddatei angegeben, sondern der Name des zweiten PHP-Scripts zusammen mit der ID-Nummer des Bilds.

```
// PHP-Script pictures.php
echo "<img src=\"showpic.php?id=$id"\" />";
```

Der Browser bekommt also beispielsweise das Tag *<img src="showpic.php?id=3" />* zu sehen und ruft nun das zweite Script showpic.php?id=3 auf. Dessen Code sieht (etwas vereinfacht) so aus:

```
// PHP-Script showpic.php
$result = $mysqli->query("SELECT image FROM images WHERE id = $id");
$row = $result->fetch_object();
header("GIF image");  // Dateityp
echo $row->image;
```

Tatsächlich ist ein bisschen mehr Code erforderlich, um die Datenbankverbindung herzustellen, um *$id* zu ermitteln und um das Script gegen eventuelle Fehler abzusichern. Wenn die Bilddatenbank nicht nur GIF-Bilder, sondern auch Bitmaps in anderen Formaten enthält, muss der durch ***header*** eingestellte Dateityp ebenfalls aus der Datenbank ermittelt werden. Entscheidend ist an dieser Stelle, dass das zweite PHP-Script *keine* HTML-Datei erzeugt und generell keine Ausgaben mit *echo* durchführt, bevor die *header*-Funktion aufgerufen wird. Diese Funktion weist den PHP-Interpreter an, nicht wie üblich eine HTML-Textdatei zu erzeugen, sondern eine Bilddatei.

Verarbeitung großer Dateien

Wenn Sie die Übertragung sehr großer Dateien zulassen möchten, müssen Sie einige Dinge beachten:

- Das Limit für die Maximalgröße von zu übertragenden Dateien muss ausreichend hoch eingestellt werden. Das Limit wird in der PHP-Konfigurationsdatei php.ini mit der Variablen *upload_max_filesize* eingestellt (Defaultwert: 2 MByte).
- Das Limit für die *POST*-Übertragung muss ebenfalls ausreichend hoch sein (php.ini, Variable *post_max_size*, Defaultwert: 8 MByte).
- Der PHP-Interpreter muss in der Lage sein, genug Speicher zu reservieren, um Dateien in der vorgesehenen Maximalgröße zu verarbeiten (php.ini, Variable *memory_limit*, Defaultwert: 8 MByte).
- Der PHP-Interpreter muss dem Script ausreichend Zeit zur Verarbeitung der Daten geben (php.ini, Variable *max_execution_time*). Der Defaultwert von 30 Sekunden ist für große Dateien meist zu gering!
- Eventuell müssen Sie auch die Variable *max_input_time* (Defaultwert: 60 Sekunden) erhöhen. Diese Variable gibt an, wie lange auf die Übertragung der Daten über das Internet gewartet wird.
- Damit die Übertragung des Bilds zwischen dem PHP-Script und dem MySQL-Server klappt, muss die maximale Paketgröße (die z.B. das *INSERT*-Kommando limitiert) ausreichend groß sein. Die MySQL-Variable *max_allowed_packet* kann entweder in der MySQL-Konfigurationsdatei /etc/my.cnf bzw. Windows\my.ini oder durch das SQL-Kommando *SET max_allowed_packet=n* verändert werden. Der Standardwert beträgt nur 1 MByte!

12.9.2 Programmcode

Der gesamte Code des Beispielprojekts besteht aus den folgenden Dateien, die sich im Verzeichnis images befinden:

connect.php	stellt die Funktionen *connect_to_picdb* und *array_item* zur Verfügung.
images.php	zeigt eine Tabelle mit den letzten zehn Bildern und ein Formular zur Übertragung weiterer Bilder an. Das Script enthält auch den Code zur Formularauswertung.
showpic.php	zeigt ein einzelnes Bild an.
table.css	CSS-Datei zur Formatierung der Tabellen.

connect.php

Diese Datei enthält zwei Funktionen: *connect_to_picdb* stellt eine Verbindung zur MySQL-Datenbank *testimages* her. *array_item* liest ein Element aus einem PHP-Feld (sofern dieses existiert).

```
// Beispieldatei images/connect.php
function connect_to_picdb() {
  $mysqluser = "root";        // Benutzername
  $mysqlpw   = "xxxx";        // Passwort
  $mysqlhost = "localhost";   // Name des Computers auf dem MySQL läuft
  $mysqldb   = "testimages";  // Name der Datenbank

  $mysqli = new mysqli($mysqlhost, $mysqluser, $mysqlpw, $mysqldb);

  if(mysqli_connect_errno()) {
    echo "<p>Sorry, no connection to database ...",
         "</p></body></html>\n";
    exit();  }

  return $mysqli;
}
```

images.php

Der Code in images.php besteht aus drei Teilen. Der erste Teil ist für die Verarbeitung der Formulardaten verantwortlich. Wenn eine Datei ohne Fehler übertragen worden ist, wird ihr Inhalt in der Tabelle *images* gespeichert.

Die *switch*-Konstruktion wertet den Typ der übertragenen Datei aus und ermittelt daraus eine neue MIME-Zeichenkette. (MIME steht für *Multipurpose Internet Mail Extensions.* Ursprünglich bezog sich MIME nur auf E-Mail-Anhänge, mittlerweile steuert MIME aber auch, wie ein Webbrowser mit verschiedenen Dateitypen umgehen soll.) Der MIME-Typ muss beim Anzeigen eines Bilds angegeben werden und wird daher zusammen mit jedem Bild in der *images*-Tabelle gespeichert. Leider entspricht die *type*-Information nach einer Dateiübertragung nicht MIME, sondern verwendet andere Zeichenketten (die noch dazu vom Webbrowser abhängen!).

```
<!DOCTYPE HTML PUBLIC "-//W3C//DTD HTML 4.01 Transitional//EN"
  "http://www.w3.org/TR/html4/loose.dtd">
<html><head> ... </head><body>
<?php  // images/images.php
include("connect.php");
$mysqli = connect_to_picdb();

// Teil 1: Bild speichern
$submitbtn = array_item($_POST,  'submitbtn');
$descr =     array_item($_POST,  'descr');
$imgfile =   array_item($_FILES, 'imgfile');

// gibt es Formulardaten, die verarbeitet werden sollen?
if($submitbtn == 'OK' and is_array($imgfile)) {
  $name    = $imgfile['name'];
  $type    = $imgfile['type'];
  $size    = $imgfile['size'];
  $uperr   = array_item($imgfile, 'error');
  $tmpfile = $imgfile['tmp_name'];
  if(!$descr) $descr = $name;

  switch ($type) {
  case "image/gif":
    $mime = "GIF Image";  break;
  case "image/jpeg":
  case "image/pjpeg":
    $mime = "JPEG Image"; break;
  case "image/png":
  case "image/x-png":
    $mime = "PNG Image";  break;
  default:
    $mime = "unknown";   }

  if(!$tmpfile or $uperr or $mime == "unknown" or
     !is_uploaded_file($tmpfile))
    echo "<p>Fehlermeldung ...</p>\n";
  else {
    // Datei lesen und in der Datenbank speichern
    $file = fopen($tmpfile, "rb");
    $imgdata = fread($file, $size);
    fclose($file);
    if(!$mysqli->query(
        "INSERT INTO images (name, type, image) " .
        "VALUES ('" . $mysqli->escape_string($descr) . "', " .
        "        '$mime', " .
        "        '" . $mysqli->escape_string($imgdata) . "')"))
      printf("<p>Fehlermeldung ...: %s</p>\n", $mysqli->error);
  }
}
```

Der zweite Codeabschnitt dient dazu, die letzten zehn Bilder aus der Datenbank zu lesen und in einer Tabelle anzuzeigen. Wie bereits oben beschrieben, wird das eigentliche Anzeigen der Bilder an das Script showpic.php delegiert.

```
// Teil 2: die zuletzt eingefügten Bilder anzeigen
echo "<h2>Zuletzt eingefügte Bilder ...</h2>\n";
$sql =
  "SELECT id, name, " .
  "DATE_FORMAT(ts, '%Y/%c/%e %k:%i') AS dt " .
  "FROM images ORDER BY ts DESC LIMIT 10";
$result = $mysqli->query($sql);
if($result->num_rows==0)
  echo "<p>Es gibt noch keine Bilder ...</p>\n";

else {
  // Bilder in einer Tabelle anzeigen
  while($row = $result->fetch_object())
    $rows[] = $row;
  echo "<table>\n<tr>";
  for($i=0; $i<sizeof($rows); $i++)  // erste Zeile: Bilder
    echo "<th>",
      "<img src=\"showpic.php?id=" .
      $rows[$i]->id . "\" /></th>";
  echo "</tr>\n<tr>";

  for($i=0; $i<sizeof($rows); $i++)  // zweite Zeile: Text
    echo "<td>", htmlentities($rows[$i]->name), "</td>";
  echo "</tr>\n<tr>";

  for($i=0; $i<sizeof($rows); $i++)  // dritte Zeile: Datum
    echo "<td>", $rows[$i]->dt, "</td>";
  echo "</tr>\n</table>\n";
}
```

Der dritte Teil von images.php enthält den HTML-Code für das Formular zur Übertragung weiterer Bilder. Das Formular befindet sich innerhalb einer Tabelle, die bei der Formatierung hilft.

```
// Teil 3: Formular darstellen
?>

<h2>Bild-Upload</h2>

<p>Maximimale Dateigröße 200 kB.
   Zulässige Formate: PNG, JPEG and GIF.</p>

<table>
<form method="post" action="images.php"
      enctype="multipart/form-data">
  <input type="hidden" value="204800" name="MAX_FILE_SIZE" />
```

```
  <tr><td>Beschreibung (optional):</td>
      <td><input name="descr" type="text" /></td></tr>
  <tr><td>Dateiname:</td>
      <td><input name="imgfile" type="file" /></td></tr>
  <tr><td></td>
      <td><input type="submit" value="OK"
          name="submitbtn" /></td></tr>
</form>
</table>
</body></html>
```

13 GIS-Funktionen

Ab Version 4.1 kann MySQL geometrische Datentypen direkt in der Datenbank ablegen. Dies ist vor allem für geografische Daten interessant, da die Datenbank räumliche Analysen (zum Beispiel die Berechnung der räumlichen Entfernung) sehr schnell durchführen kann.

Die aktuelle Implementierung von geometrischen Funktionen in MySQL ist noch nicht ganz so weit wie in manchen kommerziellen Konkurrenzprodukten (zum Beispiel *Oracle Spatial* oder *DB2 Spatial*). Wie Sie im folgenden Kapitel sehen werden, können Sie aber auch mit *MySQL Spatial* sehr interessante Abfragen durchführen.

Nach einer Einführung zu geografischen Daten wird auch dieses Kapitel, dem Motto des Buches entsprechend, viele Beispiele bringen, die Sie selbst in Ihrer MySQL-Datenbank ausprobieren können.

Räumliche Daten versteht man am besten, wenn sie grafisch dargestellt werden. Darum kann das abschließende Beispiel die Datenbankabfragen wahlweise als Grafik oder als Tabelle ausgeben. Sie können wählen, ob Sie eine hochwertige Vektorgrafik im SVG-Format (nach der Installation eines Browser-Plug-Ins) oder eine Standard-Pixelgrafik sehen wollen.

13.1 Einleitung

Die GIS-Implementierung von MySQL beschränkt sich auf zweidimensionale Vektordaten. Obwohl dadurch nur ein Teilbereich der räumlichen Daten abgedeckt wird, können trotzdem spektakuläre Berechnungen durchgeführt werden.

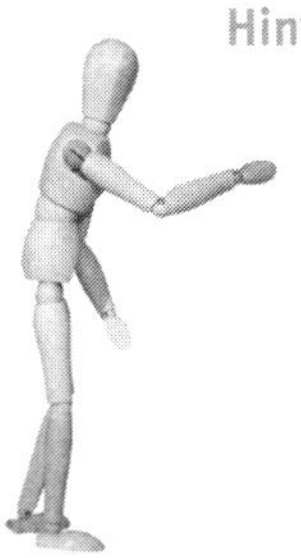

Hinweis

Auf den Entwicklerseiten der MySQL-Homepage finden Sie ein eigenes Kapitel über die MySQL-GIS-Funktionen:

http://dev.mysql.com/doc/refman/5.1/en/spatial-extensions.html

Eine Anregung für die Verwendung von geometrischen Daten ohne geografischen Bezug gibt folgender Artikel:

http://dev.mysql.com/tech-resources/articles/4.1/gis-with-mysql.html

13.1.1 Was ist GIS?

Geo(grafische) Informationssysteme (kurz *GIS*) sind Software-Pakete, mit denen Sie räumliche Daten verwalten können. Genauer gesagt, kann ein *GIS* Geodaten aufnehmen, analysieren, speichern und in irgendeiner Form ausgeben. Detaillierte Definitionen von GIS finden Sie in der einschlägigen Fachliteratur.

Auch wenn Sie nicht viel mit Geografie zu tun haben, werden Sie überrascht sein, welche Daten alle einen räumlichen Bezug aufweisen. Denken Sie zum Beispiel an die Bilder Ihrer Digital-Kamera. Jedes Foto wurde an einem bestimmten Standort aufgenommen. Was spricht also dagegen, diesen Bildern die entsprechenden geografischen Koordinaten zuzuordnen? Sie könnten dann später Abfragen wie »Zeige alle Bilder, die im Umkreis von 10 Kilometern um meinen Wohnort aufgenommen wurden« durchführen.

13.1.2 OpenGIS Simple Features for SQL

Das *Open Geospatial Consortium* (kurz *OGC*) ist ein Zusammenschluss von Firmen, Forschungseinrichtungen, Universitäten und öffentlichen Behörden, die versuchen, offene Standards für das digitale Format von räumlichen Daten festzulegen. Zu den 266 Mitgliedern zählen neben den wichtigsten Firmen der Branche namhafte Universitäten und bekannte NGOs. Die Standardisierung in diesem Bereich ist als sehr wichtig einzuordnen, da es in den Anfangsjahren von GIS zu einem enormen Wildwuchs der Datei-Formate gekommen ist.

Der Markt der Software-Produkte wird vor allem von den Entwicklungen der Firma *ESRI* (Environmental Systems Research Institute, Inc.) bestimmt. Durch den sehr frühen Markteintritt schaffte *ESRI* es, eine ähnliche Stellung bei GIS-Produkten zu erlangen, wie Microsoft Word sie für die Textverarbeitung hat (der Vergleich passt nicht nur wegen der Markt-Dominanz). Durch die große Verbreitung entwickelten sich die *ESRI*-Formate zu einem Quasi-Standard in der GIS-Szene. Hier ist vor allem das *Shape*-Format zu erwähnen, da es sehr simpel gestrickt und öffentlich dokumentiert ist.

13.2 GIS-Datenformate

13.2.1 Ein Wort zu geografischen Daten

Eine Koordinatenangabe in der Form *N47 16 06.6 E11 23 35.9* ist Ihnen sicher schon einmal begegnet. Die Position wird in Grad-Minuten-Sekunden angegeben. In diesem Fall befindet sich der gesuchte Ort bei 47 Grad, 16 Minuten und 6,6 Sekunden nördlicher Breite und 11 Grad, 23 Minuten und 35,9 Sekunden östlicher Länge. Man bezeichnet solche Angaben als *geografische Koordinaten*. Leider haben diese Werte den großen Nachteil, dass man nur schwer damit rechnen kann, was nicht nur daran liegt, dass Menschen gewohnt sind, im Dezimal-System zu denken. Da die Koordinaten eine Position auf dem Rotationsellipsoid Erde beschreiben, muss bei der Berechnung von Entfernungen die Krümmung der Oberfläche miteinbezogen werden.

Um diesen Zustand zu vereinfachen, werden in der Praxis meist projizierte Koordinaten verwendet. Dabei wird das Rotationsellipsoid in Streifen zerschnitten, in denen die Entfernung zwischen Punkten linear gemessen werden kann. Bis vor kurzem noch gab es einen enormen Wildwuchs an projizierten Koordinatensystemen. Viele Länder verwendeten ihr eigenes, auf die lokalen Bedürfnisse abgestimmtes System. In Österreich werden zum Beispiel nach wie vor Daten im *Bundesmeldenetz* referenziert.

Ein vereinheitlichtes Format, *UTM*, soll hier Abhilfe schaffen und der zukünftige Standard für geografische Koordinaten werden. Es teilt die Erde in 60 Längsstreifen (zu je 6 Längengraden) auf und gilt von 84 Grad Nord bis 80 Grad Süd. In diesen Zonen werden Positionen mit einem Rechts- und einem Hochwert in Metern beschrieben. Auch im abschließenden Beispiel (Abschnitt 13.5) werden wir UTM-Koordinaten zur Berechnung verwenden.

Um die Sache noch so richtig kompliziert zu machen, beziehen sich Koordinaten jeweils auf ein bestimmtes *Datum*. Das Datum sagt aus, welches Ellipsoid verwendet werden soll und wo der Ursprung relativ zum Erdmittelpunkt angesetzt wird.

Sie merken schon, das ist eine eigene Wissenschaft. Für die folgenden Anwendungen ist wichtig, dass man geografische Koordinaten in ein projiziertes System umwandeln muss, um korrekte Messungen durchführen zu können. Da schon viele Menschen vor diesem Problem standen, gibt es dafür ausgereifte Bibliotheken, die diese Transformation übernehmen können.

13.2.2 ASCII-Format

Für 2D-Punkt-Daten reicht ein einfaches ASCII-Format allemal. Hier die UTM-Koordinaten einiger Orte in Tirol:

```
681547.32,5237595.88,Innsbruck
680397.55,5233845.59,Mutters
685271.40,5239558.18,Rum
685387.69,5235857.76,Aldrans
679141.11,5233807.33,Natters
```

Selbst die dritte Dimension, die Höhe über dem Meer, wäre bei diesem Format einfach zu ergänzen. Natürlich muss bekannt sein, in welchem Koordinatensystem die Daten vorliegen. Das hier verwendete UTM-System beschreibt die Daten mit Rechts- und Hochwerten in Metern. Daraus kann man ablesen, dass Innsbruck 3750 Meter höher (also weiter nördlich) und ca. 1150 Meter weiter rechts (östlich) von Mutters liegt. Tirol liegt in der UTM-Zone 32, daher sind die angegebenen Daten in UTM 32, Datum WGS84. Im Beispielprogramm in Abschnitt 13.5 werden Sie sehen, wie Sie Daten aus unterschiedlichen UTM-Zonen in einer Berechnung verwenden.

Für Linien und Polygone ist ein ASCII-Format schon wesentlich aufwendiger, ist doch die Anzahl der Zwischenpunkte flexibel. Es bedarf dazu einer Definition, wie Linien abgeschlossen werden. Zwar gibt es solche Formate auch, aber in der Praxis wird hier meist das Shape-Format verwendet.

13.2.3 Shapefile

Das von der Firma *ESRI* im Jahr 1998 veröffentlichte *Shapefile*-Format hielt sehr schnell Einzug in die Welt der digitalen Geodaten. Der Erfolg dieses Formats rührt wohl daher, dass es eine einfache Struktur aufweist und vollständig dokumentiert ist. Auch heute noch kommt das *Shapefile* unverändert in vielen Software-Produkten zum Einsatz.

Ein *Shapefile* besteht eigentlich aus drei binären Dateien: dem Geometrieteil (mit der Erweiterung `.shp`), den Sachdaten (einer Dbase-Datei) und einem Index, der den Zugriff auf die geometrischen Daten beschleunigt. Die Geometriedatei beginnt mit einem Header, der die Informationen zum Typ und zur Anzahl der Elemente enthält. Die Verknüpfung zwischen Geometrie- und Sachdaten erfolgt allein durch die Reihenfolge der Elemente in der Datei (es gibt keine *Fremdschlüssel*). Das zählt wohl zu den größten Defiziten des *Shapefile*.

In *Shapefiles* können Punkte, Linien oder Polygone (oder ihre jeweiligen *Multi*-Formate) gespeichert werden, wobei pro Shapefile immer nur ein Typ vorkommt.

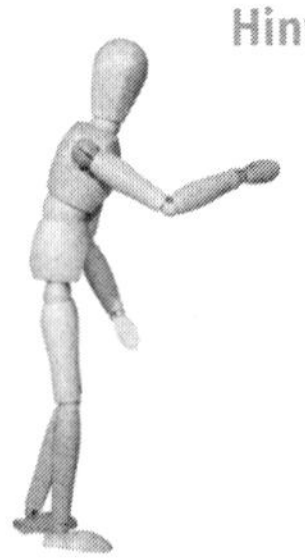

Hinweis

Nähere Informationen zum *Shapefile* finden Sie in dem *ESRI-Whitepaper* darüber. Es handelt sich um ein ca. 30-seitiges PDF-Dokument, das eine übersichtliche und gut lesbare technische Beschreibung des Formats enthält.

http://www.esri.com/library/whitepapers/pdfs/shapefile.pdf

13.2.4 Well-Known Text, Well-Known Binary

Das OGC definiert zwei Formate, in denen Punkte Linien und Polygone beschrieben werden können: das Format *Well-Known Text* (*WKT*) und das Format *Well-Known Binary* (*WKB*). Diese beiden Formate sind für MySQL besonders interessant, da sie von der Datenbank direkt unterstützt werden.

Well-Known Text ist eine ASCII-Repräsentation der geometrischen Objekte. Die UTM-Koordinaten von Innsbruck im WKT-Format sehen zum Beispiel folgendermaßen aus:

```
POINT(681547.32 5237595.88)
```

Beachten Sie bitte, dass das Koordinaten-Paar durch ein Leerzeichen getrennt ist. Linien bestehen dementsprechend aus zwei oder mehreren Punkten, die durch ein Komma getrennt sind.

```
LINESTRING(681547.32 5237595.88, 685387.69 5235857.76)
```

Die folgende Tabelle zeigt eine kurze Zusammenfassung der WKT-Elemente.

WKT-Beispiel	Beschreibung
POINT(1 1)	Punkt mit den Koordinaten x=1 und y=1
LINESTRING(0 0, 1 1, 3 3)	Linie mit zwei Segmenten
POLYGON((0 0, 5 0, 5 5, 0 5, 0 0))	Rechteckiger Polygonzug
MULTIPOINT(1 1, 5 5)	Multipoint mit zwei Punkten
MULTILINESTRING((0 0, 5 5), (10 10, 20 20, 40 20), (10 10, 2 0))	Drei Linien in einem Multilinestring-Element
MULTIPOLYGON(((0 0, 5 0, 5 5, 0 5, 0 0)), ((10, 10, 30 30, 30 10, 10 10)))	Zwei Polygonzüge
GEOMETRYCOLLECTION(POINT(100 100), POINT(10 10), LINESTRING(1 1, 100 1, 100 100))	Zwei Punkte und eine Linie in einem Geometrycollection-Feld

Tabelle 13.1: Well-Known-Text-Darstellung der unterschiedlichen geometrischen Objekte

Vielleicht ist Ihnen aufgefallen, dass bei der Definition des Polygons zwei Klammern verwendet werden, um die Koordinaten abzugrenzen. Dabei handelt es sich nicht um einen Druckfehler, sondern dahinter verbirgt sich ein tieferer Sinn: Wie Sie im nächsten Abschnitt sehen werden, kann ein Polygon *Löcher* im Inneren enthalten. Um diese Formen zu definieren, können weitere geschlossene *LINESTRING*-Objekte innerhalb der äußeren Klammer angegeben werden. Zum Beispiel hat folgendes Polygon ein Loch in der Mitte:

```
POLYGON((1 1, 9 1, 9 9, 1 9, 1 1),(3 3, 3 6, 6 6, 6 3, 3 3))
```

Das WKT-Format ist der primäre Weg, wie Sie räumliche Daten in Ihre MySQL-Datenbank importieren.

Das *WKB-Format* ist die binäre Umsetzung von Well-Known Text. Alle Koordinaten werden dabei als *Double precision*-Werte (64-Bit-Fließkommazahl) abgelegt. Der MySQL-Server verwendet WKB intern für die Speicherung der geometrischen Daten.

13.3 MySQL-GIS-Implementierung

Wenn Sie die GIS-Funktionen von MySQL verwenden wollen, benötigen Sie mindestens die Version 4.1 der Datenbank. Geometrische Daten sind nur in Tabellen vom Typ *MyISAM* erlaubt.

13.3.1 Datentypen

Die geometrischen Datentypen in MySQL orientieren sich an den Vorgaben des OGC und sind dementsprechend in folgender Hierarchie angeordnet.

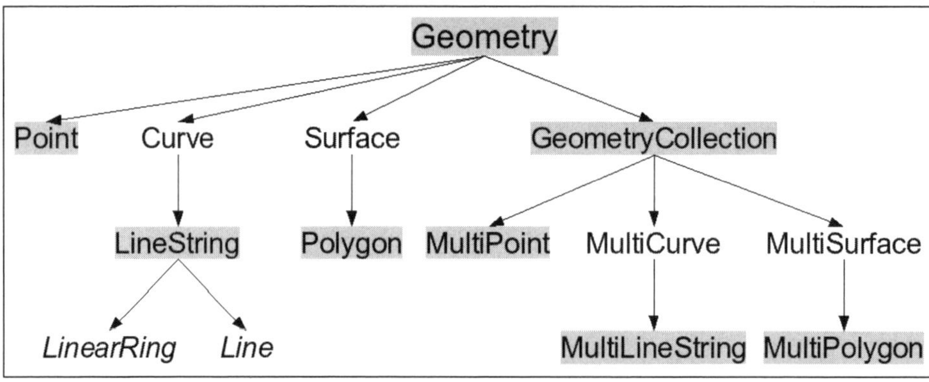

Abbildung 13.1: Hierarchie der geometrischen Objekte in MySQL

Die in Abbildung 13.1 grau hinterlegten Objekte sind die Datentypen, die Sie in MySQL verwenden können. *LinearRing* und *Line* sind zwar in der OGC-Spezifikation beschrieben, in der aktuellen Implementierung von MySQL funktionieren sie aber nicht. In der Praxis stellt das keine wesentliche Einschränkung dar, da Sie immer den *LineString*-Typ verwenden können. *Curve*, *MultiCurve*, *Surface* und *MultiSurface* sind abstrakte Klassen, die momentan jeweils nur eine abgeleitete Klasse besitzen. Folgende Tabelle fasst alle Typen zusammen, die jeweils ein Objekt pro Zelle aufnehmen:

Geometrie-Typ	**Beschreibung**
GEOMETRY	Nicht weiter spezifizierter geometrischer Typ
POINT	Ein Punkt im Koordinatensystem, nulldimensional
LINESTRING	Ein oder mehrere Segmente aus zwei linear verbundenen Punkten, eindimensional
POLYGON	Ein geschlossener *LINESTRING*, zweidimensional

Tabelle 13.2: Geometrische Typen in MySQL, die genau ein Objekt speichern

In einer *GEOMETRY*-Tabellenspalte, können sowohl Punkte und Linien als auch Polygone gespeichert werden. Die OGC-Spezifikation sieht nicht vor, dass diese Klasse direkt verwendet wird, in MySQL funktioniert es trotzdem. In der Regel wird man aber versuchen, die Spalten in einem geometrischen Typ zu halten. Bei der Anwendungsentwicklung behält man so leichter den Überblick.

Das *POLYGON*-Objekt bedarf näherer Erläuterung. Laut Definition besteht ein MySQL-Polygon aus einem äußeren, geschlossenen Ring. Innerhalb dieses Rings dürfen weitere Ringe vorkommen, die Löcher im Polygon darstellen. Diese Löcher dürfen sich an einem Punkt berühren, nicht aber überschneiden. Das entscheidende daran ist, dass Löcher innerhalb eines Polygonzugs von der Fläche des Objekts abgezogen werden. Ein Beispiel dazu finden Sie im nächsten Abschnitt.

Folgendes Beispiel zeigt mehrere geometrische Typen in einer Tabelle:

```
CREATE TABLE glacier (
  id        INT NOT NULL PRIMARY KEY,
  border    POLYGON NOT NULL,
  ela       LINESTRING,
  ref       POINT)
ENGINE=MyISAM DEFAULT CHARSET=latin1
```

Die geometrischen Typen können in der MySQL-*CREATE*-Anweisung wie Standard-SQL-Typen (*INTEGER, VARCHAR*, ...) verwendet werden.

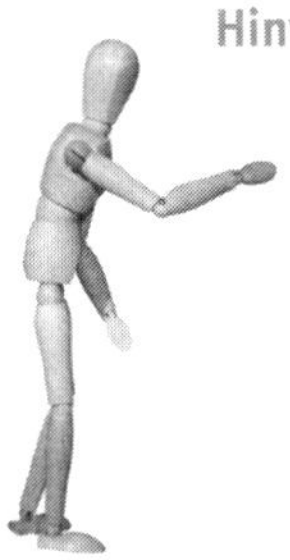

Hinweis

Wenn Sie eine grafische Benutzeroberfläche zum Erstellen Ihrer Tabellen verwenden, kann es gut sein, dass die geometrischen Typen noch nicht im Auswahlmenü vorhanden sind (phpMyAdmin in Version 2.6.0 hat noch keine Unterstützung für GIS-Typen). Um die Tabelle zu erzeugen, müssen Sie das SQL-Kommando von Hand im mysql-Kommandozeileninterpreter eingeben oder in das phpMyAdmin-SQL-Textfeld kopieren.

Eine erfreuliche Ausnahme stellt das von der MySQL AB entwickelte und unter der GPL vertriebene Werkzeug MySQL Administrator dar. Es unterstützt alle verfügbaren Typen und Indizes.

MySQL bietet auch Typen, die eine Sammlung von gleichen Objekten in einer Zelle speichern können.

Geometrie-Typ	Beschreibung
GEOMETRYCOLLECTION	Mehrere unterschiedliche geometrische Objekte
MULTIPOINT	Ein oder mehrere *POINT*-Typen
MULTILINESTRING	Ein oder mehrere *LINESTRING*-Typen
MULTIPOLYGON	Ein oder mehrere *POLYGON*-Typen

Tabelle 13.3: Geometrische Typen in MySQL, die mehrere Objekte in einer Zelle speichern

Diese Typen orientieren sich an den Vorgaben des OGC, die in der Spezifikation der *OpenGIS Simple Features for SQL* festgehalten sind. Darin enthalten ist auch eine hierarchische Struktur, in der die geometrischen Typen abgebildet werden können. Vereinfacht dargestellt sagt diese aus, dass es eine Basis-Klasse gibt (*Geometry*) und Punkte, Linien und Polygone davon abgeleitet werden. Jeder Typ bietet einige Funktionen, um die Informationen dieses Objekts abzufragen. Sie werden im folgenden Abschnitt beschrieben.

13.3.2 Einfache geometrische Funktionen

Funktionen zur Konvertierung der geometrischen Formate

In MySQL stehen mehrere Funktionen zur Verfügung, mit denen Sie zwischen dem internen geometrischen Format und WKT beziehungsweise WKB konvertieren können.

Funktion	Beschreibung
ASTEXT	Gibt eine Geometrie als Well-Known Text zurück.
ASBINARY	Gibt eine Geometrie als Well-Known Binary zurück.
GEOMFROMTEXT	Erzeugt das MySQL-interne Geometrie-Format aus einem WKT-String.
GEOMFROMWKB	Erzeugt das MySQL-interne Geometrie-Format aus einem WKB-String.

Tabelle 13.4: Funktionen zur Konvertierung von MySQL-Geometrie-Daten

Um einen Punkt in der Tabelle *mountain* abzuspeichern, verwenden Sie beispielsweise:

```
INSERT INTO mountain(pt) VALUES(GEOMFROMTEXT('POINT(681547 5237595)'))
```

Außerdem stehen für jeden Datentyp eigene Konvertierungsfunktionen aus dem WKT- beziehungsweise WKB-Format zur Verfügung. So gibt es zum Beispiel *POINTFROMTEXT*, *LINESTRINGFROMTEXT* oder *POLYGONFROMTEXT*. Sie erreichen aber mit der *GEOMFROMTEXT*-Funktion jeweils das gleiche Ergebnis.

Funktionen der Geometry-Klasse

Alle geometrischen Objekte in MySQL unterstützen diese Funktionen. Als Parameter wird den SQL-Funktionen jeweils ein Geometrie-Objekt übergeben.

Funktion	Beschreibung
DIMENSION	Dimension des Objeks (mögliche Werte *0, 1* oder *2*; *-1* für leere Objekte)
ENVELOPE	Der Polygonzug der *Bounding Box*
GEOMETRYTYPE	Typ der Geometrie (*POINT, LINESTRING, POLYGON, ...*)
SRID	Die Kennung des Koordinatensystems

Tabelle 13.5: Funktionen für alle geometrischen Objekte in MySQL

Die *Bounding-Box* wird auch als *Minimal Bounding Rectangle* (*MBR*) bezeichnet und beschreibt das kleinste Rechteck, das eine geometrische Form einschließt. Bei zusammengesetzten geometrischen Typen beinhaltet dieses Rechteck alle Objekte. Im folgenden Beispiel wird die Variable *@mp* auf ein *Multipoint*-Objekt mit 3 Punkten gesetzt.

```
SET @mp = GEOMFROMTEXT('MULTIPOINT(1 1, 10 99, 0 5)')
SELECT ASTEXT(ENVELOPE(@mp))
```

ASTEXT(ENVELOPE(@mp))
POLYGON((0 1,10 1,10 99,0 99,0 1))

Die *ASTEXT*-Funktion gibt die Bounding Box im WKT-Format als Polygon aus.

```
SELECT GEOMETRYTYPE(@mp)
```

GEOMETRYTYPE(@mp)
MULTIPOINT

Die Kennung des Koordinatensystems (*SRID, Spatial Reference Identifier*) kann in MySQL zwar angegeben werden, es gibt aber momentan keine Funktionen, die die *SRID* auswerten.

Funktionen für Punkt-Objekte

Auf Punkte können außer den Funktionen der Geometry-Klasse noch zwei Methoden angewandt werden, *X(pt)* und *Y(pt)*. Sie geben die jeweiligen Koordinaten der Punkte als Fließkommazahl zurück.

```
SET @pt = GEOMFROMTEXT('POINT(33.2 99.9)')
SELECT X(@pt), Y(@pt)
```

X(@pt)	*Y(@pt)*
33.2	99.9

Funktionen für Linien-Objekte

LINESTRING-Objekte bieten schon etwas mehr Funktionalität als Punkte. Die folgende Tabelle gibt einen Überblick über ihre geometrischen Funktionen.

Funktion	Beschreibung
GLENGTH	Die Länge der Linie (als Fließkommazahl)
ISCLOSED	*1*, wenn der Startpunkt gleich dem Endpunkt ist, *0* wenn nicht
NUMPOINTS	Die Anzahl der Punkte, aus denen die Linie besteht
STARTPOINT	Der erste Punkt
ENDPOINT	Der letzte Punkt
POINTN(g, N)	Der Punkt an der Stelle *N*

Tabelle 13.6: Geometrische Funktionen für Linien-Objekte

Eine häufige Anwendung ist die Berechnung der Länge einer Strecke.

```
SET @ls = GEOMFROMTEXT('LINESTRING(2 2, 9 0, 9 9)')
SELECT GLENGTH(@ls)
```

GLENGTH(@ls)
16.280109889281

Um den Start- und Endpunkt im Well-Known-Text-Format auszugeben, reicht ebenfalls eine einfache *SELECT*-Abfrage:

```
SELECT ASTEXT(STARTPOINT(@ls)), ASTEXT(ENDPOINT(@ls))
```

ASTEXT(STARTPOINT(@ls))	ASTEXT(ENDPOINT(@ls))
POINT(2 2)	POINT(9 9)

Auf *MULTILINESTRING*-Objekte hingegen können nur zwei Funktionen angewandt werden: *GLENGTH* und *ISCLOSED*. Das Ergebnis von *GLENGTH* ist dabei die Summe der Längen aller Teilstücke, und *ISCLOSED* gibt nur *TRUE* (*1*) zurück, wenn alle Segmente geschlossen sind. Beachten Sie, dass auch ein geschlossener Linienzug vom Typ *LINESTRING* kein Polygon ist! Wenn Sie eine Polygon-Funktion darauf anwenden (z.B. *AREA*) werden Sie immer *NULL* als Ergebnis erhalten.

Funktionen für Polygon-Objekte

Funktion	Beschreibung
AREA	Fläche des Polygons
EXTERIORRING	Äußerer Ring des Polygons als *LINESTRING*
INTERIORRINGN(g, N)	Innerer Ring an der Stelle *N* als *LINESTRING*
NUMINTERIORRINGS	Anzahl der inneren Ringe (*Löcher*)

Tabelle 13.7: Geometrische Funktionen für Polygon-Objekte

Bei der Berechnung der Fläche (*AREA*) werden alle Löcher in dem Polygon abgezogen. Im folgenden Beispiel enthält das quadratische Polygon *@po* ein Loch von der Größe 3x3.

```
SET @po = POLYFROMTEXT('POLYGON((1 1, 9 1, 9 9, 1 9, 1 1),
          (3 3, 3 6, 6 6, 6 3, 3 3))')
SELECT AREA(@po), NUMINTERIORRINGS(@po)
```

AREA(@po)	NUMINTERIORRINGS(@po)
55	1

```
SELECT ASTEXT(INTERIORRINGN(@po, 1))
```

ASTEXT(INTERIORRINGN(@po, 1))
LINESTRING(3 3,3 6,6 6,6 3,3 3)

Wird die *AREA*-Funktion auf *MULTIPOLYGON*-Objekte angewendet, so werden die Einzelflächen addiert.

Funktionen für GeometryCollection-Objekte

Funktion	Beschreibung
GEOMETRYN(g, N)	Gibt die Geometrie an der Stelle *N* zurück.
NUMGEOMETRIES(g)	Anzahl der Objekte in einer Collection

Tabelle 13.8: Geometrische Funktionen für GeometryCollection-Objekte

Eine *GeometryCollection* kann beliebig viele Objekte in einer Zelle halten. Nachdem Sie das gewünschte Objekt mit *GEOMETRYN* aus der Collection geholt haben, können Sie es mit den entsprechenden Funktionen weiterverarbeiten. Im folgenden Beispiel wird die Länge des *LineString* gesucht.

```
SET @gc = GEOMFROMTEXT('GEOMETRYCOLLECTION(
       POINT(10 10), POINT(0 100), POINT(40 40),
       LINESTRING(10 0, 10 10, 20 10))')
SELECT GLENGTH(GEOMETRYN(@gc, 4))
```

GLENGTH(GEOMETRYN(@gc, 4))
20

13.3.3 Räumliche Analysefunktionen

Außer den geometrischen Funktionen, die im vorigen Abschnitt beschrieben wurden, sieht die Spezifikation *OpenGIS Simple Features for SQL* eine Reihe anderer, bekannter räumlicher Analyse-Funktionen vor. Die aktuelle GIS-Implementierung von MySQL unterstützt allerdings nur Berechnungen, die sich auf die Bounding-Box einer Geometrie stützen. Dadurch können die aus GIS-Systemen bekannten

Funktionen wie *Buffer, Distance, Intersection, Union, ConvexHull* oder *SymDifference* nicht verwendet werden.

Die aktiven Analyse-Funktionen sind in folgender Tabelle zusammengefasst. Allen Funktionen werden zwei Geometrien übergeben. Das Ergebnis ist entweder *1* für *TRUE* oder *0* für *FALSE*.

Funktion	**Beschreibung**
MBRCONTAINS(G1,G2)	*TRUE*, wenn die Bounding Box von *G2* vollständig innerhalb der Bounding Box von *G1* ist.
MBRWITHIN(G1,G2)	*TRUE*, wenn die Bounding Box von *G1* vollständig innerhalb der Bounding Box von *G2* ist.
MBREQUAL(G1,G2)	*TRUE*, wenn die Bounding Boxes identisch sind.
MBRINTERSECTS(G1,G2)	*TRUE*, wenn sich die Bounding Boxes von *G1* und *G2* berühren oder überlagern.
MBROVERLAPS(G1,G2)	*TRUE*, wenn sich die Bounding Boxes von *G1* und *G2* überlagern.
MBRTOUCHES(G1,G2)	*TRUE*, wenn sich die Bounding Boxes von *G1* und *G2* berühren.
MBRDISJOINT(G1,G2)	*TRUE*, wenn sich die Bounding Boxes von *G1* und *G2* nicht berühren oder überlagern.

Tabelle 13.9: Geometrische Funktionen, die auf Basis der Bounding Box arbeiten

Im Folgenden werden einige Beispiele mit drei Rechtecken (*@r1*, *@r2* und *@r3*) gezeigt. Eine schematische Darstellung dieser drei Objekte sehen Sie in Abbildung 13.2.

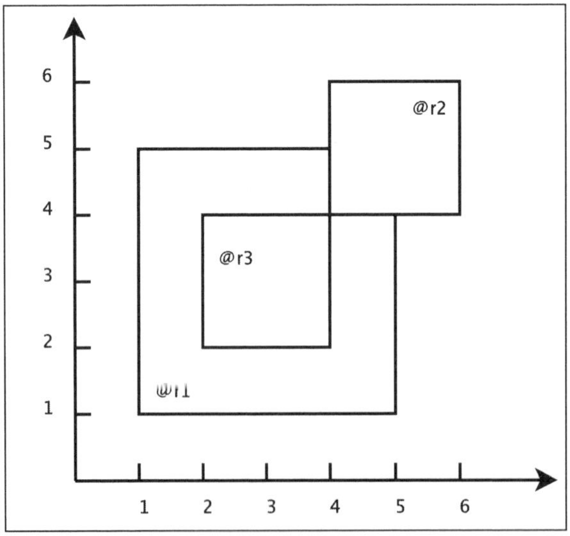

Abbildung 13.2: Schematische Darstellung der Bounding Boxes dreier Rechtecke

Die folgenden SQL-Kommandos können Sie direkt in das SQL-Textfeld von phpMyAdmin eingeben. Welche Datenbank Sie dazu verwenden, ist egal. Natürlich können Sie auch den Kommandozeileninterpreter mysql verwenden.

```
SET @r1 = GEOMFROMTEXT('POLYGON((1 1, 5 1, 5 5, 1 5, 1 1))')
SET @r2 = GEOMFROMTEXT('POLYGON((4 4, 6 4, 6 6, 4 6, 4 4))')
SET @r3 = GEOMFROMTEXT('POLYGON((2 2, 4 2, 4 4, 2 4, 2 2))')
SELECT MBROVERLAPS(@r1,@r2),MBRINTERSECTS(@r1,@r2)
```

MBROVERLAPS(@r1,@r2)	*MBRINTERSECTS(@r1,@r2)*
1	1

```
SELECT MBRINTERSECTS(@r1,@r3),MBRCONTAINS(@r1,@r3)
```

MBRINTERSECTS(@r1,@r3)	*MBRCONTAINS(@r1,@r3)*
1	1

```
MBRTOUCHES(@r2,@r3),MBROVERLAPS(@r2,@r3)
```

MBRTOUCHES(@r2,@r3)	*MBROVERLAPS(@r2,@r3)*
1	0

Funktionen, um die Beziehungen zwischen den exakten geometrischen Grenzen eines Objekts abzufragen, sind in MySQL noch nicht implementiert. Die OGC-Spezifikation schreibt auch hier eine Reihe von Funktionen vor, die in MySQL zwar vorhanden sind, aber immer auf die Bounding Box gerechnet werden. Das bedeutet, dass es mit der aktuellen Version von MySQL egal ist, ob Sie *CONTAINS* oder *MBRCONTAINS* verwenden. MySQL behandelt diese Anfrage identisch.

Die Funktionen *DISTANCE* und *RELATED* fehlen gänzlich in der aktuellen MySQL-Version. Wie Sie für die *DISTANCE*-Funktion einen *workaround* basteln können, zeigt Ihnen das Beispielprogramm in Abschnitt 13.5. Folgende Tabelle enthält die Funktionen, die MySQL unterstützt, aber nur über den Vergleich mit der Bounding Box errechnet. Beachten Sie, dass die Funktion, die auf Gleichheit der Geometrie prüft, *EQUALS* heißt, während die Bounding-Box-Variante *MBREQUAL* lautet.

Funktion	Beschreibung
CONTAINS(G1,G2)	*TRUE*, wenn *G2* vollständig in der Bounding Box von *G1* ist.
WITHIN(G1,G2)	*TRUE*, wenn *G1* vollständig in der Bounding Box von *G2* ist.
CROSSES(G1,G2)	*G1* und *G2* kreuzen sich nicht (siehe Online-Dokumentation).
EQUALS(G1,G2)	*TRUE*, wenn die Geometrien identisch sind.
INTERSECTS(G1,G2)	*TRUE*, wenn sich *G1* und *G2* berühren oder überlagern.
OVERLAPS(G1,G2)	*TRUE*, wenn sich *G1* und *G2* überlagern.
TOUCHES(G1,G2)	*TRUE*, wenn *G1* und *G2* berühren.
DISJOINT(G1,G2)	*TRUE*, wenn sich *G1* und *G2* nicht berühren oder überlagern.

Tabelle 13.10: Geometrische Funktionen, die nicht auf Basis der Bounding Box arbeiten sollten

13.3.4 Indizieren von geometrischen Daten

Bei allen Datenbankabfragen hängt die Ausführungsgeschwindigkeit stark vom Vorhandensein eines Index ab. Auch räumliche Abfragen stellen hier keine Ausnahme dar. Die gute Nachricht für MySQL-Datenbanken ist, dass auch räumliche Indizes unterstützt werden und dass es sehr einfach ist, diese zu erstellen.

```
CREATE TABLE mountain (
        id INT NOT NULL AUTO_INCREMENT PRIMARY KEY,
        pt POINT NOT NULL,
        SPATIAL INDEX(pt) )
```

Die geometrische Spalte *pt* wird dadurch mit dem räumlichen Index versehen. Sie können den Index aber auch nachträglich zu einer bestehenden Tabelle hinzufügen. Verwenden Sie dazu *ALTER TABLE* mit *ADD SPATIAL INDEX* oder das *CREATE*-Kommando.

```
ALTER TABLE mountain ADD SPATIAL INDEX(pt)
CREATE SPATIAL INDEX pt ON mountain(pt)
```

MySQL verwendet zur Indizierung von räumlichen Daten einen *R-tree*-Index, wobei das *R* für *Region* steht. Die Regionen, die in der Baumstruktur abgebildet werden, beinhalten dabei entweder die Bounding Box der zu indizierenden geometrischen Objekte oder einen Verweis auf *R-tree*-Rechtecke in der nächst-tieferen Ebene. In MySQL werden diese *R-trees* jeweils quadratisch aufgeteilt (*quadratic splitting*).

Der beschleunigte Zugriff bei Abfragen geht auf Kosten der Geschwindigkeit beim Einfügen und auf Kosten des Speicherplatzes. Die Tabelle im Abschnitt 13.5 zum Beispiel verwendet für den räumlichen Index beinahe eineinhalbmal so viel Platz wie für die Daten selbst.

Wenn Sie sich vergewissern wollen, wie groß der Geschwindigkeitsunterschied mit und ohne Index ist, so können Sie den Index bei der Abfrage explizit unterdrücken. Der Passus *IGNORE INDEX(pt)* schaltet den geometrischen Index für die Spalte *pt* aus.

Um zu überprüfen, ob MySQL den Index in der Abfrage wirklich einbaut, können Sie den Ablauf der Abfrage mit *EXPLAIN SELECT* verfolgen.

```
EXPLAIN SELECT city FROM cities WHERE MBRCONTAINS ...
```

In der Ausgabe dieser SQL-Abfrage sehen Sie, welche Indizes MySQL zur Verfügung hat, welche es verwendet und wie viele Zeilen durch die Verwendung des Index ausgeschlossen werden konnten. Im folgenden Beispiel haben Sie die Möglichkeit, *EXPLAIN SELECT* auf eine komplexe Abfrage durchzuführen.

13.4 SQL-Beispiele

Der folgende Abschnitt zeigt einige Beispiele im Umgang mit einer GIS-Datenbank. Sie finden hier hauptsächlich SQL-Code, den Sie direkt übernehmen und ausprobieren können. Die Daten sind in Abbildung 13.3 dargestellt. Es handelt sich um zwei stark stilisierte Gletscher, von denen der Rand (*border*), die Linie zwischen dem Akkumulationsgebiet und dem Ablationsgebiet (*ela*, in der Abbildung gestrichelt dargestellt) und ein Referenzpunkt (*ref*) bekannt sind. Einer der beiden Gletscher enthält weiters eine Fels-Insel, die nicht mit Eis bedeckt ist und daher auch nicht zur Polygon-Fläche gehört (in der Abbildung grau hinterlegt).

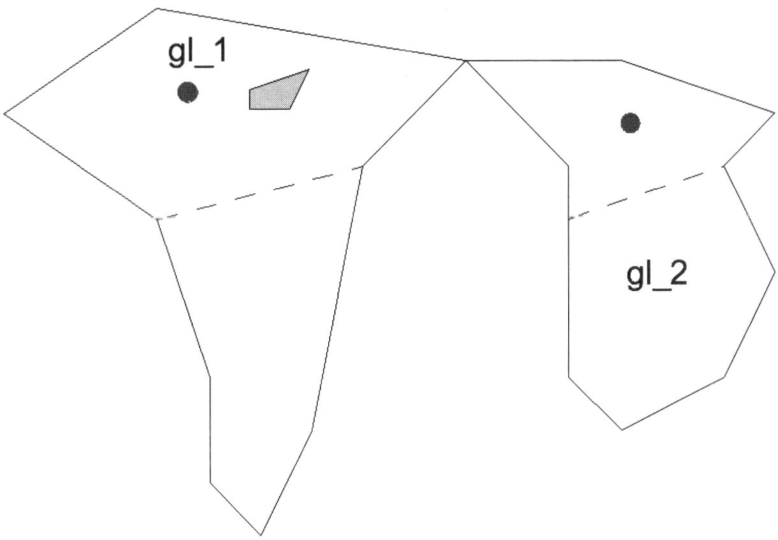

Abbildung 13.3: Die grafische Darstellung der Daten für die folgenden SQL-Beispiele

Tabelle erstellen

```
CREATE TABLE glacier (
          id      INT NOT NULL PRIMARY KEY,
          border  POLYGON NOT NULL,
          ela     LINESTRING NOT NULL,
          ref     POINT NOT NULL,
          name    VARCHAR(20),
          SPATIAL KEY(border),
          SPATIAL KEY(ela),
          SPATIAL KEY(ref) )
```

Daten einfügen

```
INSERT INTO glacier VALUES ( 1,
        GEOMFROMTEXT('POLYGON(
          (2500 1500,1000 2500,2500 3500,3000 5000,3000 6000,
           3500 6500,4000 5500,4500 3000,5500 2000,2500 1500),
          (3395 2827,3861 2840,4094 2374,3395 2594,3395 2827)
        )'),
        GEOMFROMTEXT('LINESTRING(2500 3500, 4500 3000)'),
        GEOMFROMTEXT('POINT(2850 2350)'), 'gl_1')
INSERT INTO glacier VALUES ( 2,
        GEOMFROMTEXT('POLYGON((7000 2000,5500 2000,6500 3000,
        6500 5000,7000 5500,8000 5000,8500 4000,8000 3000,
        8500 2500,7000 2000))'),
        GEOMFROMTEXT('LINESTRING(6500 3500, 8000 3000)'),
        GEOMFROMTEXT('POINT(7250 2750)'), 'gl_2')
```

Wenn Sie diese Tabelle mit *mysqldump* abspeichern, werden die geometrischen Daten übrigens nicht als WKT, sondern im WKB-Format ausgegeben. Es ist hier also nicht einfach möglich, die Koordinaten zu verändern.

Daten abfragen

Nach der Eingabe der Daten sollten Sie probieren, ob diese auch korrekt importiert wurden. Die einfachste Möglichkeit zur Überprüfung der geometrischen Daten ist die *asText*-Funktion.

```
SELECT name,ASTEXT(ref),ASTEXT(ela) FROM glacier
```

name	*ASTEXT(ref)*	*ASTEXT(ela)*
gl_1	POINT(2850 2350)	LINESTRING(2500 3500,4500 3000)
gl_2	POINT(7250 2750)	LINESTRING(6500 3500,8000 3000)

Weiters können die Längen der Linien abgefragt werden.

```
SELECT name,GLENGTH(ela),GLENGTH(border) FROM glacier
```

name	*GLENGTH(ela)*	*GLENGTH(border)*
gl_1	2061.5528128088	NULL
gl_2	1581.1388300842	NULL

Das Ergebnis überrascht etwas, da die Länge der begrenzenden Polygone *NULL* ist. Korrekterweise haben Polygone aber keine Länge, sondern nur eine Fläche. Wenn Sie die Länge des äußeren Polygons abfragen wollen, müssen Sie die *EXTERIORRING*-Funktion verwenden.

```
SELECT name,AREA(border),GLENGTH(EXTERIORRING(border)) FROM glacier
```

name	*AREA(border)*	*GLENGTH(EXTERIORRING(border))*
gl_1	8933474	15016.935459803
gl_2	5875000	11263.66792108

Bei der Fläche des ersten Gletschers ist übrigens das Insel-Polygon automatisch abgezogen worden.

Mit einem Kunstgriff kann auch die Fläche der Insel ermittelt werden: Das folgende Kommando wandelt das Geometrieobjekt in die Textdarstellung um, ersetzt *LINESTRING* durch *POLYGON*, wandelt das Ergebnis wieder in ein Geometrieobjekt um und ermittelt schließlich dessen Fläche.

```
SELECT AREA(GEOMFROMTEXT(
         CONCAT(REPLACE(
            ASTEXT(INTERIORRINGN(border, 1)),
              'LINESTRING(', 'POLYGON(('),
         ')') )) AS innerArea
       FROM glacier WHERE id = 1
```

innerArea
191526

Die Funktion *INTERIORRINGN* gibt einen *LINESTRING*-Typ zurück. Für die Berechnung der Fläche wird aber ein *POLYGON* benötigt. Leider gibt es keine Möglichkeit, die geometrischen Typen zu konvertieren, darum muss hier eine Textersetzung mit der *REPLACE*-Funktion durchgeführt werden. Außerdem wird die *CONCAT*-Funktion verwendet, um die abschließende Klammer anzuhängen.

Dass sich die beiden Geometrien (beziehungsweise ihre Bounding Boxes) berühren, zeigt die *TOUCHES*-Funktion:

```
SELECT TOUCHES(g1.border,g2.border)
       FROM glacier AS g1 , glacier AS g2
       WHERE g1.id=1 AND g2.id=2
```

TOUCHES(g1.border,g2.border)
1

Um die beiden Geometrien miteinander vergleichen zu können, muss die Tabelle im *FROM*-Teil zweimal referenziert werden. In der *WHERE*-Bedingung wird für *g1* der erste Datensatz und für *g2* der zweite gewählt. Ein weiterer interessanter Wert wäre die Gesamtfläche der Gletscher. Nichts leichter als das:

```
SELECT SUM(AREA(border)) FROM glacier
```

SUM(AREA(border))
14808474

Oder möchten Sie die Gesamtlänge des Gletscherrandes wissen?

```
SELECT SUM(GLENGTH(EXTERIORRING(border))) FROM glacier
```

SUM(GLENGTH(EXTERIORRING(border)))
26280.603380883

Glaziologen würden sicher gerne wissen, wie viel Fläche im Akkumulationsgebiet (also oberhalb der gestrichelten Linie) und wie viel Fläche darunter liegt. Hier muss MySQL leider passen, denn die räumlichen Verschneidungen funktionieren noch nicht. Natürlich können Sie die fehlende Funktionalität durch einige PHP-Klassen nachrüsten. Trotzdem bleibt zu hoffen, dass diese Funktionen bald im Datenbank-Server erscheinen werden.

Weitere Abfragen können zum Beispiel nach der Position der Referenz-Punkte gemacht werden. Je kleiner der X-Wert, desto weiter westlich liegt der Gletscher. Um den westlichsten Punkt und den östlichsten Punkt zu finden, an dem ein Gletscher liegt, geben Sie folgendes Kommando ein:

```
SELECT MIN(X(ref)),MAX(X(ref)) FROM glacier
```

MIN(X(ref))	*MAX(X(ref))*
2850	7250

Sie können auch mehrere geometrische Spalten der Tabelle zu einer *GEOMETRY-COLLECTION* zusammenfassen:

```
SELECT ASTEXT(GEOMFROMTEXT(
         CONCAT('GEOMETRYCOLLECTION(',
                ASTEXT(border),',', ASTEXT(ref), ')')))
         AS collection FROM glacier
```

collection
GEOMETRYCOLLECTION(POLYGON((2500 1500,1000 2500,2500 3500, 3000 5000,3000 6000,3500 6500,4000 5500,4500 3000, 5500 2000,2500 1500), (3395 2827,3861 2840,4094 2374,3395 2594,3395 2827)), POINT(2850 2350))
GEOMETRYCOLLECTION(POLYGON((7000 2000,5500 2000,6500 3000, 6500 5000,7000 5500,8000 5000,8500 4000,8000 3000, 8500 2500,7000 2000)), POINT(7250 2750))

In diesem Beispiel wird erneut Gebrauch von der String-Verbindung durch *CONCAT* gemacht. Damit *GEOMFROMTEXT* richtig funktioniert und eine *GEOMETRYCOLLECTION* erzeugt, muss die entsprechende Zeichenkette am Beginn des geklammerten Ausdrucks stehen. Außerdem müssen die einzelnen Objekte innerhalb der Klammer durch ein Komma getrennt werden. Auch dieses fügt die *CONCAT*-Funktion ein.

Die Bounding Box jedes geometrischen Objekts ist immer ein Rechteck, das in MySQL als *POLYGON* ausgedrückt wird. Im Spezialfall der *POINT*-Objekte ist der Polygonzug auf einen Punkt beschränkt.

```
SELECT ASTEXT(ENVELOPE(ela)) FROM glacier
```

ASTEXT(ENVELOPE(ela))
POLYGON((6500 3000,8000 3000,8000 3500,6500 3500,6500 3000))
POLYGON((2500 3000,4500 3000,4500 3500,2500 3500,2500 3000))

```
SELECT ASTEXT(ENVELOPE(ref)) FROM glacier
```

ASTEXT(ENVELOPE(ref))
POLYGON((7250 2750,7250 2750,7250 2750,7250 2750,7250 2750))
POLYGON((2850 2350,2850 2350,2850 2350,2850 2350,2850 2350))

```
SELECT ASTEXT(ENVELOPE(border)) FROM glacier
```

ASTEXT(ENVELOPE(border))
POLYGON((1000 1500,5500 1500,5500 6500,1000 6500,1000 1500))
POLYGON((5500 2000,8500 2000,8500 5500,5500 5500,5500 2000))

13.5 Beispiel Umkreis-Suche

Stellen Sie sich folgendes Szenario vor: Sie entwickeln die webbasierte Drehscheibe für eine Mitfahrzentrale. Jeder Teilnehmer sieht nach der Angabe seines Wohnorts die Fahrten, die im Umkreis von 20 Kilometern um seinen Wohnort stattfinden. Ein anderes Beispiel ist eine Tauschbörse, bei der Sie eine maximale Entfernung für Produktgruppen angeben können. Eine mögliche Suche wäre: Suche alle gebrauchten Waschmaschinen im Umkreis von 30 Kilometern um meinen Wohnort.

Als Erstes benötigen Sie dazu die geografischen Daten der Orte. Glücklicherweise gibt es für den deutschsprachigen Raum eine Initiative, die eine freie Datenbank mit Ortspunkten und deren geografischer Position verwaltet. Die Datenbank steht als CSV-Datei zu Download auf folgender Homepage bereit:

http://sourceforge.net/projects/opengeodb/

Der ebenfalls verfügbare SQL-Dump ist für die folgende Anwendung nicht hilfreich.

Beachten Sie, dass die Datenbank fallweise Orte enthält, deren Position nicht exakt stimmt. Für die folgende Anwendung ist die Qualität der Daten aber nicht vorrangig. Es geht vielmehr darum, das Konzept räumlicher Abfragen zu vermitteln.

13.5.1 Bedienung der Anwendung

Über ein Eingabeformular hat der Anwender die Möglichkeit, einen Ort einzugeben und den Umkreis zu bestimmen, in dem die benachbarten Orte angezeigt werden sollen. Werden mehrere Orte mit dem Suchmuster gefunden, erscheint eine Auswahlliste mit der näheren Bezeichnung des Ortes (Ortsteil/Stadtteil). Die Ausgabe kann in Form einer HTML-Tabelle oder als Grafik (wahlweise Vektor- oder Pixelgrafik) angezeigt werden. Abbildung 13.4 zeigt die HTML- und SVG-Ausgabe.

SVG-Plug-In

Bis auf den Internet Explorer beherrschen alle gängigen Browser ausreichend SVG um das Beispiel anzuzeigen. Damit auch der Internet Explorer in den Genuss von SVG kommt, benötigen Sie ein Plug-In von Adobe, den *Adobe SVG-Viewer*. Die Installation ist einfach und reibungslos, nur gab Adobe bekannt, das Programm nur mehr bis 2009 unterstützen zu wollen. Ob sich Microsoft bis dahin in der Lage sieht, den W3C-Standard SVG zu unterstützen, bleibt fraglich.

http://www.adobe.com/svg/viewer/install/

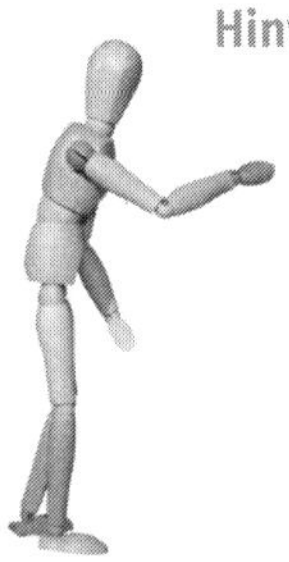

Hinweis

Außer den Browsern Firefox, Opera, Konquerer und Safari können Sie SVG auch noch mit anderen Programmen ansehen und bearbeiten. Das Batik-Toolkit (ein Apache-XML-Projekt) enthält einen eigenen Browser, *Squiggle*. Mehr über die in Java programmierte Software finden Sie unter:

http://xml.apache.org/batik

Mit *Inkscape* gibt es einen leistungsfähigen SVG-Editor, der für alle großen Betriebssysteme als Open-Source-Programm zur Verfügung steht. Mehr Informationen zu Inkscape finden Sie unter:

http://inkscape.org/

13.5.2 Datenbankstruktur

Die verwendete Datenbank ist sehr einfach und besteht nur aus einer Tabelle. Gerade das macht auch den Vorteil von MySQL gegenüber anderen GIS-Implementierungen aus. Jede Datenbank ist von sich aus fähig, geometrische Typen aufzunehmen und muss nicht speziell initialisiert werden.

Die Datenbankstruktur orientiert sich an dem, was auf opengeodb.de zum Download angeboten wird. Die CSV-Datei (Version 0.2.4d) enthält 13 Spalten, die durch einen Strichpunkt getrennt sind, wobei die Koordinaten in den Spalten 12 (Breitengrad) und 11 (Längengrad) stehen. Ein Auszug aus der CSV-Datei sieht folgendermaßen aus:

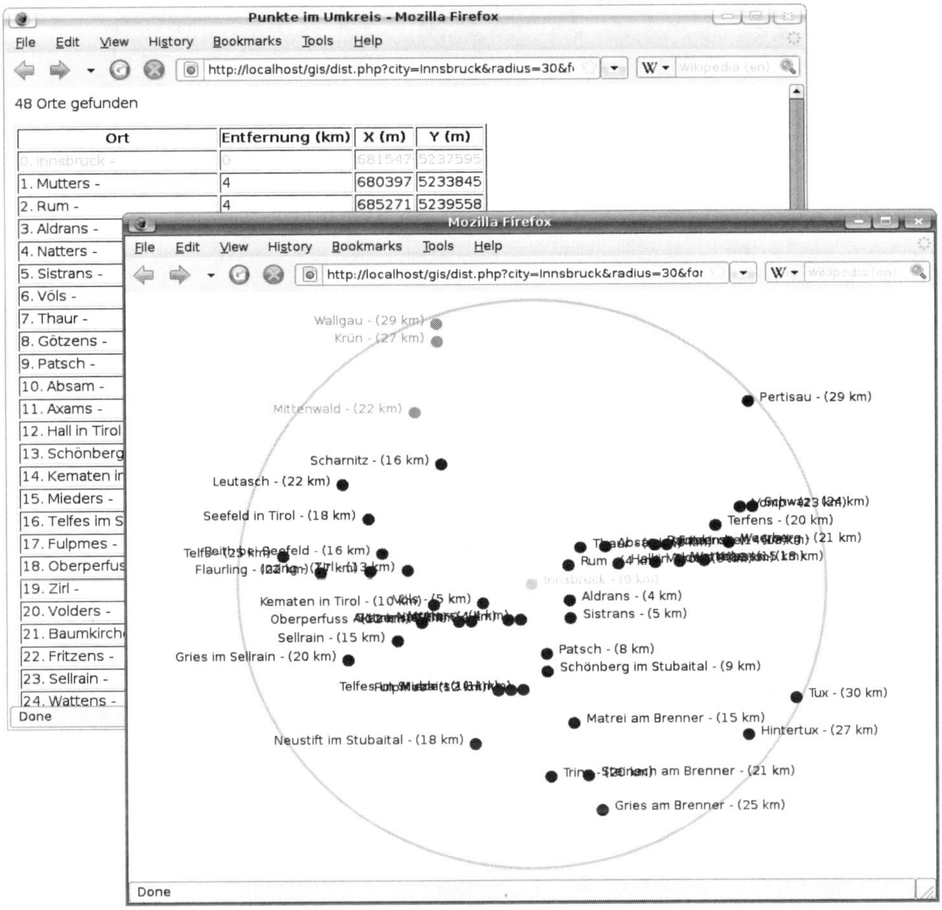

Abbildung 13.4: SVG- und HTML-Ausgabe der Orte im Umkreis von 30 Kilometern um Innsbruck

```
30443;AT;3;?;?;-;Zwingendorf;-;-;-;16.2333;48.7;-;2063
30444;CH;AG;?;?;-;Aarau;-;-;-;8.05;47.3833;-;5000,5001,5004
30445;CH;AG;?;?;-;Aarburg;-;-;-;7.9;47.3167;-;4663
30446;CH;AG;?;?;-;Aettenschwil;-;-;-;8.36667;47.1833;-;5645
```

Die Angaben der Koordinaten sind in Dezimalgrad, was für die Darstellung und Berechnung ungünstig ist. Wie Sie die Daten in ein projiziertes Koordinatensystem umwandeln, erfahren Sie in Abschnitt 13.5.3.

Außer den Koordinaten werden noch der Ortsname, der Ortsteil, der Staat und die Postleitzahl in die Datenbank übernommen. Einen Überblick über die Felder und die Indizes in der Datenbank bietet der Screenshot der MySQL Administrators in Abbildung 13.5. Die Bezeichnung der Felder in der CSV-Datei finden Sie in den ersten Zeilen derselben.

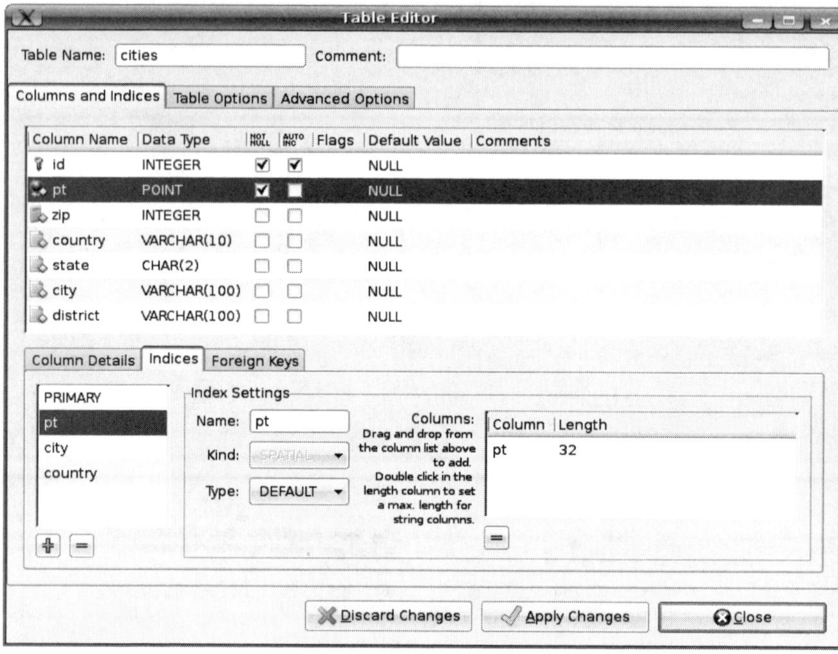

Abbildung 13.5: Die MySQL-GIS-Tabelle für Ortspunkte (MySQL Administrator)

13.5.3 Import

Um die Daten aus der CSV-Datei in die Datenbank zu importieren, sind zwei Schritte erforderlich: Erstens müssen die Daten in die richtige Reihenfolge gebracht werden, und zweitens müssen die geografischen Koordinaten von Grad-Minuten-Sekunden in ein planares Koordinatensystem übertragen werden.

Für den gesamten Import-Vorgang wird ein PHP-Script erstellt, das einerseits die Daten aus der CSV-Datei einliest und in einem zweiten Schritt die für dieses Beispiel relevanten Daten in die Datenbank spielt.

Das Script ist als Kommandozeilenscript ausgelegt, da es, je nach der Geschwindigkeit Ihres Computers, mehrere Minuten für die Ausführung benötigen kann. Am besten starten Sie die Datei direkt von der Kommandozeile aus mit Aufruf des PHP-Interpreters. Unter Windows ist es dazu meist notwendig, dass Sie die Position der Datei php.exe angeben:

```
c:\temp\ > C:\Programme\PHP\php.exe import_ogdb.php
```

Unter Linux sollte der folgende Aufruf reichen:

```
user@host > php import_ogdb.php
```

Wenn Sie sich nicht für den Import interessieren, können Sie auch das SQL-Dumpfile von der DVD einspielen und in Abschnitt 13.5.4 weiterlesen.

Einlesen der ASCII-Datei

Da die ASCII-Datei eine beträchtliche Größe aufweist (ca. 1,7 MByte), wird sie nicht auf einmal in den Speicher geladen, sondern Zeile für Zeile abgearbeitet werden. Anders als die schon bekannte Funktion *file_get_contents*, die eine ganze Datei in einer Variable speichert, gibt *fopen* nur einen Zeiger auf die geöffnete Datei zurück. Die Funktion *fgets* holt eine Zeile aus der geöffneten Datei und stellt den Zeiger auf die nächste Zeile. Um die ganze Datei mit dieser Funktion abzuarbeiten, wird die *fgets*-Anweisung in eine *while*-Schleife verpackt, die auf das Ende der Datei prüft (*feof*).

Innerhalb der Schleife werden Kommentar-Zeilen (beginnend mit einem #-Zeichen) durch einen regulären Ausdruck erkannt und übersprungen.

```
#!/usr/bin/env php
<?php   // Datei: import_opengeodb.php
  $mysql = mysql_connect("localhost", "root", "");
  $db = mysql_select_db("opengeodb");
  $zipcode_file = fopen("opengeodb-0.2.4d-UTF8-text-orte.txt", "r");
  $valid = 0;
  while (!feof($zipcode_file)) {
    $line = fgets($zipcode_file);
    if (preg_match("/^\s*#/", $line)) {  // Kommentar-Zeile
      continue;
    }
    $geodb = explode(";", $line);
    if (count($geodb) != 14) {  // ungültige Zeile
      continue;
    }
    $valid++;
    $x = $geodb[10];
    $y = $geodb[11];
```

Jede Zeile wird mit *explode* in ein Array umgewandelt, das die 14 Einträge der Spalten enthält. Wenn die *explode*-Funktion nicht 14 Einträge zurückgibt, ist die Zeile fehlerhaft und wird nicht aufgenommen. In allen anderen Fällen wird der Zähler für die gültigen Zeilen (*$valid*) um einen Wert erhöht. Den lokalen Variablen *$x* und *$y* werden die Koordinaten aus dem Array *$geodb* zugewiesen, wobei an der Array-Position 11 der Breitengrad steht (*latitude*, wird *$y*) und an der Position 10 der Längengrad (*longitude*, wird *$x*).

Konvertierung von Dezimalgrad nach UTM

Eigentlich könnten Sie die Daten jetzt schon in die Datenbank spielen. Wie bereits in Abschnitt 13.2.1 erwähnt wurde, können Messungen aber in einem projizierten Koordinatensystem wesentlich einfacher durchgeführt werden. Die Umrechnung von Dezimalgrad, in denen die Koordinaten in der CSV-Datei vorhanden sind, in das projizierte UTM-System kann die *Proj.4*-Bibliothek für Sie übernehmen. Sowohl für Windows als auch für Linux gibt es fertige Binärpakete unter:

http://trac.osgeo.org/proj/

Aus dem Paket wird die ausführbare Datei cs2cs verwendet, um von einem Koordinatensystem in ein anderes zu transformieren. Der Programmaufruf sieht folgendermaßen aus:

```
user@host > echo "11.4 47.2667" | cs2cs \
    +proj=latlong +to +proj=utm +zone=32U
681547.32        5237595.88 0.00
```

Die Umrechnung erfolgt von dem *latlong*-System in das *UTM*-System in der *Zone 32U*.

Damit die Konvertierung direkt aus dem PHP-Script heraus aufgerufen werden kann, wird cs2cs mit der *exec*-Funktion ausgeführt. Diese Vorgehensweise ist in zweierlei Hinsicht nicht sehr elegant: Erstens erzeugt jeder *exec*-Aufruf einen neuen Prozess, was für das Betriebssystem einen großen Rechenaufwand darstellt. Für den Beispieldatensatz bedeutet das, dass 21047-mal neue Prozesse erzeugt werden. Zweitens ist der Rückgabewert von *exec* ein String, in dem erst nach dem neuen Koordinatenpaar gesucht werden muss. Da der Import nur einmal erfolgt und man das Script nicht auf einem Server starten muss, kann das aber in Kauf genommen werden.

Der wesentlich elegantere Weg ist es, ein PHP-Modul zu verwenden, das Zugriff auf die *Proj.4*-Bibliothek hat. Im Zuge eines freien *Mapserver*-Projekts (eine Software, die geografische Daten als Pixelbild im Web darstellt) wird ein solches Modul entwickelt. Mit *php_mapscript* können Sie unterschiedlichste geografische Datenformate einlesen und haben Zugriff auf die darin enthaltenen Objekte. Weiters können Sie die Projektionsmethoden von *Proj.4* verwenden.

Um Ihnen eine Vorstellung von dem Geschwindigkeitsunterschied zu geben: Auf meinem System rechnete die Modul-Variante des Import-Scripts ca. 11 Sekunden, die *exec*-Variante brauchte für den gleichen Datensatz 2 Minuten und 20 Sekunden. Das entspricht einem Geschwindigkeitsunterschied vom Faktor 12.

Für aktuelle Linux-Distributionen gibt es fertige Pakete (zum Beispiel für Ubuntu 8.04 das Paket *php5-mapscript*). Wer das Modul sebst kompilieren will steht vor dem Problem, dass es sich nicht so ohne weiteres installieren lässt. Sie müssen dazu das ganze Mapserver-Paket kompilieren, das selbst schon einige Bibliotheken benötigt. Außerdem muss PHP mit der Einstellung *--regex= system* übersetzt worden sein, was standardmäßig nicht so eingestellt ist.

Für einen einmaligen Import ist das alles ein bisschen viel verlangt. Wer aber mehr mit Geodaten und PHP arbeiten möchte, sollte sich das Modul unbedingt installieren, da es viele geografisch relevante Funktionen zur Verfügung stellt.

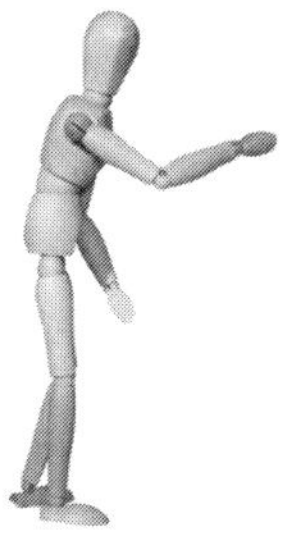

Hinweis

Informationen zu dem *php_mapscript*-Projekt finden Sie unter:

http://www.maptools.org/php_mapscript/

Der Quellcode für das PHP-Modul steht auf der folgenden Seite zur Verfügung:

http://mapserver.gis.umn.edu/download

Zurück zu dem Import-Script: Nach dem *exec*-Aufruf wird der String zerlegt und in die Datenbank eingefügt.

```
$res = exec("echo $x[10]\t$y[9]".
  "| cs2cs +proj=latlong +to +proj=utm +zone=32U");
$utm = preg_split("/[ \t]+/", $res);
$sql = sprintf("INSERT INTO cities VALUES ('', ".
  "PointFromText('POINT(%s %s)'), %d, '%s', '%s', ".
  "'%s')",
  $utm[0], $utm[1], $geodb[13],
  db_string($geodb[1]), db_string($geodb[2]),
  db_string($geodb[7]));
// echo "$sql;\n";
mysql_query($sql);
```

Die *sprintf*-Funktion arbeitet wie *printf*, mit dem Unterschied, dass der String nicht ausgegeben, sondern als Ergebnis zurückgegeben wird. In diesem Fall wird so das SQL-Kommando erzeugt. Wenn Sie die Daten lieber nicht gleich in die Datenbank speichern, sondern die *INSERT*-Kommandos in einer Datei abspeichern möchten, entfernen Sie das Kommentar-Zeichen vor dem *echo* und fügen es bei der *mysql_query*-Anweisung ein. Die Ausgabe leiten Sie dann einfach in eine Datei um.

Nach dem erfolgreichen Import sieht Ihre Tabelle etwa so aus:

```
SELECT id,ASTEXT(pt),zip,country,state,city FROM cities LIMIT 10
```

id	*ASTEXT(pt)*	*zip*	*country*	*state*	*city*
1	POINT(488778.52 5299761.71)	78267	DE	BW	Aach
2	POINT(327235.5 5517301.22)	54298	DE	RP	Aach
3	POINT(295506.77 5627891.68)	52062	DE	NW	Aachen
4	POINT(580724.28 5409508.18)	73430	DE	BW	Aalen
5	POINT(433459 5566844.15)	65326	DE	HE	Aarbergen
6	POINT(528359.07 5991029.61)	25560	DE	SH	Aasbüttel
7	POINT(611189.71 5753008.31)	38871	DE	ST	Abbenrode
8	POINT(658075.46 5720877.47)	6543	DE	ST	Abberode
9	POINT(643123.95 5457108.92)	91183	DE	BY	Abenberg
10	POINT(709208.68 5410997.01)	93326	DE	BY	Abensberg

Wenn Ihnen der ganze Import etwas zu aufwendig erscheint und Sie eigentlich nur die räumlichen Abfragen ausprobieren möchten, können Sie auch das auf der CD-ROM enthaltene Dumpfile einspielen. Dieses wurde mit der Version 0.2.4d der *opengeodb*-Daten erzeugt.

13.5.4 Suche

Nachdem Sie die Orte mit ihren Koordinaten in die Datenbank importiert haben, geht es nun darum, die geometrische Abfrage zu formulieren. Dazu werden folgende Dateien benötigt:

dist.php	Formular, Abfrage und Ausgabe (HTML und SVG)
dist-functions.php	Diverse Hilfsfunktionen (*html_start, html_end, ...*)
BoundingBox.php	Klasse, die Bounding Boxes verwaltet
Svg.php	Klasse, die den SVG-XML-Code erzeugt
Png.php	Klasse, die das PNG-Pixelbild erzeugt
MyGeomDb.php	Ableitung der Klasse *MyDb* (siehe Abschnitt 12.1) zum Zugriff auf MySQL
password.php	Login-Daten für *MyDb*
ogdb.css	CSS-Datei zur Formatierung der Ergebnisse (HTML und SVG)

Datenbankzugriff und Hilfsfunktionen

Dieses Beispiel verwendet die in Abschnitt 12.1 vorgestellte Klasse *MyDb* für alle Datenbankzugriffe. Genauer gesagt wird eine Subklasse von *MyDb* erzeugt, die eine zusätzliche Funktion zur Auswertung der Abfrage enthält.

Der Code dafür ist denkbar einfach:

```
<?php   // Beispieldatei: mygeomdb.php
  require_once "mydb.php";
  class MyGeomDb extends MyDb {
    // Aufruf des Konstruktors von MyDb (initialisiert Db)
    function __construct() {
      parent::__construct();
    }
    // Anzeige einer HTML-Tabelle mit der Abfrage-Erklärung
    function explainSQL($sql) {
      $sql = "EXPLAIN ".$sql;
      $res = $this->queryObjectArray($sql);
      print "<table border=\"1\">\n";
      print "<tr><th>ID</th><th>sel_type</th><th>table</th>";
...
```

Über das Schlüsselwort *extends* wird die angegebene Klasse erweitert. Im Konstruktor der neuen Klasse wird sofort der Konstruktor der Basisklasse aufgerufen, in dem die Datenbankverbindung initiiert wird. *MyGeomDb* kann damit exakt gleich verwendet werden wie *MyDb* – mit dem einzigen Unterschied, dass die

Funktion *explainSQL* zusätzlich zur Verfügung steht. Der Vorteil besteht vor allem darin, dass die Basisklasse, die schon in anderen Projekten verwendet wird, nicht verändert werden muss.

Die Hilfsfunktionen in dist-functions.php sind auch bereits aus den anderen Beispielprogrammen bekannt. *html_start* erstellt die Kopfzeilen einer HTML-Datei, *html_end* schließt die Datei ab.

Suche nach Ortsnamen

Bei der Suche nach Ortsnamen wird ein Wildcard-Zeichen (%) am Ende angehängt, so dass eine Abfrage nach »*Inn*« nicht nur *Innsbruck*, sondern auch *Innervillgraten* zurückgibt. Wird mehr als ein Eintrag gefunden, erscheint eine Auswahlliste (erzeugt in der Funktion *show_alternatives*), in der der Ortsname, der Ortsteil und der Staat angezeigt werden.

```
$sql = "SELECT X(pt) AS X, Y(pt) AS Y,id,city,country,city_dist ".
    "  FROM cities WHERE ";
if (isset($city_id) && is_numeric($city_id)) {
  $sql .= "id = $city_id";
} else {
  $sql .= "city LIKE ".$db->sql_string($city."%");
}
$cities = $db->queryObjectArray($sql);
if (!$cities) {
  html_start();
  echo "No matches for your query\n";
  echo "<a href=\"javascript:history.back()\">back</a>";
  html_end();
  exit(); }

if (count($cities) > 1) {
  show_alternatives($cities, $radius, $show_names, $format);
  html_end();
  exit();   }
```

Räumliche Suche

So richtig interessant wird das Script erst, wenn es darum geht, die Ortspunkte in der gewünschten Entfernung zu suchen. Wie in Abschnitt 13.3.3 erwähnt wurde, kann MySQL seine geometrischen Funktionen vor allem im Zusammenhang mit der Bounding Box eines Objekts ausspielen. Daher werden in einem ersten Schritt die möglichen Objekte auf ein Quadrat eingeschränkt, das die Bounding Box des gewünschten Suchkreises darstellt.

```
$sql = "SELECT X(b.pt) AS X, Y(b.pt) AS Y, b.city ".
    "  FROM cities AS a, cities AS b ".
    "  WHERE MBRCONTAINS(POLYFROMTEXT('{$box->asText()}'), b.pt) ".
    "  AND a.id = {$city->id} ";
```

Das Problem bei dieser Art der Abfrage ist, dass auch Punkte selektiert werden, die mehr als den gewünschten Umkreis entfernt sind, nämlich die Punkte, die in den Ecken des Quadrats liegen. Der große Vorteil besteht darin, dass MySQL Gebrauch von dem räumlichen Index machen kann und die Abfrage damit deutlich beschleunigt. Sogar mit dem relativ kleinen Datensatz war die Abfrage mit Index um den Faktor zehn schneller als ohne Index.

Leider unterstützt MySQL die geometrische *DISTANCE*-Funktion (noch) nicht, mit ihr wäre es nämlich sehr einfach, die Berechnung abzuschließen. So müssen Sie einen kleinen Kunstgriff anwenden: Für jeden Punkt, der in der Bounding Box gefunden wurde, wird eine Linie zum Ausgangspunkt gezeichnet. Die Länge dieser Linie kann MySQL über die *GLENGTH*-Funktion berechnen. Angenommen, *a.pt* beschreibt den Ausgangspunkt und *b.pt* den Zielpunkt, dann lautet die MySQL-Anweisung, um die Linie zu erzeugen:

```
LINESTRINGFROMWKB(LINESTRING(ASBINARY(a.pt),ASBINARY(b.pt)))
```

Verbunden mit der Abfrage nach der Bounding Box und der Entfernung zum Ziel, wird das SQL-Statement schon etwas komplexer:

```
$sql = "SELECT X(b.pt) AS X, Y(b.pt) AS Y, b.city, ".
     "          ROUND(GLENGTH(LINESTRINGFROMWKB(".
     "          LINESTRING(ASBINARY(a.pt),ASBINARY(b.pt))))) ".
     "          AS dist,b.country,b.id,b.city_dist ".
     "   FROM cities AS a, ".
     "        (SELECT * FROM cities ".
     "         WHERE ".
     "          MBRCONTAINS(POLYFROMTEXT('{$box->asText()}'), pt)) ".
     "               AS b ".
     "   WHERE a.id = {$city->id} ".
     "   HAVING dist < $radius ORDER BY dist";
```

Vor allem den *FROM*-Teil dieser Abfrage wollen wir einer genaueren Betrachtung unterziehen: Über das Schlüsselwort *AS* (siehe Abschnitt 9.6) wird *a* der gesamte Inhalt der Tabelle *cities* zugewiesen. *b* hingegen wird in einer *Sub-Select*-Anweisung errechnet, die die oben erwähnte Bounding-Box-Abfrage durchführt. Damit kommen für die Berechnung der Linien nur mehr die Punkte innerhalb der Bounding Box in Frage.

Über die *HAVING*-Anweisung werden schließlich die errechneten Längen der Linie mit dem Wert der Variable *$radius* verglichen und nur jene ausgewählt, die kleiner sind als der angegebene Suchradius.

Um zu verstehen, wie MySQL diese Abfrage abarbeitet, wurde die *MyDb*-Klasse um eine Funktion erweitert: *explainSQL*. Die Funktion gibt eine HTML-Tabelle aus, in der der Verlauf der Abfrage dokumentiert wird, einschließlich aller Indizes, die zum Einsatz kommen. Im Zusammenspiel mit *showStatistics* können Sie schnell einen Überblick gewinnen, welche Abfragen das System blockieren und warum.

13.5.5 Ausgabe

Alle Punkte, die als Ergebnis von der Abfrage zurückgegeben werden, werden in einer *foreach*-Schleife abgearbeitet. Die verkürzte *if*-Abfrage (siehe auch Abschnitt 2.6) am Anfang der Schleife überprüft, ob es sich bei dem Ergebnis um den Startpunkt handelt. Wenn ja, wird die CSS-Klasse auf *target* gesetzt, andernfalls wird die Klasse auf das Kürzel des Landes gesetzt (*DE*, *AT* oder *CH*). Diese Klassen sind im Stylesheet definiert und färben den Text entsprechend unterschiedlich ein.

```
foreach($targets as $target) {
  ($target->id == $city->id) ? $class= 'target' :
        $class = $target->country;
  if ($format == "svg" || $format == "png") {
    $gr->addCircle($class,$target->X,$target->Y,1000);
    if ($show_names == "on") {
      $gr->addText($class, $target->X, $target->Y,
        trim($target->city)." ".trim($target->district),
        round($target->dist/1000));
    }
  } else {
    $city_table .= sprintf("<tr class=\"%s\">\n <td>%d. %s %s</td>".
      "<td>%d</td><td>%d</td><td>%d</td>\n</tr>\n",
      $class, $i++, $target->city, $target->district,
      round($target->dist/1000), $target->X, $target->Y);
  }
}
```

Soll die Ausgabe als Grafik erfolgen, wird die Funktion *addCircle* und bei Bedarf auch noch *addText* aus der entsprechenden Grafik-Klasse (*Svg* oder *Png*) aufgerufen. Bei der Ausgabe als HTML-Tabelle wird die String-Variable *$city_table* mit der *sprintf*-Funktion um eine Zeile erweitert.

Grafische Ausgabe als SVG

Nachdem Geodaten am einfachsten lesbar sind, wenn sie grafisch dargestellt werden, hat das Programm auch die Möglichkeit, die Ortspunkte mit Beschriftung als Vektorgrafik anzuzeigen. Die Ausgabe erfolgt in dem XML-basierten SVG-Format. SVG eignet sich für die Darstellung geografischer Daten besonders gut, da man für den Zeichenbereich ein eigenes Koordinatensystem angegeben kann. Das bedeutet, dass Sie die UTM-Koordinaten ohne Umrechnung in Pixel zeichnen können.

Um eine SVG-Grafik zu erzeugen, benötigen Sie keine zusätzlichen Bibliotheken. Sie übergeben einfach den korrekten *Content-Type* an den Browser (*image/svg+xml*) und schicken den XML-String hinterher:

```
    if ($format == "svg") {
      header("Content-Type: image/svg+xml");
      echo $gr->getGraphics();
      exit();
    } else if ($format == "png") {
...
```

Klassen für die SVG-Ausgabe

Zwei Klassen werden verwendet, um die grafische Ausgabe als SVG zu realisieren: *BoundingBox* und *Svg*.

Erstere enthält die Daten der Bounding Box in Echt-Koordinaten. In diesem Beispiel sind das Meter im UTM-Koordinatensystem. Die Klasse kann auf zwei Arten erzeugt werden: mit den Werten für *X*, *Y* und *Breite* und *Höhe* der Bounding Box oder mit einem Kreis, dessen Bounding Box zu verwenden ist. Dabei wird ein Problem mit der objektorientierten Implementierung in PHP sichtbar: Ein Konstruktor kann nicht überladen werden, d.h., auf zwei verschiedene Arten aufgerufen werden. Das Problem wird programmiertechnisch umgangen:

```
function __construct($xmin, $ymin, $width, $height=0) {
  if (func_num_args() == 3) {
    // Konstruktor wurde überladen: $width ist $radius
    $this->bbox[] = ($xmin-$width);
    $this->bbox[] = ($ymin-$width);
    $this->bbox[] = ($xmin+$width);
    $this->bbox[] = ($ymin+$width);
  } else {
    $this->bbox[] = $xmin;
    $this->bbox[] = $ymin;
    $this->bbox[] = ($xmin+$width);
    $this->bbox[] = ($ymin+$height);
  }
  ...
```

Der vierte Wert im Konstruktor wird mit einem Standardwert (0) initialisiert. Dadurch löst der Aufruf mit drei Parametern keine Warnung des Interpreters aus. In der Funktion wird überprüft, wie viele Argumente übergeben wurden (*func_num_-args*). Waren es drei, so wird das dritte Argument als Radius angenommen und die Box entsprechend zusammengesetzt.

Die Klasse enthält Funktionen zur unterschiedlichen Ausgabe der Bounding Box. Neben einem *WKT POLYGON* kann ein einfacher String (benötigt für die SVG-Bounding Box) oder ein SVG-Pfad ausgegeben werden. Außerdem ist eine Funktion zum Spiegeln der Koordinaten vorgesehen.

Der XML-String, der das SVG-Dokument darstellt, wird in der *Svg*-Klasse erzeugt. Dazu wäre es natürlich möglich, auf die DOM-Funktionen von PHP 5 zurückzugreifen und jeden Kreis und Text via *createElement* und *addChild* an das XML-Dokument anzuhängen. Da das SVG-Dokument in diesem Beispiel aber eine so flache Struktur hat, ist es einfacher, die Kreis- und Textelemente als Zeichenkette zusammenzusetzen.

Dem Konstruktor der *Svg*-Klasse wird die Bounding-Box-Klasse mit den darzustellenden Koordinaten übergeben. In der *viewbox*-Anweisung im SVG-Header werden die Bounding-Box-Koordinaten mit der Funktion *asString* abgerufen.

```
    function __construct($bbox) {
      $this->bbox = $bbox;
      $this->initSvg();
    }

    function initSvg() {
      $this->svg = <<<EOM
  <?xml version="1.0" encoding="utf-8" ?>
  <?xml-stylesheet href="ogdb.css" type="text/css"?>
  <svg xmlns="http://www.w3.org/2000/svg"
  width="800" height="600" viewBox="{$this->bbox->asString()}">
  EOM;
   }
```

Die Funktion *mirrorY* hat einen ganz speziellen Grund: In Amerika ist es üblich, bei technischen Zeichnungen den Ursprung des Koordinatensystems links oben zu setzen. In Europa sind wir es eher gewohnt, den Koordinatenursprung links unten zu suchen. Auch kartografische Koordinatensysteme referenzieren den Nullpunkt links unten. Wenn Sie in SVG zeichnen, müssen Sie die Y-Koordinate dementsprechend umkehren:

```
    function mirrorY($pt) {
      return $this->bbox[3]-$pt+$this->bbox[1];
    }
```

Wie Sie in Abbildung 13.4 sehen können, entspricht die Ausgabe nicht hohen kartografischen Ansprüchen, denn die Ortsnamen überdecken sich oftmals. Da das aber wirklich zu weit führen würde, wird dieses bescheidene Layout nicht weiter verfeinert.

PNG-Ausgabe

Um die Ausgabe als Pixelbild zu realisieren, gibt es die Klasse Png.php. Mit Hilfe der GD-Bibliothek wird dort ein PNG-Bild erzeugt (siehe Abbildung 13.6). Dessen Qualität kann zwar nicht mit der SVG-Ausgabe mithalten, dafür kann das Bild ohne mühsame Plugin-Installation auf jedem Browser dargestellt werden.

Im Konstruktor der Klasse wird der Skalierungsfaktor berechnet, über den die UTM-Koordinaten auf die Ausgabegröße in Pixel heruntergerechnet werden.

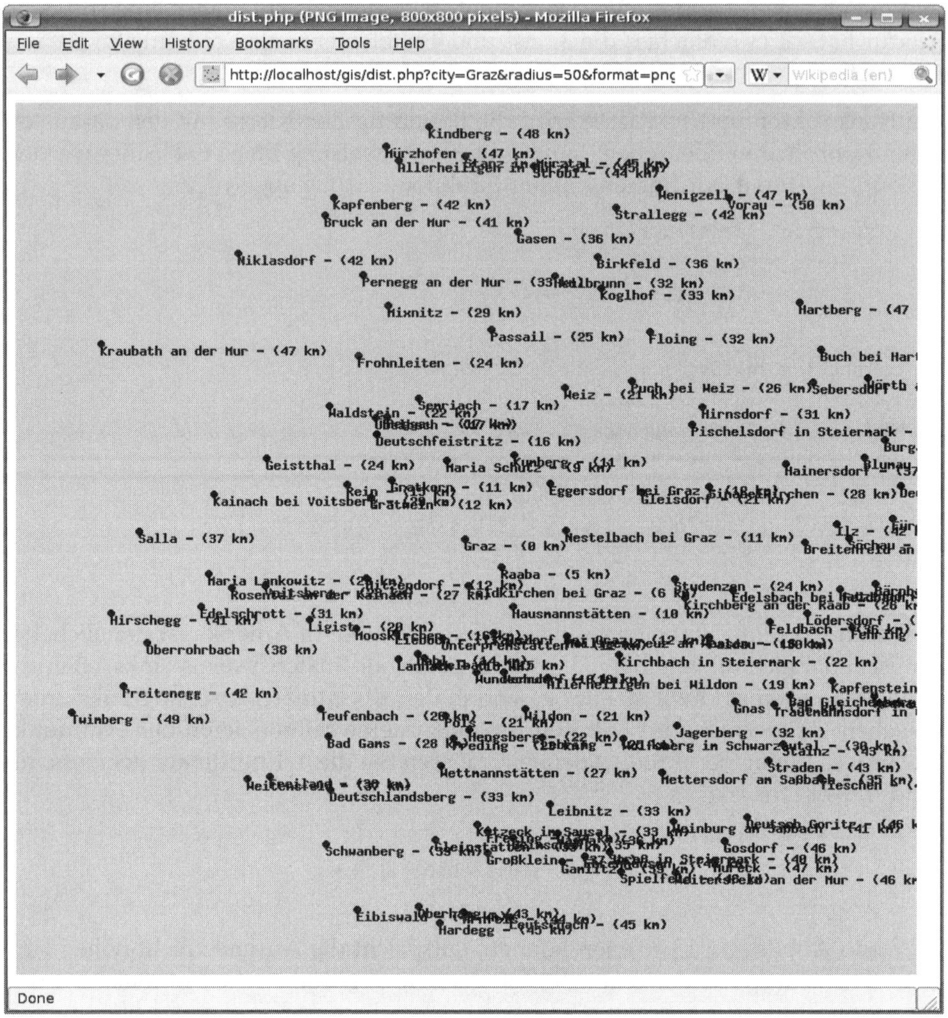

Abbildung 13.6: Screenshot von der Ausgabe als PNG-Grafik

```
function __construct($bbox) {
  $this->img = imagecreate(800,800);
  $bg = imagecolorallocate($this->img, 200, 200, 200);
  $this->scale = $bbox->width/800;
  $this->bbox = $bbox;
  $this->textCol = imagecolorallocate($this->img, 0, 0, 0);
}
```

Die Funktionen *addCircle* und *addText* funktionieren analog zur SVG-Klasse. *getGraphics* wandelt das Bild in das PNG-Format und gibt es aus.

```
function getGraphics() {
  imagepng($this->img);
}
```

Der objektorientierte Ansatz macht sich auch bei diesem kleinen Beispiel bezahlt, da es dadurch sehr einfach ist, ein neues Ausgabeformat hinzuzufügen. Wie wäre es mit einer grafischen Ausgabe der Ergebnisse als ASCII-Art?

14 Stored Procedures, Trigger und Events

Stored Procedures (SPs) sind selbst definierbare SQL-Prozeduren oder -Funktionen, die direkt vom MySQL-Server gespeichert und ausgeführt werden. SPs werden in einer eigenen, auf SQL basierenden Programmiersprache formuliert. Sie ermöglichen es, einen Teil der Logik einer Datenbankanwendung vom Client zum Server zu verlagern.

Mit SPs verwandt sind sogenannte *Trigger*: Dabei handelt es sich um SQL-Code, der automatisch bei *INSERT-*, *UPDATE-* und *DELETE*-Operationen ausgeführt wird. Auch bei *Events* handelt es sich um SQL-Code, der automatisch ausgeführt wird – diesmal aber zeitgesteuert. Sie können damit SQL-Code in regelmäßigen Zeitabständen ausführen.

In diesem Kapitel erfahren Sie zuerst, warum SPs überhaupt sinnvoll sind (höhere Geschwindigkeit, höhere Datensicherheit, weniger Coderedundanz etc.). Die weiteren Abschnitte beschreiben Details der SP-Implementierung in MySQL und geben eine Reihe von Anwendungsbeispielen. Nach einer kurzen Vorstellung von *Triggern* und *Events* endet das Kapitel mit einer Beschreibung des Programms phpMyIDE, das die Administration von SPs und Trigger über eine Weboberfläche ermöglicht.

MySQL-Versionen

Stored Procedures und Trigger wurden in Version 5.0 eingeführt, wobei die Implementierung lange Zeit relativ instabil war. Wenn Sie Stored Procedures nutzen, sollten Sie eine möglichst aktuelle MySQL-Version einsetzen, also idealerweise MySQL 5.1. Während der Arbeit an diesem Kapitel haben wir Version 5.1.25 verwendet. Alle hier vorgestellten SPs wurden mit dieser Version getestet.

Viele Details der SP-Implementierung haben sich in MySQL 5.0.*n* immer wieder geändert – und zwar auch, nachdem MySQL in Version 5.0.15 das Attribut *Generally Available* (GA) bekommen hat. Ab diesem Zeitpunkt sollten in MySQL eigentlich keine inkompatiblen Änderungen mehr durchgeführt werden. Leider haben sich die MySQL-Entwickler mehrfach nicht an diese Regel gehalten.

Noch neuer als SPs und Trigger sind *Events*, die es erst seit MySQL 5.1.6 gibt. Wenn Sie *Events* nutzen möchten, führt also definitv kein Weg an MySQL 5.1 vorbei.

Administrationswerkzeuge

Wenn Sie schon SP-Erfahrung mit anderen Datenbanksystemen haben, bedeutet MySQL für Sie wahrscheinlich einen Rückschritt: Es gibt weder überzeugende Entwicklungswerkzeuge noch Debugging-Funktionen. Den meisten Komfort bei der Erstellung, Verwaltung und beim Test von SPs bietet momentan der MySQL Query Browser. phpMyAdmin ist zur Administration von SPs gänzlich ungeeignet. Wenn Sie SPs über eine Webseite definieren bzw. ändern möchten, sollten Sie einen Blick auf das neue Projekt phpMyIDE werfen (siehe Abschnitt 14.9).

14.1 Wozu Stored Procedures?

Stored Procedures sind eine Sammlung von SQL-Kommandos, die direkt im MySQL-Server gespeichert und auch dort ausgeführt werden. Je nach Anwendung können sich daraus die folgenden Vorteile ergeben:

- **Höhere Geschwindigkeit:** Oft ist es so, dass zur Durchführung einer Datenbankoperation eine Menge Daten zwischen dem PHP-Programm und dem Datenbankserver hin- und hertransportiert werden müssen: Das PHP-Programm führt ein *SELECT*-Kommando aus, verarbeitet das Ergebnis, führt mit diesen Ergebnissen ein *UPDATE*-Kommando aus, ermittelt *LAST_INSERT_ID* etc. Wenn diese Schritte alle auf dem Server in einer SP stattfinden können, erspart das ganz offensichtlich eine Menge Kommunikation und Overhead zur Datenumwandlung.

  SPs haben zudem den Vorteil, dass der Datenbankserver den Code vorverarbeiten kann (so ähnlich, wie ein Compiler aus dem Quelltext eine Binärdatei erzeugt). Wie weit unter MySQL bereits derartige Optimierungsfunktionen zur Verfügung stehen und ob sie eine spürbare Geschwindigkeitssteigerung mit sich bringen, ist allerdings nicht dokumentiert.

  Beachten Sie, dass der Einsatz von SPs keine Garantie für eine höhere Geschwindigkeit ist! Einen Geschwindigkeitsvorteil werden Sie nur erzielen, wenn der Code der SP effizient ist. Da SQL aber eine viel primitivere Programmiersprache ist als PHP, ist in SPs nicht immer ein optimaler Code möglich.

  Der Einsatz von SPs führt dazu, dass der MySQL-Server stärker belastet ist, der Webserver mit PHP hingegen weniger. Ob das in der Summe gut oder schlecht ist, hängt von der Gesamtkonfiguration ab. Wenn der MySQL- und der Webserver auf unterschiedlichen Rechnern laufen und der MySQL-Server der Flaschenhals ist, kann die intensive Verwendung von SPs diese Situation verschlimmern, während gleichzeitig der Webserver weniger als bisher ausgelastet ist.

- **Vermeidung von Coderedundanzen, bessere Wartbarkeit:** Wenn mehrere Anwendungen auf dieselbe Datenbank zugreifen, gibt es meist in jedem Client-Programm gleiche oder ähnliche Codepassagen zur Überprüfung der Eingabewerte, zum Einfügen neuer Datensätze, zur Aktualisierung anderer Tabellen etc. Wenn derartiger Code in eine SP ausgelagert werden kann, vermeidet das nicht nur Coderedundanz, sondern macht gleichzeitig *alle* betroffenen Anwendungen besser wartbar. Bei Änderungen am Datenbankschema muss oft nur eine SP geändert werden, nicht aber der Code in allen möglichen Einzelanwendungen.
- **Erhöhung der Datensicherheit:** In manchen besonders sicherheitskritischen Branchen (z.B. bei Banken) ist es unerwünscht, dass Benutzerprogramme direkt auf Tabellen zugreifen dürfen. Stattdessen müssen Client-Programme für alle Datenbankoperationen SPs einsetzen. Es gibt also SPs, um Daten abzurufen (*SELECT*), um neue Daten einzufügen, vorhandene Daten zu ändern etc. Auf den ersten Blick erscheint das ziemlich umständlich zu sein – und tatsächlich ist die Erzeugung und Wartung der vielen SPs natürlich ein erheblicher Aufwand. Der Vorteil für den Datenbankadministrator besteht aber darin, dass jeder Datenzugriff kontrolliert und bei Bedarf auch protokolliert werden kann. Es lassen sich so beliebig strikte Sicherheitsregeln implementieren.

Stored Procedures haben natürlich nicht nur Vorteile. Zu den größten Nachteilen zählt, dass SPs nur schwer von einem Datenbanksystem auf ein anderes portiert werden können. Das liegt daran, dass fast jedes Datenbanksystem eine eigene Syntax bzw. eigene Syntaxerweiterungen für SPs unterstützt. Deswegen ist es mit riesigem Aufwand verbunden, SPs für den Microsoft SQL Server oder für Oracle auf MySQL zu portieren. Dasselbe gilt natürlich auch in der umgekehrten Richtung.

Trigger

Dieser Begriff aus der Datenbankwelt bezeichnet den automatischen Aufruf von SQL-Kommandos bzw. SPs vor oder nach *INSERT-*, *UPDATE-* oder *DELETE*-Kommandos. Damit können Sie beispielsweise bei jeder *UPDATE*-Operation testen, ob die geänderten Daten bestimmte Regeln einhalten. Aufwendige Trigger können allerdings dazu führen, dass der Datendurchsatz drastisch sinkt. Dieses Buch behandelt Trigger in Abschnitt 14.7.

14.2 Hello SP-World!

Den besten Einstieg in die Welt der *Stored Procedures* vermittelt ein kleines Beispiel. Die Funktion *shorten* verkürzt Zeichenketten auf eine vorgegebene Maximallänge. *shorten("abcdefghijklmnopqrstuvwxyz", 15)* liefert beispielsweise die Zeichenkette *"abcde ... vwxyz"*.

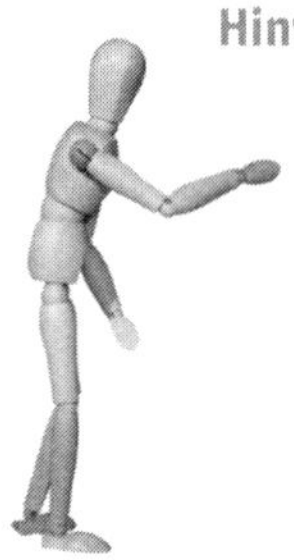

Hinweis

Es gibt zwei Typen von *Stored Procedures*: Prozeduren und Funktionen. Die beiden Typen unterscheiden sich in mehreren Punkten, die im Detail in den folgenden Abschnitten behandelt werden. So viel vorweg: Funktionen können Werte zurückgeben, während Prozeduren Rückgabeparameter unterstützen und eine größere Auswahl an SQL-Kommandos zulassen (z.B. *SELECT* und *INSERT*). Prozeduren müssen mit *CALL* aufgerufen werden, während Funktionen in gewöhnliche SQL-Kommandos eingebettet werden können. Das Beispiel in diesem Abschnitt zeigt die Definition einer Funktion.

14.2.1 Kommandointerpreter mysql

Zur Eingabe bzw. zum Testen der Funktion stehen verschiedene Programme zur Wahl: der Kommandointerpreter mysql, der MySQL Query Browser (siehe etwas weiter unten), die MySQL Workbench (wird hier nicht behandelt) sowie das PHP-Projekt phpMyIDE (siehe Abschnitt 14.9)

Für erste Experimente verwenden Sie den Kommandointerpreter mysql. Zum Start führen Sie unter Linux einfach in einer Konsole das Kommando mysql -u root -p aus und geben dann das gewünschte Passwort ein. Unter Windows führen Sie stattdessen Programme | MySQL | MySQL Server | MySQL Command Line Client aus.

SP definieren

In mysql machen Sie *mylibrary* zur aktiven Datenbank und ändern dann das Delimiter-Zeichen von ; in $$. Diese beiden Zeichen kennzeichnen das Ende der Eingabe. Da der Code einer SP selbst das Zeichen ; enthalten kann, ist ; als Delimiter-Zeichen ungeeignet. Denken Sie daran, dass Sie von nun an alle Eingaben mit $$ abschließen müssen!

```
mysql> use mylibrary
mysql> delimiter $$
```

Der nächste Schritt besteht darin, die neue Funktion *shorten* zu definieren. Versuchen Sie, bei der Eingabe Tippfehler zu vermeiden! Wenn mysql einen Fehler bemerkt, können Sie Ihre Eingabe zwar korrigieren, dieser Prozess ist aber sehr unübersichtlich.

```
mysql> CREATE FUNCTION shorten(s VARCHAR(255), n INT)
    ->   RETURNS VARCHAR(255)
    -> BEGIN
    ->   IF ISNULL(s) THEN
    ->     RETURN '';
    ->   ELSEIF n<15 THEN
    ->     RETURN LEFT(s, n);
    ->   ELSE
    ->     IF CHAR_LENGTH(s) <= n THEN
    ->       RETURN s;
    ->     ELSE
    ->       RETURN CONCAT(LEFT(s, n-10), ' ... ', RIGHT(s, 5));
    ->     END IF;
    ->   END IF;
    -> END$$
Query OK, 0 rows affected (0.00 sec)
```

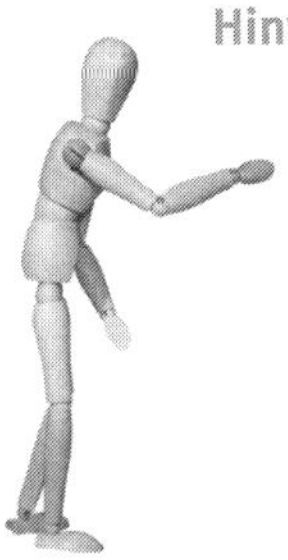

Hinweis

Beachten Sie bitte, dass Sie das obige SQL-Kommando *nicht* in einem SQL-Fenster von phpMyAdmin ausführen können, weil phpMyAdmin das Zeichen ; als Kommandoende interpretiert. Damit wird nur ein Teil der Definition als Kommando verarbeitet und führt zu einem Fehler.

Der Code von *shorten* sollte leicht verständlich sein. An die Funktion müssen zwei Parameter übergeben werden: eine Zeichenkette *s* und eine ganze Zahl *n* mit der Maximallänge des Ergebnisses. Die Funktion liefert eine Zeichenkette (Datentyp *VARCHAR(255)*) zurück. Wenn *n* kleiner ist als 15, werden zu lange Zeichenketten einfach durch die SQL-Zeichenkettenfunktion *LEFT* auf die gewünschte Anzahl verkürzt. Wenn *n* größer ist als 15, werden zu lange Zeichenketten so zerlegt, dass das Ergebnis die ersten *n-10* und die letzten 5 Zeichen enthält. Dazwischen wird *' ... '* eingefügt.

SP ausprobieren

Nach der erfolgreichen Definition der Funktion können Sie diese nun ausprobieren. Dabei sehen Sie, dass Sie eigene Funktionen in gewöhnlichen SQL-Kommandos einsetzen können.

```
mysql> SELECT shorten("abcdefghijklmnopqrstuvwxyz", 15)$$
  abcde ... vwxyz
```

```
mysql> SELECT title, shorten(title, 20) FROM titles LIMIT 10$$
  A Guide to the SQL Standard            A Guide to ... ndard
  A Programmer's Introduction to PHP 4.0 A Programm ... P 4.0
  Alltid den där Annette                 Alltid den ... nette
  Anklage Vatermord                      Anklage Vatermord
  Apache Webserver 2.0                   Apache Webserver 2.0
  Client/Server Survival Guide           Client/Ser ... Guide
  Comédia Infantil                       Comédia Infantil
  CSS-Praxis                             CSS-Praxis
  Dansläraren Återkomst                  Dansl ärare ... komst
  Darwins Radio                          Darwins Radio
```

Wenn Ihnen das Kommandoende $$ auf die Nerven geht, stellen Sie mysql einfach wieder in den Defaultmodus zurück:

```
mysql> delimiter ;
```

14.2.2 MySQL Query Browser

Statt des Kommandointerpreters mysql können Sie auch den MySQL Query Browser einsetzen. Dessen SP-Funktionen bieten wesentlich mehr Komfort als der Kommandointerpreter mysql.

SP definieren

Zur Eingabe einer neuen SP wählen Sie mit DATEI | VORGABESCHEMA ÄNDERN die gewünschte Datenbank *mylibrary* aus und führen dann das Kommando SKRIPT | GESPEICHERTE PROZEDUR/FUNKTION ANLEGEN aus. Nachdem Sie den gewünschten Namen und den Typ (Prozedur oder Funktion) angegeben haben, erstellt der Query-Browser eine Schablone, die Sie nur noch durch den Code vervollständigen müssen (siehe Abbildung 14.1). Wenn Sie fertig sind, speichern Sie die neue SP durch AUSFÜHREN. Falls dabei ein Syntaxfehler auftritt, müssen Sie die Ausführung durch STOP beenden. Anschließend beheben Sie den Fehler und versuchen es noch einmal.

SP testen

Um die neue Funktion auszuprobieren, führen Sie DATEI | NEUE ERGEBNISSEITE aus, geben das Kommando *SELECT shorten(title, 20), title FROM titles* ein und klicken auf AUSFÜHREN (siehe Abbildung 14.2).

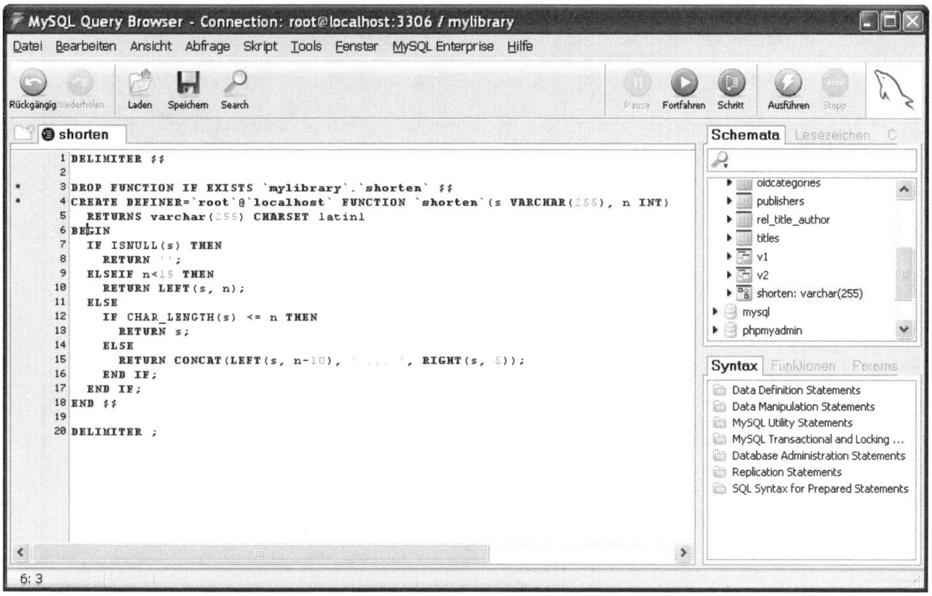

Abbildung 14.1: Definition einer eigenen Funktion im MySQL Query Browser

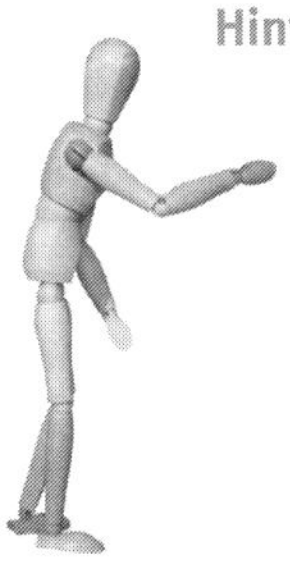

Hinweis

Der Query Manager sieht die Möglichkeit vor, Haltepunkte zu setzen und SQL-Kommandos einzeln auszuführen. Leider beziehen sich diese Funktionen nur auf mehrere hintereinandergereihte SQL-Kommandos. Es ist nicht möglich, innerhalb einer SP einen Haltepunkt zu setzen oder den Code einer SP Schritt für Schritt auszuführen.

Eine weitere Einschränkung der Query Manager besteht darin, dass es keine Möglichkeit gibt, mehrere Kommandos hintereinander auszuführen und deren Ergebnisse anzusehen: In einer ERGEBNISSEITE akzeptiert das Programm nur ein SQL-Kommando; in SKRIPT-TABS können Sie zwar beliebig viele Kommandos angeben und ausführen, haben aber keine Möglichkeit, deren Ergebnisse zu ermitteln.

Der Query Manager stellt für die Ausführung jedes Kommandos eine neue Verbindung her. Aus diesem Grund gehen Variablen und temporäre Tabellen nach jedem Kommando sofort wieder verloren. Kurz und gut: Der Query Manager ist zwar ein praktisches Werkzeug, um SPs zu definieren und zu verwalten, allerdings gänzlich ungeeignet, um diese SPs dann zu testen.

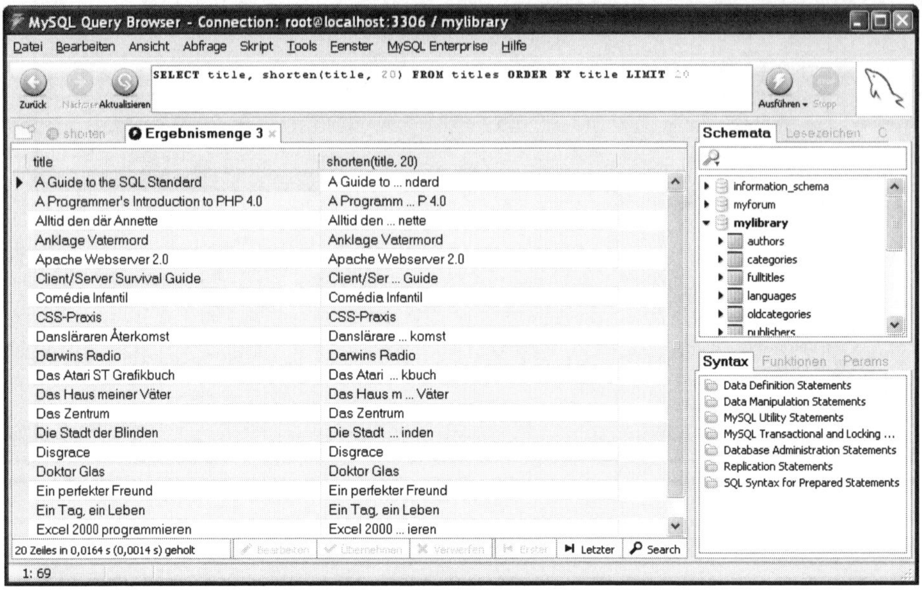

Abbildung 14.2: Test einer Funktion im MySQL Query Browser

SP ändern

Solange Sie das Dialogblatt zur Definition der Funktion *shorten* noch geöffnet haben, können Sie die Funktion dort ändern. Wenn Sie das Dialogblatt schon geschlossen haben bzw. wenn Sie eine andere SP verändern möchten, wählen Sie die SP im Dialogblatt *Schemata* aus und öffnen sie per Kontextmenü mit FUNKTION/PROZEDUR BEARBEITEN. Vergessen Sie nicht, den geänderten SQL-Code anschließend auszuführen – der Code wird nicht automatisch übernommen bzw. gespeichert!

14.3 Implementierungsdetails

SQL:2003-Standard: Es wurde bereits erwähnt, dass (fast) jedes Datenbanksystem eine eigene SP-Syntax unterstützt. Die Syntax von SPs in MySQL basiert erfreulicherweise auf einem Standard, nämlich SQL:2003. SPs in MySQL sind damit weitgehend kompatibel zu SPs des Datenbanksystems IBM DB/2. Sie sind allerdings inkompatibel zu SPs von Oracle oder Microsoft SQL Server. MySQL wird in Zukunft möglicherweise auch eine Schnittstelle anbieten, die es erlaubt, SPs mit externen Programmiersprachen zu formulieren.

Interne Speicherung von SPs: MySQL speichert SPs in der Tabelle *mysql.proc*. In den Spalten dieser Tabelle werden die zugrunde liegende Datenbank, der Name und der Typ (*PROCEDURE* oder *FUNCTION*) der SP, die Parameter, der eigentliche Code sowie diverse andere Attribute gespeichert (siehe Abbildung 14.3). Beachten Sie, dass jede SP einer Datenbank zugeordnet ist (Spalte *db*). Die folgende

Abfrage ermittelt alle SPs der *mylibrary*-Datenbank und ordnet sie nach Typ und Name:

```
SELECT name, type, specific_name, is_deterministic, definer
FROM mysql.proc
WHERE db='mylibrary'
ORDER BY type, name
```

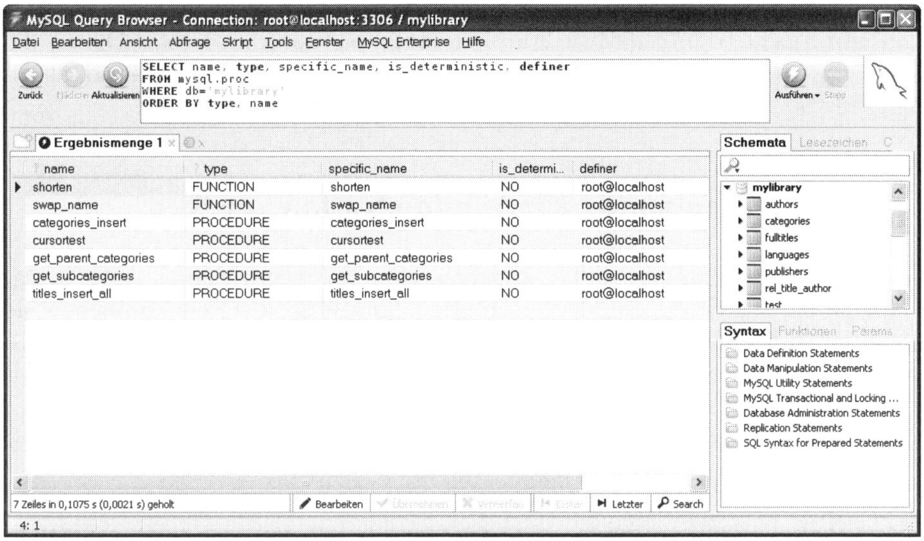

Abbildung 14.3: MySQL-interne Speicherung von Stored Procedures

Sicherheit

Neue SPs erzeugen bzw. vorhandene SPs verändern oder löschen dürfen nur Benutzer, die über die Privilegien ***Create Routine*** bzw. ***Alter Routine*** verfügen. Das Privileg ***Execute*** entscheidet darüber, welche MySQL-Benutzer SPs ausführen dürfen. Alle drei Privilegien können im Rahmen der Benutzeradministration eingestellt werden (siehe Abschnitt 7.2).

Selbst wenn der aktuelle Benutzer das Recht hat, SPs auszuführen, bleibt noch die Frage offen, welche Datenbank-Operationen für die SP erlaubt sind. (Darf durch die SP beispielsweise ein Datensatz aus einer Tabelle gelöscht werden?) MySQL unterscheidet im Kommando *CREATE PROCEDURE/FUNCTION* zwischen zwei Varianten:

- *SQL SECURITY INVOKER:* SPs, die mit dieser Option definiert sind, haben dieselben Zugriffsrechte wie der MySQL-Benutzer, der die SP *ausführt*. Die SP darf also Datensätze löschen, wenn dies auch der Benutzer darf, der die SP startet.

- *SQL SECURITY DEFINER:* In diesem Fall hat die SP dieselben Rechte wie der MySQL-Benutzer, der die SP *definiert* hat. Dieser Sicherheitsmodus gilt standardmäßig. (Vorsicht: SPs, die von *root* definiert wurden, haben uneingeschränkte Rechte auf alle Datenbanken!)

Backup

Bei den meisten Backup-Werkzeugen müssen Sie explizit angeben, dass Sie auch SPs sichern möchten. In phpMyAdmin aktivieren Sie dazu im Export-Dialog die Option FÜGE CREATE PROCEDURE / FUNCTION HINZU. Beim Kommando `mysqldump` geben Sie zusätzlich die Option `-R` oder `--routines` an.

14.4 SQL-Kommandos zur Administration von SPs

Dieser Abschnitt beschreibt die SQL-Kommandos zur Administration von SPs. Damit können Sie SPs erzeugen, verändern oder löschen. In der Regel brauchen Sie diese Kommandos nur, wenn Sie mittels PHP-Code SPs administrieren möchten. In allen anderen Fällen ist es einfacher, Administrationswerkzeuge wie den SQL Query Browser einzusetzen.

SPs erzeugen

Wie das Hello-World-Beispiel bereits demonstriert hat, werden neue SPs durch *CREATE FUNCTION* (für Funktionen) bzw. *CREATE PROCEDURE* erzeugt. Die folgenden Zeilen fassen die Syntax dieser Kommandos zusammen:

```
CREATE [definer] FUNCTION name ([parameterliste]) RETURNS datentyp
[optionen] sqlcode

CREATE [definer] PROCEDURE name ([parameterliste])
[optionen] sqlcode
```

Beide Kommandos ordnen die SP der aktuellen Datenbank zu. Es ist zulässig, dass eine Funktion und eine Prozedur jeweils denselben Namen haben. Als *definer* ist optional einer der beiden folgenden Ausdrücke zulässig:

- *DEFINER = CURRENT_USER* (gilt standardmäßig): Ordnet der SP den aktuellen Benutzer zu.
- *DEFINER = user:* Ordnet der SP einen anderen MySQL-Benutzer zu. Das erfordert das *Super*-Privileg und ist für alle SPs von Bedeutung, die im Kontext *SQL SECURITY DEFINER* ausgeführt werden.

Bei der Definition können die folgenden Optionen angegeben werden:

- *LANGUAGE SQL*: Die einzig zulässige Einstellung für die Option *LANGUAGE* lautet momentan *SQL*. Zukünftige MySQL-Versionen werden vielleicht die Möglichkeit bieten, SPs auch in anderen Programmiersprachen zu definieren.
- *[NOT] DETERMINISTIC*: Eine SP gilt dann als deterministisch, wenn sie bei gegebenen Parametern immer dasselbe Ergebnis liefert. (SPs, deren Ergebnis vom Inhalt einer Datenbanktabelle abhängt, sind somit nichtdeterministisch!)

  Standardmäßig gelten SPs als nichtdeterministisch. Deterministische SPs können aber besonders effizient ausgeführt werden. Beispielsweise ist es möglich, das Ergebnis der SP für bestimmte Parameter in einem Cache zu speichern. Derartige Optimierungsverfahren gibt es allerdings erst ab der MySQL-Version 5.1.21.
- *SQL SECURITY DEFINER* oder *INVOKER*: Der *SQL-SECURITY*-Modus gibt an, mit welchen Zugriffsrechten die SP ausgeführt wird.
- *COMMENT 'text'*: Der Kommentar *text* wird zusammen mit der SP gespeichert.

Innerhalb des Codes einer SP trennen Strichpunkte einzelne Kommandos. Diese Strichpunkte können Probleme bei der Ausführung von *CREATE*-Kommandos bereiten. Wenn Sie den Kommandointerpreter mysql verwenden, müssen Sie mit *delimiter* ein anderes Trennzeichen einstellen (siehe das Einführungsbeispiel in Abschnitt 14.2). Weitere Details zur Definition der Parameterliste sowie zu den SP-Syntaxregeln für den eigentlichen Code folgen in Abschnitt 14.5.

SPs löschen

Die beiden folgenden Kommandos löschen eine vorhandene SP bzw. Funktion. Die optionalen Schlüsselwörter *IF EXISTS* bewirken, dass das Kommando auch dann ohne Fehler ausgeführt wird, wenn die zu löschende SP gar nicht existiert.

```
DROP FUNCTION  [IF EXISTS] name
```

```
DROP PROCEDURE [IF EXISTS] name
```

SPs ändern

Mit *ALTER* können Sie den Namen sowie einige Optionen einer SP ändern:

```
ALTER FUNCTION/PROCEDURE name
  [NAME newname]
  [SQL SECURITY DEFINER/INVOKER]
  [COMMENT 'newcomment']
```

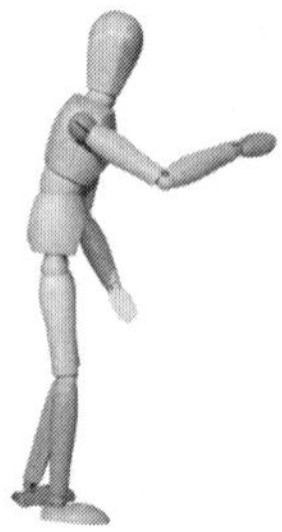

Hinweis

MySQL bietet keine Möglichkeit, den Code einer vorhandenen SP zu ändern. Wenn Sie das möchten, müssen Sie die SP zuerst mit *DROP* löschen und dann mit *CREATE* neu erzeugen.

Vorhandene SPs einer Datenbank feststellen

Die beiden Kommandos *SHOW PROCEDURE STATUS* und *SHOW FUNCTION STATUS* liefern eine Liste aller definierten Prozeduren bzw. Funktionen. Durch *LIKE pattern* können Sie die Ausgabe auf solche Prozeduren/Funktionen einschränken, deren Namen dem Suchmuster entsprechen. Sie erhalten aber in jedem Fall die SPs aller Datenbanken (nicht nur die der gerade aktuellen Datenbank). Im folgenden Beispielkommando wurden einige Ergebnisspalten aus Platzgründen weggelassen.

```
SHOW FUNCTION STATUS
```

Db	*Name*	*Type*	*Definer*	*Security_type*	*Comment*
mylibrary	factorial	FUNCTION	root@192.168.80.1	DEFINER	
mylibrary	shorten	FUNCTION	root@192.168.80.1	DEFINER	
mylibrary	shortentest	FUNCTION	root@localhost	DEFINER	
mylibrary	swap_name	FUNCTION	root@192.168.80.1	DEFINER	
test	test	FUNCTION	root@localhost	DEFINER	

Noch wesentlich ausführlichere Informationen gibt die virtuelle Tabelle *information_schema.routines*. Sie enthält alle Daten der Tabelle *mysql.proc*, verwendet aber zum Teil andere Spaltennamen.

```
SELECT routine_name, routine_type, created
FROM information_schema.routines
WHERE routine_schema='mylibrary'
```

routine_name	*routine_type*	*created*
categories_insert	PROCEDURE	2008-01-31 11:29:16
...		
test	FUNCTION	2008-02-06 10:43:11
titles_insert_all	PROCEDURE	2008-01-31 11:29:17

Den Code einer SP ermitteln

Sobald Sie den Namen einer SP wissen, können Sie auch deren Code ermitteln. Dazu führen Sie das Kommando *SHOW CREATE FUNCTION/PROCEDURE name* aus:

```
SHOW CREATE FUNCTION shorten
```

Function	*sql_mode*	*Create Function*
shorten	...	`CREATE FUNCTION 'shorten'(s VARCHAR(255), n INT) RETURNS VARCHAR(255) BEGIN IF ISNULL(s) THEN RETURN ''; ELSEIF n<15 THEN RETURN LEFT(s, n); ELSE IF CHAR_LENGTH(s) <= n THEN RETURN s; ELSE RETURN CONCAT(LEFT(s, n-10), ' ... ', RIGHT(s, 5)); END IF; END IF; END`

```
CREATE FUNCTION 'shorten'(s VARCHAR(255), n INT)
  RETURNS VARCHAR(255)
BEGIN
  IF ISNULL(s) THEN
    RETURN '';
  ELSEIF n<15 THEN
    RETURN LEFT(s, n);
  ELSE
    IF CHAR_LENGTH(s) <= n THEN
      RETURN s;
    ELSE
      RETURN CONCAT(LEFT(s, n-10), ' ... ',
                    RIGHT(s, 5));
    END IF;
  END IF;
END
```

14.5 SP-Syntax und Sprachelemente

SPs bestehen im Wesentlichen aus einer Aneinanderreihung ganz gewöhnlicher SQL-Kommandos, wie Sie sie in den Kapiteln 9 und 10 bereits kennengelernt haben. Daneben stehen in SPs aber auch einige zusätzliche Kommandos zur Verfügung, mit denen Sie Schleifen und Verzweigungen bilden können, alle Datensätze einer Tabelle einzeln durchlaufen können (sogenannte Cursor-Funktionen) etc. Diese SP-spezifischen SQL-Kommandos stehen im Mittelpunkt dieses Abschnitts.

Es gibt zwei Typen von SPs, nämlich Prozeduren und Funktionen. Die folgende Tabelle fasst die wichtigsten Unterschiede zusammen.

	Prozeduren	Funktionen
Aufruf	Nur mit *CALL*	In allen SQL-Kommandos möglich, z.B. in *SELECT*- oder *UPDATE*-Kommandos
Rückgabe	Können ein oder mehrere *SELECT*-Ergebnisse zurückgeben	Geben einen einzelnen Wert zurück (Kommando *RETURN*); der Datentyp des Rückgabewerts muss in der Deklaration mit *RETURNS type* angegeben werden.
Parameter	Wert- und Rückgabeparameter zulässig (*IN, OUT, INOUT*)	Nur Wertparameter zulässig (entspricht *IN*), keine Kennzeichnung der Parameter
Im Code zulässige Kommandos	Fast alle SQL-Kommandos	Kommandos wie *SELECT, SHOW* oder *EXPLAIN*, die tabellarische Ergebnisse liefern, sind nicht zulässig. *SELECT ... INTO var ...* ist aber erlaubt.
Gegenseitiger Aufruf	Dürfen andere Prozeduren und Funktionen aufrufen	Dürfen nur Funktionen aufrufen (keine Prozeduren!)
Rekursion	Zulässig	Nicht zulässig

Tabelle 14.1: Unterschiede zwischen Prozeduren und Funktionen

14.5.1 Allgemeine Syntaxregeln

Die folgenden Punkte fassen die wichtigsten Syntaxregeln für SPs zusammen:

- **Strichpunkt:** SPs dürfen aus beliebig vielen SQL-Kommandos bestehen. Die Kommandos müssen durch Strichpunkte voneinander getrennt werden. Auch Kontrollstrukturen für Verzweigungen und Schleifen müssen mit einem Strichpunkt abgeschlossen werden.
- **BEGIN-END:** Mehrere Kommandos, die nicht zwischen Schlüsselwörtern einer Kontrollstruktur stehen (also z.B. zwischen *THEN* und *END IF*), müssen zwischen *BEGIN* und *END* gestellt werden. Aus diesem Grund muss der Code jeder SP, die aus mehr als einer Anweisung besteht, mit *BEGIN* eingeleitet und mit *END* abgeschlossen werden.
- **Zeilenwechsel:** Zeilenwechsel im Code haben syntaktisch dieselbe Bedeutung wie Leerzeichen. Es spielt also keine Rolle, ob Sie eine *IF-THEN-ELSE-END IF*-Konstruktion über mehrere Zeilen verteilen oder alle Kommandos in einer einzigen Zeile angeben

- **Variablen:** Lokale Variablen (SP-interne Variablen) und Parameter werden ohne vorangestelltes @-Zeichen verwendet.

  Sie können innerhalb von SPs aber auch auf gewöhnliche SQL-Variablen zugreifen, die wie üblich durch ein vorangestelltes @-Zeichen gekennzeichnet werden müssen.

- **Groß- und Kleinschreibung:** Weder bei der Definition noch beim Aufruf von SPs wird zwischen Groß- und Kleinschreibung unterschieden. Es ist also gleichgültig, ob Sie als Funktionsnamen *shorten*, *SHORTEN* oder *Shorten* angeben.

  Aus diesem Grund ist es unmöglich, mehrere Funktionen oder Prozeduren zu definieren, die sich nur in der Groß- und Kleinschreibung des Namens unterscheiden.

  Es ist aber zulässig, dass es jeweils eine Funktion und eine Prozedur mit demselben Namen gibt, weil MySQL beim Aufruf eindeutig differenzieren kann, ob die Funktion oder die Prozedur gemeint ist.

- **Sonderzeichen:** Vermeiden Sie die Verwendung internationaler Zeichen wie ä, ö, ü und ß in SP-Namen! MySQL akzeptiert diese Zeichen zwar im *CREATE*-Kommando, sie können aber zu Problemen bei der Administration und Nutzung der Prozeduren und Funktionen führen.

- **Kommentare:** Kommentare werden mit -- eingeleitet und gelten bis zum Ende der Zeile.

14.5.2 Aufruf von SPs (CALL)

Wie bereits mehrfach erwähnt wurde, unterscheidet MySQL zwischen zwei Typen von SPs: Funktionen und Prozeduren. Diese beiden Typen werden auch auf unterschiedliche Weise aufgerufen.

SPs sind einer Datenbank zugeordnet. Wenn Sie eine SP einer anderen Datenbank aufrufen möchten, müssen Sie den Namen der Datenbank voranstellen, also beispielsweise *CALL dbname.spname()*.

Funktionen

Funktionen werden wie vordefinierte SQL-Funktionen in gewöhnlichen SQL-Kommandos integriert. Die *shorten*-Funktion aus dem Hello-World-Abschnitt kann beispielsweise so aufgerufen werden:

```
SELECT shorten("eine lange Zeichenkette", 15)

SELECT shorten(title, 30), shorten(subtitle, 20) FROM titles

UPDATE titles SET title = shorten(title, 70)
WHERE CHAR_LENGTH(title)>70
```

Mit *SET* oder *SELECT INTO* können Sie das Ergebnis einer Funktion auch in einer SQL-Variablen speichern, die Sie dann in weiteren SQL-Kommandos einsetzen.

```
SET @s = "eine ganz lange Zeichenkette"
```

```
SET @a = shorten(@s, 15)
```

```
SELECT shorten(@s, 10) INTO @b
```

```
SELECT @s, @a, @b
```

@s	*@a*	*@b*
eine ganz lange Zeichenkette	eine ... kette	eine ganz

Prozeduren

Prozeduren müssen mit *CALL* aufgerufen werden. Sie können als Ergebnis eine Tabelle zurückgeben (so wie ein *SELECT*-Kommando). Es ist nicht möglich, Prozeduren auf eine andere Weise in SQL-Kommandos einzubinden.

Die folgenden Beispiele greifen auf die zwei Prozeduren *get_title* und *half* zurück:

```
PROCEDURE get_title(IN id INT)
BEGIN
  SELECT title, subtitle, publName
  FROM titles, publishers
  WHERE titleID=id
  AND titles.publID = publishers.publID;
END
```

```
PROCEDURE half(IN a INT, OUT b INT)
BEGIN
  SET b = a/2;
END
```

get_title verhält sich wie ein *SELECT*-Kommando. Das überrascht nicht – die Prozedur enthält ja nichts anderes.

```
CALL get_title(1)
```

title	*subtitle*	*publName*
Linux	Installation, Konfiguration, Anwendung	Addison-Wesley

Bei Prozeduren mit Rückgabeparametern (*OUT* oder *INOUT*) kann das Ergebnis nur ausgewertet werden, wenn als Parameter eine SQL-Variable übergeben wird.

```
CALL half(10, @result)
```

```
SELECT @result
```

result
5

Rekursion

Prozeduren (nicht aber Funktionen) dürfen andere Prozeduren oder auch sich selbst aufrufen. Das ermöglicht die Realisierung rekursiver Algorithmen. Die maximale Rekursionstiefe wird seit MySQL 5.0.17 durch die Systemvariable *max_sp_-recursion_depth* eingestellt. Der Defaultwert lautet 0. Damit Rekursion funktioniert, müssen Sie einen höheren Wert einstellen. Diese Anweisung ist auch innerhalb einer SP erlaubt und gilt bis zum Ende der Verbindung.

```
SET @@max_sp_recursion_depth=100
```

14.5.3 Parameter und Rückgabewert

Für Funktionen und Prozeduren gelten ein wenig abweichende Regeln für die Definition der Parameterliste und für die Möglichkeiten, Ergebnisse zurückzugeben. Dieser Abschnitt fasst die Syntaxelemente und Varianten zusammen.

Parameter von Prozeduren

Prozeduren werden durch das *CREATE-PROCEDURE*-Kommando erzeugt. Die Parameterliste ist optional. Beachten Sie aber, dass Sie auch bei Prozeduren ohne Parameter die runden Klammern angeben müssen.

```
CREATE PROCEDURE name ( [parameterliste] )
[optionen] sqlcode
```

Wenn es mehrere Parameter gibt, müssen diese durch Kommas voneinander getrennt werden. Jeder einzelne Parameter wird wie folgt angegeben:

```
[IN oder OUT oder INOUT] parametername datentyp
```

Die Schlüsselwörter *IN*, *OUT* bzw. *INOUT* geben an, ob der Parameter nur für Eingaben, nur für Ausgaben oder für den Datentransport in beide Richtungen geeignet ist. (Standardmäßig gilt *IN*.)

Als Datentyp sind alle in MySQL zulässigen Datentypen erlaubt, also beispielsweise *INT* oder *VARCHAR(n)* oder *DOUBLE*. Anders als bei der Definition von Spalten einer Tabelle ist es aber nicht möglich, zusätzlich zum Datentyp weitere Attribute wie *NULL* oder *NOT NULL* anzugeben. MySQL bemüht sich, die übergebenen Daten in den gewünschten Typ umzuwandeln (z.B. die Zeichenkette "123" in die Zahl 123); gelingt das nicht, kommt es bereits beim Aufruf der Prozedur zu einem Fehler.

Achtung

Achten Sie darauf, dass Sie Ihren Parametern Namen geben, die sich von den Spalten- und Tabellennamen unterscheiden! Andernfalls kann es zu Doppeldeutigkeiten bei der Formulierung von SQL-Kommandos im Code der Prozedur kommen.

Stellen Sie in der SP sicher, dass die Parameter enthalten, was Ihre Prozedur erwartet (z.B. *IF ISNULL(parameter) THEN ...*)!

Ergebnis von Prozeduren (SELECT)

Prozeduren bieten anders als Funktionen keine Möglichkeit, einen einzelnen Ergebniswert zurückzugeben. Dafür sind in Prozeduren aber gewöhnliche *SELECT*-Kommandos erlaubt. Die Prozeduren liefern dann das Ergebnis dieses Kommandos zurück.

Es ist sogar zulässig, dass eine Prozedur mehrere *SELECT*-Kommandos hintereinander ausführt. Die Prozedur liefert dann entsprechend mehrere Ergebnistabellen. Damit Sie diese in PHP auswerten können, müssen Sie die Prozedur mit *$mysqli->multi_query* ausführen.

Parameter von Funktionen

Das *CREATE*-Kommando zur Erzeugung neuer Funktionen sieht ganz ähnlich wie bei Prozeduren aus:

```
CREATE FUNCTION name ([parameterliste]) RETURNS datentyp
[optionen] sqlcode
```

Ein wesentlicher Unterschied besteht allerdings darin, dass Funktionen keine Rückgabeparameter unterstützen. Aus diesem Grund sind die Schlüsselwörter *IN*, *OUT* bzw. *INOUT* in der Parameterliste nicht erlaubt.

Ergebnis von Funktionen (RETURN)

Funktionen können mit dem Kommando *RETURN* einen Ergebniswert zurückgeben. *RETURN* beendet gleichzeitig die Funktionen. *RETURN* darf nur in Funktionen, nicht in Prozeduren verwendet werden.

Der Datentyp des Rückgabewerts muss im Anschluss an die Parameterliste mit *RETURNS* angegeben werden.

14.5.4 Kapselung von Kommandos (BEGIN/END)

Jede Prozedur oder Funktion, die aus mehr als einem SQL-Kommando besteht, muss mit *BEGIN* eingeleitet und mit *END* abgeschlossen werden. *BEGIN-END*-Konstrukte sind auch innerhalb des Codes möglich, beispielsweise in einem *IF*-Zweig oder in einer Schleife, wenn dort lokale Variablen, Bedingungen, *handler* oder Cursor deklariert werden sollen. (Was Bedingungen, *handler* und Cursor sind, erfahren Sie in den folgenden Abschnitten.)

Innerhalb des *BEGIN-END*-Blocks muss eine vorgegebene Reihenfolge eingehalten werden:

```
BEGIN
  DECLARE variables;
  DECLARE cursors;
  DECLARE conditions;
  DECLARE handler;
  andere SQL-Kommandos;
END;
```

Vor *BEGIN* kann optional ein Label angegeben werden. Derselbe Name muss dann auch hinter *END* angegeben werden. Eine Benennung des Blocks ist dann zweckmäßig, wenn Sie den Block vorzeitig mit *LEAVE* verlassen möchten. Die folgenden Zeilen fassen die Syntax einer derartigen Konstruktion zusammen:

```
blockname: BEGIN
  kommandos;
  IF bedingung THEN LEAVE blockname; END IF;
  weitere kommandos;
END blockname;
```

14.5.5 Variablen

Grundsätzlich muss zwischen zwei Typen von Variablen unterschieden werden:

- **Gewöhnliche SQL-Variablen:** Solchen Variablen wird das Zeichen @ vorangestellt. Diese Variablen können in SPs ebenso verwendet werden wie in gewöhnlichen SQL-Kommandos (siehe auch Abschnitt 9.8). Sie behalten ihren Inhalt bis zum Ende der Verbindung mit dem MySQL-Server.
- **Lokale Variablen und Parameter:** Diese Variablen werden ohne das Zeichen @ verwendet. Sie müssen vor ihrer Verwendung durch *DECLARE* definiert werden. Der Inhalt lokaler Variablen geht verloren, sobald die Ausführung der Prozedur bzw. Funktion endet.

  Die Variablen sind innerhalb der *BEGIN-END*-Gruppe lokal, in der sie definiert sind. Das bedeutet, dass es innerhalb einer Prozedur mehrere gleichnamige Variablen in unterschiedlichen Gültigkeitsebenen geben kann (siehe das folgende Beispiel). Beim rekursiven Aufruf von SPs hat jede Instanz der SP eigene Variablen, die von den anderen Instanzen unabhängig sind (wie in PHP).

Welchen Typ von Variablen Sie in SPs einsetzen, bleibt Ihnen überlassen. Um Nebenwirkungen nach außen zu vermeiden, sind lokale Variablen meist vorzuziehen. Gewöhnliche Variablen können bei rekursiven Funktionen vorteilhaft sein, weil sie ihren Wert durch alle Funktions- bzw. Prozeduraufrufe bewahren.

DECLARE

Die Deklaration lokaler Variablen muss innerhalb einer *BEGIN-END*-Gruppe und vor anderen Kommandos dieser Gruppe erfolgen. Die Syntax von Variablendeklarationen sieht so aus:

```
DECLARE varname1, varname2, ...  datentyp [DEFAULT wert];
```

Sie müssen also für alle lokalen Variablen den gewünschten Datentyp angeben. Lokale Variablen enthalten per Default *NULL*, es sei denn, Sie geben einen anderen Defaultwert an.

Achtung

Achten Sie unbedingt darauf, dass die Namen Ihrer Variablen nicht mit denen von Spalten oder Tabellen übereinstimmen, die Sie in der SP verwenden! Das ist zwar syntaktisch erlaubt, führt aber häufig zu schwer auffindbaren Fehlern (die sich beispielsweise darin äußern, dass eine Variable trotz anders lautenden Zuweisungen immer *NULL* enthält).

Das folgende Beispiel demonstriert die Gültigkeitsebenen lokaler Variablen. Es gibt hier drei Variablen, die alle *x* heißen, aber in unterschiedlichen Ebenen des Codes deklariert und daher voneinander unabhängig sind. Wenn Sie die Prozedur aufrufen, gibt sie drei Ergebnisse zurück, und zwar 2, 1 und schließlich 0.

```
CREATE PROCEDURE test()
BEGIN
  DECLARE x INT DEFAULT 0;
  BEGIN
    DECLARE x INT DEFAULT 1;
    IF TRUE THEN
      BEGIN
        DECLARE x INT DEFAULT 2;
        SELECT x;
      END;
    END IF;
    SELECT x;
  END;
  SELECT x;
END
```

Variablenzuweisungen

Variablenzuweisungen der Art *x=x+1* sind in SQL nicht zulässig. Stattdessen müssen Sie entweder *SET* oder *SELECT INTO* verwenden. *SELECT INTO* ist eine Variante zu *SELECT*, bei der das Kommando mit *INTO varname* endet. Diese Variante ist nur für *SELECTs* zulässig, die einen einzelnen Datensatz als Ergebnis liefern (nicht mehrere Datensätze). In Funktionen kann nur *SET* eingesetzt werden, weil dort die Verwendung von *SELECT* und diversen anderen SQL-Kommandos unzulässig ist.

```
SET var1=wert1, var2=wert2, var3=wert3 ...

SELECT var:=wert

SELECT 2*7 INTO var

SELECT COUNT(*) FROM table WHERE bedingung INTO var

SELECT title, subtitle FROM titles WHERE titleID=...
INTO mytitle, mysubtitle
```

14.5.6 Verzweigungen

IF-THEN-ELSE-Verzweigung

Die SQL-Syntax für *IF*-Verzweigungen sieht so aus:

```
IF bedingung THEN
  kommandos;
[ELSE IF bedingung THEN
  kommandos;]
[ELSE
  kommandos;]
END IF;
```

Wie bereits erwähnt wurde, ist die Verwendung von *BEGIN* und *END* innerhalb von Kontrollstrukturen nicht erforderlich. Die Bedingung kann wie mit *WHERE* bzw. *HAVING* in *SELECT*-Abfragen formuliert werden.

Statt der hier vorgestellten *IF*-Struktur können Sie in einfachen Fällen auch die *IF*-Funktion einsetzen, die in Abschnitt 10.4 vorgestellt wurde.

CASE-Verzweigung

CASE ist eine syntaktische Variante zu *IF*, die sich besonders gut eignet, wenn sämtliche Fallunterscheidungen von nur einem Ausdruck abhängig sind.

```
CASE ausdruck
WHEN wert1 THEN
   kommandos;
[WHEN wert2 THEN
   kommandos;]
[ELSE
   kommandos;]
END CASE;
```

14.5.7 Schleifen

MySQL bietet eine ganze Menge unterschiedlicher Varianten zur Bildung von Schleifen. Es gibt aber eine prominente Ausnahme: *FOR*-Schleifen werden zurzeit nicht unterstützt.

REPEAT-UNTIL

Die Anweisungen zwischen *REPEAT* und *UNTIL* werden so lange ausgeführt, bis die Bedingung erstmals erfüllt ist. Da die Bedingung erst am Ende des Schleifenkörpers ausgewertet wird, kommt es mindestens zu einem Schleifendurchgang.

Die Schleife kann optional durch ein Label bezeichnet werden. Derselbe Schleifenname muss dann auch am Ende der Schleife angegeben werden. Eine Benennung der Schleife ist dann zweckmäßig, wenn Sie die Schleife mit *LEAVE* vorzeitig verlassen bzw. einen Schleifendurchgang mit *ITERATE* wiederholen möchten (siehe unten).

```
[schleifenname:] REPEAT
    kommandos;
UNTIL bedingung
END REPEAT [schleifenname];
```

Die folgenden Zeilen zeigen ein Beispiel für eine *REPEAT-UNTIL*-Schleife. *test(n)* gibt eine Zeichenkette zurück, die *n*-mal das Zeichen * enthält. (Das ginge natürlich auch einfacher. Hier geht es nur um die Veranschaulichung der Syntax.)

```
CREATE FUNCTION test(n INT) RETURNS TEXT
BEGIN
  DECLARE i INT DEFAULT 0;
  DECLARE s TEXT DEFAULT '';
  myloop: REPEAT
    SET i = i+1;
    SET s = CONCAT(s, "*");
  UNTIL i>=n END REPEAT;
  RETURN s;
END
```

```
SELECT test(5)
test(5)
-------
*****
```

WHILE

Die Anweisungen zwischen *DO* und *END WHILE* werden ausgeführt, solange die Bedingung erfüllt ist. Da die Bedingung am Beginn des Schleifenkörpers ausgewertet wird, kann es passieren, dass der Schleifenkörper nie durchlaufen wird (wenn die Bedingung von Anfang an nicht erfüllt ist). Falls Sie *LEAVE* oder *ITERATE* einsetzen möchten, müssen Sie die Schleife durch ein Label bezeichnen.

```
[schleifenname:] WHILE bedingung DO
    kommandos;
END WHILE [schleifenname];
```

LOOP

Die Anweisungen zwischen *LOOP* und *END LOOP* werden so lange ausgeführt, bis die Schleife mit *LEAVE schleifenname* verlassen wird. Die Angabe des Schleifennamens ist zwar syntaktisch nicht vorgeschrieben, in der Praxis aber unumgänglich (es sei denn, Sie wollen eine Endlosschleife bilden).

```
schleifenname: LOOP
  kommandos;
END LOOP schleifenname;
```

Die folgenden Zeilen zeigen ein Beispiel für eine *LOOP*-Schleife. *test(n)* liefert abermals eine Zeichenkette mit *n* Sternchen.

```
CREATE FUNCTION test (n INT) RETURNS TEXT
BEGIN
  DECLARE i INT DEFAULT 0;
  DECLARE s TEXT DEFAULT '';
  myloop: LOOP
    SET i = i+1;
    SET s = CONCAT(s, "*");
    IF i>=n THEN LEAVE myloop; END IF;
  END LOOP myloop;
  RETURN s;
END
```

LEAVE und ITERATE

LEAVE schleifenname beendet eine Schleife vorzeitig. *LEAVE* kann auch dazu eingesetzt werden, durch Label bezeichnete *BEGIN-END*-Blöcke abzubrechen.

ITERATE schleifenname bewirkt hingegen, dass die Kommandos des Schleifenkörpers nochmals ausgeführt werden. Anders als *LEAVE* kann *ITERATE* nicht für *BEGIN-END*-Blöcke verwendet werden.

14.5.8 Fehlerabsicherung (Handler)

Bei der Ausführung von SQL-Kommandos innerhalb einer SP können Fehler auftreten. SQL sieht deswegen mit sogenannten *Handlern* einen Mechanismus vor, auf solche Fehler zu reagieren.

Ein *Handler* muss nach den Deklarationen von Variablen, Cursorn und Bedingungen, aber vor den SQL-Kommandos des *BEGIN-END*-Blocks definiert werden. Dabei gilt die folgende Syntax:

```
DECLARE typ HANDLER FOR bedingung1, bed2, bed3 ... kommando;
```

- *typ:* Zulässige Typen sind momentan *CONTINUE* oder *EXIT*. *CONTINUE* bedeutet, dass die Programmausführung beim Eintreten eines Fehlers einfach mit dem nächsten Kommando fortgesetzt wird. *EXIT* bedeutet, dass der *BEGIN-END*-Block verlassen wird und das Programm dahinter fortgesetzt wird. (Zukünftige MySQL-Versionen werden als dritte Variante auch *UNDO* unterstützen.)
- *bedingung:* Die Bedingung bzw. die Bedingungen zählen auf, unter welchen Umständen der Handler aktiv werden soll. Zur Formulierung der Bedingung gibt es wiederum mehrere Möglichkeiten:

  SQLSTATE 'fehlercode': gibt einen spezifischen Fehlercode an.

  SQLWARNING: erfasst alle 01*nnn-SQLSTATE*s.

  NOT FOUND: erfasst alle 02*nnn-SQLSTATE*s.

  SQLEXCEPTION: erfasst alle anderen Fehler (also *SQLSTATE*-Codes, die nicht mit 01 oder 02 beginnen).

  mysqlfehlernummer: gibt statt des *SQLSTATE*-Codes die MySQL-Fehlernummer an.

  conditionname: verweist auf eine Bedingung, die durch *DECLARE CONDITION* formuliert wurde (siehe unten).
- *kommando:* Dieses Kommando wird beim Auftreten eines Fehlers ausgeführt. Üblicherweise wird darin eine Variable gesetzt, die im weiteren Code ausgewertet wird. Auf das Kommando kann nicht verzichtet werden (auch nicht bei *DECLARE EXIT HANDLER*).

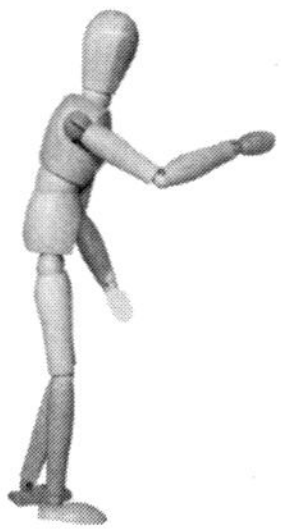

Hinweis

Ein Beispiel für eine Fehlerabsicherung finden Sie in Abschnitt 14.5.9.

Der Unterschied zwischen MySQL-Fehlernummern und *SQLSTATE*-Werten besteht darin, dass erstere MySQL-spezifisch sind, zweitere dagegen standardisiert. Beispielsweise entspricht der MySQL-Fehler 1329 (*No data to fetch*) dem *SQLSTATE*-Fehlercode *'02000'*. Eine Liste aller MySQL-Fehlercodes und der dazugehörigen *SQLSTATE*-Werte finden Sie im MySQL-Online-Handbuch unter:

http://dev.mysql.com/doc/refman/5.1/en/error-handling.html

Bedingungen (Conditions)

Bedingungen (*Conditions*) ermöglichen es, bestimmten Fehlercodes einen klareren Namen zu geben. Eine Bedingung muss vor den *Handlern* definiert werden. Der Name der Bedingung kann dann in den *Handlern* verwendet werden. Die Syntax einer *Condition* sieht so aus:

```
DECLARE name CONDITION FOR bedingung;
```

Die Bedingung kann wahlweise durch *SQLSTATE 'fehlercode'* oder durch *mysql-fehlernummer* formuliert werden (siehe oben). Das folgende Beispiel zeigt die Deklaration einer Variablen, einer *condition* und eines *handlers* für den Fehler *duplicate key*.

```
DECLARE dupkey VARCHAR(100);
DECLARE duplicate_key CONDITION FOR SQLSTATE '23000';
DECLARE CONTINUE HANDLER FOR duplicate_key SET myerror='dupkey';
```

Fehler auslösen

Manchmal wäre es hilfreich, wenn Sie in einer SP beim Eintreten einer bestimmten Situation (bzw. bei der Übergabe eines fehlerhaften Parameters) einen Fehler auslösen könnten. IBM DB2 sieht dafür das SQL-Kommando *SIGNAL SQLSTATE xxx* vor. In MySQL fehlt ein entsprechendes Kommando leider noch.

Die einzige Möglichkeit besteht momentan darin, gezielt ein fehlerhaftes Kommando auszuführen. Hierfür bietet sich in Prozeduren z.B. *SELECT `fehlermeldung`* oder *SET `fehlermeldung`=0* an. Die nach rechts gerichteten Apostrope bezeichnen normalerweise den Namen einer Datenbank, Tabelle oder Spalte. Durch das Kommando wird daher der Fehler *Unknown column 'fehlermeldung' in 'field list'* ausgelöst. Das ist zwar ein wenig irreführend, hat aber immerhin den Vorteil, dass die eigene Fehlermeldung Teil der MySQL-Fehlernachricht ist.

In Funktionen ist die Ausführung von *SELECT* nicht zulässig. Hier können Sie sich mit *RETURN `fehlermeldung`* behelfen. Das führt dann zum Fehler *Unknown column 'fehlermeldung' in 'order clause'*.

Fehlersuche

handler und *conditions* helfen bei der Absicherung von SPs gegen Fehler. Weitaus schwieriger ist es aber oft, eigene Fehler bei der SP-Entwicklung zu lokalisieren. MySQL stellt für SPs keinen Debugger zur Verfügung, und die Fehlermeldungen sind oft wenig hilfreich. Um während der Ausführung einer SP zumindest eine Vorstellung davon zu bekommen, welchen Wert eine Variable gerade hat bzw. welcher Codezweig gerade ausgeführt wird, können Sie bei Prozeduren das *SELECT*-Kommando zur Ausgabe von Variablen oder Texten missbrauchen. (Fügen Sie einfach ein *SELECT varname;* in eine Schleife ein ...)

14.5.9 Cursor

Aus dem alltäglichen Leben kennen Sie den Begriff Cursor als Mauszeiger oder als den Ort innerhalb eines Dokuments, wo Texteingaben möglich sind. In der Datenbanksprache bezeichnet ein Cursor dagegen einen Zeiger auf einen bestimmten Datensatz einer Tabelle. Cursor geben die Möglichkeit, alle Datensätze einer Tabelle in einer Schleife zu durchlaufen und zu verarbeiten. Typische Anwendungen sind das selektive Kopieren von modifizierten Daten aus einer Tabelle in eine zweite oder Änderungen am Inhalt einer umfangreichen Tabelle, die sich nicht oder nur schwer in einem *UPDATE*-Kommando formulieren lassen.

Der Einsatz von Cursorn ist umstritten: Cursor-Anhänger sehen darin ein praktisches Werkzeug, um bestimmte Operationen besonders einfach auszuführen. Gegner betrachten Cursor hingegen als ein Zeichen schlechter Programmierung und verweisen darauf, dass es zu fast jedem Problem eine cursor-freie Lösung gibt, deren Code oft nicht nur eleganter, sondern auch effizienter ist. Letztlich kann Ihnen niemand die Entscheidung für oder wider Cursor abnehmen. Wenn Sie große Datenmengen verarbeiten müssen, sollten Sie sich allerdings nicht blind darauf verlassen, dass ein Algorithmus mit Cursor schneller oder langsamer arbeitet als einer ohne. Probieren Sie es einfach aus!

Syntax

Die Verwendung von Cursorn erfolgt in mehreren Schritten: Als Erstes müssen Sie den Cursor mit *DECLARE cursorname CURSOR FOR SELECT ...;* deklarieren. Dabei können Sie jedes beliebige *SELECT*-Kommando verwenden. Anschließend müssen Sie den Cursor mit *OPEN cursorname* aktivieren.

Erst jetzt steht Ihnen das Kommando *FETCH cursorname INTO var1, var2 ...* zur Verfügung. Sie lesen damit den nächsten Datensatz in die Variablen *var1, var2* etc. ein, wobei die erste Spalte des Datensatzes in *var1* gespeichert wird, die zweite Spalte in *var2* etc. (Die Variablen müssen vorher im richtigen Typ deklariert werden. Achten Sie darauf, dass die Variablen *nicht* exakt mit den Spaltennamen übereinstimmen – andernfalls kommt es häufig zu Problemen!)

Die offensichtliche Frage, die sich jetzt stellt, lautet: Was passiert, nachdem *FETCH* alle *SELECT*-Ergebnisse gelesen hat? Die Antwort ist einfach: Es tritt der MySQL-Fehler 1329 auf (*No data to fetch*), dem der *SQLSTATE* 02000 zugeordnet ist. Dieser Fehler ist nicht zu vermeiden, aber er kann durch einen *Handler* abgefangen werden (siehe den vorigen Abschnitt). Aus diesem Grund ist die Fehlerabsicherung ein zwingender Bestandteil jeder SP, die Cursor einsetzt. Als Fehlerbedingung wird oft *NOT FOUND* verwendet, wodurch alle *SQLSTATE*-Werte 02*nnn* erfasst werden.

Der Cursor kann mit *CLOSE cursorname* geschlossen werden. Darauf wird aber zumeist verzichtet, weil das automatisch geschieht, sobald der *BEGIN-END*-Block mit der Cursor-Deklaration abgearbeitet wird.

Beispiel

Die folgenden Zeilen zeigen eine einfache Anwendung für einen Cursor: Die Prozedur durchläuft alle Datensätze der *titles*-Tabelle und summiert die Zeichenanzahl für Titel und Untertitel. Diese Summe wird durch die Anzahl der Datensätze dividiert, was die durchschnittliche Länge von Titel plus Untertitel ergibt. Die Cursor-Kommandos inklusive der Fehlerabsicherung sind fett hervorgehoben.

```
CREATE PROCEDURE cursortest(OUT avg_len DOUBLE)
BEGIN
  DECLARE t, subt VARCHAR(100);
  DECLARE done INT DEFAULT 0;
  DECLARE n BIGINT DEFAULT 0;
  DECLARE cnt INT;

  DECLARE mycursor CURSOR FOR
    SELECT title, subtitle FROM titles;

  DECLARE CONTINUE HANDLER FOR NOT FOUND SET done=1;
  SELECT COUNT(*) FROM titles INTO cnt;
  OPEN mycursor;
  myloop: LOOP
    FETCH mycursor INTO t, subt;
    IF done=1 THEN LEAVE myloop; END IF;
    SET n = n + CHAR_LENGTH(t);
    IF NOT ISNULL(subt) THEN
      SET n = n + CHAR_LENGTH(subt);
    END IF;
  END LOOP myloop;
  SET avg_len = n/cnt;
END
```

Die folgenden Zeilen zeigen den Aufruf der Prozedur und die Auswertung des Ergebnisses, das durch einen Rückgabeparameter in die Variable *@result* geschrieben wird:

```
CALL cursortest(@result)
SELECT @result
```

@result
29.47

Natürlich hätte dieses Ergebnis ohne eine SP viel effizienter durch ein einfaches SQL-Kommando ermittelt werden können:

```
SELECT (SUM(CHAR_LENGTH(title)) + SUM(CHAR_LENGTH(subtitle))) /
       COUNT(*) AS avg_len
FROM titles
```

avg_len
29.47

14.6 SP-Beispiele

Dieser Abschnitt illustriert anhand einer ganzen Reihe von Beispielen Anwendungsmöglichkeiten von SPs. Sämtliche Beispiele basieren auf der in Kapitel 8 vorgestellten Datenbank *mylibrary*.

14.6.1 Kategorie einfügen

Die folgende Prozedur fügt eine neue Kategorie in die *categories*-Tabelle ein. An die Prozedur müssen der neue Kategoriename und die *parentCatID*-Nummer übergeben werden. Die Prozedur liefert die neue *catID*-Nummer zurück, so dass auf die sonst übliche Ermittlung von *last_insert_id* verzichtet werden kann. Wenn an die Prozedur falsche Daten übergeben werden (z.B. eine leere Zeichenkette, *NULL*, falsche *parentCatID*-Nummer), ist der Rückgabewert -1. Wenn es schon eine gleichnamige Kategorie innerhalb der durch *parentCatID* spezifizierten Gruppe gibt, fügt die Prozedur keine neue Kategorie ein und liefert die *catID*-Nummer der schon existierenden Kategorie zurück.

Das Beispiel zeigt also, dass eine entsprechend programmierte *insert*-SP wesentlich mehr kann als ein einfaches *INSERT*-Kommando. Je nach Anwendung sind natürlich auch alle möglichen anderen Tests möglich, etwa ob ein Wert innerhalb eines zulässigen Bereichs liegt etc. Wenn Sie als Datenbank-Administrator den Benutzern kein *INSERT*-Privileg geben und sie stattdessen dazu zwingen, alle Daten über *insert*-SPs einzufügen, können Sie viele Fehleinträge in Tabellen vermeiden. (Natürlich sollten Sie nun auch eine entsprechende *update*-SP zur Verfügung stellen, damit Fehleinträge nicht auf diese Weise in die Datenbank kommen.)

Der Code besteht aus lauter gewöhnlichen SQL-Kommandos in Kombination mit einigen *IF*-Abfragen und sollte auf Anhieb verständlich sein. Der *BEGIN-END*-Block hat den Namen *proc*. Das ermöglicht es, die Codeausführung mit *LEAVE proc* abzubrechen. Beachten Sie, dass in der getesteten MySQL-Version die Systemvariable *@@last_insert_id* veraltete Werte enthielt, die Funktion *LAST_INSERT_ID()* aber den richtigen Wert.

```
CREATE PROCEDURE categories_insert
  (IN newcatname VARCHAR(60), IN parent INT, OUT newid INT)
proc: BEGIN
  DECLARE cnt INT;
  SET newid=-1;

  -- basic validation
  SELECT COUNT(*) FROM categories
  WHERE parentCatID=parent INTO cnt;
  IF ISNULL(newcatname) OR TRIM(newcatname)="" OR cnt=0 THEN
    LEAVE proc;
  END IF;

  -- test if category already exists
  SELECT COUNT(*) FROM categories
  WHERE parentCatID=parent AND catName = newcatname
  INTO cnt;
  IF cnt=1 THEN
    SELECT catID FROM categories
    WHERE parentCatID=parent AND catName = newcatname
    INTO newid;
    LEAVE proc;
  END IF;

  -- actually insert new category
  INSERT INTO categories (catName, parentCatID)
  VALUES (newcatname, parent);
  SET newid = LAST_INSERT_ID();
END proc
```

Hinweis

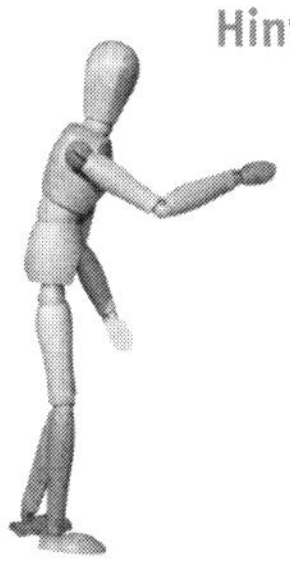

Bei einigen älteren MySQL-Versionen (z.B. 5.0.18) müssen Sie die beiden Vergleiche *catName = newcatname* in der folgenden Form durchführen:

catName COLLATE latin1_german1_ci =
newcatname COLLATE latin1_german1_ci

Damit stellen Sie sicher, dass für den Vergleich die Sortierordnung *latin1_german1_ci* verwendet wird, und verhindern den Fehler *Illegal mix of collations (latin1_german1_ci, IMPLICIT) and (latin1_swedish_ci, IMPLICIT) for operation '='*. Bei aktuellen MySQL-Versionen tritt dieses Problem nicht mehr auf.

So wird die Prozedur verwendet:

```
CALL categories_insert('Microsoft Access', 2, @catid)
SELECT @catid
```

@catid
90

14.6.2 Titel einfügen

Mit der folgenden Prozedur können Sie einen Buchtitel samt Autoren und Verlag in die *mylibrary*-Datenbank einfügen. Wenn ein Buch mehrere Autoren hat, müssen diese durch Strichpunkte voneinander getrennt sein. Der Aufruf von *titles_insert_all* sieht beispielsweise so aus:

```
CALL titles_insert_all(
  'Programmieren mit der .NET-Klassenbibliothek',
  'Addison-Wesley', 'Eller Frank;Schwichtenberg Holger', @newID)
```

Bemerkenswert an der Prozedur ist, dass sie sich gleich um vier Tabellen kümmert: Der Titel wird in der *titles*-Tabelle gespeichert, und Autoren bzw. Verlage werden in den *authors*- und *publishers*-Tabellen gespeichert, soweit sie dort noch nicht existieren. Außerdem werden in *rel_title_authors* die Querverweise zwischen dem neuen Titel und den Autoren eingefügt.

title_insert_all erkennt Autoren auch dann, wenn Vor- und Nachname vertauscht sind, wenn Sie also *Stephen King* statt *King Stephen* angeben. Dazu werden die vorhandenen Autoren sowohl mit *author* als auch mit *swap_name(author)* verglichen. (Der Code von *swap_name* folgt etwas weiter unten.)

Diese Vorsichtsmaßnahme stellt sicher, dass die Autorentabelle keine offensichtlichen Doppelgänger enthält (einmal *Stephen King*, einmal *King Stephen*). Die korrekte Schreibweise neuer Autoren (Familienname zuerst) kann damit zwar auch nicht sichergestellt werden, aber zumindest ist eine nachträgliche Korrektur jetzt sehr einfach: Es muss lediglich der Autorenname richtig gestellt werden. (Wenn ein Teil der Titel mit dem richtig geschriebenen Autor, ein anderer Teil mit dem falsch geschriebenen Autor verknüpft ist, sind umfassendere Änderungen erforderlich.)

Natürlich wären noch diverse Erweiterungsmöglichkeiten denkbar, etwa zusätzliche Parameter für die restlichen Spalten der *titles*-Tabelle, eine genauere Validierung aller Parameter etc. Aber die Idee der Prozedur sollte klar sein.

Das Beispiel macht freilich auch klar, dass SP-Code oft recht umständlich und nicht immer besonders leicht zu lesen ist. Derselbe Algorithmus würde in PHP zwar auch nicht weniger Zeilen beanspruchen, wäre aber wahrscheinlich besser verständlich und auf Dauer besser zu warten. (Das macht auch klar, warum viele Datenbankadministratoren vor einem übertriebenen Einsatz von SPs warnen. Die Wartung vieler SPs kann rasch zum Alptraum werden ...)

```
CREATE PROCEDURE titles_insert_all
  (IN newtitle VARCHAR(100), IN publ VARCHAR(60),
   IN authList VARCHAR(255), OUT newID INT)
proc: BEGIN
  DECLARE cnt, pos INT;
  DECLARE aID, pblID, ttlID INT;
  DECLARE author VARCHAR(60);
  SET newID=-1;
  -- Verlag suchen bzw. speichern
  SELECT COUNT(*) FROM publishers
  WHERE publname = publ INTO cnt;
  IF cnt=1 THEN
    SELECT publID FROM publishers
    WHERE publname = publ INTO pblID;
  ELSE
    INSERT INTO publishers (publName) VALUES (publ);
    SET pblID = LAST_INSERT_ID();
  END IF;
  -- Titel speichern
  INSERT INTO titles (title, publID) VALUES (newtitle, pblID);
  SET ttlID = LAST_INSERT_ID();
  -- Schleife über alle Autoren in authList
  authloop: WHILE NOT (authList="") DO
    SET pos = LOCATE(";", authList);
    IF pos=0 THEN
      SET author = TRIM(authList);
      SET authList ="";
    ELSE
      SET author = TRIM(LEFT(authList, pos-1));
      SET authList = SUBSTR(authList, pos+1);
    END IF;
    IF author = "" THEN ITERATE authloop; END IF;
    -- Autor suchen bzw. speichern
    SELECT COUNT(*) FROM authors
    WHERE authName = author OR authName = swap_name(author)
    INTO cnt;
    IF cnt>=1 THEN
      SELECT authID FROM authors
      WHERE authName = author OR authName = swap_name(author)
      LIMIT 1 INTO aID;
    ELSE
      INSERT INTO authors (authName) VALUES (author);
      SET aID = LAST_INSERT_ID();
    END IF;
```

```
      -- rel_title_authors aktualisieren
      INSERT INTO rel_title_author (titleID, authID)
      VALUES (ttlID, aID);
    END WHILE authloop;

    -- Rückgabewert
    SET newID=ttlID;
  END proc

  CREATE FUNCTION swap_name(s VARCHAR(100)) RETURNS VARCHAR(100)
  BEGIN
    DECLARE pos, clen INT;
    SET s = TRIM(s);
    SET clen = CHAR_LENGTH(s);
    SET pos =  LOCATE(" ", REVERSE(s));
    IF pos = 0 THEN RETURN s; END IF;
    SET pos = clen-pos;
    RETURN CONCAT(SUBSTR(s, pos+2), " ", LEFT(s, pos));
  END
```

14.6.3 Übergeordnete Kategorien ermitteln

Die Prozedur *get_parent_categories* liefert ausgehend von einer *catID*-Nummer eine Tabelle mit allen übergeordneten Kategorien. Am einfachsten ist das anhand eines Beispiels zu verstehen:

```
CALL get_parent_categories(57)
```

catID	***catName***
11	All books
1	Computer books
56	Operating Systems
57	Linux

Die Prozedur erzeugt eine temporäre *MEMORY*-Tabelle (die sich also nur im RAM befindet, nicht auf der Festplatte) und speichert dort alle Kategorien. Dabei dient die Spalte *level* nur dazu, die Reihenfolge zu speichern, in der die Kategorien eingefügt werden. Die Ergebnistabelle wird in umgekehrter Reihenfolge sortiert.

Wenn die *startid*-Nummer gültig ist, werden die entsprechenden Kategoriedaten in die Variablen *id, pid* und *cname* gelesen. Der Zähler *i* sowie *id* und *cname* werden in die neue Tabelle *_parent_cats* eingefügt.

In der folgenden Schleife wird so lange die übergeordnete Kategorie gesucht, bis *parentCatID* den Wert *NULL* hat. Auch hier werden die gefundenen Daten in *_parent_cats* eingefügt.

Nach dem Ende der Schleife wird der Inhalt der temporären Tabelle durch *SELECT* ausgegeben. Diese Ausgabe ist also das Ergebnis der Prozedur. Die temporäre Tabelle wird nicht mehr benötigt und daher gelöscht.

```
CREATE PROCEDURE get_parent_categories(startid INT)
BEGIN
  DECLARE i, id, pid, cnt INT DEFAULT 0;
  DECLARE cname VARCHAR(60);
  DROP TABLE IF EXISTS __parent_cats;
  CREATE TEMPORARY TABLE __parent_cats
    (level INT, catID INT, catname VARCHAR(60)) ENGINE = MEMORY;
  main: BEGIN
    -- startid überprüfen
    SELECT COUNT(*) FROM categories WHERE catID=startID INTO cnt;
    IF cnt=0 THEN LEAVE main; END IF;
    -- die startid-Kategorie in __parent_cats einfügen
    SELECT catID, parentCatID, catName
    FROM categories WHERE catID=startID
    INTO id, pid, cname;
    INSERT INTO __parent_cats VALUES(i, id, cname);
    -- Schleife zur Suche nach übergeordneten Kategorien
    parentloop: WHILE NOT ISNULL(pid) DO
      SET i=i+1;
      SELECT catID, parentCatID, catName
      FROM categories WHERE catID=pid
      INTO id, pid, cname;
      INSERT INTO __parent_cats VALUES(i, id, cname);
    END WHILE parentloop;
  END main;
  SELECT catID, catname FROM __parent_cats ORDER BY level DESC;
  DROP TABLE IF EXISTS __parent_cats;
END
```

14.6.4 Hierarchisch geordnete Kategorieliste liefern

Während im vorigen Beispiel alle übergeordneten Kategorien gesucht wurden, ermittelt *get_subcategories* alle untergeordneten Kategorien. Das ist insofern komplizierter, als die Unterkategorien verästelt sein können. *get_subcategories* greift deswegen auf die rekursive Prozedur *find_subcategories* zurück, die ausgehend von einer gegebenen Kategorie alle Unterkategorien findet.

get_subcategories nutzt wie *get_parent_categories* eine temporäre Tabelle zur Speicherung der Resultate. Ein wesentlicher Unterschied besteht allerdings darin, dass die Tabelle zum Schluss nicht wieder gelöscht wird. Die Tabelle bleibt vielmehr als Resultat von *get_subcategories* übrig. Wie die folgenden Beispiele zeigen, kann sie vom Client-Programm auf vielfältige Weise genutzt werden.

An *get_subcategories* muss die Startkategorie übergeben werden. Die Prozedur schreibt in den zweiten Parameter, wie viele Unterkategorien sie gefunden hat (inklusive der Startkategorie).

```
CALL get_subcategories(1, @result)
SELECT @result
```

@result
26

Außerdem steht nun die temporäre Tabelle *subcats* mit den Ergebnissen zur Verfügung. Neben den Spalten *catID* und *catName* enthält die Tabelle zwei weitere Spalten: *rank* gibt die Zeilennummer an und dient zur Sortierung der Daten. *level* gibt die Kategorieebene an (wobei für die Startkategorie *level=0* gilt). Das folgende Kommando rückt die Kategorienamen entsprechend ihrer Hierarchie ein:

```
SELECT rank, level, catID,
       CONCAT(SPACE(level*2), catname)
FROM __subcats ORDER BY rank
```

rank	level	catID	CONCAT(SPACE(level*2), catname)
0	0	1	Computer books
1	1	2	Databases
2	2	69	IBM DB/2
3	2	86	Microsoft Access
4	2	67	Microsoft SQL Server
5	2	34	MySQL
6	2	5	Object-oriented databases
7	2	68	Oracle
8	2	77	PostgreSQL
9	2	4	Relational Databases
10	2	8	SQL
11	1	36	LaTeX, TeX
12	1	56	Operating Systems
13	2	57	Linux
14	2	58	Mac OS
15	2	59	Windows
16	1	3	Programming
17	2	54	C
18	2	53	C#
19	2	55	C++
20	2	50	Java
21	2	7	Perl
22	2	6	PHP
23	2	52	VBA
24	2	51	Visual Basic
25	2	60	Visual Basic .NET

Die *__subcats*-Tabelle kann aber auch dazu verwendet werden, um nach Buchtiteln zu suchen, die sich in diesen Kategorien befinden:

```
SELECT title FROM titles, __subcats
WHERE titles.catID = __subcats.catID
ORDER BY title
```

title
A Guide to the SQL Standard
A Programmer's Introduction to PHP 4.0
Apache Webserver 2.0
Client/Server Survival Guide
...

Wird die Ergebnistabelle nicht mehr benötigt, wird sie einfach gelöscht. Falls der Benutzer der Prozedur das Löschen vergisst, wird sie automatisch beim Ende der MySQL-Verbindung gelöscht. Es besteht also keine Gefahr, dass durch die temporäre Tabelle unnötig viel Speicher blockiert wird.

```
DROP TABLE __subcats
```

Programmcode

get_subcategories erzeugt die temporäre Tabelle, testet, ob *startid* gültig ist, und trägt in diesem Fall den ersten Datensatz in *__subcats* ein. Anschließend wird die Prozedur *find_subcategories* aufgerufen. Nach deren Rückkehr wird die Anzahl der Datensätze in *__subcats* ermittelt und im Parameter *n* zurückgegeben.

```
CREATE PROCEDURE get_subcategories(IN startid INT, OUT n INT)
BEGIN
  DECLARE cnt INT;
  DECLARE catrank INT;
  DECLARE cname VARCHAR(60);
  SET catrank = 0;
  DROP TABLE IF EXISTS __subcats;
  CREATE TEMPORARY TABLE __subcats
    (rank INT, level INT, catID INT, catname VARCHAR(60))
    ENGINE = MEMORY;

  SELECT COUNT(*) FROM categories WHERE catID=startID INTO cnt;
  IF cnt=1 THEN
    SET @@max_sp_recursion_depth=100;
    SELECT catname FROM categories WHERE catID=startID INTO cname;
    INSERT INTO __subcats VALUES(0, 0, startid, cname);
    CALL find_subcategories(startid, cname, 1, catrank);
  END IF;
  SELECT COUNT(*) FROM __subcats INTO n;
END
```

find_subcategories verwendet einen Cursor, um alle untergeordneten Subkategorien zu durchlaufen. Alle gefundenen Kategorien werden in *subcats* eingetragen, wobei der *INOUT*-Parameter *catrank* jeweils um eins erhöht wird. Anschließend wird *find_subcategories* rekursiv aufgerufen, wobei auch *catlevel* um eins erhöht wird.

```
CREATE PROCEDURE find_subcategories
  (IN id INT, IN cname VARCHAR(60), IN catlevel INT,
   INOUT catrank INT)
BEGIN
  DECLARE done INT DEFAULT 0;
  DECLARE subcats CURSOR FOR
    SELECT catID, catName FROM categories WHERE parentCatID=id
    ORDER BY catname;
  DECLARE CONTINUE HANDLER FOR NOT FOUND SET done=1;

  OPEN subcats;
  subcatloop: LOOP
    FETCH subcats INTO id, cname;
    IF done=1 THEN LEAVE subcatloop; END IF;
    SET catrank = catrank+1;
    INSERT INTO __subcats VALUES (catrank, catlevel, id, cname);
    CALL find_subcategories(id, cname, catlevel+1, catrank);
  END LOOP subcatloop;
  CLOSE subcats;
END
```

14.7 Trigger

Trigger bezeichnet den automatischen Aufruf von SQL-Kommandos bzw. SPs vor oder nach *INSERT-*, *UPDATE-* oder *DELETE*-Kommandos. Damit können Sie beispielsweise bei jeder *UPDATE*-Operation testen, ob die geänderten Daten bestimmte Regeln einhalten. MySQL unterstützt Trigger seit Version 5.0.

Trigger erzeugen

Einen neuen Trigger erzeugen Sie mit dem Kommando *CREATE TRIGGER*. In MySQL 5.1 erfordert die Ausführung des Kommandos das *Trigger*-Privileg, in MySQL 5.0 sogar das *Super*-Privileg.

```
CREATE [ DEFINER = user ] TRIGGER name  BEFORE|AFTER   INSERT|UPDATE|DELETE
ON tablename FOR EACH ROW code
```

Pro Tabelle können Sie bis zu sechs Trigger definieren, deren Code vor bzw. nach jedem *INSERT-*, *UPDATE-* oder *DELETE*-Kommando ausgeführt wird. Wenn das Kommando mehrere Datensätze umfasst, wird der Trigger für jeden einzelnen Datensatz ausgeführt.

Zusammen mit jedem Trigger wird der MySQL-Benutzer gespeichert, der den Trigger definiert hat. Wenn der Trigger einem anderen Benutzer zugeordnet werden soll, muss dieser Benutzer mit dem Schlüsselwort *DEFINER* angegeben werden. Das hat Konsequenzen für die Ausführung von Triggern (siehe unten im Abschnitt *Sicherheit*). Die Angabe eines anderen Benutzers erfordert auf jeden Fall das *Super*-Privileg.

Für den Trigger-Code gelten ähnliche Syntaxregeln wie für SPs. Insbesondere muss der Code mit *BEGIN* eingeleitet und mit *END* abgeschlossen werden, wenn er mehrere Kommandos umfasst. Alle SP-Sprachelemente stehen auch für Trigger zur Verfügung. Allerdings gibt es noch viele Einschränkungen, welche SQL-Kommandos im Triggercode zulässig sind (siehe unten).

Innerhalb des Trigger-Codes können Sie auf die Spalten des aktuellen Datensatzes zugreifen:

- ***OLD****.columnname* liefert den Inhalt eines existierenden Datensatzes, bevor er verändert oder gelöscht wird (*UPDATE, DELETE*).
- ***NEW****.columnname* liefert den Inhalt eines neuen bzw. geänderten Datensatzes (*INSERT, UPDATE*).

In *BEFORE-INSERT*- bzw. *BEFORE-UPDATE*-Triggern darf *NEW.columnname* verändert werden.

Trigger löschen

Um einen Trigger zu löschen, führen Sie *DROP TRIGGER* aus. Dabei müssen Sie den Tabellen- und den Triggernamen angeben:

```
DROP TRIGGER [IF EXISTS] tablename.triggername
```

Anders als bei SPs fehlen noch Administrationskommandos wie *ALTER TRIGGER*, *SHOW CREATE TRIGGER* oder *SHOW TRIGGER STATUS*. Es ist momentan nicht klar, ob, wann und mit welcher Syntax derartige Kommandos implementiert werden.

Sicherheit

Wie in MySQL üblich, bestimmen Benutzerprivilegien, wer Trigger definieren und ausführen darf. Die **Definition** von Triggern erfordert ab MySQL 5.1.6 das *Trigger*-Privileg, bis MySQL 5.1.5 das *Super*-Privileg. Die Angabe eines Benutzers durch *DEFINER user* erfordert in jedem Fall das *Super*-Privileg.

Zusammen mit jedem Trigger wird der MySQL-Benutzer gespeichert, der den Trigger definiert hat bzw. dem der Trigger zugeordnet ist (*DEFINER user*). Für die **Ausführung** von Triggern muss der zugeordnete Benutzer die folgenden Privilegien haben:

- das *Trigger*-Privileg (ab Version 5.1.6) bzw. das *Super*-Privileg (bis Version 5.1.5)
- das *Select*-Privileg für die Auswertung von *OLD.columnname* bzw. *NEW.columnname*
- das *Update*-Privileg, wenn es Zuweisungen an *NEW.columnname* gibt
- alle Privilegien, die zur Ausführung des restlichen Trigger-Codes erforderlich sind

Funktionelle Einschränkungen

Für Trigger gelten einge Einschränkungen:

- Im Trigger-Code können keine Kommandos ausgeführt werden, die ein Abfrageergebnis liefern (also vor allem nicht *SELECT* und *VIEW*). Die einzige Ausnahme ist *SELECT ... INTO @var*, um einen einzelnen Wert zu ermitteln und in einer Variablen zu speichern.
- Durch den Trigger-Code darf die Tabelle, für die der Trigger ausgeführt wird, nicht verändert werden. (Er darf also keine *INSERT-*, *UPDATE-* und *DELETE-*Kommandos für die aktuelle Tabelle enthalten.)
- Es fehlen Kommandos bzw. Sprachelemente, um innerhalb des Triggers das *DELETE-*, *UPDATE-* bzw. *INSERT*-Kommando zu verhindern bzw. um einen Fehler auszulösen.
- Im Trigger-Code dürfen keine Transaktions- und Locking-Kommandos ausgeführt werden.
- Trigger dürfen zwar SPs mit *CALL* aufrufen, es gelten dann aber für die SP dieselben Einschränkungen wie für den Trigger-Code.
- Es ist nicht möglich, Trigger für temporäre Tabellen oder Views zu definieren.
- Trigger werden nicht automatisch aufgerufen, wenn der Änderungs- oder Löschvorgang durch eine *Foreign-Key*-Regel ausgelöst wurde (*ON DELETE CASCADE* bzw. *ON UPDATE CASCADE*). Diese Einschränkung soll in Zukunft behoben werden.

Administration und Backups

Es gibt momentan kaum MySQL-Benutzeroberflächen, die bei der Bearbeitung von Triggern helfen. Die einzige Ausnahme ist phpMyIDE (siehe Abschnitt 14.7). Davon abgesehen müssen Sie Trigger manuell durch SQL-Kommandos erzeugen.

Wenn Sie eine Tabelle oder eine Datenbank mit `mysqldump` sichern, müssen Sie die Option `--triggers` angeben, damit auch der Trigger-Code gespeichert wird. phpMyAdmin bietet momentan keine Exportmöglichkeit für Trigger.

Beispiel

Die beiden abgedruckten Trigger stellen sicher, dass Sie in der Spalte *percent* der Tabelle *test* nur Fließkommazahlen zwischen 0 und 1 speichern können. Zu große bzw. zu kleine Werte werden durch *NULL* ersetzt.

```
USE test
CREATE TABLE test (id SERIAL, percent DOUBLE)
DELIMITER $$
```

```
CREATE TRIGGER test_before_insert
  BEFORE INSERT ON test FOR EACH ROW
BEGIN
  IF NEW.percent < 0.0 OR NEW.percent > 1.0 THEN
    SET NEW.percent = NULL;
  END IF;
END$$

CREATE TRIGGER test_before_update
  BEFORE UPDATE ON test FOR EACH ROW
BEGIN
  IF NEW.percent < 0.0 OR NEW.percent > 1.0 THEN
    SET NEW.percent = NULL;
  END IF;
END$$

DELIMITER ;
```

Die folgenden Kommandos beweisen, dass die Trigger sowohl bei *INSERT*- als auch bei *UPDATE*-Kommandos wie gewünscht funktionieren:

```
INSERT INTO test (percent) VALUES (-1), (0.3), (1.5)

SELECT * FROM test
```

id	*percent*
1	NULL
2	0.3
3	NULL

```
UPDATE test SET percent = 1.7 WHERE id =2

SELECT * FROM test
```

id	*percent*
1	NULL
2	NULL
3	NULL

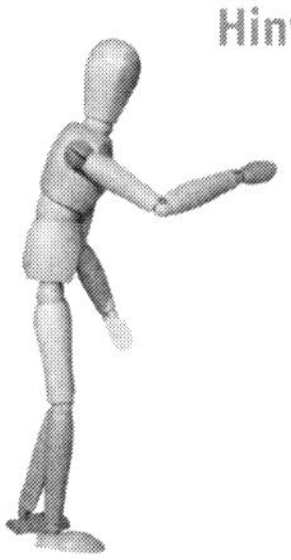

Hinweis

Ein Praxisbeispiel zum Einsatz gibt Kapitel 18. In der dort vorgestellten *timetrack*-Datenbank wird die Tabelle *tasktree* bei jeder Veränderung der Tabelle *task* aktualisiert. Die Implementierungsdetails sind in Abschnitt 18.2 beschrieben.

14.8 Events

Seit Version 5.1.6 enthält MySQL einen sogenannten *Event Scheduler*. Diese Komponente kümmert sich darum, zuvor definierte SQL-Kommandos in regelmäßigen Zeitabständen auszuführen. Das MySQL-Handbuch vergleicht diese Funktion mit cron-Jobs unter Unix/Linux, die ebenfalls regelmäßig ausgeführt werden.

Anwendungsmöglichkeiten für diese Funktion gibt es viele: die regelmäßige Protokollierung des Datenbankzustands, automatische Backup- oder Synchronisationsdienste (wobei sich hierfür eher die Replikationsfunktionen von MySQL anbieten), die regelmäßige Generierung von Tabellen mit häufig benötigten Abfrageergebnisse (etwa Top-10-Listen, die einmal stündlich oder einmal täglich generiert werden und dann blitzschnell zur Verfügung stehen) etc. Wie weit sich *Events* tatsächlich durchsetzen können, ist noch offen. Ein gravierender Nachteil besteht darin, dass es sich hier um eine MySQL-Eigenentwicklung fernab irgendwelcher SQL-Standards handelt.

Events aktivieren

Damit *Events* ausgeführt werden können, muss der *Event Scheduler Thread* laufen. Dies wird durch die globale Systemvariable *event_scheduler* gesteuert, die standardmäßig den Wert *Off* enthält. Die Variable kann wahlweise zur Laufzeit (*SET GLOBAL event_scheduler = On*) oder in der Konfigurationsdatei `my.cnf` bzw. `my.ini` eingestellt werden. In der Konfigurationsdatei ist neben *On* und *Off* noch ein dritter Zustand erlaubt: *Disabled*. In diesem Fall ist die Funktion komplett deaktiviert und kann zur Laufzeit nicht eingeschaltet werden.

Events definieren, verändern und löschen

Zur Administration von *Events* gibt es drei SQL-Kommandos: *ALTER -*, *CREATE -* und *DROP EVENT*. Beginnen wir mit ***CREATE EVENT***. Die folgenden Zeilen fassen die eingermaßen komplexe Syntax dieses Kommandos zusammen:

```
CREATE [ DEFINER = user ] EVENT [IF NOT EXISTS] name
  ON SCHEDULE
     AT timestamp [ + interval] |
     EVERY interval
       [ STARTS timestamp [ + interval] ]
       [ ENDS timestamp [ + interval]   ]
  [ON COMPLETION PRESERVE]
  [ENABLE | DISABLE | DISABLE ON SLAVE]
DO sql code ...
```

Kurz einige Anmerkungen zu den vielen Syntaxoptionen:

- *DEFINER* ermöglicht es, dem *Event* einem anderen als dem gerade aktiven MySQL-Benutzer zuzuordnen. Das ist nur erlaubt, wenn der aktive Benutzer das *Super*-Privileg besitzt.
- *ON SCHEDULE* gibt an, wann der SQL Code ausgeführt werden soll. Sie müssen wahlweise mit *AT* eine bestimmte Zeit angeben (einmalige Ausführung), oder mit *EVERY* ein Zeitintervall (mehrfache Ausführung, wobei Sie das Zeitfenster optional mit *STARTS* und *ENDS* eingrenzen können).

  Als *timestamp* müssen Sie einen Zeitpunkt im *TIMESTAMP*-Datentyp von MySQL angeben – in der Regel durch die Funktion *CURRENT_TIMESTAMP* (entspricht »jetzt«). Auch absolute Angaben in der Form *'2009-12-31 23:59:00'* sind erlaubt. Absolute Zeitangaben beziehen sich auf die Zeitzone des MySQL-Servers.

  Als *interval* können Sie die folgenden Zeitintervalle multipliziert mit einem Faktor angeben:

  YEAR | QUARTER | MONTH | DAY | HOUR | MINUTE | WEEK |
SECOND | YEAR_MONTH | DAY_HOUR | DAY_MINUTE |
DAY_SECOND | HOUR_MINUTE | HOUR_SECOND | MINUTE_SECOND

  Einige Beispiele:

  EVERY 1 HOUR (einmal pro Stunde)
AT CURRENT_TIMESTAMP + 2 HOUR + 30 MINUTE (in zweieinhalb Stunden)
EVERY '2:30' HOUR_MINUTE (alle zweieinhalb Stunden)

  Beachten Sie, dass Sie immer einen Multiplikator angeben müssen. Daher ist *EVERY MINUTE* syntaktisch nicht erlaubt. Es muss *EVERY 1 MINUTE* heißen!
- *Events* werden automatisch gelöscht, nachdem sie fertig ausgeführt wurden (also bei *AT* ... nach der ersten Ausführung, bei *EVERY* ... *ENDS* ... nach der letzten Ausführung innerhalb des angegebenen Zeitfensters). Wenn Sie das verhindern möchten, geben Sie *ON COMPLETION PRESERVE* an. Das *Event* bleibt erhalten und kann später durch ein *CHANGE-EVENT*-Kommando mit neuen Zeitangaben wieder aktiviert werden.
- *ENABLE* bzw. *DISABLE* geben an, ob die Ausführung des *Events* aktiviert ist oder nicht. Dieser Zustand kann jederzeit durch *CHANGE EVENT* verändert werden.

  DISABLE ON SLAVE brauchen Sie selbst nie anzugeben. Der MySQL-Server verwendet diese Erweiterung, wenn er das *CREATE-EVENT*-Kommando auf einem Replikations-Slave ausführt. Tatsächlich wird das *Event* am Slave nie ausgeführt, vielmehr erfolgt die Replikation durch *row-based replication*. (Replikation ist ein in diesem Buch nicht behandeltes Verfahren, um Datenbanken auf mehreren Rechnern zu synchronisieren.)

- *sql code* enthält das auszuführende SQL-Kommando. Wenn Sie mehrere Kommandos ausführen möchten, müssen Sie den Code wie bei SPs zwischen *BEGIN* und *END* einschließen. Grundsätzlich sind in *Events* alle SQL-Kommandos erlaubt, die auch in SPs erlaubt sind. Es ist auch zulässig, eine SP aufzurufen.

  Events werden grundsätzlich der aktuellen Defaultdatenbank (*USE datenbankname*) zugeordnet. Wenn der Code des *Events* auf andere Tabellen zugreift, ist die Schreibweise *datenbankname.tabellenname* erforderlich.

  Wenn Sie *events* im Kommandointerpreter mysql definieren und der SQL-Code aus mehreren, durch Strichpunkte getrennten Kommandos besteht, müssen Sie mit *DELIMITER* ein anders Endzeichen für die gesamte Anweisung angeben (üblicherweise *DELIMITER |*).

Das folgende, nicht ganz ernst gemeinte Beispiel erhöht den Preis für diverse Erdölprodukte in der Tabelle *products* jeden Monat um 10 Prozent:

```
CREATE EVENT newprice ON SCHEDULE EVERY 1 MONTH DO
  UPDATE products SET price = price * 1.1
```

Wenn Sie erste Experimente mit *Events* durchführen, vergessen Sie nicht, den *Event Scheduler* zu aktivieren:

```
SET GLOBAL event_scheduler=On
```

ALTER EVENT kann alle Bestandteile bzw. Optionen eines *Events* verändern. Die einzelnen Syntaxelemente sehen genau so wie bei *CREATE EVENT* aus:

```
ALTER [DEFINER =  user ] EVENT name
  [ON SCHEDULE ...]
  [ON COMPLETION PRESERVE]
  [RENAME TO newname]
  [ENABLE | DISABLE | DISABLE ON SLAVE]
  [DO sql code ...]
```

DROP EVENT löscht das angegebene *Event*:

```
DROP EVENT [IF EXISTS] name
```

Administrationswerkzeuge, Backups

Es gibt momentan noch keine Administrationswerkzeuge mit grafischer Benutzeroberfläche zur Verwaltung von *Events*. Sie müssen *Events* daher im Kommandointerpreter mysql formulieren. Immerhin unterstützt mysqldump bereits *Events*. Um Backups Ihrer *Events* durchzuführen, rufen Sie mysqldump mit der Option --events auf.

14.9 phpMyIDE

Sie haben es im Verlauf dieses Kapitels bereits gemerkt – gute Administrationswerkzeuge, die bei der Entwicklung von MySQL-SPs helfen, sind Mangelware. Wenige Monate vor der Abgabe dieses Buchmanuskripts wurde mit phpMyIDE ein neues, vielversprechendes Open-Source-Projekt aus der Taufe gehoben. In einer webbasierten Benutzeroberfläche in bester Web-2.0-Manier können Sie SPs, Trigger und Views (aber vorläufig noch keine *Events*) ansehen, bearbeiten, erzeugen, ausführen und löschen.

Zu dem Zeitpunkt, als wir die Arbeit an diesem Kapitel beendeten, lag phpMyIDE in Version 0.5d vor. Die Grundfunktionen des Projekts waren da bereits so überzeugend implementiert, dass phpMyIDE unserer Ansicht nach die zurzeit beste Entwicklungsumgebung für MySQL-SPs ist. Natürlich gibt es auch noch Mängel: Die Benutzeroberfläche ist inkompatibel zum Internet Explorer (d.h., Sie müssen Firefox oder Safari verwenden), außerdem sind diverse Zusatzfunktionen erst angedacht, aber noch nicht realisiert. Bis dieses Buch erschienen ist, hat sich der Status von phpMyIDE wahrscheinlich weiter verbessert.

Hinweis

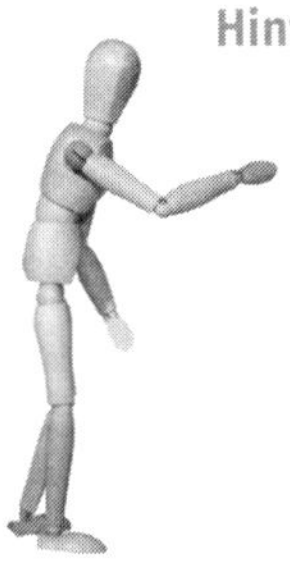

phpMyIDE versteht sich nicht als Ersatz von phpMyAdmin, sondern als Ergänzung. Es ist sogar möglich, phpMyAdmin in einem Teilfenster von phpMyIDE einzublenden und so parallel mit phpMyIDE zu nutzen. Noch eleganter hätten wir es gefunden, wenn die phpMyIDE-Funktionen gleich direkt in phpMyAdmin implementiert worden wären – aber erfahrungsgemäß ist es einfacher, ein neues Projekt zu starten, als in einem langjährig gewachsenen Projekt grundlegende Neuerungen durchzuführen.

Aktuelle Informationen zu phpMyIDE sowie ein Diskussionsforum finden Sie auf der folgenden Website:

`http://www.phpmyide.com/`

Installation

phpMyIDE setzt PHP 5.2.1 und MySQL 5.0 voraus. Der PHP-Code kann von der oben genannten Website als ZIP- oder TAR-Archiv heruntergeladen werden. Sie müssen die Dateien in ein Verzeichnis Ihres Webservers entpacken (z.B. `phpmyide`) und sicherstellen, dass Apache die Dateien lesen kann.

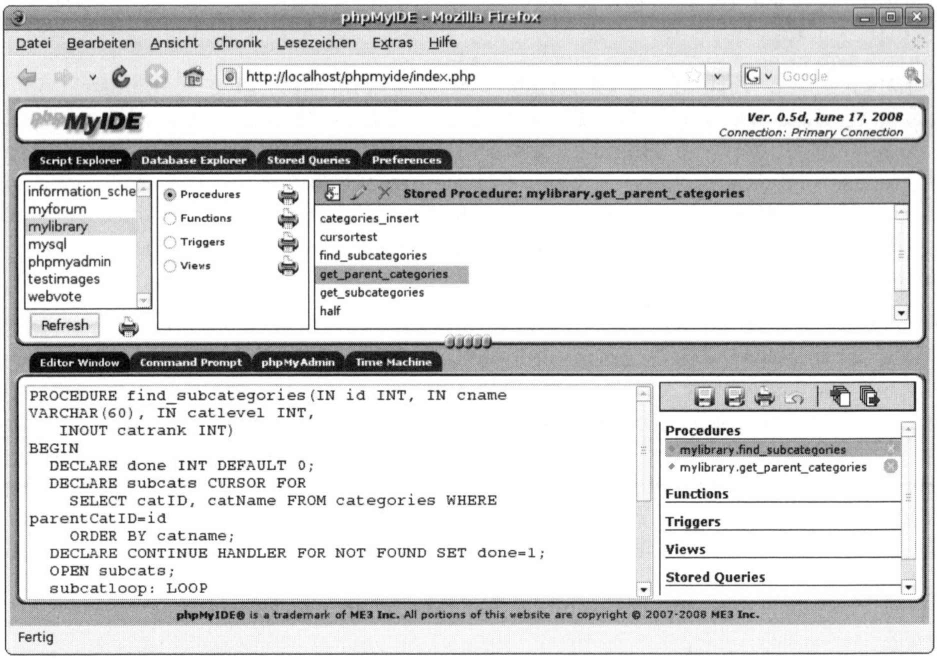

Abbildung 14.4: Verwaltung von SPs mit phpMyIDE

Zur Konfiguration müssen Sie die Datei config.php mit einem Texteditor bearbeiten und einige Variablen einstellen. Beachten Sie, dass der MySQL-Benutzer ausreichend Rechte braucht, um SPs, Trigger und Views zu definieren und auszuführen (also die Privilegien *Create Routine, Alter Routine, Execute, Trigger* oder *Super* sowie *Create View* und *Drop View*). Die zu ändernden Teile sind im Folgenden fett hervorgehoben.

```
// Änderungen in config.inc
$siteHost = 'merkur';         // Rechnername des Webservers
$siteURL = '/phpmyide/';      // Verzeichnis der phpMyIDE-Dateien
$pmiDatabase = 'phpmyide';
...
$connections[$ptr]['host'] = 'localhost';      // Rechnername des MySQL-Servers
$connections[$ptr]['user'] = 'root';           // MySQL-Benutzername
$connections[$ptr]['password'] = '******';     // Passwort
$connections[$ptr]['rootdb'] = 'mylibrary';    // Standarddatenbank
$connections[$ptr]['phpmyadmin'] =             // Webadresse von phpMyAdmin
   'http://merkur/phpmyadmin/';
```

phpMyIDE braucht zur internen Speicherung verschiedener Daten eine MySQL-Datenbank. Diese erzeugen Sie mit phpMyAdmin oder im mysql-Kommandointerpreter mit *CREATE DATABASE phpmyide*. Wechseln Sie anschließend in einem Konsolen- bzw. Kommandoeingabefenster in das Installationsverzeichnis von *phpMyIDE*, und führen Sie dort das Kommando php buildsql.php aus. Dieses Kommando erzeugt diverse Tabellen in der *phpmyide*-Datenbank:

```
user$ cd /var/www/phpmyide
user$ php buildsql.php
Built long_commands
Built long_responses
Built preferences
Installed preferences
Built timemachine
Built triggers
All Done
```

Anschließend sollten Sie auf Unix/Linux-Systemen noch die folgenden Kommandos ausführen, damit alle Zugriffsrechte korrekt eingestellt sind:

```
user$ chmod -R 664 *
user$ chmod 666 current-connection
user$ chmod 775 graphics
user$ chmod 775 source
user$ chmod 775 resources
```

Zu guter Letzt öffnen Sie in Ihrem Webbrowser die folgende Adresse:

http://servername/phpmyide/testinstall.php

Die Testausgaben sollten wie in Abbildung 14.5 aussehen. Wenn es Probleme gibt, werfen Sie einen Blick in die Datei INSTALL im Installationsverzeichnis von phpMyIDE.

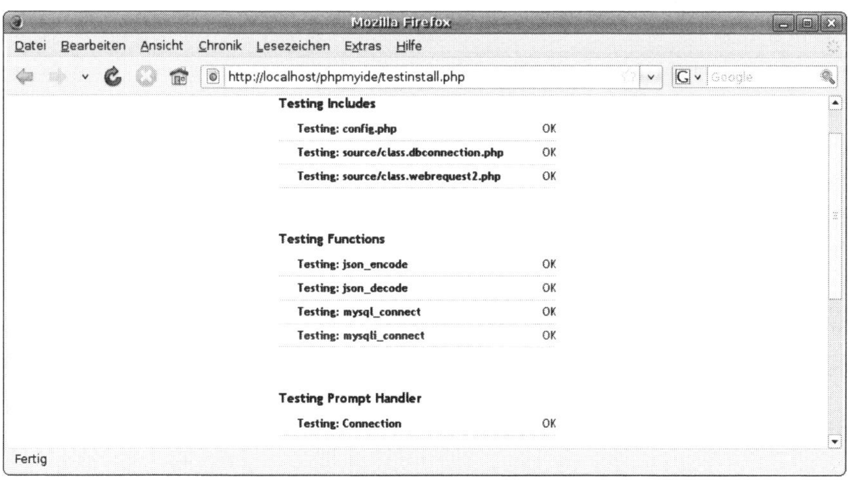

Abbildung 14.5: Die Installation von phpMyIDE war erfolgreich.

Grundfunktionen

Sie starten phpMyIDE, indem Sie die folgende Adresse in Ihrem Webbrowser eingeben:

```
http://localhost/phpmyide/index.php oder
http://servername/phpmyide/index.php
```

Die Benutzeroberfläche ist zweigeteilt, wobei im oberen und im unteren Teil jeweils einer von vier Dialogen aktiviert werden kann. Die folgende Auflistung beschreibt kurz den Zweck dieser Dialoge:

- SCRIPT EXPLORER: In diesem Dialog wählen Sie in drei Schritten (Datenbank, Funktionstyp, Name) die SP, die View oder den Trigger aus, die bzw. den Sie bearbeiten möchten. Ein Doppelklick fügt den Code des ausgewählten Objekts in das EDITOR WINDOW ein.
- DATEBASE EXPLORER: In diesem Dialog können Sie rasch durch alle Datenbanken und Tabellen klicken. phpMyIDE zeigt dann die Spalten bzw. Indizes der ausgewählten Tabelle an. Veränderungen sind nicht möglich.
- STORED QUERIES und PREFERENCES: Diese Funktionen sind noch nicht implementiert.
- EDITOR WINDOW: Zeigt den Code einer SP, eines Triggers oder einer View an. Sie können den Code ändern und speichern. (Speichern bedeutet, dass das entsprechende *CREATE-PROCEDURE-* oder *CREATE-VIEW*-Kommando ausgeführt wird. Anders als im Query Manager müssen Sie sich nicht um *DROP IF EXISTS* und andere administrative Details kümmern.)

  Es ist möglich, mehrere SPs, Trigger und Views gleichzeitig zu bearbeiten. Die Auswahl des im Editor angezeigten Objekts erfolgt durch die rechte Seitenleiste.
- COMMAND PROMPT: In diesem Dialog können Sie SQL-Kommandos ausführen. Sofern Sie die Datenbank *phpmyide* so eingerichtet haben, wie im Abschnitt *Installation* beschrieben wurde, zeigt phpMyIDE dort auch die Ergebnisse von *SELECT*-Kommandos an.

  Der COMMAND PROMPT ist der ideale Ort, um SPs zu testen (siehe Abbildung 14.6). Das Kommando `clear` löscht alle bisherigen Ausgaben.

  Im Vergleich zum Kommandointerpreter `mysql` hat der COMMAND PROMPT leider einen elementaren Nachteil: Für die Ausführung jedes Kommandos wird eine neue Verbindung zum MySQL-Server hergestellt. Deswegen gehen Variableninhalte und temporäre Tabellen sofort wieder verloren. Abhilfe schafft die gleichzeitige Eingabe mehrerer Kommandos:

  ```
  SET @abc=3; CALL mysp(@abc); SELECT @abc;
  ```
- PHPMYADMIN: Dieser Dialog bettet phpMyAdmin in die phpMyIDE ein.
- TIMEMACHINE: Damit soll es in Zukunft möglich sein, auf ältere Versionen von SPs, Triggern und Views zuzugreifen. Bereits jetzt wird der SQL-Code dieser Objekte bei jeder Änderung in der Tabelle *phpmyide.timemachine* gespeichert. Die Benutzeroberfläche gibt aber momentan noch keinen Zugriff auf die dort gespeicherten Daten.

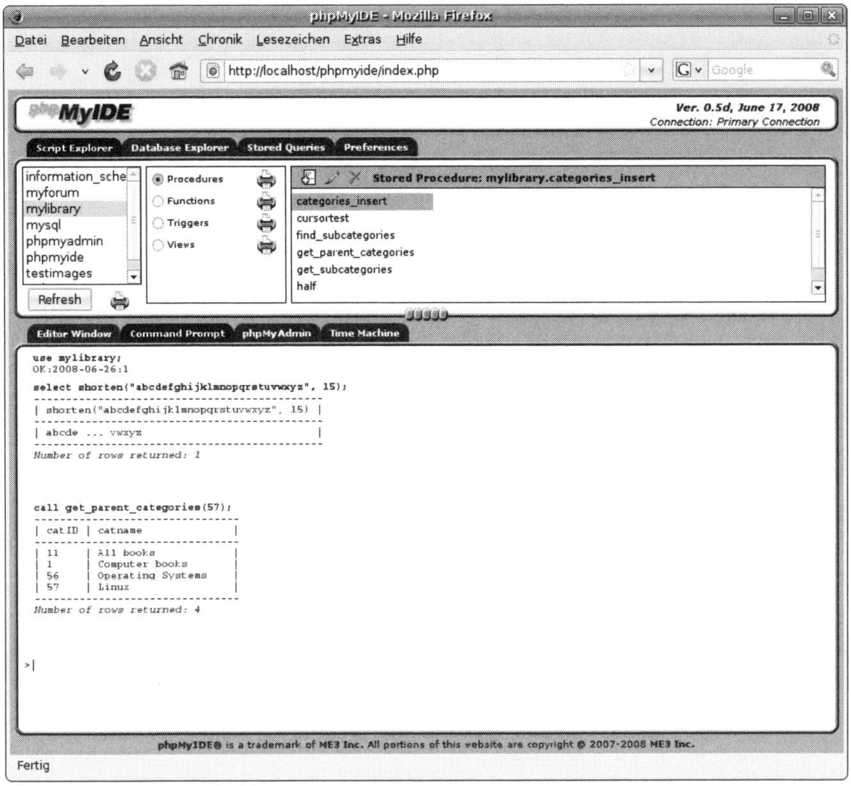

Abbildung 14.6: Test von SPs im Command Prompt von phpMyIDE

Teil III

Beispielprojekte

15 Internet-Umfragen

Beinahe auf jeder Website sind Umfragen zu allen möglichen und unmöglichen Themen zu finden. Dieses Kapitel zeigt, wie Sie derartige Umfragen selbst realisieren können. Das Beispiel zeigt gleichzeitig einige interessante Programmiertechniken, z.B. die Darstellung eines Balkendiagramms ohne Grafikfunktionen und ein einfaches Verfahren, um Wahlverfälschungen durch Mehrfachwahlen möglichst gut zu verhindern.

15.1 Bedienung

15.1.1 Benutzersicht

Der Benutzer findet auf der Seite vote.php eine Wahlmöglichkeit für die gerade aktuelle Umfrage (siehe Abbildung 15.1). Je nach Umfragetyp werden Radio-Buttons (Auswahl *einer* Option) oder Auswahlkästchen (Auswahl beliebig vieler Optionen gleichzeitig) angezeigt. Die Optionen sind alphabetisch sortiert. Nach der Wahl wird automatisch das Ergebnis angezeigt. Mit dem Link DIREKT ZU DEN ERGEBNISSEN können die Ergebnisse auch ohne Beteiligung an der Umfrage angesehen werden.

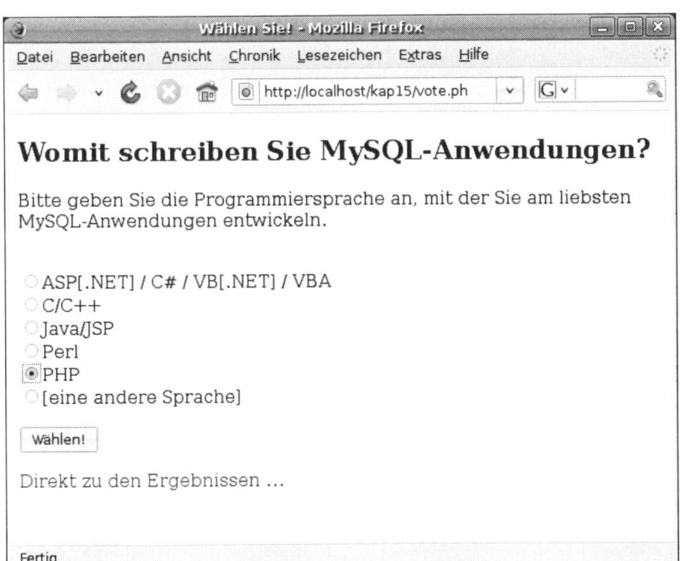

Abbildung 15.1: Teilnahme an einer Umfrage

Die Ergebnisseite result.php zeigt die Prozentzahlen der aktuellen Umfrage zusammen mit einem einfachen Balkendiagramm (siehe Abbildung 15.2). Unterhalb der Tabelle führen Links zu den Ergebnissen älterer Umfragen. (Das Programm bietet allerdings keine Möglichkeit, an diesen Umfragen noch teilzunehmen.)

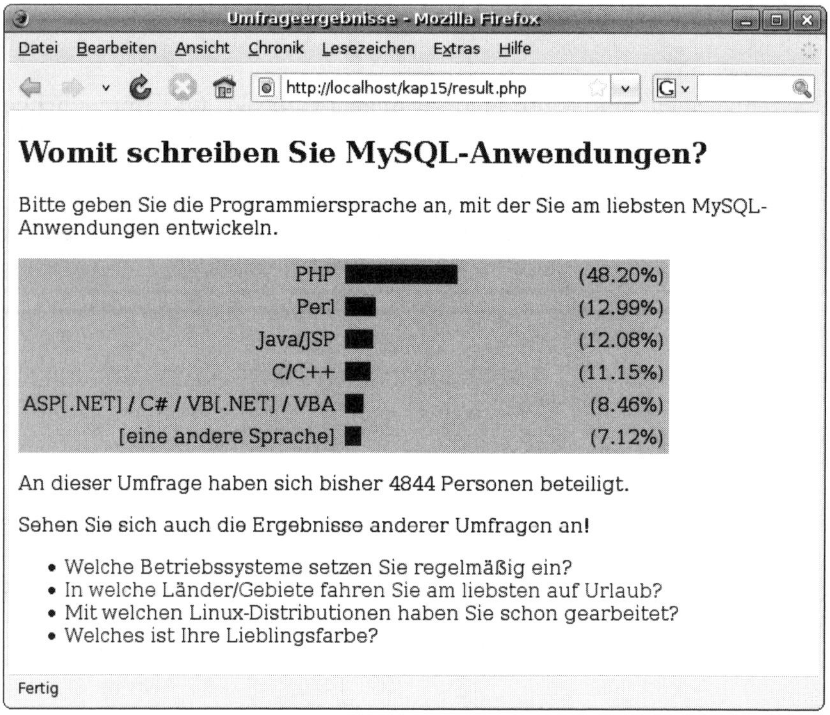

Abbildung 15.2: Umfrageergebnisse

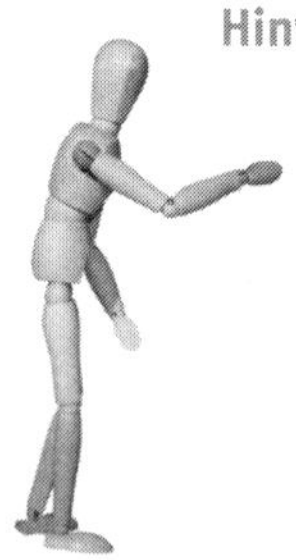

Hinweis

Beim Ausprobieren des Beispiels können Sie wegen des Manipulationsschutzes gegen Mehrfachwahlen nur einmal wählen. Wenn Sie zu Testzwecken mehrfach wählen möchten, kommentieren Sie die ersten Zeilen der Funktion *save_vote* in vote.php aus (siehe Abschnitt 15.4.3).

15.1.2 Administratorsicht

Mit dem *Administrator* ist hier die Person gemeint, die neue Umfragen einrichtet. Damit das nicht jeder tun kann, der zufällig über die Seite newpoll.php stolpert, ist die Seite durch einen Login abgesichert. Sofern noch kein Login erfolgt ist, wird automatisch login.php angezeigt (siehe Abbildung 15.3).

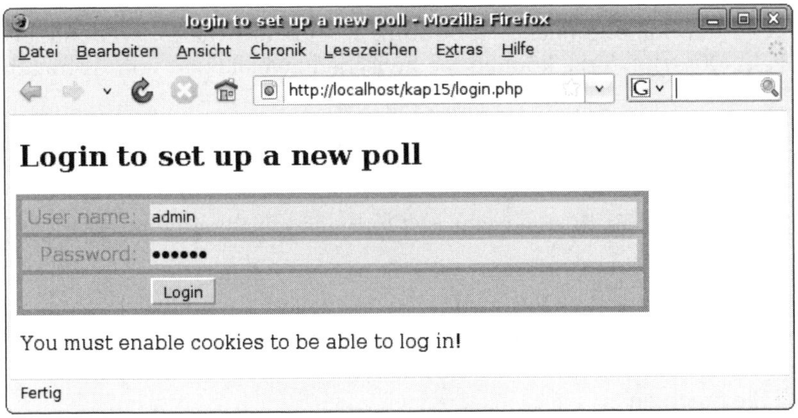

Abbildung 15.3: Login zur Administration des Programms

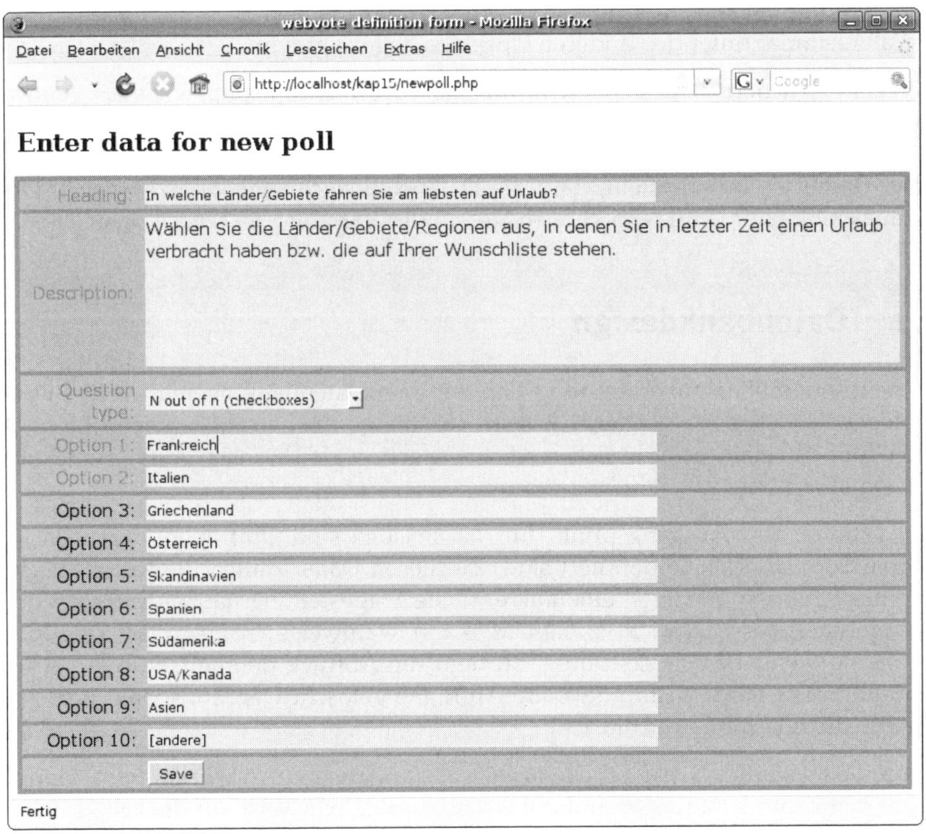

Abbildung 15.4: Definition einer neuen Umfrage

Die Bedienung von newpoll.php (siehe Abbildung 15.4) bedarf kaum weiterer Erklärungen. Im Feld QUESTION TYPE können Sie zwischen zwei Typen von Abfragen unterscheiden:

- ONE OUT OF N (RADIO BUTTONS): Es kann nur eine der Optionen ausgewählt werden.
- N OUT OF N (CHECKBOXES): Es dürfen mehrere Optionen gleichzeitig gewählt werden.

Die Anzahl der Eingabefelder für Optionen ist in newpoll.php willkürlich auf zehn beschränkt. Wenn Ihnen das zu wenig erscheint, ändern Sie einfach die Variable *$maxoptions*. Das Datenbankdesign lässt Umfragen mit beliebig vielen Optionen zu (auch 100, wenn Sie möchten ...).

Im Wahlformular werden die Optionen alphabetisch geordnet. Wenn Sie in Ihrer Optionenliste einen Eintrag der Art *andere Wahlmöglichkeit* vorsehen, sollten Sie diesen Eintrag in eckige Klammern stellen. Damit erreichen Sie, dass diese Option im Wahlformular unter den anderen Optionen angezeigt wird.

Nach dem Speichern einer neuen Umfrage überprüft newpoll.php, wie viele Umfragen sich momentan insgesamt in der Datenbank befinden. Wenn die Anzahl größer als 10 ist, werden alte Umfragen samt den dazugehörigen Abstimmungsdaten gelöscht. Damit ist sichergestellt, dass die Datenbank nicht unbegrenzt wächst. Die Maximalanzahl der Umfragen können Sie mit der Variablen *$maxpolls* einstellen.

15.2 Datenbankdesign

Wenn Sie einen Blick auf Abbildung 15.5 mit dem Datenbankschema werfen, werden Sie sich vielleicht wundern, warum für dieses doch recht einfache Beispiel gleich fünf Tabellen erforderlich sind. Sie werden gleich sehen, dass keine der Tabellen überflüssig ist ...

polls-Tabelle: Der Ausgangspunkt für das Beispiel sind Umfragen, deren Basisdaten in der *polls*-Tabelle definiert sind. Zu diesen Daten zählen die Kurzbezeichnung der Umfrage (*heading*), eine ausführliche Fragestellung (*description*) und der Umfragetyp (*polltype*, Datentyp *ENUM*, kann wahlweise *'radio'* oder *'checkbox'* enthalten). *ts* enthält den Zeitpunkt, zu dem die Abfrage definiert wurde. Dieser Zeitpunkt ist insofern wichtig, als alte Abfragen gelöscht werden, sobald eine bestimmte Maximalzahl erreicht ist.

polloptions-Tabelle: Diese Tabelle enthält die möglichen Antworten bzw. Optionen zu den Umfragen. Das Fremdschlüsselfeld *pollID* verweist auf die *polls*-Tabelle und stellt so den Zusammenhang zwischen der Fragestellung und den möglichen Antworten her.

votes-Tabelle: In dieser Tabelle werden die Basisdaten jeder Teilnahme an der Umfrage gespeichert: der Zeitpunkt (*ts*), die IP-Nummer des Client-Rechners sowie, soweit vorhanden, eine Zufallszahl, die in einem Cookie auf dem Client-Rechner gespeichert wird (um Mehrfachwahlen zu verhindern). *userknown* gibt an, ob die Cookie-Speicherung funktioniert hat.

pollID verweist auf die Umfrage. Dieses Feld ist eigentlich redundant: Wenn es das Feld nicht gäbe, könnte man auch über die Tabellen *votedetails* und *polloptions* ermitteln, auf welche Umfrage sich der *votes*-Eintrag bezieht. Allerdings würde das einige sonst triviale Abfragen (z.B. wie viele Personen an einer bestimmten Umfrage teilgenommen haben) unnötig kompliziert und langsam machen.

votedetails-Tabelle: Wenn es nur *1-aus-n*-Umfragen gäbe, könnte man das Wahlergebnis – also die *optID*-Nummer der ausgewählten Antwort – gleich in der *votes*-Tabelle speichern. Da es aber auch Umfragen mit Mehrfachantworten gibt, ist eine eigene Tabelle erforderlich. Wenn ein Teilnehmer also drei Optionen anklickt, werden entsprechend drei Einträge in *votedetails* eingefügt.

admins-Tabelle: Diese Tabelle enthält den Loginnamen und das verschlüsselte Passwort für den bzw. die Administratoren, die neue Umfragen definieren dürfen. Grundsätzlich wäre es auch möglich gewesen, diese Zeichenketten direkt in den PHP-Code zu integrieren. Die Verwendung einer eigenen Tabelle ist aber etwas sicherer (verschlüsselte Passwörter) und vor allem wartungsfreundlicher.

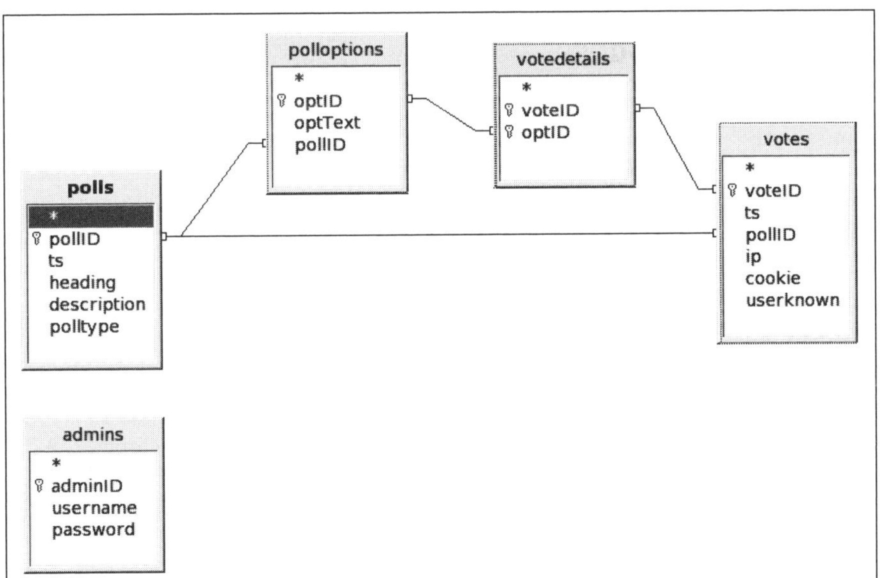

Abbildung 15.5: Das Schema der webvote-Datenbank

Foreign-Key-Regeln

Alle Tabellen der Datenbank verwenden das InnoDB-Tabellenformat. Die in Abbildung 15.5 dargestellten Verknüpfungen zwischen den Tabellen sind durch *Foreign-Key*-Regeln mit der Option *ON DELETE CASCADE* abgesichert. Daraus ergeben sich zwei Vorteile:

- Die Integritätsregeln an sich verhindern, dass in der Datenbank Einträge mit ungültigen Fremdschlüsseln gespeichert werden können (also Einträge mit ID-Werten, die in der verknüpften Tabelle gar nicht existieren, siehe auch Abschnitt 8.8.3).
- *ON DELETE CASCADE* bewirkt, dass beim Löschen eines Eintrags alle davon abhängigen Einträge in anderen Tabellen automatisch auch gelöscht werden. Beispielsweise führt das Löschen einer Umfrage aus der *polls*-Tabelle dazu, dass auch alle verknüpften *polloptions*-Einträge, die damit verknüpften *votedetails*-Einträge und die sogar zweifach verknüpften *votes*-Einträge automatisch gelöscht werden. *DELETE FROM polls WHERE pollID=...* löst also eine ganze Kettenreaktion aus.

  ON DELETE CASCADE wurde hier vor allem deswegen eingesetzt, weil es die Erstellung der *DELETE*-Kommandos im PHP-Code ganz wesentlich vereinfacht.

15.3 Aufbau des Codes

Der Code verteilt sich auf die folgenden Dateien:

result.php	Umfrageergebnisse anzeigen
vote.php	Umfrageformular anzeigen und auswerten
login.php	Login für newpoll.php
newpoll.php	Formular zum Erstellen einer neuen Abfrage
table.css	CSS-Datei zur Formatierung der Ergebnistabelle (result.php)
webvotefunctions.php	Diverse Hilfsfunktionen
mydb.php	Klasse *MyDb* zum Zugriff auf MySQL
password.php	Login-Daten für mydb.php
formfunctions.php	Funktionen zur Ausgabe eines Formulars (siehe Abschnitt 12.5)
form.css	CSS-Datei zur Formatierung des Formulars
pixel.gif	Bilddatei mit einem blauen Pixel für das Balkendiagramm

Datenbankzugriff, Formulargestaltung

Sämtliche Datenbankzugriffe erfolgen über ein Objekt der Klasse *MyDb*. Diese Klasse ist ganz ähnlich implementiert wie die gleichnamige Klasse aus Abschnitt 12.1, basiert aber auf PDO (nicht auf *mysqli*). Diese Klasse vermeidet unnötige Redundanzen im Code und ist bei der Fehlersuche ausgesprochen praktisch.

Ebenso mühsam ist der immer wiederkehrende Code zur Gestaltung von Eingabeformularen. Um auch hier bei der Programmentwicklung Zeit und Nerven zu sparen, greifen login.php und newpoll.php auf die in Abschnitt 12.5 vorgestellten Hilfsfunktionen aus formfunctions.php zurück.

15.4 Wichtige Codefragmente

15.4.1 Hilfsfunktionen (webvotefunctions.php)

webvotefunctions.php enthält drei Hilfsfunktionen: Die schon aus Abschnitt 12.5 bekannte Funktion *array_item* testet, ob es im übergebenen Feld das gewünschte Element gibt, und liefert entweder dieses Element oder *FALSE* zurück. *html_start* und *html_end* geben die erforderlichen HTML-Zeilen für den Beginn bzw. das Ende eines HTML-Dokuments aus. An *html_start* können optional der Titel der Seite sowie der Name einer CSS-Datei übergeben werden.

```
// Beispieldatei webvotefunctions.php

function array_item($ar, $key) {
  if(is_array($ar) && array_key_exists($key, $ar))
    return($ar[$key]);
  else
    return FALSE; }

function html_start($title="no title", $css=FALSE) {
  echo '<!DOCTYPE HTML PUBLIC ...>',
       '<html><head>',
       '<meta http-equiv="Content-Type"',
       '      content="text/html; charset=iso-8859-1" />', "\n";
  if($css)
    printf('<link href="%s" rel="stylesheet" type="text/css">', $css);
  echo "<title>$title</title>\n</head><body>\n"; }

function html_end() {
  echo "</body></html>\n"; }
```

15.4.2 Umfrageergebnis anzeigen (result.php)

result.php beginnt nicht wie sonst oft üblich mit einigen HTML-Zeilen, sondern direkt mit PHP-Code. *require_once* liest Dateien mit Hilfsfunktionen bzw. mit der Klasse *MyDb*.

Anschließend wird ein Objekt der Klasse *MyDb* erzeugt und auf diese Weise die Verbindung zum MySQL-Server hergestellt. Sollte dabei ein Fehler auftreten, gibt der *MyDb*-Konstruktor eine vollständige HTML-Seite mit einer Fehlermeldung aus und beendet dann die Codeausführung mit *exit*.

Wenn der Verbindungsaufbau zu MySQL geklappt hat, werden durch den Aufruf der Funktion *html_head* die HTML-Header-Zeilen für die Ergebnisseite erzeugt.

```
<?php // Beispieldatei result.php
require_once 'mydb.php';
require_once 'webvotefunctions.php';
// Verbindungsaufbau zu MySQL
$db = new MyDb();
// HTML-Seite beginnen
html_start("Umfrageergebnisse", "table.css");
```

ID-Nummer der Umfrage ermitteln (pollID)

Beim Aufruf der Seite kann mit result.php?pollID=*n* die ID-Nummer der Umfrage übergeben werden, deren Ergebnisse angezeigt werden sollen. Wenn das der Fall ist, wird durch ein *SELECT*-Kommando kontrolliert, ob die ID-Nummer gültig ist.

Sollte das nicht der Fall sein bzw. wurde gar keine ID-Nummer übergeben, werden mit einer zweiten Abfrage die *pollID*-Nummer sowie einige andere Daten der letzten Umfrage ermittelt. Um die aktuellste Umfrage zu bekommen, wird das *SELECT*-Ergebnis nach dem Inhalt der *TIMESTAMP*-Spalte absteigend sortiert. *LIMIT 1* wählt dann den ersten Wert aus.

Sollte diese Abfrage kein Ergebnis liefern, ist die *polls*-Tabelle leer. In diesem Fall wird eine entsprechende Meldung angezeigt und die Codeausführung beendet. Andernfalls werden die beiden Funktionen *show_poll_results* und *show_other_polls* ausgeführt, um zuerst die Umfrageergebnisse und dann Links zu den anderen Umfragen anzuzeigen.

```
// URL-Parameter pollID auswerten
if($pollID = array_item($_REQUEST, 'pollID')) {
  $sql = "SELECT pollID, heading, description, polltype " .
         "FROM polls WHERE pollID=$pollID";
  $rows = $db->queryObjectArray($sql);
}
// ist pollID ungültig?
if(!$pollID || $rows==FALSE || count($rows)!=1) {
  // Daten der aktuellen Umfrage ermitteln
  $sql = "SELECT pollID, heading, description, polltype " .
         "FROM polls ORDER BY ts DESC LIMIT 1";
  $rows = $db->queryObjectArray($sql);
  if($rows==FALSE || count($rows)!=1) {
    echo "<p>Es gibt leider noch keine Umfragen.</p>\n";
    html_end();
    exit; }
}
show_poll_results($rows[0]->pollID, $rows[0]->heading,
                  $rows[0]->description, $rows[0]->polltype, $db);
show_other_polls( $rows[0]->pollID, $db);
```

```
// HTML-Seite abschließen
html_end();
exit;
```

Umfrageergebnisse anzeigen (show_poll_results)

In *show_poll_results* müssen zuerst einmal die Grundlagen zur Darstellung des Ergebnisses ermittelt werden: Wie viele Personen haben an der Umfrage teilgenommen? Wie viele Stimmen entfallen auf welche Option? Während die erste Abfrage ein triviales Kommando *SELECT COUNT(*)* ist, kann die zweite Abfrage schon etwas Denkprobleme verursachen. Der SQL-Code ist am einfachsten zu verstehen, wenn Sie zuerst eine reduzierte Variante der Abfrage betrachten.

Die Abfrage verarbeitet Daten von zwei Tabellen: Aus *polloptions* werden die Texte der Optionen gelesen, wobei nur die Optionen der Umfrage *pollID=...* berücksichtigt werden. Jede Zeile des Resultats bedeutet, dass eine Person (*voteID*) für eine bestimmte Distribution gestimmt hat. Damit das Ergebnis auch die Distributionen enthält, für die noch keiner gestimmt hat, wurde die Verknüpfung zwischen den Tabellen durch *LEFT JOIN* formuliert. Das bedeutet: Es werden alle Einträge von *polloptions* berücksichtigt, auch dann, wenn es keine dazu verknüpften Einträge in *votedetails* gibt. (Die folgenden Resultate stammen aus einer – natürlich fiktiven – Umfrage über Linux-Distributionen. Schon die geringe Anzahl der Stimmen sollte deutlich machen, dass es sich hier nicht um seriöse Daten handelt ...)

```
SELECT polloptions.optText, votedetails.voteID
FROM   polloptions LEFT JOIN votedetails USING (optID)
WHERE  polloptions.pollID=8
```

optText	*voteID*
SUSE/Novell	6742
SUSE/Novell	6747
SUSE/Novell	6748
SUSE/Novell	6749
Red Hat	6745
Red Hat	6746
Red Hat	6747
Debian	6744
Debian	6746
Debian	6748
Slackware	6747
Mandriva	6746
Mandriva	6747
Progeny	6743
Progeny	6747
UserLinux	NULL
[andere Distributionen]	6749
[andere Distributionen]	6750

In der vollständigen Fassung der Abfrage wird das Ergebnis nach Optionen (hier: Distributionen) gruppiert. *COUNT* zählt die Stimmen pro Option. *ORDER BY* sortiert die Tabelle zuerst absteigend nach Stimmen, d.h., die Option mit den meisten Stimmen wird zuerst angezeigt. Wenn es mehrere Optionen mit je gleich vielen Stimmen gibt, werden diese alphabetisch sortiert.

```
SELECT polloptions.optText, COUNT(votedetails.voteID) AS cnt
FROM   polloptions LEFT JOIN votedetails USING (optID)
WHERE  polloptions.pollID=8
GROUP BY polloptions.optID
ORDER BY cnt DESC, polloptions.optText
```

optText	*cnt*
SUSE/Novell	4
Debian	3
Red Hat	3
Mandriva	2
Progeny	2
[andere Distributionen]	2
Slackware	1
UserLinux	0

Hier nun der entsprechende PHP-Code:

```
function show_poll_results($pollID, $heading, $description,
                           $polltype, $db) {
  // Anzahl der Personen, die gewählt haben
  $sql = "SELECT COUNT(*) FROM votes WHERE pollID=$pollID";
  $noOfVotes = $db->querySingleItem($sql);
  if($noOfVotes<=0) {
    echo "<p>Es hat sich niemand an der Umfrage beteiligt.</p>\n";
    return; }

  // Ergebnisse für jede Option
  $sql = "SELECT polloptions.optText, " .
         "       COUNT(votedetails.voteID) AS cnt " .
         "FROM polloptions LEFT JOIN votedetails USING (optID) " .
         "WHERE polloptions.pollID=$pollID " .
         "GROUP BY polloptions.optID " .
         "ORDER BY cnt DESC, polloptions.optText";
  $rows = $db->queryObjectArray($sql);
```

Jetzt geht es nur noch darum, die Ergebnisse ordentlich zu formatieren. Es liegt nahe, hierfür eine Tabelle einzusetzen. Das Layout der Tabelle wird durch die Datei table.css gesteuert, die aus ganzen zwei Zeilen besteht:

```
table {border-spacing: 0px;        border-collapse: collapse; }
td    {background-color: #b0b0ff;  padding: 4px; }
```

Bei der Tabelle sind die Balken am interessantesten. Der Trick besteht darin, hierfür ein winziges Bild (ein Pixel) zu verwenden, aber im *<img>*-Tag durch die Attribute *height* und *width* die Größe dieses Bilds zu vergrößern. *width* ergibt sich im Beispiel aus dem verdoppelten Prozentwert. (Wenn 48 Prozent aller Programmierer PHP verwenden, dann ist der Balken also 96 Pixel breit.)

Die Breite der Tabellenspalte mit dem Balkendiagramm wird durch ein <*col*>-Tag mit 200 Pixel fixiert, so dass man auch optisch auf den ersten Blick eine Abschätzung des Prozentwerts vornehmen kann. (Ohne die Voreinstellung der Spaltenbreite wäre die Spalte immer genauso breit wie der längste Balken.)

Der HTML-Code der Tabelle sieht so aus:

```
<table>
<colgroup><col \><col width="200" \><col \></colgroup>
<tr><td align="right">PHP</td>
    <td><img src="pixel.gif" height="16" width="96"></td>
    <td align="right">(48.19%)</td></tr>
<tr><td align="right">Perl</td>
    <td><img src="pixel.gif" height="16" width="26"></td>
    <td align="right">(12.99%)</td></tr>
...
</table>
```

Mit diesem Hintergrundwissen ist der PHP-Code zum Erzeugen der Tabelle leicht zu verstehen:

```
  // Ergebnisse anzeigen
  echo "<h2>", htmlentities($heading), "</h2>\n",
       "<p>",  htmlentities($description), "</p>\n";
  echo '<table>', "\n",
       '<colgroup><col \><col width="200" \><col \></colgroup>', "\n";

  foreach($rows as $row) {
    $percent = 100.0 / $noOfVotes * $row->cnt;
    printf('<tr><td align="right">%s</td>',
      htmlentities($row->optText));
    printf('<td><img src="pixel.gif" height="16" width="%s"></td>',
      round($percent)*2);
    printf('<td align="right">(%.2f%%)</td></tr>', $percent);
    echo "\n";
  }
  echo "</table>\n";
  echo "<p>An dieser Umfrage haben sich bisher $noOfVotes ",
       "Personen beteiligt. ";
  if($polltype=='checkbox')
    echo "Bei dieser Umfrage sind Mehrfachantworten erlaubt, ",
         "weswegen die Summe der Prozentzahlen größer als 100 " ,
         "sein kann.";
  echo "</p>\n";
}
```

Links zu anderen Umfragen (show_other_polls)

Im Anschluss an die Ergebnistabelle zeigt result.php noch Links zu den anderen Umfrageergebnissen an (also auf result.php?pollID=...). Für die Ausgabe dieser Links ist die Funktion *show_other_polls* verantwortlich, die auf Anhieb verständlich sein sollte.

```
function show_other_polls($pollID, $db) {
  // gibt es mehr als eine Umfrage?
  $sql = "SELECT COUNT(*) FROM polls";
  if($db->querySingleItem($sql) > 1) {
    echo "<p>Sehen Sie sich auch die Ergebnisse anderer ",
         "Umfragen an!</p>\n<ul>";
    $sql = "SELECT pollID, heading FROM polls ORDER BY ts DESC";
    $rows = $db->queryObjectArray($sql);
    foreach($rows as $row)
      // kein Link auf die gerade angezeigte Umfrage
      if($row->pollID != $pollID)
        printf('<li><a href="result.php?pollID=%d">%s</a></li>'."\n",
          $row->pollID, htmlentities($row->heading));
    echo "</ul>\n";
  }
}
```

15.4.3 Umfrageformular anzeigen und auswerten (vote.php)

vote.php erfüllt zwei Aufgaben:

- Wenn vote.php zum ersten Mal aufgerufen wird, erscheint ein Formular für die gerade aktuelle Umfrage.
- Das Absenden der Formulardaten führt zu einem neuerlichen Aufruf von vote.php. Das Script wertet nun die Formulardaten aus, speichert sie in der Datenbank und ruft dann automatisch die Seite result.php auf, um die Ergebnisse anzuzeigen.

Das Script beginnt wie result.php damit, dass mit *require_once* diverse Dateien eingelesen werden und eine Verbindung zur Datenbank hergestellt wird.

```
<?php // Beispieldatei vote.php

require_once 'mydb.php';
require_once 'webvotefunctions.php';

// MySQL-Verbindung
$db = new MyDb();
```

Der interessanteste Aspekt in vote.php sind die Maßnahmen zur Vermeidung von Mehrfachwahlen (also eine gezielte Manipulation des Ergebnisses, in dem das Formular mehrfach ausgefüllt und abgesendet wird).

Aus diesem Grund versucht das Script, eine Zufallszahl als Identifikationscode auf dem Rechner des Umfrageteilnehmers zu speichern bzw. von dort zu lesen, wenn das Cookie bereits existiert. Dementsprechend werden die Variablen *user_known* und *user_ID* initialisiert. Da der Zahlenbereich der Zufallszahlen sehr groß ist, besteht nur eine geringe Wahrscheinlichkeit, dass ein zweiter Benutzer genau dieselbe Zufallszahl als ID-Code erhält. Der ID-Code erlaubt somit eine ziemlich zuverlässige Identifizierung. (Der weitere Code zur Verarbeitung des ID-Codes folgt in der Funktion *save_data*.)

```
// existiert das Cookie schon?
if(isset($_COOKIE['webvoteuser'])) {
  $user_known = 1;
  $user_ID = $_COOKIE['webvoteuser']; }
else {
  // neues Cookie, ein Jahr gültig (365 Tage * 24 Stunden ...)
  $user_known = 0;
  $user_ID = mt_rand(1,1000000000);
  setcookie('webvoteuser', $user_ID, time()+365*24*60*60);  }
```

Nach diesen Vorbereitungsarbeiten wird nun getestet, ob Formulardaten vorliegen. Wenn das der Fall ist, wird die Funktion *save_vote* aufgerufen, um die Daten zu speichern. *save_vote* endet damit, dass mit der Funktion *header* die Seite result.php aufgerufen wird.

Zu erklären ist noch die Abfrage *is_array($votes) && count($votes)>0*: *$votes* ergibt sich aus der Auswertung der Formulardaten. Im Formular haben die Optionen den Namen *options[...]* (siehe den HTML-Code des Formulars etwas weiter unten). Jede Auswahl einer Option spiegelt sich somit als Element des Arrays *votes* wider. Nur wenn der Benutzer auf WÄHLEN geklickt hat, ohne vorher eine Option auszuwählen, ist *options* leer.

```
// Formulardaten speichern und zu result.php wechseln
if(array_item($_POST, "btnVote")) {
  $pollID = array_item($_POST, "pollID");
  $votes  = array_item($_POST, "options");
  if($pollID && is_array($votes) && count($votes)>0)
    save_vote($pollID, $votes, $user_known, $user_ID, $db);  }
```

In diesem Fall muss nun das Formular angezeigt werden.

```
// Umfrageformular anzeigen
html_start("Wählen Sie!");
show_vote_form($db);
html_end();
exit;
```

Wahlformular anzeigen (show_vote_form)

Der Aufbau des Formulars sieht für eine *n*-aus-*n*-Umfrage wie folgt aus (HTML-Code ohne Formatierungscodes wie *<p>* oder *
*). Die für die Auswertung der Formulardaten relevanten Teile sind fett hervorgehoben.

```
<form method="post" action="vote.php">
<input type="checkbox" name="options[72]" value="72">ASP.NET</input>
<input type="checkbox" name="options[66]" value="66">C/C++</input>
...
<input type="submit" value="Wählen!" name="btnVote">
<input type="hidden" name="pollID" value="9">
</form>
```

Bei 1-aus-*n*-Umfragen sieht das Formular ganz ähnlich aus, aber mit *type="radio"* und *name="options[radio]"*. Beachten Sie, dass in einem verborgenen Formularfeld (*type="hidden"*) die *pollID*-Nummer übertragen wird, so dass diese bei der Formularauswertung sofort zur Verfügung steht.

```
function show_vote_form($db) {
  // aktuelle Umfrage ermitteln
  $sql = "SELECT pollID, heading, description, polltype " .
         "FROM polls ORDER BY ts DESC LIMIT 1";
  $rows = $db->queryObjectArray($sql);
  if($rows==FALSE || count($rows)!=1) {
    echo "<p>Es gibt leider noch keine Umfragen.</p>\n";
    return; }
  $poll = $rows[0];

  // Umfragetitel und -beschreibung anzeigen
  echo "<h2>", htmlentities($poll->heading), "</h2>\n",
       "<p>", htmlentities($poll->description), "</p>\n";

  // Umfrageoptionen ermitteln
  $sql = "SELECT optID, optText FROM polloptions " .
         "WHERE pollID=" . $poll->pollID . " " .
         "ORDER BY optText";
  $rows = $db->queryObjectArray($sql);

  // Formular zusammenstellen
  echo '<form method="post" action="vote.php"><p>', "\n";
  foreach($rows as $row)
    if($poll->polltype=='checkbox')
      printf('<br /><input type="checkbox" name="options[%s]" ' .
             'value="%s">%s</input>' . "\n",
             $row->optID, $row->optID, $row->optText);
    else
```

```
        printf('<br /><input type="radio" name="options[radio]" ' .
               'value="%s">%s</input>' . "\n",
               $row->optID, $row->optText);

    echo "</p>\n",
         '<p><input type="submit" value="Wählen!" ',
         'name="btnVote"></p>', "\n",
         '<input type="hidden" name="pollID" value="',
         $poll->pollID, '">', "\n",
         '</form>', "\n";

    // Link zur Ergebniseite
    echo '<p><a href="result.php">Ergebnisse ...</a></p>', "\n";
}
```

Wahlmanipulationen vermeiden (save_vote)

Der erste Codeabschnitt von *save_vote* bemüht sich, Wahlmanipulationen zu verhindern. Dabei gibt es zwei Strategien:

- Wenn der Benutzer Cookies zulässt und seine zugewiesene ID-Zufallszahl bekannt ist, wird ein eventuell schon in *votes* vorhandener Eintrag gelöscht. Die neuerliche Wahlteilnahme wird also berücksichtigt, aber die alte Wahl wird gelöscht.

  Damit hat jeder Wahlteilnehmer die Möglichkeit, seine Entscheidung jederzeit zu ändern und einfach nochmals anders zu wählen.

- Wenn der Browser des Wahlteilnehmers Cookies nicht zulässt bzw. Cookies ganz bewusst deaktiviert sind, enthält *user_known* den Wert 0. *user_id* ist damit kein geeignetes Mittel mehr, um festzustellen, ob der Teilnehmer schon gewählt hat. Aber auch für diesen Fall ist vorgesorgt:

  Mit *$_SERVER['REMOTE_ADDR']* wird die IP-Nummer des Wahlteilnehmers ermittelt. Falls die Tabelle *votes* bereits Einträge für die aktuelle Wahl und von derselben IP-Nummer aufweist, die nicht älter als eine Stunde sind, dann wird der letzte derartige Eintrag gelöscht.

  Dieses Verfahren ist natürlich nicht perfekt, aber es bietet bereits einen ganz brauchbaren Schutz. Der einzige Nachteil besteht darin, dass es natürlich vorkommen kann, dass auf diese Weise eine echte (nicht manipulierte) Wahl gelöscht wird: Die IP-Nummer kann nämlich keineswegs als eindeutige Identifikation eines Rechners verwendet werden. Gerade um alle Rechner von kleinen lokalen Netzwerken an das Internet anzuschließen, wird oft das Verfahren *Network Address Translation* verwendet. Die Rechner haben zwar innerhalb des Netzes eindeutige IP-Nummern, nach außen hin sieht es aber so aus, als hätten alle Rechner eine gemeinsame IP-Nummer (nämlich die, unter der der Router mit dem Internet verbunden ist). Wenn also zwei oder mehr Personen eines solchen Netzes innerhalb einer Stunde wählen und Cookies deaktiviert haben, wird nur die letzte Wahl gewertet.

Wegen der *Foreign-Key*-Regel zwischen *votes* und *votedetails* mit *ON DELETE CASCADE* werden durch das Löschen des *votes*-Eintrag automatisch auch alle dazugehörenden *votedetails*-Einträge gelöscht.

```
function save_vote($pollID, $votes, $user_known, $user_ID, $db) {

  $remote_ip = $_SERVER['REMOTE_ADDR'];
  if($user_known==1) {
    // evt. bereits vorhandene Wahl löschen
    $sql = "DELETE FROM votes " .
           "WHERE pollID=$pollID AND cookie=$user_ID " .
           "LIMIT 1";
    $db->execute($sql); }

  else {
    // evt. bereits vorhandene Wahl mit derselben IP-Nummer
    // innerhalb der letzten Stunde löschen
    $sql = "DELETE FROM votes " .
           "WHERE pollID=$pollID " .
           "  AND userknown=0 " .
           "  AND ip='$remote_ip' " .
           "  AND ts > DATE_SUB(NOW(), INTERVAL 1 HOUR) " .
           "ORDER BY ts DESC " .
           "LIMIT 1";
    $db->execute($sql); }
```

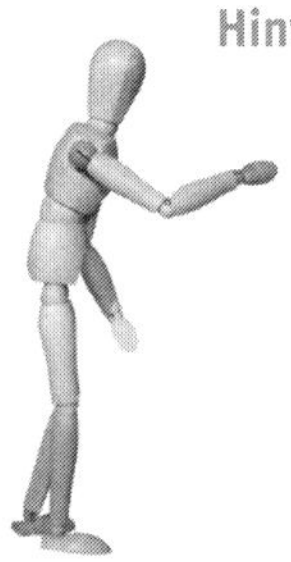

Hinweis

Zu Testzwecken ist es praktisch, mehrfach wählen zu können. Damit das klappt, setzen Sie die obigen Zeilen in einen Kommentar (/* vor *if($user_known==1)* und */ nach der geschwungenen Klammer am Ende der obigen Zeilen).

Wahlergebnis speichern (save_vote)

Der zweite Teil des Codes in *save_vote* speichert die aktuelle Wahl. Das erste *INSERT*-Kommando trägt alle bekannten Benutzerdaten in *votes* ein, also insbesondere die IP-Nummer, die ID-Nummer aus dem Cookie sowie den Inhalt der Variablen *user_known*, die angibt, ob das Cookie vom Client-Rechner gelesen werden konnte.

In der folgenden *foreach*-Schleife werden die gewählten Optionen in *votedetails* gespeichert. Die Verbindung zur *votes*-Tabelle wird über *voteID* hergestellt. (*voteID* wurde von MySQL automatisch erzeugt, weil es sich um eine *AUTO_INCREMENT*-Spalte handelt. Die neue Nummer wurde durch *$db->insertID()* gelesen.)

```
    // Benutzerdaten speichern
    $sql = "INSERT INTO votes (pollID, ip, cookie, userknown) " .
           "VALUES($pollID, '$remote_ip', $user_ID, $user_known)";
    $db->execute($sql);
    $voteID = $db->insertID();
    // gewählte Option(en) speichern
    foreach($votes as $optID) {
      $sql = "INSERT INTO votedetails (voteID, optID) " .
             "VALUES ($voteID, $optID)";
      $db->execute($sql);
    }
```

Damit nach der Wahl sofort das Ergebnis angezeigt wird, wechselt *header("Location: ...")* die aktuelle Seite. Das HTTP-Protokoll schreibt dabei vor, dass eine vollständige Adresse übergeben wird, die aus Hostname, Verzeichnis und Seite besteht. Um diese Adresse zu bilden, wertet das Script *$_SERVER['HTTP_HOST']* und *$_SERVER['PHP_SELF']* aus. Diese beiden von PHP vordefinierten Variablen enthalten den Hostnamen sowie den vollständigen Namen der gerade aktuellen Seite.

```
    // gehe zu http://<hostname>/<currentdirectory>/result.php
    $baseurl =
      "http://" . $_SERVER['HTTP_HOST'] . dirname($_SERVER['PHP_SELF']);
    header("Location: $baseurl/result.php");
    exit;
  }
```

15.4.4 Loginformular (login.php)

login.php ist für die Authentifizierung des Umfragenadministrators zuständig. (Nicht jeder, der über newpoll.php stolpert, soll auch in der Lage sein, eine neue Umfrage zu starten!) Wenn die Authentifizierung gelingt, verzweigt das Script direkt zu newpoll.php. Durch die Auswertung von *$_SESSION* stellt newpoll.php sicher, dass eine Authentifizierung erfolgt ist (siehe den folgenden Abschnitt).

login.php beginnt mit den schon bekannten Anweisungen zum Einlesen der Dateien mit den Hilfsfunktionen. *session_start* aktiviert Sessions.

```
<?php // Beispieldatei login.php
require_once 'mydb.php';
require_once 'webvotefunctions.php';
require_once 'formfunctions.php';

session_start();   // Sessions aktivieren

$db = new MyDb();  // Datenbankverbindung
```

Wenn Formulardaten von einem gerade stattgefundenen Login-Versuch vorliegen, entfernen die folgenden Zeilen eventuell vorhandene *Magic Quotes*. Anschließend wird *try_to_login* aufgerufen, um die Daten zu überprüfen.

```
// Daten aus Login-Formular verarbeiten
$formdata = array_item($_POST, "form");
if(is_array($formdata)) {
  // keine magic quotes!
  if(get_magic_quotes_gpc())
    while($i = each($formdata))
      $formdata[$i[0]] = stripslashes($i[1]);
  // what to do?
  if(array_item($formdata, "btnLogin"))
    try_to_login($formdata, $db);
}
```

Falls die folgenden Codezeilen erreicht werden, hat es entweder keine Formulardaten gegeben, oder der Loginversuch ist fehlgeschlagen. Daher wird nun das Formular und eventuell eine Fehlermeldung angezeigt.

```
// HTML-Seite starten
html_start('login to set up a new poll', 'form.css');
echo "<h2>Login to set up a new poll</h2>";

// wenn es Formulardaten gibt, ist ein Fehler beim Login
// passiert; Fehlermeldung anzeigen
if(is_array($formdata))
  echo "<p>Login failed, please try again.</p>\n";

// Login-Formular anzeigen
build_form($formdata);
html_end();
exit;
```

Login-Formular anzeigen

Die folgenden Zeilen zeigen den HTML-Code für das Login-Formular. Diverse HTML-Tags, die für das Layout des Formulars zuständig sind, wurden weggelassen. Dafür sind die Teile des Formulars markiert, die für die Auswertung relevant sind.

```
<form method="post" action="login.php" >
<input name="form[username]" size="50" maxlength="50" />
<input type="password" name="form[password]"
  size="50" maxlength="50"  />
<input type="submit" value="Login" name="form[btnLogin]" />
</form>
```

Der Code zur Erzeugung dieses Formulars befindet sich in der Funktion *build_form* und sieht ganz ähnlich aus wie im Beispiel aus Abschnitt 12.5. Auf einen Abdruck wird deswegen verzichtet.

Login-Daten auswerten

In *try_to_login* wird überprüft, ob die Tabelle *admins* einen Eintrag enthält, bei dem sowohl der Benutzername als auch das Passwort übereinstimmen. Beachten Sie die Verwendung der *PASSWORD*-Funktion im SQL-Kommando. Der resultierende SQL-Code sieht so aus:

```
SELECT COUNT(*) FROM admins
WHERE username='admin' AND password=PASSWORD('secret')
```

Wenn genau ein Eintrag gefunden wird, setzt das Script die Session-Variable *logged_in* auf *TRUE* und verzweigt dann mit *header* zur Seite newpoll.php.

```
function try_to_login($formdata, $db) {
  $username = array_item($formdata, "username");
  $password = array_item($formdata, "password");
  $sql = "SELECT COUNT(*) FROM admins " .
         "WHERE username=" . $db->sql_string($username) . " " .
         "AND password=PASSWORD(" . $db->sql_string($password) . ")";

  if($db->querySingleItem($sql)==1) {
    $_SESSION['logged_in']=TRUE;
    // gehe zu http://<hostname>/<currentdirectory>/newpoll.php
    $baseurl = "http://" . $_SERVER['HTTP_HOST'] .
               dirname($_SERVER['PHP_SELF']);
    header("Location: $baseurl/newpoll.php");
    exit; }
  else
    return FALSE;
}
```

15.4.5 Neue Umfrage definieren (newpoll.php)

newpoll.php beginnt mit einem Test, ob die *$_SESSION*-Variable *logged_in* existiert und *TRUE* enthält. Wenn das nicht der Fall ist, erscheint statt newpoll.php die Login-Seite login.php.

```
<?php  // newpoll.php

require_once 'mydb.php';
require_once 'webvotefunctions.php';
require_once 'formfunctions.php';

session_start();
if(!array_item($_SESSION, 'logged_in')==TRUE) {
  // go to http://<currenthostname>/<currentdirectory>/login.php
  $baseurl =
    "http://" . $_SERVER['HTTP_HOST'] . dirname($_SERVER['PHP_SELF']);
  header("Location: $baseurl/login.php");
  exit;
}
```

```
$db = new MyDb();  // Verbindung zu MySQL
$maxoptions = 10;  // Anzahl der Optionseingabefelder im Formular
$maxpolls = 10;    // Anzahl der gespeicherten Umfragen
html_start('webvote definition form', 'form.css');
```

Die folgenden Zeilen testen, ob Formulardaten zu verarbeiten sind. Wenn das der Fall ist, werden eventuelle *Magic Quotes* entfernt. Sofern die Formulareingabe vollständig ist (Test durch *validate_data*), wird die neue Umfrage in *save_data* gespeichert und *showform* auf *TRUE* gesetzt, um in der Folge eine neuerliche Anzeige der Formulardaten durch *build_form* zu vermeiden.

```
$showform = TRUE;
$formdata = array_item($_POST, "form");
if(is_array($formdata)) {
  // keine magic quotes
  if(get_magic_quotes_gpc())
    while($i = each($formdata))
      $formdata[$i[0]] = stripslashes($i[1]);
  // Daten validieren und speichern
  if(array_item($formdata, "btnSave"))
    if(validate_data($formdata)) {
      save_data($formdata, $maxoptions, $maxpolls, $db);
      $showform = FALSE;
    }
}
// Eingabeformular anzeigen
if($showform) {
  echo "<h2>Enter data for new poll</h2>\n";
  build_form($formdata, $maxoptions);}
html_end();
exit;
```

Eingabeformular anzeigen

Die folgenden Zeilen zeigen den HTML-Code für das Login-Formular. Diverse HTML-Tags, die für das Layout des Formulars zuständig sind, wurden weggelassen. Dafür sind die Teile des Formulars markiert, die für die Auswertung relevant sind. Entscheidend ist, dass für die Namen aller Formularelemente *form[xxx]* verwendet wurde, so dass alle Formulardaten in der Folge aus einem PHP-Array gelesen werden können. Das vereinfacht die Weiterverarbeitung sehr.

```
<form method="post" action="newpoll.php" >
<input name="form[heading]" size="60" maxlength="100" />
<textarea name="form[description]" rows="6" cols="70" >
</textarea>
```

```
<select name="form[type]">
  <option value="none" >(choose)</option>
  <option value="radio" >One out of n (radio buttons)</option>
  <option value="checkbox" >N out of n (checkboxes)</option>
</select>
<input name="form[option1]" size="60" maxlength="100" />
<input name="form[option2]" size="60" maxlength="100" />
...
<input type="submit" value="Save" name="form[btnSave]" />
</form>
```

Der Code zur Erzeugung dieses Formulars befindet sich in der Funktion *build_form* und sieht wiederum ganz ähnlich aus wie im Beispiel aus Abschnitt 12.5. Auf einen Abdruck wird deswegen verzichtet.

Daten validieren (validate_data)

validate_data überprüft, ob alle erforderlichen Daten eingegeben wurden. Falls das nicht der Fall ist, wird eine Fehlermeldung angezeigt. Die Funktion liefert dann *FALSE* zurück. In der Folge wird das Formular nochmals mit den bereits bekannten Eingaben angezeigt und kann korrigiert werden.

```
function validate_data($formdata) {
  $result = TRUE;
  if(trim($formdata["heading"])=="") {
    show_error_msg("You must specify the heading (title)!");
    $result = FALSE; }

  if(trim($formdata["description"])=="") {
    show_error_msg("You must specify the description (query)!");
    $result = FALSE; }

  if($formdata["type"]=="none") {
    show_error_msg("You must choose the question type!");
    $result = FALSE; }

  if(trim($formdata["option1"])=="" ||
     trim($formdata["option2"])=="") {
    show_error_msg("You must specify at least two options!");
    $result = FALSE; }

  return $result;
}
```

Daten speichern (save_data)

save_data speichert zuerst die Fragestellung in der *polls*-Tabelle und ermittelt anschließend die neue *pollID*-Nummer. (*pollID* ist eine *AUTO_INCREMENT*-Spalte.) Die Methode *sql_string* stellt die Zeichenketten in Anführungszeichen und stellt sicher, dass SQL-Sonderzeichen ein \ vorangestellt wird (siehe auch Abschnitt 12.5.4). In der Folge werden alle zehn Optionselemente *formdata["option<n>"]* durchlaufen und, sofern sie nicht leer sind, in der *polloptions*-Tabelle gespeichert.

```
function save_data($formdata, $maxoptions, $maxpolls, $db) {
  // Fragestellung speichern
  $sql = "INSERT INTO polls (heading, description, polltype) " .
         "VALUES (" .
         $db->sql_string($formdata["heading"]) . "," .
         $db->sql_string($formdata["description"]) . "," .
         $db->sql_string($formdata["type"]) . ")";
  $db->execute($sql);
  $pollID = $db->insertID();

  // dazugehörende Antworten (Optionen) speichern
  for($i=1; $i<=$maxoptions; $i++)
    if(trim($formdata["option$i"])!="") {
      $sql = "INSERT INTO polloptions (pollID, optText) " .
             "VALUES ($pollID, " .
                    $db->sql_string($formdata["option$i"]) . ")";
      $db->execute($sql);
    }

  echo "<p>New poll data has been saved.</p>\n";
```

Damit die Daten in der *webvote*-Datenbank mit der Zeit nicht unbegrenzt anwachsen, löschen die folgenden Zeilen alte Umfragen (und aufgrund der *Foreign-Key*-Regeln mit *DELETE CASCADE* auch alle dazugehörenden Daten). Die Anzahl der Umfragen ist durch die Variable *maxpolls* limitiert.

```
  $sql = "SELECT COUNT(*) FROM polls";
  $n = $db->querySingleItem($sql);
  if($n > $maxpolls) {
    $sql = "DELETE FROM polls ORDER BY ts LIMIT " . ($n-$maxpolls);
    $db->execute($sql);
    echo "<p>Old poll data has been deleted.</p>\n";
  }
}
```

15.5 Erweiterungsmöglichkeiten

Je nachdem, welche Anforderungen Sie an eine Umfrage stellen, sind natürlich eine Menge Erweiterungsmöglichkeiten denkbar:

- Das Beispielprogramm ist so konzipiert, dass eine Wahl nur für die gerade aktuelle Umfrage möglich ist. Sie können `vote.php` aber mühelos so verändern, dass eine Wahl auch für ältere Umfragen möglich ist. (Im Wesentlichen kopieren Sie hierfür den Code zur Auswertung der *$_REQUEST*-Variablen *pollID* von `result.php` nach `vote.php`. Ebenso kopieren Sie den Code zur Ausgabe der Links auf ältere Umfragen.)
- Bei vielen Umfragen ist es wünschenswert, den Teilnehmern eine Eingabemöglichkeit für einen persönlichen Kommentar zu bieten. Dazu müsste das Wahlformular `vote.php` um ein Textfeld ergänzt werden und die Tabelle *votes* um ein Textfeld *comment*.
- Die Absicherung gegen Mehrfachwahlen (Wahlmanipulationen) ist nicht perfekt. Denkbar wären verschiedene Erweiterungen, um auffällige Wahlmuster zu erkennen (z.B. eine Häufung von Wahlergebnissen von einer bestimmten IP-Adresse, wenn auch mit ständig wechselnder Cookie-ID-Nummer).

  Sie können die Wahlteilnehmer natürlich auch dazu zwingen, sich vor der Wahl mit einer gültigen E-Mail-Adresse anzumelden. Das reduziert den Missbrauch erfahrungsgemäß auf ein Minimum, allerdings wird damit auch die Teilnahme an der Umfrage auf ein Minimum sinken ...
- Das Programm ist in dieser Form nicht geeignet, Umfragen oder Tests durchzuführen, die aus mehreren Fragen bestehen (im Sinne eines Multiple-Choice-Tests). Aus Datenbanksicht wäre hierfür eine neue Tabelle *tests* erforderlich, die gemeinsame Daten eines Tests speichert (z.B. den Titel des Tests). In der Tabelle *polls* kann ein Fremdschlüsselfeld *testID* die Verbindung zwischen einem Test und dessen Einzelfragen herstellen. (Komplizierter wird es, wenn einzelne Fragen des Tests in Abhängigkeit von den Ergebnissen anderer Fragen erscheinen sollen ...)

  Wenn das System für Prüfungen eingesetzt werden soll, ist es zudem zweckmäßig, ein Zeitlimit vorzusehen und die Fragen und ihre möglichen Antworten zufällig anzuordnen.
- Der Administrationsteil des Beispiels ist minimalistisch: Es ist zwar einfach, eine neue Umfrage einzurichten, nachträgliche Änderungen (und seien es nur Korrekturen von Tippfehlern) sind aber nicht vorgesehen. In solchen Fällen muss der Administrator phpMyAdmin oder ein anderes MySQL-Administrationsprogramm einsetzen.

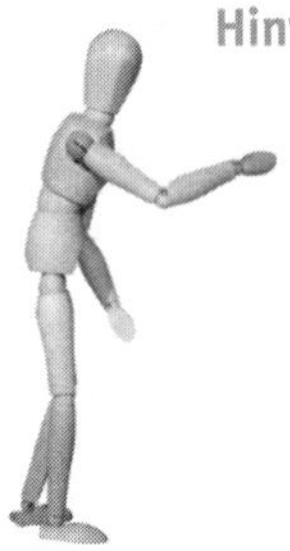

Hinweis

Bevor Sie damit beginnen, das Beispiel mit einer Menge Zusatzfunktionen auszustatten, sollten Sie in Erwägung ziehen, eines der zahllosen fertigen Umfragesysteme zu installieren, die teilweise auch in Content Managment Systemen (CMS) integriert sind. Suchen Sie im Internet nach *mysql php vote* oder *poll* oder *survey* oder *rating*!

15.6 Installation

Das Beispiel setzt voraus, dass zumindest PHP ab Version 5.1 mit PDO-Unterstützung sowie MySQL ab Version 4.1 mit InnoDB-Unterstützung zur Verfügung stehen. Die Installation ist unkompliziert:

- **Datenbank erzeugen:** Mit phpMyAdmin oder einem anderen Administrationsprogramm richten Sie die neue (noch leere) Datenbank *webvote* ein.
- **Tabellen erzeugen:** Im zweiten Schritt führen Sie die SQL-Kommandos der Datei webvote.sql aus. Diese Kommandos erzeugen alle erforderlichen Tabellen und fügen einige Testdatensätze ein.

  Zum Löschen der Testdatensätze reicht es aus, alle Datensätze der Tabelle *polls* zu löschen. Alle verknüpften Datensätze der Tabellen *polloptions*, *votes* und *votedetails* werden dadurch automatisch ebenfalls gelöscht (wegen der *Foreign-Key*-Regeln).

  Beachten Sie bitte, dass webvote.sql wie alle *.sql-Dateien zu diesem Buch im *latin1*-Zeichensatz vorliegt. Bei phpMyAdmin müssen Sie diesen Zeichensatz angeben, damit die deutschen Sonderzeichen richtig importiert werden!
- **PHP-Dateien einrichten:** Der dritte Schritt besteht darin, das Verzeichnis mit den *.php-Dateien an einen Ort zu kopieren, wo es für den Webserver erreichbar ist. (Achten Sie darauf, dass die Zugriffsrechte auf die Verzeichnisse und Dateien so eingestellt sind, dass Apache die Dateien lesen darf! Unter Unix/Linux müssen Sie dazu gegebenenfalls chmod oder chown ausführen.)
- **PHP-Passwortdatei einrichten:** Die Datei password.php enthält den MySQL-Benutzernamen, das dazugehörige Passwort, den Rechnernamen für den MySQL-Server (in der Regel *localhost*) und den Namen der Datenbank (*webvote*). Sie müssen den Benutzernamen und das Passwort an Ihre Konfiguration anpassen. Der MySQL-Benutzer benötigt nur relativ wenige Privilegien für den Zugriff auf die *webvote*-Datenbank (*SELECT*, *INSERT*, *UPDATE* und *DELETE*).

- **Admin-Passwort:** Die Tabelle *admin* enthält den Benutzernamen *admin* und das verschlüsselte Passwort *secret*. Diese Zeichenketten sind für den Login und eine anschließende Definition einer neuen Umfrage erforderlich. Zum Ausprobieren des Beispiels ist das ausreichend.

  Sollten Sie das Beispiel allerdings ins Netz stellen, müssen Sie diesen Beispieleintrag löschen und stattdessen einen neuen Eintrag einfügen. Achten Sie darauf, dass das Passwort mit der SQL-Funktion *PASSWORD* verschlüsselt sein muss. In phpMyAdmin können Sie beim Einfügen oder Ändern angeben, dass diese Funktion auf die nachfolgende Zeichenkette angewendet wird.

16 Bilddatenbank

Das Beispielprogramm in vorliegenden Kapitel zeigt die webbasierte Verwaltung von digitalen Bildern. Der objektorientierte Ansatz liefert einen überschaubaren Code, der Bilder importiert, dreht, verkleinert und in einer ansprechenden Form darstellt.

16.1 Zielsetzung des Beispiels

Im folgenden Beispiel wird ein einfaches webbasiertes Fotoalbum entwickelt. Es ist für den Umgang mit JPEG-Bildern aus einer Digitalkamera optimiert, aber nicht darauf beschränkt. Es ermöglicht dem Administrator, Bilder nach bestimmten Themen zu gruppieren und so seinen Gästen übersichtlich zur Verfügung zu stellen.

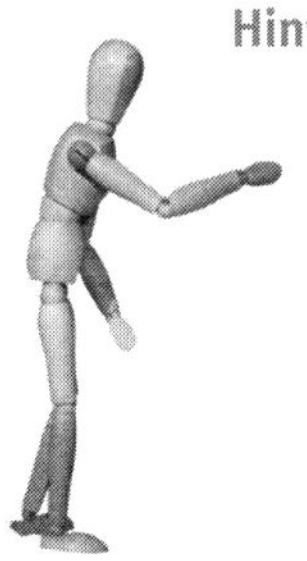

Hinweis

Moderne Digitalkameras speichern Informationen zur Aufnahme im Header der JPEG-Datei mit. Diese als *EXIF* bezeichneten Felder stören normale Bildbetrachter nicht und können daher wie andere JPEG-Dateien angesehen werden. Einige Grafik-Programme enthalten bereits die Möglichkeit, diese Informationen auszulesen (zum Beispiel gthumb unter Linux oder IrfanView für Windows). Mehr Informationen zu EXIF finden Sie unter:

http://www.exif.org/

16.1.1 Anforderungen an das Programm

Die Anforderungen an das zu erstellende Programm lassen sich in unterschiedliche Themen gliedern:

Import

- Archivierung der Bilder in Verzeichnissen, die Auskunft über das Erstellungsdatum des Bildes geben (JJJJ/MM/dateiname.jpg).
- Herausfiltern der erweiterten Informationen von Digitalkameras (*EXIF*) und Übertragen in Tabellen der Datenbank.
- Anpassung der Bild-Dimensionen beim Import. Übergroße Bilder sollen auf eine webtaugliche Größe verkleinert werden können.

- Ablegen von Miniaturbildern (*thumbnails*) in der Datenbank.
- Drehen der Bilder nach ihren EXIF-Informationen. Gibt das Bild Aufschluss darüber, in welcher Orientierung es aufgenommen wurde (hochkant oder quer), so soll das Bild automatisch gedreht werden.
- Automatisches Einfügen in eine Collection. Alle ausgewählten Bilder sollen beim Import einer Collection zugewiesen werden können.

Viewer/Collections

- Bilder können bestimmten Sammlungen (Collections) zugeordnet werden, wobei ein Bild in mehreren Sammlungen sein kann.
- Mehrseitige Anzeigen sollen über eine einfache Navigation (vorwärts, rückwärts) steuerbar sein.

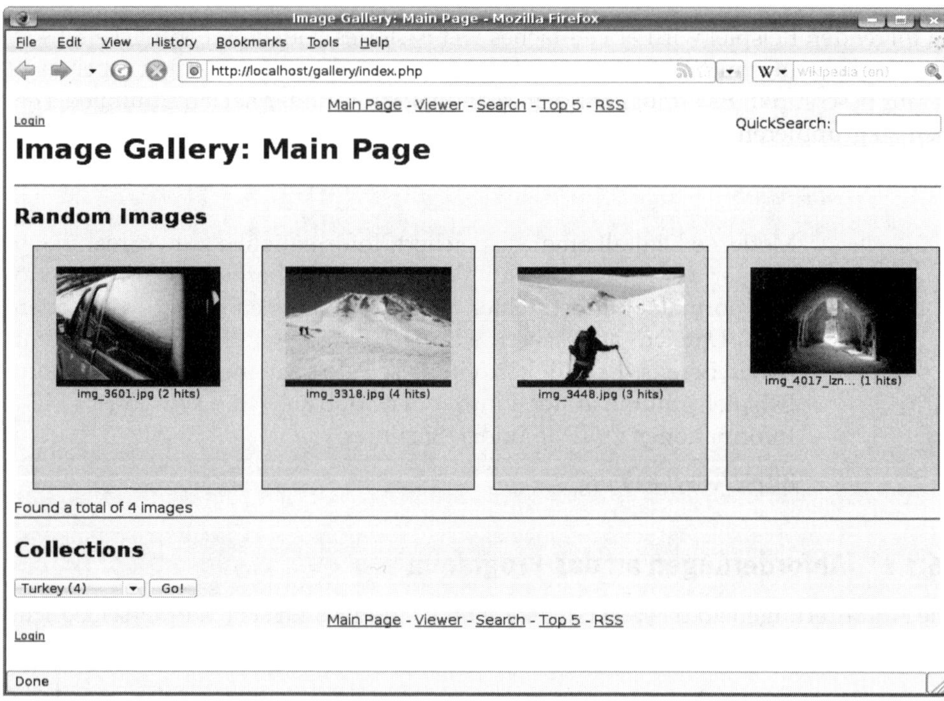

Abbildung 16.1: Die Startseite der Anwendung (Administrator-Modus)

Administration

- Hinzufügen/Ändern von Bildbeschreibungen.
- Hinzufügen/Ändern von Collections und deren Beschreibung.
- Trash-Verwaltung: Gelöschte Bilder und Collections sollen permanent gelöscht oder aus dem Abfalleimer wiederhergestellt werden können.

Suche

- Bilder und Collections nach deren Name/Beschreibung suchen.
- Bildsuche nach deren ID für Administratoren.
- Quicksearch auf allen Seiten: Ein kleines Text-Eingabefeld soll auf jeder Seite für eine Schnellsuche zur Verfügung stehen.

16.1.2 Anforderungen an den Code

Der PHP-Code verwendet einige der Standard-Bibliotheken von PHP 5, die wichtigsten darunter sind die Image-Funktionen (*gd*, für die Bild-Konvertierung), *exif* (zum Auslesen der Digitalkamera-Daten), *DOM* zum Erzeugen eines RSS-Feeds und natürlich die *MySQL*-Funktionen zur Anbindung an die Datenbank.

Dadurch, dass die wichtigsten Elemente des Programms als Objekte angelegt werden (*GalleryImage*, *GalleryCollection*, *GalleryViewer*) ergibt sich ein übersichtlicher und verständlicher Code. Dieser Vorteil geht zu Lasten der Performance: Werden viele Bilder angezeigt, werden auch viele Objekte vom Typ *GalleryImage* erzeugt, die wiederum viele Datenbank-Abfragen ausführen. Die Geschwindigkeit der Anwendung steht aber bei diesem Beispiel nicht im Vordergrund, vielmehr soll der Code einfach lesbar und damit auch einfach wartbar sein.

Um die HTML-Elemente möglichst getrennt vom Programm-Code zu halten, wird bei der Formatierung viel mit Stylesheets (CSS2) gearbeitet. Durch die Einbettung aller Elemente in *<div>*-Anweisungen können Hintergrund, Text und Rahmen sehr flexibel gestaltet werden. Diese Trennung von Programm und Formatierung ermöglicht es, das gesamte Aussehen der Anwendung mit einer Anweisung zu verändern (in anderen Software-Produkten wird das auch als *Theme* oder *Skin* bezeichnet). Mehr zu Stylesheets finden Sie in Kapitel 16.4.2.

16.2 Bedienung

Für den Anwender stellt das Programm das digitale Pendant zu einem herkömmlichen, analogen Fotoalbum dar. Bilder werden zuerst in einer verkleinerten Ansicht dargestellt (*thumbnail*) und können auf Wunsch einzeln vergrößert betrachtet werden. In dieser Einzelansicht werden zusätzliche Informationen zum Bild angezeigt, und durch das Anklicken des Bildes öffnet sich ein neues Browserfenster, das ausschließlich das gewählte Bild anzeigt (moderne Browser können das Bild dann automatisch skalieren).

Die Anwendung unterscheidet zwischen einem angemeldeten Benutzer, dem Administrator, und anonymen Benutzern, den Gästen. Der Administrator entscheidet, welche Bilder zu sehen sind und welche Eigenschaften diese Bilder haben.

16.2.1 Anonyme Benutzer

Die Startseite präsentiert vier zufällig ausgewählte Bilder und die Liste aller vorhandenen *Collections* (siehe unten). Elemente, die auf allen Seiten angezeigt werden, sind ein Eingabefeld für die Schnellsuche (im rechten oberen Bereich des Browsers) und eine Navigation in der Fußzeile, die Links zu einer erweiterten Suche, den am häufigsten betrachteten Bildern (*Top 5*) und zum Login enthält.

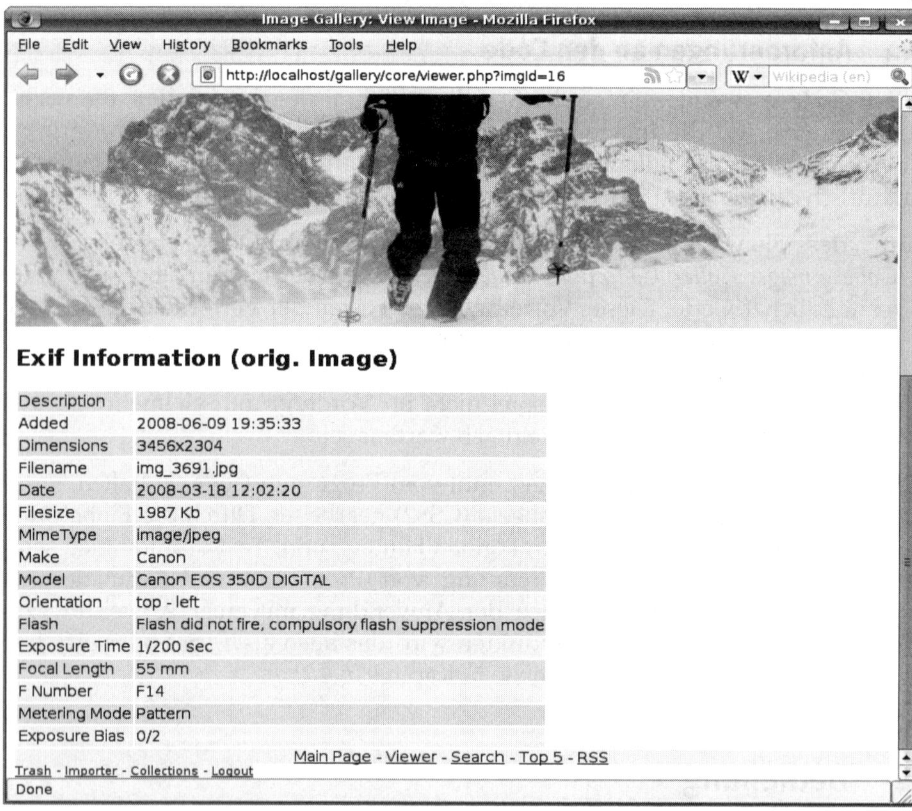

Abbildung 16.2: Anzeige der erweiterten Informationen zu einem Bild

Über eine *Collection* kann der Anwender ein Thema wählen, zu dem in weiterer Folge Bilder angezeigt werden. Collections haben einen Namen, eine Kurzbeschreibung und ein Datum und können unbegrenzt Bilder enthalten. Natürlich kann ein Bild auch in mehreren Collections auftauchen.

Bilder sind ebenfalls mit einer Kurzbeschreibung versehen. Stammen die Bilder aus einer Digitalkamera, werden außerdem technische Informationen zur Aufnahme angezeigt (Verschlusszeit, Brennweite, Blendenwert ...).

Während die einfache Suche (*QuickSearch*) nur in der Beschreibung und im Dateinamen des Bildes sucht (der gesuchte Begriff wird dazu mit Wildcards an beiden Enden versehen), können über die erweiterte Suche gezielter Informationen abgefragt werden. So besteht zum Beispiel die Möglichkeit, nur Bilder zu suchen, die einer bestimmten Kategorie zugeordnet sind.

Anwender, die immer über neue Bilder oder Collections informiert werden wollen, können sich den RSS-Feed abonnieren. Der Feed informiert ständig über die fünf neuesten Bilder und Collections.

16.2.2 Administratoren

Über den LOGIN-Link kann sich ein Benutzer anmelden. Er kommt nach erfolgreicher Passwortüberprüfung in den Administrator-Modus. Dort stehen drei weitere Module zur Verfügung, die als Link in einer Administrationsleiste im rechten unteren Teil der Webseite aufscheinen:

- Das **Import-Modul** durchsucht das Import-Verzeichnis nach gültigen Bilddateien und stellt diese auf einer Webseite dar. Stammt das Bild aus einer modernen Digitalkamera, wird ein Miniatur-Vorschaubild (*thumbnail*) angezeigt. Der Administrator kann nun auswählen, welche Bilder importiert werden sollen und welche nicht. Gibt das Bild Informationen zur Aufnahmeausrichtung (Hochformat, Querformat), so kann das Bild beim Importvorgang automatisch gedreht werden. Alle Bilder können auch gleich einer Collection zugeweisen werden.
- Im **Abfalleimer** (*Trash*) landen Bilder und Collections, die vom Administrator als gelöscht markiert werden. Die Elemente im Abfalleimer können über die normalen Funktionen der Anwendung nicht mehr gefunden werden. Nur der Administrator hat Zugriff darauf und kann sie entweder wiederherstellen oder permanent löschen.
- Der **Collection-Editor** kann einzelne Bilder aus einer Collection entfernen oder die Meta-Informationen zur Collection ändern. Natürlich können hier auch neue Collections angelegt werden.

Außerdem sieht der Administrator zu jedem Bild einen Link zum Editieren und einen zum Löschen des Bildes.

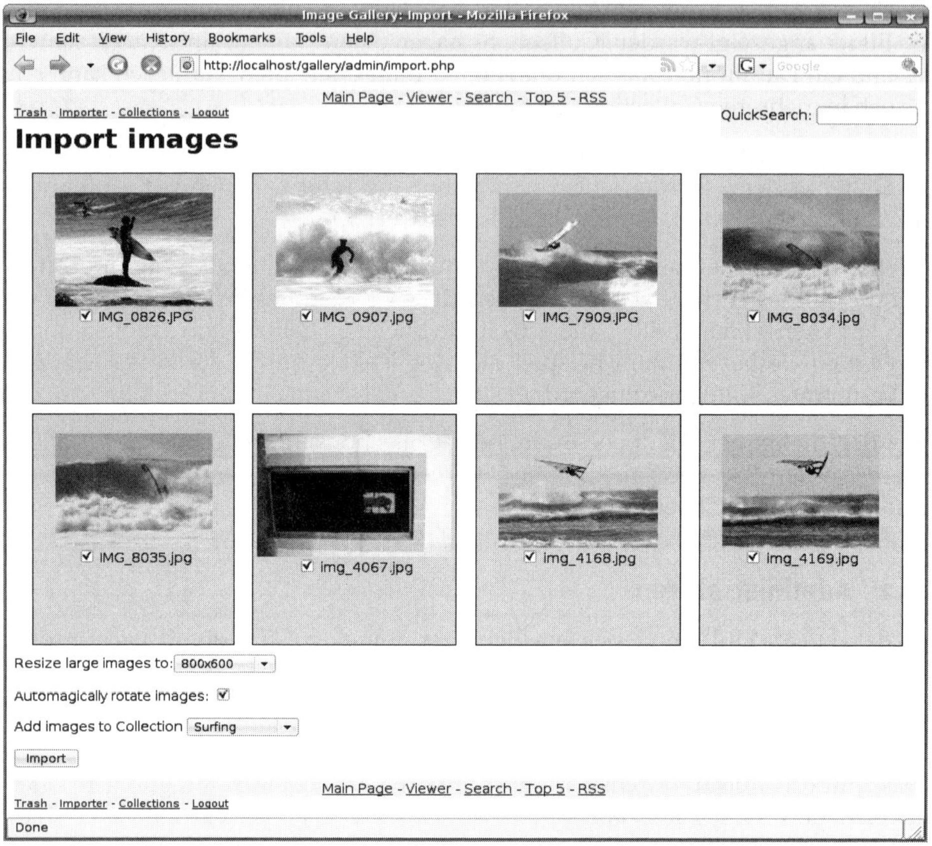

Abbildung 16.3: Das Import-Modul mit Bildern einer Digitalkamera

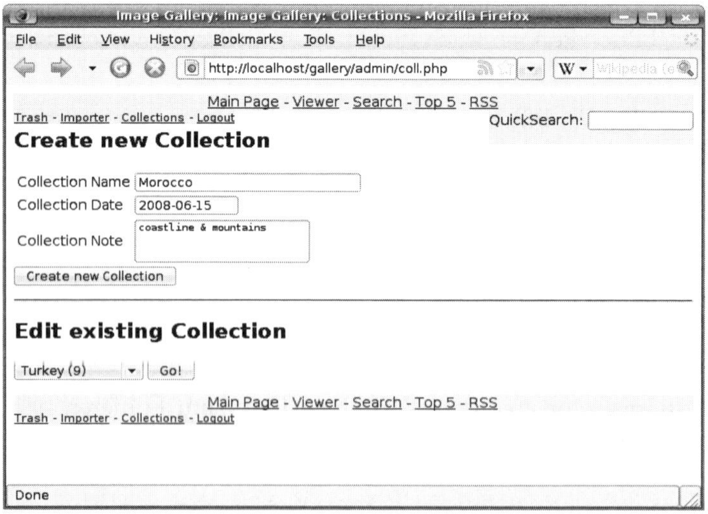

Abbildung 16.4: Die Funktionen zum Erstellen und Editieren von Collections

16.3 Datenbankdesign

Die Datenbank kommt mit sehr wenigen Tabellen aus. Die zentrale Tabelle ist die *image*-Tabelle und hat als Primärschlüssel einen Integer-AUTO_INCREMENT-Wert, die ID des Bildes. Weitere Felder sind unter anderem der Dateiname, die Größe in Byte, die md5-Prüfsumme, der Zeitpunkt der Aufnahme, der Status des Bildes, ein Zähler, wie oft das Bild gesehen wurde, und eine Beschreibung.

Eigentlich könnten die EXIF-Daten auch in dieser Tabelle gespeichert werden, da die Informationen pro Bild unterschiedlich sind und es zu keinen Redundanzen kommen kann. Trotzdem wurde eine eigene *exif*-Tabelle angelegt, die über die Bild-ID 1:1 mit der *image*-Tabelle verknüpft ist. Ein Grund dafür ist, dass die *exif*-Tabelle eine BLOB-Spalte enthält, in der das Miniaturbild gespeichert ist und dadurch größer ist als reine Zahlen/Text-Tabellen. Da im Programmablauf viele Datenbank-Abfragen nach der Bild-ID aus der *image*-Tabelle gemacht werden, ist es besser, wenn diese Tabelle klein bleibt.

Die *exif*-Tabelle enthält einige ausgewählte Eigenschaften der EXIF-Spezifikation. Ob Ihre Kamera diese Felder auch abspeichert, ist nicht ganz sicher, da die Hersteller unterschiedliche Merkmale für wichtig halten. Die Benennung der Spalten hält sich genau an die Vorgaben der Spezifikation.

Es bleibt noch die Tabelle der Collections, die einen Namen, ein Datum und eine Beschreibung haben. Über das Status-Feld der Tabelle kann die Collection als gelöscht markiert werden. Dieser Mechanismus ist identisch mit dem in der *image*-Tabelle. Da die es sich bei der Beziehung zwischen Bildern und Collections um eine n:m-Verknüpfung handelt, ist auch noch eine Relationstabelle zwischen *collection* und *image* notwendig: *rel_coll_img*. Sie enthält die IDs der Collections beziehungsweise die IDs der Bilder.

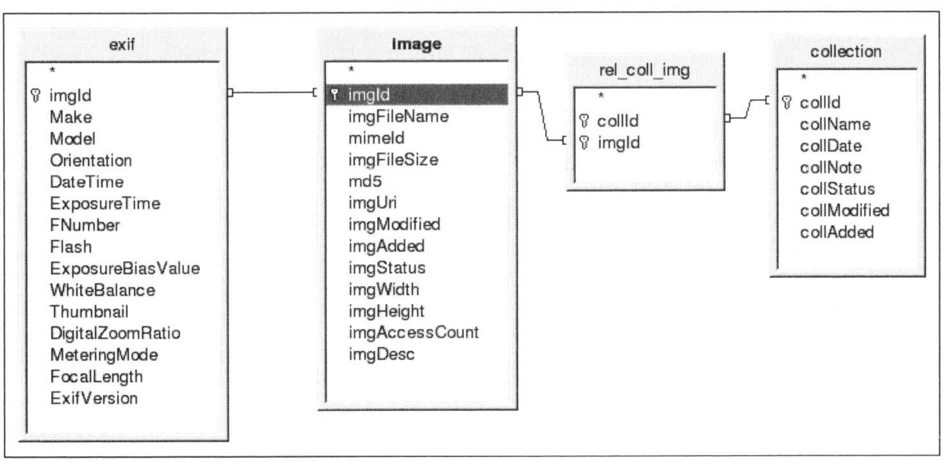

Abbildung 16.5: Das Datenbankschema für die Bilddatenbank

16.4 Aufbau des Codes

16.4.1 Der PHP-Code

Die wichtigsten Elemente in diesem Beispiel sind die zentralen Klassen, die jeweils in einer eigenen Datei im Unterverzeichnis `classes` abgelegt sind:

`classes/MyDb`	Datenbankverbindung und Abfragen
`classes/GalleryImage.php`	Enthält alle Eigenschaften eines Bildes
`classes/GalleryViewer.php`	Elemente einer Seite mit Bildern
`classes/GalleryCollection.php`	Themenbezogene Bildersammlungen

Weitere Klassen, die jeweils nur für eine spezielle Aufgabe zum Einsatz kommen, sind:

`classes/Importer.php`	Alle Funktionen zum Import von Bildern
`classes/Exif.php`	Statische Elemente zur Beschreibung der EXIF-Daten
`classes/Rss.php`	Erzeugt den XML-Code für den RSS-Feed

Bei den restlichen Dateien handelt es sich um Code, der die Klassen verwendet und in logische Abfolgen einbaut:

`index.php`	Die Startseite mit vier Zufallsbildern
`config.inc.php`	Pfad-Einstellungen und Administrator-Passwörter
`rss.php`	Der dynamische RSS-Feed
`admin/import.php`	Die Seite zum Importieren der Bilder
`admin/trash.php`	Der Abfalleimer
`admin/edit_img.php`	Seite zum Bearbeiten der Bildbeschreibung
`admin/del_img.php`	Verschiebt das Bild in den Abfalleimer
`admin/coll.php`	Erzeugt neue Collections
`admin/edit_coll.php`	Verändert bestehende Colle
`core/main.php`	Globale Funktionen (z.B. HMTL-Kopf und -Fuß)
`core/viewer.php`	Anzeigemodul für ein oder mehrere Bilder
`core/login.php`	Benutzername und Passwort, Eingabe und Kontrolle
`core/logout.php`	Löscht die Benutzerdaten in der Session
`core/show_tn.php`	Zeigt den Thumbnail aus einem JPEG-Bild an
`core/show_mysql_tn.php`	Zeigt den Thumbnail aus der Datenbank an
`search/index.php`	Die Seite mit den Eingaben zur Suche
`search/search.php`	Die eigentliche Suche

Alle Funktionen, die nur Administratoren zur Verfügung stehen, sind im admin-Verzeichnis untergebracht. Wer einen zusätzlichen Schutz für diese Scripts einbauen möchte, kann das Verzeichnis noch mit einer .htaccess-Datei versehen, um nur berechtigten Benutzern den Zugriff zu ermöglichen.

core/main.php

Die Datei core/main.php wird in allen PHP-Scripts zu Beginn via *require_once* inkludiert. Sie startet als Erstes die Session und kümmert sich anschließend um die Einbindung aller weiteren Klassen und der Konfigurationsdatei (config.inc.php).

Im weiteren Verlauf werden Hilfsfunktionen definiert, die in allen Scripts und Klassen zum Einsatz kommen:

- *html4head($title)*: Schreibt den korrekten Code, um einen gültigen »HTML 4.01 Transitional«-Kopf zu erzeugen. Die Ausgabe beinhaltet auch die einfache Menüleiste und das Textfeld für die Schnellsuche.
- *html4foot()*: Beendet eine HTML-Seite und zeigt abermals die Menüleiste an.
- *array_item($search, $key)*: Die Funktion, um einen Eintrag aus einem Array zu lesen, ohne dabei eine PHP-Warnung auszulösen.
- *message($msg, $type)*: Eine Hilfsfunktion, die die Textnachricht *$msg* nach ihrem Typ formatiert ausgibt. Die Typen sind dabei als Konstanten in config.inc.php definiert.
- *is_logged_in()*: Die Funktion liefert *TRUE* zurück, wenn die Session-Variablen für Benutzername und Passwort mit den Einstellungen in config.inc.php übereinstimmen, ansonsten *FALSE*. Der Aufruf wird für alle PHP-Scripts im admin-Verzeichnis verwendet.

config.inc.php

Die Konfigurationsdatei config.inc.php enthält zu Beginn die Namen und Passwörter der Administratoren. Um einen neuen Administrator-Account hinzuzufügen, reicht es, das Array *$admins* um einen Eintrag zu ergänzen. Wer in einer Shared-Hosting Umgebung arbeitet, in der andere Benutzer Zugriff auf Dateisystemebene haben, sollte diese Datei möglichst nur für den Benutzeraccount lesbar machen, unter dem der Webserver läuft, da sonst die Passwörter ausspioniert werden können.

Die Pfade in config.inc.php sollten richtig eingestellt sein, vorausgesetzt, man möchte die Position für das Bildarchiv oder den *upload*-Bereich nicht ändern. Die Server-Variable *$_SERVER['DOCUMENT_ROOT']* wird verwendet, um die URL zum Basisverzeichnis des Beispiels zusammenzubauen. Unter Windows gab die Variable bei meinen Versuchen (Windows XP/Apache 2.0.50/PHP 5.0.1) keinen abschließenden Schrägstrich aus, unter Linux hingegen schon. Um diesen Unterschied auszugleichen, muss eine String-Ersetzung durchgeführt werden. Sollte es

Schwierigkeiten mit den Pfaden geben, ist es am sichersten, man stellt die Variablen *$base_dir*, *$upload_dir* und *$img_base_uri* manuell ein.

Als weitere Variable werden die Größe der Thumbnails, die unterstützten Bildtypen und die Auswahlliste für die Anzahl der Bilder pro Seite definiert. Über das Array *$exif_data* werden die für diese Anwendung interessanten EXIF-Felder festgelegt. Abschließend werden vier Konstanten definiert, die bei Warn- und Fehlermeldungen zum Einsatz kommen. Über diese Konstanten kommt es zu einer unterschiedlichen CSS-Formatierung der Nachrichten.

16.4.2 Der HTML/CSS-Code

Allgemeines zur Formatierung mit CSS

In diesem Beispiel wird intensiv Gebrauch von Cascading Stylesheets (CSS) zur Formatierung der Inhalte gemacht. Der große Vorteil dieser Art der Formatierung besteht darin, dass Inhalt und Formate streng getrennt bleiben. Für die Programmierung bedeutet das, dass man das Design der Anwendung ohne Eingriffe in den Code im Nachhinein verändern kann.

Ein weiterer Vorteil ist, dass es einfacher wird, gültigen HTML-Code zu produzieren. Es gibt keine kryptischen, fehleranfälligen Konstrukte in der Form:

```
<p align="center"><font color="#ff0000">Text</font></p>
```

In CSS werden Stile in Klassen zusammengefasst:

```
p.important { text-align: center; color: #ff0000; }
```

Um im HTML-Code auf diesen Stil zurückzugreifen, reicht die Zeile:

```
<p class="important">Text</p>
```

Kommt man später zu der Überzeugung, diese wichtigen Textpassagen sollten nicht mehr in Rot, sondern in Blau angezeigt werden, so reicht es, die eine Zeile im Stylesheet zu verändern, und alle Vorkommen von *<p class="important">* werden in Blau erscheinen. Wer in seinem Textverarbeitungsprogramm mit Formatvorlagen arbeitet, hat sicher schon verstanden, worum es hier geht.

Praktisch an Stylesheets ist weiters, dass man die Stildefinitionen in eine eigene Datei auslagern kann. So ist es möglich, ein zentrales Stylesheet für ein gesamtes Webprojekt zu definieren und auf diese Art ein gemeinsames Layout beizubehalten. Die Verbindung zu dem Stylesheet wird im Kopf des HTML-Dokuments angegeben:

```
<link href="css/base.css" type="text/css" rel="stylesheet" />
```

Daraufhin lädt der Browser die Datei /css/base.css und verwendet sie zur Formatierung der Webseite.

Durch CSS wurde es auch erstmals möglich, exakte Schriftgrößen und Abstände für HTML-Seiten einzugeben. Was für Grafiker ein Muss ist, ist im Web nicht immer erwünscht. So war die Idee von Tim Berners-Lee, dem Erfinder des World Wide Web, mit HTML Inhalte unabhängig von der Bildschirmauflösung zu beschreiben und nicht auf ein Pixel genau zu definieren, wie breit ein Absatz ist.

Ein Nachteil an Stylesheets ist, dass ältere Browser sie nicht erkennen und damit das Layout falsch anzeigen. In der Regel geht dabei zwar keine Information verloren, da der Browser Texte und Bilder trotzdem darstellt, für manche Anwendungen ist das aber nicht genug. Da man aus Sicherheitsgründen ohnehin keine veralteten Browser verwenden sollte und moderne, sehr ausgereifte Browser im Internet kostenlos zur Verfügung stehen, wiegen die Vorteile diesen geringen Nachteil allemal auf.

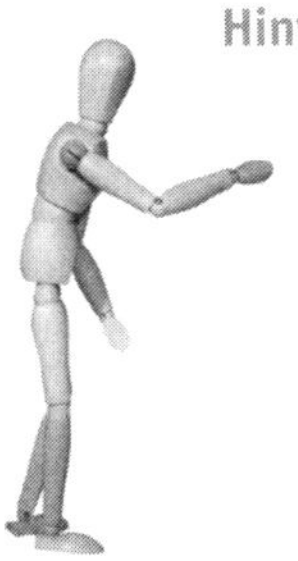

Hinweis

Im Internet gibt es Unmengen an Informationen zum Thema Stylesheets. Gute Startpunkte sind:

http://de.selfhtml.org/css/index.htm
http://www.w3.org/Style/CSS/
http://jigsaw.w3.org/css-validator/
http://www.w3schools.com/css/

Eine große Erleichterung bei der Entwicklung von Stylesheets ist es, wenn man visuelles Feedback der eigenen Stil-Definitionen bekommt, also so etwas wie ein *Debug*-Modus vorhanden ist. Opera bietet so eine Möglichkeit, weit besser aber ist ein Plug-In für Firefox/Mozilla, das eine Echtzeitvorschau für Veränderungen der Stile vorsieht. Weiters bietet es Funktionen zur Validierung von HTML und CSS und eine Reihe anderer, praktischer Aufrufe. Die Erweiterung heißt Web Developer und steht unter der folgenden Adresse zum Download bereit:

http://webdeveloper.mozdev.org/

CSS im vorliegenden Beispiel

Das Beispielprogramm beinhaltet ein Basis-Stylesheet (css/gal.css) für die Formatierung der Standard-Elemente. Es beginnt mit zwei globalen Definitionen:

```
body {
  font-family: sans-serif;
}
img {
  border-style: none;
}
```

Das *body*-Element setzt den Font für alle Texte, die auf der Webseite ausgegeben werden, auf *sans-serif*, und die *img*-Anweisung betrifft alle Bilder und besagt, dass sie ohne Rahmen darzustellen sind (auch wenn das Bild zusätzlich ein Link ist).

Die weiteren Elemente im Stylesheet beziehen sich auf spezielle Formate, zwei davon hier als Beispiele:

```
div.thumbnail {
  padding:2px;
  width:200px;
  height:140px;
  background-color: #cccccc;
  border: 1px solid #000000;
  min-width:180px;
  margin: 0px 0px 10px 2%;
  padding-top: 20px;
  text-align: center;
  float: left;
}
div.footer {
  text-align: center;
  float: none;
  clear: both;
  background-color: #eeeeee;
}
```

Mit dem *div*-Element wird ein allgemeiner Bereich markiert. Solche Bereiche können alle HTML-Elemente enthalten und dienen hauptsächlich dazu, eine gemeinsame Formatierung zu erzielen. Der erste *div.thumbnail*-Bereich wird mit einer grauen Hintergrundfarbe und einer schwarzen, durchgezogenen Randlinie definiert. Interessant ist die *float*-Eigenschaft, die den Browser anweist, das nächste Element nicht in eine neue Zeile, sondern rechts anschließend zu setzen, sofern dafür noch Platz ist. Während *padding* Innenabstände festlegt, definiert *margin* den Außenabstand zum nächsten Element. Der *footer*-Bereich wird mit *float:none* und *clear:both* angegeben, was dazu führt, dass der vorher definierte Umfluss hier endet und das *footer*-Objekt immer in einer neuen Zeile beginnt.

16.5 Wichtige Codefragmente

16.5.1 MyDb

Die Klasse *MyDb* stellt eine Wrapper-Klasse für alle Datenbank-Abfragen zur Verfügung. Das bringt den Vorteil, dass alle datenbankabhängigen Aufrufe in einer Klasse gekapselt sind und dort zentral geändert werden können. Möchte man zum Beispiel statt der hier verwendeten *mysql_xxx*-Funktionen auf die neuen *mysqli_xxx*-Funktionen umsteigen, so müssen die Aufrufe nur in einer Datei ausgetauscht werden. (Die *mysqli*-Variante von *MyDb* wurde in Abschnitt 12.1 vorgestellt.)

Die Zugangsdaten (Datenbankserver, Datenbank-Name, Benutzername und Passwort) werden als *Protected*-Variablen dieser Klasse definiert. Im Konstruktor wird die Verbindung zur Datenbank hergestellt. Sie steht von diesem Zeitpunkt an für Abfragen bereit.

Die zwei am häufigsten verwendeten Funktionen sind *querySingleObject* und *queryObject*:

```
function querySingleObject($sql) {
  if ($ret = mysql_query($sql)) {
    return mysql_fetch_object($ret);
  } else {
    print mysql_error();
    return FALSE;
  }
}

function queryObject($sql) {
  if ($ret = mysql_query($sql)) {
    while ($row = mysql_fetch_object($ret)) {
      $result[] = $row;
    }
    return $result;
  } else {
    print mysql_error();
    return FALSE;
  }
}
```

Der Unterschied besteht darin, dass *querySingleObject* nur eine einzige Zeile der Datenbank-Abfrage zurückgibt, während *queryObject* immer ein Array von mehreren Objekten als Ergebnis hat. Die erste Funktion ist praktisch, wenn man genau weiß, dass nur eine Zeile als Ergebnis möglich ist (zum Beispiel bei einer Abfrage, in der die WHERE-Anweisung den Primärschlüssel vergleicht). Die zweite Funktion liefert immer ein Array zurück, egal wie viele Zeilen das Ergebnis hat. Das wird in den Programmen verwendet, um mit einer *foreach*-Anweisung auf das Resultat zugreifen zu können.

Um die ID des letzten Insert-Statements in einer AUTO_INCREMENT-Spalte zu erhalten, gibt es noch die Funktion *last_insert_id*:

```
function last_insert_id() {
  $res = mysql_query("SELECT LAST_INSERT_ID()");
  $row = mysql_fetch_array($res);
  return $row[0];
}
```

16.5.2 GalleryImage

GalleryImage ist wohl die zentrale Klasse dieser Anwendung. Jedes Bild, das in dem Programmablauf angezeigt wird, ist ein Objekt dieser Klasse. Die Klasse setzt einige neue Funktionen von PHP 5 ein, wie zum Beispiel den einheitlichen Konstruktor *__construct()* oder die überladenen Methoden *__get()* und *__set()*.

```
<?php    // Datei: classes/GalleryImage.php
require_once (dirname(__FILE__).'/../core/main.php');

class GalleryImage {

  var $mysql;
  var $dbRes;

  function __construct($id) {
    $this->imgId = $id;
    $this->mysql = new MyDb;
    $sql = "SELECT *,UNIX_TIMESTAMP(imgAdded) AS imgUnixTs ".
      " FROM image i, exif e ".
      " WHERE i.imgId = e.imgId AND i.imgId = $id";
    $res = $this->mysql->querySingleObject($sql);
    $this->dbRes = $res;
    $sql = "SELECT c.collId ".
      " FROM collection c, rel_coll_img r, image i".
      " WHERE c.collId = r.collId ".
      " AND i.imgId = r.imgId ".
      " AND i.imgId = $id";
    $this->dbRes->collIds = array();
    $res = $this->mysql->queryObject($sql);
    if (count($res) > 0) {
      foreach ($res as $r) {
        $this->dbRes->collIds[] =  $r->collId;
      }
    }
  }

  function __get($imageProperty) {
    if (isset($this->dbRes->$imageProperty)) {
      return $this->dbRes->$imageProperty;
    } else {
      return FALSE;
    }
  }

  function __set($imageProperty, $val) {
    $this->dbRes->$imageProperty = $val;
  }
```

Zu Beginn wird die gemeinsame *Include*-Datei core/main.php geladen (siehe Kapitel 16.4.1). Zwei Variablen werden anschließend global für diese Klasse definiert: *$mysql* und *$dbRes*. *$mysql* verweist nach dem Konstruktor auf die *MyDb*-Klasse und kann somit jederzeit für Datenbank-Abfragen verwendet werden. *$dbRes* wird ein verschachteltes Array, in dem alle Eigenschaften des Bildes abgelegt werden. Um an diese Eigenschaften zu kommen, werden im Konstruktor der Klasse zwei Abfragen an die Datenbank durchgeführt: Die erste holt die Informationen aus der *image*- und der *exif*-Tabelle, wobei zusätzlich der Zeitpunkt des Imports in die Datenbank als UNIX-Timestamp abgefragt wird. Die zweite Abfrage findet alle Collections, in denen sich das Bild befindet. Die Ergebnisse der Abfragen werden in der schon erwähnten Variable *$dbRes* gespeichert, wobei der Spaltenname der Tabelle als Schlüssel für den Wert verwendet wird. Dem Konstruktor muss die ID des gewünschten Bildes übergeben werden.

Ein sehr nützliches Element stellen die Funktionen *__set* und *__get* dar. Jeder Aufruf an eine Member-Variable der Klasse, die nicht definiert ist (in diesem Beispiel also nicht *$mysql* oder *$dbRes*), führt dazu, dass die Funktion *__get(MemberVariable)* ausgeführt wird. Dieser Mechanismus wird als *fallback* bezeichnet und kann viele Zeilen Code ersparen: Während man in anderen Programmiersprachen für jedes Element eine eigene *set*- und *get*-Funktion programmieren muss, erledigt PHP das in zwei Funktionen für alle Variablen. Die *get*-Funktion in diesem Beispiel wertet den Inhalt der *$dbRes*-Variable aus und gibt den entsprechenden Wert zurück. Ist die Variable nicht definiert, wird *FALSE* retourniert. Das bedeutet, dass ein Aufruf der Variable *$img->md5* die md5-Summe des Bildes zurückgibt, da die *image*-Tabelle eine Spalte mit dem Namen *md5* enthält.

```
function trash() {
  $sql = "UPDATE image SET imgStatus=0 WHERE imgId=$this->imgId";
  $this->mysql->query($sql);
}
function delete() {
  global $base_dir;
  $sql = "DELETE FROM image WHERE imgId = $this->imgId";
  $this->mysql->delete($sql);
  $sql = "DELETE FROM exif WHERE imgId = $this->imgId";
  $this->mysql->delete($sql);
  $sql = "DELETE FROM rel_coll_img WHERE imgId = $this->imgId";
  $this->mysql->delete($sql);
  unlink ($_SERVER['DOCUMENT_ROOT'].DIRECTORY_SEPARATOR.
      $this->imgUri);
}

function update() {
  $sql = "UPDATE image SET imgDesc = '$this->imgDesc', ".
    "imgStatus = $this->imgStatus, imgModified = NOW() ".
    "WHERE imgId = $this->imgId";
  $res = $this->mysql->update($sql);
}
```

Bevor ein Bild permanent gelöscht wird, kommt es, durch den Aufruf der Funktion *trash*, in den Abfalleimer. Dabei wird nur der Status-Eintrag in der *image*-Tabelle auf 0 gesetzt. Um ein Bild wirklich zu löschen, wird die Funktion *delete* auf das Objekt angewendet. Hierbei werden die entsprechenden Zeilen aus den Tabellen *image*, *exif* und *rel_coll_img* entfernt. Die *update*-Funktion setzt die Beschreibung und den Status des Bildes auf die aktuellen Werte. Außerdem wird der Zeitstempel für die letzte Änderung des Bildes aktualisiert.

```
function showImage() {
  $this->mysql->update("UPDATE image set imgAccessCount = ".
      " imgAccessCount + 1 WHERE imgId = $this->imgId");
  echo "<div class=\"image\">\n";
  echo '<a href="'.$this->imgUri.'" target="_blank">';
  echo '<img src="'.$this->imgUri.'" alt="'.$this->imgDesc.
    '" title="'.$this->imgDesc.'"></a>';
  echo "</div>\n";    }
```

Soll ein Bild in voller Größe angezeigt werden, so wird die Funktion *showImage()* aufgerufen. Dort wird zu Beginn der Wert für die Anzahl der Zugriffe auf das Bild durch eine Addition in der Datenbank hochgezählt. Der restliche Code sorgt für die Ausgabe des Bildes mit einem Link auf die Bilddatei. Als Alternativ-Text und als Titel wird die Beschreibung des Bildes angezeigt (das *title*-Tag in der *img*-Anweisung wird von den meisten Browsern als Tool-Tip angezeigt).

Die Funktionen *showThumbnail* und *showExif* sind im Wesentlichen HTML-Anweisungen zur Ausgabe des Bildes und werden hier nicht abgedruckt.

16.5.3 GalleryCollection

Der Konstruktor von *GalleryCollection* ist dem von *GalleryImage* ähnlich: Die Datenbank wird nach den Eigenschaften der gewünschten Collection befragt, und das Ergebnis wird in der für diese Klasse globalen *$dbRes*-Variable gespeichert. Der Unterschied ist hier, dass auch die Relationstabelle *rel_coll_img* abgefragt werden muss, um eine Liste von Bildern zu erhalten, die in dieser Collection enthalten sind:

```
function __construct($collId) {
  $this->mysql = new MyDb();
  $sql = "SELECT *,UNIX_TIMESTAMP(collAdded) as collUnixTs ".
      "FROM collection WHERE collId = $collId";
  $this->dbRes = $this->mysql->querySingleObject($sql);
  $sql = "SELECT i.imgId FROM collection c,rel_coll_img r,image i ".
    " WHERE c.collId = r.collId ".
    " AND i.imgStatus = 1 ".
    " AND i.imgId = r.imgId ".
    " AND c.collId = ".$collId;
  $res = $this->mysql->queryObject($sql);
  $this->dbRes->imgList = $res;
  $this->dbRes->imgCount = $this->mysql->affected_rows();    }
```

Um Bilder auszuschließen, die gerade im Abfalleimer sind, muss die Abfrage auch die *image*-Tabelle einbeziehen und dort überprüfen, ob der Status auf aktiv steht. Die Liste der Bilder (ihre IDs) wird als Array mit dem Schlüssel *imgList* abgelegt.

Die *__get*- und *__set*-Methoden verhalten sich gleich wie in *GalleryImage*, auch *trash*, *update* und *delete* sind von der Funktion sehr ähnlich. Ein neues Element stellt die Funktion zum Erstellen von Collections dar:

```
static function create($collName="Default Collection", $collDate,
    $collNote) {
  $sql = "INSERT INTO collection VALUES('',".
      '"'.$collName.'",'.
      '"'.$collDate.'",'.
      '"'.$collNote.'",'.
      '1,'.
      'NOW(), NOW())';
  $mysql = new MyDb();
  $mysql->insert($sql);
}
```

Die Funktion wird als *static* deklariert, was bedeutet, dass man, um die Funktion zu verwenden, keine Instanz des Objekts erzeugt haben muss. Das wäre auch nicht möglich, wird doch im Konstruktor eine Datenbank-Abfrage nach der gewünschten Collection durchgeführt. Somit kann durch den Aufruf

```
GalleryCollection::create("test" "2004-12-12", "note");
```

eine neue Collection erzeugt werden. Da auf das klassenweit verfügbare *MyDb*-Objekt aus statischen Funktionen heraus kein Zugriff besteht, muss für das *insert*-Statement ein neues *MyDb*-Objekt erzeugt werden.

Eine weitere statische Funktion ist *getCollections*, die ein Array mit den IDs aller vorhandenen Collections zurückgibt.

16.5.4 GalleryViewer

Der *GalleryViewer* ist dafür zuständig, dass mehrere Bilder auf einer Seite dargestellt werden. Wird die maximale Anzahl von Bildern pro Seite überschritten, so stellt diese Klasse automatisch eine einfache Navigation am Fuße der Seite zur Verfügung. Die wichtigste Funktion dieser Klasse heißt *showPage*, und sie erwartet als Parameter ein Array von Bilder-IDs. Optional können noch die Anzahl von Bildern pro Seite und die Startposition der Navigation angegeben werden.

```
function showPage($imgIds, $img_per_page=12, $start=0) {
  if (count($imgIds) == 0 || !is_array($imgIds)) {
    echo "<p>No images</p>\n";
    return;
  }
  $total = count($imgIds);
  if ($start < 0) { $start = 0; }
```

```
    if ($total > $img_per_page) {
      $_SESSION['current_ids'] = $imgIds;
      if (($img_per_page+$start) > $total) {
        $end = $total;
      } else {
        $end = $img_per_page+$start;
      }
      for ($i=$start; $i<$end; $i++) {
        $img = new GalleryImage($imgIds[$i]->imgId);
        $img->showThumbnail();
      }
      $this->showNavigation($total, $start, $end, $img_per_page);
    } else {
      foreach ($imgIds as $i) {
        $img = new GalleryImage($i->imgId);
        $img->showThumbnail();
      }
    }
  }
```

Zu Beginn wird das Array mit den IDs der Bilder auf seine Gültigkeit überprüft, und wenn keine gültigen Bilder dabei sind, wird die Funktion mit einem Hinweis darauf beendet. Sind mehr Bilder vorhanden, als auf einer Seite angezeigt werden können, so werden alle IDs in einer Session-Variable gespeichert. Dann wird ermittelt, wie viele Bilder noch anzuzeigen sind (*$end*), und eine Schleife läuft durch die entsprechende Anzahl der Bilder. Für jedes Bild wird ein Objekt erzeugt, und mit dem Aufruf *showThumbnail* wird die Miniaturansicht angezeigt. Abschließend wird die Funktion zur Anzeige der Navigation aufgerufen. Sind weniger Bilder angegeben, als pro Seite angezeigt werden sollen, läuft die einfache *foreach*-Schleife durch und es gibt keine Navigation.

```
  function showNavigation($total, $start=0, $end, $img_per_page) {
    global $base_dir;
    echo "<div class=\"navigation\">\n<p>\n";
    echo "Results: ";
    if ($start > 0) {
      echo "<a href=\"$base_dir/core/viewer.php?action=nav&start=".
        ($start-$img_per_page)."\">&lt;&lt;</a>\n";
    }
    echo ($start+1)."-$end of $total\n";
    if ($end < $total) {
      echo "<a href=\"$base_dir/core/viewer.php?action=nav&start=".
          $end."\">&gt;&gt;</a>\n";
    }
    echo "</p>\n</div>";
  }
```

Der *showNavigation*-Funktion werden die Gesamtsumme, die aktuelle Start- und End-Position und die Anzahl der Bilder pro Seite übergeben. Je nachdem, ob es noch Bilder davor oder danach zu sehen gibt, werden entsprechend Pfeile (*<* beziehungsweise *>*) angezeigt.

16.5.5 Bilder-Import

Das Importieren der Bilder stellt eine heikle Situation dar, da zu diesem Zeitpunkt viele Sachen ungewiss sind. Kommen die Bilder aus einer Digitalkamera, und wenn ja, liefert diese ausreichende Informationen zum Bild (*thumbnail, EXIF-Orientation, ...*)? Zudem muss überprüft werden, ob die Verzeichnisse zur Archivierung bestehen, ob der Benutzeraccount, unter dem der Webserver läuft, dort auch berechtigt ist zu schreiben und so weiter. Viele Unsicherheiten bringen automatisch viel Error-Checking mit sich, das den Code wiederum aufbläht.

Die Klasse zum Import der Bilder (classes/Importer.php) steht in engem Zusammenhang mit dem Import-Script (admin/import.php), wobei das Import-Script die Logik zwischen den Funktionen der Klasse bildet.

Scriptaufruf ohne Formular-SUBMIT

import.php beginnt damit zu überprüfen, ob die notwendigen Erweiterungen in PHP vorhanden sind:

```
$import = new Importer();

if (!$import->checkExtension("exif") ||
    !$import->checkExtension("gd") ||
    !$import->checkExtension("mysql") ||
    !$import->checkExtension("dom")) {
  message("You do not have all required PHP-Extensions. ".
      "Ignoring may lead to strange results", GAL_WARNING);
}
$gd_funcs = get_extension_funcs("gd");
if (!in_array("imagecreatefromjpeg", $gd_funcs)) {
  message("GD: No JPEG Create Support: You will not be able to ".
      "resize images or create thumbnails", GAL_ERROR);
  $jpeg_create=FALSE;
} else {
  $jpeg_create=TRUE;
}
```

Die Funktion *checkExtension* aus der *Importer*-Klasse überprüft durch den Aufruf der PHP-Funktion *extension_loaded*, ob die Erweiterung zur Verfügung steht, und gibt im Fehlerfall eine entsprechende Meldung aus. Der Programmablauf wird nicht unterbrochen, da es auch möglich ist, die Anwendung ohne die EXIF-Erweiterung zu verwenden. Die *gd*-Bibliothek unterstützt unterschiedliche Bildformate, wobei das JPEG-Format nicht zwangsläufig mit einkompiliert sein muss. Um Bilder zu drehen oder Thumbnails zu erzeugen, sind diese Funktionen aber notwendig. Daher überprüft das *import*-Script speziell, ob die JPEG-Funktionen in den *gd*-Funktionen vorhanden sind (*get_extension_funcs*).

```
$images = $import->getImageList();
echo '<h1>Import Images</h1>';
echo '<form method="POST" action="'.$_SERVER['PHP_SELF'].'">';
if (is_array($images) && count($images) > 0) {
  foreach ($images as $key=>$img) {
    echo '<div class="thumbnail"><img src="../core/show_tn.php?n='.
        $img.'"><br />';
    echo "<input type=\"checkbox\" name=\"img_$key\"
      checked value=\"$img\"> ".basename($img)."<br />\n";
    echo '</div>';
  }
} else {
  global $upload_dir;
  message("No Images found in <b>$upload_dir</b>", GAL_ERROR);
  message("Upload your images to <b>$upload_dir</b>", GAL_INFO);
  html4foot();
  exit();
}
```

Die gültigen Bilddateien, die von *getImageList* zurückgegeben werden (siehe unten), werden in einem Formular zum Import angeboten. Besitzt das Bild einen EXIF-Thumbnail, so wird er angezeigt (show_tn.php?n=dateiname), ansonsten wird ein Ersatzbild geladen. Die *getImageList*-Funktion aus der *Importer*-Klasse gibt ein Array von gültigen Dateinamen zurück. Dieses Array wird folgendermaßen erzeugt:

```
function getImageList() {
  global $upload_dir, $supported_types;
  // php5 Feature: scandir
  $files = scandir($upload_dir);
  foreach ($files as $f) {
    if (preg_match("/$supported_types/i", $f)
        && is_readable($upload_dir.DIRECTORY_SEPARATOR.$f)) {
      $img_files[] = $upload_dir.DIRECTORY_SEPARATOR.$f;
    }
  }
  return $img_files;
}
```

Die äußerst praktische Funktion *scandir* (neu in PHP 5) gibt ein Array von Dateien in dem übergebenen Verzeichnis zurück. Das wäre eigentlich schon genug, aber *getImageList* überprüft die Dateien noch darauf, ob sie den regulären Ausdruck *$supported_types* (definiert in config.inc.php) enthalten und ob sie im Kontext des Webservers gelesen werden können. Der Rückgabewert enthält dann den vollständigen Pfad und den Namen der Datei. Werden keine gültigen Bilder gefunden, wird import.php mit dem entsprechenden Hinweis beendet. Andernfalls wird das Formular zum Auswählen der Bilder erzeugt, wobei die Checkbox zur Auswahl des Bildes als Namen *img_x* (x ist eine fortlaufende Nummer) und als Wert den vollen Dateinamen (mit Pfadangabe) hat.

Sind die JPEG-Funktionen der *gd*-Bibliothek vorhanden (*$jpeg_create* == *TRUE*), wird die Auswahl zum Verkleinern der Bilder angezeigt. Abschließend bietet das Script noch die Möglichkeit, die Bilder zu einer Collection hinzuzufügen. Die schon bekannte statische Funktion *GalleryCollection::getCollections()* gibt die Liste aller vorhandenen Collections zurück, die in einer Auswahlliste zur Verfügung gestellt werden.

Scriptaufruf mit Formular-SUBMIT

Sind die gewünschten Bilder ausgewählt, so kann das Formular abgeschickt werden. Die Logik für das Abarbeiten des ausgefüllten Formulars steckt ebenfalls in import.php:

```
$auto_rotate = array_item($_POST, 'rotate');
if (isset($auto_rotate)) {
  $import->rotate = TRUE;
} else {
  $import->rotate = FALSE;
}

if (isset($_POST['import'])) {
  $coll_id = array_item($_POST, 'coll');
  if ($coll_id > 0) {
    $collection = new GalleryCollection($coll_id);
  }
  // loop through all selected images
  foreach ($_POST as $key=>$val) {
    if (ereg('^img_', $key)) {
      $images[$key] = $val;
    }
  }
  if (count($images) == 0) {
    echo "No images selected!\n";
    html4foot();
    exit();
  }
```

Ist die Checkbox für das automatische Drehen der Bilder angewählt, wird eine Variable *$import->rotate* in der *Importer*-Klasse auf *TRUE* gesetzt. Danach werden in einer Schleife über die Elemente der *$_POST*-Variable die gewünschten Bilder durch den Stringvergleich `ereg('^img_', $key)` ermittelt und in der Variable *$images* gespeichert. Wurden keine Bilder ausgewählt, wird das Script mit einem entsprechenden Hinweis beendet.

Der eigentliche Import erfolgt in der Schleife über alle Bilder in *$images*:

```
    message("About to import ".count($images)." Images", GAL_INFO);
    $success = 0;
    foreach ($images as $img) {
      set_time_limit(20);     // 20 secs for each image
      flush();    // output progress
      if (!$import->isValidImage($img)) {
        message("No valid image file $img", GAL_WARNING);
        continue;
      }
      if ($import->isPresent(md5($img))) {
        message(basename($img)." already in database (skipped)");
        continue;
      }
      $exif = $import->getExifData($img);
      list($new_w, $new_h) = split('x', $_POST['size']);
      if (!$import->archiveImage($img, $new_w, $new_h,
          $exif['archive_name'], $exif['Orientation'])) {
        message("Error copying/resizing Image", GAL_ERROR);
        continue;
      }
      $img_id = $import->updateDatabase($exif);
      if (isset($collection)) {
        $collection->addImage($img_id);
      }
      message(basename($exif['archive_name'])." (".
        $exif['COMPUTED']['Height']."x".
        $exif['COMPUTED']['Width'].", ".
        round($exif['FileSize']/1024)." KB)", GAL_SUCCESS);
      $success++;
    }
    message("Done with $success Images", GAL_INFO);
    if ($success > 0) {
      echo "<p>You can now delete your images in $upload_dir</p>\n";
    }
    html4foot();
    exit();
  }
```

Über *set_time_limit(20)* wird die Zeit zur Ausführung des Scripts um weitere 20 Sekunden verlängert. Das ist notwendig, da das Umwandeln der Bilder mehrere Sekunden dauern kann (abhängig von der Rechengeschwindigkeit Ihres Servers), was bei großen Bildern dazu führt, dass die *max_execution_time* des PHP-Interpreters überschritten wird. Da *set_time_limit* in der Schleife für jedes Bild erneut aufgerufen wird, bleiben jeweils 20 Sekunden zur Umrechnung eines Bildes. Mit *flush()* wird die bisherige Ausgabe des Scripts an den Browser geschickt. Die PHP-Dokumentation weist darauf hin, dass bestimmte Webserver und Browser die Ausgabe trotzdem puffern und nicht direkt weiterleiten beziehungsweise anzeigen. Diese Anwendung verwendet *flush*, um dem Anwender ein Feedback zu geben, wie viele Bilder schon importiert sind. Das Script würde ohne das *flush()* genauso funktionieren.

Nach der erneuten Überprüfung, ob es sich um ein Bild handelt (*isValidImage* ruft *getimagesize* auf), wird die md5-Summe der Datei mit den in der Datenbank vorhandenen md5-Summen verglichen. Gibt es hier eine Übereinstimmung, so wurde das Bild schon importiert und wird übersprungen.

Als Nächstes werden die EXIF-Informationen aus dem Bild gelesen. Die Funktion *read_exif_data* generiert dabei auch einige Informationen, unabhängig davon, ob das Bild wirklich EXIF-Daten enthält:

```
user ~>echo '<?php print_r(exif_read_data("noexif.jpg"));' | php -a
Interactive mode enabled
Array
(
    [FileName] => noexif.jpg
    [FileDateTime] => 1094203774
    [FileSize] => 31764
    [FileType] => 2
    [MimeType] => image/jpeg
    [SectionsFound] =>
    [COMPUTED] => Array
        (   [html] => width="640" height="480"
            [Height] => 480
            [Width] => 640
            [IsColor] => 1  )
)
```

Die Breite und Höhe des Bildes werden also immer in dem *COMPUTED*-Array gespeichert. Die *getExifData*-Funktion in Importer.php macht sich dies zunutze, indem sie die errechneten Werte in jedem Fall speichert. Weiters liest die Funktion den Thumbnail aus (*read_thumbnail*) oder generiert bei Bedarf einen neuen. Dabei wird auf die *resizeJpeg*-Funktion zurückgegriffen, die auch zum Einsatz kommt, wenn die Bilder verkleinert werden sollen:

```
function resizeJpeg($img, $new_w, $new_h, $keep_ratio=TRUE,$ori=0) {
  $tn_img = '';
  $org_img = imagecreatefromjpeg($img);
  list($w, $h, $type, $attr) = getimagesize($img);
  if (!$keep_ratio) {
    $tn_w = $new_w;
    $tn_h = $new_h;
  } else {
    if ($h < $w) {
      $factor = $new_w / $w;
      $tn_h = $factor * $h;
      $tn_w = $new_w;
```

```
    } else {
      $factor = $new_h / $h;
      $tn_w = $factor * $w;
      $tn_h = $new_h;
    }
  }
  $tn = imagecreatetruecolor($tn_w,$tn_h);
  imagecopyresampled($tn,$org_img,0,0,0,0,$tn_w,$tn_h,
      imagesx($org_img),imagesy($org_img));
  if ($ori > 2) {
    $tn = $this->rotateImage($tn, $ori);
  }
  ob_start();
  imagejpeg($tn, '', 75);
  $tn_img = ob_get_contents();
  ob_end_clean();
  imagedestroy($tn);
  imagedestroy($org_img);
  return $tn_img;
}
```

Hier wird intensiv Gebrauch von den *gd*-Funktionen gemacht: *imagecreatefromjpeg* erzeugt ein *gd*-Bildelement aus einer vorhandenen JPEG-Datei. Nach den Berechnungen für die Breite und Höhe des neuen Bildes wird das verkleinerte Bild erzeugt (*imagecreatetruecolor*) und anschließend das Original auf die neue Größe kopiert (*imagecopyresampled*). Soll das Bild gedreht werden, kommt die Funktion *rotateImage* zum Einsatz. Ihr wird ein *gd*-Bildelement übergeben, und sie gibt ein solches in der neuen Orientierung zurück.

Um aus dem *gd*-Bild ein JPEG-Bild zu erzeugen, wird die Funktion *imagejpeg* aufgerufen. Ihr wird das neue *gd*-Bild (*$tn*), die Ausgabedatei und die Qualität (hier 75%) übergeben. Ist die Ausgabedatei, wie in diesem Fall, eine leere Zeichenkette, wird das Bild direkt ausgegeben, das heißt, es wird an den Browser geschickt. Im vorliegenden Beispiel soll das Bild aber weder angezeigt noch in eine Datei gespeichert, sondern in einem Tabellenfeld als BLOB abgelegt werden. Um das zu erreichen, wird die Ausgabe von PHP gepuffert (*ob_start*), das JPEG in den Puffer ausgegeben und anschließend der Puffer in einer Variable gespeichert (*$tn_img = ob_get_contents*). Durch das Zerstören der *gd*-Bilder (*imagedestroy*) wird der belegte Speicher freigegeben.

Die *rotateImage*-Funktion weist noch eine Besonderheit auf: Um beim Drehen des Bildes keine Daten zu verlieren, wird ein quadratisches Bild erzeugt, das den Maximalwert von Breite und Höhe als Seitenlänge hat. Darauf wird das gedrehte Bild kopiert und anschließend ausgeschnitten. Der entscheidende Abschnitt dieser Funktion bei einer Drehung von 90 oder 270 Grad sieht folgendermaßen aus:

```
// rotate to new dimensions: old_width => new_height
 $new_h = $old_w = imagesx($img);
 $new_w = $old_h = imagesy($img);
 $max_wh = max($new_h, $new_w);
 $temp_img = imagecreatetruecolor($max_wh, $max_wh);
 imagecopy($temp_img, $img, 0, 0, 0, 0, $old_w, $old_h);
 $temp_img = imagerotate($temp_img, $deg, 0);
 $out_image = imagecreatetruecolor($new_w, $new_h);
 if ($deg == 90) {
   imagecopy($out_image, $temp_img, 0, 0, 0, $max_wh-$old_w,
       $new_w, $new_h);
 } else {    // 270 deg rotation
   imagecopy($out_image, $temp_img, 0, 0, $max_wh-$old_h, 0,
       $new_w, $new_h);
 }
```

Das temporäre Bild (*$temp_img*) wird hierbei mit dem Maximalwert von Seite und Höhe des Ausgangsbildes erzeugt. Um die nach der Drehung überstehenden Ränder wegzuschneiden, wird abermals ein neues Bild erzeugt, in das nur mehr der gefüllte Bereich des Bildes kopiert wird.

Die wichtigste Funktion beim Import ist *archiveImage*: Hier werden die Bilder aus dem *upload*-Verzeichnis in das Archiv kopiert und bei Bedarf gedreht und verkleinert. Wird keine Verkleinerung und keine Drehung verlangt, so wird das Bild mit dem PHP-*copy*-Befehl kopiert, was sehr schnell und ressourcenschonend ist. Andernfalls kommen die eben beschriebenen Funktionen (*resizeJpeg* und *rotateImage*) zum Einsatz.

Auf jeden Fall müssen aber die Verzeichnisse im Archiv erzeugt werden. Das Bild soll ja in einem Unterverzeichnis der Struktur YYYY/MM/dateiname.jpg abgelegt werden. PHP 5 hat dazu eine Erweiterung zu dem *mkdir*-Befehl eingebaut, die das rekursive Erzeugen von Verzeichnissen ermöglicht (wie ein *mkdirhier* unter Linux).

Werden alle Schritte in *archiveImage* erfolgreich abgearbeitet, so liefert die Funktion *TRUE* zurück, andernfalls *FALSE*. Das Import-Script (import.php) überprüft den Rückgabewert und springt bei einem Fehler gleich zum nächsten Bild (*continue*). Läuft alles glatt, werden die Tabellen in der Datenbank befüllt (*$img_id = $import ->updateDatabase($exif)*), und wenn gewünscht, wird das Bild noch zu der Collection hinzugefügt (*$collection->addImage($img_id)*). *updateDatabase* gibt die Bild-ID zurück, den Wert, der in der AUTO_INCREMENT-Spalte der *image*-Tabelle für das Bild abgelegt wurde.

Zum Abschluss des Import-Vorgangs wird die Anzahl der erfolgreich importierten Bilder angezeigt (die Zählervariable *$success*, die nur dann hochgezählt wird, wenn alle Schritte funktioniert haben).

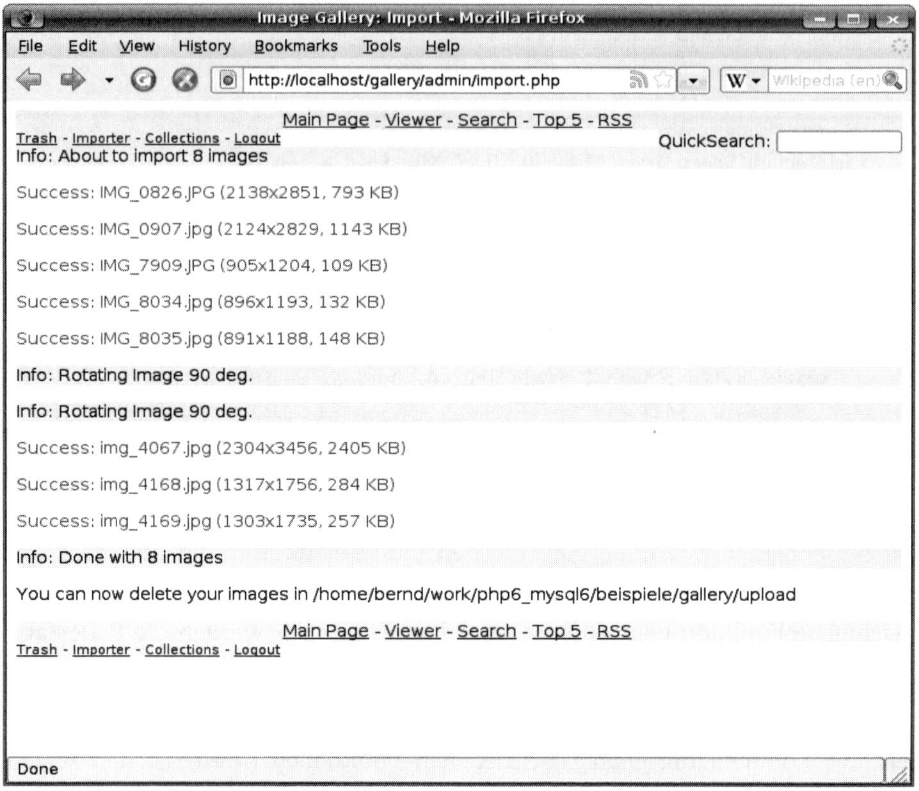

Abbildung 16.6: Das Ergebnis eines erfolgreichen Imports. Zwei Bilder wurden dabei rotiert (jeweils das Bild und der Thumbnail).

16.5.6 Der Viewer

Das Script core/viewer.php stellt ein oder mehrere Bilder auf einer HTML-Seite dar. Ist nur ein Bild verlangt (die Variable *imgId* wurde dem Script übergeben), wird ein Objekt der Klasse *GalleryImage* mit der entsprechenden ID erzeugt und über den Aufruf *showImage* angezeigt:

```
if (isset($img_id)) {
  html4head("View Image");
  $img = new GalleryImage($img_id);
  echo "<h1>$img->imgFileName</h1>\n";
  echo "<p>$img->imgDesc</p>\n";
```

```
    if (is_logged_in()) {
      echo "<p><a href=\"../admin/edit_img.php?imgId=".$img->imgId.
        "\">Edit</a>";
    }
    $img->showImage();
    echo "<h2>Exif Information (orig. Image)</h2>\n";
    $img->showExif();
    html4foot();
    exit();
  }
```

Zusätzlich werden die Bildbeschreibung und die EXIF-Informationen angezeigt. Sollen mehrere Bilder dargestellt werden, kann der Viewer auf unterschiedliche Aktionen reagieren, die dem Script durch die *action*-Variable übergeben werden:

```
$viewer = new GalleryViewer();
if (isset($action)) {
  if ($action == 'top5') {
    echo "<h1>Image Gallery: Top 5</h1>";
    $viewer->showTopPage(5);
  } elseif ($action == 'search' || $action == 'nav') {
    echo "<h1>Image Gallery: Results</h1>";
    $viewer->showPage($_SESSION['current_ids'],
        $_SESSION['img_count'], $start);
  } elseif ($action == 'coll') {
    $coll_id = array_item($_REQUEST, 'collId');
    $coll = new GalleryCollection($coll_id);
    echo "<h1>$coll->collName</h1>\n";
    echo "<p>$coll->collNote</p>\n";
    echo "<p>This collection includes ".$coll->imgCount.
        " image(s)\n</p>";
    $viewer = new GalleryViewer();
    $viewer->showPage($coll->imgList, $_SESSION['img_count'],
        $start);
    GalleryCollection::showCollections();
  }
} else {
  echo "<h1>Image Gallery: Random Images</h1>";
  $viewer->showRandPage($_SESSION['img_count']);
  $viewer->showImageCount($_SESSION['img_count']);
}
```

Die erste Aktion, *top5*, ruft die Funktion *showTopPage(5)* in der *GalleryViewer*-Klasse auf. Dabei wird die Abfrage nach den Image-IDs der Spalte *imgAccessCount* in der Tabelle *image* sortiert und auf fünf Einträge limitiert. Die zweite Aktion zeigt, dass es sich um eine Suche oder eine Folgeseite von einer mehrseitigen Anzeige handelt. In beiden Fällen werden die Image-IDs aus der Session-Variable gelesen, und die *showPage*-Funktion wird entsprechend aufgerufen. Die dritte Aktion (*action ='coll'*) kann eine ganze Collection an die *showPage*-Funktion des Viewers übergeben.

Wird das Script ohne eine Aktion und ohne eine Image-ID aufgerufen, so zeigt es eine zufällige Folge von Bildern an (*showRandPage*), und es zeigt eine Auswahl, wie viele Bilder pro Seite angezeigt werden sollen. Eine Veränderung dieser Auswahl speichert den neuen Wert in der Session-Variable *img_count*, die bei allen mehrseitigen Anzeigen berücksichtigt wird.

16.5.7 Die Suche

Das Script, das die Suche ausführt (search/search.php), kann auf unterschiedliche Anfragen reagieren:

- Die Schnellsuche (Quicksearch), die auf jeder Seite rechts oben gestartet werden kann
- Die Suche nach einer Collection (von search/index.php aus)
- Die Suche nach einer Image-ID (nur für Administratoren, ebenfalls von search/index.php aus)

Dementsprechend müssen die übergebenen Parameter überprüft werden und die Datenbank-Abfrage daraufhin formuliert werden:

```
if (isset($search_id) && $img_id != '') {
  $sql = "SELECT imgId FROM image WHERE imgId = $img_id";
} else if (isset($search_coll) && $coll != '') {
  $sql = "SELECT distinct(c.collId) ".
    " FROM image i, rel_coll_img r, collection c".
    " WHERE i.imgId = r.imgId AND".
    "       c.collId = r.collId AND".
    " (c.collName LIKE '%$coll%' OR c.collNote LIKE '%$coll%')";
} else if ($query != '') {
  $sql = "SELECT imgId FROM image".
    " WHERE imgDesc LIKE '%$query%' ".
    " OR imgFileName LIKE '%$query%'";
} else {
  html4head("Search");
  message("No Query specified", GAL_INFO);
  html4foot();
  exit();
}
$sql .= " AND imgStatus = 1 ORDER BY imgModified";
```

Die Abfrage wird also entsprechend den abgeschickten Anfragen erstellt und mit dem Zusatz ergänzt, dass das Bild aktiv sein muss (*imgStatus=1*) und nach der letzten Änderung der Bilder sortiert wird. Wurden Collections gesucht, so werden die Ergebnisse in einer Liste ausgegeben. Bei Bildern wird die Session-Variable *current_ids* mit den Ergebnissen befüllt, und der Anwender wird auf viewer.php weitergeleitet. Der *Viewer* erkennt an der übergebenen *action*-Variable, dass es sich um eine Suche handelt, und reagiert entsprechend.

16.5.8 Der RSS-Feed

Der RSS-Feed zeigt wieder die Stärken von PHP 5 im Zusammenhang mit XML auf. Nur wenige Zeilen Code reichen, um die letzten fünf importierten Bilder und die neuesten Collections in einem Newsfeed zur Verfügung zu stellen.

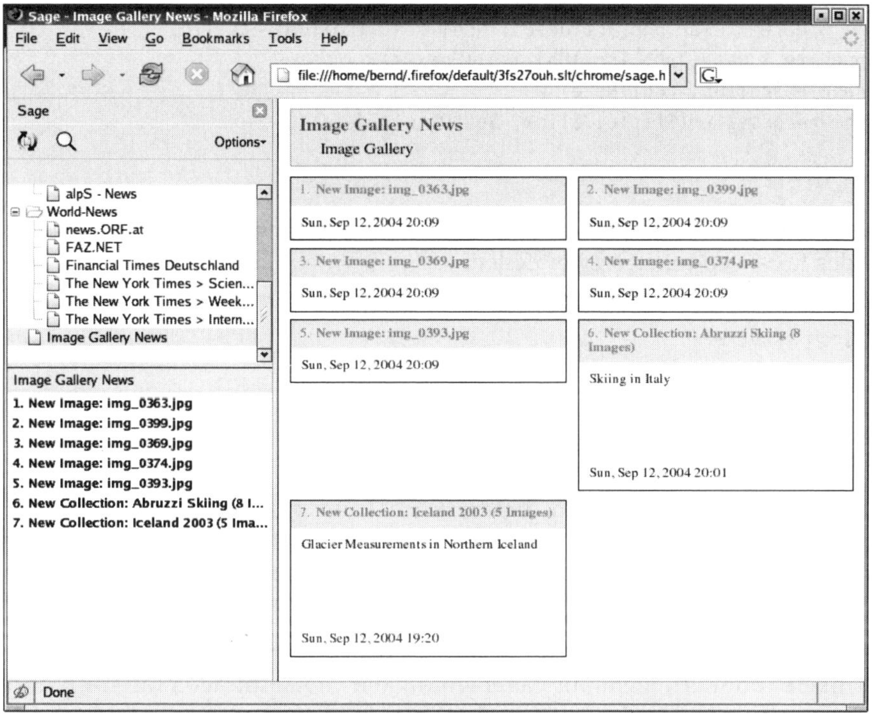

Abbildung 16.7: Der RSS-Feed, dargestellt von Sage (Firefox-Plug-In).

Die RSS-Klasse bildet eine Unterklasse der *DomDocument*-Klasse und erweitert diese um zwei Funktionen: *addRssItem* und *rssElement*. Die beiden Funktionen hängen ein RSS-Item, das in diesem Beispiel aus einem Titel, einer Beschreibung, einem Link und einem Datum besteht, an der richtigen Position in den XML-Baum ein. rss.php enthält die XML-Deklaration (den XML-Header) und die Datenbankabfragen für neue Collections und Images. Das folgende Codefragment zeigt das Zusammensetzen der Strings für die Collections:

```
$dom = new Rss();
$dom->loadXML($xml);
$mysql = new MyDb();
// 5 newest collections:
$q = "SELECT collId FROM collection ORDER BY collAdded DESC LIMIT 5";
$colls = $mysql->queryObject($q);
```

```
if (count($colls) > 0) {
  foreach ($colls as $c) {
    $collObj = new GalleryCollection($c->collId);
    $title ="New Collection: ".$collObj->collName.
      " (".$collObj->imgCount." Images)" ;
    $link = "http://".$_SERVER["HTTP_HOST"].$base_dir.
       "/core/viewer.php?action=coll&collId=".$collObj->collId;
    $pubDate = date("r", $collObj->collUnixTs);
    $desc = $collObj->collNote;
    $dom->addRssItem($title, $link, $pubDate, $desc);
  }
}
```

Über den beigefügten Link können die Collections direkt angesehen werden. Zur Ausgabe des RSS-Feed reichen zwei Zeilen:

```
header("Content-type: application/xml");
print $dom->saveXML();
```

16.6 Verbesserungen und Erweiterungen

Wie auch die anderen Beispiele in diesem Buch kann das hier gezeigte Beispiel einen Startpunkt für ein größeres Programmierprojekt darstellen. Der Aufbau des Codes sollte es aber ermöglichen, das Programm einfach zu erweitern beziehungsweise zu adaptieren. Einige Vorschläge für Verbesserungen wären:

- **Performance**: Das Beispiel wurde in jeder Hinsicht auf Lesbarkeit und Übersichtlichkeit optimiert, nicht auf Geschwindigkeit. SQL-Abfragen mit *LIKE* und Wildcards an beiden Enden quälen das Datenbanksystem. Auch die Vielzahl der erzeugten Objekte verbraucht viel Speicher und verlangsamt die Ausführungsgeschwindigkeit. Bei allem Optimieren sollte man aber nicht aus den Augen verlieren, dass das die Wurzel vieler Fehler ist. Um es mit Donald Knuth zu sagen: »*We should forget about small efficiencies, about 97% of the time. Premature optimization is the root of all evil.*« (Literate Programming, 1992).
- **Suche**: Eine feiner graduierte Suche nach speziellen Eigenschaften eines Bildes kann manchmal sinnvoll sein. So möchte ein Fotograf vielleicht nach Bildern suchen, die eine lange Belichtungszeit haben, oder nach allen Bildern, die er mit einer speziellen Kamera aufgenommen hat.
- **Stylesheets**: Über ein oder mehrere alternative Stylesheets kann das Layout stark verändert werden. Benutzer könnten Ihren eigenen Stil wählen und via Cookie bei jedem Besuch wieder erhalten.
- **Reihung der Bilder in Collections**: In Collections ist keine Reihung der Bilder vorgesehen. Über eine weitere Spalte in der Relationstabelle (*rel_coll_img*) ließe sich eine derartige Funktion umsetzen.

16.7 Installation

Schnellinstallation (Linux und Windows)

Sowohl für Linux als auch für Windows liegen kurze Installationsscripts bereit, die die benötigten Tabellen erzeugen und einen Benutzeraccount in der Datenbank anlegen. Nach dem Entpacken des Archivs unter der *DocumentRoot* des Webservers reicht der Aufruf von `sh install_db.sh` unter Linux beziehungsweise `install_db.bat` unter Windows, um die Datenbank und die Tabellen zu erzeugen (unter Windows müssen gegebenenfalls die Pfade zu den MySQL-Programmen angepasst werden).

Anschließend reicht es aus, im Webbrowser die entsprechende URL zu laden und über den LOGIN-Link einzusteigen (Benutzernamen und das Passwörter können in config.inc.php hinzugefügt werden, der User *test* und das Passwort *yyy* sind schon voreingestellt). Wer jetzt noch einige Bilder in das upload-Verzeichnis einspielt, kann schon mit dem Import beginnen.

Installationsprobleme

Eine Hürde bei der Installation kann sich ergeben, wenn index.php nicht als *DirectoryIndex* in der Webserver-Konfiguration eingestellt ist. Dann wird statt der Startseite nämlich nur das Verzeichnis-Listing angezeigt (vorausgesetzt, *das* ist erlaubt). Um diesem Problem abzuhelfen, liegt dem Paket eine .htaccess-Datei bei, die diese Einstellung aktiviert. Eine Schwierigkeit in diesem Zusammenhang ist, dass die Umstellung des *DirectoryIndex* ebenfalls in der Apache-Konfiguration erlaubt sein muss (*AllowOverride Indexes*). Wer beide Direktiven nicht verstellen kann, muss die index.php-Datei immer angeben (zum Beispiel: http://localhost /webgallery/index.php).

Um unter Windows die EXIF-Funktionen nutzen und Thumbnails erzeugen zu können, müssen die Bibliotheken für EXIF und GD2 in der PHP-Konfigurationsdatei aktiviert werden. Die EXIF-Bibliothek ist von der *mbstring*-Erweiterung abhängig. Somit müssen Sie drei Zeilen in php.ini einfügen. Beachten Sie, dass php_mbstring.dll *vor* (!) php_exif.dll geladen werden muss!

```
extension=php_gd2.dll
extension=php_mbstring.dll
extension=php_exif.dll
```

17 Diskussionsforum

Diskussionsforen sind ein zentrales Element vieler Websites, die Wert auf Rückmeldungen ihrer Benutzer legt. In einem Diskussionsforum können alle angemeldeten Benutzer Beiträge lesen, beantworten bzw. neu verfassen. Das in diesem Kapitel vorgestellte Programm zeigt, wie ein derartiges Diskussionsforum selbst implementiert wird. Zu den interessantesten Eigenschaften dieses Beispiels zählen:

- Login-Verwaltung mit E-Mail-Validierung (neue Logins werden erst aktiv, nachdem der Benutzer auf eine versandte E-Mail reagiert)
- Auto-Login, falls Cookies unterstützt werden
- Verteilung der Thread-Liste auf mehrere Seiten
- Darstellung des Diskussionsverlaufs durch Einrückungen
- Volltextsuche, Hervorhebung der Suchergebnisse
- Layout und Formatierung überwiegend durch CSS

17.1 Bedienung

Foren lesen

Die Startseite forum.php zeigt die Liste aller Diskussionsforen (siehe Abbildung 17.1). Die eingeklammerte Zahl gibt an, wie viele Beiträge es für das Forum bereits gibt. Der Kopfbereich enthält Informationen über den aktuell eingeloggten Benutzer, Links zur Startseite und eventuell zum gerade aktuellen Forum sowie ein einfaches Suchformular. Jeder Benutzer kann Foren lesen und die Suchfunktion nutzen. Ein Login ist nur zum Verfassen eigener Beiträge notwendig.

Die Forum-Links führen zur Thread-Liste (siehe Abbildung 17.2). Als *Thread* gilt eine Gruppe von Nachrichten, die zusammengehören (also die Startnachricht und alle Antworten). In der Thread-Liste werden die Threads zuerst angezeigt, für die zuletzt neue Beiträge verfasst wurden. Die eingeklammerte Zahl gibt an, wie viele Nachrichten der jeweilige Thread umfasst.

Wenn die Anzahl der Threads größer ist als *pagemax* (ist in threads.php definiert, per Default 10), erscheinen unterhalb der Thread-Liste Links auf die weiteren Seiten. An dieser Stelle führt auch der Link NEUER BEITRAG zum Eingabeformular für neue Nachrichten (siehe Abbildung 17.5 etwas weiter unten).

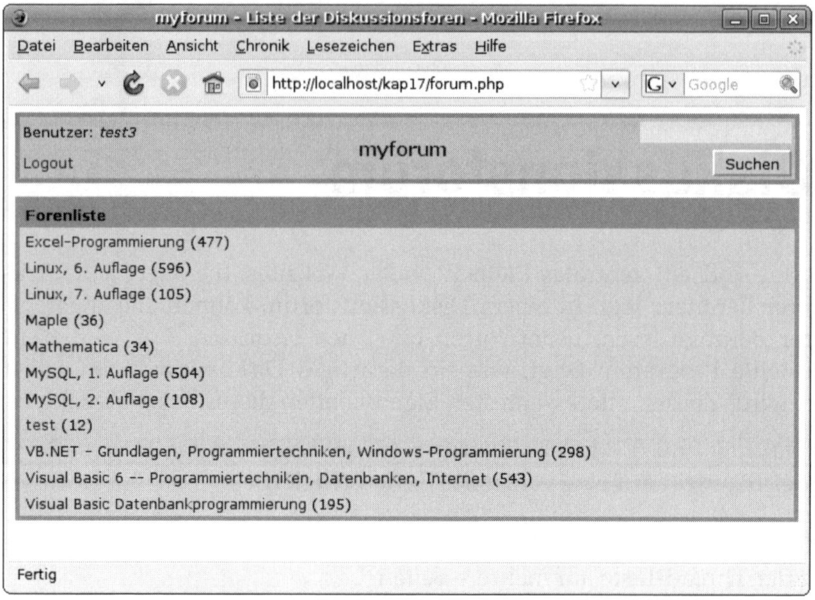

Abbildung 17.1: Die Startseite mit der Forenliste

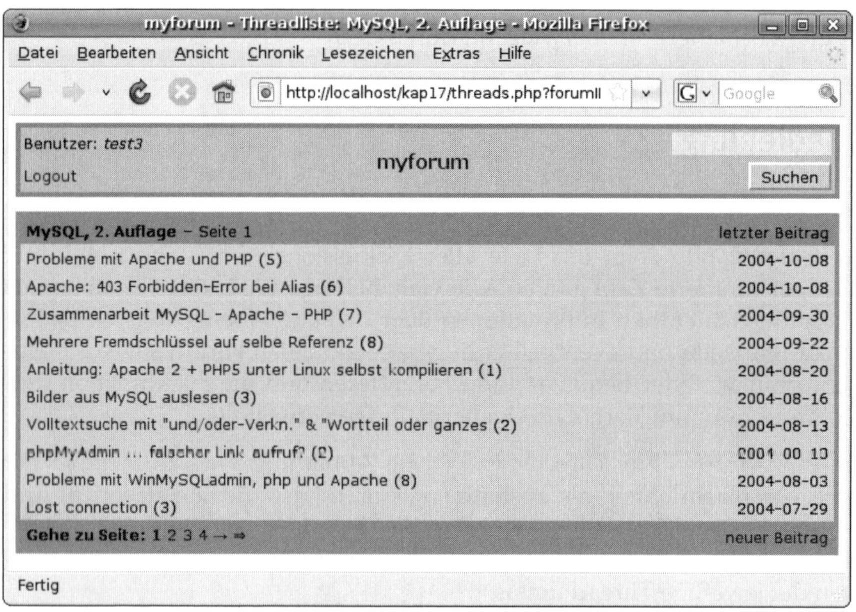

Abbildung 17.2: Eine Seite aus der Thread-Liste eines Forums

Die Thread-Links von Abbildung 17.2 führen zur nächsten Seite, die alle Nachrichten eines Threads anzeigt. Wenn die Anzahl der Nachrichten größer ist als *threadlimit* (definiert in thread.php, per Default fünf), beginnt die Thread-Ansicht mit einem Überblick über alle Nachrichten (siehe Abbildung 17.3).

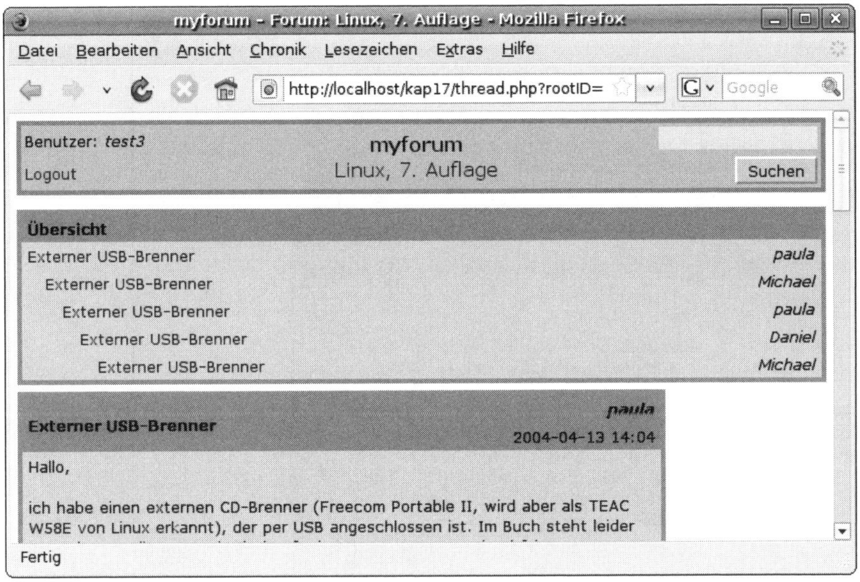

Abbildung 17.3: Überblick über die Nachrichten eines Threads

Die Nachrichten sind entsprechend des Diskussionsverlaufs eingerückt, so dass klar ist, wer wem geantwortet hat (siehe Abbildung 17.4). Mit dem Link ANTWORTEN können Sie dem Diskussionsfaden mühelos einen neuen Beitrag hinzufügen. Wenn es mehrere Antworten gibt, werden diese zeitlich sortiert, also die erste Antwort zuerst.

Eigene Beiträge verfassen

Die Links NEUER BEITRAG unterhalb der Threadliste bzw. ANTWORTEN unterhalb jeder Nachricht führen zur Seite newmessage.php, wo Sie selbst einen Beitrag verfassen können (siehe Abbildung 17.5). Falls der Benutzer noch nicht eingeloggt ist, erscheint statt des Eingabeformulars das Login-formular.

Login-Verwaltung

Zur Login-Seite gelangen Sie automatisch, wenn Sie noch nicht eingeloggt sind und einen neuen Beitrag verfassen möchten. Sie können sich auch explizit über den LOGIN-Link im Kopfbereich des Forums einloggen. Dieser Link wird statt LOGOUT angezeigt, wenn sich der aktuelle Benutzer nicht eingeloggt hat.

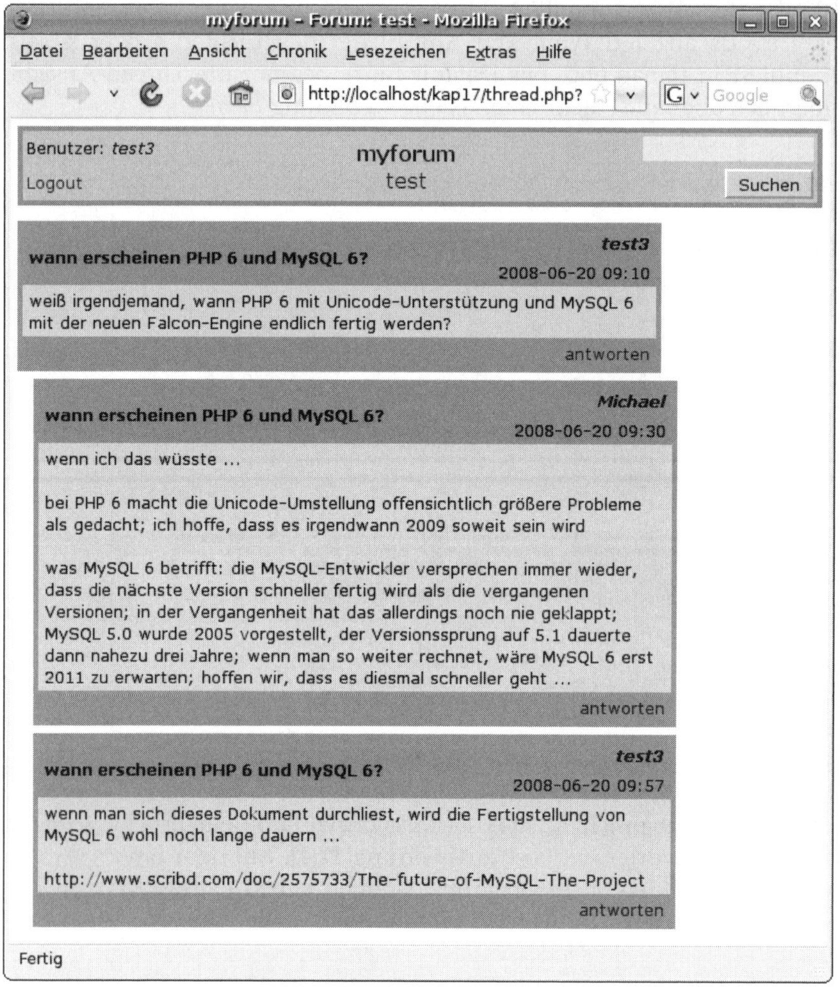

Abbildung 17.4: Einrückung der Nachrichten

Bereits registrierte Benutzer müssen auf der Login-Seite lediglich Ihren Benutzernamen und das Passwort angeben. Sofern auf dem Rechner Cookies aktiv sind, bleibt der Benutzer ein halbes Jahr eingeloggt, sofern er sich nicht vorher explizit durch einen Klick auf den LOGOUT-Link abmeldet. (Dieses Verhalten ist bequem, aber gerade auf öffentlichen Rechnern nicht besonders sicher. Sie können die Gültigkeitsdauer des Login-Cookies in login.php und authent.php ändern.)

Neue Benutzer müssen einen Benutzernamen, zweimal das Passwort sowie eine gültige E-Mail-Adresse angeben. Sofern die Passwörter übereinstimmen und der Benutzername noch nicht vergeben ist, wird eine E-Mail mit einem Authentifizierungs-Link versandt. Dieser Link sieht z.B. so aus:

http://localhost/myforum/authent.php?userID=985&authent=151245315

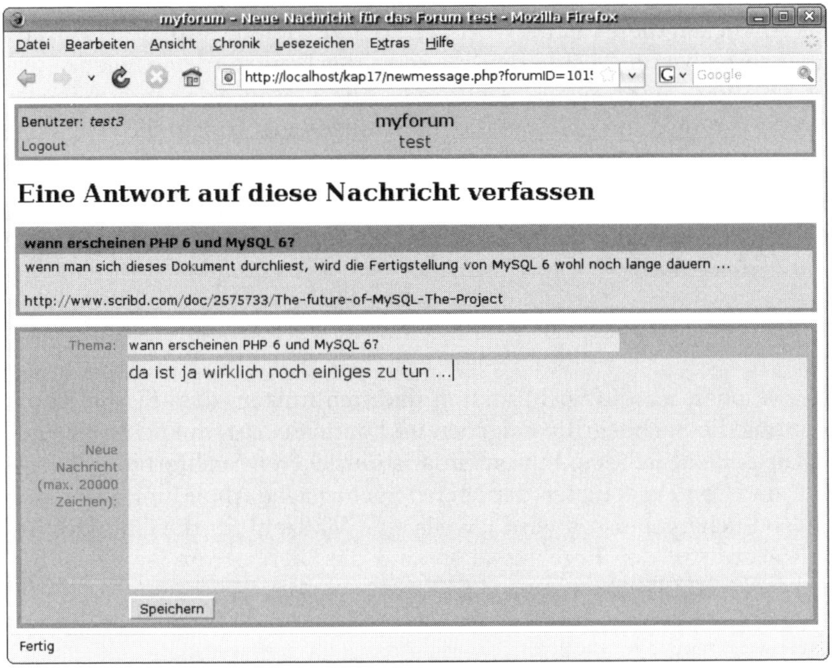

Abbildung 17.5: Eine neue Nachricht verfassen

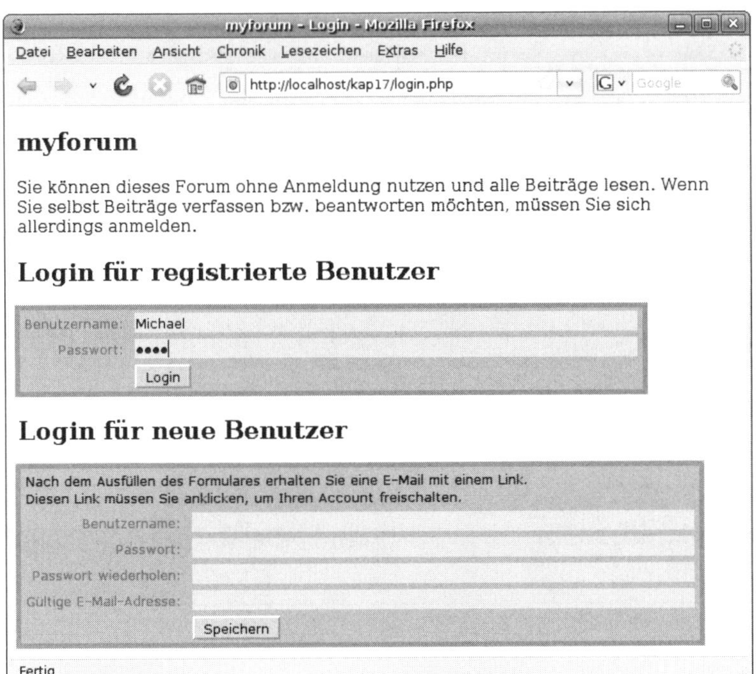

Abbildung 17.6: Login-Verwaltung

Erst durch das Anklicken dieses Links wird der Login aktiviert. Erfolgt diese Aktivierung nicht innerhalb von 24 Stunden, werden die Benutzerdaten wieder gelöscht. Auf diese Weise wird sichergestellt, dass die E-Mail-Adresse zumindest zum Zeitpunkt der Anmeldung gültig und dem Benutzer auch zugänglich ist.

Die E-Mail-Adresse wird im Programm nicht mehr weiter genutzt und auch nicht angezeigt. Das Forum könnte aber beispielsweise so erweitert werden, dass alle an einem Thread beteiligten Autoren automatisch eine E-Mail erhalten, sobald eine neue Nachricht verfasst wird.

Forum-Suche

Am einfachsten können Sie die Suchfunktion dadurch nutzen, dass Sie im Kopfbereich des Forums die Suchbegriffe eingeben und dann SUCHEN anklicken. Sie gelangen damit zur Seite search.php mit einem ausführlicheren Suchformular (siehe Abbildung 17.7)und den Ergebnissen der letzten Suche (siehe Abbildung 17.8). Vor den Links zu den Suchergebnissen wird jeweils eine Maßzahl für die Güte des Ergebnisses angegeben. Auf den Ergebnisseiten sind die Suchbegriffe jeweils farbig hervorgehoben (siehe Abbildung 17.9).

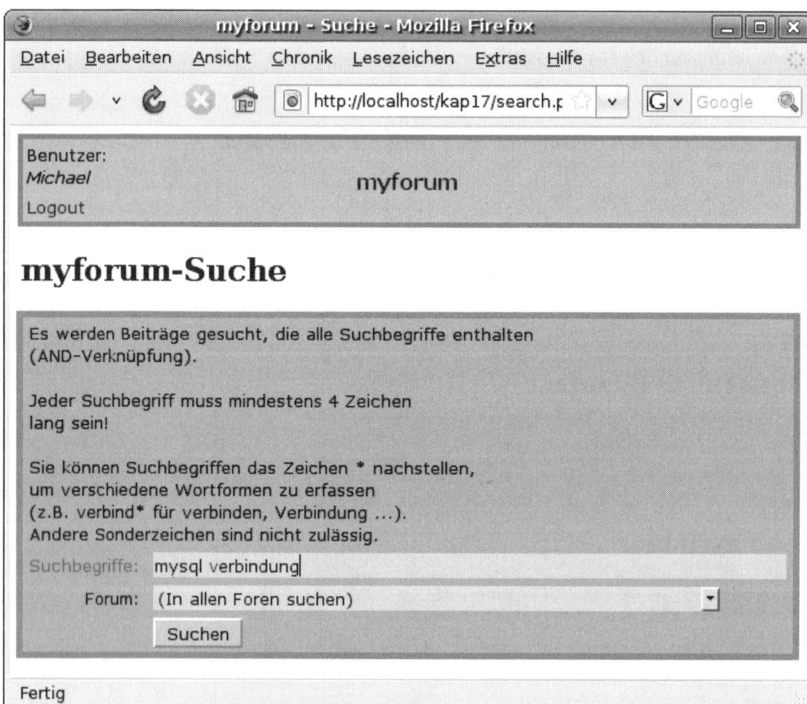

Abbildung 17.7: Forum-Suche

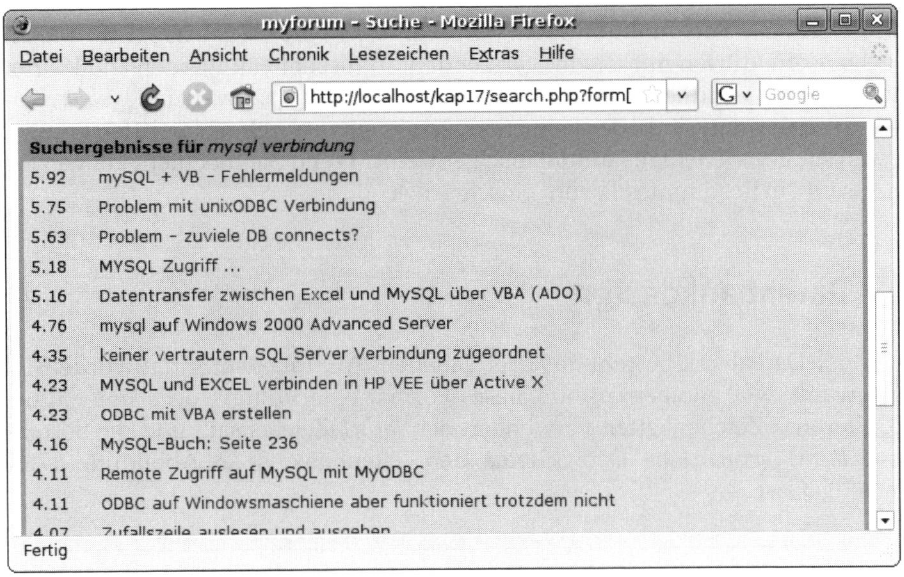

Abbildung 17.8: Liste der Suchergebnisse

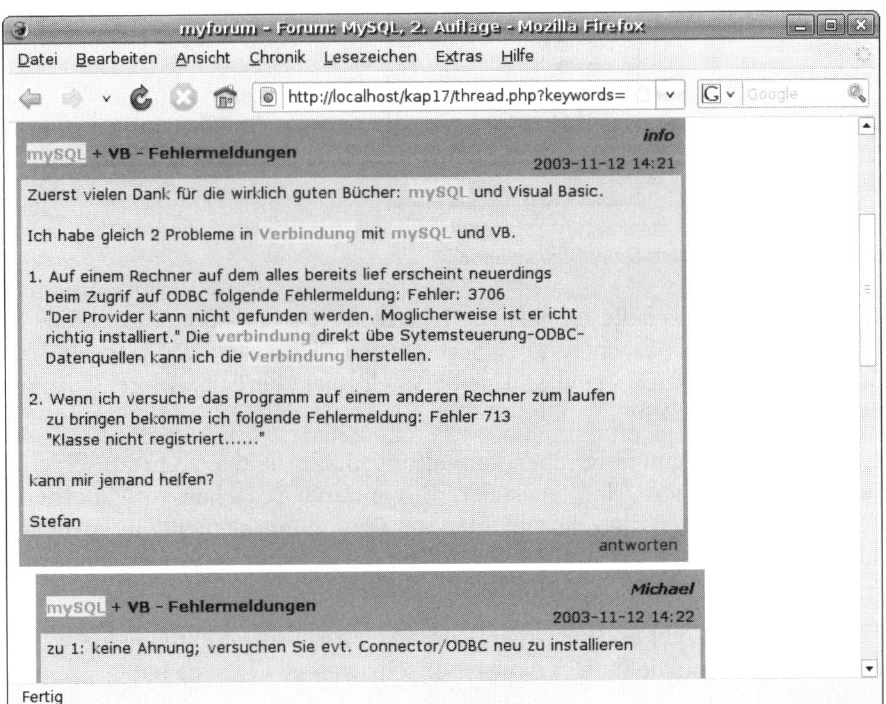

Abbildung 17.9: Hervorhebung der Suchbegriffe

Suchoptionen: Die Suchfunktion sucht nach Beiträgen, die *alle* Suchbegriffe enthalten. Suchbegriffe dürfen mit einem Stern enden. In diesem Fall werden alle Wörter gefunden, die so beginnen. (*verbind** findet also *Verbindung, Verbindungsfehler, verbinden* etc.) Ansonsten sind aber keine Sonderzeichen in den Suchbegriffen erlaubt. Diese werden gegebenenfalls automatisch entfernt. Wenn Sie möchten, können Sie die Suche auf ein bestimmtes Forum einschränken.

17.2 Datenbankdesign

Die *myforum*-Datenbank besteht aus drei Tabellen. Als Tabellenformat wurde MyISAM gewählt, weil momentan nur dieses Format eine Volltextsuche unterstützt. Alle Spalten mit Zeichenketten verwenden den *latin1*-Zeichensatz und die Sortierordnung *latin1_german1_ci*. Das Schema der Datenbank ist in Abbildung 17.10 zusammengefasst.

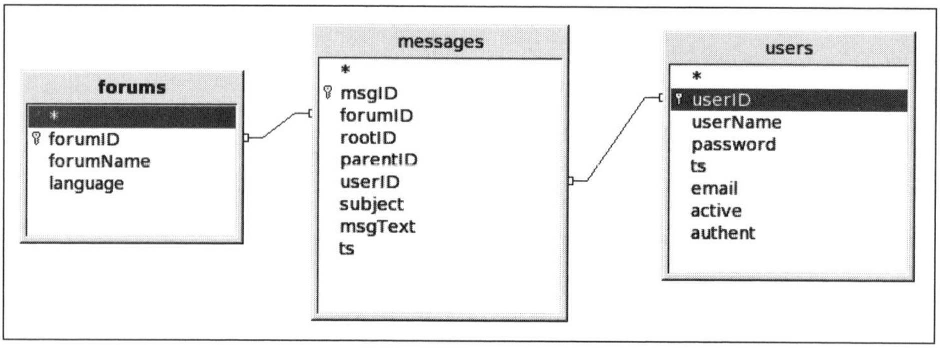

Abbildung 17.10: Das myforum-Datenbankschema

forums-Tabelle: Diese Tabelle enthält alle Diskussionsforen. Zu jedem Forum ist dessen Name sowie die Sprache gespeichert. *language* ist ein *ENUM*-Feld, das die Werte *»deutsch«* und *»english«* zulässt. Das Beispielprojekt berücksichtigt allerdings nur deutschsprachige Foren.

Es ist technisch nicht schwierig, aber verwaltungsmäßig leider recht aufwendig, das Projekt so zu erweitern, dass auch Foren in anderen Sprachen verwaltet werden können. Dazu müssen die Zeichenketten der Bedienungselemente in Variablen gespeichert werden. Je nach aktueller Sprache wird dann eine entsprechende Include-Datei mit der richtigen Lokalisierung geladen.

Bei der *forums*-Tabelle gibt es außer dem Primärschlüssel für *forumID* keine weiteren Indizes, weil die Tabelle üblicherweise nur sehr wenige Einträge hat.

messages-Tabelle: Diese Tabelle enthält die Diskussionsbeiträge. *msgID* dient als Primärindex. *forumID* gibt an, zu welchem Forum der Beitrag gehört und *userID* zeigt, wer den Beitrag verfasst hat. Das Thema des Beitrags wird in *subject* gespeichert (Datentyp *VARCHAR(80)*) und der eigentliche Nachrichtentext in *msgText*

(Datentyp *TEXT*). Die Spalte *ts* speichert den Zeitpunkt, zu dem die Nachricht verfasst wurde (Datentyp *TIMESTAMP*).

Die vom Standpunkt des Datenbankdesigns interessantesten Spalten sind *parentID* und *rootID*:

- *parentID* verweist auf die Nachricht des aktuellen Threads, die beantwortet wurde. *parentID* darf *NULL* enthalten und gibt so an, dass es sich um die erste Nachricht des Threads handelt.

  parentID ist dafür verantwortlich, dass die Hierarchie der Nachrichten gespeichert werden kann, also gewissermaßen der logische Fluss der Nachrichten. *parentID* entscheidet darüber, in welcher Reihenfolge die Nachrichten in der Thread-Ansicht angezeigt werden.

- *rootID* verweist auf die erste Nachricht eines Threads. Die Spalte darf nicht *NULL* enthalten. Bei der ersten Nachricht eines Threads gilt *msgID=rootID*.

  rootID enthält eigentlich redundante Informationen, weil über *parentID* für jede Nachricht festgestellt werden kann, welches die Startnachricht ist. *rootID* erleichtert diese Aufgabe aber wesentlich und erhöht die Effizienz des ganzen Forums ganz erheblich (etwa wenn es darum geht, die Anzahl der Nachrichten eines Threads zu ermitteln oder alle Nachrichten eines Threads mit einer einfachen *SELECT*-Abfrage zu erfassen).

Neben dem Primärindex für *msgID* gibt es einen Index für *rootID*, der die häufig vorkommende Abfrage *SELECT * FROM messages WHERE rootID=...* beschleunigt. Außerdem erfasst ein Volltextindex die Spalten *msgText* und *subject*.

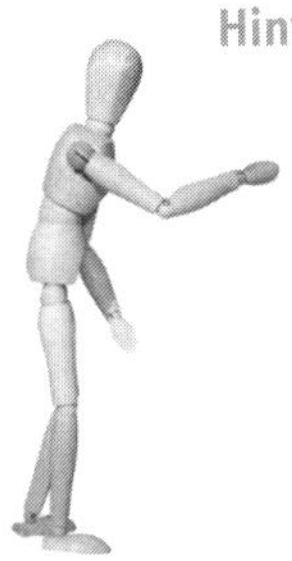

Hinweis

Die *messages*-Tabelle ist ein gutes Beispiel dafür, dass der Platzbedarf für einen Volltextindex erheblich sein kann: Bei der Testdatenbank enthält *messages* ca. 3000 Nachrichten mit insgesamt ca. 1,5 Millionen Zeichen. Zur Speicherung der *messages*-Daten sind ca. 1,74 MByte erforderlich. Der Platzbedarf für den Volltextindex beträgt allerdings nochmals 1,66 MByte, wodurch sich der Platzbedarf für die gesamte Tabelle beinahe verdoppelt!

users-Tabelle: In dieser Tabelle werden die Daten aller Forumsbenutzer gespeichert, die sich angemeldet haben. Die Spalten *userName*, *password* und *email* bedürfen keiner Erklärung. Für *userName* wurde ein *UNIQUE*-Index definiert, der verhindert, dass zwei Benutzer denselben Namen haben.

ts ist eine *TIMESTAMP*-Spalte, die den Zeitpunkt der Anmeldung speichert. *active* gibt an, ob der Account benutzt werden darf. *authent* enthält schließlich eine zufällige Zeichenkette, die unter anderem zur E-Mail-Validierung verwendet wird. (Details folgen im übernächsten Abschnitt zur Login-Verwaltung.)

17.3 Aufbau des Codes

Der Code verteilt sich auf die folgenden Dateien:

forum.php	zeigt die Liste der Foren an.
threads.php	zeigt die Threads eines Forums an.
thread.php	zeigt alle Beiträge eines Threads an.
newmessage.php	ermöglicht die Eingabe eines neuen Beitrags.
search.php	Volltextsuche
login.php	Anmeldung
authent.php	Bestätigung der Anmeldung (Validierung der E-Mail-Adresse)
logout.php	Abmeldung
myforum-functions.php	Diverse Hilfsfunktionen
mydb.php	Klasse *MyDb* zum Zugriff auf MySQL (siehe Abschnitt 12.1)
password.php	Logindaten für mydb.php
formfunctions.php	Funktionen zur Ausgabe eines Formulars (siehe Abschnitt 12.5)
myforum.css	CSS-Datei zur Formatierung der Ergebnistabelle (result.php)

Datenbankzugriff, Formulargestaltung

Sämtliche Datenbankzugriffe erfolgen über ein Objekt der in Abschnitt 12.1 vorgestellten Klasse *MyDb*. Diese Klasse vermeidet unnötige Redundanzen im Code und ist bei der Fehlersuche ausgesprochen praktisch. Beinahe alle PHP-Dateien des Projekts beginnen damit, dass zuerst mydb.php gelesen, ein *MyDb*-Objekt erzeugt und in der Variablen *db* gespeichert wird. Falls dabei ein Fehler auftritt, erzeugt die *MyDb*-Konstruktorfunktion eine vollständige HTML-Seite mit der Fehlermeldung und beendet dann die Programmausführung.

Ebenso mühsam ist der immer wiederkehrende Code zur Gestaltung von Eingabeformularen. Um auch hier bei der Programmentwicklung Zeit und Nerven zu sparen, greifen search.php und login.php auf die in Abschnitt 12.5 vorgestellten Hilfsfunktionen aus formfunctions.php zurück.

Projektspezifische Hilfsfunktionen

myforum-functions.php enthält diverse Hilfsfunktionen, die hier kurz zusammengefasst sind. Die interessantesten Funktionen werden in den folgenden Abschnitten ausführlicher vorgestellt.

array_item($ar, $key)	testet, ob *ar* ein Feld ist und ob es das gewünschte Element enthält. Die Funktion liefert den Inhalt des Felds oder *FALSE* zurück (siehe Abschnitt 15.4.1).
build_href($url, $query, $txt)	bildet den HTML-Code für einen Link (im Prinzip *<a href=$url?$query>$txt</a>*, siehe Abschnitt 12.5.4).

baseurl()	liefert den Namen des Webservers und das aktuelle Verzeichnis (also z.B. http://meinewebsite.de/myforum).
html_start($title, $css)	gibt die Startzeilen des HTML-Dokuments aus und bindet dort eine CSS-Datei ein. Wenn der zweite Parameter fehlt, verwendet die Funktion myforum.css als Defaultwert.
html_end()	gibt die Endzeilen des HTML-Dokuments aus.
get_user_id(&$userID, &$username, $db)	versucht, die *userID*-Nummer und den Namen des eingeloggten Benutzers zu ermitteln, und gibt diese Werte zurück (Referenzparameter). Die Funktion wird im nächsten Abschnitt näher beschrieben.
show_menu($username, $forumID, $forumname, $searchform)	gibt eine Tabelle mit dem Kopf der meisten Forumsseiten aus. Die Tabelle kann unter anderem den Benutzernamen, ein einfaches Suchformular sowie diverse Links enthalten. Die Funktion wird in 17.5 im Detail beschrieben.

17.4 Login-Verwaltung

Die Login-Verwaltung zählt zu den Standardaufgaben von unzähligen Webprojekten. Aus diesem Grund wird dieser Aspekt des Diskussionsforums hier in einem eigenen Abschnitt beschrieben. Sie können die für den Login zuständigen Teile des Codes problemlos in ein anderes Projekt übernehmen und an Ihre speziellen Anforderungen anpassen.

Im vorliegenden Beispiel muss bei der ersten Anmeldung eine gültige E-Mail-Adresse angegeben werden. An diese Adresse wird ein Bestätigungs-Link gesandt. Die Anmeldung wird erst durch das Anklicken dieses Links aktiviert.

Der Login wird gleich zweifach gespeichert, als Session und als Cookie:

- Die Session-Variablen *$_SESSION['username']* und *$_SESSION['userID']* stellen sicher, dass die Login-Daten nicht bei jedem Seitenwechsel verloren gehen. Das funktioniert auch dann, wenn der Benutzer keine Cookies zulässt.
- Die Cookie-Variablen *$_COOKIE['myforumUserID']* und *$_COOKIE['myforumAuthent']* dienen dagegen eher der Bequemlichkeit und bewirken bei einem späteren Besuch der Seite einen automatischen neuen Login.

  Um einem Missbrauch durch fingierte Cookies möglichst vorzubeugen, enthalten die Cookie-Daten den Benutzernamen nicht direkt, sondern nur die *userID*-Nummer und eine Zufallszahl zur Authentifizierung. Mit einer Datenbankabfrage kann daraus der Benutzername ermittelt werden, wobei gleichzeitig eine Kontrolle stattfindet, ob die im Cookie gespeicherten Daten korrekt sind.

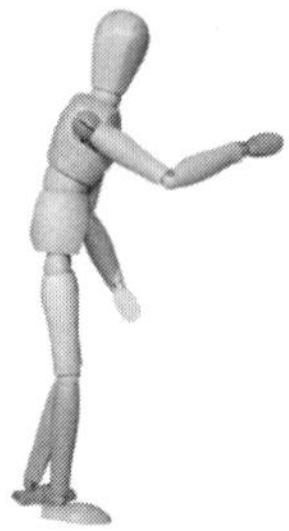

Hinweis

Wenn der Benutzer die Speicherung von Cookies nicht zulässt, funktioniert der automatische Login natürlich nicht. Die Session-Verwaltung ist aber so programmiert, dass sie auch ohne Cookies funktioniert (also *ini_set('session.use_trans_sid', 1)*, siehe Abschnitt 5.4). Das hat den Nachteil, dass in diesem Fall die Session-ID Teil der Adresse wird und so beispielsweise in Bookmarks gespeichert wird. Sicherheitsbewusste Anwender sollten es vermeiden, Adressen mit der Session-ID zu speichern bzw. weiterzugeben!

Die folgenden Abschnitte beschreiben die Login-Verwaltung in der Reihenfolge, in der ein neuer Benutzer das System benutzt: erste Anmeldung, Validierung und Aktivierung, Login-Auswertung bei jedem Seitenbesuch, expliziter Logout und neuerlicher Login. Der Code für diese Funktionen befindet sich in den Dateien login.php, logout.php, authent.php und myforum-functions.php. Die betreffende Datei ist am Beginn aller Listings angegeben.

17.4.1 Erste Anmeldung

Das Anmeldeformular wird durch die Funktion *show_form2* in login.php erzeugt. Diese Funktion greift wie schon einige andere Beispiele in diesem Buch auf die in formfunctions.php definierten Funktionen zurück. Auf den Abdruck von *show_form2* wird deswegen verzichtet. Damit Sie den nachfolgenden Code zur Formularauswertung leichter verstehen, zeigen die folgenden Zeilen stattdessen die wichtigsten HTML-Elemente des Formulars:

```
<form  method="post" action="login.php" >
<input name="form[username]"  size="60" maxlength="60"  />
<input name="form[password1]" type="password" size="60"
       maxlength="60" />
<input name="form[password2]" type="password" size="60"
       maxlength="60" />
<input name="form[email]"   size="60" maxlength="100" />
<input name="form[btnSave]" type="submit" value="Speichern" />
</form>
```

Am Beginn von login.php wird nach diversen Initialisierungsarbeiten getestet, ob das obige Formular ausgefüllt wurde. In diesem Fall wird in *validate_data* überprüft, ob die Eingaben korrekt sind. Treten dabei Fehler auf, wird das Formular später nochmals angezeigt. (*errormsg* enthält die passenden Fehlermeldungen.) Klappt dagegen alles, werden die Daten in *save_data* gespeichert. *new_account=TRUE* verhindert in der Folge, dass das Login-Formular nochmals angezeigt wird.

```
// Beispieldatei login.php
if(array_item($formdata, "btnSave")) {
  $errormsg = "";
  if(validate_data($formdata, $errormsg, $db)) {
    save_data($formdata, $db);
    $new_account = TRUE;
  }
}
```

Kontrolle der Formulardaten

validate_data stellt sicher, dass der Benutzername nicht leer ist und noch nicht verwendet wird, dass die beiden Passwörter nicht leer sind und übereinstimmen und dass die E-Mail-Adresse richtig aussieht. Das reguläre Muster für den E-Mail-Test ist in Abschnitt 5.9 genauer beschrieben. (Das Muster testet nur die formale Richtigkeit. Die endgültige Validierung erfolgt dadurch, dass der Benutzer innerhalb von 24 Stunden auf eine dorthin gesendete E-Mail antworten muss.)

```
// Beispieldatei login.php
function validate_data($formdata, &$errormsg, $db) {
  $errormsg = "";
  $username = array_item($formdata, "username");
  $pw1      = array_item($formdata, "password1");
  $pw2      = array_item($formdata, "password2");
  $email    = array_item($formdata, "email");

  // Benutzername
  if(!$username)
    $errormsg = "Bitte geben Sie einen Benutzernamen an! ";
  else {
    $sql = "SELECT COUNT(*) FROM users " .
           "WHERE username=" . $db->sql_string($username) .
           "LIMIT 1";
    if($db->querySingleItem($sql)>0)
      $errormsg = "Der Benutzername ist schon vergeben.
                   Bitte wählen Sie einen anderen Namen! ";
  }

  // Passwort
  if(!$pw1 || !$pw2 || $pw1!=$pw2)
    $errormsg .= "Bitte geben Sie zwei übereinstimmende
                  Passwörter an! ";

  // E-Mail-Adresse
  $regex = '/[A-Z0-9.%_-]+@[A-Z0-9._%-]+/i';
  if(strlen(trim($email))<7 || !preg_match($regex, $email)) {
    $errormsg .= "Bitte geben Sie eine gültige
                  E-Mail-Adresse an!";
  }
```

```
    // Rückgabewert TRUE wenn kein Fehler aufgetreten ist
    if($errormsg != "")
      return FALSE;
    else
      return TRUE;
  }
```

Benutzerdaten speichern

Wenn die formalen Tests in *validate_data* keine Fehler ergeben haben, werden die Benutzerdaten in *save_data* gespeichert. Beim *INSERT*-Kommando wird in der Spalte *authent* der *users*-Tabelle eine vorher durch *mt_rand()* erzeugte Zufallszahl gespeichert. Das Passwort wird durch die SQL-Funktion *PASSWORD* verschlüsselt. Die resultierende Zeichenkette ist 41 Zeichen lang und so verschlüsselt, dass zwar eine Kontrolle des Passworts möglich ist, nicht aber dessen Rekonstruktion. Die *active*-Spalte kommt im *INSERT*-Kommando nicht vor, weswegen der neue Datensatz den Defaultwert 0 enthält.

```
function save_data($formdata, $db) {
  $authent  = mt_rand();
  $username = $db->sql_string(array_item($formdata, "username"));
  $password = $db->sql_string(array_item($formdata, "password1"));
  $email    = $db->sql_string(array_item($formdata, "email"));
  $sql = "INSERT INTO users (userName, password, email, authent) " .
         "VALUES ($username, PASSWORD($password), $email, " .
         "        '$authent')";
  $db->execute($sql);
  $userID = $db->insertId();
```

Durch die PHP-Funktion *mail* wird nun an den neuen Benutzer eine E-Mail versandt, die einen Link der folgenden Form enthält:

http://localhost/myforum/authent.php?userID=988&authent=1615264511

Beachten Sie, dass im Nachrichtentext zur Zeilentrennung *\r\n* statt wie sonst üblich *\n* verwendet wird. Das ist erforderlich, damit die E-Mail dem Standard RFC822 entspricht.

Achtung

Wie bereits in Abschnitt 5.6 ausführlich beschrieben wurde, funktioniert das Versenden von E-Mails auf lokalen Testrechnern oft nicht. Unter Windows gibt es zumeist keinen lokalen E-Mail-Server. Wenn Sie zum Versenden den SMTP-Server Ihres Provider nutzen möchten, müssen Sie php.ini entsprechend konfigurieren (siehe auch Abschnitt 1.5). Das hilft aber auch nur, wenn Ihr Internet Provider Nachrichten ohne vorherige SMTP-Authentifizierung akzeptiert, was immer seltener der Fall ist.

Unter vielen Linux-Distributionen ist zwar meist sendmail oder postfix installiert. Allerdings muss der E-Mail-Server oft erst konfiguriert werden; und selbst dann verweigen viele Empfänger aufgrund von SPAM-Schutzmaßnahmen E-Mails, deren IP-Absenderadresse (also die IP-Adresse Ihres Testrechners, wie er aus dem Internet sichtbar ist!) nicht mit dem angegebenen Absender-Hostnamen übereinstimmt.

Damit Sie das vorliegende Beispiel auch ohne E-Mail-Versand testen können, zeigt login.php die Willkommensmeldung samt Link auch direkt auf der nach dem Login erscheinenden Webseite an. Die entsprechenden *echo*-Anweisungen müssen Sie unbedingt entfernen, bevor Sie das Forum tatsächlich in das Internet stellen – ansonsten ist die gesamte E-Mail-Validierung vergebens!

```
$subject = "Willkommen bei myforum!";
$msg = "Bitte aktivieren Sie Ihren neuen Account\r\n" .
       "bei myforum, indem Sie innerhalb von 24 Stunden\r\n" .
       "die folgende Seite in einem Webbrowser öffnen!\r\n\r\n";
mail(array_item($formdata, "email"),
     $subject,
     $msg . baseurl() .
       "/authent.php?userID=$userID&authent=$authent",
     "From: dont-reply@server.com");
echo "... Willkommensmeldung und Link auf der Webseite,
        nur zu Testzwecken ...";
```

Benutzer, die nicht innerhalb von 24 Stunden ihre Anmeldung bestätigen, werden durch das folgende *DELETE*-Kommando aus der *users*-Tabelle gelöscht. Das verhindert, dass sich in der *users*-Tabelle ungültige Anmeldungen ansammeln und so die Benutzernamen blockieren.

```
  // Benutzer löschen, die die Anmeldung nicht bestätigt haben
  $sql = "DELETE FROM users
          WHERE active=0
          AND   ts<DATE_SUB(NOW(), INTERVAL 1 day)";
  $db->execute($sql);
}
```

17.4.2 E-Mail-Validierung und Aktivierung

Der Benutzer erhält nun die Validierungs-E-Mail und klickt sie an bzw. öffnet sie in einem Webbrowser. Damit übergibt er die Parameter *userID* und *authent* an die Seite authent.php. Das Script aktiviert zuerst Sessions und die automatische URL-Umwandlung, falls der Client keine Cookies zulässt (*session.use_trans_sid*, siehe Abschnitt 5.4). Eine einfache *SELECT*-Abfrage überprüft, ob *userID* und *authent* zusammenpassen.

```
<?php // Beispieldatei authent.php

require_once 'myforum-functions.php';
ini_set('session.use_trans_sid', 1);
session_start();  // Sessions nutzen
$db = new mydb(); // Verbindung zu MySQL

$username = FALSE;
$userID   = array_item($_REQUEST, 'userID');
$authent  = array_item($_REQUEST, 'authent');
$sql = "SELECT username FROM users " .
       "WHERE userID=$userID ".
       "AND authent='$authent' " .
       "AND active=0 LIMIT 2";
$rows = $db->queryObjectArray($sql);
```

Wenn das der Fall ist, wird der Login durch ein *UPDATE*-Kommando aktiviert. Die Login-Daten werden in Session-Variablen und in Cookies gespeichert, wobei die Lebensdauer der Cookies mit ca. einem halben Jahr eingestellt wird. (Die Zeitangabe erfolgt in Sekunden.)

```
if($rows && is_array($rows) && count($rows)==1) {
  // Login aktivieren, Session- und Cookie-Variablen setzen
  $username = $rows[0]->username;
  $sql = "UPDATE users SET active=1 WHERE userID=$userID";
  $db->execute($sql);

  $_SESSION['userID'] = $userID;
  $_SESSION['username'] = $username;
  setcookie('myforumUserID',  $userID,  time()+180*24*60*60);
  setcookie('myforumAuthent', $authent, time()+180*24*60*60);
}
```

Der Rest von authent.php dient dazu, entweder eine Willkommensnachricht oder eine Fehlermeldung anzuzeigen.

```
html_start("Login-Verifizierung");
if($username) {
?>
  <h2>myforum-Login-Verifizierung</h2>
  <p>Willkommenstext ...
  <p><a href="forum.php">Zum Forum ...</a></p>
<?php
} else {
?>
  <h2>myforum-Login-Verifizierung</h2>
  <p>Fehlermeldung
<?php
}
html_end();
?>
```

17.4.3 Login-Auswertung

Von nun an muss auf beinahe jeder Seite des Forums kontrolliert werden, ob die Session-Variablen *userID* und *userName* gesetzt sind oder ob die *userID*-Nummer aus einem Cookie gelesen werden kann (falls die Session abgelaufen ist und der Benutzer die Seite am nächsten Tag wieder besucht).

Für diese Aufgaben ist die Funktion *getUserID* zuständig, die sich in der Datei myforum-functions.php befindet. Die Funktion wird von den meisten Seiten des Forums aufgerufen, nachdem zuerst eine Datenbankverbindung hergestellt wurde. Im einfachsten Fall können *userID* und *username* direkt aus dem *$_SESSION*-Feld gelesen werden.

```
// Beispieldatei myforum-functions.php
function get_userID(&$userID, &$username, $db) {
  // userID and userName aus Session-Variablen lesen
  ini_set('session.use_trans_sid', 1);
  session_start();
  $username = array_item($_SESSION, 'username');
  $userID   = array_item($_SESSION, 'userID');
  if($username && $userID)
    return;
```

Wenn keine Session-Variablen vorliegen, liest das Script die Cookie-Variablen *myforumUserID* und *myforumAuthent* aus. Das *SELECT*-Kommando ermittelt den dazu passenden Benutzernamen. Wenn die Abfrage genau ein Ergebnis liefert, wird das Ergebnis in *username* sowie in den Session-Variablen gespeichert.

```
  // andernfalls userID aus Cookie lesen versuchen
  $userID =  array_item($_COOKIE, 'myforumUserID');
  $authent = array_item($_COOKIE, 'myforumAuthent');
  $sql = "SELECT username FROM users " .
         "WHERE userID  = " . $db->sql_string($userID) . " " .
         "AND   authent = " . $db->sql_string($authent) . " " .
         "LIMIT 2";
  $rows = $db->queryObjectArray($sql);
  if($rows && is_array($rows) && count($rows)==1) {
    $username = $rows[0]->username;
    $_SESSION['userID']   = $userID;
    $_SESSION['username'] = $username;  }
  else {
    $userID = FALSE;
    $username = FALSE;  }
}
```

17.4.4 Logout

Der LOGOUT-Link führt zu logout.php, der kürzesten PHP-Datei dieses Beispiels. Dort werden die *SESSION*-Variablen explizit gelöscht und die Cookie-Variablen auf *FALSE* gesetzt (mit einer Lebensdauer von 0 Sekunden). Der Aufruf von *header* leitet zur Startseite des Forums weiter.

```
// Beispieldatei logout.php
require_once 'myforum-functions.php';
session_start();
unset($_SESSION['userID']);
unset($_SESSION['username']);
setcookie('myforumUserID',  FALSE, 0);
setcookie('myforumAuthent', FALSE, 0);
header("Location: " . baseurl() . "/forum.php");
```

17.4.5 Neuerlicher Login

Wenn sich der Benutzer nun neuerlich anmelden möchte, muss er im ersten Formular von login.php seinen Benutzernamen und das Passwort angeben. Das Formular wird von der Funktion *show_form1* ausgegeben. Die wichtigsten Zeilen des Formulars sehen so aus (ohne die HTML-Anweisungen für das Layout):

```
<form  method="post" action="login.php">
<input name="form[username]" size="60" maxlength="60" />
<input name="form[password]" type="password" size="60"
       maxlength="60" /></td>
<input name="form[btnLogin]" type="submit" value="Login" />
</form>
```

Zur Auswertung der fett hervorgehobenen Formularparameter ruft login.php die Funktion *try_to_login* aus. Durch eine *SELECT*-Abfrage wird überprüft, ob der Benutzername und das Passwort übereinstimmen. Wenn das der Fall ist, werden die Session- und Cookies-Variablen entsprechend eingestellt und anschließend die Seite forum.php aufgerufen. Beachten Sie, dass an die *header*-Adresse auch die Session-ID-Nummer übergeben wird (nur wenn *SID* nicht leer ist, d.h. nur, wenn der Client keine Cookies zulässt).

```
// Beispieldatei login.php

function try_to_login($formdata, $db) {
  $username = array_item($formdata, "username");
  $password = array_item($formdata, "password");
  $sql =
    "SELECT userID, authent FROM users " .
    "WHERE username=" . $db->sql_string($username) . " " .
    " AND password=PASSWORD(" . $db->sql_string($password) . ") " .
    " AND active=1 LIMIT 2";
  $rows = $db->queryObjectArray($sql);
```

```
    if($rows && is_array($rows) && count($rows)==1) {
      $_SESSION['userID'] = $rows[0]->userID;
      $_SESSION['username'] = $username;
      setcookie('myforumUserID',  $rows[0]->userID, time()+180*24*60*60);
      setcookie('myforumAuthent', $rows[0]->authent, time()+180*24*60*60);
      $sid = SID ? '?' . SID : '';
      header("Location: " . baseurl() . "/forum.php$sid");
      exit; }
    else
      return FALSE;
  }
```

Falls der Login scheitert, liefert *try_to_login* den Rückgabewert *FALSE*. login.php zeigt in der Folge eine Fehlermeldung an und fordert zu einem neuerlichen Login-Versuch auf.

17.5 Forumsbeiträge anzeigen und eingeben

17.5.1 Menü

Am Beginn der meisten Forumsseiten erscheint eine Art Menü, das diverse Links und ein kleines Suchformular enthält. Für die Ausgabe des Menüs ist die Funktion *show_menu* aus myforum-functions.php zuständig. An die Funktion können bis zu vier Parameter übergeben werden, die (sofern bekannt) den Benutzernamen, die ID-Nummer des aktuellen Forums und dessen Namen enthalten. Der vierte Parameter *searchform* bestimmt, ob das kleine Suchformular angezeigt werden soll.

Die Ausgabe erfolgt in einer dreispaltigen HTML-Tabelle, deren Aufbau aus der Variablen *output* hervorgeht. *output* wird am Ende von *show_menu* zusammen mit diversen weiteren Parametern an die Funktion *printf* übergeben. Die CSS-Klassen *menu_table, tdmr* (steht für *<TD> menu right*), *tdmc* (*center*) und *tdml* (*left*) sind in myforum.css definiert.

```
// Beispieldatei myforum-functions.php
function show_menu($username=FALSE, $forumID=FALSE,
                   $forumname=FALSE, $searchform=TRUE) {
  $output =
    '<table class="menu_table">
     <colgroup><col width="20%%">
               <col width="60%%">
               <col width="20%%"></colgroup>
     <tr><td class="tdml">%s</td>
         <td rowspan="2" class="tdmc"><b>%s</b><br />%s</td>
         <td class="tdmr">%s</td></tr>
     <tr><td class="tdml">%s</td>
         <td class="tdmr">%s</td></tr>
     </table><p></p>' . "\n";
```

Je nachdem, welche Parameter an *show_menu* übergeben werden, müssen nun diverse Links gebildet werden.

```
// Benutzername, Login-/Logout-Link
if(!$username) {
  $user    = "anonym";
  $loglink = build_href("login.php", "", "Login"); }
else {
  $user    = htmlentities($username);
  $loglink = build_href("logout.php", "", "Logout"); }

// Link zum aktuellen Forum (falls bekannt)
if($forumID)
  $forumlink = build_href("threads.php", "forumID=$forumID",
    $forumname);
else
  $forumlink = '';

// Suchformular
if($searchform) {
  $searchtxt = '<input class="mycontrolgrey" name="form[search]"
                       size="15" maxlength="30" />';
  $searchbtn = '<input class="mybutton" type="submit"
                       value="Suchen" name="form[btnSearch]" />';  }
else {
  $searchtxt = '';
  $searchbtn = '';  }
```

Das Suchformular verwendet die Methode *get* (statt wie sonst üblich *post*). Warum das so ist, wird in Abschnitt 17.6 beschrieben.

```
  // die tatsächliche Ausgabe
  if($searchform)
    echo '<form method="get" action="search.php">', "\n";
  printf($output,
         "Benutzer: <i>$user</i>",
         build_href("forum.php", "", "myforum"), $forumlink,
         $searchtxt, $loglink, $searchbtn);
  if($searchform)
    echo "</form>\n";
}
```

17.5.2 Forumsliste (forum.php)

Der Code für die Startseite des Forums beginnt mit diversen Initialisierungsarbeiten, die in dieser oder ähnlicher Form auch am Beginn der meisten anderen Codedateien erfolgen.

```
<?php // Beispieldatei forum.php

require_once 'myforum-functions.php';       // liest auch mydb.php
$db = new mydb();                           // Verbindung zu MySQL
get_userID($userID, $username, $db);        // userID bekannt?
html_start('Liste der Diskussionsforen');   // Start der Ausgabe
show_menu($username);                       // Menü anzeigen
```

forum.php zeigt unter dem Menü eine Liste aller verfügbaren Foren samt der Anzahl der Beiträge pro Forum. Diese Daten werden mit zwei *SELECT*-Kommandos aus der Datenbank gelesen.

```
// Anzahl der Beiträge pro Forum ermitteln
$sql = "SELECT forumID, COUNT(msgID) AS cnt " .
       "FROM messages GROUP BY forumID";
$rows = $db->queryObjectArray($sql);
if($rows)
  foreach($rows as $row)
    $msgcnt[$row->forumID] = $row->cnt;

// deutschsprachige Foren ermitteln
$sql = "SELECT forumID, forumName FROM forums " .
       "WHERE language='deutsch' ORDER BY forumName";
$rows = $db->queryObjectArray($sql);
```

Jetzt geht es nur noch darum, die Ergebnisse übersichtlich zu formatieren. Dazu wird wie beim Menü eine Tabelle benutzt, deren Elemente durch CSS-Klassen gestaltet werden.

```
// Ergebnistabelle
if($rows) {
  echo '<table class="threads_table">', "\n",
       '<tr><td class="td_tbl"><b>Forenliste</b></td></tr>', "\n";
  foreach($rows as $row) {
    $forumID = $row->forumID;
    printf('<tr><td class="td_tl">%s (%d)</td></tr>' . "\n",
      build_href("threads.php", "forumID=$forumID", $row->forumName),
      array_item($msgcnt, $forumID));
    }
  echo "</table>\n"; }
else
  echo "<p>Es wurden noch keine Diskussionsforen eingerichtet.</p>\n";

html_end();

?>
```

17.5.3 Thread-Liste (threads.php)

threads.php zeigt eine Seite (Parameter *page*) aus der Liste aller Threads eines Forums (Parameter *forumID*). Der aus Datenbanksicht interessanteste Aspekt im Code ist die Verteilung der Threads auf mehrere Seiten.

Nach der Initialisierung, die wie in forum.php aussieht, liest das Script den Parameter *page* und führt eine einfache Validierung durch. Die Anzahl der Threads pro Seite kann mit *pagesize* beliebig eingestellt werden.

```
<?php // Beispieldatei threads.php
... Initialisierung wie in forum.php
$page = array_item($_REQUEST, 'page');
if(!is_numeric($page) || $page<1)
  $page=1;
$pagesize=10;
```

Die folgenden Zeilen überprüfen, ob *forumID* einen gültigen Wert enthält. Wenn das nicht der Fall ist, wird die Seite forum.php aufgerufen.

```
$forumID = array_item($_REQUEST, 'forumID');
$sql = "SELECT forumName FROM forums
        WHERE forumID='$forumID' LIMIT 2";
$rows = $db->queryObjectArray($sql);
if(!is_numeric($forumID) || !$rows || count($rows)!=1) {
  $sid = SID ? '?' . SID : '';
  header("Location: " . baseurl() . "/forum.php$sid");
  exit; }
$forumName = $rows[0]->forumName;
```

Eine weitere *SELECT*-Abfrage ermittelt die Anzahl der Threads in diesem Forum. *DISTINCT rootID* bewirkt dabei, dass jeder *rootID*-Wert nur einmal gezählt wird. (Wir wollen ja die Anzahl der Threads ermitteln, nicht die Anzahl der Nachrichten!) Falls *page* einen zu großen Wert enthält, wird die Variable so weit verkleinert, dass sie auf die letzte Seite verweist. Die Abfrage *page==0* ist für den Fall vorgesehen, dass ein Forum noch keine Nachrichten enthält.

```
$sql = "SELECT COUNT(DISTINCT rootID) AS cnt " .
       "FROM messages WHERE forumID=$forumID";
$no_of_threads = $db->querySingleItem($sql);
$page = min($page, ceil($no_of_threads / $pagesize));
if($page==0)
  $page=1;
```

Schon interessanter ist das nächste *SELECT*-Kommando, das die *rootID*-Nummern, den Zeitpunkt des letzten Beitrags und die Anzahl der Beiträge der Threads der aktuellen Seite ermittelt. Einige Anmerkungen zum besseren Verständnis der Abfrage:

- *GROUP BY rootID* gruppiert die Beiträge in Threads.
- *MAX(UNIX_TIMESTAMP(ts))* liefert den Zeitpunkt des letzten Beitrags im Thread als Timestamp-Zahl, die von PHP gut weiterverarbeitet werden kann.
- *COUNT* zählt die Beiträge pro Thread.
- *ORDER BY* sortiert die Threads nach dem Zeitpunkt des letzten Beitrags des Threads.
- *LIMIT* wählt aus der Thread-Liste den Teil aus, der für die aktuelle Seite relevant ist. (Beispielsweise resultiert aus *pagesize=10* und *page=3* die Anweisung *LIMIT 20, 10*. Damit werden zehn *SELECT*-Ergebnisse mit einem Offset von 20 gelesen, also das 21. bis 30. Ergebnis.)

```
$sql = "SELECT rootID, " .
       "       MAX(UNIX_TIMESTAMP(ts)) AS lastChange, " .
       "       COUNT(*) AS cnt " .
       "FROM messages WHERE forumID=$forumID " .
       "GROUP BY rootID " .
       "ORDER BY lastChange DESC " .
       "LIMIT " . ($pagesize*($page-1)) . ", $pagesize";
$threads = $db->queryObjectArray($sql);
```

Damit sind die Vorbereitungsarbeiten abgeschlossen, die Ausgabe kann beginnen.

```
html_start("Threadliste: $forumName");
show_menu($username);
if(!$threads || !is_array($threads) || count($threads)==0)
  echo "<p>In diesem Forum gibt es noch keine Nachrichten ...";
else
  show_threads($threads, $forumName, $forumID,
               $no_of_threads, $page, $pagesize, $db);
html_end();
exit;
```

Thread-Links anzeigen (Funktion show_threads)

Für die eigentliche Ausgabe der Thread-Liste ist die Funktion *show_threads* verantwortlich. Das mit dem *threads*-Parameter übergebene Feld enthält die *rootID*-Nummern der darzustellenden Threads, die Anzahl der Nachrichten pro Thread und das Datum des letzten Beitrags.

Was nun noch fehlt, ist der Titel (*subject*) des jeweils ersten Beitrags des Threads. Diese Information konnte mit dem vorigen *SELECT*-Kommando wegen dessen *GROUP-BY*-Klausel leider nicht ermittelt werden. (Es gibt keine SQL-Aggregatsfunktion, die die erste *subject*-Zeichenkette aus mehreren Beiträgen mit derselben *rootID*-Nummer zurückgibt.)

Daher werden die Thread-Nummern in der ersten *foreach*-Schleife zu einem Array zusammengefasst und dann mit *implode* an das folgende *SELECT*-Kommando übergeben. Die zweite *foreach*-Schleife bildet daraus ein assoiziatives Array, das den Thread-Titel für die als Index angegebene *msgID*-Nummer enthält.

```
function show_threads($threads, $forumName, $forumID,
                      $no_of_threads, $page, $pagesize, $db) {
  foreach($threads as $thread)
    $rootIDs[] = $thread->rootID;
  $sql = "SELECT subject, msgID FROM messages " .
         "WHERE msgID IN (" . implode($rootIDs, ",") . ")";
  $rows = $db->queryObjectArray($sql);
  foreach($rows as $row)
    $subject[$row->msgID] = $row->subject;
```

Zur Formatierung der Thread-Links wird wiederum eine Tabelle eingesetzt, deren Elemente durch CSS-Klassen gestaltet werden. Die erste Zeile enthält den Forumsnamen und die Seitennummer.

```
  echo '<table class="threads_table">', "\n";
  printf('<tr><td class="td_tbl"><b>%s</b> &ndash; %s</td>
            <td class="td_tbr">%s</td></tr>' . "\n",
         htmlentities($forumName),
         "Seite $page",
         "letzter Beitrag");
```

Die Links auf die Threads werden mit der Hilfsfunktion *build_href* (myforum-functions.php) zusammengestellt. Der Zeitpunkt der letzten Änderung wird mit *date* formatiert.

```
  foreach($threads as $thread) {
    $rootID = $thread->rootID;
    printf('<tr><td class="td_tl">%s (%d)</td>
              <td class="td_tr">%s</td></tr>' . "\n",
           build_href("thread.php", "rootID=$rootID",
                      $subject[$rootID]),
           $thread->cnt,
           date('Y-m-d', $thread->lastChange));   }
```

Die letzte Zeile der Tabelle enthält Links auf andere Seiten der Thread-Liste sowie einen Link NEUER BEITRAG zum Verfassen eines neuen Threads.

```
  echo '<tr><td class="td_tbl">';
  page_links($page, $pagesize, $no_of_threads, $forumID);
  echo '</td><td class="td_tbr">',
       build_href("newmessage.php", "forumID=$forumID",
                  "neuer Beitrag"),
       "</td></tr>\n";
  echo "</table>\n";
}
```

Links auf andere Seiten der Thread-Liste (Funktion page_links)

page_links zeigt Links auf vorangehende und nachfolgende Seiten der Thread-Liste an. Am einfachsten wäre es natürlich, einfach Links zu allen Seiten von 1 bis *no_of_pages* auszugeben – aber bei Foren mit vielen Beiträgen könnte es dann passieren, dass Hunderte von Links eher Verwirrung stiften, als Übersicht schaffen. Deswegen erzeugt *page_links* nur Links auf bis zu sechs vorangehende bzw. nachfolgende Seiten. Vier zusätzliche Pfeil-Links ermöglichen zudem eine rasche Navigation zur ersten, vorherigen, nächsten und letzten Seite (siehe Abbildung 17.11).

```
function page_links($page, $pagesize, $no_of_threads, $forumID) {
  $no_of_pages = ceil($no_of_threads / $pagesize);
  if($no_of_pages > 1) {
    echo "<b>Gehe zu Seite:</b> ";
    $url = "<a href=\"threads.php?forumID=$forumID&page=%d\">%s </a>";
    if($page > 1) {
      printf($url, 1, "&lArr;");                // <=
      printf($url, $page-1, "&larr;"); }        // <-
    if($no_of_pages>12) {
      $startpage = max($page-6, 1);
      $endpage   = min($page+6, $no_of_pages); }
    else {
      $startpage = 1;
      $endpage   = $no_of_pages; }
    for($n=$startpage; $n<=$endpage; $n++)
      if($n != $page)
        printf($url, $n, $n);
      else
        echo "<b>$n</b> ";
    if($page < $no_of_pages) {
      printf($url, $page+1, "&rarr;");          // ->
      printf($url, $no_of_pages, "&rArr;"); } // =>
  }
}
```

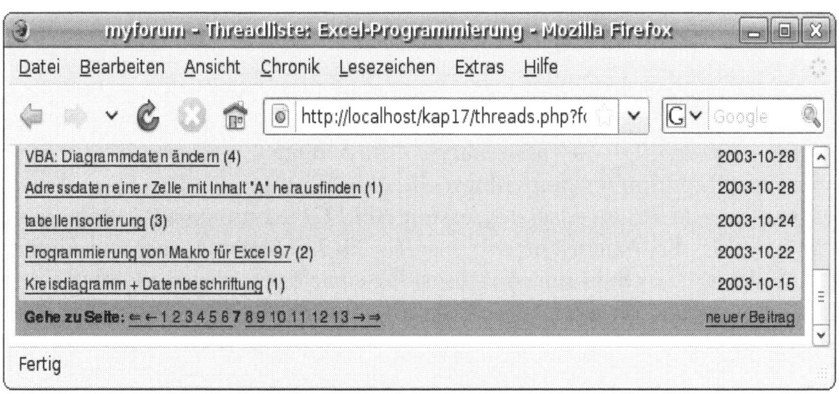

Abbildung 17.11: Seiten-Links am Ende der Thread-Liste

17.5.4 Thread-Ansicht (thread.php)

thread.php zeigt die Beiträge eines einzelnen Threads an. Die Schwierigkeit besteht darin, dass die Beiträge nicht einfach nach dem Zeitpunkt des Verfassens geordnet werden sollen, sondern zusätzlich entsprechend ihrer Hierarchie. (Unterhalb jedes Beitrags sollen also die Antworten auf diesen Beitrag angezeigt werden und unterhalb jeder dieser Antworten die darauf verfassten Antworten etc.)

Normalerweise wird an diese Seite nur die *rootID*-Nummer des Threads übergeben. Wenn thread.php von search.php aufgerufen wird, werden zusätzlich die hervorzuhebenden Suchbegriffe in *keywords* übergeben. (Dieser Aspekt von thread.php wird allerdings erst in Abschnitt 17.6 beschrieben.)

Nach den üblichen Initialisierungsarbeiten führt das Script die folgende *SELECT*-Abfrage aus, um alle Beiträge des Threads inklusive des Namens des Verfassers (Verbindung zur *users*-Tabelle) zu ermitteln. Die Beiträge werden nach dem Zeitpunkt der letzten Änderung sortiert. Falls die Abfrage keine Ergebnisse liefert, war *rootID* falsch; in diesem Fall wird zur Startseite des Forums verzweigt.

```
// Beispieldatei thread.php
$rootID = array_item($_REQUEST, 'rootID');
$sql = "SELECT msgID, forumID, parentID, subject, msgText,
               UNIX_TIMESTAMP(messages.ts) AS timest, userName
        FROM   messages, users
        WHERE  messages.userID = users.userID
        AND    rootID='$rootID'
        ORDER BY messages.ts";
$msgs = $db->queryObjectArray($sql);
if(!is_numeric($rootID) || !$msgs || count($msgs)<1) {
  $sid = SID ? '?' . SID : '';
  header("Location: " . baseurl() . "/forum.php$sid");
  exit;
}
$no_of_msgs = count($msgs);
```

Eine weitere Abfrage ermittelt den Namen des Forums.

```
$forumID = $msgs[0]->forumID;
$sql = "SELECT forumName FROM forums WHERE forumID=$forumID";
$forumName = $db->querySingleItem($sql);
```

Die folgende Schleife erzeugt das assoziative Array *mindex*, das ausgehend von einer bekannten *msgID*-Nummer den entsprechenden Eintrag aus dem *msgs*-Array findet. (*msgs* enthält die Ergebnisse des ersten *SELECT*-Kommandos.) Beispielsweise enthält *msgs[3]* die Nachricht mit *msgID=2342*. Dementsprechend liefert *mindex[2342]* den Wert 3, so dass nun mit *msgs[3]->name* die anderen Elemente der Nachricht gelesen werden können. Das erspart im weiteren Verlauf des Codes eine Menge Sucharbeit.

```
foreach($msgs as $key=>$msg)
  $mindex[$msg->msgID]=$key;
```

replies ist ebenfalls ein assoziatives Array, dessen Elemente aber wiederum Felder sind! Es ermöglicht ausgehend von einer *msgID*-Nummer den raschen Zugriff auf alle Antworten auf diese Nachricht. Zur Wiederholung sei nochmals die Bedeutung der Spalte *parentID* erwähnt: Sie enthält die Nummer der übergeordneten Nachricht, die mit dem aktuellen Beitrag beantwortet wurde. Beim ersten Beitrag eines Forums gilt *parentID=NULL.*

Beispielsweise haben die Antworten zur Nachricht mit *msgID=2342* die *msgID*-Nummern 2354, 2357 und 2358. Dann enthält das Feld *replies[2342]* eben diese drei Nummern.

```
foreach($msgs as $msg)
  $replies[$msg->parentID][] = $msg->msgID;
```

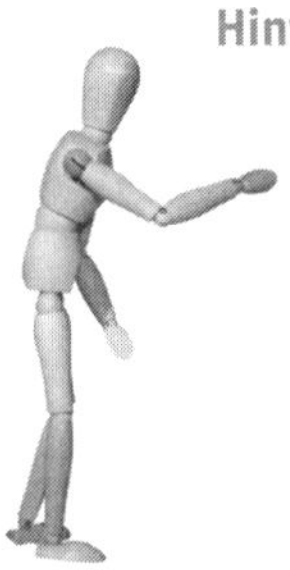

Hinweis

Wenn Sie hier Verständnisprobleme haben, sollten Sie in Ruhe nochmals die Abschnitte 12.7 und 12.8 lesen. Diese Abschnitte beschreiben ausführlich Methoden und Programmiertechniken zur effizienten Verarbeitung von hierarchischen Daten. Der einzige Unterschied zwischen den Buchkategorien aus Abschnitt 12.7 und den Forumsbeiträgen hier besteht darin, dass die Kategorien einer Hierarchie-Ebene alphabetisch, die Beiträge einer Ebene des Forums dagegen zeitlich sortiert werden. Das wurde bereits im ersten *SELECT*-Kommando erledigt.)

Nach diesen Vorbereitungsarbeiten kann nun die eigentliche Ausgabe beginnen. Wenn der Thread mehr als fünf Nachrichten enthält, wird zuerst eine Thread-Übersicht angezeigt, die die Orientierung in den nachfolgenden Beiträgen erleichtert.

```
html_start("Forum: $forumName");
show_menu($username, $forumID, $forumName);
$threadlimit=5;
if($no_of_msgs >= $threadlimit)
  show_thread_tree($msgs, $mindex, $replies);
show_thread_msgs($msgs, $mindex, $replies, $forumID, $keywords);
html_end();
exit;
```

Thread-Übersicht anzeigen (Funktion show_thread_tree)

show_thread_tree ist eine rekursive Funktion. Beim ersten Aufruf ist *parentID=NULL* und *indent=0*. Die Funktion gibt die HTML-Zeilen zur Einleitung der Tabelle aus, anschließend Links zu allen Nachrichten, deren *msgID*-Nummer in *replies[NULL]* enthalten sind. (Beim ersten Aufruf handelt es sich dabei nur um die eine Nachricht, mit der der Thread gestartet wurde.)

Die Links enthalten Verweise auf Label der aktuellen Seite. Sie werden durch mehrere feste Leerzeichen (HTML-Code * *) eingerückt. Der Zugriff auf den Titel der Nachricht und auf den Namen des Verfassers erfolgt unter Zuhilfenahme des oben beschriebenen *mindex*-Felds.

Sofern es zum aktuellen Beitrag Antworten gibt, d.h., wenn das Feld *replies[msgID]* existiert, kommt es nun zum rekursiven Aufruf von *show_thread_tree*, um auch Links zu den Antworten anzuzeigen.

```
function show_thread_tree($msgs, $mindex, $replies,
                          $parentID=NULL, $indent=0) {
  if($indent==0)  {
    echo '<table class="threads_table">', "\n";
    echo '<tr><td colspan="2" class="td_tbl">
             <b>Übersicht</td></tr>' . "\n";  }

  foreach($replies[$parentID] as $msgID) {

    // Link zur Nachricht
    printf('<tr><td class="td_tl">%s%s</td>
            <td class="td_tr"><i>%s</i></td></tr>' . "\n",
        str_repeat(" ", $indent*3),
        build_href("#$msgID", "", $msgs[$mindex[$msgID]]->subject),
        htmlentities($msgs[$mindex[$msgID]]->userName));

    // nun alle Antworten dieser Nachricht anzeigen ...
    if(array_item($replies, $msgID))
      show_thread_tree($msgs, $mindex, $replies, $msgID, $indent+1);
  }

  if($indent==0)
    echo "</table>\n";
}
```

Threads anzeigen (Funktion show_thread_msgs)

show_threads_msgs zeigt die einzelnen Nachrichten an. Die Funktion ist ebenfalls rekursiv, ihr Aufbau entspricht *show_thread_links*. Die Unterschiede betreffen eigentlich nur die relativ aufwendige Gestaltung der Ausgabe.

Zur Formatierung dienen zweispaltige Tabellen, die durch das CSS-Element *<div style="margin: 10px r% 0 l%;">* eingerückt werden. *r* ist für Beiträge der ersten Ebene 0, für die der zweiten Ebene 2, dann 4 etc. *l* hat entsprechend die Werte 20, 18, 16 etc. Damit werden die Kästen, in denen sich die Tabellen befinden, pro Ebene um zwei Prozent der Browser-Breite eingerückt.

```
function show_thread_msgs($msgs, $mindex, $replies, $forumID,
                          $keywords, $parentID=NULL, $indent=0) {
  foreach($replies[$parentID] as $msgID) {
    $msg = $msgs[$mindex[$msgID]];
    $left = min($indent*2, 20);
    $right = 20 - $left;
```

```
    echo "<div style=\"margin: 10px $right% 0 $left%; \">\n",
         "<a name=\"$msgID\"></a>\n",
         '<table class="threads_table">', "\n";
```

In den ersten zwei Zeilen der Tabelle werden der Titel, der Name des Verfassers sowie Datum und Uhrzeit angezeigt. Durch *markup* werden im Titel Suchbegriffe hervorgehoben. Wenn *keywords* leer ist, entspricht *markup* einfach *htmlentities*. (Die *markup*-Funktion wird im Detail in Abschnitt 17.6 präsentiert.)

```
    printf('<tr><td class="td_tbl" rowspan="2"><b>%s</b></td>
                <td class="td_tbr"><b><i>%s</i></b></td></tr>
             <tr><td class="td_tbr">%s</td></tr>' . "\n",
            markup($msg->subject, $keywords),
            htmlentities($msg->userName),
            date("Y-m-d H:i", $msg->timest));
```

Vor der Ausgabe des Nachrichtentexts *msg->msgText* werden darin enthaltene Leerzeichenketten (mindestens zwei) mit *str_replace* durch feste Leerzeichen ersetzt. Das ist insbesondere dann sinnvoll, wenn im Forum eingerückter Programmcode dargestellt werden soll. Der Browser würde normale Leerzeichen bei der Darstellung einfach eliminieren (entsprechend den HTML-Regeln zur Behandlung von *white space*, also Leerzeichen, Tabulatoren etc.). Außerdem werden Zeilenumbrüche mit *nl2br* durch den HTML-Code *
* ersetzt. *markup* kümmert sich schließlich um die Hervorhebung der Schlüsselwörter und um die HTML-konforme Kodierung von Sonderzeichen.

```
    printf('<tr><td class="td_tl" colspan="2">%s</td></tr>' . "\n",
           str_replace("  ", "  ",
                       nl2br(markup($msg->msgText, $keywords))));
```

Am Ende jeder Nachricht wird ein Link zur Beantwortung der Nachricht angezeigt:

```
    printf('<tr><td class="td_tbr" colspan="2">%s</td>
                </tr>' . "\n",
           build_href("newmessage.php",
                      "forumID=$forumID&parentID=$msgID",
                      "antworten"));

    echo "</table></div>\n";
```

Soweit es Antworten auf die aktuelle Nachricht gibt, werden diese durch einen rekursiven Aufruf der Funktion ebenfalls angezeigt:

```
    if(array_item($replies, $msgID))
      show_thread_msgs($msgs, $mindex, $replies, $forumID, $keywords,
                       $msgID, $indent+1);
  }
}
```

17.5.5 Eingabeformular (newmessage.php)

Neue Nachrichten werden in newmessage.php verfasst. Der Code dieser Seite enthält wenig originelle Aspekte, weswegen im Folgenden nur die eigentliche Speicherfunktion abgedruckt wird.

An diese Seite muss der Parameter *forumID* übergeben werden (neue Nachricht für das angegebene Forum verfassen). Wenn optional auch *parentID* übergeben wird, kann die so spezifizierte Nachricht beantwortet werden.

forum.php beginnt mit den üblichen Initialisierungsarbeiten. Anschließend wird überprüft, ob die übergebenen Parameter korrekt sind. Ein Nebenergebnis dieser Kontrolle sind die Variablen *forumName* sowie *oldSubject*, *oldMsgText* und *rootID* (nur wenn eine Nachricht beantwortet wird). Mit diesen Informationen kann nun eventuell die alte Nachricht (Funktion *show_old_message*) sowie das Eingabeformular dargestellt werden (*show_form*).

Die Formulardaten werden wieder an newmessage.php gesendet. Wenn *subject* und *msgText* nicht leer sind, werden sie an die Funktion *save_data* übergeben, um die Nachricht zu speichern. Dort werden überlange Nachrichten auf 20.000 Zeichen gekürzt. Anschließend wird die Nachricht mit *INSERT* in der *messages*-Tabelle gespeichert. Bei Nachrichten, die einen neuen Thread starten, wird als *rootID* vorläufig der Wert 0 verwendet. (*rootID* darf nicht *NULL* sein.)

```
// Beispieldatei newmessage.php

function save_data($subject, $msgText, $forumID, $parentID,
                   $rootID, $userID, $db) {
  $maxlen = 20000;  // msgtxt auf $maxlen kürzen
  $msgText = substr($msgText, 0, $maxlen);
  if(!$parentID) {
    $parentID = "NULL";
    $rootID   = 0; }
  $subject = $db->sql_string($subject);
  $msgText = $db->sql_string($msgText);
  $sql = "INSERT INTO messages (forumID, rootID, parentID, userID,
                               subject, msgText)
          VALUES ($forumID, $rootID, $parentID, $userID,
                  $subject, $msgText)";
  $db->execute($sql);
```

Falls die Nachricht einen neuen Thread startet, wird *rootID* nun durch ein *UPDATE*-Kommando der Wert *msgID* zugewiesen. Das ist im obigen *INSERT*-Kommando nicht möglich, weil *msgID* zu diesem Zeitpunkt noch nicht bekannt ist. (*msgID* ist eine *AUTO_INCREMENT*-Spalte, d.h., der Wert wird von MySQL erzeugt.)

```
  if($parentID=="NULL") {
    $sql = "UPDATE messages SET rootID=msgID
            WHERE msgID=LAST_INSERT_ID()";
    $db->execute($sql); }
```

Nach dem Speichern verzweigt das Script zur Thread-Ansicht. Da diese Ansicht nach dem Zeitpunkt der letzten Änderung sortiert ist, wird der Thread mit der neuen Nachricht an oberster Stelle angezeigt.

```
$sid = SID ? '&' . SID : '';
header("Location: " . baseurl() .
        "/threads.php?forumID=$forumID$sid");
exit; ] }
```

17.6 Volltextsuche

Zur Suche nach Beiträgen können Sie wahlweise das kleine Suchformular im Menü oder das Formular aus search.php einsetzen. Das Formular aus search.php hat den Vorteil, dass Sie die Suche auf ein bestimmtes Forum eingrenzen können.

Das Suchformular wird in der Funktion *show_form* ausgegeben, der Code hier aber nicht abgedruckt wird. Stattdessen zeigen die folgenden Zeilen wie üblich nur die wesentlichen HTML-Elemente des Formulars.

```
<form method="get" action="search.php" >
<input  name="form[search]" size="60" maxlength="60" />
<select name="form[forum]" >
  <option value="none">(In allen Foren suchen)</option>
  <option value="6" >Excel-Programmierung</option>
</select>
<input name="form[btnSearch]" type="submit" value="Suchen" />
</form>
```

Eine Besonderheit des Formulars besteht darin, dass es nicht wie üblich die *post*-Methode verwendet, sondern *get*. Das bedeutet, dass die Eingaben des Formulars als URL-Parameter übergeben werden. Das sieht nicht besonders schön aus und ist in vielen Anwendungsfällen auch aus Sicherheitsgründen unerwünscht, weil dadurch vertrauliche Daten leicht zugänglich werden.

Hier ergibt sich daraus aber ein wesentlicher Vorteil: Wenn der Benutzer einen Eintrag in der Liste der Suchergebnisse anklickt und anschließend mit dem ZURÜCK-Button des Browsers wieder zu den Suchergebnissen zurückkehrt, werden diese sofort wieder angezeigt.

Würde das Formular hingegen die *post*-Methode nutzen, wäre der Benutzer stattdessen jedes Mal mit einer ebenso ärgerlichen wie verwirrenden Rückfrage des Browsers konfrontiert. Dabei geht es darum, dass die *post*-Daten nochmals übertragen werden, was hier zwar zweckmäßig ist, was aber in anderen Fällen irrtümlich zu einem doppelt durchgeführten Einkauf führen könnte.

17.6.1 SQL-Code der Suche

Damit Sie den Code in *show_search_results* besser nachvollziehen können, ist es zweckmäßig, zuerst einen Blick auf das SQL-Suchkommando zu werfen. Nehmen wir an, der Benutzer will nach *mysql verbind** suchen und schränkt die Suche auf ein bestimmtes Forum ein (*forumID=1011*). Das resultierende *SELECT*-Kommando sieht dann so aus:

```
SELECT msgID, rootID, subject,
  MATCH(subject, msgText)
    AGAINST('+mysql +verbind* ' IN BOOLEAN MODE)    AS mtch1,
  MATCH(subject, msgText) AGAINST('MySQL verbind ') AS mtch2
FROM messages, forums
WHERE messages.forumID = forums.forumID
  AND language='deutsch'
  AND messages.forumID=1011
HAVING mtch1>0
ORDER BY mtch2 DESC, ts DESC
LIMIT 100
```

In diesem Kommando kommen zwei *MATCH*-Ausdrücke vor, *mtch1* und *mtch2*.

- Der erste Ausdruck verwendet den *BOOLEAN MODE*. Der Ausdruck sucht nach Datensätzen, deren Text bzw. Überschrift beide Suchbegriffe enthält, also sowohl das Wort *mysql* als auch ein Wort, das mit *verbind* beginnt. Der wesentliche Nachteil des *BOOLEAN MODE* besteht darin, dass das Ergebnis nur 1 oder 0 lautet, je nachdem, ob die Bedingung erfüllt ist oder nicht. Der Ausdruck kann also nicht zur Sortierung der Ergebnisse verwendet werden.
- Hier kommt der zweite Ausdruck ins Spiel: Er liefert eine Fließkommazahl, die das Ergebnis bewertet. Der Bewertungsalgorithmus berücksichtigt verschiedene Faktoren, unter anderem, wie oft die Suchausdrücke im Ergebnis vorkommen und wie kurz die Ergebnistexte sind. (Wenn *mysql* in einem kurzen Text zweimal vorkommt, wird das Ergebnis höher bewertet, als wenn *mysql* in einem sehr langen Text dreimal vorkommt.)

  Leider hat *MATCH* ohne den *BOOLEAN MODE* zwei Nachteile: Es liefert auch Ergebnisse, in denen nur einer der Suchbegriffe vorkommt, und es kann keine Wortformen berücksichtigen. (Im obigen Beispiel wird daher nur gewertet, ob das Wort *verbind* so, wie es ist, vorkommt.) Aus diesem Grund wird *mtch2* nur zur Sortierung der Suchergebnisse verwendet.

Die restlichen Teile der SQL-Abfrage sollten klar sein. Wie im gesamten Beispiel werden auch hier nur deutschsprachige Forenbeiträge berücksichtigt. Wenn es mehrere Ergebnisse gibt, bei denen *mtch2* denselben Wert ergibt, werden die Ergebnisse nach dem Datum sortiert (der aktuellste Beitrag zuerst). Schließlich wird die Anzahl der Suchergebnisse auf 100 reduziert.

Falls die erste Suche zu keinerlei Ergebnissen führt, unternimmt *show_search_results* einen zweiten Anlauf ohne den *BOOLEAN MODE*. Da es nun ausreicht, dass ein einziger Suchausdruck im Ergebnis vorkommt, ist die Ergebniswahrscheinlichkeit größer. Ob die Ergebnisse allerdings noch der Suchanfrage des Benutzers entsprechen, muss dieser selbst entscheiden ...

17.6.2 Suche durchführen (Funktion show_search_results)

Wenn search.php mit Formulardaten aufgerufen wird (egal, ob vom kleinen oder vom großen Suchformular), werden diese an die Funktion *show_search_results* übergeben. Vorher wird die MySQL-Systemvariable *ft_min_word_len* ermittelt. Sie gibt die minimale Länge von Wörtern an, die in den Volltextindex aufgenommen werden. Die Defaulteinstellung lautet 4, sie kann aber vom MySQL Administrator verändert werden.

Um den aktuellen Wert von *ft_min_word_len* herauszufinden, wird das SQL-Kommando *SHOW VARIABLES* eingesetzt. Es liefert in diesem Fall nur einen Datensatz, wobei dessen erste Spalte den Variablennamen und die zweite Spalte den Wert enthält.

```
// Beispieldatei searchp.php
$sql = "SHOW VARIABLES LIKE 'ft_min_word_len'";
$rows = $db->queryArray($sql);
$min_word_len = $rows[0][1];
```

Der Code von *show_search_results* beginnt mit einem Test, ob überhaupt sinnvolle Daten übergeben wurden. In der Variablen *forumcond* wird eine Bedingung gespeichert, um die Suche auf ein bestimmtes Forum einzuschränken (nur wenn *forumID* angegeben wurde und nicht *none* lautet). Der Inhalt von *forumcond* wird später in die SQL-Abfrage eingebaut.

```
function show_search_results($formdata, $min_word_len, $db) {
  $search  = array_item($formdata, "search");
  $forumID = array_item($formdata, "forum");
  if(!$formdata || trim($search)=="")
    return;

  // Suche auf ein Forum einschränken?
  if(!$forumID || $forumID == "none")
    $forumcond = 'TRUE';
  else
    $forumcond = "messages.forumID=$forumID ";
```

Die folgenden Zeilen sind ein anschauliches Beispiel für die Anwendung diverser String-Funktionen. Zunächst geht es darum, Bindestriche in der Suchzeichenkette durch Leerzeichen zu ersetzen und alle möglichen anderen Sonderzeichen ganz zu entfernen. Diese Zeichen können bei der Formulierung des Suchausdrucks bzw. bei der Kennzeichnung der gefundenen Ergebnisse durch reguläre Ausdrücke Probleme bereiten.

```
$search = str_replace('-', ' ', $search);
$evil = '^°!"§$%&/()=?{[]}´`+~#,.;:<>|\\\'';
for($i=0; $i<strlen($evil); $i++)
  $search = str_replace(substr($evil, $i, 1), '', $search);
```

Die folgende Schleife über alle Wörter des Suchausdrucks setzt vier Zeichenkettenvariablen zusammen: *msg* enthält Warnungen über ungültige Suchbegriffe, *pattern* den Ausdruck für die reguläre Suche, *boolpattern* den Ausdruck für die reguläre Suche im booleschen Modus und *keywords* die Schlüsselwörter zur Kennzeichnung der Suchausdrücke auf den Ergebnisseiten.

Jedes Wort wird im Hinblick auf ein bisher unangetastetes Sonderzeichen überprüft: Am Ende jedes Worts ist das Multiplikatorzeichen * erlaubt, um bei der Suche verschiedene Wortformen zu erfassen (also *verbind** für *verbinden, Verbindung* etc.). Wenn das Zeichen am Anfang oder in der Mitte des Worts vorkommt, wird es ebenfalls eliminiert.

```
$msg = "";             // Warnungen
$pattern = "";         // Muster für MATCH AGAINST(...)
$boolpattern = "";     // Muster für MATCH AGAINST(...
                       //                 IN BOOLEAN MODE)
$keywords = "";        // Kennzeichnung der Ergebnisse
$words = explode(" ", $search);
foreach($words as $word) {
  $word = trim($word);
  if($word=="")
    continue;

  // * ist nur am Ende jedes Worts erlaubt
  $pos = strpos($word, "*");
  while($pos!==FALSE && $pos!=strlen($word)-1) {
    $word = substr($word, 0, $pos) .
            substr($word, $pos+1, strlen($word)-$pos-1);
    $pos = strpos($word, "*");  }

  // zu kurze Wörter ignorieren
  if(strlen($word) >= $min_word_len) {
    $boolpattern .= "+$word ";
    $pattern     .= str_replace('*', '', $word) . " ";
    $keywords    .= "$word "; }
  elseif(strlen($word)>0)
    $msg .= "'$word' hat weniger als $min_word_len Zeichen
             und wird bei der Suche ignoriert. ";
}
if($msg!="")
  show_error_msg($msg);
if($pattern=="")
  return;
```

Nach diesen Vorbereitungsarbeiten bereitet es nun keine große Mühe mehr, das SQL-Kommando zusammenzusetzen und auszuführen. Falls die Suche kein Ergebnis liefert, zeigt das Programm eine Warnung an und unternimmt dann einen zweiten Anlauf ohne den *BOOLEAN MODE*.

```
$sql = "SELECT msgID, rootID, subject, " .
       "  MATCH(subject, msgText) " .
       "    AGAINST('$boolpattern' IN BOOLEAN MODE) AS mtch1, " .
       "  MATCH(subject, msgText) " .
       "    AGAINST('$pattern') AS mtch2 " .
       "FROM messages, forums " .
       "WHERE messages.forumID = forums.forumID " .
       "  AND language='deutsch' AND $forumcond " .
       "HAVING mtch1>0 " .
       "ORDER BY mtch2 DESC, ts DESC LIMIT 100";
if(!$rows || !is_array($rows) || count($rows)<1) {
  // keine Ergebnisse, zweiter Versuch
  show_error_msg("Warnung: keine Ergebnisse, zweiter Versuch ...");
  $sql = "SELECT msgID, rootID, subject, " .
         "  MATCH(subject, msgText) " .
         "    AGAINST('$pattern') AS mtch2 " .
         "FROM messages, forums " .
         "WHERE messages.forumID = forums.forumID " .
         "  AND language='deutsch' AND $forumcond " .
         "HAVING mtch2>0.1 " .
         "ORDER BY mtch2 DESC, ts DESC LIMIT 100";
  $rows = $db->queryObjectArray($sql); }
if(!$rows || !is_array($rows) || count($rows)<1) {
  show_error_msg("Fehler: leider keine Ergebnisse ...");
  return; }
```

Wenn Ergebnisse gefunden wurden, ist der restliche Code in *show_search_results* dafür zuständig, Links auf die entsprechenden Threads anzuzeigen. Relativ oft kommt es dabei vor, dass mehrere Beiträge aus demselben Thread gefunden werden. In diesem Fall enthält die Ergebnisliste nur einen Link zum besten Ergebnis. Um Doppelgänger auszuschließen, werden die *rootID*-Nummern aller bereits dargestellten Threads in der Variable *shownroots* gespeichert. Die einzelnen Ergebnis-Links haben die folgende Form:

http://localhost/myforum/thread.php?keywords=MySQL+verbind*&rootID=3493#3496

Dabei gibt *keywords* die tatsächlich verwendeten Sucheinträge an, *rootID* den Thread und *#n* einen Label innerhalb der Thread-Seite. Dieser Label gibt den Ort auf der HTML-Seite an, an dem die Ausgabe der Nachricht *msgID=n* beginnt. Die Schlüsselwörter werden durch *htmlentities* und *urlencode* so kodiert, dass sie auch dann ohne Fehler im Link dargestellt werden können, wenn sie internationale Sonderzeichen enthalten.

```
printf('<table class="threads_table">' . "\n" .
       '<tr><td colspan="2" class="td_tbl">
               <b>%s</b><i> %s</i></td></tr>' . "\n",
       "Suchergebnisse für ",
       htmlentities(str_replace("+", "", $pattern)));
$shownroots = '';

foreach($rows as $row) {
  $rootID = $row->rootID;
  $msgID = $row->msgID;
  // nur ein Link pro Thread (rootID)
  if(!strpos($shownroots, "[$rootID]")) {
    printf('<tr><td class="td_tl">%s</i></td>
                <td class="td_tl">%s</td></tr>' . "\n",
      round($row->mtch2, 2),
      build_href("thread.php",
                 "keywords=" .
                   htmlentities(urlencode($keywords)) .
                   "&rootID=$rootID#$msgID",
                 $row->subject));
    $shownroots .= "[$rootID]"; }
}
echo "</table>\n";
}
```

17.6.3 Suchergebnisse hervorheben

Wenn die Seite thread.php mit dem Parameter *keywords=...* aufgerufen wird, kommt dort die Funktion *markup* zur Kennzeichnung der Suchergebnisse zur Wirkung. Vorher muss *keywords* aber von der URL-Kodierung befreit werden.

```
// Beispieldatei thread.php
$keywords = array_item($_REQUEST, 'keywords');
if($keywords)
  $keywords = urldecode(html_entity_decode($keywords));
```

Die Funktion *markup* ist ein Anwendungsbeispiel für reguläre Ausdrücke (siehe Abschnitt 5.9). Die übergebene Zeichenkette wird in drei Schritten verarbeitet:

- Zuerst werden der Reihe nach alle Suchbegriffe in der Zeichenkette gesucht und durch *{{{suchbegriff}}}* ersetzt.
- Anschließend wird die Zeichenkette mit *htmlentities* HTML-konform gemacht.
- Im Resultat werden nun alle Ausdrücke der Form *{{{*}}}* durch *<span class="markup">*</span>* ersetzt.

Beim ersten Schritt muss wiederum zwischen zwei Fällen unterschieden werden:

- Gewöhnliche Suchbegriffe (z.B. *mysql*) werden durch den regulären Ausdruck */(\bmysql\b)/i* erfasst. Dabei grenzen die beiden Zeichen / am Anfang und Ende den regulären Ausdruck ein. Die runden Klammern kennzeichnen den Beginn und das Ende eines Teils des regulären Ausdrucks. Auf diesen Teil kann dann im zweiten *preg_replace*-Parameter durch *$1* verwiesen werden. *\b* kennzeichnet ein Wortgrenze. Der Buchstabe *i* nach dem abschließenden /-Zeichen gibt an, dass nicht zwischen Groß- und Kleinschreibung unterschieden werden soll.
- Bei Suchbegriffen, die mit * enden (z.B. *verbind**), wird das Multiplikatorzeichen entfernt. Anschließend wird ein regulärer Ausdruck der Form */(\bverbind\w*\b)/i* eingesetzt. Neu im Vergleich zum ersten Fall sind die Zeichen *\w**. Sie bedeuten, dass nach dem eigentlichen Suchbegriff beliebig viele nicht-alphanumerische Zeichen stehen dürfen. (Leider betrachtet *preg_replace* auch *ä*, *ö*, *ü* und *ß* als nicht-alphanumerisch ...)

Der reguläre Ausdruck für den dritten Schritt lautet */\{\{\{(\S*)\}\}\}/U*. Hierbei muss den geschwungenen Klammern jeweils \ vorangestellt werden, weil die Klammern sonst eine besondere Bedeutung für den regulären Ausdruck hätten. *\S** bedeutet, dass beliebig viele Nicht-Leerzeichen erfasst werden sollen.

Der dem regulären Ausdruck nachgestellte Buchstabe *U* bedeutet, dass der erfasste Bereich so klein wie möglich sein soll. Das ist wichtig, damit zwei Suchbegriffe innerhalb einer Zeile nicht falsch gekennzeichnet werden. (Ohne *U* würde die Zeichenkette *{{{a}}} b {{{c}}}* durch *<span ...> a}}} b {{{c</span>}}}* ersetzt. Mit *U* lautet das Ergebnis korrekt *<span ...> a</span> b <span ...>c</span>*.)

```
function markup($txt, $keywords) {
  if(!$keywords || $keywords=="")
    return htmlentities($txt);

  // Schritt 1
  $words = explode(" ", $keywords);
  foreach($words as $word) {
    if(trim($word)=="")
      continue;
    if(substr($word, -1)!="*")  // gewöhnliche Suchbegriffe
      $regex = '/(\b' . $word . '\b)/i';
    else {                      // Suchbegriffe mit *
      $word = substr($word, 0, strlen($word)-1);
      $regex = '/(\b' . $word  . '\w*\b)/i'; }
    $txt = preg_replace($regex, '{{{$1}}}', $txt); }

  // Schritt 2
  $txt = htmlentities($txt);

  // Schritt 3
  return preg_replace('/\{\{\{(\S*)\}\}\}/U',
                      '<span class="markup">$1</span>', $txt);
}
```

Die CSS-Klasse *markup* ist in myforum.css wie folgt definiert:

```
.markup {
  background-color: #e0e0ef;
  color: #ff0000;
  font-weight: bold;    }
```

17.7 Erweiterungsmöglichkeiten

Zum hier vorgestellten Diskussionsforum gibt es unzählige Erweiterungsmöglichkeiten:

- **Administrative Aufgaben:** Für den Administrator des Forums sollte es eine einfache Möglichkeit geben, neue Diskussionsgruppen zu erzeugen bzw. zu schließen, einzelne Beiträge zu löschen etc. Gegenwärtig ist dies nur durch ein externes Administrationsprogramm möglich (z.B. phpMyAdmin).

  Für den Administrator wäre es zudem gut, wenn er automatisch zu jedem neuen Diskussionsbeitrag eine E-Mail erhält. Auf diese Weise können rechtlich bedenkliche Beiträge sofort gelöscht werden. (Das ist die Pflicht des Betreibers der Website! Wenn sich in Ihrem Forum längere Zeit beleidigende oder rechtsradikale oder kinderpornographische Beiträge befinden, sind Sie dafür haftbar, auch wenn Sie diese Beiträge nicht selbst verfasst haben!)

- **Mehrseitige Thread-Darstellung:** Bei stark besuchten Diskussionsforen kann die Anzahl der Nachrichten innerhalb eines Threads sehr groß werden (siehe z.B. http://slashdot.org/, wo einzelne Threads oft aus mehreren tausend Beiträgen bestehen). In solchen Fällen ist es erforderlich, die Thread-Ansicht auf mehrere Seiten zu verteilen.

- **Formatierung von Beiträgen:** Das Programm bietet keinerlei Möglichkeit, die Beiträge zu formatieren, also beispielsweise ein Wort fett oder kursiv hervorzuheben oder eine Adresse als Link zu kennzeichnen. Wenn Sie diese Möglichkeit anbieten möchten, müssen Sie diverse Eingabecodes zur Formatierung vorsehen und nach der Eingabe auswerten (etwa in der Art der beliebten Wiki-Systeme). Aus Sicherheitsgründen ist es übrigens nicht zu empfehlen, eine direkte Eingabe von HTML-Code zuzulassen.

- **Nachträgliche Änderung von Beiträgen:** Viele Forumsteilnehmer wünschen sich die Möglichkeit, ihre eigenen Beiträge nachträglich korrigieren zu können, etwa um Tippfehler auszubessern.

- **Benutzerverwaltung:** Nach der Anmeldung hat der Benutzer keine Möglichkeit, seine Benutzerdaten (Name, E-Mail-Adresse, Passwort etc.) zu ändern.

- **Moderiertes Forum:** Erfahrungsgemäß tendieren gut besuchte offene Diskussionsgruppen dazu, dass die kleine Anzahl relevanter Nachrichten in einem riesigen Haufen überflüssiger Nachrichten untergeht. Abhilfe schaffen moderierte Foren, in denen jede Nachricht erst von einem Moderator freigegeben wird. Zur Moderation ist eine passwortgeschützte Seite erforderlich, über die der Moderator neu eingetroffene Nachrichten freigeben oder löschen kann.

- **E-Mail-Verständigung bei Antworten:** Wer eine Nachricht in ein Forum stellt, ist meist an den Reaktionen auf diese Nachricht interessiert. Anstatt jeden Tag (mehrmals) nachzusehen, ob es solche Reaktionen gibt, wäre eine Verständigung per E-Mail bei jeder Reaktion praktischer. Das würde auch eine rasche Beantwortung ermöglichen.
- **Mehrsprachige Benutzerführung:** In der *forums*-Tabelle wird zwar für jede Diskussionsgruppe die Sprache vermerkt, die Benutzerführung erfolgt aber für alle Diskussionsgruppen in Deutsch. Sinnvoller wäre es natürlich, je nach Sprache der Diskussionsgruppe auch alle Benutzerelemente (Links, Formularbeschriftung etc.) in dieser Sprache anzuzeigen.
- **Suche:** Das Suchformular nutzt bei weitem nicht alle Möglichkeiten der MySQL-Volltextsuche. Auch in diesem Punkt sind Erweiterungen denkbar (die das Ausfüllen des Suchformulars allerdings komplizierter machen).

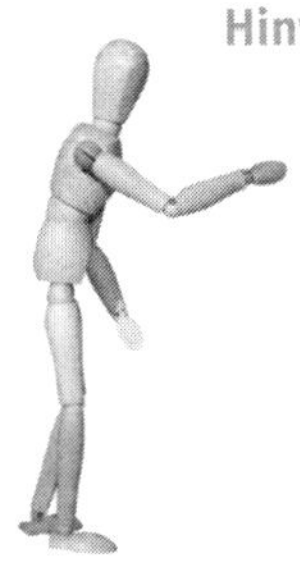

Hinweis

Bevor Sie damit beginnen, das Beispiel mit einer Menge Zusatzfunktionen auszustatten, sollten Sie in Erwägung ziehen, eines der zahllosen fertigen Umfragesysteme zu installieren. Suchen Sie im Internet nach *mysql php forum*! Relativ häufig im Einsatz sind beispielsweise Phorum und phpBB (beide GPL):

http://www.phorum.org/
http://www.phpbb.com/

Darüber hinaus enthalten viele Content Management Systeme (CMS) bereits ein fertiges Modul für Diskussionsforen, das lediglich aktiviert werden muss.

17.8 Installation

Das Beispiel setzt voraus, dass PHP 5 mit *mysqli*-Unterstützung sowie MySQL 4.1 zur Verfügung stehen (oder höhere Versionen). Die Installation ist unkompliziert:

- **Datenbank erzeugen:** Mit phpMyAdmin oder einem anderen Administrationsprogramm richten Sie die neue (noch leere) Datenbank *myforum* ein.
- **Tabellen erzeugen:** Im zweiten Schritt führen Sie die SQL-Kommandos der Datei myforum.sql aus, z.B. in der SQL-Ansicht von phpMyAdmin. Diese Kommandos erzeugen alle erforderlichen Tabellen und fügen eine Menge Testdatensätze ein, die praktisch sind, um das Forum inklusive der Volltextsuche auszuprobieren. (Die Beispieldatensätze stammen übrigens von einem Diskussionsforum, das ich früher auf der Seite http://www.kofler.cc betrieben habe. Die Bei-

träge wurden für das Buch anonymisiert. Mittlerweile ist das Forum geschlossen, weil ich keine Zeit mehr für dessen Wartung habe.)

Wenn Sie das Forum auf Ihrer Website einsetzen möchten, löschen Sie vorher einfach alle Einträge aus den Tabellen *forums*, *messages* und *users*, und geben Sie dann mit phpMyAdmin in der Tabelle *forums* die Titel Ihrer Diskussionsforen an.

Beachten Sie bitte, dass myforum.sql wie alle *.sql-Dateien zu diesem Buch im *latin1*-Zeichensatz vorliegt. Bei phpMyAdmin müssen Sie diesen Zeichensatz angeben, damit die deutschen Sonderzeichen richtig importiert werden!

- **PHP-Dateien einrichten:** Der dritte Schritt besteht darin, das Verzeichnis mit den *.php-Dateien an einen Ort zu kopieren, wo es für den Webserver erreichbar ist. (Achten Sie darauf, dass die Zugriffsrechte auf die Verzeichnisse und Dateien so eingestellt sind, dass Apache die Dateien lesen darf! Unter Unix/ Linux müssen Sie dazu gegebenenfalls chmod oder chown ausführen.)
- **PHP-Passwortdatei einrichten:** Die Datei password.php enthält den MySQL-Benutzernamen, das dazugehörige Passwort, den Rechnernamen für den MySQL-Server (in der Regel *localhost*) und den Namen der Datenbank (*myforum*). Sie müssen den Benutzernamen und das Passwort an Ihre Konfiguration anpassen. Der MySQL-Benutzer benötigt nur relativ wenig Privilegien für den Zugriff auf die *myforum*-Datenbank (*SELECT, INSERT, UPDATE* und *DELETE*).

18 Zeiterfassung

Nicht nur Selbstständige stehen vor der Aufgabe, ihre geleistete Arbeitszeit zu erfassen und zu dokumentieren, auch Angestellte können mit einem effizienten Zeitmanagement ihren Arbeitserfolg steigern. Die klassische Stechuhr ist mit der zunehmenden Mobilität der arbeitenden Menschen überfordert. Ein modernes Zeiterfassungssystem sollte online erreichbar sein und möglichst auch mit einem Mobiltelefon bedient werden können. Aus diesen Gründen liegt es nahe, eine Software auf der Basis von PHP und MySQL im Netzwerk zu verwenden.

Die hier vorgestellte Lösung bietet die Funktionen einer elektronischen Stechuhr, die über einen Internet-Browser aktiviert wird. Vorhandene Einträge können korrigiert werden, und neue Einträge können manuell hinzugefügt werden. Im betrieblichen Alltag müssten solche Änderungen autorisiert werden. Auf die dazu notwendige Benutzerverwaltung wurde hier verzichtet, was das System in dieser Form hauptsächlich für Einzelpersonen interessant macht. Auf die notwendigen Erweiterungen für den Mehrbenutzerbetrieb wird im letzten Abschnitt hingewiesen. Einige Funktionen des Programms sind:

- Monatslisten der erbrachten Stunden, gruppiert nach Projekten
- Export der Einträge nach CSV, XML und iCalendar (zum dynamischen Einbauen in Outlook, Google-Kalender, ...)
- Eine Pause-Funktion, die einen unkomplizierten Zeitabzug für jede Arbeitseinheit bietet
- Hierarchische Projektverwaltung mit Trigger-Funktionen der Datenbank
- Monitor zum Überwachen der Online-Aktivität
- Grafische Darstellung der Arbeitszeit auf einer interaktiven Zeitachse

18.1 Bedienung

Verwaltung von Projekten

Jedes Projekt ist eine eigenständige Einheit, und die Arbeitszeit wird getrennt erfasst. Über die Funktion PROJEKTE – ANZEIGEN/BEARBEITEN lassen sich Projekte thematisch strukturieren und benennen. Hier kann man Unterprojekte einfügen und Projekte löschen, sofern sie keine weiteren Unterprojekte besitzen.

Zeiterfassung starten

Auf der Startseite der Anwendung befindet sich ein Auswahlmenü mit einer Liste von bereits eingerichteten Projekten. Um die Zeiterfassung zu starten, muss ein Projekt (Task) ausgewählt werden, dem die Arbeitszeit zugewiesen ist.

Abbildung 18.1: Die Startseite der Zeiterfassung

Sobald die Zeiterfassung aktiviert wird, besteht die Möglichkeit, ein Statusfenster zu öffnen. So lange dieses Fenster geöffnet bleibt, wird in der Datenbank die Online-Aktivität festgehalten. Vergisst man, die Zeiterfassung zu beenden, so kann die letzte Online-Zeit beim späteren Editieren des Eintrags ein nützlicher Hinweis auf das Arbeitsende sein (wird der Browser beendet, stoppt die Update-Funktion). Im laufenden Betrieb hat es sich bewährt, ein solches Fenster minimiert geöffnet zu halten, da ich häufig vergesse *auszustempeln*.

Einträge ansehen und bearbeiten

Die gearbeiteten Zeiteinheiten können in einer Tabelle ausgegeben werden, wahlweise nach Monaten oder nach Projekten gruppiert.

Will man einen Eintrag bearbeiten, um etwa eine Pause einzufügen, so klickt man auf die Dauer des Eintrags und kommt zu einer neuen Seite (Abbildung 18.3).

Wird das Datum oder die Uhrzeit verändert, überprüft der Browser automatisch, ob es sich um eine gültige Zeitspanne handelt, und errechnet die neue Dauer. Auf dieser Seite können Einträge auch gelöscht werden.

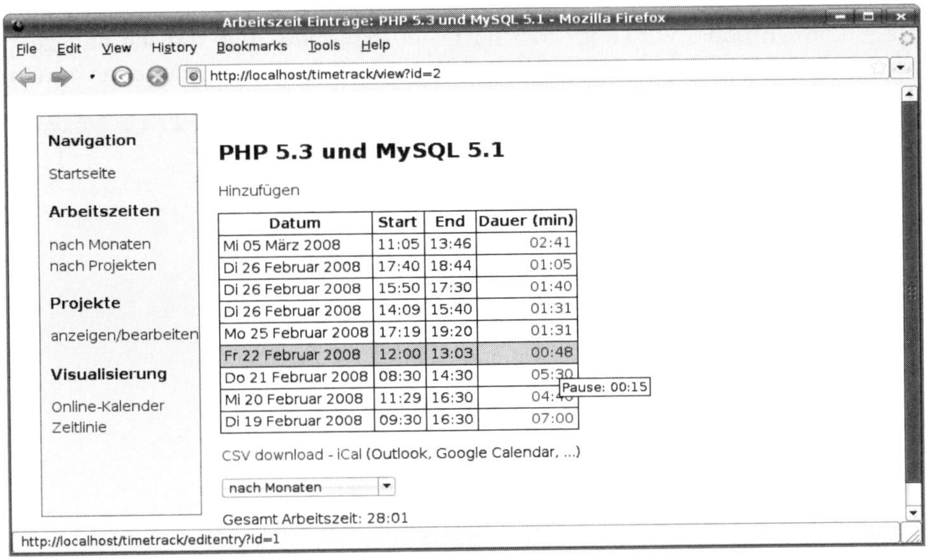

Abbildung 18.2: Liste aller Arbeitseinheiten für ein Projekt

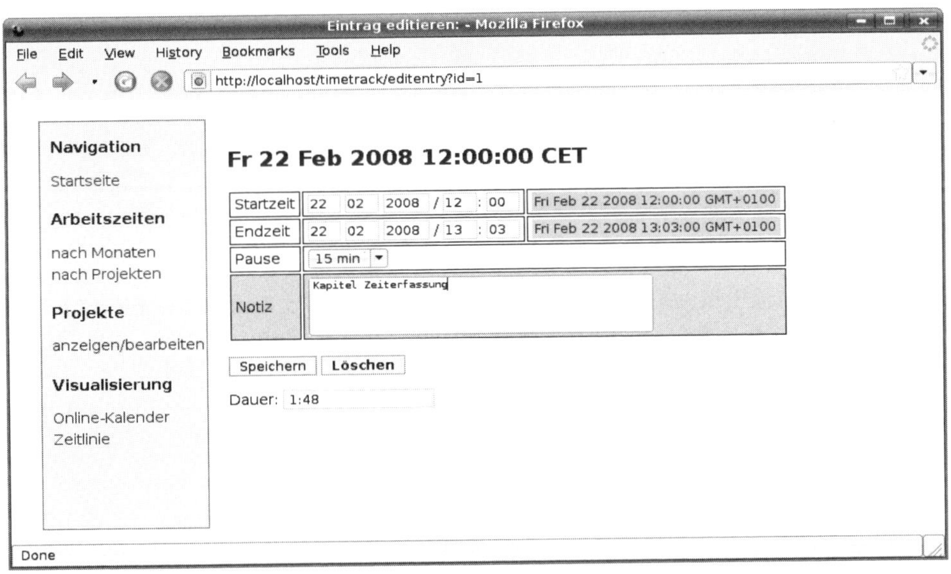

Abbildung 18.3: Bearbeiten einer Arbeitseinheit

Visualisierung

Damit die mühevoll erbrachte Arbeitszeit auch grafisch ansprechend dargestellt werden kann, sieht das Programm unterschiedliche Formate für den Export vor. Mit Hilfe des *iCalendar*-Formats kann die Arbeitszeit in Microsoft Outlook oder ähnlichen Programmen (Korganizer, Novell-Evolution, ...) angezeigt werden. Die

Einträge können dabei entweder in eine Datei exportiert und statisch angezeigt werden oder, noch eleganter, dynamisch als *Internet-Kalender* eingebunden werden.

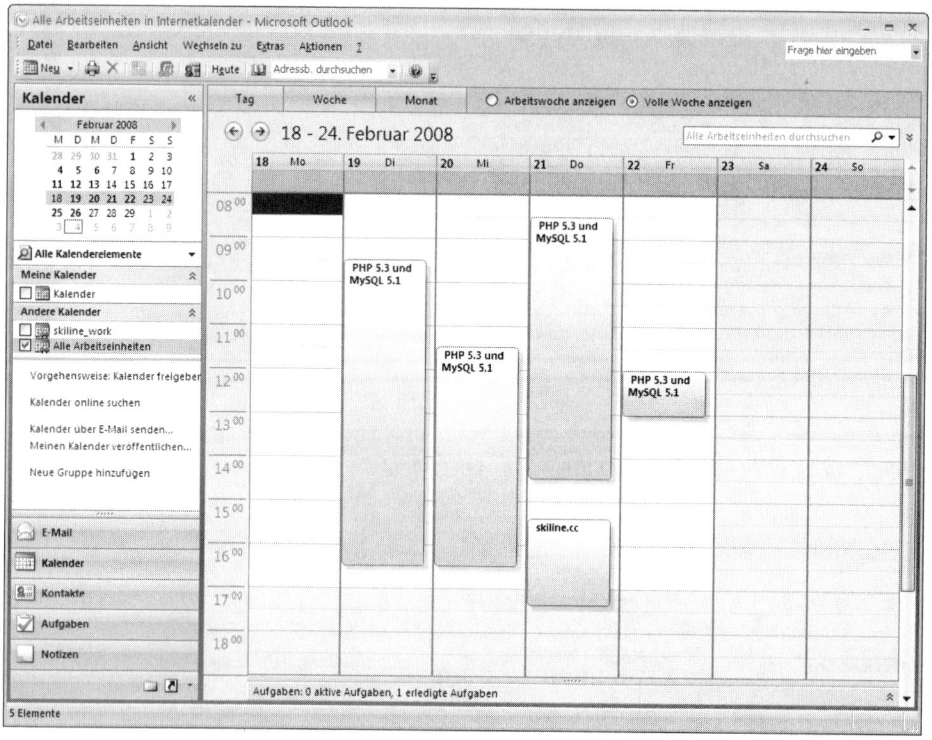

Abbildung 18.4: Die Arbeitszeit als Online-Kalender in Microsoft Outlook

Eine weitere Möglichkeit der Anzeige bietet die *Zeitlinie*, wobei die Einträge auf einer skalierbaren Zeitachse angezeigt werden. Zur Darstellung dient eine Bibliothek aus dem SIMILE-Projekt, das am Massachusetts Institute of Technology (MIT) vorangetrieben wird. Die Bibliothek ist frei verfügbar und wird dynamisch über das Internet geladen.

Die Zeitlinie gliedert sich in drei Bereiche: Die Monatsleiste steht ganz unten, darüber sehen Sie die Tage, und der größte Teil im oberen Bereich zeigt die Stundeneinteilung eines Tages. Die Arbeitseinheiten werden in allen drei Bereichen eingetragen und zeigen dementsprechend längere oder kürzere Balken. Beim Anklicken eines Eintrags in der Stundenleiste werden Informationen zu diesem Eintrag und zum ganzen Projekt angezeigt (siehe Abbildung 18.5).

Außerdem besteht für jedes Projekt noch die Möglichkeit, es als CSV (Komma getrennte ASCII-Datei) zu exportieren. Das Format eignet sich zum Öffnen in einem Tabellenkalkulationsprogramm (Excel oder OpenOffice Calc) oder zum Import in eine andere Datenbank.

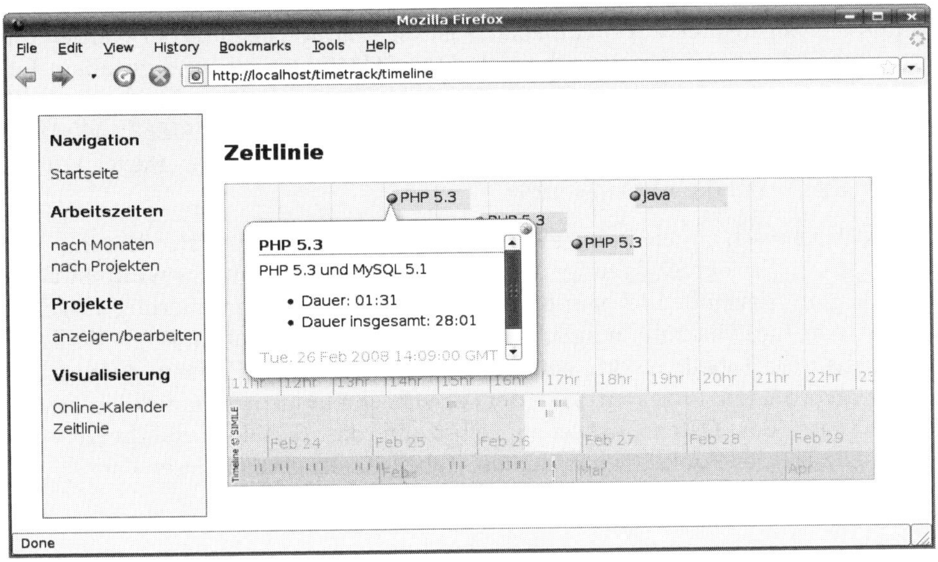

Abbildung 18.5: Darstellung der Arbeitszeit auf der Zeitlinie des SIMILE-Projekts

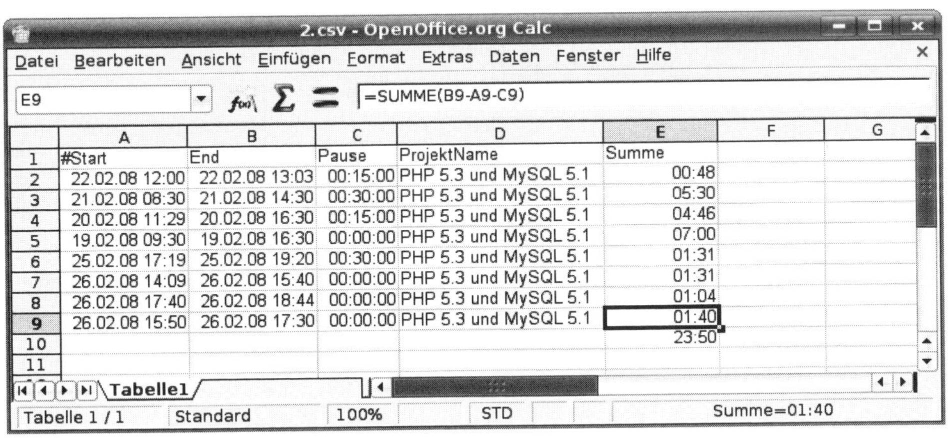

Abbildung 18.6: Der CSV-Import in OpenOffice Calc

18.2 Datenbankdesign

Das Schema der *timetrack*-Datenbank enthält fünf Tabellen. Zeiteinträge (die *timelog*-Tabelle) werden dabei getrennt von den Projekten (*task*-Tabelle) verwaltet. Die Anwendung sieht vor, dass Zeiteinträge mit einer Notiz versehen werden können. Damit in der zentralen *timelog*-Tabelle nicht leere Felder ohne eine Notiz enthalten sind, wird diese Information in eine eigene Tabelle (*note*) ausgelagert. Gleiches trifft auch auf mögliche Pausen in einer Arbeitseinheit zu (Tabelle *break*).

Das digitale Gegenstück zur Stempelkarte ist die *timelog*-Tabelle. Hier werden die Start- und Endzeit der Arbeitseinheit als DATETIME-Datentyp festgehalten. Ein zusätzliches Feature ist die *lastseen*-Spalte: Solange ein Browser-Fenster auf die Statusseite zeigt, wird in dieser Spalte alle drei Minuten der *TIMESTAMP*-Wert aktualisiert. Wird der Computer, von dem aus die Arbeitszeit gestartet wurde, ausgeschaltet, endet die Aktualisierung.

Datenbanktechnisch interessant stellt sich die hier verwendete Lösung der hierarchischen Projektverwaltung dar (Tabelle *task* und *tasktree*). Während die Hierarchien in Abschnitt 12.7 hauptsächlich durch PHP-Programmierung aufgelöst werden, wird hier versucht, möglichst viel Arbeit in der Datenbank zu erledigen. Dazu enthält die Tabelle *tasktree* eine vollständige Liste aller Projektnummern mit den übergeordneten Projekten und der Verschachtelungstiefe. Glücklicherweise kümmert sich das Datenbanksystem selbst um das Befüllen und Leeren der Tabelle: Die Trigger-Funktionen in der *task*-Tabelle übernehmen diesen Part.

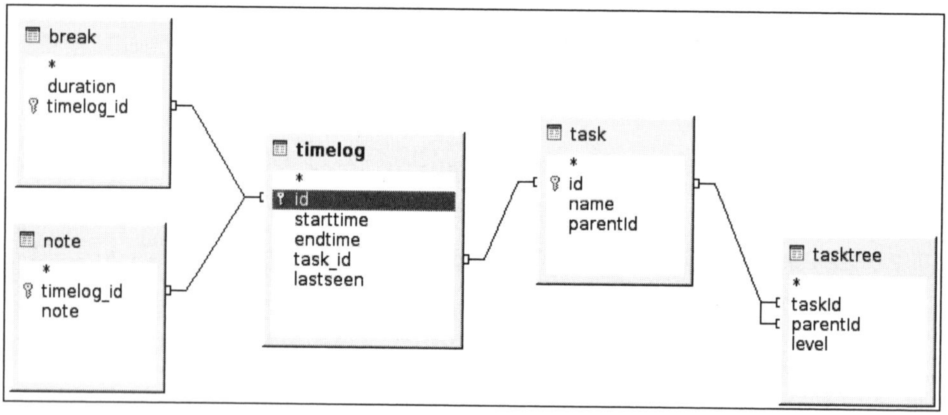

Abbildung 18.7: Das Schema der timetrack-Datenbank

Trigger-Funktionen

Folgende Überlegung steckt hinter der *tasktree*-Tabelle: Wenn jedes Projekt mit seinem übergeordneten Projekt und der Verschachtelungstiefe in einer Tabelle abgespeichert ist, ist es möglich, in einer SQL-Abfrage alle Eltern oder alle Kindelemente zu ermitteln. Nach jedem Einfügen oder Löschen eines Projekts muss die *tasktree*-Tabelle aktualisiert werden. Hier kommt die Trigger-Funktion ins Spiel, die für ein neues Projekt folgendermaßen aussieht:

```
DELIMITER ;;
CREATE TRIGGER treetrigger
AFTER INSERT ON task
FOR EACH ROW
  BEGIN
    INSERT INTO tasktree(taskId, parentId, level) VALUES (NEW.id, NEW.id, 0);
    INSERT INTO tasktree(taskId,parentId,level)
      SELECT NEW.id,tasktree.parentId,tasktree.level+1
        FROM task,tasktree
        WHERE NEW.parentId = tasktree.taskId
          AND tasktree.taskId = task.id;
  END
DELIMITER ;
```

Nach dem INSERT in der Tabelle *task* wird die Funktion für jede eingefügte Zeile ausgeführt. Zu Beginn wird die soeben erstellte Projektnummer (der Primärschlüssel der *task*-Tabelle) als *taskId* und *parentId* mit dem Level 0 eingetragen. Der Zugriff auf das *AUTO_INCREMENT*-Feld erfolgt über *NEW.id,* wobei sich das *NEW* auf den gerade eingefügten Datensatz in der task Tabelle bezieht. Jetzt wird es ein bisschen komplizierter: In der *tasktree*-Tabelle wird die neue *taskId* für alle hierarchischen Ebenen mit dem entsprechenden *level* eingetragen. Dazu werden in der *tasktree*-Tabelle alle übergeordneten Projekte gesucht und mit der neuen *taskId* und dem *level*-Feld um einen Wert erhöht (*tasktree.level+1*) eingetragen.

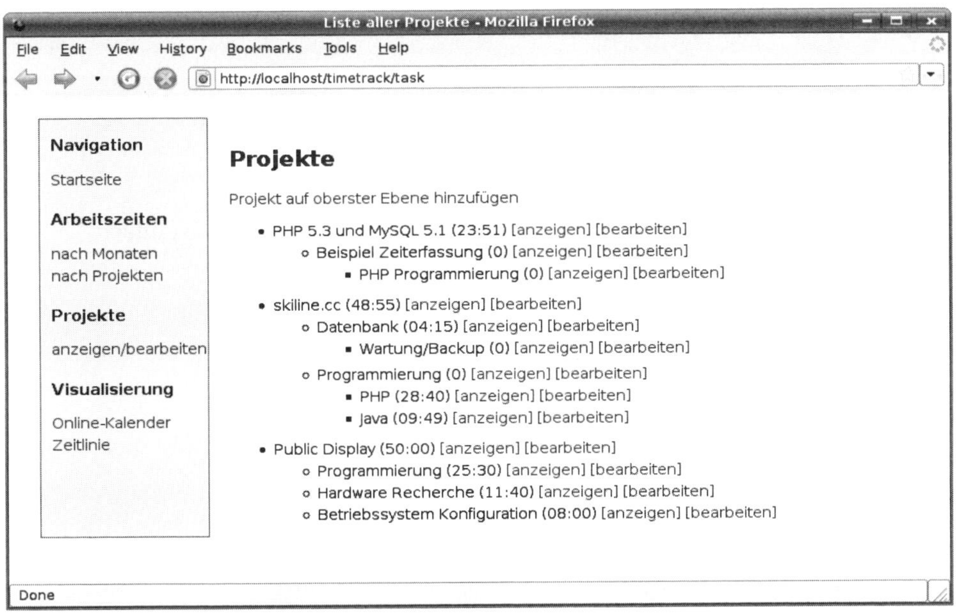

Abbildung 18.8: Hierarchische Liste der Projekte

Zur Erklärung hier ein Beispiel: Das Projekt *Beispiel Zeiterfassung* wird als Unterprojekt von *PHP 5.3 und MySQL 5.1* eingefügt.

```
SELECT * FROM task
```

id	name	parentId
2	PHP 5.3 und MySQL 5.1	0
3	Beispiel Zeiterfassung	2

Die Trigger-Funktion fügte in der *tasktree*-Tabelle daraufhin zwei Zeilen ein:

```
SELECT * FROM tasktree WHERE taskId = 3
```

taskId	parentId	level
3	3	0
3	2	1

Für das Unterprojekt *PHP-Programmierung* (ID 17) fügt die Trigger-Funktion drei Zeilen in der *tasktree*-Tabelle ein:

```
SELECT * FROM tasktree WHERE taskId = 17
```

taskId	parentId	level
17	17	0
17	3	1
17	2	2

Entscheidend dabei ist das SELECT-Kommando in der Trigger-Funktion: Es werden alle Einträge aus der *tasktree*-Tabelle für das übergeordnete Projekt selektiert und mit der neuen Projekt-ID eingetragen. Der Wert in der *level*-Spalte wird jeweils um einen Zähler erhöht.

Die Trigger-Funktion zum Löschen der Einträge ist vergleichsweise einfach:

```
DELIMITER ;;
CREATE TRIGGER deltree
  AFTER DELETE ON task
  FOR EACH ROW
  BEGIN
    DELETE FROM tasktree WHERE taskId = OLD.id;
  END ;;
DELIMITER ;
```

Nachdem der Eintrag aus der *task*-Tabelle gelöscht worden ist, werden auch alle Einträge, bei denen die *taskId* der gerade gelöschten ID entspricht (*OLD.id*), aus der *tasktree*-Tabelle entfernt.

Aber wozu der ganze Aufwand mit der *tasktree*-Tabelle? Durch sie wird es möglich, mit einer SQL-Abfrage alle in der Hierarchie darüber liegenden Elemente zu erfragen:

```
SELECT p.*,t.level FROM task n, tasktree t, task p
WHERE n.id = ? AND n.id = t.taskId
  AND p.id = t.parentId ORDER BY t.level
```

Die *task*-Tabelle muss zweimal eingebunden werden. Zuerst werden (mit dem Alias *n*) in der *tasktree*-Tabelle alle Einträge auf ein Projekt beschränkt (*n.id = ? AND n.id = t.taskId*). Dann werden aus dieser Liste die übergeordneten Projekt-IDs genommen und mit *task*-Tabelle (Alias *p*) verschnitten (*p.id = t.parentId*). Die Sortierung nach dem *level*-Feld liefert eine korrekte Liste aller übergeordneten Projekte.

Eine Liste aller Unterprojekte zu generieren ist etwas schwieriger: Die Baumstruktur kann sich noch weiter verästeln, und die korrekte Sortierung ist hier nicht mehr gegeben:

```
SELECT c.*,tt.level FROM task t, tasktree tt, task c
WHERE t.id = ? AND t.id = tt.ParentId
  AND tt.taskId = c.id AND c.id <> ? ORDER BY tt.level
```

Die hier gezeigte Variante von Baumstrukturen in der Datenbank beherrscht nur das Einfügen neuer Elemente und das Löschen des letzten Elements einer Hierarchie. Eine vollständige Implementierung müsste noch das Verschieben von Elementen vorsehen. Da diese Funktionalität auch in der Benutzeroberfläche nicht vorgesehen ist, wird hier auf die *UPDATE*-Trigger-Funktion verzichtet.

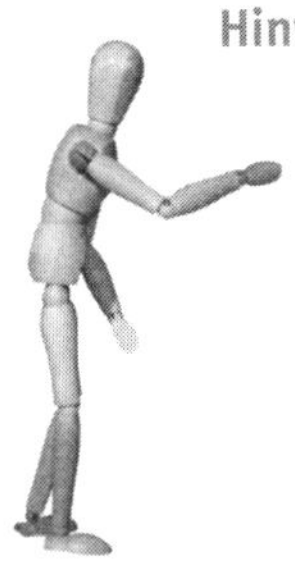

Hinweis

Zur Darstellung von Hierarchien in der Datenbank finden Sie in diesem Buch drei Vorschläge (Kapitel 12.7 mit PHP-Unterstützung, Kapitel 14.6 mit Stored Procedures und dieses Kapitel mit Triggern). Eine Internet-Recherche nach *trees in SQL* wird Ihnen zeigen, dass sich viele Menschen mit dem Thema beschäftigen und dass es unterschiedlichste Lösungen gibt.

Die hier vorgestellte Lösung ist den beiden vorangegangen unterlegen, da sie das Problem der Sortierung der Kindelemente nicht zufriedenstellend löst. In diesem Kapitel wurde nicht vorrangig auf Hierarchien Wert gelegt. Die Idee zu diesem Ansatz stammt aus einer Internet-Recherche:

http://www.codeproject.com/KB/database/Trees_in_SQL_databases.aspx

18.3 Aufbau des Codes

Der Code verteilt sich auf die folgenden Unterverzeichnisse:

includes/	Verzeichnis, in dem alle Klassen liegen
modules/	Verzeichnis der *Module*, die die Applikationslogik steuern
script/	Javascript-Dateien für die Zeitlinie und die Datumskorrektur
style/	Stylesheets für die Standardansicht und für den Ausdruck
maintenance/	Struktur der Tabellen

Auf der untersten Verzeichnisebene liegen nur vier Dateien:

index.php	der Front-Controller
config.inc.php	Konfigurationseinstellungen
bootstrap.php	Standard-Einstellungen (*error_reporting*) und globale Variablen
.htaccess	Apache-Anweisungen für den Front-Controller

Folgende Klassen finden sich im includes-Verzeichnis:

config.php	Konfiguration der Anwendung
dateformatter.php	Statische Methoden zur Datumsausgabe
db.php	Kapselung aller Datenbankzugriffe
domlist.php	DOM-Funktionen für die hierarchische Projektverwaltung
error.php	Statische Funktionen zur Fehlerausgabe
htmlpage.php	filtert Formulareingaben, gibt HTML-Kopf- und -Fußzeile aus
icalendar.php	formatiert die Zeiteinträge im iCalendar-Format
timetrack.php	erzeugt eine Liste aller (aktiven) Projekte
timetrackentry.php	repräsentiert eine Arbeitseinheit
timetracktask.php	repräsentiert ein Projekt

Die Dateien im modules-Verzeichnis können direkt im Browser aufgerufen werden.

add.php	fügt eine Arbeitseinheit hinzu
view.php	zeigt Arbeitseinheiten an
editentry.php	editiert eine Arbeitseinheit
addtask.php	fügt ein Projekt hinzu
edittask.php	ändert ein Projekt
index.php	die Startseite der Anwendung
ical.php	Ausgabe der Zeiteinträge im iCalendar-Format
month.php	Ausgabe der Arbeitseinheiten für ein Monat
task.php	hierarchische Anzeige der Projekte
timeline.php	Anzeige der Arbeitseinheiten auf der Zeitlinie
viewcsv.php	Anzeige der Arbeitseinheiten im CSV-Format
xmldata.php	generiert den XML-Code für die Zeitlinie
heartbeat.php	Überwachung der Online-Aktivität
setalive.php	aktualisiert den Zeitstempel für die letzte Online-Aktivität

Das Beispiel wurde durchgänig mit einem objektorientieren Ansatz entworfen. Jede Klasse wurde in einer eigenen Datei gespeichert, was zu der großen Anzahl von Dateien führt. In PHP wäre es auch möglich, alle Klassen in nur eine Datei zu speichern, mir erschien diese Aufteilung aber übersichtlicher.

Wie schon in Kapitel 3 erwähnt wurde, eignet sich Objektorientierung vor allem für große Programme. Das vorliegende Beispiel ist nicht groß, aber es bietet die Möglichkeit, an vielen Stellen erweitert zu werden. Ein Zeiterfassungssystem muss oft an spezielle Bedürfnisse angepasst werden. Der vorliegende Code kann als

Kernstück verwendet werden, wobei sich Erweiterungen durch die Objektorientierung leicht anknüpfen lassen.

Der Ausdruck *Module* bezieht sich im Folgenden auf kleine Code-Stücke, die die Logik der Anwendung steuern. Das *task*-Modul kann zum Beispiel Projekte anzeigen und bietet die Links zum Hinzufügen/Ändern und Löschen von Projekten. Sobald man eine neue PHP-Datei im modules-Verzeichnis anlegt, findet der Front-Controller das Modul und führt es auf Anfrage aus. Beim Erstellen eines neuen Moduls braucht man sich nicht um das HTML-Gerüst zu kümmern. Ein Hello-World-Modul kommt mit drei Zeilen Code aus:

```
<?php  // Beispieldatei helloworld.php
$html->printHeader("Hello World");
print "Hello World.";
```

Der Front-Controller kümmert sich um die Initialisierung der *HtmlPage*-Klasse, HTML-Header, die Navigationsleiste und den HTML-Abschluss. Beim Aufruf von http://localhost/timetrack/helloworld erhalten Sie eine gültige XHTML 1.0-Webseite.

18.3.1 Front-Controller

Der Code im vorliegenden Beispiel verwendet das Konzept eines Front-Controllers. Dabei werden alle Seitenaufrufe auf ein einziges PHP-Skript umgeleitet, ohne dass der Anwender davon erfährt (die URL ändert sich dabei nicht). Der Vorteil dieses Ansatzes ist, dass Einstellungen, die bei jedem Seitenaufruf gemacht werden (zum Beispiel das Herstellen der Datenbankverbindung oder die korrekten *LOCALE*-Einstellungen) nicht in jedem Skript aufgerufen werden müssen.

Umleitung mit mod_rewrite

Damit alle Anfragen an den Front-Controller weitergeleitet werden, braucht man die Unterstützung des Webservers. Der Apache Webserver unterstützt die *Rewrite*-Anweisungen erst nach dem Laden des entsprechenden Moduls (*mod_rewrite*). Sollte das Modul bei Ihrem System nicht geladen sein, hilft folgende Zeile in der Apache-Konfiguration (mehr Informationen zum Laden von Modulen finden Sie in Abschnitt 1.4):

```
LoadModule rewrite_module modules/mod_rewrite.so          # für Linux
```

Die Regeln, wie der Seitenaufruf umgeschrieben wird, stehen in einer .htaccess-Datei (mehr Informationen zu .htaccess-Dateien finden Sie in Abschnitt 1.4). Dabei wird zuerst die *RewriteEngine* gestartet (andernfalls ignoriert der Webserver die Anweisungen).

```
# .htaccess-Einstellungen für den Front-Controller
RewriteEngine on
RewriteCond %{REQUEST_FILENAME} !-f
RewriteCond %{REQUEST_FILENAME} !-d
RewriteRule ^(.*)$ index.php?m=$1 [L,QSA]
```

Bevor die *RewriteRule* alle Anfragen an das index.php-Skript umleitet, wird mit der *RewriteCond*-Anweisungen überprüft, ob eine gewünschte Datei oder ein Verzeichnis vorhanden ist. Die Variable *%{REQUEST_FILENAME}* enthält den vollen Pfad- und Dateinamen der angefragten URL. Durch das Ausrufungszeichen (*!*) wird die Umleitung abgebrochen, wenn eine Datei (*-f*) oder ein Verzeichnis (*-d*) existiert. Würde man diese Regeln nicht einsetzen, könnte das Programm keine Bilder, Stylesheets oder externen Javascript-Dateien vom Server laden, da auch diese Anfragen auf das PHP-Skript umgeleitet würden.

Die *RewriteRule*-Anweisung funktioniert folgendermaßen:

```
RewriteRule Suchmuster Ersetzung [Option,Option,...]
```

Das Suchmuster ist dabei ein regulärer Ausdruck (mehr zu regulären Ausdrücken in Abschnitt 5.9). Bei der Ersetzung kann auf ein gefundenes Suchmuster (das innerhalb der runden Klammern gespeichert ist) über die Referenz auf *$1, $2, ...* zurückgegriffen werden. Im vorliegenden Beispiel wird die gesamte Zeichenkette gesucht (*^(.*)$*) und dem Skript index.php per *GET* mit dem Schlüssel *m* übergeben. Die Option *L* (für *last rule*) bewirkt, dass bei einer erfolgreichen Ersetzung keine weiteren Ersetzungen mehr durchgeführt werden. *QSA* steht für *query string append*, wodurch eine zusätzliche Kontrolle der zu ersetzenden Werte ausgelöst wird.

Nehmen wir an, Sie laden die Zeitlinie im Programm: Die Adresse im Webbrowser lautet http://localhost/timetrack/timeline. Wie Sie in der Logdatei des Webservers sehen können, lautet die Anfrage folgendermaßen:

```
"GET /timetrack/timeline HTTP/1.1"
```

Da die *RewriteRule* in der .htaccess-Datei im Verzeichnis timetrack steht, gilt für die Anfrage nur der Teil hinter dem timetrack-Verzeichnis. Die *RewriteRule* tritt in Kraft, da es hier weder ein Verzeichnis noch eine Datei timeline gibt. Das von dem regulären Ausdruck gesuchte Muster lautet *timeline*-und es kommt zu folgender Ersetzung: *index.php?m=timeline*

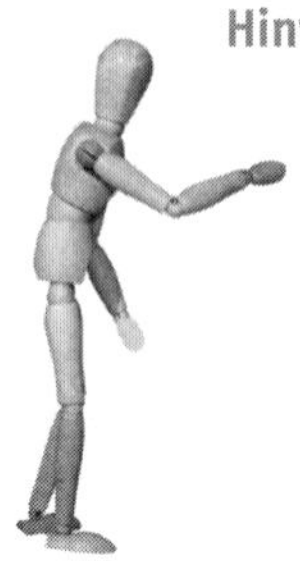

Hinweis

Das *mod_rewrite* wird als das Schweizermesser der URL-Behandlung bezeichnet. Es kann ungemein hilfreich sein, leider aber auch sehr kryptisch und undurchschaubar. Dokumentation zu diesem Modul findet man im Internet ausreichend, trotzdem bleibt es oft ein bisschen *Voodoo*, wie die Apache-Webseite meint. Zur Fehlersuche empfehlen sich die Konfigurationseinstellungen *RewriteLog* und *RewriteLogLevel*.

Module laden

Ab diesem Zeitpunkt kommt der Front-Controller zum Einsatz. Er lädt die Datei bootstrap.php, in der globale Einstellungen zurzeitzone und zum Fehlerverhalten (*error_reporting*) gesetzt werden. Weiters wird in der *__autoload*-Funktion festgelegt, in welchem Verzeichnis die zu ladenden Klassen liegen (*__autoload* wird in Abschnitt 3.2.8 näher erläutert).

```
<?php // Front Controller: index.php
require_once('bootstrap.php');
$html = new HtmlPage($_REQUEST);
$module = $html->getStringFromRequest('m');
if (!$module) {
  $module = 'index';
}
// Dateien sind kleingeschrieben und haben keine Sonderzeichen:
$module = preg_replace("/[^a-z0-9-]/", "", strtolower($module));
$moduleFile = dirname(__FILE__) . '/modules/' . $module . '.php';
if (file_exists($moduleFile)) {
  require($moduleFile);
} else {
  Error::pageNotFound();
}
if ($html->footLine) {
  $html->printFooter();
}
```

Die Hauptaufgabe des Front-Controllers ist es, die gewünschte Seite zu laden. Nachdem der Wert für den Schlüssel *m* extrahiert worden ist (*getStringFromRequest* aus der *HtmlPage*-Klasse), wird versucht, eine entsprechende Datei im modules-Verzeichnis zu finden. Mit der *require*-Funktion wird der Inhalt dieser Datei geladen. Sollte die Datei nicht existieren, wird aus der statischen *Error*-Klasse die Funktion *pageNotFound* aufgerufen. Neben dem Text, dass die Seite nicht existiert, wird dabei der HTML-Statuscode 404 im Header gesetzt. Ohne diese Anweisung lässt sich bei einer späteren Analyse der Logdateien nicht feststellen, ob eine Seite gefunden wurde oder nicht.

Die *require*-Anweisung ist sicherheitstechnisch nicht ganz unbedenklich: Da die Funktion auch die Möglichkeit hat, Dateien aus dem Internet zu laden, könnte ein Angreifer versuchen, hier ein bösartiges Skript einzuschleusen. Im vorliegenden Code wird das durch die explizite Angabe der Basis (*dirname(__FILE__)*) verhindert. Da man beim Umgang mit Benutzer-Eingaben aber nicht vorsichtig genug sein kann, wurde hier mit dem *preg_replace*-Kommando eine noch striktere Einschränkung vorgenommen: Module dürfen nur Kleinbuchstaben, Zahlen und das Minus-Zeichen enthalten. So wird wird das Dateisystem vor neugierigen Zugriffen geschützt.

18.3.2 Die Klassen für Projekte und Arbeitseinheiten

Um dem objektorientierten Ansatz, der für dieses Beispiel gewählt wurde, zu entsprechen, wurden eigene Klassen für die wichtigsten Elemente eingerichtet. Die zentralen Objekte bei der vorgestellten Zeiterfassung sind Projekte und Arbeitseinheiten. Dementsprechend gibt es eine Klasse für die Arbeitszeit (*TimetrackEntry*) und eine Klasse für ein Projekt (*TimetrackTask*).

TimetrackTask

Die *TimetrackTask*-Klasse repräsentiert ein definiertes Projekt (im Code als *task* bezeichnet). Im Konstruktor der Klasse werden die Informationen zum Projekt inklusive der Gesamtdauer abgefragt.

```
SELECT p.*,
    SUM(TIME_TO_SEC(TIMEDIFF(t.endtime,t.starttime))-COALESCE(b.duration,0))
      AS totalTime
  FROM task p LEFT JOIN timelog t ON t.task_id = p.id
    LEFT JOIN break b ON b:timelog_id = t.id
  WHERE p.id = ?
  GROUP BY p.id
```

Bei der Berechnung der Gesamtdauer ist zu berücksichtigen, dass jede dem Projekt zugewiesene Zeiteinheit (Tabelle *timelog*) mit einer Pause versehen sein kann. Die Tabelle *break* wird daher mit einem *LEFT JOIN* an die Abfrage angehängt. Alle Einträge ohne Pausen liefern jetzt einen *NULL*-Wert in der Spalte für die Pausendauer. Da dieser *NULL*-Wert einen Fehler in der Zeitberechnung auslösen würde, wird er beim Bilden der Summe durch die Zahl 0 ersetzt (*COALESCE(b.duration,0)*). Das Fragezeichen in der *WHERE*-Anweisung wird später durch das *prepared*-Statement mit der ID des gewünschten Projekts ersetzt.

Die Klasse enthält auch eine statische Methode, um ein neues Projekt zu erzeugen. Die *factory*-Funktion benötigt als Parameter den Projektnamen und die ID des übergeordneten Projekts (0 für Projekte auf der obersten Ebene).

```
public static function factory($n, $parentId) {
  $dbHandle = Db::getHandle();
  $sql = "INSERT INTO task (name,parentId) VALUES (?, ?)";
  $stmt = $dbHandle->prepare($sql);
  $stmt->bind_param("si", $n, $parentId);
  return $stmt->execute();
}
```

Durch die Verwendung von *prepared*-Statements braucht man sich hier keine Sorgen wegen einer SQL-Injection zu machen. Beim Binden der Parameter an das Statement wird dem Interpreter mitgeteilt, dass die Variable *$n* vom Typ String (*s*) und *$parentId* vom Typ Integer (*i*) ist. Das korrekte Quotieren der Werte übernimmt PHP.

Weitere Methoden in dieser Klasse dienen zum Abfragen der Projekte, die in der Hierarchie darüber beziehungsweise darunter liegen (vergleiche Abschnitt 18.2). Außerdem verfügt die Klasse über Methoden, um alle oder einzelne Arbeitseinträge abzufragen, die diesem Projekt zugewiesen sind.

```
public function getEntry($id) {
  $sql = "SELECT *,UNIX_TIMESTAMP(starttime) AS start_sec, "
    . " UNIX_TIMESTAMP(endtime) AS end_sec FROM timelog "
    . " WHERE task_id = ? AND id = ?";
  $stmt = $this->dbHandle->prepare($sql);
  $stmt->bind_param("ii", $this->id, $id);
  $e =  $this->dbHandle->queryObjectArrayPrepared($stmt);
  return new TimetrackEntry((int)$e[0]->id, (int)$e[0]->start_sec,
    (int)$e[0]->end_sec, $this->id);
}
```

Der Rückgabewert dieser Funktion ist ein neues Objekt vom Typ *TimetrackEntry*. Es repräsentiert eine Arbeitseinheit.

TimetrackEntry

Im Gegensatz zum *TimetrackTask* wird beim Erzeugen eines neuen *TimetrackEntry*-Objekts kein Datenbankzugriff benötigt. Bei Projekten mit vielen Arbeitseinheiten würde die Datenbank unnötig stark belastet. Dem Konstruktor müssen daher die wichtigsten Merkmale des Objekts übergeben werden.

```
public function __construct($id, $s, $e, $task_id) {
    $this->id = $id;
    $this->start = $s;
    $this->end = $e;
    if ($this->end == NULL || $this->end == 0) {
        $this->end = time();
        $this->unfinished = TRUE;
    }
    $this->task_id = $task_id;
}
```

Start- und Endzeit werden als UNIX_TIMESTAMP, also in Sekunden nach dem 1.1.1970 übergeben (vergleiche Abschnitt 10.2). Außerdem braucht das neue Objekt noch die ID des Projekts, dem es zugeordnet ist (*$task_id*), und die ID des eigenen Eintrags (*$id*).

Die *TimetrackEntry*-Klasse bietet unter anderem Funktionen, um die Dauer eines Eintrags zu ermitteln (abzüglich einer möglichen Pause), ihn als HTML-Tabelle auszugeben, den Eintrag zu löschen, einen neuen Eintrag zu erzeugen oder einen veränderten Eintrag zu speichern.

```
public function save() {
  $sql = "REPLACE INTO timelog (id,starttime,endtime,task_id) "
    . " VALUES (?,?,?,?) ";
  $dbHandle = Db::getHandle();
  $stmt = $dbHandle->prepare($sql);
  $stmt->bind_param("issi", $this->id,
    strftime("%Y-%m-%d %H:%M:%S", $this->start),
    strftime("%Y-%m-%d %H:%M:%S", $this->end), $this->task_id);
  $stmt->execute();
  $ins_id = $stmt->insert_id;
  if ($this->note) {
    $sql = "REPLACE INTO note (timelog_id, note) "
      . " VALUES (?,?)";
    $stmt = $dbHandle->prepare($sql);
    $stmt->bind_param("is", $ins_id, $this->note);
    $stmt->execute();
  }
  if ($this->removeTime > 0) {
    $sql = "REPLACE INTO break (duration, timelog_id) "
      . " VALUES (?,?)";
    $stmt = $dbHandle->prepare($sql);
    $stmt->bind_param("ii", $this->removeTime, $ins_id);
    $stmt->execute();
  }
}
```

Praktisch erweist sich in diesem Abschnitt die *REPLACE INTO*-Funktion von MySQL. Ist eine Notiz für ein Projekt schon vorhanden, wird sie mit dem neuen Wert überschrieben, und gab es bisher keinen Eintrag, so wird eine neue Zeile in der Tabelle *note* angelegt. Gleiches gilt für die Tabelle *break*, die mögliche Pausen verwaltet.

18.4 Wichtige Codefragmente

18.4.1 Datenbankverbindung mit der Klasse Db

Die *Db*-Klasse leitet sich direkt von der von PHP zur Verfügung gestellten *mysqli*-Klasse ab. Das hat einerseits den Vorteil, dass man sie wie die *mysqli*-Klasse verwenden kann, andererseits wird sie noch um einige Funktionen bereichert, die das Arbeiten etwas erleichtern.

Im Konstruktor der Datenbank-Klasse wird die Verbindung mit dem MySQL-Server hergestellt und die Datenbank ausgewählt – eine bereits bekannte Prozedur. Neu ist die erweiterte Fehlerbehandlung, wenn die Verbindung nicht zustande kommen kann. Durch das Abfangen des Verbindungsfehlers (*catch*) und das Auswerten der Fehlernummer (*$e->getCode()*) können konkrete Hinweise zur Fehlerbehebung ausgegeben werden.

```
try {
  parent::__construct($mysqlhost, $mysqluser, $mysqlpasswd,
       $mysqldb, $mysqlport);
} catch (mysqli_sql_exception $e) {
  Error::display("Verbindungsfehler: ");
  switch ($e->getCode()) {
  case 1049:
    print "Die Datenbank $mysqldb konnte nicht gefunden werden.";
    print "Erstellen Sie die Datenbank mit ";
    print "<pre>CREATE DATABASE $mysqldb</pre>";
    break;
  case 1044:
  case 1045:
    printf("Benutzer %s verfügt nicht über ausreichende
      Berechtigungen", $mysqluser);
    printf("Verwenden Sie <pre>
      GRANT ALL PRIVILEGES ON %s.* TO %s@%s IDENTIFIED BY '%s';
      </pre>", $mysqldb, $mysqluser, $mysqlhost, $mysqlpasswd);
    break;
  case 2003:
    print "Es konnte keine Verbindung zum Server
      <i>$mysqlhost</i> hergestellt werden.";
    print "Stellen Sie sicher, dass der MySQL-Server auf dem Host
      $mysqlhost am Port $mysqlport aktiv ist";
    break;
  default:
    print $e->getMessage();
  }
  global $html;
  $html->printFooter();
  exit();
}
```

Tritt ein Fehler auf, der nicht explizit behandelt wird, so wird die Fehlermeldung der *mysqli_exception* ausgegeben (*default*-Abschnitt der *case*-Anweisung).

Das Beispielprogramm verwendet konsequent *prepared*-Statements bei den SQL-Abfragen. Die dadurch gewonnene Sicherheit beim Übergeben der Parameter hat ihren Preis beim Auswerten des Abfrage-Ergebnisses. Um die gleiche Funktionalität wie die schon bekannte *queryObjectArray*-Funktion zu erreichen (vergleiche Abschnitt 12.1.2), müssen ein paar Tricks angewendet werden:

```
function queryObjectArrayPrepared($stmt) {
  $fieldNames = array();
  $stmt->execute();
  $meta = $stmt->result_metadata();
  $fieldNames[0] = &$stmt;
  $myObject = new stdClass();
```

```
    foreach ($meta->fetch_fields() as $fields) {
      $fieldNames[$fields->name] = &$myObject->{$fields->name};
    }
    call_user_func_array("mysqli_stmt_bind_result", $fieldNames);
    $result = array();
    while ($stmt->fetch()) {
      $oRes = new stdClass();
      foreach ($fieldNames as $k=>$f) {
        if ($k === 0) {
          continue;
        }
        $oRes->$k = $f;
      }
      $result[] = $oRes;
    }
    return $result;
  }
```

Leider gibt es bei *prepared*-Statements nicht die Möglichkeit, das Ergebnis mit *fetch_object* abzuspeichern. Nach dem Ausführen des SQL-Kommandos (*$stmt->execute()*) muss die Ergebnis-Variable an das Statement gebunden werden. Normalerweise geschieht das mit *$stmt->bind_result()*, das Ergebnis beinhaltet dabei aber leider keine Spaltennamen. Diese Bezeichner sind in den Metadaten des Ergebnisses gespeichert und werden in die Array-Variable *$fieldNames* übertragen. Mit der *call_user_func_array*-Funktion ist es möglich, das so präparierte Array an das Ergebnis zu binden. Im weiteren Verlauf werden die Einträge Zeile für Zeile abgearbeitet (*while ($stmt->fetch())*, und es wird jeweils ein neues Objekt der Standard-Klasse erstellt, das mit den abgefragten Feldern gefüllt wird. Die Objekte werden anschließend in dem *$result*-Array gespeichert und zurückgegeben.

Eine weitere Besonderheit der *Db*-Klasse ist die statische Methode *getHandle()*. Sie wird verwendet, um zu verhindern, dass mehrere Verbindungen zur Datenbank von einem User hergestellt werden.

```
  static function getHandle() {
    global $dbHandle;
    if (!$dbHandle instanceof Db) {
      $dbHandle = new Db();
    }
    return $dbHandle;
  }
```

Da die unterschiedlichen Klassen unabhängig voneinander Zugriff auf die Datenbank brauchen, besteht die Notwendigkeit, die einmal hergestellte Datenbankverbindung allen zugänglich zu machen. Das Problem wird über den Trick einer globalen Variable (*$dbHandle*) gelöst. Ist diese bereits eine Instanz der *Db*-Klasse, wird sie unverändert zurückgegeben, andernfalls wird ein neues Objekt der *Db*-Klasse erzeugt. Im PHP-Code wird für den Zugriff auf die Datenbank immer diese Funktion aufgerufen, nie der Konstruktor der Klasse selbst.

18.4.2 Das iCalendar-Modul

iCalendar, oder kurz *iCal*, ist ein Internet-Standard (RFC 2445) zum Austausch von digitalen Kalender-Informationen. Im vorliegenden Beispiel wird das Format verwendet, um die Arbeitseinträge in einer Kalenderanwendung dynamisch einzubinden (siehe Abbildung 18.4). Das *ical*-Modul erzeugt dazu ein *Icalendar*-Objekt, das den Großteil der Arbeit übernimmt.

```
<?php // Beispieldatei ical.php
$html->footLine = FALSE;
$id = $html->getIntFromRequest('id');
$tt = new Timetrack();
$ical = new Icalendar();
$ical->printHeader();
if ($id > 0) {
  $tasks = array(new TimetrackTask($id));
} else {
  $tasks = $tt->getTasks();
}
foreach ($tasks as $task) {
  $entries = $task->getEntries();
  if ($entries) {
    foreach ($entries as $entry) {
      $ical->addEvent($entry, $task->name);
    }
  }
}
$ical->printFooter();
```

Wird dem *ical*-Modul eine Projekt-ID übergeben, so werden nur die Arbeitseinheiten für das ausgewählte Projekt angezeigt. Andernfalls werden alle Einträge in den Kalender eingefügt. Nach der Ausgabe des *iCal*-Headers wird für jeden Eintrag die Funktion *addEvent* aus der *Icalendar*-Klasse aufgerufen. Ihr wird ein Objekt vom Typ *TimetrackEntry* und der Name des Projekts übergeben.

```
public function addEvent($entry, $name) {
  if ($this->headerPrinted === FALSE) {
    $this->printHeader();
  }
  print "BEGIN:VEVENT\n";
  print "DTSTART:" . DateFormatter::ical($entry->start) . "\n";
  print "DTEND:" . DateFormatter::ical($entry->end) . "\n";
  print "SUMMARY: " . $name . "\n";
  if ($entry->unfinished) {
    print "DESCRIPTION: still running\n";
  }
  print "END:VEVENT\n";
}
```

Die statische *ical*-Funktion in der *DateFormatter*-Klasse formatiert einen *UNIX_-TIMESTAMP* entsprechend den Vorgaben im iCalendar-Internet-Standard.

```
public static function ical($ts) {
  return date("Ymd\THi00", $ts);
}
```

Zum Beispiel wird der Zeitpunkt für den 18. Januar 1998 um 23:00 Uhr in einer iCalendar-Datei als 19980118T230000 dargestellt. Auf die zusätzliche Ausweisung der Zeitzone wurde in diesem Beispiel verzichtet. Einträge, die gerade aktiv geschaltet sind, werden mit dem zusätzlichen Feld *Description* versehen, das einen Hinweis auf die unvollendete Arbeitseinheit enthält.

18.4.3 Zeiteinträge bearbeiten

Das Bearbeiten der Zeiteinträge erfordert eine detaillierte Fehlerbehandlung: Die Endzeit darf nicht vor der Startzeit liegen, und die Pause darf nicht länger sein als die Gesamtdauer der Einheit. Außerdem dürfen nur gültige Datumswerte eingegeben werden. Wenn man die Überprüfung der Daten PHP überlässt, so kommt es bei jedem Versuch zu einem Request an den Server, und die Fehlermeldung wird zeitlich etwas verzögert zurückgegeben. Mit Javascript hat man die Möglichkeit, unmittelbarer einzugreifen. Da der Code im Webbrowser auf dem Client läuft, muss keine Verbindung zum Server hergestellt werden, und die Antwort kommt prompt.

Hier ein Auszug aus dem HTML-Quelltext der *editentry*-Seite (siehe Abbildung 18.3):

```
<form method="post" id="editEntryForm" action="editentry">
<div>
<table>
  <tr><td>Startzeit</td>
<td>
<input onchange="computeDuration()" size="2" maxlength="2"
name="from_DD" value="22" />
<input onchange="computeDuration()" size="2" maxlength="2"
name="from_MM" value="02" />
<input onchange="computeDuration()" size="4" maxlength="4"
name="from_YYYY" value="2008" />
...
```

Um auf die Felder eines HTML-Formulars zugreifen zu können gibt es in Javascript die Möglichkeit, eine Variable mit einer Referenz auf das Feld zu definieren. Das ist äußerst praktisch, da beim Aufruf der Variable immer der aktuelle Inhalt des Formularfeldes ausgegeben wird.

```
// datetime.js, Javascript-Bibliothek zum Korrigieren von Zeiteinträgen
var from = {};         // Startzeit Felder
var to = {};           // Endzeit Felder
var breakTime = 0;     // Dauer der Pause
var duration = 0;      // Gesamtzeit
var oForm = {};        // Referenz auf alle Formularfelder
function init() {
  oForm = document.forms.editEntryForm;
  from = _defineDateFields('from_');
  to = _defineDateFields('to_');
  computeDuration();
}
// Zuweisung der Feld-Referenzen
function _defineDateFields(prefix) {
  return {
    YYYY : oForm[prefix+'YYYY'],
    MM : oForm[prefix+'MM'],
    DD : oForm[prefix+'DD'],
    hh : oForm[prefix+'hh'],
    mm : oForm[prefix+'mm'],
    ts : oForm[prefix+'ts']
  }
}
```

Im *body*-Element des HTML-Dokuments wird der Browser mittels *onload* angewiesen, die *init*-Funktion auszuführen. Dort wird die Variable *oForm* mit einer Referenz auf das gesamte *FORM*-Element belegt. Anschließend werden die Variablen *from* und *to* mit den einzelnen Feldern des jeweiligen Start- und Enddatums belegt.

Wie *oForm* sind *from* und *to* Referenzen auf die Formularfelder und enthalten keine Kopie von deren Werten. Das ist wichtig, da beim mehrmaligen Verändern der Werte immer diese Variablen für die Berechnung herangezogen werden. Über den Aufruf von *oFrom.hh.value* hat man im Javascript-Code Zugriff auf den aktuellen Inhalt des Stunden-Feldes der Startzeit. Es macht Sinn, diese Referenzen nur einmal beim Laden der Seite zu initialisieren, da der Browser dabei spürbar Rechenleistung verbraucht. Die entscheidende Javascript-Funktion ist *computeDuration,* denn hier werden mögliche Fehler behandelt.

```
function computeDuration() {
  var dateFrom = new Date(from.YYYY.value,
    from.MM.value-1,from.DD.value,from.hh.value,from.mm.value);
  var dateTo = new Date(to.YYYY.value,
    to.MM.value-1,to.DD.value,to.hh.value,to.mm.value);
  // Prüfung der Daten
  if (isNaN(dateFrom)) {
    alert('Fehler: Startzeit ungültig');
    return false;
  }
```

```
    if (isNaN(dateTo)) {
      alert('Fehler: Endzeit ungültig');
      return false;
    }
    // Fehlerprüfung
    if (dateFrom.getTime() > dateTo.getTime()) {
      alert('Fehler: Startzeit muss vor Endzeit liegen');
      return false;
    }
    duration = (dateTo.getTime()-dateFrom.getTime())/1000/60;
    // Berechnung der Pausen-Zeit
    updateBreak();
    // Statusfelder aktualisieren
    document.getElementById('statusFrom').value = dateFrom
    document.getElementById('statusTo').value = dateTo
    updateDuration();
    from.ts.value = dateFrom.getTime()/1000;
    to.ts.value = dateTo.getTime()/1000;
  }
```

dateFrom und *dateTo* sind Javascript-Objekte vom Typ *Date* und repräsentieren einen Wert in Millisekunden nach dem 1.1.1970. Sie sind damit dem schon bekannten *UNIX_TIMESTAMP* ähnlich, nur dass ihre Genauigkeit tausendmal höher ist (was für das Zeiterfassungsbeispiel natürlich irrelevant ist).

Beim Initialisieren der Variable werden die Werte aus den Formularfeldern ausgelesen (zum Beispiel *from.YYYY.value* für den Jahreswert des Startdatums). Zu beachten ist, dass die Zählung der Monate in Javascript bei null beginnt, daher wird von der Formulareingabe immer ein Wert abgezogen (*from.MM.value-1*).

Mit der Funktion *isNaN* (Abkürzung für **is** Not **a** Number) wird überprüft, ob das Datumsobjekt einen korrekten Wert beinhaltet. Javascript ist dabei so großzügig, dass es einen zu hohen Wert automatisch konvertiert (zum Beispiel werden 99 Minuten automatisch zu 1 Stunde und 33 Minuten). Anschließend wird überprüft, ob es sich um eine gültige Zeitspanne handelt und ob die Pause nicht länger ist als die Gesamtdauer des Eintrags. Sollten alle Angaben richtig sein, werden die beiden Statusfelder (*statusFrom, statusTo*) aktualisiert und wird ein Textfeld mit der neuen Dauer befüllt (*updateDuration()*). Außerdem wird die gültige Beginn- und Endzeit in je einem versteckten Eingabefeld (*from_ts, to_ts*) als *UNIX_TIMESTAMP* mitgeführt. Im PHP-Code entfällt dadurch ein neuerliches Zusammensetzen der Datumsfelder.

```
if ($html->getStringFromRequest("save")) {
  $entry->note = $html->getStringFromRequest("note");
  $entry->start = $html->getIntFromRequest("from_ts");
  $entry->end = $html->getIntFromRequest("to_ts");
  $entry->removeTime = $html->getIntFromRequest("breakTime");
  $entry->save();
```

```
    print "<p>Erfolgreich gespeichert. ";
    printf("<a href='view?id=%d'>zurück zur Liste</a>", $entry->task_id);
    print "</p>\n";
  }
```

18.4.4 Die DOMList-Klasse

Die *DOMList*-Klasse wird verwendet, um die Projekte in unterschiedlichen Formaten auszugeben: einmal als HTML-Liste, dann als HTML-Dropdown-Menü und schließlich noch als XML-Dokument für die Verwendung in der Zeitlinie. Dabei wird jeweils ein *DOMDocument* erzeugt und als XML-Fragment ausgegeben.

Bei der HTML-Liste (eine *unorderd list*, siehe Abbildung 18.8) wird als Erstes ein UL-Element erzeugt, dem die ID 0 zugewiesen wird. Über die Funktion *getElementById* wird in der Schleife über alle Projekte das übergeordnete Listenelement gesucht (*$task->parentId*). An dieses Element wird anschließend ein neues *li*-Element angehängt (*$parent->appendChild*).

```
function generateUl($tasks) {
  $this->addUlElement(0, $this->dom);
  foreach ($tasks as $task) {
    $parent = $this->dom->getElementById("dbid_".$task->parentId);
    if (!$parent) {
      continue;
    }
    $li = $parent->appendChild($this->dom->createElement('li',
      $task->name." (".
      DateFormatter::formatDuration($task->totalTime).") "));
    $this->addLink($task->id, $li, 'view', 'anzeigen');
    $this->addLink($task->id, $li, 'edittask', 'bearbeiten');
    if ($task->hasSubtree()) {
      // valid XHTML1 needs one empty 'li' Element for each ul Element
      $emptyLi = $parent->appendChild($this->dom->createElement('li'));
      $emptyLi->setAttribute('style', 'list-style:none');
      $this->addUlElement($task->id, $emptyLi);
    }
  }
}
```

Die Funktion *addUlElement* wird nur dann aufgerufen, wenn das Projekt noch weitere Unterprojekte besitzt. In ihr wird das für den *getElementById*-Aufruf benötigte ID-Attribut gesetzt:

```
function addUlElement($id, $parentElement) {
  $ulChild = $parentElement->appendChild($this->dom->createElement('ul'));
  $ulChild->setAttribute('id', "dbid_".$id);
  $ulChild->setIdAttribute('id', true);
}
```

Durch das Überschreiben der *__toString*-Funktion kann das *DOMDocument* anschließend einfach mit *print* ausgegeben werden. Die Anweisung *formatOutput = true* bewirkt, dass der XML-Baum mit Einrückungen formatiert ausgegeben wird.

```
function __toString() {
  $this->dom->formatOutput = true;
  return $this->dom->saveXML($this->dom->documentElement);
}
```

Das Modul zum Anzeigen der HTML-Liste beschränkt sich auf wenige Zeilen Code:

```
<?php   // task.php-Modul zum Anzeigen aller Projekte
$html->printHeader('Liste aller Projekte');
?>
<h2>Projekte</h2>
<p><a href='addTask?p_id=0'>Projekt auf oberster Ebene hinzufügen</a></p>
<?php
$tt = new TimeTrack();
$dom = new DOMList();
$dom->generateUl($tt->getTasks());
print $dom;
```

18.4.5 Der Timeline-Code

Bei der Zeitlinie aus dem SIMILE-Projekt handelt es sich um eine moderne Javascript-Bibliothek, die zeitbezogene Events grafisch ansprechend darstellt. Sie ist sehr einfach zu verwenden und bietet eine erstaunliche Interaktivität.

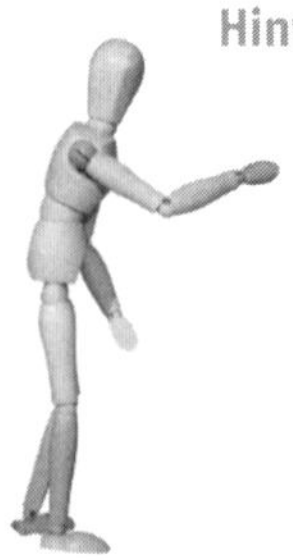

Hinweis

Auf der Webseite des SIMILE-Projekts finden Sie noch weitere Open Source-Bibliotheken und -Applikationen mit dem Schwerpunkt Visualisierung und Konvertierung von XML-Dokumenten. Die in diesem Beispiel verwendete *timeline*-Bibliothek beeindruckt durch das geschmeidige Verschieben der Zeitachse bei gedrückter Maustaste. Weitere Beispiele, die noch mehr Möglichkeiten dieser Bibliothek zeigen, finden Sie auf der Webseite des Projekts:

http://simile.mit.edu/timeline/

Im HTML-Header werden zwei Javascript-Dateien geladen: zuerst die Bibliothek selbst, die direkt vom Server des MIT kommt, und dann eine lokale Datei, in der die Anwendung konfiguriert wird.

```
<script src="http://simile.mit.edu/timeline/api/timeline-api.js"
  type="text/javascript"></script>
<script src="script/timeline.js" type="text/javascript"></script>
```

Die *onload*-Anweisung im Body-Element der HTML-Seite startet die *onLoad*-Funktion in der lokalen Datei timeline.js und veranlasst die Initialisierung der Grafik.

```
<body onload="onLoad();" onresize="onResize();">
<h2>Zeitlinie</h2>
<div id="timetracktimeline"
style="height:300px;width:100%;border:1px solid #aaa"></div>
```

Die Zeitlinie findet in einem *div*-Element Platz. Über das *id*-Attribut (hier *timetracktimeline*) wird sie aus Javascript angesteuert.

Der interessante Teil bei diesem Modul liegt in der Javascript-Datei timeline.js. Hier werden die Einstellungen für die Grafik festgelegt: Anzahl und Aussehen der Zeitleisten (Bänder) und die Quelle für die darzustellenden Daten.

```
// timeline.js Javascript-Bibliothek zur Steuerung der timeline
var tl;
function onLoad() {
  var eventSource = new Timeline.DefaultEventSource();
  var bandInfos = [
    Timeline.createBandInfo({
        eventSource:    eventSource,
        trackGap:       0.2,
        width:          "70%",
        intervalUnit:   Timeline.DateTime.HOUR,
        intervalPixels: 50
    }),
    Timeline.createBandInfo({
        eventSource:    eventSource,
        showEventText:  false,
        trackHeight:    0.5,
        trackGap:       0.2,
        width:          "20%",
        intervalUnit:   Timeline.DateTime.DAY,
        intervalPixels: 100
    }),
...
```

Das Javascript-Array *bandInfos* enthält die Definition der Zeitleisten. Das erste Band belegt 70 Prozent der gesamten Leiste und zeigt Stunden an, während das zweite Band ein Tagesintervall darstellt und 20 Prozent belegt. Um die Zeitleisten beim Verschieben synchron zu halten, bedarf es einer entsprechenden Anweisung:

```
bandInfos[1].syncWith = 0;
bandInfos[2].syncWith = 0;
```

Sowohl Band eins als auch Band zwei synchronisieren sich mit dem Band 0. Nach diesen Einstellungen kann die Zeitleiste erzeugt werden:

```
tl = Timeline.create(document.getElementById("timetracktimeline"),
    bandInfos);
Timeline.loadXML("xmldata", function(xml, url) {
    eventSource.loadXML(xml, url); });
```

Die *loadXML*-Funktion erwartet als ersten Parameter die Adresse, an der die XML-Daten abgerufen werden können. Für die Javascript-Bibliothek ist xmldata hier ein relativer Pfad am Webserver. Da es weder ein Verzeichnis noch eine Datei xmldata gibt, kommt wieder der Front-Controller zum Einsatz. Er sucht nach dem Modul xmldata und führt es aus.

```
<?php   // xmldata.php
header("Content-Type: text/xml");
$html->footLine = FALSE;
$timetrack = new Timetrack();
$dom = new DOMList();
$dom->generateDataList($timetrack->getTasks());
print $dom;
```

Damit das XML-Dokument korrekt ausgeliefert wird, muss der HTTP-Header *Content-Type* entsprechend gesetzt werden. Weiters wird der HTML-Abschluss (*$html->footline*) unterdrückt, den der Front-Controller normalerweise ausgibt.

18.4.6 Protokollieren der Aktivität

Wie schon eingangs erwähnt wurde, besitzt das Programm eine Möglichkeit, die Online-Aktivität teilweise zu protokollieren. Dabei wird in bestimmten Zeitintervallen ein *Timestamp*-Feld in der Datenbank mit der aktuellen Uhrzeit befüllt. Diese Funktion wird von einem PHP-Skript ausgeführt, das für den Benutzer unsichtbar, sozusagen im Hintergrund aufgerufen wird.

XMLHttpRequest

Wieder kommt hier Javascript zum Einsatz, wobei der asynchrone *XMLHttpRequest* für das Update in der Datenbank sorgt. Diese Javascript-Funktion führt eine HTTP-Abfrage aus, ohne dabei die Seite neu zu laden. Die Datenübertragung erfolgt im Hintergrund, und das Ergebnis kann mittels Javascript weiterverarbeitet werden.

Leider ist die Implementierung des *XMLHttpRequest*-Objekts in älteren Browsern stark unterschiedlich, weshalb der erste Teil des Codes sich nur damit beschäftigt, es allen Browsern recht zu machen. Inzwischen gibt es einen Standardisierungsvorschlag vom World Wide Web Consortium, der die Schnittstelle für einen einheitlichen Zugriff definiert.

```
<script type="text/javascript">
var xmlHttp = null;
// lade XMLHttpRequest-Objekt
// (siehe http://de.wikipedia.org/wiki/XMLHttpRequest)
// moderne Browser:
if (typeof XMLHttpRequest != 'undefined') {
  xmlHttp = new XMLHttpRequest();
}
if (!xmlHttp) {
  // IE 6 und älter
  try {
    xmlHttp  = new ActiveXObject("Msxml2.XMLHTTP");
  } catch(e) {
    try {
      xmlHttp  = new ActiveXObject("Microsoft.XMLHTTP");
    } catch(e) {
      xmlHttp  = null;
    }
  }
}
function setAlive() {
  if (xmlHttp) {
    xmlHttp.open('GET', 'setalive?id=$taskId', true);
    xmlHttp.onreadystatechange = function () {
      if (xmlHttp.readyState == 4) {
        statusDiv = document.getElementById('statusdiv');
        statusDiv.innerHTML = xmlHttp.responseText;
        // alert('debug: '+xmlHttp.responseText);
      }
    };
    setTimeout('setAlive()', 180000);  // millisecs, 180000 -> 3mins
    xmlHttp.send(null);
  }
}
setAlive();
</script>
```

Nachdem das *xmlHttp*-Objekt erzeugt worden ist, kommt die *setAlive*-Funktion zum Einsatz. Mit einem *HTTP-GET*-Aufruf wird die Adresse *setalive?id=$taskId* abgefragt. Da die Anfrage im Hintergrund läuft, ist die Auswertung des Ergebnisses etwas aufwendiger. Das *xmlHttp.onreadystatechange*-Attribut wird mit einer Funktion belegt, die auf jede Änderung im Ablauf der Abfrage reagiert. Enthält die Variable *readyState* den Wert 4, so ist der Request abgeschlossen und vollständig übertragen. Daraufhin wird der *responseText*, also die Antwort des PHP-Skripts auf der Webseite im *div*-Bereich mit der ID *statusdiv* angezeigt. Der Browser lädt dabei keine neue Seite: Für den Anwender wird der Text wie von Geisterhand ausgetauscht.

Die *setTimeout*-Funktion in Javascript verzögert den Aufruf der ihr übergebenen Funktion um eine gewisse Zeitspanne. Als Parameter werden einerseits der Name der Funktion und andererseits die Dauer der Verzögerung in Millisekunden angegeben. Durch den rekursiven Aufruf von *setAlive* läuft der Javascript Code so lange, bis der Browser die Seite verlässt.

Online-Status in der Datenbank aktualisieren

Nachdem der Javascript-Code regelmäßig Anfragen an das Modul *setAlive* stellt, muss dieses Skript nur noch den entsprechenden Eintrag in der Datenbank aktualisieren. Dazu wird zuerst das *lastseen*-Feld in der Tabelle aktualisiert, und anschließend werden die Startzeit und das soeben aktualisierte Feld abgefragt.

```
$sql = "UPDATE timelog SET lastseen = NOW() WHERE endtime IS NULL "
   . " AND task_id = ?";
$dbHandle = Db::getHandle();
$stmt = $dbHandle->prepare($sql);
$stmt->bind_param("i", $id);
$stmt->execute();
$sqlStatus = "SELECT * FROM timelog WHERE "
   . " endtime IS NULL AND task_id = ?";
$stmt = $dbHandle->prepare($sqlStatus);
$stmt->bind_param("i", $id);
$res = $dbHandle->queryObjectArrayPrepared($stmt);
if (! $res) {
  Error::display('No active task');
  exit();
}
print "<p>eingeloggt seit: " . $res[0]->starttime;
print "<br />letztes update: " . $res[0]->lastseen;
```

Die mit *print* ausgegebenen Zeilen erhält der *XMLHttpRequest* als *responseText*, der mithilfe von Javascript in den *statusdiv* eingesetzt wird.

18.5 Erweiterungsmöglichkeiten

Die Anforderungen an ein digitales Arbeitszeiterfassungssystem können sehr breit gestreut sein. Angefangen vom einfachen Tabellenkalkulationsblatt bis hin zur integrierten Projektverwaltung mit Stundenbudgets, Milestones und automatischer Verrechnung – der Phantasie sind hier keine Grenzen gesetzt. Dementsprechend kann dieses Beispiel noch in viele Richtungen erweitert werden:

- **Mehrbenutzerbetrieb:** In der vorliegenden Form ist das System nur für eine Person verwendbar. Das Datenbanksystem bietet aber geradezu ideale Voraussetzungen dafür, es nicht darauf zu beschränken. In einem Unternehmen würde man idealerweise an eine bestehende Benutzerverwaltung andocken (zum Beispiel über LDAP, vergleiche Abschnitt 5.2.2). Die Datenbankstruktur müsste für jeden Eintrag eine Verknüpfung zum Besitzer vorsehen, während der PHP-

Code sich darum kümmert, dass jeder Benutzer nur seine Einträge sehen und editieren darf. Weiters wäre eine Auswertung der gearbeiteten Stunden nach einzelnen Benutzern denkbar.

- **Projektverwaltung:** Die hier vorgestellte Form der Projektverwaltung ist äußerst rudimentär. Bei größeren Projekten gibt es meist einen Zeitplan und einen Budgetplan. Gekoppelt an die Anzahl der bereits gearbeiteten Stunden könnten Hinweise und Warnungen erscheinen, wenn sich das Stundenbudget dem Ende zuneigt. In Verbindung mit dem Mehrbenutzerbetrieb können einzelne Mitarbeiter bestimmten Projekten zugewiesen werden. Benutzer können dann ihre eigenen, privaten Projekte bearbeiten und an verteilten Projekten mit mehreren Benutzern teilnehmen.
- **Anbindung an Kundendaten:** Bei einer erweiterten Projektverwaltung wäre es denkbar, Daten zum Auftraggeber zu speichern. Für eine spätere Auswertung dieser Daten sind der Phantasie keine Grenzen gesetzt (Stichwort: *Customer Relationship Management*-Software).
- **Automatische Rechnungsstellung:** Die Stundenlisten könnte man um eine finanzielle Bewertung der Tätigkeit aufwerten (zum Beispiel kann für die Tätigkeit der Systemadministration ein anderer Stundenlohn veranschlagt werden als für die Programmierung). Aus der Gesamtsumme der Stundenlisten lässt sich der Rechnungsbetrag für das Projekt erstellen. Durch die Anbindung der Adressdaten der Kunden kann die Rechnung automatisch erstellt werden. Im wirklichen Leben wird es hier aber häufig einer manuellen Nachbearbeitung bedürfen (Stichwort: *Skonto*).

18.6 Installation

Da das Beispiel auf die Trigger-Funktionen von MySQL zurückgreift, müssen Sie mindestens MySQL 5.0.3 einsetzen. Der PHP-Code verwendet die *mysqli*-Erweiterung mit der Unterstützung von *prepared*-Statements, was ab PHP 5.2.1 per Default aktiviert ist.

- **Datenbank erzeugen:** Zu Beginn erstellen Sie eine leere Datenbank mit dem Namen *timetrack*. Dazu können Sie phpMyAdmin verwenden oder direkt im MySQL-Kommandozeileninterpreter *CREATE DATABASE timetrack* ausführen.
- **Tabellen erzeugen:** Ein Dump der Tabellenstruktur liegt in der Datei `tt_tables.sql` im Verzeichnis `maintenance`. Einspielen lässt sich diese Datei wieder unter phpMyAdmin oder auf der Kommandozeile mit *mysql timetrack < tt_tables.sql*.
- **PHP-Dateien kopieren:** Kopieren Sie im nächsten Schritt den gesamten Verzeichnisbaum `timetrack` in ein Verzeichnis, auf das der Webserver zugreifen kann.

- **Konfiguration anpassen:** Die Datei config.inc.php enthält Definitionen für einige Standardeinstellungen (wie viele Ergebnisse werden pro Seite angezeigt, ab welcher Dauer einer Arbeitseinheit wird eine Warnung angezeigt, ...). Wer mit den Voreinstellungen nicht zufrieden ist oder eine spezielle Konfiguration bei dem Webserver verwendet (unterschiedlicher Port oder *https* statt *http*), der kann hier Anpassungen vornehmen.

Durch die ausführlichen Fehlermeldungen in der *Db*-Klasse sollte sich ein möglicher Fehler schnell finden und beheben lassen. Im Produktionsbetrieb sollte das Passwort nicht mehr ausgegeben werden.

Anhang

A Der Inhalt der beiliegenden DVD

Auf der beiliegenden CD befinden sich drei Verzeichnisse:

- beispiele: Dieses Verzeichnis enthält alle Beispielprogramme und -datenbanken zu diesem Buch. Die Beispiele befinden sich kapitelweise in Unterverzeichnissen. Hinweise zur Installation finden Sie in der Datei readme.txt bzw. in den betreffenden Kapiteln im Buch.
- vmplayer: Das Verzeichnis enthält den VMware Player für Windows.
- vmmachine: Das Verzeichnis enthält eine virtuelle Maschine mit Ubuntu Linux 8.04 plus PHP 5.3 plus MySQL 5.1 plus allen Beispielen zu diesem Buch. Diese virtuelle Maschine können Sie mit dem VMware Player unter Linux oder unter Windows ausführen. Alternativ können Sie auch VMware Workstation oder VMware Server einsetzen.

Beispieldatenbanken und Beispiele manuell einrichten

Der erste Schritt besteht darin, PHP und MySQL zu installieren. Eine ausführliche Anleitung dazu finden Sie in Kapitel 1.

Als Nächstes müssen Sie zumindest die Beispieldatenbank *mylibrary* installieren, die in vielen Kapiteln als Grundlage für kleinere Beispiele dient. Die Datenbanken stehen als *.sql-Dateien im UTF8-Format in den Verzeichnissen beispiele/kap*nn* zur Verfügung (*mylibrary* in kap11). Zur Installation der Datenbanken auf Ihrem System können Sie wahlweise phpMyAdmin oder die Kommandos mysql und mysqladmin verwenden.

- **phpMyAdmin:** Erzeugen Sie zuerst eine leere Datenbank mit dem gewünschten Namen (z.B. *mylibrary*). Anschließend wählen Sie die Datenbank in phpMyAdmin aus, aktivieren die SQL-Ansicht und wählen die *.sql-Datei zum Import aus.
- **Kommandos:** Führen Sie in einem Windows-Eingabeaufforderungsfenster oder in einer Linux-Konsole die folgenden Kommandos aus. Falls Sie für MySQL noch kein Passwort definiert haben, verwenden Sie die Kommandos ohne die Option -p.

```
> mysqladmin -u root -p create mylibrary
Enter password: xxxxxx
```

```
> mysql -u root -p mylibrary < beispiele/kap11/mylibrary.sql
Enter password: xxxxxx
```

Die Beispielprogramme kopieren Sie einfach in das DocumentRoot-Verzeichnis Ihres Webservers. Alle Beispielprogramme funktionieren nur, wenn die im jeweiligen Kapitel beschriebenen Datenbanken zur Verfügung stehen und wenn Sie die im Code verwendeten Benutzernamen und Passwörter entsprechend Ihrer MySQL-Installation ändern! Bei den meisten Beispielprogrammen müssen Sie dazu nur die Datei password.php ändern. Lesen Sie auch die readme-Datei im jeweiligen Verzeichnis!

VMware Player installieren

Wenn Sie die Beispiele dieses Buchs ohne lange Installationsarbeiten einfach nur ausprobieren möchten, verwenden Sie dazu am einfachsten den VMware Player. Die DVD zu diesem Buch enthält den VMware Player 2.0.4. Möglicherweise gibt es bis zum Erscheinen dieses Buchs bereits eine neuere Version, die Sie von der folgenden Seite kostenlos herunterladen können. Wenn Sie eine 64-Bit-Distribution von Linux verwenden, müssen Sie auch eine 64-Bit-Version des VMware-Players einsetzen!

http://www.vmware.com/download/player/download.html

Die Installation des VMWare-Players unter Windows ist vollkommen problemlos – Sie starten das Installationsprogramm und bestätigen einfach sämtliche Rückfragen mit OK.

Wesentlich mühsamer ist die Vorgehensweise unter Linux: Während der Installation müssen zwei Kernelmodule erstellt werden. Das setzt voraus, dass alle erforderlichen Entwicklungswerkzeuge installiert sind. Die eigentliche Installation der Programmdateien ist noch einfach: Bei Distributionen, die das RPM-Paketformat verwenden (z.B. Fedora, Red Hat, openSUSE, Novell), installieren Sie das VMware-player-Paket mit dem Kommando rpm -i. Für alle anderen Distributionen stehen die Programmdateien als tar-Paket zur Verfügung. Zur Installation packen Sie das Paket mit tar xzvf vmware-player.tar.gz aus, wechseln in das Verzeichnis vmwware-player-distrib und führen dann als *root* das Kommando ./vmware-install.pl aus.

Vor dem zweiten Schritt müssen Sie sicherstellen, dass alle grundlegenden Entwicklungswerkzeuge (C-Compiler, make etc.) sowie die zum laufenden Kernel passenden Header-Dateien installiert sind. Dazu installieren Sie unter openSUSE die Pakete des Schemas GRUNDLEGENDE ENTWICKLUNGSWERKZEUGE sowie das Paket kernel-source, unter Ubuntu die Pakete build-essential und linux-headers-generic bzw. unter Fedora die Pakete der Gruppe SOFTWAREENTWICKLUNG | ENTWICKLUNGSWERKZEUGE sowie das Paket kernel-devel.

Anschließend führen Sie – wieder als *root* – in einer Textkonsole das Kommando vmware-config.pl aus. Damit werden die für VMware erforderlichen Kernelmodule kompiliert und geladen. In der Regel können Sie sämtliche Rückfragen des Konfigurationsscripts einfach bestätigen.

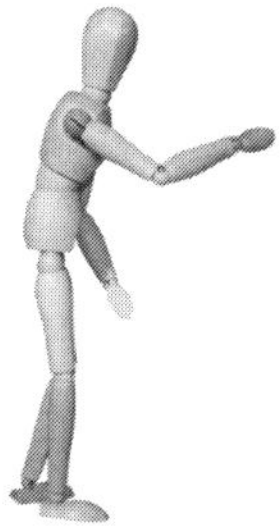

Hinweis

Ganz neue Linux-Kernel werden von den offiziellen VMware-Versionen oftmals noch nicht unterstützt. Verwenden Sie auf jeden Fall die aktuelleste Version des VMware Players! Sollten bei der Ausführung von `vmware-config.pl` dennoch Kompilierfehler auftreten, schafft der Patch `vmware-any-any` in der gerade aktuellsten Version normalerweise Abhilfe. Suchen Sie im Internet nach diesem Patch, installieren Sie das Paket mit `tar xzf`, und führen Sie dann im Installationsverzeichnis `./runme.pl` aus. (Bei unseren Tests mit VMware Player 2.0.4, Fedora 9, Ubuntu 8.04 und openSUSE 11 war dieser Patch nicht erforderlich.)

Wenn alles gut gegangen ist, können Sie den VMware Player nun mit dem Kommando `vmplayer` starten. Stellen Sie sicher, dass keine anderen Virtualisierungsprogramme installiert sind. Sie müssen die entsprechenden Pakete gegebenenfalls deinstallieren und den Rechner neu starten, um Konflikte zwischen VMware und anderen Virtualisierungsprodukten zu vermeiden!

Virtuelle Maschine starten

Damit Sie die virtuelle Maschine mit dem VMware Player tatsächlich ausführen können, kopieren Sie das Verzeichnis `vmmachine` von der DVD in ein Verzeichnis Ihrer Festplatte. Unter Windows Vista darf es allerdings nicht *irgendein* Verzeichnis sein. Beispielsweise war der VMware Player nicht in der Lage, die VMware-Dateien von einem Netzwerkverzeichnis zu verarbeiten (naturgemäß, ohne plausible Fehlermeldungen zu liefern). Das Verzeichnis `C:\vm-php53` hat sich dann als Vista-kompatibel erwiesen.

Nach dem Kopieren müssen Sie bei allen Dateien den Schreibschutz deaktivieren. Unter Windows führen Sie dazu das kleine Script `readwrite.bat` aus, unter Linux das Kommando `chmod a+rw *`. (Auf der DVD haben alle Dateien das Attribut *readonly*. Der VMware Player muss die Dateien aber verändern können.) Auch das *Verzeichnis*, in dem sich die VMware-Dateien befinden, muss Schreibrechte gewähren! Anschließend öffnen Sie die Datei `ubuntu804.vmx` mit dem VMware Player.

Wenige Sekunden nach dem Start der virtuellen Maschine erscheint die Ubuntu-Login-Box. Als Loginnamen verwenden Sie *phpbuch*, als Passwort *kofOeggl*. Der Login führt in die Ubuntu-Benutzeroberfläche, die durch ein Systemmenü (oben) und eine Taskleiste (unten) geprägt ist. Das wichtigste Programm zum Ausprobieren der Beispiele ist der Webbrowser Firefox, den Sie durch einen Klick auf dessen Icon oder mit ANWENDUNGEN | INTERNET | FIREFOX starten.

Als Startseite von Firefox haben wir eine Seite eingerichtet, deren Links auf nahezu alle Beispiele dieses Buchs verweisen. Alles sollte auf Anhieb funktionieren. Eine Ausnahme sind die Beispiele zum Versenden von E-Mails: Auf der virtuellen Maschine ist aus Sicherheitsgründen kein E-Mail-Server installiert – und selbst wenn wir das gemacht hätten, würden die E-Mails aufgrund des ungültigen Hostnamens im Spam-Schutznetz der E-Mail-Provider hängenbleiben. Wie wir in Abschnitt 5.6 beschrieben haben, funktioniert der Versand von E-Mails in der Regel nur dann, wenn PHP auf einem Rechner mit einer international gültigen Internet-Adresse läuft.

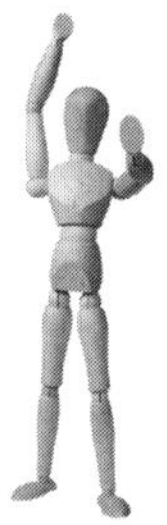

Achtung

Aus Sicherheitsgründen sollten Sie als Erstes dem Benutzer *phpbuch* ein neues Passwort zuweisen. Dazu führen Sie SYSTEM | EINSTELLUNGEN | PERSÖNLICHE ANGABEN aus und klicken auf PASSWORT ÄNDERN.

Ubuntu 8.04 ist zwar »nur« eine virtuelle Maschine, je nachdem, wie Ihre Netzwerkkonfiguration aussieht, ist diese virtuelle Maschine aber im lokalen Netzwerk bzw. sogar aus dem Internet erreichbar.

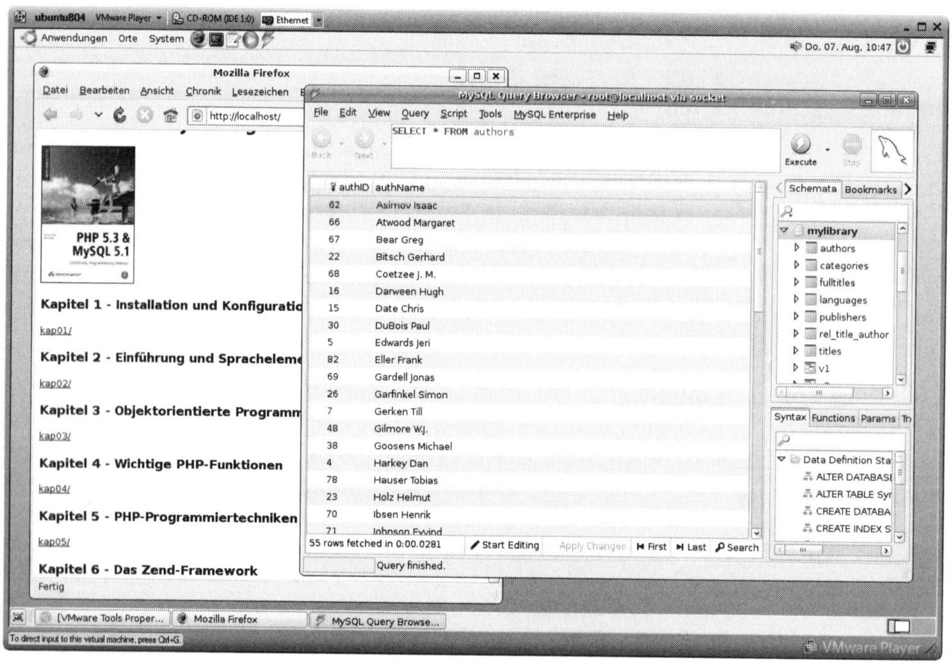

Abbildung A.1: Die virtuelle Maschine auf der Basis von Ubuntu 8.04 läuft im VMware Player unter Windows Vista.

Technische Details, Tipps und Tricks

Als Grundlage für die virtuelle Maschine dient die Linux-Distribution Ubuntu 8.04. Abweichend von der Ubuntu-Standardinstallation wurden die folgenden Änderungen durchgeführt bzw. Programme zusätzlich installiert:

- Als Webserver wurde Apache 2.2.8 installiert (aus dem Ubuntu-Paketangebot).
- Der Benutzer *phpbuch* ist standardmäßig der Gruppe *www-data* zugeordnet. Das hat den Vorteil, dass alle von *phpbuch* erstellten bzw. geänderten Dateien vom Webserver problemlos gelesen werden können.
- Als Datenbankserver kommt MySQL 5.1.26 zum Einsatz. Die zugrunde liegenden Pakete stammen aus der *debian-experimental*-Paketquelle. Diese Paketquelle wurde anschließend wieder deaktiviert (Datei /etc/apt/sources.list), um zu vermeiden, dass Ubuntu beim nächsten Update Pakete aus *debian experimental* zur Aktualisierung von gewöhnlichen Ubuntu-Paketen verwendet.

  Zur Administration von MySQL loggen Sie sich als *root* mit dem Passwort *kofOeggl* ein. Der Zugriff auf die MySQL-Beispieldatenbanken (*mylibrary* etc.) kann auch durch den MySQL-Benutzer *phpbuch* erfolgen (Passwort wieder *kofOeggl*).

  Aus Sicherheitsgründen kann auf MySQL nur innerhalb der virtuellen Maschine zugegriffen werden, nicht aber über das Netzwerk.
- Da es zu PHP 5.3 noch keine Ubuntu- oder Debian-Pakete gab, haben wir PHP 5.3 Alpha 1 selbst kompiliert (siehe auch Abschnitt 1.3.5). Das Script zum Kompilieren finden Sie in der Datei comp_php im persönlichen Verzeichnis des Benutzers *phpbuch*.
- PHP berücksichtigt nur die Konfigurationsdatei /usr/lib/php.ini.

  Die eigentlich zu diesem Zweck vorgesehene Datei /etc/php5/apache2/php.ini wird ignoriert, obwohl *phpinfo()* das Gegenteil behauptet und obwohl PHP mit der Option --with-config-file-scan-dir=/etc/php5/apache2 kompiliert wurde. Der Grund für dieses merkwürdige Verhalten ist uns nicht klar geworden.
- Zusätzlich haben wir das Zend-Framework 1.5.2, phpMyAdmin 2.11.6 sowie phpMyIDE 0.5d installiert.
- Alle PHP-Beispieldateien befinden sich im Verzeichnis /var/www.
- Die Uhrzeit innerhalb der virtuellen Maschine ist zumeist nicht synchron mit der des Rechners. Der Grund ist die Energiesparfunktion der meisten CPUs, durch die die Taktfrequenz im Leerlaufbetrieb gesenkt wird. VMware ist nicht in der Lage, diesen Effekt zu kompensieren.

Bildschirmauflösung einstellen: Die Bildschirmauflösung innerhalb der virtuellen Maschine verändern Sie mit SYSTEM | EINSTELLUNGEN | BILDSCHIRMAUFLÖSUNG.

Netzwerkzugang: Die Ubuntu-Installation verwendet den Hostnamen *phpbuch*. VMware sieht drei verschiedene Möglichkeiten vor, um virtuelle Maschinen mit dem lokalen Rechner bzw. mit dem lokalen Netzwerk zu verbinden. Die gewünschte Variante stellen Sie über das ETHERNET-Menü im VMware-Fenster ein.

- **Bridged Networking (gilt standardmäßig):** Die virtuelle Maschine gilt als zusätzlicher Rechner im lokalen Netzwerk und bezieht die Netzwerkdaten vom Router bzw. DHCP-Server des lokalen Netzwerks. Wenn Ihr physikalischer Rechner an einen ADSL-Router angeschlossen ist, gilt die virtuelle Maschine als zusätzliches Mitglied ihres lokalen Netzwerks. Die virtuelle Maschine kann sowohl mit dem Internet als auch mit allen anderen Rechnern des lokalen Netzwerks kommunizieren.
- **NAT:** Bei dieser Variante nutzt die virtuelle Maschine den Internetzugang des physikalischen Rechners. Ein direkter Netzwerkverkehr zwischen der virtuellen Maschine und dem physikalischen Rechner ist aber wegen unterschiedlicher Adressbereiche unmöglich.
- **Host-only:** Diese Variante ermöglicht Netzwerkverbindungen zwischen dem physikalischen Rechner und der virtuellen Maschine. Die virtuelle Maschine hat aber keinen Internetzugang.

Installation weiterer Programme: Innerhalb von Ubuntu können Sie mit SYSTEM | SYSTEMVERWALTUNG | SYNAPTIC weitere Software-Pakete installieren, sofern VMware eine Internetverbindung für die virtuelle Maschine herstellen kann. Wie bei allen administrativen Aufgaben werden Sie beim Start des Programmes nach Ihrem Passwort gefragt (standardmäßig *kofOeggl*).

Update-System: Sobald eine Internetverbindung besteht, testet Ubuntu, ob es neue Updates gibt. Das ist ganz sicher der Fall, wenn Sie Ubuntu zum ersten Mal starten. Über die Updates werden Sie durch ein Icon rechts oben in der Menüleiste informiert. Ein Mausklick startet das Update-Programm. Es informiert Sie, welche Pakete aktualisiert werden können. Sobald Sie zustimmen, müssen Sie wieder Ihr Passwort angeben. Erst dann werden die Updates tatsächlich durchgeführt.

Beachten Sie bitte, dass die Update-Funktion nicht für MySQL, phpMyAdmin, phpMyIDE und das Zend-Framework gilt! Diese Programme wurden manuell installiert.

Beispielprogramme ändern: Natürlich können Sie die Beispielprogramme ändern. Als Editor verwenden Sie am einfachsten das Programm gedit, das Sie mit ANWENDUNGEN | ZUBEHÖR | TEXTEDITOR starten. Die Beispieldateien finden Sie kapitelweise geordnet im Verzeichnis /var/www.

Stichwortverzeichnis

In diesem Stichwortverzeichnis sind PHP-Schlüsselwörter und -Funktionen kursiv hervorgehoben. SQL-Schlüsselwörter werden ebenfalls kursiv und außerdem in Großbuchstaben dargestellt. *if* meint also das PHP-Schlüsselwort, *IF* die gleichnamige SQL-Funktion.

open source library
besprochen in c't
Studentenausgabe
Michael Kofler
Linux
Installation, Konfiguration, Anwendung
8., überarbeitete und erweiterte Auflage
ADDISON-WESLEY